Gespräche mit Nostradamus

Seine Prophezeiungen Erläutert

(Überarbeitet mit Nachtrag: 1996)

Band I

VON
DOLORES CANNON

Übersetzt von: Mariam Schleiffer

Kongressbibliothek - Katalogisierung von Daten zur Veröffentlichung
Cannon, Dolores, 1931-2014
Gespräche mit Nostradamus von Dolores Cannon
Kommunikation von Nostradamus durch mehrere Medien in Hypnose, betreut von Dolores Cannon. Enthält die Prophezeiungen von Nostradamus in Mittelfranzösisch mit englischer Übersetzung. Enthält Index.
1. Nostradamus, 1503-1566. 2. Prophezeiungen. 3. Hypnose. 4. Reinkarnationstherapie. 5. Astrologie.
I. Cannon, Dolores, 1931-2014 II. Nostradamus, 1503-1566, Prophezeiungen Englisch & Französisch. III. Titel
Katalogkartennummer der Kongressbibliothek: 2021943655
ISBN: 978-1-950608-52-2

Erste Auflage gedruckt von American West Publishers, 1989.
Überarbeitete Auflage, erschienen 1992; Neuauflage mit Nachtrag 1997

Umschlaggestaltung: Joe Alexander & Travis Garrison.
Übersetzt von: Mariam Schleiffer
Buchsatz in: Times New Roman
Buchgestaltung: Kris Kleeberg
Herausgegeben von:

OZARK MOUNTAIN PUBLISHING

P.O. Box 754, Huntsville AR 72740
WWW.OZARKMT.COM
Gedruckt in den Vereinigten Staaten von Amerika

Widmung

Für Elena, Brenda and John,
Die mir halfen, das Portal der Zeit zu entdecken,
und mich zu der unglaublichen Dimension brachten,
in der Nostradamus noch lebt.

Rauen von Nostradamus, wie von Elena in Trance gesehen.

INHALTSVERZEICHNIS

Vorwort i
Einleitung vii

ABSCHNITT EINS: DER KONTAKT
Kapitel 1. Botschaft von einem Führer 3
Kapitel 2. Ich begegne Dyonisus 19
Kapitel 3. Der bedeutende Mann kommt 32
Kapitel 4. Nostradamus spricht 50
Kapitel 5. Die Wandlung der Welt 70
Kapitel 6. Elena reist ab 98
Kapitel 7. Durch den Magischen Spiegel 120
Kapitel 8. Mann der Mysterien 154

ABSCHNITT ZWEI: DIE ÜBERSETZUNG
Kapitel 9. Die Übersetzung beginnt 175
Kapitel 10. Vierzeiler über die Vergangenheit 196
Kapitel 11. Die heutige Zeit 213
Kapitel 12. Die nahe Zukunft 241
Kapitel 13. Die Zeit der Umwälzungen 256
Kapitel 14. Das Kommen des Antichristen 270
Kapitel 15. Die letzten drei Päpste 291
Kapitel 16. Die Verwüstung der Kirche 320
Kapitel 17. Das Monster erscheint 333
Kapitel 18. Europa, das ewige Schlachtfeld 345
Kapitel 19. Experimente 357
Kapitel 20. Die Zeit der Unruhen 375
Kapitel 21. Die Kabale 398
Kapitel 22. Die Gezeitenwende 404
Kapitel 23. Die Nachwirkungen des Dritten Weltkrieges 418
Kapitel 24. Der große Genius 428
Kapitel 25. Die ferne Zukunft 448
Kapitel 26. Das Ende und der Anfang 467
Nachtrag 475
Autor Seite 545

VORWORT

DER NAME DOLORES CANNON mag vielen Lesern nicht bekannt sein, dennoch arbeitet sie seit vielen Jahren auf dem Gebiet der Hypnose-Rückführung. Dolores ist keine Gelehrte, aber sie hat die Hingabe einer Gelehrten an Details, Präzision und die Wahrheit. Sie ist unermüdlich in ihrem Streben nach Wissen, wie ihre Leser erfahren, wenn sie ihrem unerbittlichen Weg durch das Labyrinth des menschlichen Geistes und der Seele gefolgt sind. Es ist nicht verwunderlich, dass sie eine große Anhängerschaft unter den Cognoscenti (z. Dt.: Experten, *Anm. d. Übersetzers), ihren investigativen Fachkollegen im Bereich des Paranormalen, gewonnen hat. In Dolores' Haus gibt es viele Wohnstätten, wie Sie noch sehen werden.

Ich traf Dolores vor ein paar Jahren und sie erzählte mir von der Arbeit, die sie machte. Sie behauptete nicht, die volle Bedeutung des Materials zu verstehen, das sie von ihren Probanden sammelte, während diese unter Hypnose standen. Sie beteuerte nicht, alle Antworten zu kennen, aber mit einer einzigartigen Aufgeschlossenheit glaubte sie, dass diese Geistwesen, die behaupteten, durch den Mund von lebenden Menschen zu ihr zu sprechen, möglicherweise reale Wesenheiten sein könnten, die vielleicht außerhalb unserer Zeit auf einer anderen Ebene als der unseren existieren.

Als jemand, der mit Hypnose vertraut ist, war ich höchst interessiert daran, zu hören, was Dolores Cannon zu sagen hatte. Ich hatte die Hypnosetechnik vor vielen Jahren bei einem berühmten Arzt in Florida gelernt. Später hatte ich das Privileg, mit einem der führenden Pioniere in klinischer Hypnose zu arbeiten, William S. Kroger, M.D. aus Beverly Hills.

Ich befragte Dolores eingehend zu ihren Techniken und war überzeugt, dass sie ihre Probanden nicht in bestimmte Richtungen lenkte, während sie unter ihrer Führung standen, und dass sie auch nichts von alldem Material zuführte, das unter Hypnose zum Vorschein kam. Ich hörte mir mehrere Bänder sehr sorgfältig an und suchte nach irgendwelchen Fehltritten von fragwürdiger Methodik. Ich beobachtete, dass sie extrem vorsichtig war, die Versuchspersonen weder zu leiten noch ihnen etwas zu soufflieren. Sie war eher sehr darauf bedacht, sich zur Seite zu stellen und das Material unbeeinträchtigt von ihren Fragen durchkommen zu lassen. Sie bot keine Antworten, Theorien, Wahrscheinlichkeiten oder Vermutungen an. Vielmehr überließ sie die Führung durch diese Sitzungen mit den anderen Stimmen in anderen Räumen den Probanden.

Dolores Cannon ist eine seriöse Fachfrau der Hypnosekunst und ist besonders sachkundig in den Techniken der Rückführung. Ich bat sie darum, einen Teil eines ihrer Manuskripte lesen zu dürfen. Sie schickte es mir zu, und ich war beeindruckt von dem Material, das sie entdeckt hatte. Es schien mir, dass sie sowohl über das Material als auch über die Art und Weise, wie es ans Licht gekommen war, recht verblüfft war. Ihr Material war, gelinde gesagt, faszinierend und sehr gut organisiert.

Es gab gute Gründe dafür, dass sie von dem, was ihre Probanden unter Hypnose zu sagen hatten, aufgerüttelt war. Ich befragte sie über diese Probanden. Viele waren ländliche Hausfrauen, aus Bauernfamilien stammend, mit sehr geringer Bildung. Sie waren Menschen, die man nicht als Intellektuelle bezeichnen würde. Daher wirkte das Material sogar noch beeindruckender, als wenn es von jemandem gestammt hätte, der mit Studien über das Paranormale vertraut war.

Dolores wusste, dass sie hochinteressantes Material hatte. Sie ist eine sehr gute Autorin. Sie schreibt klar und sauber über außergewöhnliche Dinge. Ich glaube, ihre Arbeit gewinnt einen noch größeren Stellenwert, wenn man bedenkt, was sie getan hat, um das undokumentierte Quellenmaterial zu verifizieren. Im Gegensatz zu anderen Hypnotiseuren, die während einer Hypnosesitzung eine aufsehenerregende Tatsache oder einen Wissensschatz entdecken, hat sie ihre Erkenntnisse nicht überstürzt veröffentlicht. Auch fällte sie keine voreiligen Urteile über ihre Entdeckungen. Vielmehr überprüfte sie das Material, das sie aus dem Unterbewusstsein hervorgekramt hat, und versuchte, so weit wie möglich, nachprüfbare Fakten, die sie von ihren Probanden erhielt, zu belegen. Sie tat dies auf zwei Arten.

Wenn ein „Geistwesen“ aus einer anderen Zeit sprach, wie z.B. der Zeuge des Holocausts von Hiroshima, recherchierte Dolores die Fakten durch öffentlich zugängliche Quellen. Dies gab ihr wertvolle Einblicke für ihre Bewertung des Materials. Aber mit einem Geniestreich ging sie noch weiter. Sie begann, dieselbe Zeitspanne und die Erfahrungen (oder das Wissen) aus dem Vorleben bei anderen Probanden zu erforschen, die weder einander kannten, noch das andere Material kannten, und die nicht einmal in derselben Stadt oder Region lebten wie der ursprüngliche Hauptproband.

Ihre Probanden kommen wohlgemerkt aus allen Gesellschaftsschichten. Einige sind gebildeter als andere, College-Studenten ebenso wie Arbeiter. Einige sind wohlhabend, andere leben am Rande der Armutsgrenze. Ich bin mir sicher, dass ihr Publikum eines Tages mehr über diese Menschen erfahren möchte, die natürlich anonym sind und es auch bleiben müssen. Dolores hat allerdings alle ihre Sitzungen vollständig dokumentiert, Notizen gemacht, ihre privaten Kommentare aufbewahrt und ihre Tonbandaufnahmen archiviert.

Mehr noch, Dolores hat sich in Geschichten vertieft, Karten durchforstet und Material aufgespürt, das die Gespräche von Menschen zu untermauern scheint, die vor vielen Jahren gelebt haben und nun durch Probanden zu uns sprechen, welche kein Wissen über jene Epochen oder die Völker haben, die zu jenen alten Zeiten lebten.

Dies bringt uns zu Nostradamus.

Soweit ich weiß, hatte Dolores Cannon nie zuvor einen Vierzeiler von Nostradamus gelesen und wusste praktisch nichts über den Mann oder seine Prophezeiungen, bevor sie ihn entdeckte, während sie eine Person in ein vorheriges Leben zurückversetzte. Als das Material durch ihre Probanden durchzudringen begann, stellte sie bis zum Abschluss des Projekts keine Nachforschungen über den Mann und seine Schriften an, obwohl die Versuchung groß war. In ihren Büchern, die sich mit den Prophezeiungen dieser faszinierenden historischen Gestalt befassen, ist Dolores sorgfältig darauf bedacht, die Dinge zu skizzieren, die durch die Hypnose-Rückführungen ihrer

Probanden herauskamen und was sie durch ihre externen Recherchen in Erfahrung brachte.

Nostradamus hat Gelehrte und neugierige Menschen über Jahrhunderte hinweg fasziniert. Obwohl sie geheimnisvoll sind, scheinen seine Vierzeiler zu tieferen Untersuchungen einzuladen, denn er behauptete, ein Mann zu sein, der in die Zukunft sehen konnte. Im Laufe der Jahre haben Gelehrte versucht, sowohl seine undurchsichtigen Gedichte der Prophezeiung zu erklären, die in altertümlichem Französisch, Latein und anderen Sprachen geschrieben sind, als auch seine Hinweise auf Ereignisse, die während seiner Lebenszeit eingetreten sind und in der Zukunft eintreten werden, sogar über das 20. Jahrhundert hinaus.

Kurz gesagt, der Mann, den wir Nostradamus nennen, war ein Arzt und ein Astrologe. Er war Franzose, geboren in Saint Remi in der Provence im Jahr 1503. Er studierte sowohl in Avignon als auch in Montpellier und wurde ein hochqualifizierter Arzt. Sein richtiger Name war Michel de Nostredame, aber als sein Interesse an der Astrologie wuchs, latinisierte er seinen Namen und war fortan bekannt als Nostradamus.

Weithin bekannt wurde er durch seine Behandlung von Pestopfern, vor allem in Südfrankreich. Er arbeitete unermüdlich in Aix und Lyon im Jahr 1545, als die Pest in jenen Städten epidemische Ausmaße erreichte.

Es war diese Zeit, als Nostradamus begann, als Seher Aufmerksamkeit auf sich zu ziehen, als ein Mann, der behauptete, er könne die Zukunft vorhersagen. Zehn Jahre später, im Jahr 1555, veröffentlichte er eine Sammlung seiner Prophezeiungen in gereimten Vierzeilern. Er nannte das Buch Centurien.

Sein Talent als Astrologe war weithin bekannt und in der Oberschicht gefragt. Keine geringere als Katharina de' Medici, Königin von Frankreich, lud ihn an ihren Hof ein. Dort erstellte er die Horoskope ihrer Söhne.

Als Karl IX. den Thron bestieg, ernannte er Nostradamus zum Hofarzt. Der Mann, der als Nostradamus bekannt wurde, starb 1566, als er 63 Jahre alt war. Bemerkenswerterweise lebte er länger als viele seiner Landsleute und erlangte durch die Veröffentlichung seiner prophetischen Vierzeiler eine Art Unsterblichkeit. Er war bereits zu seiner Zeit ein mysteriöser Mann und ist es bis zum heutigen Tag geblieben.

Dolores Cannon hat jedoch durch ihre Arbeit und durch die Bücher, die jetzt als Ergebnis dieser Arbeit veröffentlicht werden, beträchtlichen Aufschluss über diesen Mann und seine Prophezeiungen gegeben.

Wir verstehen Zeit nicht. Die Zeit ist eines der großen Geheimnisse dieses Universums. Einstein sagte, die Zeit sei gekrümmt, und das Universum selbst sei gekrümmt. Doch das Universum ist auch unendlich, ohne Anfang und Ende. Wie kann das sein? Vielleicht ist Nostradamus, wie die Erkenntnisse von Dolores enthüllen, nicht tot, sondern, wie es scheint, in seiner eigenen linearen Zeit lebendig und wohlauf. Vielleicht ist er aus unserer Zeit verschwunden, existiert aber immer noch, auf ewig, in diesem nie endenden, nie gleich bleibenden Fluss, den wir Zeit nennen. Wenn man in diesen Fluss tritt, fließt er weiter, und weiter unten am Berg wird er zu einem anderen Fluss und ist anders und doch derselbe. Das Wasser verändert sich, und doch ist es immer noch Wasser, und das Wasser, in das wir hineingetreten sind und das weiter floss, existiert in einer Dimension jenseits unserer Sichtweite immer noch.

Vielleicht war Nostradamus in der Lage, das unveränderliche und unermessliche Gewebe der Zeit und des Universums zu durchdringen. Vielleicht war er in der Lage, durch Risse in der Ewigkeitskrümmung zu sehen und die Zukunft vorherzusagen.

Dolores' Offenbarungen sind erstaunlich. Zu Nostradamus' Zeiten, so erzählt er ihr durch einen Mittelsmann in Trance, musste er seine Vierzeiler wegen politischer Konsequenzen hinter unklaren Hinweisen verstecken. Das heißt, er fürchtete um sein Leben, wenn er zu deutlich über die Ereignisse schrieb, die er „sah". Wie Dolores' Bücher berichten, scheint er in der Lage gewesen zu sein, jene zerfallenden Imperien, Niederlagen in Schlachten, Holocausts, Invasionen, Revolutionen, Krankheiten und andere Schrecken klar zu sehen, welche die Menschheit über Jahrhunderte hinweg heimsuchen sollten. Es muss für einen sensiblen Menschen ein schrecklich schweres Kreuz gewesen sein. Jetzt, so scheint es, besteht eine noch größere Dringlichkeit, dass seine Prophezeiungen verstanden werden. Wir sind mit der düsteren Aussicht auf einen nuklearen Winter konfrontiert, und das HIV-Virus, AIDS, hat sein abscheuliches Haupt erhoben, nicht ganz unähnlich den Plagen, die Nostradamus zu seiner eigenen Zeit so ehrenhaft und tapfer bekämpfte.

Es ist mir eine Freude, Ihnen die Werke von Dolores Cannon vorzustellen. Ob Sie nun an ihre Entdeckungen glauben oder nicht, Sie werden beeindruckt sein von ihrer Fähigkeit, komplexes Material von einer Reihe ´ gewöhnlicher Probanden zusammenzutragen und es mit erhellender Klarheit zu präsentieren.

Ich glaube, wir müssen uns weiter mit unseren Untersuchungen über den Menschen und sein Universum vorkämpfen, wenn wir überleben wollen, wenn unser Planet überleben soll. Dolores Cannon könnte durchaus einer der wichtigen Schlüssel für unser Verständnis dieser Bereiche sein. Die Wissenschaft ist zu ängstlich, um sie zu erforschen, zumindest in der Öffentlichkeit.

Sie behauptet nicht, irgendwelche besonderen Gaben zu haben. Ich allerdings glaube das. Dolores Cannon hat einen forschenden Verstand und beachtliche Fähigkeiten als Hypnotiseurin. Darüber hinaus ist sie aufrichtig und mitfühlend und achtet das Recht ihrer Probanden auf Privatsphäre und Vertraulichkeit.

Letztendlich werden Dolores Cannons Werke, so hoffe ich, zu weiteren wissenschaftlichen Untersuchungen von scheinbar unerklärlichen Phänomenen führen, wie sie sie in ihren Büchern aufdeckt und offenbart. Wir wissen, dass es mehr im Leben gibt, als wir mit unseren sterblichen Augen sehen können. Wir wissen, dass das Universum nicht nur komplizierter, sondern dass es auch tiefgründiger und komplexer ist, als wir es uns vorstellen können.

Zumindest hat Dolores Cannon noch eine weitere Tür zu diesem riesigen und geheimnisvollen Universum geöffnet. Gehen Sie einfach hinein. Ich denke, Sie werden etwas lernen, das für Sie wichtig sein könnte. In diesem ihrem Hause gibt es in der Tat viele Wohnstätten.

Jory Sherman, Autor
Cedarcreek, Missouri
22. November 1988

EINLEITUNG

NOSTRADAMUS HAT DIE BARRIEREN von Raum und Zeit durchbrochen und zu unserer Gegenwart gesprochen. Dieses Buch und seine Fortsetzungen enthalten zwei bemerkenswerte Geschichten. Die erste handelt von dem Abenteuer, wie der Kontakt mit dem bedeutenden Seher zustande kam. Die zweite ist das Vermächtnis, das er unserer Welt offenbaren wollte. Im Rückblick erscheint das alles unmöglich. Da es jedoch geschehen ist und nicht geleugnet werden kann, müssen wir versuchen, das uns Gezeigte zu analysieren und daraus zu lernen. Zu allen Zeiten war der Mensch neugierig auf seine Zukunft. In allen Geschichten der Welt gab es stets Orakel, Magier, Schamanen und Seher, die mit unzähligen Methoden die verschiedenen Zivilisationen vor künftigen Ereignissen warnten. Warum ist der Mensch so sehr damit beschäftigt, die Zukunft zu kennen? Wenn eine Vorhersage gemacht wird, akzeptieren wir sie dann mit einem resignierten Gefühl des Untergangs und der Finsternis in dem Glauben, dass sie feststeht und deshalb unveränderlich ist? Das wäre ein sehr trübsinniger Grund dafür, unser Schicksal erfahren zu wollen. Oder wollen wir es kennen, in der Hoffnung, dass dieses Wissen es uns erlaubt, das Vorhergesagte zu ändern? Ohne Hoffnung und freien Willen ist der Mensch nichts weiter, als eine Marionette, ohne jegliche Kontrolle über sein Leben. Nostradamus glaubte, wie ich, an die Theorie der wahrscheinlichen Zukünfte, an einen Nexus auf den Zeitachsen mit vielen möglichen Verläufen, die in alle Richtungen abzweigen. Er glaubte, dass wenn der Mensch nur Wissen hätte, er sehen könnte, auf welche Zeitachse seine Zukunft zusteuert, und sie umkehren könnte, bevor es zu spät ist. Er glaubte, dass der Mensch ohne dieses Wissen nichts weiter sei als ein Stück Treibholz, das ganz nach den Launen der Wellen umhergeworfen wird. Die Prophezeiungen, die uns Nostradamus offenbarte, sind von bedrückendem Grauen erfüllt und zeichnen ein sehr düsteres Bild unserer Zukunft. Aber er sagte: „Wenn ich euch die schrecklichsten Dinge zeige, die ihr euch selbst antun könnt, werdet ihr dann etwas tun, um das zu ändern?“ Diese Bücher sind für aufgeschlossene Menschen gedacht, die über die kommenden Ereignisse nachdenken und sie aus einer anderen Perspektive betrachten können. Damit sie erkennen können, dass Zeit formbar ist, dass die Zukunft nicht vorgezeichnet ist, dass es vielerlei Wege gibt und dass es unsere Wahl ist, welchen Weg wir für unsere Reise wählen.

Ich glaube, Nostradamus wollte nicht, dass seine Prophezeiungen sich erfüllen. Er hatte nicht das Ego, recht behalten zu wollen. Er wollte, dass wir das Grauen, das er sah, verneinen und ihm das Gegenteil beweisen. Das ist die größte Belohnung, die ein Hellseher haben kann: dass seine verheerenden Prophezeiungen sich nicht erfüllen.

Dolores Cannon

ABSCHNITT EINS

DER KONTAKT

KAPITEL 1

BOTSCHAFT VON EINEM FÜHRER

NOSTRADAMUS. Schon sein Name trägt die Aura des Geheimnisvollen in sich. Wer war er wirklich? Der größte Prophet, der je gelebt hat, oder der größte Scharlatan? Konnte er wirklich die Zukunft vorhersehen, oder schrieb er lediglich in unverständlicher Form, um die Menschen zu verwirren und sie im Unklaren zu lassen? Vielleicht war er all das, aber eines ist sicher, er war der größte Autor mysteriöser Rätsel, der je gelebt hat. Über vier Jahrhunderte hinweg das Interesse der Menschheit aufrechtzuerhalten in ihrem Bestreben, seine Rätsel zu lösen, war keine leichte Aufgabe. Aber wenn er nicht in Rätseln geschrieben hätte, hätte sein Werk vielleicht nicht überlebt. Hätte er seine Prophezeiungen in einer einfachen, unmissverständlichen Sprache geschrieben, wäre er vielleicht zu einem Verrückten im Bunde mit dem Teufel erklärt und auf dem Scheiterhaufen verbrannt worden und sein Werk gleich mit ihm. Wenn er wirklich ein großer Prophet war, verschleierte er sein Werk absichtlich, damit die neugierige Natur des Menschen weiterhin versuchen würde, seine Bedeutungen zu entziffern, bis das Ereignis eintrat. Die Rückschau ist wunderbar. Die Übersetzer seines Werkes können in der Regel erst sehen, was er vorherzusagen versuchte, nachdem das Ereignis eingetreten ist.

Nostradamus lebte in Frankreich im 16. Jahrhundert. Er schrieb seine Prophezeiungen in sogenannten „Quatrains“, was vierzeilige Gedichte sind. Es gibt fast tausend von ihnen. Jeder Vierzeiler sollte sich auf ein bestimmtes Ereignis beziehen, aber dies wurde erschwert, weil er Latein und andere undeutliche Wörter in das Altfranzösisch seiner Zeit einfügte. Er liebte es auch, Symbolik, Anagramme und Wortspiele zu verwenden. Ein Anagramm ist ein Wort, das zu einem anderen Wort wird, indem man die Reihenfolge der Buchstaben ändert und sogar Buchstaben hinzufügt oder weglässt. Es ist bei Puzzle-Fans sehr beliebt und man ist sich allgemein darüber einig, dass Nostradamus reichlich Anagramme in seinen Vorhersagen verwendete, vor allem, wenn er sich auf Eigennamen bezog.

Es gibt auch Experten, die behaupten, viele seiner Vierzeiler seien Unsinn und unmöglich zu lösen. Sie sagen, dass jegliche Ähnlichkeit mit eingetretenen Ereignissen reine Zufälle seien. Sie behaupten, dass dieser Mann sich bloß einen gigantischen Scherz erlaubt habe, der die Menschen all die Jahre über immer wieder verblüfft habe, und dass Nostradamus sich köstlich darüber amüsiert haben müsse, dass es ihm gelungen sei, die Menschen so lange Zeit zu täuschen. Ob Prophet oder Scharlatan, er hat immer wieder Interesse geweckt und wird dies auch weiterhin tun, solange der Mensch Herausforderungen und Geheimnisse liebt.

Als mein Abenteuer begann, wusste ich wahrscheinlich nur genauso viel über diesen Mann wie jeder andere auch. Da ich mich bereits seit vielen Jahren für übersinnliche Phänomene interessierte, las ich über ihn und schaute mir das TV-Special „The Man Who Saw Tomorrow“ (z. Dt: „Der Mann, der das Morgen sah“, *Anm. d. Übersetzers) an, erzählt von Orson Welles. Nostradamus war in erster Linie Arzt und war bereits zu seiner Zeit ein Mysterium, und zwar aufgrund seiner Fähigkeit, Heilungen zu vollbringen, die die anderen Ärzte nicht einmal ansatzweise erreichen konnten. Ich hatte seine Vierzeiler nie studiert. Wer will das schon? Sie sind zu kompliziert. Ausgehend von der begrenzten Menge an Fakten, die ich von ihm kannte, war ich geneigt zu denken, dass er seiner eigenen Zeit weit voraus war und wahrscheinlich Ereignisse in der Zukunft vorhersehen konnte. Ich glaubte, dass er nicht verstehen konnte, was er sah, und somit Symbolik benutzte, wie sie in der Bibel verwendet wird (besonders in der prophetischen Vision in der Offenbarung), um seine Visionen zu beschreiben.

Obwohl ich diesen Mann immer bewundert habe, wäre ich in meinen kühnsten Träumen nie auf die Idee gekommen, ihm zu begegnen oder als ein Werkzeug bei der Übersetzung seiner geheimnisvollen Prophezeiungen zu wirken. Als Rückführungstherapeutin habe ich manch aufregende Abenteuer in Zeit und Raum durch Hypnose erlebt, indem ich die Geschichte durch die vergangenen Leben meiner Probanden nacherlebte. Aber die Idee, mit Nostradamus zu arbeiten oder gar etwas über ihn herauszufinden, wäre mir nie in den Sinn gekommen.

Das Abenteuer begann mit trügerischer Unschuld und Schlichtheit. Ich nehme routinemäßig an Treffen von Menschen teil, die sich für übersinnliche Phänomene und metaphysische Themen interessieren. Ich gehe jeden Monat zu mehreren dieser Treffen, und ich habe das Gefühl, dass das Zusammensein mit anderen Gleichgesinnten meine Batterie auflädt. Es tut immer gut, mit anderen zusammen zu sein, die ähnliche Interessen mit einem teilen. Die Freiheit, ohne Angst vor Schuldzuweisungen über solch fremdartige Themen zu sprechen, ist einfach wunderbar.

Es war bei einem dieser Treffen im Jahr 1985, dass ich Elena, eine sehr attraktive dunkelhaarige Frau in den Vierzigern, zum ersten Mal traf. Ich kann mich noch an die erste Nacht erinnern, in der sie und ihre Tochter den Raum betraten und wie zwei verlorene Schafe aussahen. Diese Gruppe befasste sich mit dem Studium des Seth-Materials, das recht kompliziert werden kann. Elena hatte still und mit großen Augen dagesessen und allem zugehört, was gesprochen wurde, und offensichtlich nichts verstanden. Sie sagte später, dass sie aus reiner Neugierde gekommen sei und sich fühlte, als hätte sie gerade vom Kindergarten hinüber ins College gewechselt. Sie konnte nicht einmal die einfachsten metaphysischen Begriffe verstehen, die wir verwendeten. Aber anstatt sich entmutigen zu lassen, fuhr sie fort, unseren Treffen beizuwohnen. Sie genoss die Freundlichkeit und Offenheit der anderen und wollte mehr über diese Dinge erfahren.

Damals wusste ich über sie nur, dass sie dabei half, in dem nahe gelegenen Erholungsort ein Restaurant zu führen, und in ihrer Freizeit Porträtmalerin war. Später sollte ich erfahren, dass sie Mutter von zehn Kindern war, von denen die meisten erwachsen waren und auf eigenen Füßen standen. Sie heiratete in einem so frühen Alter, dass sie die High School nicht abschloss. Eine ihrer Töchter war taubstumm, und Elena hatte die Gebärdensprache gelernt, um mit ihr kommunizieren zu können. Elena war katholisch erzogen worden, hatte aber in späteren Jahren nicht das Gefühl, dass die Religion die

Antworten bereithielt, die sie suchte. Zu dieser Zeit begann sie, die Dogmen verschiedener protestantischer Sekten abzusuchen, auf der Suche nach einer, die ihr angenehm erschien. Sie sagte, die mormonische Religion komme dem am nächsten, was ihrer Ansicht nach einem Menschen nach seinem Tod widerfahre. Nachdem sie ausgiebig gereist waren und an vielen Orten gelebt hatten, waren sie und ihre Familie erst vor kurzem aus Alaska in unsere Gegend gezogen. Sie besaß eine wunderbar warme und liebevolle Persönlichkeit. Elena arbeitete lange und hart im Restaurant und kümmerte sich um ihre Familie, und sie wirkte oft sehr müde, wenn sie an dem Treffen teilnahm. Ich hielt ihr Interesse für aufrichtig, sonst wäre sie direkt nach Hause gegangen, um sich auszuruhen. Sie war zudem sehr neugierig und empfand keine Scheu, indem sie viele Fragen stellte und versuchte, dieses neu entdeckte Interesse, die parapsychologischen Phänomene, zu verstehen. Die Gruppe ermutigte sie und wollte ihr beim Lernen helfen.

Zu gegebener Zeit erfuhren wir, dass Elena zwar nicht mit den technischen Einzelheiten der parapsychologischen Phänomene vertraut war, dass diese ihr aber in Wirklichkeit nicht fremd waren. In den späten sechziger Jahren hatte sie eine NTE (Nahtoderfahrung) erlebt. Sie hatte eine tubuläre Schwangerschaft, bei der ein Riss auftrat, der ihren Bauchraum mit inneren Blutungen füllte.

Sie beschrieb das Erlebnis: „Ich erinnere mich, wie ich in den Operationssaal ging und dachte: ‚Oh, mein Gott, ich bin noch wach!‘ Ich konnte die Stimmen der Ärzte und Krankenschwestern auf beiden Seiten von mir hören. Dann fühlte ich einen ungeheuren Schmerz, und ich erhob mich über die Stimmen. Ich hörte alles, was vor sich ging, aber ich fühlte mich nicht mehr schlecht. Dann sah ich in weiter Ferne dieses weiße Licht, und ich begann, darauf zuzugehen. In diesem Moment war es, als ob eine riesige Hand nach mir greifen und mich zurück in meinen Körper ziehen würde. Es war das schrecklichste Gefühl, ich meine, der Schmerz, wieder hineingezogen zu werden. Und noch größerer Schmerz, je näher ich zum Körper kam.“

Als sie wach und in der Lage war, zu kommunizieren, erschreckte sie den Arzt mit den Worten: „Wissen Sie, es war schrecklich von der Krankenschwester zu sagen: ‚Ich glaube nicht, dass sie es schaffen wird', und dabei war ich hellwach.“

Der verwirrte Arzt fragte sie, woher sie das wusste. Hatte ihr jemand mitgeteilt, was die Krankenschwester gesagt hatte? Elena antwortete mit Nachdruck, dass sie selbst die Krankenschwester das im Operationssaal sagen gehört habe. Der Arzt schüttelte den Kopf und sagte: „Es ist unmöglich, dass Sie sie gehört haben, Sie waren völlig weggetreten. Sie waren nicht einmal bei Bewusstsein, als wir Sie in die Notaufnahme brachten."

Sie war dem Tod wirklich sehr nahe gewesen, weil ihr Mann ihr erzählte, der Arzt habe gesagt, er glaube nicht, dass sie es schaffe. Diese Erfahrung muss das Glaubenssystem des Arztes erschüttert haben, denn er war gereizt und versuchte noch Tage danach, Elenas Geschichte zu widerlegen. Er brachte sogar die Krankenschwester herein und konfrontierte sie damit. Er versuchte, Elena davon zu überzeugen, dass es für sie unmöglich sei, gehört zu haben, was sie behauptete. Aber Elena ließ sich nicht beirren. Sie verstand nicht, was geschehen war, aber niemand konnte sie davon überzeugen, dass es nicht geschehen war.

Das medizinische Personal war erstaunt über die Schnelligkeit ihrer Genesung, aber sie glaubten, sie würde nie wieder in der Lage sein, noch ein Kind zu bekommen. Solche Nachrichten entmutigten Elena nicht. Sie und ihr Mann beantragten, ein weiteres taubes Kind zu adoptieren, um es mit ihrer eigenen behinderten Tochter großzuziehen. Bevor die Anträge genehmigt werden konnten, stellte sie fest, dass ihr eigenes persönliches Wunder geschehen war. Sie war mit ihrem zehnten und letzten Kind schwanger.

NTE wurden erst in den 1970er Jahren allgemein bekannt, als Dr. Elisabeth Kübler-Ross und Dr. Raymond Moody dieses Phänomen erforschten und das Buch Leben nach dem Leben schrieben. Während dieser Zeit las Elena in einer Boulevardzeitung über einige dieser Fälle. Sie war begeistert, als sie feststellte, dass es sich bei ihrem Fall nicht um eine einzelne Erfahrung handelte. Sie erinnerte sich, wie sie mit dem Papier winkte und ihrer Familie zurief: „Schaut, das ist tatsächlich noch jemand anderem passiert." Sie hatte in all den Jahren keine Bestätigung benötigt, aber die Tatsache, dass auch andere solch seltsame Ereignisse erlebt hatten, öffnete ihr die Tür zu der Möglichkeit eines parapsychologischen Phänomens.

Zu dieser Zeit gab es in der Gruppe mehrere Personen, die eine Hypnose-Rückführung in vergangene Leben erleben wollten, und ich vereinbarte Termine. Ich hatte immer das Gefühl, dass aus dieser Gruppe ein guter Proband hervorgehen könnte, aber bis zu diesem Zeitpunkt hatten sie nur normale, durchschnittliche Trancezustände erlebt. Das Interesse dieser Gruppe an der Metaphysik konnte die Chancen nicht erhöhen und auch die Muster nicht verändern, die ich in der Vergangenheit so oft beobachtet hatte.

Ich weiß immer erst, was ich suche, wenn ich es finde. Ich habe mit mehreren guten Probanden gearbeitet und viele Informationen erhalten, aber ich bin immer auf der Suche nach einem weiteren Somnambulisten. Das ist die Art Proband, der für meine Forschungsarbeit am nützlichsten ist, weil er in eine solch tiefe Trance gehen kann, dass er sich vollständig in die andere Persönlichkeit verwandelt. Somnbambulisten sind schwer zu finden, aber ich glaube, meine Chancen sind größer, weil ich mit so vielen Menschen arbeite. Ich hatte keine Ahnung, dass derjenige, der aus der Gruppe auftauchen und mich kopfüber in dieses neue Abenteuer stürzen würde, jene reife, ruhige und wissbegierige Elena sein würde.

Ich weiß, dass die Geschichte, die ich über meine Verbindung zu Nostradamus erzählen werde, so unglaublich klingen wird, dass viele Skeptiker behaupten werden, Betrug sei die einzige Erklärung. Aber ich weiß, dass bei all den Anforderungen an ihre Zeit als vielbeschäftigte Ehefrau, Mutter und Erwerbstätige, Elena keine Neigung hatte, einen ausgeklügelten Schwindel zu erfinden. Die Treffen mit der Gruppe wurden zu einer der seltenen Ablenkungen in ihrem vollen Terminkalender, aber ihre Familie schien immer an erster Stelle zu stehen.

Als sie sah, dass die anderen dabei waren, Termine für Rückführungssitzungen zu vereinbaren, fragte sie, ob sie es auch versuchen könne. Ihr Motiv war reine Neugier, sie wollte nur sehen, wie es sich anfühlen würde, hypnotisiert zu werden. Bis zu dem Zeitpunkt, als sie sich der Gruppe anschloss, hatte ihre Lektüre ausschließlich aus Horrorromanen bestanden, Büchern vom Typ Stephen Kings. Sie war nun bestrebt, etwas über parapsychologische Phänomene zu erfahren, wusste aber sehr wenig über Reinkarnation. Sie sagte, sie habe bestimmt noch nie mit dem Gedanken gespielt, schon einmal gelebt zu haben.

Bei ihrer ersten Sitzung war ich überrascht, mit welcher Leichtigkeit sie in eine tiefe schlafwandlerische Trance trat. Sie räumte völlig mit der Theorie auf, dass Probanden auf Nummer sicher gehen und nur über ein Leben berichten, das in einem Bereich liegt, der ihnen vertraut ist. Sie kam in eine Szene mit einer solch fremden Umgebung, dass ich keine Ahnung hatte, wo sie sich befand. Normalerweise kann ich den Schauplatz durch Befragungen über Gebäude, Kleidung, Lebensbedingungen und Umgebung identifizieren, aber die Gebäude waren von einer Art, von der ich noch nie gehört hatte. Sie beschrieb das Leben eines Kaufmanns in einem fremden Land, wo die Leichen toter Mönche die Wände des buddhistischen Tempels säumten. Der Mann starb, als eine Hängeseilbrücke in eine Schlucht stürzte. Später, als sie erwachte, zeichnete sie eine Skizze der Gebäude, da dieses erste Bild das einzige war, woran sie sich aus der gesamten Rückführung erinnerte. Sie wirkten orientalisch, ließen aber nicht auf Japan oder China schließen.

Elena erwies sich in dieser ersten Sitzung als ausgezeichnete Somnambulistin, deshalb konditionierte ich sie auf ein Schlüsselwort, um die zeitraubende Induktion zu eliminieren, für den Fall, dass wir jemals wieder zusammenarbeiten sollten. Ich ließ Schlüsselwörter sogar noch ein Jahr nach ihrer Vergabe erfolgreich funktionieren. Das Unterbewusstsein akzeptiert sie so leicht, als wären sie erst gestern vergeben worden.

Bis zu dieser ersten Sitzung hatte Elena noch keinerlei Erfahrungen mit irgendeiner Art von verändertem Zustand gemacht, und sie war sehr gespannt auf die Ergebnisse der Rückführung.

Da ich stets auf der Suche nach bewährten Somnambulisten bin, wollte ich zusätzlich zu den anderen, von denen ich Informationen erhielt, weiter mit ihr arbeiten. Sie war dazu bereit, wenn sie es in ihren vollen Terminkalender einordnen konnte. In den folgenden Monaten stellte sich dies als das größte Problem heraus. Da ihr ihre Familie sehr wichtig war, sagte sie oft Sitzungen aufgrund persönlicher Umstände in letzter Minute ab. Dies unterstrich die Tatsache, dass die Metaphysik-Gruppe und die Hypnose-Rückführungen kein zwanghafter, verzehrender Teil ihres Lebens waren. Im Gegenteil, sie waren beinahe nebensächlich. Sie hatte das Gefühl, ein neues wichtiges Glaubenssystem gefunden zu haben, aber es hatte in ihrem Leben nicht Priorität. Ihre Familie und ihr Beruf nahmen den größten Teil ihrer Zeit in Anspruch.

Am Tag unseres zweiten Termins kam ich gegen Ladenschluss im Restaurant an. Da sie nicht Auto fuhr, beabsichtigte ich, sie nach der Arbeit für eine Sitzung zu ihrem Haus zu bringen, bevor ihr Mann und ihre Kinder eintreffen und ihre Aufmerksamkeit erfordern würden. Das Restaurant war immer noch voller Leute. Sie erklärte, dass ein plötzlicher Strom an Touristen bedeutete, dass sie noch etwa eine Stunde geöffnet haben müssen und es zu jenem Zeitpunkt für eine Sitzung zu spät sein würde. Da ich nie in der Verlegenheit bin, Leute zu finden, die eine Rückführung machen möchten, beabsichtigte ich, zu gehen und einige der anderen Personen anzurufen, die auf der Warteliste standen.

Aber sie griff fest nach meinem Arm und führte mich zu einer Tischnische. „Bitte bleiben Sie noch eine Weile“, bat sie. „Etwas sehr Seltsames ist passiert. Ich muss darüber reden. Warten Sie einfach, bis ich einige dieser Leute bedient habe.“ Ihr Gesichtsausdruck und ihr Tonfall wirkten so ernst, dass ich zustimmte. Etwa eine halbe Stunde lang saß ich an einer Cola nippend da und sah zu, wie sie eifrig zu der Küche hin und her eilte und mir gelegentlich ein Lächeln schenkte, um mir zu versichern, dass es wichtig sei.

Endlich gab es eine Ruhepause, und hastig wischte sie sich die Hände an ihrer Schürze ab und setzte sich mir gegenüber hin. Während sie meine Hand mit ihren beiden packte, sagte sie mit großer Aufregung: „Ich bin froh, dass Sie gewartet haben. Ich kann das nicht länger für mich behalten. Ich habe ein so seltsames Erlebnis gehabt. So etwas ist mir noch nie zuvor in meinem Leben passiert.“

Sie erklärte, der Vorfall habe sich einige Nächte zuvor ereignet, als sie schlafen ging. Sie wusste, dass sie noch wach war, als ihr die Gestalt eines Mannes bewusst wurde, der neben ihrem Bett stand. Eine Situation, die ihr normalerweise Angst einjagen würde, aber stattdessen empfand sie eine heitere Ruhe. Die Gestalt bezeichnete sich selbst als Andy, ihren Führer.

„Sie müssen verstehen“, sagte sie, „dass mir so etwas noch nie zuvor passiert ist. Ich weiß nicht einmal, was ein Führer ist, und ich kenne ganz sicher niemanden namens Andy.“

Ich erklärte geduldig, dass ich durch meine Arbeit festgestellt habe, dass jedem Menschen schon vor seiner Geburt ein oder manchmal mehrere Führer zugewiesen werden. Diese werden zuweilen „Schutzengel“ genannt, und ihr Zweck ist es, uns auf unserer

Reise durch das Leben zu helfen. Sie konnte das akzeptieren, weil es eine vernünftige Erklärung war, die insbesondere mit ihrer katholischen Erziehung harmonierte. Was sie aber noch mehr verwirrte, war das, was er ihr sagte.

"Er sagte, es sei sehr wichtig, dass ich weiter mit Ihnen zusammenarbeite. Dann gab er mir eine Nachricht für Sie." Für mich? Das war gewiss eine Überraschung. „Für mich ergibt das keinen Sinn, aber er sagte, Sie würden es verstehen. Er sagte, dass Ihre Bücher veröffentlicht werden müssen, dass Sie nicht aufgeben dürfen. Er sagte, es gebe auch andere auf dieser Seite, die besorgt seien, dass Sie die Hoffnung verlieren und entmutigt werden könnten. Sie möchten Sie wissen lassen, dass die Bücher extrem wichtig sind."

Das war eine merkwürdige Erfahrung, weil ich Elena damals noch nicht sehr gut kannte und ich meine Schriften nicht mit ihr besprochen hatte. Sie wusste nichts über meine Bücher, worum es in ihnen ging oder welche Probleme ich damit hatte, sie in die Hände von Verlegern zu bekommen. Sie wusste auch nichts über eine kürzlich aufgetretene Reihe entmutigender Entwicklungen, die mich daran verzweifeln ließen, sie jemals zu veröffentlichen. Ich wusste, ich würde nicht aufgeben, aber an diesem Punkt fühlte ich mich so allein und hatte auf wenigstens ein kleines Zeichen der Ermutigung gehofft, dass meine Arbeit nicht vergeblich sein würde. Vielleicht war dies jenes Zeichen. Es musste stichhaltig sein, denn Elena vermittelte lediglich eine Botschaft, die sie nicht verstand. Das war es, was sie verwirrte, denn sie kannte die Bedeutung der Botschaft nicht wirklich, sondern fühlte sich gezwungen, sie an mich weiterzugeben. Wäre sie für jemand anderen gewesen, hätte sie aus Furcht vor Spott gezögert, diese Botschaft zu übermitteln.

Sie seufzte erleichtert, als ich ihr sagte, dass ich sie verstehe. „Mir ist klar, dass die Bücher wichtig sind, und ich möchte, dass sie veröffentlicht werden, aber das Problem bin nicht ich. Das Problem ist es, einen Verleger zu finden, und ich scheine damit in einer Sackgasse gelandet zu sein."

Sie hatte darauf keine Antwort, weil die Lösung nicht Teil der Botschaft war. Sie war nur als eine Botschaft der Hoffnung und Ermutigung gedacht. Dies war meine erste Erfahrung mit etwas dieser Art. Vielleicht hatte die erste hypnotische Sitzung ihr übersinnliches Bewusstsein mehr geöffnet, als wir gedacht hatten. Sie sagte, sie wolle ihre übersinnlichen Fähigkeiten ernsthaft erweitern und habe Meditation praktiziert, was sie noch nie zuvor getan hatte. Vielleicht hatte sie eine natürliche Empfänglichkeit, die begann, sich herauszubilden. Was auch immer die Ursache für dieses seltsame Erlebnis war, ich war froh, dass es sie nicht verschreckt hatte. Wäre das geschehen, hätte sie vielleicht sofort alle weiteren Ausflüge ins Unbekannte abgebrochen, und unser Abenteuer wäre ganz gewiss nie zustande gekommen.

ES VERGINGEN MEHRERE WOCHEN, bis Elena in ihrem vollen Terminkalender endlich Zeit für eine Hypnose-Rückführung fand. Die Sitzung fand bei ihr zu Hause in Anwesenheit einer ihrer Teenage-Töchter statt. Ich benutzte das Schlüsselwort und beobachtete, wie sie schnell und mühelos in eine tiefe Trance fiel. Dann wies ich sie an, sich in ein Leben zu begeben, das für sie wichtig war. Das tue ich oft, wenn der Proband kein spezifisches Verlangen hat, die Quelle von Phobien, Problemen oder karmischen Beziehungen zu anderen in seinem Leben herauszufinden. Anstatt darauf zu warten, dass etwas aufs Geratewohl durchkommt, weise ich sie an, die Akte zu einem Leben zu öffnen, das in Bezug auf das Leben, welches sie gegenwärtig leben, eine gewisse Bedeutung hat. Häufig werden auf diese Weise einige erstaunliche Einblicke gewonnen.

Als ich mit dem Zählen fertig war, fand sich Elena als ein Mann wieder, der auf eine hohe Feldsteinmauer blickte, welche eine große Stadt umschloss. Dann ging sie eine Straße innerhalb der Stadt entlang. An ihrem Gesichtsausdruck konnte ich erkennen, dass sie durch etwas gestört wurde. Ich fragte sie, ob sie irgendetwas störe, und sie antwortete: „Ich muss zum Lehrer gehen." Als ich nach weiteren Informationen fragte, wurde sie noch beunruhigter und zögerte, darüber zu sprechen. Ein stiller Kampf schien in ihr zu wüten. Sie wusste, dass dies etwas war, worüber sie nicht sprechen konnte, das sie aber dennoch mit mir teilen wollte. Es gab lange Pausen. Ihre Antworten waren kurz und von einem Gefühl unbehaglichen Misstrauens durchsetzt, als ob sie sich nicht sicher wäre, ob sie überhaupt darüber sprechen sollte.

Ich versuchte, sie zu beruhigen. Ich bin schon früher in solche Situationen geraten. Das passiert gewöhnlich, wenn irgendeine Art von Geheimhaltung dahinter steckt. Entweder gehört die Person einer privaten oder geheimnisumwobenen Organisation an, oder sie ist in etwas Esoterisches verwickelt oder es ist etwas, worüber sie einfach nicht sprechen kann. Ziemlich oft, wie in meiner Arbeit mit dem Essener Lehrer in meinem Buch Jesus und die Essener sowie in meiner Arbeit mit den alten Druiden ersichtlich, sind sie zur Geheimhaltung verpflichtet und dürfen diese Dinge niemandem offenbaren, häufig unter Androhung der Todesstrafe. Ganz gleich, wie gerne sie meine Fragen beantworten wollen, in einem solchen Fall würde ich sie bitten, gegen ihre moralischen Grundprinzipien jener Lebenszeit zu verstoßen. Oft kann ich es durch taktvolles Fragen umgehen oder indem ich versuche, Vertrauen zu erwecken. Aber es gab Male, bei denen nichts diese Art von Hülse durchdringen konnte. Ich vermutete aufgrund von Elenas Augenbewegungen, ihres Gesichtsausdrucks und ihrer zögerlichen Antworten, dass dies ein solcher Fall war.

Als ich nach dem Lehrer fragte, war alles, was sie sagte, dass er ein sehr gelehrter Mann sei, der im Geheimen unterrichten müsse. Der Ton ihrer Stimme signalisierte mir, dass sie selbst die Enthüllung von so wenigen Details als einen Verrat betrachtete. Ich versuchte, ihr zu versichern, dass ich ihre Gründe für ihre Vorsicht verstand, und versuchte, weitere Informationen zu erhalten. Es gab eine lange Pause, als ich sie fragte, ob er in Gefahr geriete, wenn sie über ihn sprechen würde. Sie versuchte zu entscheiden, ob sie antworten sollte oder nicht. Dieses Verfahren war für mich sehr ermüdend. Obwohl sie sich definitiv in einem somnambulistischen Zustand befand, kamen ihre Antworten sehr langsam und mit sorgfältig abgewogener Vorsicht. Ihre Stimme klang sehr sanft und entspannt. Das machte das, was als Nächstes geschah, sogar noch unerwarteter.

Es gab eine Pause nach meiner letzten Frage, dann brach plötzlich eine selbstbewusste, dröhnende Stimme hervor, die mich mit Namen ansprach. „Dolores! Das ist Andy. Ich bin Elenas Führer. Sie ist dazu noch nicht bereit!“ Ich war so erschrocken, dass ich beinahe das Mikrofon fallen ließ.

Zu sagen, dass ich überrascht war, wäre eher milde ausgedrückt. Ich bin an das Unerwartete gewöhnt, wenn ich arbeite, aber dies hier hat mich völlig überrumpelt. Ich erinnerte mich daran, dass Elena gesagt hatte, die Erscheinung, die an ihrem Bett erschienen war, um mir die Botschaft zu überbringen, habe sich Andy genannt. Ob ich es hier mit ihrem wirklichen Führer, ihrem Wächter oder mit ihrem Unterbewusstsein zu tun hatte, der Tonfall war jedenfalls so herrisch, dass ich es für das Beste hielt, nicht mit ihm zu streiten. Diese Persönlichkeit sprach in einem normalen Tempo und war sehr selbstsicher. Selbst wenn es ihr Unterbewusstsein war, lag ihm offensichtlich ihr Wohlergehen am Herzen, so dass ich mir sicher war, dass eine Konversation mit „ihm“ keine Gefahr darstellen würde. Ich versicherte ihm, dass wir, falls Elena noch nicht bereit war, uns ganz leicht zurückziehen könnten, auch wenn ich in dem, was wir besprachen, nichts gesehen hatte, was ich als Problem erachtete.

Er fuhr fort: „Sie ist verwirrt. Und obwohl sich dieses Leben mit Nostradamus für sie tatsächlich ereignet hat, ist sie noch nicht wirklich bereit, sich damit auseinanderzusetzen.“

Nostradamus? Was meinte er? Hatte Elena ein Leben mit dem bedeutenden Medium erlebt?

Ein Blick zu ihrer Tochter zeigte, dass sie noch verwirrter darüber war als ich, solche seltsamen Dinge von ihrer Mutter zu hören. Ich konnte nur mit den Schultern zucken. Schließlich sollte ich ja die Sitzung kontrollieren, obwohl ich keine Ahnung hatte, was vor sich ging. Ich benutze stets das weiße Schutzlicht, aber ich wollte sichergehen, dass dieses Wesen lediglich versuchte, ihr zu helfen.

D: Ich möchte, dass du erkennst, dass mein größtes Anliegen ihr Wohlergehen ist. Es ist mir sehr wichtig, dass sie beschützt und umsorgt wird.

E: Oh, ja! Das weiß ich. Wir sind sehr zufrieden mit der Art und Weise, wie du mit deinen Probanden umgehst. Deshalb arbeiten wir gerne mit dir zusammen, du bist so beschützerisch. Ich habe das zuvor schon einmal versucht. Sie ist eigensinnig, aber sie ... sie wird gut sein. (Die Stimme klang wie eine Mutter, die ihr Kind tadelt.)

D: Vielleicht könnten wir dieses Leben, in das sie gerade eingetaucht ist, später untersuchen, wenn sie dazu bereit ist.

Es blieb mir keine Zeit, über diese Dinge nachzudenken, da ich die Anweisung erhielt, sie vorerst woanders hinzubringen. Es war das erste Mal, dass mir je so etwas während einer Rückführung passiert ist. Aber als ich zustimmte, war die Wesenheit hocherfreut, dass ich kooperieren wollte.

D: Willst du sie zu einer Zeit bringen, die sie sich mit Wohlgefühl ansehen kann?

E: Mir wäre es lieber, du würdest das tun. Ich denke, eines ihrer jüngeren vergangenen Leben wird für sie angenehm sein. (Pause) Das neunzehnte Jahrhundert.

Ich bereitete mich darauf vor, sie anzuweisen, in dieses Leben zu gehen, aber die Stimme hinderte mich daran. Anscheinend war er noch nicht damit fertig, mit mir zu sprechen. Wieder war ich erschrocken. Nichts von alledem war der übliche Vorgang bei Rückführungen.

E: Hat sie dir gesagt, wie ich mich fühle? Dass ich möchte, dass du mit dem, was du tust, fortfährst? Das wollen wir alle.

D: Ja, aber du bist dir wahrscheinlich der Schwierigkeiten bewusst, auf die ich stieß.

E: Ja, aber sie werden vorübergehen. Du wirst gerade auf die Probe gestellt.

D: Manchmal habe ich das Gefühl, dass ich etwas zu sehr auf die Probe gestellt werde.

E: Fühle dich nicht so und lasse dich nicht entmutigen. Was du da tust, ist sehr wichtig. Weißt du, wir alle sehen zu und einige von uns sind sehr frustriert, weil wir nicht in der Lage sind, zu sprechen.

D: Kennst du meinen Führer?

E: Nein. Keiner von uns hat Kenntnis von den anderen, weder individuell noch persönlich, da wir uns alle auf unterschiedlichen Ebenen bewegen. Und manche befinden sich auf höheren Ebenen als ich. Aber wir sind ... du wirst mir verzeihen müssen, ich benutze die Worte, die sie kennt. Es gibt da etwas, dessen wir uns bewusst sind. Es ist genau so, wie, dass ihr euch der Luft bewusst seid, aber sie nicht sehen könnt. Es wird sich eine gemeinsame Basis für uns finden. Selbst einem Führer kann angst und bange werden, ob der Weg in die richtige Richtung führt. Ihr werdet alle auf dem richtigen Weg sein, es ist nur so, dass einige Straßen etwas kurviger werden als andere. Haltet einfach durch, es wird sehr gut für diejenigen Menschen sein, die die Chance haben, deine Bücher zu lesen. Es gibt zudem auch negative Kräfte, die dem entgegenwirken. Es ist ... oh, die einfachste Art, es zu erklären, ist, sie „kleine Kinder" zu nennen. Sie wollen keinen Fortschritt unter den Menschen sehen, der möglich ist, ohne so viele verschiedene Leben durchlaufen zu müssen. Und wir sind an einem Punkt angelangt, an dem eine Erleuchtung aller geschehen kann. Und das wird bekämpft oder unterdrückt, würde ich sagen. Natürlich kommt es manchmal zu Unterdrückung unter den Uninformierten, aber im Moment geschieht dies auch auf anderen Ebenen. Die Reaktion der Öffentlichkeit wird positiv sein. Du wirst öffentliche Aufmerksamkeit dafür erhalten, dass dies die Wahrheit ist, und es wird auch diese kleine Gruppe geben, die sich dem widersetzt und dagegensteuert. Aber was du tust, ist sehr wichtig. Du darfst nicht vom Thema abweichen. Ich, wie auch andere, spüre, dass du immer entmutigter wirst. Und deshalb ist es wichtig, dich wissen zu lassen, dass du am Ball bleiben musst.

Die Wesenheit erteilte mir dann Ratschläge, wohin ich die Manuskripte schicken solle und welche zeitlichen Elemente dabei eine Rolle spielen, was seit diesem Tag überraschenderweise alles so geschehen ist. Er riet auch dringend davon ab, jemandem zu erlauben, das Jesus-Material zu kürzen, was, ohne Elenas Kenntnis, von zwei Firmen vorgeschlagen worden war. Dann gab er Elena eine Botschaft, in der er ihr mitteilte, wie sie meditieren solle und empfänglicher sein könne, wenn er versucht, mit ihr zu kommunizieren und sie zu beraten. Er sagte, das Leben, welches sie zu Beginn dieser Sitzung gesehen habe, sei wichtig, und dass wir es später sehen dürften. Dann bat er mich erneut, sie ins neunzehnte Jahrhundert zu bringen, wo sie ein Leben vorfinden werde, welches sie einfacher bewältigen könne.

Nachdem ich dieser erstaunlichen Wesenheit Lebewohl gesagt hatte, wies ich Elena an, sich in die von ihm angegebene Zeitspanne zu begeben. Sie betrat umgehend das irdische Leben einer Frau, die im neunzehnten Jahrhundert mit einem hart arbeitenden Weizenbauern in Kansas verheiratet war. Nach der unerwarteten Richtung, die diese Rückführung gerade eingeschlagen hatte, war es sehr langweilig, ihrer Erinnerung an dieses Leben zuzuhören. Die Details sind unwichtig, aber dies zeigt die Anpassungsphase, die ihr Unterbewusstsein durchlief.

Ob es nun wirklich ihr Führer oder ihr Unterbewusstsein war, das durchgekommen war, um zu sprechen und Führung zu geben, es bestärkte mich nur in meiner Überzeugung, dass den neuen Probanden zu Beginn meiner Arbeit normalerweise kein Leben gezeigt wird, das sie nicht bewältigen können. Aus diesem Grunde erinnern sie sich für gewöhnlich an ein langweiliges, alltägliches Leben. Das ist das Muster, das ich immer vorgefunden habe. Was diese Sitzung so ungewöhnlich machte, war die Tatsache, dass ich noch nie zuvor eine direkte Einmischung von irgendetwas hatte, geschweige denn von etwas, das sich als eigenständige Persönlichkeit identifizierte. Das war eine sehr ungewöhnliche Erfahrung, aber ich muss mir immer wieder ins Gedächtnis rufen, dass bei dieser Art von Arbeit das Ungewöhnliche zu erwarten ist. Ihre Tochter war genauso überrascht wie ich über das plötzliche Einschalten von Elenas Führer. Umso mehr, als ich ihr sagte, dass dies das erste Mal war, dass so etwas passierte.

Als Elena erwachte, war sie angetan von der Rückführung der Bauersfrau, auch wenn ich sie sehr langweilig fand. Sie war überrascht, als ich ihr erzählte, dass Andy die Sitzung unterbrochen hatte. Sie hatte keine Erinnerung daran. Aber sie erinnerte sich, dass sie sich zu Beginn der Sitzung unbehaglich gefühlt hatte.

„Ich erinnere mich nicht mehr an vieles von dem, was geschah, aber ich fühlte mich unbehaglich, als ob ich irgendwie in ein Vertrauen eingedrungen wäre. Ich habe das starke Gefühl, dass es ein Leben war, das sich wirklich abgespielt hat. Es hatte etwas mit einem Lehrer zu tun, und seine damaligen Unterweisungen waren sehr geheim. Es war mir sehr unangenehm, überhaupt darüber zu sprechen. Ich wurde innerlich sehr emotional, als ob ich gegen irgendeine Regel oder so etwas verstoßen würde. Verstehst du, was ich meine?“

Ich fragte sie, ob sie etwas über Nostradamus, den Hellseher des sechzehnten Jahrhunderts wisse. Sie hatte nie von ihm gehört und konnte nicht einmal seinen Namen aussprechen.

Vielleicht war dies der Grund, warum ihr Führer eingegriffen hatte; er konnte die Unruhe spüren, die sich in ihrem Inneren auftat. Alles, was ich sehen konnte, war, dass sie verstört war. Normalerweise schaffen es die Probanden, sachlich zu werden oder aus einer Szene heraus zu etwas anderem zu springen, wenn sie etwas stört. Sie können auch von selbst aufwachen, wenn die Erfahrung zu unangenehm wird. Offenbar brauchte Elena den Eingriff ihres Führers. Wer weiß? Ich war mir nicht sicher, was ich davon halten sollte. Ich bin die Letzte, die wissen konnte, was wirklich geschah oder warum es geschah. Die ganze Sache verwirrte auch Elena, und ich wusste, dass sie sich in einer so tiefen Trance befand, dass sie keine bewusste Kontrolle über das Geschehen hatte. Ihr Führer sprach auch über Dinge, von denen Elena keinerlei Kenntnis hatte. Was auch immer vor sich ging, ich war zufrieden damit. Meine Neugier war geweckt worden und ich dachte, die Lebenszeit, auf die sie einen Blick erhascht hatte, könnte es wert sein, verfolgt zu werden, wenn Andy es zuließe.

KAPITEL 2

ICH BEGEGNE DYONISUS

ZWEI MONATE SOLLTEN VERGEHEN, bevor Elena und ich uns zu einer weiteren Sitzung treffen konnten. Die Touristensaison war in diesem Ferienort in vollem Gange, und das Restaurant war überfüllt. Elena war zudem mit Porträts beschäftigt, die ihr in Auftrag gegeben worden waren. Sie versuchte, sich jeden Tag ein wenig Zeit für die Meditation zu nehmen, da sie das Gefühl hatte, dass dies ihren Geist beruhigte und ihr half, sich zu entspannen. Sie war sich sicher, dass ihr Führer Andy einige Male zu ihr gekommen war und ihr Ermutigungen und Ratschläge bei Problemen gegeben hatte. Ich war mit mehreren anderen Probanden in verschiedenen Projekten engagiert gewesen und sah sie nur bei den Gruppentreffen. Schließlich konnten wir uns an ihrem freien Tag zu einer Sitzung treffen.

Nachdem ich ihr das Schlüsselwort genannt hatte, verfiel sie in eine tiefe Trance, und ich begann die Sitzung, indem ich sie bat, zu einer Zeit zurückzugehen, die für sie wichtig war. Ich hatte gehofft, wir könnten wieder in die Zeit mit dem Lehrer zurückkehren, aber es hing alles von ihrem schützenden Unterbewusstsein ab. Ich hatte wirklich keine Ahnung, wo wir landen würden, aber ich wusste, dass es, wo auch immer das sein sollte, für Elena, wenn nicht gar für mich, wichtig sein würde.

Als sie die Szene betrat, war sie abermals ein Mann, der auf einer Straße lief und zu dem Lehrer ging, der ein Haus am Stadtrand besaß. Es schien, als hätten wir wieder mit demselben Leben Kontakt aufgenommen. Diesmal waren ihre Antworten jedoch wesentlich spontaner. Sie schien nicht beunruhigt zu sein, obgleich sie manchmal zögerte, zu antworten. Ich beschwichtigte sie, um zu versuchen, die

Geheimhaltung zu umgehen, die bei der früheren Sitzung bestanden hatte. Obwohl sie sich im Gespräch mit mir diesmal wohler fühlte, war sie immer noch vorsichtig. Sie sagte, sie sei einer von sechs Studenten, die bei diesem Lehrer studieren würden. Sie würden sich gelegentlich alle als Gruppe mit ihm treffen, aber er gebe ihnen auch Einzelunterricht. Sie sagte mit einer Stimme voller Ehrfurcht: „Er lehrt mich das Studium des Lebens. Wie man den Körper heilt. Wie man den Geist heilt. Wie man die Zukunft sieht. Er weiß mehr als jeder andere Mensch auf Erden."

D: Für mich sind das wunderbare Dinge. Warum muss das geheim gehalten werden?

E: Weil das Volk abergläubisch ist. Das Kirchenvolk ... die Katholische Kirche.

D: Muss sich dieser Mann wegen seines Glaubens verstecken?

E: Nein. Er ist ein guter Arzt. Aber er ist auch ein Arzt aller Dinge. Einige der Dinge, an die er glaubt, hält er geheim.

Ich versuchte, herauszufinden, wer dieser Lehrer war, ohne ihr irgendwelche Andeutungen in den Geist zu pflanzen. Ihr fiel weder der Name der Stadt noch das Jahr ein, in dem wir uns befanden, aber das ist nicht ungewöhnlich. Wissenschaftliche Studien haben gezeigt, dass der Proband bei meiner Art von Arbeit vor allem die rechte Seite des Gehirns nutzt, wo die bildliche Darstellung und die Visualisierung angesiedelt sind. Ich habe herausgefunden, dass sich Namen und Daten in der linken Hirnhälfte, also im analytischen, logischen Teil befinden. Experten sagen auch, dass das Unterbewusstsein weder Zahlen noch Zeit versteht. Wenn man mit einem Probanden über einen langen Zeitraum an einem bestimmten Leben gearbeitet hat, werden alle Einzelheiten dieses Lebens schlussendlich leicht verfügbar. Aber am Anfang ist es, als würde man nur an der Oberfläche grasen, und Fehler bei Namen und Daten sind häufig und können übersehen werden. Die Geschichte und die Emotionen sind das Wichtigste, und ich kann in der Regel durch Befragen feststellen, wo wir stehen. Wie ein Detektiv, der nach Hinweisen sucht, können diese Antworten dazu verwendet werden, den Schauplatz und den Zeitrahmen genau zu bestimmen. Sie beschrieb, was sie gerade anhatte. „Ich habe Leggings an. Schuhwerk. Ein Hemd mit Pantalons. Mein Umhang hat eine

Kapuze." Sie war ein Mann mittleren Alters namens Dyonisus. Da dieser Name so seltsam und fremdartig klang, wusste ich, dass ich Schwierigkeiten haben würde, ihn auszusprechen.

Ich beschloss, ihn zu einem Zeitpunkt weiterzuführen, da er im Haus des Lehrers weilte und bei ihm studierte. Sie ging umgehend dorthin und begann, die Szene zu beschreiben.

E: Der Raum ist groß. Ich sehe den Tisch, Bücher. Die Stufen, die zum Eingang des Hauses führen, den Hauptteil des Hauses.

D: Dann befindest du dich im unteren Teil?

E: Ja. Die Feuerstelle ist an der Wand. Vor uns ist ein erhöhter Herdboden, und wir sitzen auf Kissen und schauen in das Feuer. Der Lehrer sagt, damit könnten wir unseren Kopf frei bekommen.

D: Ist außer dir und dem Lehrer noch jemand dort?

E: Noch zwei andere.

D: Männer oder Frauen?

E: Es sind Männer. Keine Frauen!

D: Gibt es einen Grund, warum keine Frauen zugelassen sind?

E: Das ist die Kultur unserer Zeit. Nur Männern ist es erlaubt, zu lernen. Ich verstehe das Bedürfnis der Frauen, zu lernen. Aber die Gesellschaft hat das bei den Schichten nicht erlaubt.

D: Meinst du damit, dass ihr in eurer Gesellschaft verschiedene Gesellschaftsschichten habt?

E: Ja. Es gibt die wohlhabende und die Arbeiterklasse, die aus Ärzten, Händlern, Gewerbetreibenden und den Armen besteht, welche die niedrigsten Arbeiten verrichten. Die Männer, die Familien im Gewerbe haben, lernen Lesen und Schreiben und die notwendigen Dinge, um diesen Beruf gut ausüben zu können. Ich hatte das große Glück, dass meine Familie genug Geld hatte, so dass ich über das für das Gewerbe meiner Familie Notwendige hinaus lernen konnte.

Dyonisus war zu dieser Zeit etwa dreißig Jahre alt und hatte noch nie geheiratet.

D: Dann ist dein einziger Wunsch, von dem Meister zu lernen?

E: Ja, es scheint so viel zu lernen zu geben.

D: Wie lange wirst du noch an die Universität gehen müssen, um Arzt zu werden?

E: Die Zeit, die ich dort bereits verbracht habe, ist ausreichend, aber um mehr zu lernen, halte ich es für notwendig, weiterzumachen. Ich ziehe es vor, bei Nostradamus zu arbeiten, da ich das Gefühl habe, dass er die Informationen hat, die ich brauche, nicht nur um als Arzt den Menschen zu helfen, sondern auch um mir selbst zu helfen.

Als er Nostradamus erwähnte, war ich freudig erregt. Ich hatte aufgrund dessen, was Andy, der Führer, gesagt hatte, schon vermutet, dass er der Lehrer war. Aber jetzt war ich verwirrt, welche Fragen ich über ihn stellen sollte. Ich versuchte mich daran zu erinnern, was ich über den Mann gelesen hatte, und fragte mich, wie viel einer seiner Schüler wohl wirklich über ihn wissen konnte.

D: Hast du eine Idee, wie lange du bei ihm studieren wirst?

E: Ich hoffe, dass ich niemals damit aufhören werde.

D: Es wäre gut, wenn du beides tun könntest: deine Medizin praktizieren und trotzdem bei ihm arbeiten. Haben alle anderen Studenten, die bei ihm studieren, den gleichen Wissensstand?

E: Nein, es gibt drei, die ungefähr zur gleichen Zeit zu ihm kamen, und zwei, die zu einem späteren Zeitpunkt begonnen haben. Ich habe mit den anderen drei begonnen.

D: Unterrichtet er euch alle zusammen oder hat er getrennte Klassen?

E: Was die Heilung des Körpers betrifft, arbeiten wir zusammen. Was die Lehren des Geistes betrifft, arbeiten wir getrennt.

Ich bat um eine Beschreibung von Nostradamus. Er sagte, er habe langes braunes Haar, einen Bart und große Augen. Er war zu diesem Zeitpunkt noch nicht alt und war seit etwa zehn Jahren Arzt. Dyonisus sagte, dass er jeden Tag wie ein Lehrling bei ihm arbeitete, ihm half und von ihm lernte.

D: Was hat er dir beigebracht, das besonders hilfreich war?

E: Zu sehen. Den Geist zu öffnen. Zu hören.

D: Diese Dinge sind sehr wichtig. Schrieb Nostradamus die Dinge nicht nieder?

E: Ja. Er sagt, es werde noch viele Jahre in der Zukunft Menschen geben, die von ihm lernen werden.

D: Ich habe auch gehört, dass er in Reimen, in Rätseln oder in Denkspielen schreibt, die schwer zu verstehen sind. Ist das wahr?

E: Dies tut er. Für diejenigen, die es verstehen wollen, wird es keine Schwierigkeiten geben. Diejenigen, die nicht in der Lage oder bereit sind zu verstehen, werden es nicht begreifen.

D: Wäre es nicht einfacher, die Dinge in normaler Sprache niederzuschreiben?

E: Für diejenigen, die nicht bereit sind, wäre es beängstigend. Sie können weder begreifen noch verstehen.

D: Hat er euch jemals erzählt, wie er diese Informationen empfängt, über die er schreibt? (Er antwortete mit Nachdruck: Ja!) Kannst du dies mit mir teilen?

E: Es gibt dazu so viel zu sagen.

D: Irgendwo müssen wir ja anfangen.

Er schien verwirrt darüber zu sein, wo er anfangen sollte oder wie er es mir erklären sollte. Er begann zögerlich.

E: Das Feuer ... öffnet den Weg.

D: Meinst du, indem man in das Feuer starrt?

E: (Nachdrücklich) Ja! Das geistige Auge sieht das Feuer. Die Stimmen kommen zu dir, um dir zu helfen und dich zu leiten. Du gehst nach innen ... in dich selbst. Es muss vorbereitet werden. Die Beruhigung deines Körpers, deines Geistes. Der Gebrauch der Elemente, um dir durch Führung zu helfen. Der vier Elemente.

D: Hat er euch eine Übung oder etwas Ähnliches gegeben, das zur Beruhigung beiträgt?

E: Deine Stimme nennt dir die Übung, die für dich am besten geeignet ist. Unser Lehrer hilft dir, sie optimal zu nutzen. In das Feuer zu schauen hilft dir, das Wandern des Geistes zu kontrollieren.

Das klang wie Grundlagen der Meditation. Um effektiv zu sein, sollte es etwas geben, auf das man sich konzentrieren kann. Bisweilen kann ein Objekt anstelle eines Feuers als Fokus verwendet werden.

D: Muss es das Feuer sein, oder könnte es etwas anderes sein?

E: Das Feuer ist ein Symbol für das Licht. Er nutzt viele Wege. Das Feuer ist einer der Wege, den er die Studenten lehrt.

Ich wollte etwas über die anderen Methoden herausfinden, aber sie wurde abermals verwirrt und verstört.

E: Ich höre... Ich höre im Moment viele Stimmen.

Ich fragte sie, ob sie mir erzählen könne, was sie sagten, aber sie schienen ein Durcheinander zu sein, und sie hatte Angst, dass sie meine Stimme unter den vielen anderen verlieren würde. Ich gab ihr Suggestionen, dass sie mich stets klar und deutlich hören könne und dass meine Stimme die der anderen übertönen würde, aber sie war immer noch verwirrt.

E: Sie sind nicht ... sie sind ein Teil der Stimmen. ... Sie versuchen, mir Dinge zu sagen, die ich nicht verstehe.

Er befand sich offensichtlich in einem meditativen Zustand und konzentrierte sich auf etwas anderes als meine Stimme. Es würde zwecklos sein, ihn unter solch ablenkenden Umständen befragen zu wollen, also führte ich ihn aus dieser Szene hinaus. Ich bat ihn, dorthin zu gehen, wo er lebte, wo er aß und schlief und sein tägliches Leben führte. Als ich mit dem Zählen fertig war, waren die Ablenkungen offensichtlich verschwunden. Er sagte, er lebe nicht bei seiner Familie, sondern teile diesen Ort mit einem anderen Schüler von Nostradamus, namens Tellvini (phonetisch). Ich bat ihn um eine Beschreibung des Hauses. Er sagte: „Es ist schön, aber ich habe keinen Bedarf an materiellen Dingen."

Die beiden Studenten hatten eine Haushälterin, die bei ihnen wohnte und das Kochen übernahm. Dyonisus aß gerne Fisch und die Brote, die die Frau zubereitete. Gekocht wurde in einem Bereich an der Außenmauer, wo es Tische und eine Feuerstelle zum Kochen gab. Ich fragte ihn, wie er sich diese Dinge leisten konnte, und er antwortete, dass das Geld von seiner Familie komme. Das war offensichtlich der Grund, warum er nicht arbeiten musste.

Während ich mit ihm sprach, saß er an einem Tisch und las. Das wäre nicht so ungewöhnlich gewesen, hätte er nicht gesagt, dass er

„Die Verlorenen Bücher ... aus dem Buch Gottes“ lese. Offenbar meinte er die Bibel.

D: Ja, ich habe gehört, dass es einige Bücher gibt, die verloren gegangen sind. Niemand weiß, was in ihnen geschrieben steht.

E: Es gibt Leute in der Kirche, die versuchen, Teile abzuspalten und zu entfernen.

Das Buch war auf Französisch geschrieben, aber er konnte auch Latein, also war er offenbar hochgebildet.

D: Wie hast du diese Bücher gefunden?

E: Durch meinen Lehrer. Er sagte, es sei wichtig, all diese Dinge zu wissen.

D: Dem stimme ich zu. Welchen Teil der Verlorenen Bücher liest du da?

E: Die Kindheit Christi.

Das interessierte mich natürlich, weil ich zu dieser Zeit mit der Neufassung meines Buches Jesus und die Essener beschäftigt war, in dem es um das Leben Christi ging. Es war so vorherrschend in meinem Geiste, dass es für mich schwierig war, mit anderen Probanden an weiteren Projekten zu arbeiten. Es fiel mir schwer, an Fragen zu denken, die sich mit irgendeinem anderen Zeitabschnitt befassten. Das war mit ein Grund dafür, dass es mir schwer fiel, Fragen zu Nostradamus zu formulieren. Ich wusste, dass dies eine großartige Gelegenheit sein würde, etwas über das berühmte Medium herauszufinden, aber ich konnte meine Gedanken nicht von dem Jesus-Projekt abwenden. Als Dyonisus also erwähnte, dass er über die Kindheit Jesu aus den Verlorenen Büchern der Bibel las, ergriff ich diese Gelegenheit, um weitere Informationen zu erhalten, die ich dem anderen Buch hinzufügen konnte. Ich bat ihn, mir mitzuteilen, was er gerade las.

E: Dass Er, als Er sehr jung war, bereits die Kräfte hatte, die Er als Mann besaß. Aber Er hatte nicht das Mitgefühl, das Er als Mann besaß, und setzte seine Gaben manchmal eigensinnig und böswillig ein. Dass Er einen Spielkameraden tot umfallen ließ, weil Er wütend auf ihn war. Und dass Er ihn wieder zum Leben erweckte, weil es Ihm leid tat. Das sind die Dinge, die sie herausnehmen. Die Menschen wollen nur das Gute wissen.

D: *Ich nehme an, sie wollen nicht, dass die Menschen erfahren, dass Er zu menschlichen Emotionen fähig war. Hat der Teil, den du gerade liest, einen Namen oder steht das alles in einem Buch?*

E: Es gibt viele verschiedene Zeiten ... Passagen, aber es steht alles in einem Buch.

D: *Ich dachte, das Buch hätte vielleicht Abschnitte oder Dinge, die den Namen von jemandem tragen, der sie geschrieben hat. (Ähnlich wie in unserer heutigen Bibel.)*

E: (Pause) Diese Information habe ich nicht.

D: *Was sagt es noch über das Leben Christi aus, was sie herausnehmen?*

E: e Familie, die Er hatte. Die Brüder. Schwestern. Die Torheit. Er war ein normales Kind, als er aufwuchs. Und sie finden, dass Er das nicht hätte sein sollen.

Er sagte, aus dem Buch gehe nicht hervor, was für eine große Familie Er gehabt habe. Es erzähle nur von einigen Ereignissen aus Seinem Leben, wie zum Beispiel dem Vorfall mit dem Spielgefährten.

E: Es scheint, als gebe es Auszüge aus verschiedenen Dingen, als ob Teile, die im ersten Buch vorkamen, gelöscht worden wären.

D: *Gab es irgendetwas über die frühen Zeiten, wie zum Beispiel über Seine Geburt, das herausgenommen und in dieses Buch eingefügt wurde?*

E: Ja, aber ich kann mich nicht daran erinnern.

Ich dachte, ich sollte ein Experiment versuchen. Man weiß nie, was bei einer Arbeit wie dieser die Ergebnisse liefert. Es kann alles Treffer oder Misserfolg sein; es gibt keine Richtwerte. Ich fragte ihn, ob er sich diesen Teil des Buches ansehen und mir vorlesen würde. Er war absolut bereit dazu, es zu tun. Er sagte, das Buch sei so strukturiert, dass es leicht zu finden sei. Dann geschah eine weitere verwirrende Sache. Anscheinend fand er den Teil und las ihn schweigend durch, aber aus irgendeinem Grund konnte er ihn nicht für mich wiederholen.

E: Es tut mir leid, ich kann nicht. Ich weiß nicht, warum. (Sie schien sich unwohl zu fühlen.) Ich habe das Gefühl, dass ein Gewicht auf meiner Brust lastet.

Ich verstand nicht, was sie meinte, aber ich wollte nicht, dass sie sich unwohl fühlte. Ich nahm an, dass ihr Unterbewusstsein sich immer noch an einen Geheimhaltungskodex gebunden fühlte und nicht gänzlich bereit war, alles zu offenbaren.

D: Ist es etwas, worüber du nicht sprechen solltest?
E: Es scheint, als wäre es noch nicht ... bekannt gewesen.
D: Aber du darfst es lesen, nicht wahr?
E: Ich weiß. Aber die Stimmen sagen mir, dass ... (Überrascht) Es soll nicht durch mich herauskommen! Du wirst es aus einer anderen Quelle erhalten.

Ich konnte mir nicht vorstellen, was sie meinte, aber ich musste mich dem fügen. „Ich dachte, dass sie mir vielleicht nicht trauen."

E: (Mit Nachdruck) Nein! Das ist es nicht.

Alle anderen Fragen zu den Verlorenen Büchern wurden mit eisernem Schweigen beantwortet, somit wusste ich, dass ich das Thema wechseln musste. Ich fragte ihn, ob Nostradamus in seiner Nähe lebte.

E: Er hat mehr als ein Haus. Manchmal wohnt er bei anderen. Manchmal wohnt er bei seiner Familie.
D: Du sagtest, dass Nostradamus ein Doktor der Medizin sei. Führt er ein Krankenhaus, oder kennst du dieses Wort überhaupt?
E: Er behandelt die Menschen in ihren Häusern.
D: Hat er lange studiert, um dies zu tun?
E: Um Arzt zu werden? Er hat nicht sehr lange studiert. Er war in der Lage, alles gleich auf Anhieb zu verstehen.
D: Was ist mit der anderen Ausbildung, die er hatte, die mit dem Geist? Hat er das irgendwo gelernt?
E: Von verschiedenen weisen Männern, die ihn unterrichtet haben.

D: Wurden ihm diese Dinge zur gleichen Zeit beigebracht, als er Medizin lernte?

E: Ein Teil dessen fiel in diese Zeit, größere Teile davon kamen später.

D: Du sagtest, er habe neben den konventionellen Methoden, die er dir beibringt, noch andere Heilmethoden. Kannst du darüber sprechen?

E: (Sie hielt inne und schien wieder verwirrt zu sein.) Diesmal nicht. (Die Stimme änderte sich. Sie war selbstbewusster. War es Andy?) Es gibt vieles, was du von diesem Leben wissen musst. Aber was ich nicht verstehe, ist ... sie blockieren einfach Teile davon.

D: Es ist in Ordnung, wenn sie wollen, dass ich warte. Ich habe unendlich viel Geduld. Ich möchte, dass du dir mit mir sehr sicher wirst und das Gefühl hast, dass du mir vertrauen kannst.

E: Sie vertrauen dir. Aber sie sagen, dass ein Teil von etwas anderem, das du noch erfahren wirst, mit dem Erzählen dieses Lebens zusammentreffen wird. Und jetzt nur einen Teil davon zu erfahren, hätte keinen Sinn. Du sollst erst etwas aus einer anderen Quelle erfahren, das sich in das Erzählen dieses Lebens einfügen wird.

Ich verstand nicht, was sie meinten, aber ich fühlte mich verpflichtet, mitzumachen. Vielleicht würde es später einen Sinn ergeben.

D: Dann wollen sie, dass ich das zuerst tue, bevor ich mit dir arbeite, oder?

E: Es wird zuvor passieren, und du wirst es erfahren.

D: Und dann werde ich die beiden Teile zusammenbringen?

E: Ja. Es wird dir klar sein. Du kannst ... wir werden wieder miteinander sprechen.

D: Ja, ich freue mich darauf, wieder mit dir zu sprechen, denn ich bin immer auf der Suche nach Wissen. Ich bin sehr froh, dass man dir erlaubt hat, mit mir zu sprechen. Letztes Mal wollten sie nicht, dass du darüber sprichst. Das ist eine Ermutigung, wenn sie meinen, dass du von diesem Leben wissen solltest. Gibt es etwas Bestimmtes, das sie dir mitteilen möchten, damit du darüber sprechen kannst?

E: (Lange Pause.) Nicht zu diesem Zeitpunkt.

D: Ich nehme an, das ist der Grund, warum diese Gefühle wieder erweckt werden. Was man lernt, wird einem nie mehr weggenommen. Es ist immer da.

E: Das ist ein Teil des Grundes. Du wirst viel aus diesem Leben lernen können. Und etwas, das daran anknüpfen wird, wird geschehen, bevor du zurückkommst.

Mir wurde klar, dass ich aufgrund meiner Beschäftigung mit dem Jesus-Material etwas durcheinander war, was ich fragen sollte.

E: Wenn du zurückkommst, wirst du wissen, welche Fragen du stellen musst. Es wird dir einfallen.

Da sie uns keine weiteren Informationen zukommen lassen wollten, blieb uns nichts anderes übrig, als sie aus diesem Leben herauszunehmen und sie wieder zu vollem Bewusstsein zu bringen. Ich war ein wenig erleichtert, denn, wie ich schon sagte, war ich zu sehr beschäftigt, um zu dieser Zeit meine volle Aufmerksamkeit und Energie diesem Projekt zu widmen. Offenbar spürten sie das. Ich dachte immer wieder, es wäre interessant, etwas über Nostradamus zu erfahren. Aber welche Art von Informationen konnte ich von einem Studenten erhalten? Wie viel war ihm beigebracht worden? Hatte Nostradamus ihm etwas über die wirkliche Bedeutung seiner Vierzeiler erzählt, und wäre er in der Lage, sie zu verstehen, selbst wenn er ihm davon erzählt hätte? Ich dachte damals, ich könnte etwas über sein Leben zu der Zeit herausfinden, zu der Dyonisus ihn kannte, und vielleicht einige seiner Heilmethoden entdecken, aber sicherlich nichts Intimes über Nostradamus' ureigenste Gedanken und Visionen. Unter den gegebenen Umständen dachte ich, dass ich vielleicht genügend Informationen für ein Kapitel in einem zukünftigen Buch mit verschiedenen Geschichten bekommen könnte, mehr aber auch nicht. Aber ich glaubte, Dyonisus hatte recht damit, dass ich bei meiner Rückkehr besser darauf vorbereitet sein würde, Fragen zu stellen.

ETWAS SONDERBARES geschah, bevor ich zurückkam. Dyonisus wollte mir die Informationen über Jesus nicht geben, weil er sagte, sie würden nicht durch Elena, sondern durch jemand anderen kommen. Katie Harris, (Pseudonym) die Probandin, die mir das Material für Eine Seele Erinnert sich an Hiroshima sowie Jesus und die Essener gegeben hatte, war weggezogen, und ich war dabei, die Neufassung dieses Buches über das Leben Christi abzuschließen. Ich hatte immer noch das Gefühl, dass es einige Lücken gab, die ich gerne gefüllt hätte. Zu der Zeit, als ich mit Elena arbeitete, arbeitete ich auch mit einer jungen College-Studentin namens Brenda, die an der örtlichen Universität Musik studierte. Sie war auch eine hervorragende Probandin, und ich hatte bereits eine große Menge an wichtigen Informationen von ihr erhalten, die in zukünftige Bücher umgewandelt werden. Keine dieser drei Frauen kannte die andere und sie lebten alle in verschiedenen Städten.

Der seltsame Vorfall ereignete sich, während ich einige Wochen nach dieser Sitzung mit Elena mit Brenda arbeitete. Sie war in tiefer Trance, als eine fremdartige Stimme plötzlich verkündete, dass sie Informationen habe, die in das Jesus-Material aufgenommen werden sollten. Eine Stunde lang lieferte sie die Antworten, die ich gesucht hatte, um die wenigen Lücken in dem Buch zu füllen. Später, als ich sie an den richtigen Stellen einfügte, passten sie so perfekt ineinander, dass es war, als wären sie schon immer da gewesen. Neunundneunzig Prozent des Buches stammten von Katie und nur ein kleines Prozent von Brenda, aber ich wusste jetzt, dass das Buch vollständig war. Es war, als ob „sie" (wer auch immer „sie" sind) irgendwie wussten, dass ich die zusätzlichen Stücke brauchte und auch wussten, dass ich sie von Katie nicht bekommen konnte, also fanden sie sehr geschickt eine andere Methode, um sie mir zukommen zu lassen. Aber Elena hatte recht, die Information sollte nicht von ihr kommen. Ihre Geschichte würde sich auf einen ganz anderen Bereich konzentrieren. Mit einem Gefühl der Erleichterung wusste ich nun, dass ich meine volle Aufmerksamkeit anderen Projekten widmen konnte.

Es wurde offenkundig, dass jemand oder etwas anderes daran beteiligt war und half, den Informationsfluss zu lenken. Obwohl ich es nicht verstand, war ich froh, dessen Hilfe zu haben. Mir war zu diesem Zeitpunkt nicht klar, dass dies erst der bloße Anfang eines Abenteuers war, das voller unglaublicher Drehungen und Wendungen sowie unwahrscheinlicher Konsequenzen sein würde. Es sollten

Dinge geschehen, von denen ich als rational denkender Mensch gedacht hätte, dass sie im Bereich des Unmöglichen lägen.

KAPITEL 3

DER BEDEUTENDE MANN KOMMT

ICH HATTE BEABSICHTIGT, vernünftigere Fragen über das Leben von Nostradamus zu formulieren, die ich Dyonisos in der folgenden Woche stellen wollte, aber die Touristensaison brach mit aller Macht über den Urlaubsort herein. Elena arbeitete jeden Abend spät und war sehr müde, so dass Monate vergingen, ohne dass ich Kontakt zu dem Schüler von Nostradamus hatte. Zu dieser Zeit war ich in viele andere Projekte mit anderen Probanden involviert, und Elenas Geschichte war nur eine weitere Möglichkeit, um nachzufassen, wann wir zusammenkommen konnten. Für gewöhnlich arbeite ich an mehreren möglichen Büchern gleichzeitig, so dass ich fortwährende Projekte am Laufen habe. Ich nahm irrtümlicherweise an, es gebe genügend Zeit dazu, dem nachzugehen, da ich dachte, es würden nur ein oder zwei interessante Kapitel in einem Buch über verschiedene Rückführungen sein. Damals hätte ich mir nie träumen lassen, dass daraus ein eigenständiges Buch entstehen würde, denn ich konnte mir nicht vorstellen, dermaßen viele Informationen von einem seiner Schüler zu erhalten.

Der Sommer zog sich bis in den Herbst hinein und löste sich im Winter auf. Ich sah Elena gelegentlich, aber wir hatten keine weiteren Sitzungen mehr. Im Winter stellt der Urlaubsort den Betrieb ein und verwandelt sich in eine Geisterstadt. Die meisten Anwohner ziehen entweder in wärmere Klimazonen oder überwintern und warten auf den nächsten Zustrom von Touristen im späten Frühjahr. Elena nutzte diese Zeit produktiv, um an ihren Auftragsporträts zu arbeiten. Wir konnten immer noch nicht arbeiten, weil auch ich im Winter in der Überwinterung bin. Ich lebe in einer zerklüfteten ländlichen Bergregion, und es wird unbequem und schwierig, irgendwo hinzugehen, wenn der Schnee kommt. Während dieser Zeit hören meine Sitzungen auf, und ich arbeite an der lästigen Transkription der Bänder, die ich verwenden möchte. Dies ist ein notwendiger, aber zeitraubender und ermüdender Teil meiner Arbeit, deshalb hebe ich ihn mir für die tristen Wintermonate auf, wenn ich eingeschneit bin.

So wurde es Frühjahr 1986, bis Elena und ich endlich Zeit fanden, uns wieder zu treffen. Sie war in eine Wohnung in einem alten Gebäude eingezogen. Die Wohnungen in dieser Stadt waren sehr alt, daher war es nicht ungewöhnlich, dass Elena in ihrem Schlafzimmer in der Nähe des Bettendes eine Falltür hatte. Dies führte dazu, dass der Boden knarrte, wenn jemand über diese Stelle ging. Am Tag der Sitzung waren wir allein, obwohl man gelegentlich hören konnte, wie Leute in den anderen Wohnungen umherliefen. Bevor sie begann, setzte sie ihren kleinen Hund und ihre Katze nach draußen. Da wir eine Freundin namens Valerie (oder Val, wie sie von ihren Freunden genannt wurde) erwarteten, bevor wir fertig waren, machte sie die Außentür zu, schloss sie aber nicht ab. Diese Fakten sind wichtig für das, was während der Sitzung geschah. Jede Sitzung, die ich mit Elena abhielt, hatte irgendetwas Ungewöhnliches, und diese sollte keine Ausnahme bilden.

Da es mehrere Monate her war, seit ich an dieser Geschichte gearbeitet hatte, konnte ich mich nicht an den Namen des Studenten erinnern. Also wies ich sie an, zu der Zeit zurückzugehen, als sie eine Schülerin von Nostradamus war. Als ich mit dem Zählen fertig war, traf ich ihn schreibend in seinem Zimmer an.

E: Ich schreibe gerade Informationen nieder, die ich von den Stimmen in meinem Inneren erhalten habe. Ich hatte Fragen in mir, die meiner Meinung nach beantwortet werden mussten, also wandte ich mich nach innen. Es sind Fragen über mich selbst, die für andere keine Bedeutung haben.

Offenbar erhielt er diese Informationen durch Meditation. Er sagte, sein Name sei Dyonisus, und ich wunderte mich darüber. Nostradamus lebte in Frankreich, und dieser Name klang nicht französisch. Es war die Möglichkeit angedeutet worden, dass es vielleicht nicht der wahre Name des Studenten war. Vielleicht wurden ihnen andere Namen gegeben, um sie zu schützen. Aber er beharrte darauf, dass dies der Name war, mit dem er geboren wurde.

E: Wir wohnen bei dem Meister. Er hat ein großes Haus. Wir sind fünf Studenten. Wir haben getrennte Quartiere. Manche teilen sich freiwillig ein Zimmer, aber ich möchte das nicht. Dennoch haben wir alle ein gemeinsames Ziel.

D: Wo hast du vorher gelebt?

E: Ich lebte in meinem Heimatland, in Athen.

Dies würde seinen fremdländisch klingenden Namen erklären. Er war nicht französisch, sondern griechisch.

D: Auch in Athen gibt es viele kluge Köpfe, nicht wahr?

E: Die gab es.

D: Ich habe mich nur gefragt, warum du dich entschieden hast, hierher zu kommen und nicht in Athen zu studieren.

E: Meine Familie war im Kaufmannsgewerbe tätig. Sie handelten mit verschiedenen Arten von Gewürzen und Stoffwaren. Und sie beschlossen im Verlaufe der Geschäfte, umzuziehen. Ein Teil meiner Familie lebt immer noch in Athen, aber meine Eltern zogen nach Paris. Sie wollten eine bessere Kommunikation vom einen Hafen zum anderen bezüglich der benötigten Produkte herstellen.

D: Erwarteten sie von dir, dass du in ihr Geschäft einsteigst?

E: Ja, das erwarteten sie. Aber ich hatte immer das Gefühl, dass da mehr war. Dass nicht alles so war, wie es ... geschrieben stand.

D: Hast du in Athen eine Ausbildung gemacht?

E: Ja. Wir kamen hierher, als ich noch sehr jung war, und ich studierte bei den Priestern in Notre Dame. Ich lernte, ein ... (nach Worten suchend) ein Mann des Gesetzes zu werden. Aber ich hatte das Gefühl, dass die gegenwärtigen Gesetze ungerecht für die arme Klasse waren.

D: Ja, aber so ist es doch in den meisten Ländern, nicht wahr?

E: Das ist wahr. Ich hielt es für notwendig, etwas zu lernen, das hilfreich für sie wäre. Ich beschloss, Arzt werden. Ich hatte von

Nostradamus gehört und wollte bei ihm studieren. Als ich ihn kennenlernte, hatte ich das Gefühl, dass er tatsächlich die Person war, die mir viele Dinge beibringen konnte. Ich bin immer noch das, was man einen „Lehrling“ nennt. An der Universität gibt es Leute, die von den Krankenhäusern hergebracht wurden, damit wir dabei zusehen können, wie die Chirurgen die Operationen durchführen. Ich ziehe es vor, bei Nostradamus zu arbeiten, weil er eine Methode gezeigt hat, mit der man den Menschen den Schmerz ersparen kann, wenn es notwendig ist, zu operieren.

Es gab lange Zeit Spekulationen darüber, auf welche Weise Nostradamus seine Wunderheilungen vollbringen konnte. Er stellte die anderen Ärzte seiner Zeit vor ein Rätsel. Vielleicht war ich in der Lage, sein Geheimnis zu lüften. Er lebte vor der Entdeckung des Äthers, als Ärzte angeblich Operationen ohne jegliche Betäubung durchführten.

D: Ist er der Einzige, der diese Methode anwendet?

E: Ja. Es gab einige in meinem Land, von denen ich gehört hatte, dass sie dies taten, aber nicht so viele in Frankreich. Es ist eine Methode, bei der die Person dem Chirurgen helfen kann. Aber sie geht noch darüber hinaus, indem sie das Herz der Person beruhigt und die Schmerzen in ihrem Geiste lindert.

Das klang sehr nach einer Form von Hypnose. Ich dachte immer, das Schwierigste bei dem Versuch, den Schmerz zu kontrollieren, sei es, den Patienten dazu zu bringen, einem zuzuhören.

E: Es gibt überwiegend aus dem Orient stammende Betäubungsmittel, die wir ihnen verabreichen können und die sie ruhigstellen. Das eine ist ein ... Opium. Es ist eine der Hauptarten. Das andere ist Laudanum. Aber sie sind sich der Dinge weiterhin bewusst. Es macht sie schläfrig, aber es würde nicht ausreichen, um sie bewusstlos zu machen, wenn ein Bein oder ein Arm abgenommen werden muss. Wir haben sie besser unter Kontrolle. Indem wir die Methode anwenden, mit dem Verstand zu arbeiten und die Fähigkeit, das Herz zur Ruhe zu bringen, können wir sie an einen Punkt bringen, an dem sie eine bessere Chance haben, sich zu erholen und nicht an dem Schock zu sterben. Wir müssen diese Methode in aller Heimlichkeit anwenden und den Anschein erwecken, dass es die anderen von uns verwendeten Medikamente seien, auf die die Patienten ansprechen.

D: *Warum müsst ihr das heimlich tun? Ich würde meinen, dass die anderen Ärzte es erlernen wollen.*

E: Dies ist eine sehr abergläubische Zeit in unserem Land. Alles, was die Menschen nicht verstehen, lässt sie glauben, dass es mit dem Teufel oder mit Hexen zu tun habe, und es wird sehr missverstanden. Die Gesellschaft hat noch nicht gelernt, das Unbekannte zu verstehen.

D: *Dann bringt er nur seinen persönlichen Schülern bei, wie man diese Dinge tut?*

E: Das stimmt.

D: *Welche Arten von Krankheiten sind in dem Land derzeit am bedeutendsten oder am häufigsten anzutreffen?*

E: Krankheiten, die durch den Schmutz verursacht werden, der durch die unhygienischen Bedingungen in den Städten vorherrscht. Eine Art schwarze Lunge oder Lungenschwindsucht. Aufgrund der Bedingungen, unter denen sie leben, gibt es dabei keine Möglichkeit, die Armen wirklich zu behandeln. Aber wir versuchen, denjenigen, die dazu in der Lage sind, zu sagen, dass sie viel Flüssigkeit zu sich nehmen sollen, dass sie sich auf dem Land aufhalten sollen und nicht in der Stadt, wo es anscheinend so viel Rauch und Schmutz gibt. Und es gibt eine Art von Pest, die uns große Sorgen bereitet. Es ist eine Seuche, gegen die selbst Nostradamus kein Heilmittel hat. Sie lässt die Kehle anschwellen, Mengen an Schleim in den Lungen entstehen und schließlich das Gesicht schwarz werden. Ich glaube, durch den Mangel an Sauerstoff oder Luft.

D: *Ist die Universität der einzige Ort, an dem Operationen durchgeführt werden?*

E: Nein, es gibt Kammern in den Krankenhäusern, in denen Operationen durchgeführt werden. Aber für Lernmaßnahmen werden einige in der Universität durchgeführt.

D: *Gibt es eine Operationsmethode, die gebräuchlicher ist als die anderen?*

E: Eine Amputation der Gliedmaßen aufgrund eines Wundbrandes, welcher bei nicht versorgten Wunden und Geschwüren auftritt, ist nicht unüblich.

D: Werden jemals Operationen am Unterleib und jenem Bereich des Körpers durchgeführt?

E: Ja, aber für viele ist dies aufgrund des Schocks und des Traumas für den Patienten ein erfolgloses Verfahren.

D: Müssen Frauen zur Entbindung in die Krankenhäuser kommen?

E: Das ist nicht notwendig.

D: Du sagtest mir vorhin, dass dir Meditation durch das Starren ins Feuer beigebracht wurde. Ist dies die Art, wie Nostradamus es tut oder hast du ihn schon einmal bei seiner eigenen Meditation gesehen?

E: Dies ist diejenige Methode, die mir am meisten geholfen hat. Sobald wir uns mit uns selbst wohl fühlen, genügt ein geistiges Bild. Er wendet mehrere Methoden an. Ich habe gesehen, wie er mit Sand arbeitet. Er verwendet eine sehr weisse, feine Sandsorte über einem sehr klaren ... (Er hatte Schwierigkeiten, die Worte zu finden.) Ich erinnere mich nicht an das Material.

D: Ist es wie ein Stück Stoff?

E: Nein, es ist fest.

Ich war durch das Bellen von Elenas Hund draußen abgelenkt. Ich nahm an, dass Val wohl verfrüht ankam. Ich fuhr fort: „Ist das Material wie Glas?“

E: Was ist das?

Sie schien verwirrt; er kannte das Wort „Glas“ nicht. Es ist erstaunlich, dass ich weitere Probanden hatte, die ich in diesen selben Zeitraum rückführte und die ebenfalls das Wort nicht kannten.

D: Glas ist sehr glatt, und man kann durch es hindurchsehen.

E: Es ist sehr glatt.

D: Oder ist es eine Art Metall?

E: Nein. Ich verstehe nicht, warum ich mich nicht daran erinnern kann.

D: (Ich hatte eine Idee.) Weiß du, was ein Spiegel ist?

E (Enthusiastisch) Das ist es!

D: Ein Spiegel ist etwas, worin man sich selbst sehen kann.

E: Ja, das ist es.

D: Aber was tut er mit dem Sand?

E: Er macht daraus eine Art Entwurf, indem er sich von seiner Hand führen lässt. Und dadurch ist er in der Lage, mit seinem inneren Auge zu sehen.

D: In Ordnung. Ich versuche, es mir bildlich vorzustellen. Er hat einen glatten Spiegel. Und er nimmt den Sand in seine Hand und streut ihn dann über den Spiegel?

E: Er bedeckt den Spiegel damit. Und er nimmt einen kleinen Gegenstand, wie eine Schreibfeder, und lässt seine Hand Entwürfe aufzeichnen.

D: Damit ist es jedes Mal ein anderes Design, nicht wahr?

E: Richtig. Und dann schreibt er nieder, was er im Inneren hört.

D: Dann ist die Herstellung der Entwürfe lediglich eine Methode der Konzentration?

E: Ja, manchmal hat er Visionen, die er im Spiegel sieht, aber wir sehen sie nicht. Für gewöhnlich ist ein Bereich klargewischt, wenn er mit dem freien Entwurf fertig ist, und er sieht dort Dinge.

D: Und er schreibt auf, was er sieht. Tut er das sehr lange?

E: Zwei oder drei Stunden am Stück.

D: Wir haben das, was man seine Vierzeiler nennt. Ist es das, was er zu jenen Zeiten aufschreibt?

E: Ja. Er erhält die Vision, oder er hört die Stimmen. Und er begibt sich an seinen Schreibtisch, um aufzuschreiben, was er empfängt oder sieht.

D: Wenn jemand ihn anspräche, während er dies tut, würde er ihn hören?

Ich versuchte festzustellen, ob er sich in diesen Zeiten in Trance befand.

E: Wir wurden angewiesen, ihn während dieser Zeit nicht anzusprechen.

D: Du sagtest, dass er manchmal andere Methoden anwendet?

An diesem Punkt begannen seltsame Dinge zu geschehen. Obwohl Elenas Hund und Katze vor Beginn der Sitzung nach draußen gebracht worden waren, kamen sie plötzlich ins Zimmer und standen zusammen am Fußende des Bettes und starrten uns an. Ich hatte den Hund draußen bellen gehört und dachte, vielleicht ist Val, die Frau, die wir erwartet hatten, ins Haus gekommen und die Tiere sind ihr gefolgt. Ich nahm an, dass sie sich wahrscheinlich im vorderen Zimmer befand, das vom Schlafzimmer aus nicht zu sehen war. Ich hatte niemanden hereinkommen und auch keine Geräusche gehört, aber das ließ sich erklären, weil wir uns im hinteren Teil der Wohnung befanden. Ich hatte Val gesagt, dass es in Ordnung sei, wenn sie bei ihrer Ankunft nach hinten ins Schlafzimmer kommt. Ich tat es mit einem Achselzucken ab, in der Annahme, dass sie sich einfach entschieden hatte, im vorderen Zimmer zu bleiben, anstatt uns zu stören. Die Tiere standen lange Zeit aufmerksam am Fußende des Bettes, was, wie Elena später sagte, nicht ihr normales Verhalten war. Ich war neugierig, wie sie in die Wohnung gelangt waren, aber da sie keine Störung verursachten, ignorierte ich sie und fuhr mit der Sitzung fort.

Zur selben Zeit bewegten sich Elenas Augen unter ihren Augenlidern. Sie schien jemandem zu folgen, der in der Vergangenheitsszene, in die sie eingetaucht war, anscheinend den Raum betreten hatte. Ihre Augen verfolgten die Person, wie sie eintrat und sich zu ihrer Linken neben das Bett setzte, wo sich eine Truhe in ihrem (wirklichen) Schlafzimmer befand. Dyonisus war im ersten Teil dieser Sitzung offenbar allein gewesen und hatte meditiert. Er hatte meine Fragen ohne zu zögern beantwortet. Jetzt wurde er allerdings plötzlich ausweichend und abgeneigt, mir zu antworten. Ich vermutete, dass es daran lag, dass er nicht mehr länger allein war.

E: Dies sind Dinge, die geheim sind und die ich jetzt nicht beschreiben kann.

Dyonisus schien sich unwohl zu fühlen, als hätte ihn jemand, der den Raum betreten hatte, dabei erwischt, verbotene Geheimnisse preiszugeben. Ich fuhr fort, ihm zu versichern, dass es in Ordnung sei, sich mir anzuvertrauen, aber dass ich ihn nicht zu irgendetwas drängen würde, das ihm Unbehagen bereiten könnte.

Ich hatte angenommen, dass er sich nicht mehr zu diesem Thema äußern würde, wenn jemand anderes anwesend wäre, daher war ich von seiner Antwort überrascht: „Lass mich ihn zuerst fragen." Offenbar war es Nostradamus, der eingetreten war. Das war ein sehr seltsames Gefühl, zumal sie den Kopf von mir abgewandt hatte und sich auf die leere Luft über der Truhe konzentrierte. Es gab eine lange Pause, während sie sich mit jemandem zu unterhalten schien, der sich auf jener Seite des Raumes befand. Ich hatte beinahe das Gefühl, dass auch ich mich in der Gegenwart einer anderen Person befand. Dann drehte sie sich wieder zu mir um und sagte: „Das kann ich dir im Moment nicht mitteilen."

D: Das ist in Ordnung. Ich werde dich nie auffordern, etwas zu tun, wenn du dich nicht wirklich gut dabei fühlst. Ich bin aber froh, dass du ihn gefragt hast. Glaubt er, dass du es mir irgendwann einmal mitteilen können wirst?

E: Er sagt, er werde irgendwann mit dir sprechen.

Das war ein Schock. Ich spürte, wie die Haare auf dem Rücken meiner Arme zu Berge standen und mir ein kalter Schauer den Rücken hinunterlief. Ich hatte den bestimmten Eindruck, dass er mich sehen konnte und mich in diesem Moment anschaute. Während meiner Rückführungen nehmen mich die Probanden nur selten als separates Wesen wahr. Ich stelle mir vor, dass nur ihr Unterbewusstsein sich seiner gewahr ist und meine Fragen beantwortet, und ich nur eine Stimme bin, die in ihrem Kopf summt. Es ist stets amüsant und manchmal auch erstaunlich, wenn die Persönlichkeit mich plötzlich bemerkt und fragt: „Wer sind Sie?". Dass aber ein Dritter meine Anwesenheit plötzlich wahrnimmt, war eine sehr seltsame Entwicklung.

So ruhig ich nur konnte, überlegte ich mir: Wenn Nostradamus wirklich das größte Medium war, das jemals gelebt hat, und über so hoch entwickelte geistige Fähigkeiten verfügte, warum konnte er sich dann nicht gewahr sein, dass sein Schüler sich mit jemandem unterhielt? Wäre das wirklich so ungewöhnlich? Es gab mir immer noch ein sehr seltsames Gefühl, mir vorzustellen, dass ich mich in der Gegenwart eines unsichtbaren Jemand befinden könnte, der sich zwar meiner gewahr war, den ich aber nicht sehen konnte. So etwas war in meiner Arbeit zuvor noch nie passiert.

Aber noch merkwürdiger war, dass ich nicht verstehen konnte, was er meinte. Wie konnte er nur mit mir sprechen? Die Chancen, dass ich den wiedergeborenen Nostradamus finden und mit ihm mittels einer Rückführung sprechen würde, waren unendlich gering. Ich ging davon aus, dass ich Elena weiterhin zu Dyonisus‘ Erfahrungen mit ihm befragen konnte. Aber das war nicht das, was er sagte. Er brachte klar zum Ausdruck, dass er sich mit mir persönlich unterhalten würde. Ich war verwirrt und wurde ein wenig benommen, während ich versuchte, dies zu verstehen.

„Oh?“, fragte ich, „hat er vor, dies durch dich zu tun? Oder weiß er, wie es geschehen wird?“

Die nächste Bemerkung war sogar noch rätselhafter. „Nicht nur durch mich, sondern ... durch jemand anderen.“

Das war noch weiter hergeholt. Ich wusste nicht, wie ich das auffassen sollte. Wie sollte es möglich sein, das zu bewerkstelligen? Sollte ich einen anderen Studenten von ihm ausfindig machen und auf diese Weise weitere Informationen erhalten? Das war die Art und Weise, wie ich arbeitete. Falls ich das Glück hätte, einen Probanden zu finden, der jemanden berühmten kannte, z.B. Jesus, Nostradamus usw., dann würde ich ihn befragen, um Fakten über deren Leben zu erfahren. Ich hätte das mit einem Achselzucken als zu verrückt und absurd abtun können, um es überhaupt in Betracht zu ziehen, aber da war etwas an ihrem Tonfall, das mir sagte, dass er es ernst meinte. Ich hatte das Gefühl, dass ich, wenn es wirklich passieren sollte, nichts zu der Methode oder dem Verfahren zu sagen hätte und ich mir keine Sorgen machen oder versuchen müsste, es umzusetzen. (Selbst wenn ich keinen blassen Schimmer hatte, wie so etwas geschehen könnte.) Vielleicht wäre es so spontan, wie es diese unerwartete Ankündigung gewesen war. Oh, also ich dachte mir, warum es in Frage stellen, vielleicht ist am Ende doch alles möglich. Dies war sicherlich nicht der richtige Zeitpunkt, um zu versuchen, es irgendwie zu analysieren. Mir brummte der Schädel vor Verwirrung. Ich musste es erst einmal beiseite schieben und fortfahren.

D: Ich denke, er sollte erkennen, dass ich auf der Suche nach Wissen bin, nach verlorenem Wissen, und ich freue mich stets über alles, was ich bekommen kann.

E: Er sagt, dass er sich dessen bewusst sei.

D: Und ich will ihm absolut nichts Böses. Ich würde alles schätzen, was du mir zu jedem beliebigem Zeitpunkt sagen kannst oder was er bereit ist, mir zu sagen. Willst du ihm an meiner Stelle danken?
E: Ja, das werde ich.

An dieser Stelle musste ich das Band umdrehen, aber ich nutzte die Gelegenheit auch, um schnell in den vorderen Raum zu gehen und nachzusehen, ob unsere Freundin angekommen war. Ich konnte nicht verstehen, warum ich keine Geräusche gehört hatte oder warum sie nicht wenigstens in das Schlafzimmer geschaut hatte, um nachzusehen, ob wir fertig waren. Aber zu meiner Überraschung war die Wohnung leer und die Eingangstür stand weit offen. Verwirrter denn je, kehrte ich rasch zu Elena zurück. Auch die Tiere hatten sich zurückgezogen und kehrten nicht zurück.

Ich wusste, dass ich in dieser Szene keine weiteren Informationen mehr erhalten würde, weil Nostradamus den Informationsstrom gestoppt hatte. Um die Sitzung wieder auf vertrauten Boden zurückzubringen, brachte ich Dyonisus weiter in der Zeit zu einem wichtigen Tag in seinem Leben. Elena beantwortete Fragen wesentlich spontaner als in jeder anderen Sitzung. Es gab nichts von der Verwirrung und Unsicherheit, die sich in die früheren Sitzungen eingeschlichen hatten, als wir dieses Leben anrührten. Es war ein wenig störend gewesen, dass die Sitzungen ständig von Andy, oder wer auch immer sich gerade um ihr Wohlergehen kümmerte, unterbrochen wurden. Ich zählte Dyonisus bis zu einem wichtigen Tag vorwärts und fragte ihn, was er gerade tat.

E: Ich erhalte soeben Informationen, die mich erstaunen.
D: Wie empfängst du sie?
E: Sowohl durch meine Augen als auch durch meinen Geist.
D: Kannst du sie mit mir teilen?
E: (In Ehrfurcht.) Ich wage es nicht.

Ich war neugierig genug, um zu versuchen, ihre Einwände zu umgehen. Das hatte zuvor unter ähnlichen Umständen schon einmal funktioniert.

D: Nun, es ist völlig in Ordnung, wenn du sie nicht mit mir teilen willst. Aber warum ist dies ein wichtiger Tag?

E: Weil es das erste Mal ist, dass ich die Visionen habe. Zuvor hörte ich nur die Stimmen.

D: Wirst du niederschreiben, was du siehst, wenn es vorbei ist?

E: Oh ja! Aber das ist nur für mich selbst.

D: Haben die Visionen etwas mit deinem eigenen Leben zu tun?

E: Ohhhh, sie reichen weit in die Zukunft.

D: Ich wünschte, du könntest mir dennoch etwas davon erzählen.

E: Du würdest mir keinen Glauben schenken.

D: Oh, ich wette, ich würde es doch. Ich glaube viele, viele seltsame Dinge. Ist es in der Nähe deines jetzigen Wohnortes?

E: Ich habe keine Ahnung. Ich sehe nichts Vertrautes. Ich schaue auf etwas, das wie eine Stadt aussieht, mit hohen Gebäuden, die in den Himmel ragen. Da fliegen Dinge. Sie sehen aus wie Vögel, riesige Metallvögel. Und diese Objekte bergen Menschen in sich. Es gibt schnelle Gegenstände, die sich innerhalb der Stadt bewegen. Sie befördern ebenfalls Menschen.

D: Sind sie euren Fuhrwerken ähnlich?

E: Oh, nein! Dies habe ich noch nie gesehen. Es scheinen Metallbehälter mit durchsichtigem ... durchsichtigem Metall zu sein.

Es ist interessant, dass er wiederum das Wort für Glas nicht kannte. Dies bewies Kontinuität. Es war offensichtlich, dass Dyonisus in seiner Zukunft auf unsere Zeit blickte. Er sah eine Szene, mit der Elena vertraut gewesen wäre. Es war faszinierend zu hören, wie er diese Dinge in so fremdartigen Begriffen beschrieb, als sähe er sie mit neuen Augen. Dieses Phänomen ereignete sich auch in meinem Buch Fünf Erinnerte Leben, in dem ein junges Mädchen im achtzehnten Jahrhundert eine Vision der Zukunft sah und sie in sehr ähnlichen Begriffen beschrieb.

D: Es klingt wirklich wundersam. Sehen die Menschen anders aus?

E: Ja, sehr viel gesünder.

D: Sie müssen zu jener Zeit sehr gute Ärzte gehabt haben.

Was wäre natürlicher für einen Arzt, festzustellen? Dass die Menschen der Zukunft gesünder waren als die Menschen zu seiner Zeit. Das verlieh dem Ganzen noch mehr Glaubwürdigkeit.

E: Gesünder. Und andere Kleidungsstücke. So viele unterschiedliche Typen. Ich konnte nicht einmal eines beschreiben. Nostradamus hatte uns gesagt, dass es Dinge gebe, die jenseits unseres Verständnisses lägen.

D: Ich frage mich, ob dies die Art von Dingen ist, die er ständig sieht?

E: Ich glaube schon.

D: Nun, man kann nie wissen, vielleicht wird die Welt in der Zukunft so aussehen. Wie denkst du darüber?

E: Ich glaube, sie ist ganz anders. Ich fürchte mich davor. Ich habe noch nie so viele Menschen gesehen.

D: Ich dachte, Paris sei eine große Stadt.

E: Das ist es auch. Aber ich habe Paris noch nie aus dieser Sicht betrachtet. Ich schaue auf die Stadt herab. Ich sehe die größte Brücke, die ich je in meinem Leben gesehen habe. Sie sieht aus, wie aus Metall gebaut und ... aus Seilen.

Wahrscheinlich die Kabel einer Brücke wie der Golden Gate Brücke oder Dergleichen, die er natürlich nicht anders beschreiben konnte.

E: Sie hängt über dem Wasser. Und diese Dinge, diese Container, bewegen sich auf ihr.

D: Gibt es da irgendetwas im Wasser?

E: Einfach ... es sind Boote. Völlig andersartig, aber ich weiß, es sind Boote.

D: Dann kannst du all die hohen Gebäude und all die seltsam aussehenden Fahrzeuge sehen. (Sie sah verwirrt aus.) Kennst du dieses Wort? (Sie schüttelte ihren Kopf.) Es bedeutet etwas, in dem man fahren kann. Es ist ein anderes Wort dafür. Wie eine Kutsche. Sogar ein Boot könnte man als Fahrzeug bezeichnen. Etwas, in das man einsteigt und das sich bewegt.

E: Ich verstehe. Danke.

Er schien mit meiner Erklärung zufrieden zu sein und froh, dass ich sie ihm gegeben hatte.

D: Machen diese Container Lärm?

E: Ich höre nichts.

D: Gibt es noch etwas anderes, das anders aussieht?

E: (Lange Pause) Es gibt so vieles. Ich versuche zu entscheiden, welches von den Lichtern! Die Lichter sind so viel heller, als wir sie hier haben. Und es gibt ... äh ... Lichter mit Bildern darauf. Sehr farbenfroh.

D: Welche Art von Bildern?

E: Oh ... so viele verschiedene. Eine Frau, die einen Gegenstand in der Hand hält. (Eine Zigarette vielleicht oder eine Cola-Flasche?) Ein Mann in seltsamer Kleidung auf einem Pferd. (Vielleicht ein Cowboy?)

Ich fragte mich, ob er Werbetafeln oder Werbung mit farbigen Neonröhren sah. Das gefiel mir. Es machte Spaß, unsere Welt durch die Augen der Vergangenheit zu sehen.

E: Sie haben Lichter auf den Straßen.

D: Das ist gut, die Leute können nachts sehen. Gibt es in Paris Lichter auf den Straßen?

E: Es gibt brennende Lichter, die aber nicht so betrieben werden wie diese dort. Und nicht so viele.

D: Das ist in der Tat eine seltsame Stadt, die du hier siehst. Es klingt, als müsse sie weit in der Zukunft liegen.

Ich nahm sie aus dieser Szene heraus und bat ihn, zu einem weiteren wichtigen Tag in seinem Leben zu gehen.

E: Ich helfe beim Vernähen. Es ist ein kleines Kind. Der Fuß des Jungen wurde von einer Kutsche überfahren, und ich musste amputieren. Ich ließ den Jungen in meine eigene Kammer bringen, aber ich konnte ihm zeigen, dass ich ihm helfen und ihn beruhigen konnte. (Emotional) Und das ist das erste Mal. Das hat eine große Bedeutung für mich.

D: Was meinst du damit, erstes Mal?

E: Ich war in der Lage, die Lehren, die ich gelernt habe, in die Praxis umzusetzen. Ich meine, zusätzlich zur Anwendung der Medizin. Das anzuwenden, was Nostradamus mir darüber beigebracht hat, wie man die Schmerzen lindert. Es hat sogar die Blutungen geringer gemacht, als sie normalerweise gewesen wären. Nostradamus hat mich dazu angeleitet.

D: Hast du deine komplette Ausbildung abgeschlossen?

E: Die physische ja aber die geistige, nein.

D: Wo praktizierst du die Medizin?

E: Viele Leute kommen zu mir. Ich gehe auch in die Armenviertel. Ich möchte ihnen helfen.

D: Was ist mit deiner Familie? Verstehen sie, was du tust?

E: Ja, sie wissen, dass ich mit den Armen arbeiten möchte.

Er sagte, er praktiziere Medizin seit etwa sechs Jahren und gehe seit etwa vier Jahren in die Armenviertel und arbeite mit ihnen zusammen. Mehrere der anderen Studenten seien in ihre eigenen Heimstätten zurückgekehrt, um den Menschen dort zu helfen.

D: Hat dein Land einen Herrscher?

E: Du meinst Frankreich?

D: Ja, das ist das Land, das du dir zur Heimat gemacht hast.

E: Ja, es hat einen. Ich kann nicht nachdenken ... Er kam nach König Charles. Ich kann nicht herausfinden, ob es Louis ist oder nicht.

D: Ich war nur neugierig. Hast du ihn jemals gesehen?

E: Nein, ich habe ihn nie getroffen.

Von dem Wenigen, das ich über Nostradamus gelesen hatte, erinnerte ich mich, dass er seinem König die Zukunft vorausgesagt hatte, als der Herrscher von seinen eigenartigen Gaben erfuhr.

D: Was ist mit Nostradamus? Hat er den König jemals getroffen?

E: Oh ja. Er ist sich der Prophezeiungen gewahr. Nostradamus schildert ihm einige von ihnen, ja. Diejenigen, die Frankreich betreffen. Aber er weiß nicht alles, was Nostradamus tut.

D: Weißt du, wie einige dieser Prophezeiungen lauten?

E: Ich kenne einige von ihnen. Aber sie sind für mich nicht von Interesse.

D: Interessiert dich nicht, was in Frankreich geschieht?

E: Was ich gelernt habe, geht über das Physische hinaus.

D: Hattest du irgendeine eigene Vision, die du für wichtig hältst und die du mit mir teilen könntest?

E: Vielleicht ein andermal. Jetzt fühle mich müde.

D: Liegt das an der Arbeit, die du mit dem kleinen Jungen gemacht hast?

E: Ja. Kann ich mit dir zu einem anderen Zeitpunkt sprechen?

D: Oh ja, das würde mich sehr freuen.

Elena war vielleicht auch deshalb müde, weil dies die längste Sitzung war, wir durften eine Sitzung ohne Unterbrechung abhalten.

Beim Erwachen schien Elena verwirrt. Es gab nur eine Sache, an die sie sich während ihrer Trance erinnerte. Sie fragte, ob während der Sitzung jemand in den Raum gekommen sei. Ich erzählte ihr von ihrem Hund und ihrer Katze und dass ich die Haustür offen vorgefunden hatte. Sie sagte, manchmal, wenn sich die Tiere genug Mühe gaben, schafften sie es, hereinzukommen, aber es sei merkwürdig, dass sie ins Schlafzimmer kamen und am Fußende des Bettes standen und sie beobachteten. Das sei ein ungewöhnliches Verhalten.

Sie sagte: „Der Grund für meine Frage war, dass ich deutlich hörte, wie jemand in den Raum kam und über den Boden ging. Dann setzte er sich auf die Truhe."

Ich machte sie darauf aufmerksam, dass auf der Truhe oben viele Dinge (Bilder und Schnickschnack) lagen und unter normalen Umständen niemand dort hätte sitzen können. Ich erzählte ihr, dass sich ihre Augen in diese Richtung bewegt hatten, als ob sie jemanden auf diese Seite des Bettes gehen sah. Ich sagte, sie habe vielleicht gehört, wie die Leute oben umherliefen, denn während der Sitzung hörte ich Geräusche, die aus den anderen Wohnungen zu kommen schienen.

Sie schüttelte den Kopf und antwortete mit Nachdruck: „Das ist seltsam. Ich weiß, es ergibt keinen Sinn. Aber ich bin mir sicher, dass die Geräusche aus dem Inneren des Raumes kamen, denn dort am Fußende meines Bettes gibt es eine Falltür. Wenn jemand durch den Raum geht, knarrt der Boden an dieser Stelle. Das ist es, was ich gehört habe."

Die Tiere waren offensichtlich zu klein, um die Geräusche, insbesondere das Geräusch von Schritten, zu machen. Das Tonbandgerät zeichnete Geräusche auf, die den von ihr beschriebenen ähnlich waren, aber wie ich bereits sagte, könnten sie von oben gekommen sein.

Es ist interessant, über die Möglichkeit zu spekulieren, dass die Tiere tatsächlich jemanden sahen und in den Raum begleiteten. Ich hatte den Hund draußen bellen gehört, als das Phänomen begann. Sahen sie eine Präsenz, die für mich unsichtbar war? Warum sonst drängten sie ins Haus, nur um am Fußende des Bettes zu stehen und zuzuschauen?

Als ich Elena erzählte, dass Nostradamus gesagt hatte, er würde selbst zu mir sprechen, war sie genauso verwundert wie ich. Wir konnten uns nicht erklären, wie er ein solches Kunststück vollbringen wollte.

„Wie konnte er durch mich durchkommen?“, fragte sie. „Es ist ganz offensichtlich, dass ich nicht Nostradamus sein konnte, wenn ich einer seiner Schüler war.“

Wir waren auch neugierig auf die andere Person, durch die er durchkommen sollte. Die Vorhersage, die sie über das zusätzliche Jesus-Material gemacht hatte, das durch eine andere Person durchkommen sollte, hatte sich erfüllt, als ich es durch Brenda empfing. Auch das war ein unwahrscheinliches Ereignis gewesen. Zu diesem Zeitpunkt hatten wir keine Ahnung, wohin diese Geschichte führen sollte oder was noch geschehen würde. Ich plante, sie in ein paar weiteren Sitzungen abzuschließen, wenn ich den Rest der Lebensgeschichte von Dyonisus herausgefunden haben würde. Ich dachte, es gebe weiter nichts mehr, was sich zu empfangen lohnen würde.

Im Vergleich zu den ersten Sitzungen hatte sich ihre Fähigkeit, flüssiger zu sprechen und mehr Informationen zu liefern in dieser Sitzung dramatisch verbessert. Vielleicht lag der Grund für die erzwungene Verzögerung und die Interventionen ihres Führers darin, dass sie sicherer und vertrauter mit diesem Verfahren werden sollte.

Nach dieser Sitzung legten wir mehrere Termine fest, die sie aus verschiedenen persönlichen Gründen nicht wahrnehmen konnte. Danach ging sie für einen Monat nach Kalifornien, um bei einer ihrer Töchter zu sein, die Eheprobleme hatte. So dauerte es wiederum mehrere Monate, bis die Arbeit an diesem Projekt wieder aufgenommen werden konnte.

KAPITEL 4

NOSTRADAMUS SPRICHT

SEIT DER LETZTEN SITZUNG sagte Elena wiederholt Termine ab, da sie sich darauf vorbereitete, nach Kalifornien zu reisen, um bei ihrer Tochter zu sein. Bevor sie abreiste, kam mir der Gedanke, dass ich vielleicht ihre Fähigkeiten als Porträtkünstlerin nutzen könnte. Wäre es nicht wunderbar, wenn sie irgendwie ein Bild von Nostradamus malen könnte? Ich überlegte, wie ich ihr die Suggestion geben konnte, dass sie ihn in ihrem bewussten Zustand klar sehen könne. Ich wollte nicht, dass es zur Besessenheit wird, und ich wollte auch nicht, dass sie von ihm im Geiste verfolgt wird und sein Gesicht überall sieht, wohin sie auch schaut. Daher musste es vorsichtig gehandhabt werden. Ich beschloss, ihr die posthypnotische Suggestion zu geben, dass sie, wenn sie ihn zeichnen wollte, sie ihn klar und deutlich sehen könne. Den Rest der Zeit würde er nicht einmal in ihren Gedanken auftauchen. Sein Gesicht würde nur erscheinen, wenn sie ihn sehen wollte.

Sie stimmte zu, dass es eine wunderbare Idee sei und es eine großartige Herausforderung für sie sei, herauszufinden, ob sie ein Bild von ihm malen könne. Sie hielt die Suggestion nicht einmal für notwendig, denn sobald ich ihn erwähnte, konnte sie sein Gesicht sehr deutlich sehen. Sie beschrieb ihn mit einem in die Ferne schweifenden Blick in seinen Augen. Er hatte eine hohe Stirn und eine Adlernase, aber seine Augen waren sein auffälligstes Merkmal. Sie willigte ein, es zu versuchen, sobald sie in ihrem vollen Terminkalender Zeit dazu fand.

Sie war einen Monat lang fort. Als sie zurückkam, nahm sie sofort eine neue Arbeit in einem anderen Restaurant an und war von der neuen Einarbeitung erschöpft. Nach einigen weiteren abgesagten Versuchen war es uns schließlich möglich, uns zusammenzusetzen. Es war nun wieder Mai (1986) und die Touristensaison begann von neuem.

Als ich sie nach der Arbeit abholte, ließ sie sich in den Autositz fallen. Sie lehnte ihren Kopf zurück und schloss die Augen. Sie war sehr müde von einem anstrengenden Arbeitstag. Sie hatte Schwierigkeiten mit den neuen Arbeitgebern, und der Druck begann sich zu zeigen. Es gab auch noch andere, familiäre Probleme, von denen ich nichts wusste. Ich erinnerte sie daran, dass die Sitzung, auch wenn sie müde war, sie mehr entspannen würde als ein guter Schlaf und dass sie sich danach wunderbar fühlen würde. Meine Probanden genießen diese Arbeit immer; sie ist viel erfrischender als Schlaf.

Sie verkündete: „Ich denke, es ist nur fair, dir zu sagen, dass wir ernsthaft darüber nachdenken, wieder nach Alaska zurückzukehren." Ihr Mann war unzufrieden mit seiner Arbeit und die finanzielle Situation war nicht so, wie sie es erwartet hatten. Sie mochte die Ruhe und die entschleunigte Atmosphäre unseres Berglandes sehr und wollte hier bleiben, hier vielleicht sogar eines Tages den Ruhestand verbringen. Aber er meinte, sie sollten in den Norden zurückkehren und etwas mehr Geld ansparen, um sich nach ihrer Rückkehr ein eigenes Heim kaufen zu können. Sie hatte viele Freunde gefunden und wollte wirklich nicht weggehen, aber sie sah keine Alternative. So war es möglich, dass sie bereits im Juli umziehen würden, was nur noch zwei Monate entfernt war. „Ich dachte, es sei nur fair, dich zu warnen. Es wäre nicht richtig, ganz plötzlich anzukündigen, dass ich nächste Woche abreisen würde."

Mein Verstand versuchte, vorauszudenken. Es gab kein Gefühl der Dringlichkeit. Vielleicht war es möglich, den Rest der Lebensgeschichte von Dyonisus zu erhalten, wenn wir keine weiteren Verzögerungen hatten. Ich erwartete, dass seine Geschichte nichts weiter als ein interessantes Kapitel in einem Buch mit verschiedenen Rückführungen darstellen würde, und sie konnte mir das Bild jederzeit zusenden, wenn es fertig war. Doch davon abgesehen wusste ich, dass ich Elena und ihre liebevolle Art vermissen würde. Wir waren gute Freunde geworden. Aber das Wichtigste war, dass sie das tat, was sie glaubte, mit ihrem Leben tun zu müssen. Wenn das bedeutete, nach Alaska zurückzuziehen, dann sei es so. Ich hatte keine

Ahnung, dass meine Pläne bis zum Ende dieser Sitzung geändert werden sollten.

Da Elenas Wohnung zu dieser Tageszeit voller Menschen sein würde, beschlossen wir, zu Vals Haus zu gehen, wo wir mehr Privatsphäre haben würden. Val hatte noch nie eine Rückführung gesehen, deshalb war sie daran interessiert, zuzuschauen. Später war ich sehr froh, dass eine Zeugin anwesend war, denn dies stellte sich als eine der seltsamsten und ungewöhnlichsten Sitzungen heraus, die ich je durchgeführt hatte. Ohne die Zeugin und die Bänder, die mir Rückendeckung geben, weiß ich, dass es für jeden schwer zu glauben sein würde, was an diesem Tag geschah, denn mir fällt es selbst schwer, zu glauben.

Elena war so müde, dass sie freudig in Trance fiel, damit sie sich schön ausruhen konnte. Ich zählte sie in die Zeit zurück, als sie der Schüler von Nostradamus war und fand Dyonisus beim Schreiben vor. Er machte einige Übersetzungen für Nostradamus aus dem Lateinischen ins Französische. Es handelte sich um alte medizinische Heilmittel, und er wollte sehen, ob sie sie anpassen und verwenden könnten. Er sagte, Latein sei eine Sprache, die er zwingend beherrschen müsse. Eigentlich versteht Elena keine der beiden Sprachen. Dyonisus sagte, dass er beim Übersetzen einige interessante Theorien zur Gehirnchirurgie gefunden habe. Ich war überrascht, weil ich nicht wusste, dass sie solch gefährliche Operationen durchführten. Er versicherte mir, dass sie das taten. „Wir können nur so weit gehen. Löcher in den Schädel bohren, um den Druck auf das Gehirn zu verringern.“

Dies nennt sich Trepanation und war in der Antike bekannt. Mumifizierte ägyptische Überreste zeigen, dass es damals praktiziert wurde und dass die Patienten überlebten und noch einige Jahre danach weiterlebten. Das war nicht wirklich das, was ich annahm, was er mit Gehirnchirurgie meinte, aber mir war nicht bewusst, dass in Europa schon vor der Zeit der Anästhesie irgendeine Art von Operation am Kopf durchgeführt wurde.

D: Woran erkennst du, wann Druck auf das Gehirn ausgeübt wird?

E: An den Augen ... und an den Händen und Beinen, wenn sie angeschwollen sind. Und an der Menge Blut, die da ist, wenn man in die Finger sticht. Es ist zu viel Blut im System.

D: Woran kann man erkennen, ob zu viel Blut im System ist?

E: Beispielsweise am ständigen Nasenbluten. Die Nägel sind extrem rosig. Unter den Augenlidern sind die kleineren Venen verstopft.

D: Was tust du dann?

E: Löcher in den Kopf bohren. Manchmal gibt es sogar eine leichte Schwellung. Je nachdem, wo der Druck am größten ist. Wir nehmen Messungen am Schädel vor.

D: Mit was für einem Instrument macht ihr das?

E: Es ist ein Metallinstrument. Stelle es dir ähnlich vor, wie die Art von Instrument, die Navigatoren auf einer Karte verwenden. Es hat einen ... (suchend) ich kann das Wort dafür nicht finden. Es ist wie ein Halbmond mit einem drehbaren Ende darauf ... Kalibrierer? ... Ich glaube, ein Messschieber. Etwas Ähnliches.

D: Aber würde das nicht Schmerzen verursachen?

Ich dachte an die Instrumente, die für das Bohren verwendet werden. Aber er sprach von einem Messinstrument.

E: (Mit Nachdruck) Nein! Nein, es gibt einen Regulierer auf der Oberseite. Er lässt sich drehen. Das weitet es aus oder macht es enger. Es ist an der Unterseite geöffnet. Es hat zwei Enden darin und ein Drehelement oben. Und es ist eingekerbt, damit man weiß, wo die Maße sind. Je näher man drankommt, desto genauer kann man die Entfernung messen. So erhält man einen Umfang des Gesamtmaßes.

Ihre Handbewegungen zeigten, dass es sich um ein großes Instrument handelte, vielleicht ähnlich einer Eiszange.

D: Oh, ich verstehe, du sprichst von den Vermessungen und dass diese keine Schmerzen verursachen.

E: Nein, das Instrument verursacht keine Schmerzen.

D: Aber ich dachte, die Schädelöffnung würde Schmerzen verursachen.

E: Oh! Ich verstehe, was du meinst. Nostradamus wendet eine Technik an, die bei seinen Patienten sehr wenig Schmerzen verursacht. Ich glaube, ich habe schon einmal mit dir darüber gesprochen.

D: Ja, das hast du. Es ist eine ähnliche Methode wie die Methode, die ich anwende. Wir nennen sie Hypnose. Wie nennt ihr sie?

E: Trance.

D: Ich glaube, du sagtest, dass die anderen Ärzte nicht wussten, dass er das tat.

E: Das ist richtig. Es ist ein Geheimnis.

D: Sind die anderen Ärzte in der Lage, solche Operationen durchzuführen?

E: Ja, aber sie haben eine höhere Sterblichkeitsrate als Nostradamus. Der Patient erleidet einen Schock. Manchmal überlebt er nicht. Nostradamus glaubt, dass der Schock eine größere Ursache für den postoperativen Tod sein kann als womöglich die Operation selbst.

D: Es ist schade, dass er seine Methoden nicht mit den anderen Ärzten teilen kann.

E: (Schlagartig) Er hat eine Nachricht für dich.

D: Wirklich?!

E: Ja. Nur einen Augenblick, bitte.

Dies geschah so plötzlich, dass es eine Überraschung war. Wieder hätte ich fast das Mikrofon fallen lassen. Es war, als ob Nostradamus wieder einmal mitbekommen hätte, dass ich gerade mit seinem Schüler sprach. Anscheinend hatte er dies zum Anlass genommen, um zu sprechen. Obwohl ich es faszinierend fand, zu erfahren, wie Ärzte in vergangenen Zeiten ihr Handwerk ausübten, hielt er es wahrscheinlich für belanglos und unwichtig. Offenbar dachte er, er müsse unterbrechen, weil seine Botschaft dringender sei. Ich sah Val an und zuckte mit den Schultern. Ich hatte genauso wenig Ahnung von dem, was vor sich ging, wie sie. Während der letzten Sitzung hatte er gesagt, dass er zu mir sprechen würde. War es das, was er meinte? Was könnte er mir wohl sagen wollen?

Was dann folgte, war sehr merkwürdig, ein ungewöhnliches Gespräch in drei Richtungen. Elena drehte ihren Kopf nach rechts, als ob sie aufmerksam jemandem zuhörte, der für mich unsichtbar war. Dann drehte sie ihn wieder zu mir, um zu sprechen. Jedes Mal, wenn dies geschah, gab es eine lange Pause, da sie scheinbar lauschte, bevor sie mir das Gesagte weitergab. Ich fühlte, wie meine Kopfhaut kribbelte. Es war ein unheimliches Gefühl zu wissen, dass

Nostradamus auf eine Art wusste, dass ich da war und sich dessen gewahr war, was ich da tat.

Er fuhr fort, die Sitzung zu übernehmen.

E: Er sagt, du solltest an der Übersetzung arbeiten. Die Vierzeiler. Dass jetzt in eurer Zeit etwas geschehe, das man mit der Übersetzung bestimmter Vierzeiler besser verstehen werde.

D: Eine interessante Idee. Aber ich wüsste nicht, wie ich anfangen sollte.

Ich war mit keinem der Vierzeiler auch nur im Ansatz vertraut. Ich hatte kein Buch, also machte ich den einzigen Vorschlag, der damals für mich Sinn machte.

D: Weiß er, über welchen Vierzeiler ich sprechen sollte?

Ich dachte, er würde einen vorschlagen. Es sollte aber nicht so einfach werden.

E: Er sagt, du solltest -- ich verstehe nicht -- deinen Führer benutzen? Dass er in der Lage sein werde, zu den richtigen Vierzeilern zu kommen und sie zu übersetzen.

D: Kann er mir einen Hinweis geben, um welche Vierzeiler es sich handeln würde? Es gibt so viele davon.

E: (Eine lange Pause, während sie wieder den Kopf drehte und lauschte.) Er bittet darum, es nicht in Frage zu stellen, sondern es so zu machen.

D: Was? Ein ganzes Buch durchzusehen?

E: Das ist richtig. Es scheint, dass dein Führer die Fähigkeit hat, schnell zu lesen.

Ich dachte natürlich, er spreche von unseren unsichtbaren Führern oder Wächtern, so wie Elenas Andy.

D: Also gut. Ich werde mir ein Buch besorgen und es durchlesen müssen. Und ihn nach der Bedeutung fragen, wenn ich einen Vierzeiler finde?

E: Nein. Dein Führer wird ihn lesen und wissen, dass dies derjenige ist, der übersetzt werden muss. Dies soll möglichst bald geschehen.

D: (Das war verwirrend.) Ich versuche zu verstehen, wie ich das tun kann. Wenn der Führer es tun wird, wie können wir dann die Botschaft erhalten?

E: Der Führer ist die Person, mit der du zusammenarbeitest. Es tut mir leid, dass ich mich nicht klar ausgedrückt habe.

D: Du meinst, dieses Medium (Elena) soll den Vierzeiler finden? Und uns wird das Wissen zugeführt werden, welches der passende Vierzeiler für die Dinge ist, die in meiner Welt zu dieser Zeit geschehen?

E: Das ist richtig.

D: Kannst du mir sagen, warum das so wichtig ist?

E: Es gibt sowohl atmosphärische Zustände als auch planetarische Veränderungen und ... (Sie hob ihre Hand, um mich davon abzuhalten, etwas zu sagen.) Es gibt noch mehr, einfach .... (Sie lauschte.)

Ich konnte nicht glauben, dass dies geschah. Er wusste wirklich, dass ich da war. Es war so unwahrscheinlich. Ein Mann, vor dem ich lange Zeit Respekt und Ehrfurcht hatte, überbrachte mir tatsächlich Botschaften über Zeit und Raum hinweg. Ich hätte nicht verblüffter sein können, wenn Jesus selbst zu sprechen begonnen hätte. In meinem Kopf drehte sich alles. Ich dachte immer wieder, das sei unmöglich.

E: (Lange Pause). Ich verstehe es nicht, aber er sagt, dass die Waffen, die ihr gegenwärtig einsetzt, eine Veränderung der Atmosphäre bewirkt haben, die innerhalb eines Jahres zu spüren sein wird. Und wenn das Wissen aus den Vierzeilern übersetzt werden könnte, wäre das für die Menschen eurer Zeit von Vorteil. Es gibt noch mehr. (Eine lange Pause, während sie lauschte.) Er sagt auch, dass es aufgrund der Planetenkonstellationen zu Veränderungen auf der Erde kommen werde. Und die Übersetzung bestimmter Vierzeiler werde den Menschen helfen zu verstehen, wo diese Veränderungen am stärksten sein werden. Dann seien sie in der Lage, gewisse Entscheidungen zu treffen. Er sagte, dass dein Medium die Vierzeiler leicht erkennen werde. Er hatte gehofft, dass dies schneller vonstatten gehen würde.

Dies war eine interessante Möglichkeit, die mir ohne seine Andeutung nie in den Sinn gekommen wäre.

D: Befindet er sich in diesem Moment in Trance?

E: Ich verstehe deine Worte nicht.

D: Meditiert er in diesem Moment? Ich fragte mich nur, woher er wusste, dass ich gerade spreche.

E: Weil er sich gerade in einem anderen Raum befindet. Ich kann es nicht erklären. Zu diesem Zeitpunkt befinde ich mich nicht in einem Zimmer. Als er zu mir sprach, gab es eine Veränderung in der Umgebung.

D: (Ich verstand nicht.) Dann ist er in einem anderen Raum?

E: (Mit Nachdruck) Nein! Er ist bei mir, aber wir sind nicht in dem Zimmer. Wir sind nicht ... (Sie hatte Schwierigkeiten, es zu erklären.)

D: Meinst du damit, dass wenn er mit dir spricht, es so ist, als wärst du an einem anderen Ort?

E: Das ist richtig. Es ist ein Ort mit ... Nebelwolken. Es gibt kein stoffliches Fundament.

D: Aber es ist ein schönes Gefühl, nicht wahr? Denn das ist wichtig, und ich möchte nicht, dass du dich unwohl fühlst.

E: Oh, ja!

D: Das war es, was ich dachte. Er war in einem anderen Zustand, in einem Zustand der Meditation oder so ähnlich, so dass er mich hören kann.

E: Das ist richtig.

D: Ist er mit dem, was ich tue, einverstanden?

E: (Nachdrücklich) Oh, ja! Er kommt nicht direkt zu dir durch, aufgrund einer Prophezeiung, die er gemacht hat. Dass nämlich über die Jahrhunderte hinweg niemand mehr von ihm hören soll. Persönlich. Er wird nicht mehr direkt zu einem sprechen.

D: Ich wusste nichts von dieser Prophezeiung. Steht sie in den Vierzeilern?

E: Ja, so ist es. Es war nicht seine Entscheidung, diese Verkündung zu machen. Er wurde dazu angeleitet, dies in seinen Vierzeilern zu sagen, damit man auf der Hut ist vor ... (auf der Suche nach dem Wort) Fälschungen.

D: *Vor Nachahmern? Leuten, die vorgeben, er zu sein?*

E: Das ist korrekt.

D: *Ja, das kann ich verstehen. Dann fühle ich mich sehr geehrt, dass er sich entschieden hat, hierher zu kommen und auf diese Weise zu sprechen.*

E: Er sagt, es sei nicht so sehr eine Ehre als vielmehr eine Notwendigkeit. Er möchte, dass du die Menschen warnst. Einen Augenblick! (Wieder lauschend.) Er sagt, er könne sehen, dass es ein Buch gibt, einen großen Band, der alle Vierzeiler enthält. Er möchte, dass du dein Medium (Elena) anweist, die Vierzeiler zu studieren. Er sagt, dass sie intuitiv wissen wird, welche Vierzeiler. Du sollst ihr Suggestionen geben, die ihr Vertrauen in die Übersetzung geben und sie an ihnen arbeiten lässt. Wenn sie eine Frage zu den Vierzeilern oder ein Problem bei der Übersetzung hat, soll sie es aufschreiben. Und wenn du dich das nächste Mal mit deinem Medium triffst, sollst du dich mit uns in Verbindung setzen. Und er wird sich die Fragen durch mich ansehen, sie überprüfen und dir Rat geben.

D: *Und die Punkte klären, die wir nicht verstehen. Dann kann sie dies in ihrem eigenen Tempo tun, und sie wird dazu angeleitet werden, die richtigen Übersetzungen zu finden.*

E: Das ist richtig. Er sagt, eine Sache, die für die Menschen verwirrend ist, sei, dass die Vierzeiler mehr als eine Bedeutung haben. Es hat etwas zu tun mit ... dem Zeitkontinuum, sagt er. Dass es eine Wiederholung von Mustern unter den Planeten gibt, die eine doppelte Bedeutung zulässt. Das verstehen sie nicht.

D: *Das wird eine neue Art sein, sie zu betrachten. Dann wird er erklären, wie sie miteinander verbunden sind, und uns helfen, sie zu verstehen?*

E: Das ist richtig.

D: *Uns wurde beigebracht, dass wir aus der Geschichte lernen können. Dass die Geschichte sich wiederholt, und dass wir auf diese Weise Lehren aus der Vergangenheit ziehen können.*

E: Das ist es, was er meint. Er sagt auch, dass sich die Wortbedeutungen etwas geändert hätten. So dass dem, was man vor zwei- oder dreihundert Jahren übersetzt habe, in eurer Zeit eine andere Bedeutung zukomme.

D: Das ist wahr. Selbst in der Sprache, die ich spreche, sind die Worte anders als zu eurer Zeit.

E: Er sagt, dass das Buch, von dem er sprach, auf der einen Seite das Französische hat und die Sprache, die du sprichst, auf der anderen. Und falls die Sprache -- Englisch! -- falls das Englisch nicht korrekt ist, wird er sich die französischen Wörter ansehen und eine Korrektur vornehmen.

D: In Ordnung. Denn wir wissen nicht, wie man Französisch spricht oder liest. Wir werden die Übersetzung lesen müssen. Das ist der einzige Weg, wie wir es tun könnten.

E: Er sagt, dass dein Medium die Gabe haben werde, es zu wissen.

D: Und da ist immer auch das Problem, ob sie in all den Jahren schon allein im Französischen korrekt niedergeschrieben worden sind.

E: Er versteht das.

Da ich mir noch nie ein Buch mit seinen Vierzeilern angesehen hatte, fragte ich mich, ob sie entweder von Nostradamus selbst oder von den Übersetzern in einer Art historischer Reihenfolge angeordnet waren.

E: Und wieder sagt er, dass man sich nicht nach den bereits verstrichenen Daten richten solle, da in ihnen jetzt eine neue Bedeutung gefunden werden könnte.

D: Ich habe gehört, dass er tatsächlich einige Daten in den Vierzeilern aufführt. Und dass einige von ihnen das enthalten, was man ein „Wortspiel" nennt. Ein Name, der verdreht wird, um ein Puzzle oder Rätsel daraus zu machen. Man sagt, dass er dies mit Absicht getan habe.

E: Die Übersetzung, die deinem Medium gegeben wird, wird eine klare Bedeutung in eurer Sprache haben.

Da er die Vierzeiler nicht liefern wollte, konnte ich natürlich nicht weiter darauf eingehen, bis ich ein Buch gekauft hatte. Ich plante, Dyonisus von der Szene wegzubewegen. Ich ging seine Anweisungen noch einmal durch.

E: Einen Augenblick. (Pause, lauschend.) Ich verstehe nicht alles, was er sagt. Vielleicht verstehst du es. Er sagt, dass einer der ersten Vierzeiler, nach dem sie suchen soll, sich auf biblisches Material bezieht, welches die Arbeit, die du gerade machst, bestätigen wird.

Ich war erschrocken. Könnte er sich auf das Jesus-Material in dem Buch beziehen, das ich gerade fertiggestellt hatte?

D: Meinst du damit ein Werk, das ich bereits fertiggestellt habe und das sich mit dem Leben Jesu befasst?

E: Das ist ein Werk aus biblischen Zeiten, das in einem anderen Land entdeckt werden wird und welches das, was du tust, bestätigen wird. Offensichtlich sind diese biblischen Absätze in eurer Zeit noch nicht entdeckt worden.

Ich dachte, er nahm vielleicht Bezug auf die Entdeckung der Schriftrollen vom Toten Meer in den späten 1940er und frühen 1950er Jahren, auf die ich mich häufig in meinem Buch über Jesus beziehe.

D: Ich dachte, du würdest dich auf einige Entdeckungen beziehen, die vor etwa vierzig Jahren gemacht wurden. Stimmt das nicht?

E: Nein. Denn dies ist ein Werk, das erst in naher Zukunft entdeckt werden wird. Es ist schwer, die Zeit zu messen, aber innerhalb etwa eines Jahres nach der Veröffentlichung deiner Arbeit, vielleicht schon früher. Das wird sich mit der Arbeit überschneiden, die du jetzt mit dem Publizieren leistest. Verstehst du?

Das tat ich nicht wirklich. Alles an dieser Sitzung war zu weit hergeholt, um es wirklich zu verstehen, bis ich Zeit haben würde, mich in diese seltsamen Entwicklungen zu vertiefen. Aber zumindest wusste ich, dass er sich auf mein Buch über Jesus bezog.

E: Einen Augenblick. (Pause, lauschend.) Er sagte, dass er auch daran arbeiten werde ... mit dem Zeichnen von Karten und den Standorten bestimmter Dinge wie den vergrabenen Schriften, die zu deiner Arbeit gehören. Er kann zu diesem Zeitpunkt jetzt einen tatsächlichen Standort angeben.

Das war eine interessante Entwicklung. Ich griff zu Notizblock und Filzstift, die ich bei Rückführungen immer griffbereit habe.

D: Könnte er es jetzt tun?

E: (Pause, lauschend.) Er sagte, es sei eher wie eine Verdeutlichung und einfacher zu machen, wenn der Vierzeiler zuerst richtig übersetzt würde. Dann würde er an der Karte arbeiten.

D: Vielleicht haben sich die Länder nicht allzu sehr verändert.

E: Es spielt keine Rolle, welche Namen die Länder jetzt haben.

Ich fand diese Informationen wirklich spannend. Wenn er in der Lage wäre, dies zu tun, eine Karte zu zeichnen und genau zu bestimmen, wo eine wertvolle archäologische Entdeckung von Schriften gemacht werden könnte, die den Schriftrollen vom Toten Meer ähneln, würde dies sehr wertvoll für die Welt sein. Es würde auch beweisen, dass wir in der Tat in Kontakt mit dem wirklichen Nostradamus stünden und dass er ein echter Prophet war. Ich konnte es kaum erwarten, mit der Arbeit daran zu beginnen.

D: War es nicht so, dass er Ländern und Nationen viele Male symbolische Namen gab und in seinen Vierzeilern Symbolik verwendete?

E: Das ist richtig.

D: An diesem Punkt ist eine gewisse Verwirrung darüber entstanden, auf welche Länder er sich mit diesen Symbolen bezog.

E: Er hat diese Verwirrung absichtlich herbeigeführt. Er sagt, zu seiner Zeit hätten es weniger Leute verstanden, dass ihr euch aber eher in einem Zeitalter der Aufklärung befändet. Er sagt, dass der Mensch an einen Punkt gekommen sei, an dem es für diejenigen, die sich die Zeit nehmen, leichter sei, die Vierzeiler zu verstehen, indem sie nicht nur lesen, sondern auch lauschen, was in ihnen selbst steckt.

D: Und die Menschen zu seiner Zeit waren nicht so?

E: Nicht so bewusst, wie die Menschen eurer Zeit.

D: Vielleicht hat er sie deshalb zu Rätseln gemacht, damit sie überleben. Glaubst du, das ist wahr?

E: (Pause, lauschend.) Er sagte, das sei ein Teil davon. Für den König, für die Herrscher jener Zeit, übersetzte er sie in klarerer Weise. In Bezug auf Dinge, über die sie unbedingt Bescheid wissen mussten oder auf Ereignisse, die sie betrafen. Ich bitte dich einfach um Verzeihung. In diesem Raum zu sein hat uns ermüdet. Das ist für mich eine neuere Erfahrung. Aber er sagte, wir würden jedes Mal mehr gestärkt werden.

Er möchte, dass du eines verstehst: dass dies eine Zeit ist, die für uns jetzt Gegenwart ist. Dass wir in der Lage sind, in eure Zeit hineinzuprojizieren. Dass wir in unserem Augenblick noch immer leben. Und dass du nicht mit Menschen sprichst, die von euch gegangen sind, sondern so lebendig sind wie du jetzt. Es ist sehr wichtig, dass du dies verstehst.

D: Ja, das habe ich schon immer gedacht. Man hat mir vorgeworfen, mit den Toten zu sprechen, aber ich sage ihnen: „Nein, sie sind sehr lebendig."

E: Ich bin froh, dass du das verstehst.

D: Was ihr gerade tut ist lediglich, auf unsere Zeit zu blicken.

E: Das ist richtig. Wir befinden uns jetzt nicht im gleichen Zeitrahmen, wie zu Beginn unseres Gesprächs mit dir. Sondern in einem anderen Zeitrahmen, um eure Welt betrachten zu können.

D: Nun, ich kann daran nichts Falsches sehen. Aber es gibt Skeptiker. Sie sind diejenigen, die das nicht verstehen.

E: Mit den Informationen, die du aus den Vierzeilern ableiten wirst, wird es weniger Skeptiker geben. Aber er sagt, es werde immer Skeptiker geben. Er sagt, dass du eine wichtige Arbeit zu erledigen hättest, und dass dies eine wichtige Information für dich sei, weil du schreiben kannst. Solange dir die Informationen gegeben werden, wird er eng mit deinem Medium zusammenarbeiten. Er sagt, dass Zeit jetzt von entscheidender Bedeutung sei. Dass es notwendig sei, die Informationen an die Menschen herauszugeben.

Da Dyonisus es leid war, an diesem seltsamen, formlosen Ort zu sein, begann ich, ihn in eine andere Zeit seines Lebens zu versetzen. Sie hob erneut ihre Hand, um mich anzuhalten.

E: Er sagte, wenn du wieder mit uns sprechen musst, solltest du dich darauf beziehen, dass du mit uns an dem besonderen Treffpunkt sprichst, so dass wir an diesem anderen Ort in der Zeit sein werden, anstatt in unserer eigenen Zeit. Es wird einfacher für uns sein, mit dir zu sprechen.

D: In Ordnung. Aber nach der Methode, die ich anwende, werde ich euch erst in eure Zeit bringen müssen. Und dann werde ich euch bitten, zum Treffpunkt zu gehen.

E: Das ist gut. Es wäre mit der Übereinkunft für einen meditativen Ort für uns, um besser mit dir kommunizieren zu können.

Es war gut, dass er mich anhielt, um mir Anweisungen zu geben, wie ich sie wieder ausfindig machen konnte. Wenn es bei einem Probanden um das Wiedererleben eines Lebens geht, ist das ein anderer Prozess. Ich war von dieser ganzen Prozedur so überwältigt, dass ich nicht einmal darüber nachgedacht hatte, wie wir uns beim nächsten Mal wieder zusammenfinden könnten. Nostradamus hatte -- im Gegensatz zu mir -- an dieses Detail gedacht. Er hatte mich daran gehindert, zu gehen, bis er Anweisungen dazu gegeben hatte. Er war definitiv vollständig für dieses ganze Phänomen verantwortlich. Ich nehme an, es wäre schwieriger gewesen, sich darauf zu verlassen, dass Nostradamus jedes Mal meine Anwesenheit spürte und mich unterbrach, um Informationen weiterzugeben. Auf diese Weise hatten wir genaue Anweisungen, wie wir ihn beim nächsten Mal erreichen konnten. Ich wusste, dass ich sie nicht dort behalten konnte, wenn sie müde wurden. Vielleicht befanden sie sich beide in einer meditativen Trance, die eine Art Belastung für ihren Körper verursachte, besonders für Dyonisus, da er an diese Art veränderten Zustand nicht gewöhnt war.

Da ich in meiner Sitzung noch etwas Zeit übrig hatte, entfernte ich Dyonisus aus dieser Szene und bat ihn, zu einem wichtigen Tag später in seinem Leben zu gehen. Ich wusste, dass die Müdigkeit verschwinden würde, sobald ich ihn bewegt hatte. Am Ende des Zählens fragte ich ihn, was er gerade tat.

E: Ich beobachte gerade eine Operation, die ich noch nie zuvor gesehen habe. Es wurde ein Teil der Hand abgetrennt. Und

Nostradamus arbeitet daran, die Hand wieder zusammenzusetzen. Ich assistiere dabei. Ich höre auf seine Anweisungen. Er weist mich an, die Operation durchzuführen, während er den Patienten in Trance hält. Er weist mich an, die Sehnen zu nehmen und sie an den Sehnen zu befestigen, die aus der Hand herausragen, und sie zu vernähen. Das Erstaunliche daran ist, dass es dem Patienten gelungen ist, den Blutfluss gemäss den Anweisungen von Nostradamus zu verlangsamen, was zu sehen eine aufregende Sache ist. Das macht mir meine Arbeit klarer.

D: Ist es schwierig, das zu tun?

E: Oh, ja. Es erfordert meine ganze Konzentration.

D: Welche Art Material verwendest du beim Nähen?

E: Eine Nadel und einen Faden. Es ist ein Faden, der in Teer getaucht wurde, um ihn stärker zu machen. Der Patient wird die Hand in gewisser Weise nutzen können, aber leider bin ich nicht in der Lage, alle Nervenenden zusammenzunähen. Das ist erstaunlich. Er hat dem Patienten Anweisungen gegeben, sich vorzustellen, wie seine Hand von selbst heilt. Ich habe noch nie gesehen, dass er diese Technik anwendet.

D: Ist sonst noch jemand im Raum, während du dies tust?

E: Nein, es muss geheim gehalten werden. Die anderen würden es nie verstehen.

D: Lass uns weitergehen, bis zu dem Zeitpunkt, da die Operation beendet ist und du das Ergebnis sehen kannst, denn du konzentrierst sich auf das, was du gerade tust. Ich will mich da nicht einmischen. In Ordnung. Wir sind etwas vorangekommen. War die Operation ein Erfolg?

E: Überwiegend. Der Patient hat die Fähigkeit, Daumen und Finger zu bewegen. Die Gefühle sind noch nicht in der Hand, so dass er bei Kälte oder Hitze äußerst vorsichtig sein muss, da er nicht merken würde, ob er sich selbst verletzt. Bedauerlicherweise ... (Seufzer) können wir nicht erklären, wie diese Arbeit gemacht wurde. Die Ärzte sind noch nicht in der Lage, den Blutfluss zu verlangsamen.

D: Was wird er ihnen erzählen?

E: (Pause, dann ein breites Lächeln.) Ich bin amüsiert, denn was er ihnen sagt, wird für sie nicht funktionieren. Er sagt ihnen, sie sollen die Hand in Eis legen. (Lächelnd) Das könnte man nur im Winter tun. Woher sollte er sonst Eis bekommen?

D: (Lachen) Das ist sehr wahr. Das ist nicht das Geheimnis, aber es würde dennoch die Hand betäuben.

E: Oh ja, und es würde das Blut bis zu einem gewissen Grad verlangsamen, aber nicht genug, um die Sehnen und bestimmte Muskeln in der Hand deutlich sichtbar halten zu können, um sie wieder anzunähen.

D: Ja, das Blut würde die Sicht blockieren, und man könnte nicht sehen, was man tut.

E: Das ist richtig.

D: Glauben die anderen Ärzte, dass dies die Erklärung ist?

E: Sie sind sich bewusst, dass Nostradamus ihnen nicht alles sagt. Er hat viele Geheimnisse. Es gibt auch viele Spione. (Mit Nachdruck) Oh, ja! Jeder würde das Gleiche erreichen wollen.

D: Könnte das gefährlich sein, selbst für einen Mann in seiner Position?

E: Die Gesellschaft akzeptiert so viel, aber es gibt eine Grenze dafür, was sie begreifen wollen oder können. Da es eine religiöse Gesellschaft ist, haben sie Angst vor Dingen, die sie nicht erklären können. Werke des Teufels. Er versucht, den Fragen der Menschen auszuweichen.

D: Ich dachte, er sei eine so wichtige Person, dass sie es nicht wagen würden, ihm irgendetwas vorzuwerfen.

E: Er ist dennoch einfach nur ein Mann, den sie in Frage stellen würden. Er ist nicht der König!

D: Dann muss er vorsichtig sein. Du und die anderen Anhänger, ihr schützt seine Geheimnisse. Ich werde seine Geheimnisse auch schützen. Ich fürchte, ich ermüde dich. Ist es in Ordnung, wenn ich wiederkomme und mit dir spreche?

E: Ja. Ich weiß nicht warum, aber es scheint wichtig zu sein.

Ich brachte Elena wieder zu vollem Bewusstsein, und sie wollte mir sagen, woran sie sich bezüglich der Sitzung erinnert.

E: Es war sehr merkwürdig. Ich erinnere mich, als wäre ich in einem anderen Raum gewesen, und ich konnte Stimmen auf der anderen Seite der Tür hören. Ich habe diese Art von Erfahrung schon einmal gemacht, etwa so, wie wenn Andy hereinkommt. Und dann ging die Tür auf, aber ich konnte niemanden sehen. Aber ich weiß, dass auf der anderen Seite zwei Leute waren, und sie sprachen zu dir. Einer von ihnen war ... Dyonisus (nicht sicher über den Namen) und der andere war Nostradamus. Und es war ein Raum ... es war nicht wirklich ein Raum; es war wie ein Spaziergang durch Wolken und Nebel.

D: Ja, du sagtest, da sei keine Form. Ist das alles, woran du dich erinnerst, nur diese Szene? Du konntest die Stimmen hören, aber du konntest nicht die Leute sehen, die sprachen?

E: Weißt du, wie es ist, wenn du einen Traum hast? Du kannst sie dir vorstellen, aber ihre Form bleibt in dem Traum nicht klar erkennbar? Okay, so war es. Aber ich erinnere mich, dass ich diese Augen sah, diese wunderbaren Augen, die mich direkt ansahen. Sie waren auf mich gerichtet, aber sie sprachen mit dir.

D: Wessen Augen waren das deiner Meinung nach?

E: Oh, ich glaube, es waren die von Nostradamus. Ich meine, ich weiß, dass sie es waren. Ich weiß bestimmt, dass sie es waren. Das war wirklich etwas Besonderes, sie waren so viel herrlicher als alles, was ich je gesehen habe. Aber es war, als ob seine Augen mir sagten, dass ich noch Arbeit zu erledigen habe.

Ich kicherte: „Oh, ja, er hat uns eine Aufgabe gestellt, alles klar." Val lachte auch. Es war eine ganz schöne Aufgabe.

„Oh?" Elena lachte. „Wirst du sie mir verraten?"

Diese Sitzung war sehr aufregend und unglaublich, aber es war Vals erste Erfahrung dieser Art gewesen. Sie konnte sich kaum beherrschen und war beinahe geplatzt, weil sie Elena erzählen wollte, was passiert war. Ich hatte sie warten lassen, bis Elena mir ihre Erinnerungen an die Sitzung mitgeteilt hatte, weil ich nicht wollte, dass wir sie durch irgendetwas, was wir sagen würden, beeinflussten. Nun ließ ich Val sprudelnd ihren begeisterten Bericht von der Sitzung über Elena ergießen. Wir erzählten ihr von der wichtigen Aufgabe, die ihr zugeteilt worden war, und von den Anweisungen, von denen Nostradamus wollte, dass sie sie befolgt. Als wir fertig waren, wurde offensichtlich, dass Elena unseren Enthusiasmus nicht teilte.

Sie saß gedankenversunken da und sagte schließlich: „Meint ihr, er will, dass ich Vierzeiler übersetze, die die Zukunft unserer Welt vorhersagen? Mann, das ist eine schreckliche Verantwortung. Ich weiß nicht, ob ich das tun kann. Ich weiß nicht, ob ich das überhaupt tun will.“

Val meldete sich zu Wort: „Was meinst du damit, dass du nicht willst? Er sagte, es sei etwas, das du tun müssest, und dass du es schleunigst tun müssest.

Ich war ebenfalls von ihrem offensichtlichen Widerwillen überrascht. Ich wusste, dass es ein Schock sein musste, aus der Trance zu kommen und etwas von dieser Tragweite gesagt zu bekommen. Ihr Gesicht offenbarte Bestürzung, Verwirrung und Unglauben. Ich wusste, sie hatte einen freien Willen, und wenn sie dies nicht tun wollte, würde es keine Möglichkeit geben, sie zur Teilnahme zu bewegen. Ich würde es nicht einmal versuchen wollen. Ich würde niemals jemanden dazu zwingen, etwas zu tun, bei dem er sich nicht wohlfühlt.

Laut Nostradamus würde der Großteil des Experiments, die Last der Arbeit, auf Elena fallen. Sie würde die Vierzeiler selbst finden, meditieren und übersetzen müssen. Mein einziger Anteil wäre die Hilfe bei der Verifizierung durch Nostradamus, während sie in Trance war. Das war eine ungeheure Verantwortung.

Elena schüttelte ungläubig den Kopf. “Die ganze Idee ist unmöglich. Sie ist fast lächerlich. Es gibt Leute, die jahrelang versucht haben, herauszufinden, was Nostradamus wohl gemeint hat. Und hier kommen wir daher, wir, die nicht einmal etwas darüber wissen, die es noch nicht einmal gelesen haben, und wollen versuchen, das Rätsel zu lösen, das zu tun, was sie nicht können. Die ganze Idee ist absurd.“

„Ja”, sagte ich, „absurd, aber faszinierend.“ Ich stimmte zu, dass es egoistisch war zu glauben, wir könnten Rätsel lösen, über die die Menschheit seit über 400 Jahren gerätselt hatten. „Vielleicht könnte es zu unserem Vorteil sein, nichts darüber zu wissen. Auf diese Weise haben wir keine vorgefassten Meinungen darüber, was sie bedeuten sollen. Vielleicht ist es das, was er beabsichtigte, jemand, der sie mit einem frischen Ansatz und einem offenen Geist betrachten kann.“

Ich hatte gedacht, es würde eine bemerkenswerte Errungenschaft für Elena sein, ein Porträt von Nostradamus zu zeichnen. Aber nun verblasste diese Idee neben der Möglichkeit, seine Rätsel zu übersetzen, einem enormen und unglaublich herausfordernden Projekt.

Sie sagte, sie würde darüber nachdenken. Vielleicht würde sie, nachdem der anfängliche Schock nachgelassen hatte, auch die wunderbaren Möglichkeiten dieses Experiments erkennen. Sie willigte widerwillig ein, sich wenigstens ein Buch zu besorgen um zu sehen, ob irgendeiner der Vierzeiler ihr Interesse wecken würde. Sie dachte, eine Freundin könnte vielleicht ein altes Buch haben, das sie sich ausleihen könnte.

Als ich ging, sah sie immer noch verwirrt und gedankenverloren aus. Ich hoffte, es würde ihr Interesse nicht völlig zunichte machen, da Nostradamus so nachdrücklich darauf hingewiesen hatte, dass dies sofort getan werden solle. Er sagte, er habe gehofft, es wäre schon vorher geschehen. Er hatte ein solches Gefühl der Dringlichkeit und Wichtigkeit zum Ausdruck gebracht, dass wir meiner Meinung nach versuchen sollten, dem nachzukommen. Es würde alles auf Elenas Reaktionen auf diese seltsame Entwicklung und auf ihren Entscheidungen beruhen. Ich hatte das Gefühl, dass es ohne sie keinesfalls möglich war. Dies war ein faszinierendes Experiment und eines, an das ich allein nie gedacht hätte. Es wäre mir nie in den Sinn gekommen, dass wir jemals Kontakt mit dem wahren Nostradamus haben würden. Die Chancen sprechen so unfassbar und unwahrscheinlich stark gegen diese Möglichkeit. Es war auch offensichtlich, dass diese Idee nicht von Elena stammte, da die Vorstellung sie erschreckte und verwirrte. Obwohl es verrückt klang, schien mir die einzige andere Erklärung die, dass Nostradamus selbst dieses ganze Projekt initiiert hatte. Vielleicht war es ihm spontan eingefallen, als er herausfand, dass sein Schüler irgendwie mit einer in der Zukunft lebenden Person kommunizierte.

Warum sollte dies so weit hergeholt erscheinen? Nostradamus tat nur das, was jeder Hellseher die unvergänglichen Zeiten hindurch versucht hat: andere zu warnen. Jeder Hellseher, der jemals eine Vorahnung oder eine Vision von der Zukunft hatte, empfand dieselbe Verantwortlichkeit. Zu versuchen, das Eintreten des Ereignisses zu verhindern, indem man die Beteiligten warnt, in der Hoffnung, dass sie auf irgendeine Weise in der Lage sein würden, Maßnahmen zu ergreifen, um das vorhergesehene Ereignis abzuwenden. Was liegt näher, als dass auch Nostradamus dies versuchte? Mit seinen wirklich bemerkenswerten präkognitiven Fähigkeiten konnte er erkennen, dass seine Vorhersagen in unserer Zeit nicht genau übersetzt werden würden. Er war durch die Umstände seiner Zeit gezwungen worden, absichtlich unklar zu sein. Jetzt war deutlich geworden, dass er wahrscheinlich zu unklar gewesen war, und niemand konnte wirklich verstehen, wovor er uns warnen wollte. Daher hatte Nostradamus die Gelegenheit des Kontaktes mit mir durch seinen Schüler genutzt, um durch Zeit und Raum hindurch die Hand auszustrecken und uns vor bevorstehenden wichtigen Ereignissen zu warnen.

Was wollte er uns sagen? Würde es ihm gelingen, es uns verständlich zu machen? Würde eine so starrköpfige Menschheit zuhören? Es war ein faszinierendes Rätsel und ein spannendes Experiment. Wir hatten keine Ahnung, wohin dies führen würde oder was dabei herauskommen könnte, aber ich wusste, dass meine unersättliche Neugier wieder einmal entfacht worden war, und ich würde dem folgen, wohin auch immer es führen sollte. Dies stellte sich als eine gewaltige und scheinbar unmögliche Herausforderung dar, aber es hing alles von Elena ab. Ich hatte das Gefühl, dass ihre Mitarbeit für dieses Projekt wesentlich war, da Dyonisus, ihr zweites Ich, unser Schlüssel zu Nostradamus, dem Meistererfinder der Rätsel, war. Ich war genauso durcheinander wie jeder andere, welches die Ergebnisse dieses seltsamen Experiments sein würden.

KAPITEL 5

DIE WANDLUNG DER WELT

OBWOHL ELENA DIEJENIGE WAR, die beauftragt worden war, ein Buch mit den Vierzeilern von Nostradamus zu finden und diese zu studieren, dachte ich, es könne nicht schaden, wenn ich mich auch mit ihnen vertraut machen würde. Ich wollte ein Buch, das aktuell im Buchhandel erhältlich war, damit die Leute es finden konnten, um die Interpretationen zu vergleichen. Ich musste zudem eines finden, das die französischen Vierzeiler im Original enthielt. Damals ahnte ich noch nicht, welche Komplexität viele Autoren in die Übersetzung dieses Werkes eingebracht hatten. Ich hatte immer gedacht, dass die Übersetzung von einer Sprache in eine andere eine einfache Angelegenheit sei, da ein Wort nur eine bestimmte Anzahl an Bedeutungen haben kann. Aber ich hatte nicht mit Nostradamus' absichtlicher Verworrenheit gerechnet. Jedes Buch, das ich fand, hatte die Vierzeiler anders ins Englische übersetzt. Es gab einige Ähnlichkeiten, aber oft reichten die Unterschiede aus, um dem Rätsel eine vollkommen andere Bedeutung zu geben. Da ich mit dem Französischen nicht vertraut bin, wusste ich damals nicht, dass Nostradamus oft archaische Wörter verwendete und sie zuweilen auch durch lateinische Wörter ersetzte. Er benutzte reichlich Anagramme, was Worträtsel, sind, bei denen die Buchstaben eines Wortes verschoben und sogar so verändert werden, so dass sie insgesamt als ein ganz anderes Wort gelesen werden können.

Ich wählte ein Buch aus, das ganz neu über die Vierzeiler veröffentlicht wurde: The Prophecies of Nostradamus (z. Dt.: Die Prophezeiungen des Nostradamus, * Anm. d. Übersetzers) von Erika Cheetham. Da ich nicht wusste, zu welchem Buch Elena Zugang haben würde, wollte ich dieses Buch als Reserve verwenden, um ihre Interpretationen zu vergleichen. Ich ging davon aus, dass sie den größten Teil der Arbeit durch ihre Meditation erledigen würde und ich nur als Führer fungieren würde, um herauszufinden, ob ihre Interpretationen richtig waren. Dies waren die Anweisungen, die uns gegeben worden waren. Ich konnte auf dem weiteren Weg vor uns eine Riesenmenge Arbeit liegen sehen, denn ich dachte, ich müsse so viele Bücher wie möglich über Nostradamus und die Vierzeiler finden und sie vergleichen. Da es so aussah, als hätte jeder Autor im Laufe der Jahrhunderte seine eigenen Ideen gehabt, war mir die Ungeheuerlichkeit eines solchen Projekts bewusst. Aber die Forschung war immer ein wichtiger Teil meiner Arbeit.

Zu Hause hatte ich kaum Zeit, das Buch durchzublättern. Schon auf den ersten Blick konnte ich sehen, dass es kompliziert sein würde. Die Vierzeiler schienen überhaupt keinen Sinn zu ergeben. Ich war froh, dass es Elena war und nicht ich, der sie verstehen musste. Die Aufgabe, auch nur einige von ihnen zu interpretieren, schien eine enorm anspruchsvolle Aufgabe zu sein. Ich hatte vollen Respekt für Erika Cheethams Beharrlichkeit. Es gab viele Vierzeiler, die nicht interpretiert wurden, da sie so verworren waren. Andere wurden mit einem Fragezeichen oder einem F markiert, um anzuzeigen, dass sie sich auf unsere Zukunft beziehen könnten. Dies war sicherlich ein Job, für den sich niemand freiwillig melden würde. Ich legte das Buch zusammen mit meinem Tonbandgerät zum späteren Nachschlagen in die Reisetasche und war abermals dankbar, dass ich nicht für diesen Job zuständig war. Wie sehr ich mich irrte! Unerwartete Entwicklungen waren bereits im Gange, die alles verändern sollten, was mit diesem komplizierten Projekt zu tun hatte. Es sollte Drehungen und Wendungen geben, die sich nicht einmal ein Belletristikautor hätte ausmalen können.

Da Elena Besuch von außerhalb gehabt hatte, hatten wir seit dem Zeitpunkt, als wir von Nostradamus informiert wurden, dass wir sofort mit der Übersetzung seiner Vierzeiler beginnen müssen, keine Sitzung abhalten können. Wenn Elena wirklich vorhatte, im Juli, also in zwei Monaten, umzuziehen, dann müssten wir so schnell wie möglich anfangen.

Da ich ohnehin wegen unserer Gruppensitzung in die Stadt musste, ging ich bei ihr vorbei, um einen Termin zu vereinbaren, und erlitt einen großen Schock.

Sie öffnete die Tür mit der Verkündung: „Ich fürchte, ich habe schlechte Nachrichten für dich. Ich muss nach Kalifornien gehen." Ich wusste, dass sie erst wenige Monate zuvor dort gewesen war, um ihre Tochter zu sehen. Sie sagte, dass sie am Samstag abreisen würde, in nur fünf Tagen. Ich war enttäuscht, aber wir hatten schon früher Sitzungen verschieben müssen, so dass ich das Projekt eben ein weiteres Mal auf Eis legen musste, bis sie zurückkehrte. Aber ihre nächste Erklärung war ein noch größerer Schock. Ich fragte, wann sie zurückkomme, und sie antwortete: „Ich komme nicht wieder!" Ich wusste nicht, was ich sagen sollte, ich fühlte mich sprachlos und überwältigt.

Es schien, als würde ihre Tochter sich scheiden lassen, und sie wollte, dass Elena wieder zu ihr kommt und ihr mit den Kindern hilft. Als die Art Mutter, die sie ist, sagte sie natürlich, dass sie komme. Elenas Familie war stets der Mittelpunkt ihres Lebens gewesen. Bei zehn Kindern würde sie immer jemand brauchen, und Elena würde immer für sie da sein. Anstatt nach Hause zurückzukehren, plante sie, in etwa einem Monat nach Seattle weiterzufahren und bis Juli nach Alaska weiterzureisen. Ihr Mann und ihre Kinder würden sich um den Verkauf ihres gesamten Besitzes kümmern und sie dort treffen. Sie dachten, das sei einfacher und kostengünstiger.

Elena bestätigte, was ich vermutet hatte, als sie mir erzählte, dass ihr die ganze Idee dieses Projekts Angst gemacht hatte. Die Dringlichkeit beunruhigte sie, und sie zögerte sehr, es zu tun. Sie hatte viel darüber nachgedacht, und sie empfand es als eine schreckliche Verantwortung, eine Verantwortung, von der sie nicht wusste, ob sie sie übernehmen wollte. Sie wusste nicht, ob sie die Zukunft überhaupt wissen wollte. Aber je mehr sie darüber nachdachte, desto mehr wurde ihr klar, dass dies eine Haltung von der Art „Vogel Strauß mit dem Kopf im Sand" war. Sie hatte schließlich beschlossen, es zu tun, wenn es der Welt helfen würde, besser mit der Zukunft fertig zu werden, als Umstände eingriffen, um ihre Pläne zu ändern. Ich fragte mich, ob sie nicht insgeheim erleichtert war, sich dieser Verantwortung zu entledigen. Sie konnte sie ersetzen durch die Probleme ihrer Kinder, die schwierig, aber dennoch vertrauter und sicherer für sie zu handhaben waren.

Ich hatte wirklich das Gefühl, dass mein Panikknopf gedrückt worden war. Der freie Wille des Probanden ist immer vorrangig. Ich hatte schon früher Leute aussteigen lassen, was bedeutete, dass eine interessante Geschichte abgebrochen und beiseite gelegt wurde, aber diese Situation war irgendwie anders. Es hatte nie das Gefühl der Dringlichkeit gegeben, wie es in diesen anderen Fällen zum Ausdruck kam. Uns war mitgeteilt worden, dass die Vierzeiler übersetzt werden sollen und das Wissen in die Welt gebracht werden müsse, und jetzt sagte sie mir, dass sie gehe. Wie sollten wir die Informationen bekommen? Sie sagte, dass sie vielleicht einen Teil der Übersetzungen nach ihrem Aufenthalt in Alaska selbst machen und mir das, was ihr in der Meditation eingefallen sei, schicken könne. Es schien eine allerletzte Anstrengung zu sein, um mir eine Freude zu machen. Ich empfand es als halbherzig, weil ich nicht glaubte, dass die Informationen auf irgendeine andere Art und Weise präzise herauskommen könnten als in tiefer Trance. Selbst in der Meditation wäre der bewusste Geist zu aktiv, als dass die Informationen klar sein könnten.

Die einzige Lösung, die ich im Moment finden konnte, war, in den wenigen ihr noch verbleibenden Tagen intensiv mit ihr zu arbeiten, falls sie einwilligte. Ich würde versuchen, so viel wie möglich in alle Sitzungen zu packen, die ich noch arrangieren könnte, und dankbar zu sein für jede Information, die wir unter solch hastigen und unbefriedigenden Bedingungen erhalten könnten. Sie willigte ein, aber eher aus dem Bemühen heraus, mich zu besänftigen, als aus Interesse ihrerseits. Es würde schwierig werden, die Zeit dafür zu finden. Da sie nicht zurückkommen würde, würden die nächsten Tage vollgestopft sein mit den Einzelheiten zur Vorbereitung eines Garagenverkaufs und der Organisation des Umzugs. Möglicherweise gab es lediglich die Gelegenheit für zwei Sitzungen. Wir beschlossen, uns später an diesem Abend nach unserer Gruppensitzung zu treffen. Ich war bereit, so lange zu bleiben, wie es nötig war, weil ich dies für sehr wichtig hielt, und wenn wir vor ihrer Abreise etwas erreichen konnten, dann war es das wert. Die einzige andere Gelegenheit würde in zwei Tagen sein, am Donnerstag. Ich würde dies akzeptieren und für alles dankbar sein müssen, was wir erreichen konnten. Vielleicht würde etwas Lohnenswertes dabei herauskommen.

Beim Abendessen mit den anderen Mitgliedern der Gruppe wurde ich richtig aufgebracht. Ich wusste, dass ich das Beste für Elena wollte, und wenn sie gehen wollte, würde ich nicht protestieren, aber ich machte mir auch Sorgen darüber, was ihr möglicherweise zustoßen könnte. Ihr Unterbewusstsein versuchte, ihr die Bedeutung der Durchführung dieses Projekts klarzumachen. Wenn sie es nicht durchzog, könnte sie krank werden. Das Unterbewusstsein ist sehr mächtig. Ich hielt es für möglich, dass es sie krank machen könnte, falls sie seine Wünsche ablehnte. Wer weiß? Die Anweisungen waren so nachdrücklich gewesen. Ich dachte, die einzige Lösung sei, eine Sitzung abzuhalten und zu versuchen, ihr zuliebe wie auch mir zuliebe den Druck aus der Situation zu nehmen.

Val beharrte darauf: „Du musst sie daran hindern, zu gehen. Dies ist wichtiger. Du musst sie überreden, noch ein paar Wochen länger zu bleiben. Sie kann sicherlich so lange warten."

Ich verstand ihr Gefühl der Dringlichkeit und Wichtigkeit, insbesondere, da ich ebenfalls ihr Gefühl der Enttäuschung teilte. Aber ich wusste, dass ich niemals die Verantwortung dafür übernehmen konnte, mich in Elenas Leben einzumischen. Wenn sie es für wichtiger hielt, bei ihrer Tochter zu sein, dann wäre es äußerst egoistisch von mir sie zu bitten, ihre Pläne zu ändern und zu bleiben. Elena machte von ihrem freien Willen Gebrauch und ich wusste, dass ich absolut nichts dagegen tun konnte.

Durch einen seltsamen unvorhergesehenen Zufall sollte die Gruppensitzung an diesem Abend anders verlaufen. Jemand brachte einen Videorekorder mit und plante, den Dokumentarfilm über Nostradamus mit dem Titel „Der Mann, der das Morgen sah" zu zeigen. Das war an sich schon erstaunlich, denn die Person, die den Film mitbrachte, war kein reguläres Mitglied und wusste nichts über meine Arbeit mit Elena. Elenas Hauptgrund, an diesem Abend zu dem Treffen zu kommen, war, sich von ihren Freunden zu verabschieden. Sie hatte diesen von Orson Welles erzählten Film nie gesehen, ich allerdings schon, und sie wurde ziemlich aufgeregt, ihn sich anzuschauen.

Val flüsterte mir zu, dass dieser Zufall vielleicht einen Zweck hatte. Sie dachte, nachdem Elena den Film gesehen hatte, würde sie vielleicht die Bedeutung des Projekts erkennen und ihre Meinung ändern und beschließen, noch ein paar Wochen länger zu bleiben, damit wir daran arbeiten könnten. Ich bezweifelte es. Ich hatte das Gefühl, dass sie sich aus verschiedenen Gründen bereits entschieden hatte.

Eine Sache, die mir an dem Film auffiel, war, wie wenig über Nostradamus' Privatleben gesprochen wurde; er konzentrierte sich hauptsächlich auf seine Vorhersagen für die Welt. Ich hatte das Gefühl, dass wir bereits mehr über ihn wussten als sie. Elena war von dem Film beeindruckt, da sie bisher nichts über ihn gelesen hatte, und sie hatte das Gefühl, der Film zeige ihn als einen wirklich bemerkenswerten Mann.

Nach der Sitzung gingen wir wieder zu Vals Haus hinüber, wo wir ungestört waren. Ich wusste, dass ich nicht vor zwei Uhr morgens nach Hause kommen würde, aber ich hatte das Gefühl, dass es das wert war. Wir hielten diese Sitzung inmitten des Durcheinanders halb gepackter Kisten ab, weil Val ebenfalls am Umzugsprozess beteiligt war. Das war sehr bezeichnend für meine Gefühle über die ganze Situation. Ich hatte das Gefühl, dass alles auseinanderfiel, dass sich alles im Umbruch befand.

Elena hatte sich von ihrer Freundin ein Buch ausgeliehen. Sie hatte zwei Vierzeiler daraus ausgewählt und ihre Interpretationen aufgeschrieben. Sie waren die einzigen, die sie hatte durchgehen können. Nostradamus hatte gesagt, sie werde eine auswählen, die sich mit einer biblischen Entdeckung befasst. Sie überreichte mir ihr Buch und die Notizen, die sie über die Vierzeiler gemacht hatte. Ich hatte kaum Zeit, einen Blick darauf zu werfen.

Ich blätterte hastig in dem Buch, das ich gekauft hatte, und markierte einige der Vierzeiler, von denen der Autor meinte, sie beträfen die Zukunft. Vielleicht konnten wir uns auf einige von ihnen konzentrieren, da ich keine Gelegenheit hatte, auch nur einen von ihnen zu studieren. Es sollte eine zufällige, schluderig durchgeführte Sitzung ohne die sorgfältige Vorbereitung sein, auf die ich gehofft hatte.

Als Elena in Trance war, wiederholte ich die detaillierten Anweisungen, die mir gegeben worden waren, um Dyonisus und Nostradamus an dem besonderen Treffpunkt zu kontaktieren, an dem sie ihre Gedanken auf unsere Zeit in der Zukunft projizieren konnten.

Ich war nicht einmal sicher, ob das Verfahren funktionieren würde. Ich hoffte auf das Beste, als wir begannen.

D: *1, 2, 3, du hast dich an den besonderen Treffpunkt mit Nostradamus begeben, so dass wir kommunizieren können. Seid ihr da?*
E: Wir sind hier.

Ich gab einen Seufzer der Erleichterung von mir und merkte zum ersten Mal, wie angespannt ich war. Die Anweisungen waren erfolgreich und wir waren wieder in Kontakt.

D: *Letztes Mal sprachst du von einem Vierzeiler, den Elena finden und selbst zu interpretieren versuchen sollte. Du sagtest, er würde sich auf biblische Schriften beziehen, die erst noch entdeckt werden müssten. Erinnerst du dich, dass du davon sprachst?*
E: Das ist richtig.
D: *In Ordnung. Ich werde den Vierzeiler vorlesen, den sie gefunden hat, sowie ihre Interpretation dazu.*

CENTURIE VII-14. Dieser Vierzeiler wird in Erika Cheethams Buch anders formuliert.

D: *„Sie werden die Topographie fehlerhaft darstellen. Die Urnen der Denkmäler werden geöffnet werden. Die Sekten werden sich vermehren und die heilige Philosophie wird Schwarz für Weiß und Grün für Gold ausgeben."*

Das ist es, was Elena schrieb: „Es geht um die Entdeckung der Schriftrollen vom Toten Meer. Dieser Vierzeiler enthält eine Botschaft für verschiedene Jahre. Und auch um die Entdeckung der Lade (der Bundeslade) zu einem späteren Zeitpunkt. Schwarz für Weiß ist das Fotografieren der Schriftrollen und der neuen Seiten von den alten." Was haltet ihr von ihrer Interpretation?
E: Der erste Teil ist nicht richtig. Es handelt sich nicht um die Schriftrollen vom Toten Meer, sondern um verlorene Werke, die sich mit dem Material decken, an dem du gearbeitet hast, und das gerade veröffentlicht wird.

Auch wenn ihre Interpretation nicht ganz richtig war, halte ich es für sehr bezeichnend, dass Elena in der Lage war, unter tausend Vierzeilern nach dem Zufallsprinzip einen auszuwählen, der tatsächlich mit der Bibel zu tun hatte. Die Chancen dafür stehen tausend zu eins. Sie muss dabei unterbewusst geführt worden sein. Von Andy? Von Dyonisus? Von Nostradamus? Das war zu erstaunlich, um ein Zufall zu sein.

D: Also gut. Du sagtest, du werdest mir einige Informationen darüber geben, wo dies entdeckt werden wird. Du sagtest etwas über das Zeichnen einer Karte.

Ich hielt Notizblock und Filzstift bereit, für den Fall, dass wir sie brauchen sollten. Obwohl sie eine Künstlerin war, sagte Elena, dass sie noch nie zuvor versucht hatte, eine Karte zu zeichnen.

E: Einen Augenblick. (Pause, während sie lauschte.) Er sagte, wir würden darauf zurückkommen, weil die Karten möglicherweise für monetäre Vorteile verwendet werden könnten. Nicht von dir, aber von anderen.

D: (Ich war enttäuscht.) Diese Möglichkeit besteht immer. Es könnte Schatzsucher geben, ist es das, was du meinst?

E: Das ist richtig.

D: Aber könntest du mir sagen, in welchem Land sie entdeckt werden?

E: (Lange Pause, dann langsam.) Es wird in den Bergen sein, wo die Stadt verborgen liegt. Die Stadt, die entdeckt worden ist ... von einem, der ein Weißer war, sich aber ... als ein Mensch der Wüste ausgab.

Er hatte mit einem Vierzeiler geantwortet. Dies wurde sehr langsam und mit Vorbedacht gesagt, als ob sie zuhörte und dann wiederholte. Er sagte, es sei ein neuer Vierzeiler, keiner aus seinem Buch. Das war alles, was er dazu zu sagen hatte.

(Inzwischen wurde angedeutet, dass sich dies vielleicht auf Lawrence von Arabien bezog, den Mann, der den Arabern im Ersten Weltkrieg half, das Joch des Osmanischen Reiches zu stürzen. Er war der erste Westländer, der diese Länder erkundete, und war sicherlich ein Weißer, der sich als ein Mensch der Wüste ausgab.)

UPDATE: Im Jahr 1992, während wir die überarbeitete und aktualisierte Version dieses Buches vorbereiteten, erschien ein Zeitungsartikel, der diesen neuen Vierzeiler untermauerte. Zitat: „Die verlorene Stadt Ubar, von Lawrence von Arabien ‚das Atlantis des Sandes' genannt, ist im fernen Oman gefunden worden, wobei Bilder der Raumfähre Challenger verwendet wurden, wie Forscher sagten. ... Die Ruinen der Oasenstadt wurden größtenteils unter Sand begraben an einer Brunnenstätte namens Shisr in Süd-Omans unfruchtbarem ‚Leeren Viertel' entdeckt ... Forscher fanden die Stadt, indem sie alte Wüstenstraßen aufspürten, die auf von mehreren Raumschiffen gemachten Bildern entdeckt wurden, darunter Bilder von Radar und optischen Kameras, die im Oktober 1984 von der Challenger mitgeführt wurden. ... Neuere Ausgrabungen deuten darauf hin, dass die Stadt von 2800 v. Chr. bis etwa 100 n. Chr. bewohnt war. Wenn die Datierungen der Artefakte korrekt sind, begann die Stadtentwicklung in der Region etwa 1.000 Jahre früher als angenommen. ... Der verstorbene T.E. Lawrence, der britische Soldat aus dem Ersten Weltkrieg, bekannt als Lawrence von Arabien, nannte Ubar das ‚Atlantis des Sandes', nach dem legendären versunkenen Kontinent. Der Legende nach wurde Ubar, im heiligen Koran des Islam bekannt als Iram, die ‚Stadt der Türme', bei einer Katastrophe um 100 n. Chr. zerstört und vom Sand begraben. Indizien deuten darauf hin, dass die Stadt in eine Senkgrube fiel, die entstand, als eine unterirdische Kalksteinhöhle einstürzte." Zitat Ende.

E: Er hat dir alle Informationen dazu gegeben, die du kennen musst. Der Rest an Informationen wird aus einer anderen Quelle kommen.

D: (Das war eine Überraschung.) Eine andere Quelle? Darüber habe ich mir auch schon Gedanken gemacht. Dazu werde ich später mehr fragen.

Vielleicht war dies ein Hoffnungsschimmer, dass das Projekt nach Elenas Abreise weitergeführt werden könnte.

D: Es gibt hier einen Vierzeiler, den sich Elena, das Medium, angeschaut hat, der ihrer Meinung nach falsch interpretiert wird.

(Centurie II-48) „Die große Armee, die die Berge überqueren wird, wenn Saturn im Schützen steht und Mars in Fische vorrückt. Gift unter den Köpfen der Lachse versteckt, ihr Kriegsherr mit einem Strick erhängt." Die Interpretation in unserem Buch besagt, dass diese Konjunktion der Planeten 1751 stattfand und die nächste nicht vor 2193 sein wird.

E: Das ist nicht richtig. Sie findet im zwölften Monat des Jahres 1986 statt.

D: Was ist es, das geschehen soll? Ihre Interpretation ist sehr unklar. Sie sagten, es ergebe keinen Sinn. Und ich weiß, dass Nostradamus nichts schreiben würde, das keinen Sinn ergibt.

E: (Pause als ob sie lauschte.) Es gibt mehrere Dinge, die gesagt werden. Verwirrend. (Pause) Es wird ein Kontakt von den Sternen aus hergestellt werden. ... Ein Lichtspektakel wird zu sehen sein. Zu dieser Zeit findet am Himmel ein Ereignis statt.

D: Bezieht es sich deshalb auf diese Sterne?

E: Das ist richtig.

D: Anstatt Konjunktion zu sagen, bedeutet es, dass es in diesem Teil des Himmels geschehen wird?

E: Nein. Das ist ein Zeitelement. Es gibt das Datum an. Die Astronomen haben (Pause, als würde sie nach dem richtigen Wort suchen) eine mathematische Fehlausrichtung der Planeten berechnet. Sie können sehr leicht einen Fehler machen, wenn sie etwas aus Jahrhunderten davor interpretieren. Wie du sehen kannst, lagen sie gegenüber der richtigen Zeit zwanzig, dreißig Jahre daneben.

D: Wirklich?

E: Wenn sie die Planeten als Interpretation benutzen, können sie ein oder zwei Jahrzehnte daneben liegen.

D: Dies ist bei der Interpretation wichtig. Meinst du damit, dass die Planeten jetzt anders sind als zu der Zeit, als er sie betrachtete?

E: Ja. Aber mathematisch können sie es falsch interpretieren, weil .... (ein tiefer Seufzer)

D: Fehlberechnungen?

E: Das ist richtig.

D: „Gift unter den Köpfen der Lachse versteckt"?

E: Aufgrund der Dinge, die heute in der Atmosphäre passieren, hat das eine andere Assoziation.

D: Es heißt, eine große Armee werde über die Berge ziehen. Ist es das, was du mit dem Lichtspektakel meinst?

E: Das ist richtig. Ausgehend von dem Kontakt, der von den Sternen, dem Universum aus hergestellt wird. Dieser Kontakt wird den Menschen ein hohes Bewusstsein bringen.

D: Und du sagtest, dies werde im zwölften Monat des Jahres 1986 geschehen?

E: Am 22. Dezember 1986. Bitte lies die Übersetzung nochmals, die ich dir gegeben habe.

Das überrumpelte mich. Er konnte nicht wissen, dass ich ein Tonbandgerät benutzte, und ich hatte es nicht niedergeschrieben. Ich würde mich auf mein Gedächtnis verlassen müssen.

D: Es war, dass ... es ein großes Licht am Himmel geben würde. Und es sollte ein Lichtspektakel geben.

E: Dies wird tatsächlich ein Spektakel sein, welches von Wesen eines anderen Planeten gezeigt werden wird.

D: Eines musst du verstehen. Ich schreibe diese Informationen nicht auf. Ich habe eine kleine Black Box, welche die Worte einfängt und sie mir später wiederholen wird. Wenn du mich also bittest, das, was du mir gesagt hast, zu wiederholen, fällt es mir schwer, mich daran zu erinnern. Aber die Blackbox erinnert sich.

E: In Ordnung, ich verstehe.

(Später, als dieses Datum verstrichen war, stellten wir fest, dass es in dieser Zeit einige sehr dramatische und glaubwürdige UFO-Sichtungen gab. Könnte es das sein, worauf er sich bezog?)

Ich beschloss nun, nach einigen Vierzeilern zu fragen, die ich in aller Eile markiert hatte.

D: (CENTURIE II-46) „Nach einem großen Elend für die Menschheit nähert sich ein noch größeres, wenn der große Zyklus der Jahrhunderte erneuert wird. Es wird Blut regnen, Milch, Hungersnot, Krieg und Krankheit. Am Himmel wird man ein Feuer sehen, das eine Funkenspur hinter sich herzieht". Kannst du mir sagen, was das bedeutet?

E: Der erste Teil bezieht sich auf die schwarzen Nationen, die unter einer Hungersnot leiden. Der zweite Teil bezieht sich auf den Kometen, der zu dieser Zeit erscheint. Der dritte Teil bezieht sich auf das Waffensystem, welches Krankheiten in der Luft verursacht hat, die auf die Ernten und die Atmung zerstörerisch wirken werden. Das wird bei den Menschen das Husten von Blut verursachen.

D: Das Waffensystem verursacht dieses Ereignis in unserer Zeit, der Zeit des Kometen?

E: Das ist richtig. Die Explosion der Waffen. Er sagt, dass dies erst jüngst geschehen sei.

D: Ich glaube, ich weiß, welches Ereignis er meint. Es geschah etwas im vergangenen Monat April, das die Menschen beunruhigt hat.

Ich dachte an den Nuklearunfall, der sich gerade im Kernkraftwerk Tschernobyl in Russland am 26. April 1986 ereignet hatte.

E: Er sagt, das sei es, worauf er sich beziehe.

D: Natürlich sagen unsere Wissenschaftler und Experten immer wieder, dass dies keine Schäden nach sich ziehen werde. Sie versuchen, alle glauben zu machen, dass es ein kleiner Zwischenfall gewesen sei und dass es niemandem schaden werde.

E: Das ist falsch. Er sagt, sie würden das sagen, um keine Panik zu verursachen.

Im August 1986 ereignete sich ein weiterer Vorfall, auf den sich dieser Vierzeiler ebenfalls beziehen könnte. Gas, das auf unerklärliche Weise aus einem Vulkansee in Kamerun, Afrika, aufstieg, tötete etwa 1500 Menschen. Diese Todesfälle ereigneten sich, weil die Luft vergiftet war und sie nicht atmen konnten. Es wurde berichtet, dass einige der Opfer Blut husteten. Ernten, die dem Gas ausgesetzt waren, wurden zerstört. Ich denke, es könnte sich um einen Fall von Vierzeilern handeln, die sich auf mehr als ein Ereignis beziehen, was sie, wie Nostradamus sagte, häufig tun, vor allem, wenn diese beiden Ereignisse zeitlich so nahe beieinander liegen.

D: Wird in unserem Land, das sich die Neue Welt nennt, irgendetwas als Folge dieses Unfalls passieren?

E: Mehr in Richtung Norden und Nordwesten. Im Norden in der Nähe von Russland. Im Westen, auf der Westseite eures Landes. Und in Richtung dessen, was ... Kanada genannt wird. (Eher wie „Kenada" ausgesprochen. Sie sprach es langsam aus, als ob es ein unbekanntes Wort wäre.)

D: Glaubst du, dass diese Probleme sehr schwerwiegend sein werden?

E: Unterschiedliche Grade an Schwere.

Dann las ich einige Vierzeiler, von denen Dyonisus sagte, sie bezögen sich nicht auf die unmittelbare Zukunft, so dass Nostradamus sie zu diesem Zeitpunkt nicht als wichtig für uns erachtete. Es gab andere Dinge, mit denen wir uns jetzt beschäftigen mussten. Er schien sich des Zeitmangels bewusst zu sein und wollte sich nicht mit Vierzeilern über die Vergangenheit beschäftigen.

D: (CENTURIE I-16) „Eine Sense verband sich mit einem Feld im Schützen in seinem höchsten Aszendenten. Pest, Hungersnot, Tod durch Militärhand. Das Jahrhundert nähert sich seiner Erneuerung."

Er bat mich, den Vierzeiler zu wiederholen. Es war fast so, als konnte er die Übersetzung des Buches nicht wirklich verstehen. Ich hatte entdeckt, dass diese Vierzeiler in jedem Buch über sie je nach Autor unterschiedlich übersetzt worden waren. Kein Wunder, dass er sie nicht erkannte. Ich fragte mich, wie viel Ähnlichkeit sie wirklich mit seinen ursprünglichen Bestrebungen hatten. Nachdem ich es wiederholt hatte, fuhr er fort: „Das bezieht sich auch auf das, was in den letzten Wochen geschehen ist. Die Sense ist das Land Russland."

Eine Sichel ist das heutige Symbol für Russland. Sie ist auch ein altes okkultes Symbol für den Tod.

D: Was bedeutet das: „mit einem Teich verbunden"?

E: Er sagt, dies beziehe sich darauf, wie sich der Unfall ereignete. Durch die Wasserleitung. (Sie hatte Schwierigkeiten, die richtigen Worte zu finden.) Ihre Art, die Energie einzudämmen. Und dass dies ein vom Militär betriebener Ort ist. Er ist außer Kontrolle geraten. Und weil der Unfall ihrem Land diese Zerstörung bringen wird.

Diese Übersetzung ergab absolut Sinn, angesichts dessen, was gerade im russischen Atomkraftwerk von Tschernobyl geschehen war. Zu diesem Zeitpunkt, weniger als einen Monat nach dem Vorfall, hatte niemand irgendeine Ahnung, was den Unfall verursacht hatte. Die Russen gaben keine Nachrichten heraus. Später wurde angedeutet, es könnte etwas mit dem Kühlsystem des Kraftwerks zu tun gehabt haben.

Die Übersetzer hatten eine Vorliebe, viele der Vorhersagen von Nostradamus als Krieg zu übersetzen. Es wurde offensichtlich, dass dies nicht unbedingt so war.

D: Die Leute haben sich gefragt, was Nostradamus mit der Neuen Stadt meinte.

E: Die Leute glauben, dass mit der neuen Stadt die Stadt gemeint sei, die ihr als New York bezeichnet. In einigen der Vierzeiler trifft das zu, aber nicht in allen.

D: Nun, ich werde einen vorlesen, der ihrer Meinung nach mit der neuen Stadt zu tun hat. (CENTURIE I-87) „Erderschütterndes Feuer aus dem Zentrum der Erde wird Beben um die Neue Stadt herum verursachen. Zwei große Felsen werden für lange Zeit Krieg führen. Dann ... " Ich kann das nicht ganz richtig aussprechen. „Arethusa wird dann einen neuen Fluss rot färben." Bezieht sich das auf New York?

E: (Lange Pause, als ob Sie lauschte.) Ich verstehe. Er sagt, es seien drei Städte beteiligt, ein Dreieckseffekt. Und es wird die Westküste betreffen. Dass New York ein Erdbeben erleben wird, das wegen der dort so hohen Gebäude verheerend sein wird. Aber das ist nicht die Stadt, auf die sich der Vierzeiler bezieht.

D: Du sagtest, drei Städte seien vom Vierzeiler betroffen, eine davon sei an der Westküste? (Ich dachte, er meinte, dass eine dieser Städte New York sei).

E: Nein, die drei befinden sich an der Westküste. Ein Dreieck. Schauen wir mal. Ich verstehe nicht ... Es wird die Stadt betreffen namens ... Los Angeles? (Sie sprach es mit französischem statt mit spanischem Akzent aus.) San ... Francisco? (Langsam gesprochen, als ob es ein seltsames Wort wäre.) (Lange Pause) „Los“ irgendwas ...

Seitdem wurde behauptet, dass er versucht haben könnte, Las Vegas zu sagen, was mit San Francisco und Los Angeles ein Dreieck bilden würde. Er sagte, die Erdbeben würden die drei Städte innerhalb desselben Zeitraums heimsuchen.

D: Bedeutet das, dass es im Laufe des nächsten Jahres viele Erdbeben geben wird?
E: Er sagt, es habe bereits begonnen.

Das ist sicherlich richtig. Erdbeben scheinen auf der ganzen Welt zu grassieren.

D: Hier ist ein weiterer Vierzeiler. (CENTURIE I-91) „Die Götter werden es vor der Menschheit so aussehen lassen, als ob sie die Urheber eines großen Krieges wären. Bevor der Himmel frei von Waffen und Raketen gesehen wird, wird der größte Schaden auf der linken Seite angerichtet werden.“
E: Dies bezieht sich auf die Wandlung auf dem Planeten.
D: Oh? Wird es eine Wandlung auf dem Planeten geben?

Ich habe diese Vorhersage von mehreren anderen Hellsehern gehört, aber ich wollte sehen, ob Nostradamus mit ihnen übereinstimmte.

E: Oh, ja! (Pause, dann sprach sie langsam, als ob sie zuhören und wiederholen würde.) Die Verschiebung wird sich gegen Ende des euch bekannten Jahrhunderts vollziehen. Und sie wird so abrupt sein, dass sie sich innerhalb von sechs bis zehn Stunden vollziehen wird. Kontinente, wie ihr sie jetzt kennt, werden aufhören zu existieren oder sich dramatisch verändern. (Tiefer Seufzer.)

Ich habe diese schreckliche Vorhersage schon zuvor gehört, aber von Nostradamus stammend klang sie irgendwie noch unheilvoller.

D: Gibt es irgendetwas, das man tun kann, um dies zu vermeiden?

E: Das Einzige, das getan werden kann, ist, dies der Menschheit bewusst zu machen. Und sie sich spirituell vorbereiten zu lassen und sich intellektuell des Überlebens durch diese klimatischen Veränderungen hindurch bewusst zu werden.

Dies fing bereits an, mich zu beunruhigen. Es klang so endgültig.

D: Wenn es dermaßen abrupt geschieht, wird es dann viele Tote geben?

E: Die Zivilisation, wird aufhören, auf die euch jetzt vertraute Weise zu existieren.

Seltsam, wie ihre Stimme so ruhig und heiter war, als sie diese Worte des Untergangs für die ganze Menschheit aussprach.

D: In solch kurzer Zeit?

E: Es wird der Beginn eines neuen Zeitalters sein.

D: Gibt es etwas, das wir tun können, um dies zu verhindern? Gibt es überhaupt einen Ratschlag?

E: Oh, ja! Stoppt einfach die Explosionen, die das Militär für so wichtig hält..

D: Sind das Dinge, die den Wandel beschleunigen werden?

E: (Unsicher) Aus irgendeinem Grund verliere ich dich. Ich schwebe in einem ... es ist sehr grau und ... ich höre dich nicht mehr so deutlich.

Das ist ungewöhnlich, aber es kommt vor. Es könnte dadurch ausgelöst worden sein, dass Elena so müde war, oder es könnte etwas mit dem besonderen Treffpunkt zu tun gehabt haben, an dem wir uns befanden. Die Eigenschaften dieser Dimension oder was auch immer es war, könnten einen Zustand geschaffen haben, der mir nicht bekannt ist. Ich wollte den Kontakt zu Nostradamus nicht verlieren, weil die Zeit für die Sitzungen so kurz war.

Ich fragte: „Gibt es irgendetwas, das ich tun kann, um die Kommunikation zu verbessern?"

E: (Ihre Stimme klang sehr schläfrig und erschöpft.) Sprich mit ihr. Sprich mit ihr!

Es schien, als ob die eine oder der andere (Elena oder Dyonisus) versuchte, einzuschlafen. Wenn dies geschähe, würde ich den Kontakt verlieren und müsste entweder Dyonisus in eine andere Zeit seines irdischen Lebens versetzen, in der wir nur banale Informationen erhalten würden, oder ich würde Elena aufwecken müssen, weil sie zu müde wäre, um weiterzumachen. Ich hoffte, beides nicht tun zu müssen, da ich nur noch einmal Gelegenheit haben würde, Informationen von Nostradamus zu erhalten. Er leistete bei den Vierzeilern ausgezeichnete Arbeit, so dass ich nicht lockerlassen durfte. Ich gab ihr Anweisungen, dass sie mich klar und deutlich hören und meiner Stimme folgen könne, ganz gleich, wo sie sich gerade befand. Nach einigen Minuten merkte ich, dass sie reagierte und wieder bei mir war. Ihre Stimme lebte augenblicklich auf. Was auch immer die ungewöhnliche Reaktion verursacht hatte, war vorbei, und ich konnte weitermachen.

Es war interessant, aber zeitaufwändig zu versuchen, die exakten Vierzeiler zu bestimmen, die mit dieser Art von Katastrophe zu tun hatten. Da wir gerade den Film darüber gesehen hatten, was die Übersetzer glaubten, dass Nostradamus als die Zukunft unserer Welt vorhergesagt hatte, dachte ich, ich könnte vielleicht einige Abkürzungen nehmen, indem ich direkte Fragen stellte.

D: Ich würde gerne noch ein paar mehr Vierzeiler lesen, aber lass mich dir einige der Dinge erzählen, von denen uns die Experten sagten, dass er sie vorhergesagt habe. Vielleicht wird es dir dadurch leichter fallen, bei den Antworten zu helfen. Sie sagen, dass es Erdbeben und weltweite Hungersnot geben werde.

E: Ja, das ist richtig.

D: Wodurch wird das ausgelöst werden?

E: Auf welchen Zeitraum beziehen sie sich?

D: In der Sequenz, sagten sie, werde es Erdbeben und Vulkanausbrüche und dann Hungersnot geben, in dieser Reihenfolge. Das soll in unserer Zukunft sein.

E: Die Erdbeben und Vulkanausbrüche sind auf die Aktivität zurückzuführen, die durch die Konjunktion der Planeten verursacht wird, welche sich auch auf die Wandlung dieses Planeten auswirkt. Die Hungersnot wird durch die Explosionen der Waffen ausgelöst werden. Unfälle, die sich auf die Ernten auswirken werden.

D: Dann glauben die Experten, dass wir in der Zukunft in einen Krieg geraten werden, nachdem diese Dinge geschehen sein werden. Dass es einen Krieg mit unseren Waffensystemen geben wird. Sieht er Derartiges geschehen?

E: Die Ereignisse haben sich im Laufe der Jahrhunderte verändert. Und wegen des neuen Bewusstseins, das die westliche Zivilisation erlangt hat, und wegen des beschleunigten Tempos der Verschiebung der Erdkruste und aufgrund der Planetenkonjunktion könnte der Krieg vermieden werden. Das hängt von der Geschwindigkeit ab, mit der die Naturereignisse eintreten. Denn wie in jeder Zivilisation ist das Eintreten von Naturkatastrophen bedeutender als die Landnahme.

D: Ja, vor allem, wenn auch noch alle Menschen hungern, macht das einen großen Unterschied. Sie sagen, dass die Vierzeiler von einem Mann aus dem Nahen Osten sprechen, welcher der dritte Antichrist sein wird, der uns in den Krieg führen wird. Glaubst du, dass das jetzt nicht richtig ist?

Die Experten sind sich alle darin einig, dass Nostradamus in seinen Vierzeilern von drei Antichristen sprach, Napoleon, Hitler und einem weiteren in der Zukunft. Die Bibel erwähnt ebenso ein Tier, das zur Zeit des Armageddon kommen wird. Sie glauben, es sei dieselbe Person.

E: Diese Möglichkeit ist bereits in Kraft getreten. Aber ob das bis zum Weltkrieg führen wird, hängt von den Naturkatastrophen ab, die sich ereignen. Diese Naturkatastrophen werden sich nicht nur auf diesem Kontinent ereignen, sondern weltweit, was auch sein Land betreffen würde.

D: Ich verstehe. Sie interpretieren es als Krieg, der uns Katastrophen und weltweite Zerstörung bringt. Du denkst, dies beziehe sich stattdessen auf die Wandlung?

E: Das ist richtig. Verstehe doch! Mit den Erdbeben und Vulkanausbrüchen wird es versehentliche Explosionen der

Waffensysteme geben, die im Boden vergraben sind. Das wird in eurem Land sowie in anderen Ländern große emotionale Unruhe auslösen: in Britannien und Frankreich. Und die Länder in Europa werden eine Abrüstung wollen. Es ist wichtig, dass sie erkennen, dass, wenn diese Abrüstung der Waffen zustande kommt, sie auch in den muslimischen Ländern stattfinden wird.

D: Sagtest du, dass die Wandlung der Erde bis zum Ende dieses Jahrhunderts stattfinden werde, oder ist das der Zeitpunkt, wann sie beginnt?

E: Sie wird noch vor dem Ende dieses Jahrhunderts stattfinden, d.h. vor dem Jahr 2000.

D: Viele der Vierzeiler geben Daten um jene Zeit an, von der die Übersetzer dachten, sie bedeute Krieg. Aber du sagtest, wenn die Wandlung eintritt, werde sie sehr schnell erfolgen, und dass dies das Ende der Zivilisation sein werde, wie wir sie kennen.

E: Das ist richtig.

D: Wird es Überlebende geben, die die menschliche Rasse fortführen?

E: Oh, ja!

D: Das klingt alles so endgültig. Ich hatte gehofft, du würdest mir irgendeinen Hoffnungsschimmer geben.

E: Es gibt keinen Tod, sondern ein anderes Bewusstsein. Glaube nicht, dass die Menschen das Leben nicht kennen würden. Es wird solche geben, die hier zurückgelassen werden, um einen neuen Anfang für die Erde zu machen. Aber verstehe, die Erde ist nur ein materielles Ding, das ein begrenztes Eigenleben hat.

D: Ja, aber ich nehme an, weil sie unsere Heimat ist, wollen wir sie nicht völlig zerstört sehen.

E: Richtig.

D: Wenn es eine solche Massenvernichtung gäbe, wären die Menschen damit beschäftigt, ihr Leben wieder aufzubauen, anstatt sich gegenseitig zu bekämpfen, nicht wahr?

E: Ich würde es hoffen.

D: Aber du, glaubst dass keine Stadt oder irgendetwas anderes übrig bleiben wird?

E: Nicht in der Form, wie wir das jetzt kennen.

D: Was ist mit den Landmassen? Werden überhaupt welche verschont bleiben?

E: Der ganze zentrale Teil eures Kontinents, wie ihr ihn kennt, wird verschont bleiben. Kontinente auf der ganzen Erde werden betroffen sein. Die Wassermasse, wie wir sie jetzt kennen, wird einen größeren Anteil der Erde bedecken. Miteinander verbundene Kontinente werden geteilt werden, geteilt durch Wasser, wo sie zuvor nicht durch Wasser geteilt waren.

D: Bedeutet das, dass das Wasser den zentralen Teil unseres Landes nicht ...

E: (Unterbrach) Am wenigsten betroffen sein wird.

D: Was ist mit den anderen Kontinenten? Wird es irgendwelche Gebiete geben, die verhältnismäßig sicher sein werden?

E: Von welchen Kontinenten sprichst du?

D: Was ist mit Europa oder Asien?

E: Europa wird betroffen sein. (Pause) Asien. (Pause) Es wird kein einziges Land geben, das nicht betroffen sein wird.

D: Wird ganz Asien mit Wasser bedeckt sein?

E: Ein großer Teil davon wird es sein.

D: Was ist mit Afrika?

E: Afrika wird einen teilenden Kanal haben, eine neue Meeresstraße.

D: Ich versuche immer wieder, mir die Mitte der Vereinigten Staaten als ein sicheres Gebiet vorzustellen. Aber wird überhaupt noch irgendein Ort wirklich sicher sein, wenn dies geschieht?

E: Es wird Orte geben, die auf viel weniger traumatische Weise betroffen sein werden als andere. Aber du musst dir darüber im Klaren sein, dass das, was mit eurem Waffensystem geschehen ist, einen großen Einfluss darauf haben wird, wie stark oder wie bald diese Verwüstung eintreten wird.

Ich musste die schrecklichen Bilder, die mir in den Sinn kamen, beiseite schieben, solch schreckliche Szenen der Verwüstung und Hoffnungslosigkeit.

D: Ist es das, was du vorhin meintest, als du sagtest, du würdest uns diese Interpretationen geben und dann könnten die Leute ihre Entscheidungen treffen?

E: Das ist richtig.

D: Was meinst du damit? Werden sie entscheiden, ob sie bleiben oder gehen oder was meinst du damit?

E: Mit einem höheren Bewusstsein kann jeder sein Schicksal ändern. Indem man den Menschen den Schaden bewusst macht, der durch ihr gegenwärtiges Waffensystem entstehen kann. Indem man ihnen beibringt, wie sie überleben können. Indem man keinen Wert auf finanziellen Gewinn legt. Indem sie sich um ihren Geist kümmern. (Pause) Ich werde später mehr für dich haben.

D: Dann denkst du, dass es vielleicht möglich ist, die Zukunft zu verändern, wenn wir diese Dinge im Voraus wissen?

E: Das ist richtig. Die Anordnung der Planeten wird nicht ... es ist nicht genau bekannt, was geschehen wird. Was ich dir gesagt habe, ist eine Möglichkeit, die ich von meinem jetzigen Standpunkt aus sehe. Die Zukunft ist seit unserer Zeit im Weltraum viele Male verändert worden.

D: Würde dies einige deiner Vierzeiler ungenau machen?

E: Das würde die Bedeutung einiger von ihnen verändert haben, ja.

D: Wenn dies also eine Möglichkeit ist, gibt es dann noch eine andere, die eintreten könnte?

E: Das ist richtig. Wie ich schon beim letzten Mal sagte, hatten die Vierzeiler aufgrund von Veränderungen innerhalb des Zeitgeschehens mehrere Bedeutungen. Glaube nicht, dass die Zivilisation, wie wir sie kennen, oder richtiger gesagt, wie ihr sie kennt, eine hoffnungslose Zukunft hat. Er sagt, dass mit der Fähigkeit, zu verstehen, was mit einem Planeten geschehen kann, und mit der Fähigkeit, ein neues Bewusstsein in sich selbst zu tragen, die Ereignisse stets verändert werden können.

D: Sogar eine befürchtete Verlagerung der Achse?

E: Ja. So wie er es jetzt sieht, wird die Wandlung stattfinden und es wird große Veränderungen geben. Das ist ab diesem Zeitpunkt eurer Zeit. Da sich aber die Menschen immer mehr der Schäden bewusst werden, die durch die militärische Zerstörung - ob freiwillig oder unfreiwillig - verursacht werden können, wird die unter der Erdoberfläche ausgelöste Reaktion weniger schädlich, wenn diese Zerstörung verhindert werden kann.

D: Ist er deshalb der Meinung, dass diese Informationen unter die Menschen gelangen sollten?

E: Allerdings!

D: Wenn wir sie nur dazu bringen können, zuzuhören.

E: Es wird diejenigen geben, die zuhören wollen.

D: Anderenfalls müssten sie eine ganze Zivilisation, eine ganze Welt wieder aufbauen.

E: (Grimmig) Sie hätten eine sehr kleine Zivilisation übrig.

D: Das würde bedeuten, dass nur diejenigen überleben würden, die robust genug sind, um zu wissen, wie man überlebt.

E: Das ist richtig.

D: Dann sind vielleicht all die Gespräche über Krieg nicht richtig. Diese Wandlung ist momentan das Wichtigste.

E: Das ist der Grund, warum er mit dir sprechen wollte.

D: Was ist mit diesen Wesen von anderen Planeten, werden sie in irgendeiner Weise helfen?

E: Das hängt vom Bewusstsein der Menschen ab. Dies wurde beschlossen, um zu versuchen, diesen Planeten zu einem höheren Bewusstsein zu bringen.

D: Wären sie in der Lage, dabei zu helfen, diese Sache abzuwenden?

E: (Horchend) Es hängt davon ab, wie sie empfangen werden. Sie können einer Zivilisation helfen. Die Menschen müssen die Entscheidung treffen, ob sie sie helfen lassen wollen oder nicht.

D: Man hat mir gesagt, dass es ihnen nicht erlaubt ist, sich einzumischen. Ist es das, was du meinst?

E: (Lauschend) Wenn wir den Planeten dazu bringen, wir, das heißt, die Menschen jetzt zu eurer Zeit, einen unnatürlichen Tod zu forcieren, ja, dann werden sie sich einmischen. Denn es würde auch sie betreffen. Jedes Mal, wenn es eine Wandlung auf einem Planeten gibt, bewirkt dies, dass die Energiekräfte auf das Sonnensystem einwirken. Auf diese Weise würde das Sonnensystem, in dem wir uns befinden, beeinflusst werden. Das würde einen, wie er sagt, „ Dominoeffekt" verursachen.

D: Ja, ich verstehe diesen Begriff. Dann meinst du, dass dies im ganzen Universum zu spüren wäre?

E: Das ist richtig.

D: Aber haben diese Wesen, oder wie auch immer man sie nennen will, die Macht, so etwas zu verhindern?

E: Sie haben die Macht, euer Niveau an Bewusstsein und Erkenntnisfähigkeit zu erhöhen, um zu verstehen, wie ihr damit besser umgehen könntet. Es tut mir leid, dass ich es nicht schaffe, mich gut auszudrücken. Die natürliche Erscheinung, wenn die Wandlung stattfinden wird, das Ausmaß, in welchem dies geschieht, hängt von dem Bewusstsein ab, das die Menschen seelisch und geistig haben. (Schlagartig) Ich werde jetzt gehen, aber ich wollte, dass du verstehst, was besprochen werden muss. Es gibt immer noch Vierzeiler, die beim nächsten Treffen übersetzt werden müssen. Sie werden sich auf Gebiete der Erde beziehen, mit denen man sich in diesem Jahr befassen muss.

D: Ich muss dich noch eine Sache fragen, und dann lasse ich dich gehen. Das Medium, durch das wir arbeiten, wird aus dieser Gegend wegziehen, und ich werde keinen physischen Kontakt mehr mit ihr haben. Besteht die Möglichkeit, über eine andere Quelle zu kommunizieren?

E: Du hast mehrere Personen, die dafür empfänglich sind, aber bis zu welchem Grad, wissen wir nicht, bis wir es versuchen. Es gibt jemanden namens Brian, der Student ist.

D: Ich glaube nicht, dass ich schon mit ihm gearbeitet habe. Ich habe mit Phil gearbeitet.

E: Nein, das ist Brian.

D: Ich arbeite mit Brenda, die eine Studentin ist, eine Musikstudentin. Ich hatte großes Glück mit ihr.

E: Das ist derjenige.

Ich fragte mich, ob er sich möglicherweise auf Brenda bezog. Die Ähnlichkeit der Namen war genau die Art von Rätsel, für die Nostradamus berühmt war. Vielleicht benutzte er auch den naheliegendsten Namen, den er in seinem Zeitalter finden konnte. Das war etwas, an das ich ich später denken sollte, wenn ich versuchen würde, einen anderen Weg zu finden, um ihn zu kontaktieren.

E: Aber wir sehen keinen Grund, warum Elena die Arbeit nicht fortsetzen können sollte, auch wenn es eine Distanz zwischen euch geben wird.

D: Sie dachte, sie würde versuchen, es alleine zu tun und ihre Interpretationen aufzuschreiben. Dann könnte ich vielleicht eines meiner anderen Medien in Trance fragen, ob die Übersetzung korrekt ist.

E: Versuche, vor Elena die Wichtigkeit dieser Arbeit hervorzuheben, damit sie innerhalb von mindestens drei Monaten abgeschlossen werden kann. Das würde es dir ermöglichen, dies bis zum Herbst fertigzustellen. Und es würde vor dem neuen Jahr veröffentlicht werden.

Das war ein ziemlich schneller Zeitplan. Mir fehlte das Material und meine Probandin wollte fortziehen. Aus dem wenigen, das er mir bisher gesagt hatte, konnte ich die Wichtigkeit verstehen, aber er hatte mir eine unmögliche Aufgabe gestellt. Es war auch offensichtlich, dass er mit der Arbeitsweise des Verlagswesens im zwanzigsten Jahrhundert nicht vertraut war. Ich versuchte, realistisch zu sein.

D: Das wäre ziemlich schnell. Ich weiß nicht, ob das zu schaffen ist

E: (Er unterbrach mit Nachdruck und Elena zeigte mit dem Finger auf mich.) Das wird vollbracht werden! Das wird vollbracht werden.

D: Die Leute aus dem Verlagswesen sagen, dass es länger dauere, ein Buch zu veröffentlichen, mindestens ein bis anderthalb Jahre. Du musst verstehen, dass es einige Dinge gibt, die sich meiner Kontrolle entziehen.

E: (Mit Nachdruck) Dies wird sich nicht unserer Kontrolle entziehen!

Die Energie, die hinter dieser Aussage stand, war so stark, dass dieser plötzliche Anstieg beinahe den Ton von der Tonbandaufnahme wegbrach. Ihre Stimme fiel so stark ab, dass ich sie bei der Transkription kaum noch hören konnte.

Ich zuckte mit den Schultern. Ich sah, dass es sinnlos war, mit Nostradamus zu streiten, auch wenn ich nicht glaubte, dass er sich der Komplexität des Verlagswesens in unserer Zeit bewusst war. Vielleicht war es zu seiner Zeit einfacher.

„In Ordnung", sagte ich. „Ich kann ihnen von der Wichtigkeit erzählen und dann sehen, was passiert."

E: Verstehe bitte, dass wir auch auf andere Quellen setzen werden.

D: Ich versuche, meinen Teil dazu beizutragen, aber es gibt immer auch andere Beteiligte, die berücksichtigt werden müssen.

E: Das wird sich zusammenfügen.

D: Ich habe große Sorge, dass wir ohne Elena den Kontakt verlieren werden.

E: Wir werden versuchen, durch jedes Medium durchzukommen, mit dem du arbeitest.

Dann gab er mir detaillierte Instruktionen, wie ich jemand anderen anweisen kann, sich mit ihm am Treffpunkt zu treffen.

D: Wir werden nur noch ein weiteres Mal Zeit haben, mit Elena zu arbeiten, bevor sie uns verlässt.
E: Ich werde dir zu dem Zeitpunkt weitere Instruktionen geben.
D: Ich hoffe aufrichtig, dass der Kontakt nicht abgebrochen wird. Wir werden sehen, was nach Elenas Weggang geschieht. Das ist wirklich alles, was wir tun können. Die Dinge liegen außerhalb unserer Kontrolle.
E: (Mit Nachdruck) Es wird funktionieren!
D: Mit deiner Hilfe wird es das vielleicht. Ich brauche jede Hilfe, die ich bekommen kann.
E: Wir verstehen.

Mit einem Gefühl der Traurigkeit brachte ich Elena wieder zu vollem Bewusstsein. Trotz ihrer positiven Beteuerungen hatte ich das Gefühl, dass wir den Kontakt verlieren würden, nachdem Elena gegangen sein würde. Ich sah keine Möglichkeit, den Kontakt aufrechtzuerhalten. Wie könnte das gelingen? Es schien eine aussichtslose Situation zu sein. Nun, zumindest hatten wir noch eine weitere Sitzung, in die wir versuchen konnten, wenigstens das Arbeitspensum eines Jahres hineinzustopfen. Es ärgerte mich, dass wir so viel wertvolle Zeit hatten verstreichen lassen. Eigentlich hätten wir schon vor Monaten an diesem faszinierenden Projekt arbeiten können. Aber daran war niemand wirklich schuld. Die Umstände in unserem Privatleben hatten immer wieder störend eingegriffen, und wir konnten nicht wissen, dass diese ungewöhnlichen Entwicklungen eintreten würden. Außerdem erlaubte uns Andy anfangs nicht, daran zu arbeiten, und das wahrscheinlich zu Recht. Das könnte jetzt eines der Probleme sein: Es war zu überwältigend, zu viel, als dass Elena es auf sich nehmen wollte. Sie hatte nicht den metaphysischen Hintergrund, der es ihr erlaubte, eine so riesige Verantwortung zu übernehmen. Ich konnte das nachempfinden; ich denke, viele andere Anfänger hätten ähnlich reagiert. Jede logisch denkende Person würde vor einer solchen Aufgabe davonlaufen. Eigentlich hätte ich das auch tun müssen. Aber ich bin wohl mehr neugierig als logisch, wie ich vermute.

Sie erzählte mir, was sie von der Sitzung noch in Erinnerung hatte. „Plötzlich war es, als wäre ich in einem grauen Stollen und es war wirklich seltsam. Mir war, als hörte ich deine Stimme durch einen Tunnel kommen. Es schien, als würde deine Stimme schwächer werden und ich dachte, ich würde dich verlieren.“ Das war das Einzige, woran sie sich erinnerte. Ich erklärte ihr, was passiert war und dass ich es korrigiert hatte.

Ich verließ Elena in Vals Haus und kam erst um zwei Uhr morgens nach Hause. Ich glaube, ich zeigte ihnen weder durch Taten noch durch Worte, wie sehr mich die Sitzung bewegt hatte. Oh, ich hatte ähnliche Vorhersagen über Umwälzungen auf der Erde von anderen Hellsehern gehört, aber aus irgendeinem Grund klang es aus Nostradamus’ Mund so definitiv, so endgültig.

Ich fuhr unter einem dichten Schleier der Depression nach Hause. Ich kann mich nicht erinnern, dass ich mich jemals so niedergeschlagen gefühlt hätte. Die Worte: „Das Ende der Zivilisation, wie ihr sie kennt“, wiederholten sich immer wieder in meinem Kopf. Bedeutete das, dass all unsere Hoffnungen und Träume von dieser stets schwer fassbaren Zukunft null und nichtig gewesen waren, weil es keine Zukunft geben würde? Was wäre dann der Sinn des Lebens? Was würde es nützen, es zu versuchen? Warum sollte ich mir die Mühe machen, meine Bücher zu schreiben? Welchen etwaigen Unterschied könnte das machen? Was wäre der Sinn von irgendetwas? Ohnehin hätte nichts mehr irgendeinen Zweck; wir wären nicht mehr da, um es zu genießen.

Vielleicht hatte Elena recht. Vielleicht sollten wir nicht versuchen, herauszufinden, was die Zukunft für uns bereithält. Können wir wirklich mit dem Wissen um solch schreckliche Vorhersagen umgehen, vor allem, wenn sie von solcher Tragweite sind und wir nichts dagegen tun können? Ist es besser, ein Vogel Strauß zu sein?

Es traf mich so hart, dieses Gefühl der Endgültigkeit. Etwas von dieser Größenordnung war nicht aufzuhalten. Falls Nostradamus und die anderen Hellseher recht hatten, dann würde sich die Welt wandeln. Die schrecklichen Erdumwälzungen würden stattfinden, und die Überreste der Menschheit würden aus den Trümmern kriechen und versuchen, von vorne mit dem Aufbau einer Welt zu beginnen. Und warum? Warum sollte man versuchen, etwas im Leben zu erreichen, wenn es so leicht und plötzlich weggenommen werden konnte? Aber was war sonst die Alternative? Ich hatte keine Antworten, und zwei Uhr morgens ist nicht die richtige Zeit, um zu philosophieren. Ich wusste nur, dass mich die Vorstellung, meine geliebte Welt und meine geliebte Lebensweise könnten mir weggenommen werden, total deprimierte.

Vielleicht sollte ich die Sitzungen nicht weiter fortsetzen. Was Nostradamus mir bis dahin gesagt hatte, war so schrecklich. Wollte ich wirklich mehr wissen?

ALS ICH AM NÄCHSTEN MORGEN AUFWACHTE, sah ich die Sonne durch das Fenster scheinen und das Licht in goldener Pracht über den Boden strahlen. Das war alles. Ich sah, dass die Sonne einfach aufgegangen war, wie sie es immer schon jeden Morgen in meinem Leben getan hat. Die morbiden Gedanken waren im dunklen Schrank der Nacht zurückgelassen worden. Ich dachte, ja, die Sonne wird weiterhin aufgehen. Ein Tag wird auf den anderen Tag folgen, und das Leben wird weitergehen, ungeachtet der schrecklichen Vorhersagen.

Mit dem Erwachen dieser Offenbarung wurde mir klar, dass es wirklich keine Alternative gab. Man kann nicht aufhören zu leben, seine Träume und Sehnsüchte auslöschen, nur wegen eines traumatischen Etwas, das eines Tages passieren könnte. Nein, das Leben muss gelebt werden. Sich zu verstecken und seine Träume aufzugeben, ist ein Verrat am Leben, ein Verrat an allem, wofür es steht.

Es gibt die Frage: „Wenn Sie wüssten, dass Sie morgen sterben würden, würden Sie dann Ihr Leben heute anders leben?“ Das bezweifle ich. Wir sind Gewohnheitstiere. Ich wusste, dass ich mir nun der möglichen Konsequenzen bewusster war und versuchen würde, mit der mir zugewiesenen verbleibenden Zeit etwas Sinnvolleres zu erreichen. Außerdem weiß sowieso niemand so recht, wie viel Zeit ihm noch bleibt. Ich könnte morgen von einer Bordsteinkante fallen, von einem Auto angefahren werden und die Welt, wie ich sie kannte, würde für mich von da an nicht mehr existieren. Die Welt ist für uns nur real, solange wir in ihr sind.

Ich dachte an die Menschen im alten Italien. An jenem Tag, als der Vesuv ausbrach und Pompeji vollständig mit Lava überflutete, endete die Zivilisation und wurde für all diese Menschen vollständig ausgelöscht. Auch die Leute in Hiroshima hatten keine Vorwarnung. In einem kurzen Augenblick, in einem einzigen hellen Blitz, war ihre Welt verschwunden, und ihre Zivilisation hörte für sie auf zu existieren.

Obwohl der Gedanke, dass unsere Welt einem so tragischen Ende entgegenging, mich schrecklich deprimierte, begann ich zu verstehen. Lebe das Leben, solange du kannst. Liebe und erfreue dich an dem Wunder, das überall um dich herum ist. Lerne, mit den Augen eines Kindes zu sehen, und bemühe dich aufrichtig, deine Mitmenschen zu verstehen, denn unser Leben hier auf dieser Erde ist wirklich eine zarte und zerbrechliche Sache. Nostradamus machte mich viel bewusster, aber insgeheim hoffte ich in meinem Herzen noch immer, dass er sich irre. Die einzige Möglichkeit, das zu wissen, besteht darin, zu warten, bis wir zu diesem Zeitpunkt kommen. Was ist die Alternative? Ein Loch zu finden und sich darin zu verstecken? Man stirbt so oder so. Es ist viel besser, meine Tage damit zu verbringen, den Menschen von den Wundern zu erzählen, die ich durch meine Arbeit gefunden habe, und die Geheimnisse weiterzugeben, die ich entdeckt habe.

Wenn ich nur an meinen Überzeugungen festhalten könnte, dann würde die unbekannte Zukunft ihre Macht, mir Angst zu machen, verlieren.

Ich wusste jetzt, dass ich keine Alternative hatte. Ich muss dieses Projekt weiterführen. Die neugierige Seite in mir war stärker als jede Befürchtung, die ich vielleicht empfinden konnte.

KAPITEL 6

ELENA REIST AB

ES WAR DONNERSTAG, der Tag unserer letztmöglichen Sitzung. Es war erst zwei Tage her, dass Elena die Bombe platzen ließ, und ich war gezwungen, so viele Informationen wie möglich in ein paar kurze Tage zu quetschen. Die Sitzung, die wir am Dienstagabend hatten, zeigte, dass Nostradamus bereit war, mit uns zu arbeiten, und dass es möglich war, erstaunliche neue Erkenntnisse über seine Vierzeiler zu gewinnen. Es war frustrierend und enttäuschend, dass eine so einmalige Gelegenheit plötzlich abgeschaltet wurde. Ich hatte nicht genügend Informationen für ein Buch, und die Neugier der Leser mit nur ein paar wenigen Übersetzungen der Vierzeiler zu wecken, schien mir nicht fair. Elena hatte gesagt, sie würde wahrscheinlich nächsten Sommer auf Urlaub zurückkehren, da ihre Eltern immer noch in dieser Stadt leben. Vielleicht könnten wir in dieser Zeit ja an einer Sitzung arbeiten. Wenn diese Geschichte bis dahin warten musste, wenn ich ein Jahr oder länger daran sitzen müsste, dann sei es so. Natürlich stand das in direktem Widerspruch zu den Anweisungen von Nostradamus. Er schien nachdrücklich darauf bedacht zu sein, die Informationen so schnell wie möglich unter die Menschen unserer Zeit zu bringen, aber zu diesem Zeitpunkt hatte ich keine andere Lösung. Elena wollte gerade abreisen, und da Alaska nicht gerade nebenan liegt, gab es keine Hoffnung, mit ihr zusammenzuarbeiten. Vielleicht könnte sie bei dem Versuch, die Vierzeiler selbst zu übersetzen, einige Ergebnisse erzielen, aber ich hielt das für sehr unvorhersehbar. Ich dachte nicht, dass ich mich auf die Gültigkeit einer solchen Methode verlassen konnte. Die Ergebnisse im Trancezustand in der Kommunikation mit Dyonisus und Nostradamus waren erstaunlich klar und präzise gewesen. Ich wusste, dass diese Ergebnisse durch keine andere Methode reproduziert werden konnten, außer durch das direkte Arbeiten mit ihr. Ich kannte keine Person namens „Brian,“ aber ich würde Ausschau halten nach der Möglichkeit, dass eine solche Person als zukünftiger Proband in mein Leben tritt. Ich arbeitete mit mehreren Personen, und ich hatte eine im Sinn, von der ich dachte, dass sie ein gutes Versuchskaninchen für das Experiment wäre, nämlich die Musikstudentin, die ich Nostradamus gegenüber erwähnt hatte. Aber da ich noch nie davon gehört hatte, dass so etwas je zuvor versucht wurde, dachte ich, ich verlange das Unmögliche. Wir hatten solches Glück mit Elena, weil wir ein früheres Leben aufgedeckt hatten, in welchem sie ein Student dieses großen Mannes war. Da die Chancen schlecht standen, einen weiteren Schüler von ihm zu finden , hatte ich keine Ahnung oder Plan, wie ich versuchen könnte, ihn über jemand anderen zu kontaktieren. Unmöglich war das einzige Wort dafür, es war absolut im Bereich des Unmöglichen.

Es nützte an diesem Punkt nichts, sich darüber Gedanken zu machen. Als ich in dem Urlaubsort ankam, wusste ich, dass ich all meine Energien darauf konzentrieren musste, während dieser letzten Sitzung so viele Informationen wie möglich zu erhalten. Ich war in der Nacht davor bis ein Uhr nachts aufgeblieben und ging die Vierzeiler durch. Dies war das erste Mal, dass ich sie wirklich studiert hatte. Während ich sie las, erhielt ich manchmal einen intuitiven Geistesblitz über eine mögliche Bedeutung, aber die meisten von ihnen schienen mir unverständlich und sogar unsinnig. Nostradamus hatte seine Arbeit zweifellos gut gemacht. Ich konnte verstehen, warum Forscher Jahre ihres Lebens mit dem Versuch verbracht hatten, sie zu entwirren. Ich konnte auch verstehen, warum so viele der Vierzeiler keine Erklärung hatten. Sie waren einfach zu komplex oder unklar. Ich fand, dass die Übersetzer versuchten, zu buchstabengetreu zu sein. Es war für mich offensichtlich, dass Nostradamus in vielen Fällen eine sehr aufwendige Symbolik verwendete.

Ich hatte Notizen gemacht zu mehreren Vierzeilern, die ich zu entziffern versuchen wollte, und Bemerkungen zu anderen, die mir merkwürdig erschienen. Ich wusste, dass ich keine Zeit haben würde, auch nur einen Teil davon zu bearbeiten, so dass ich mich auf einige wenige konzentrieren würde. Ich schrieb Fragen auf, die ich gerne zum Schreiben der Vierzeiler stellen wollte. Es wäre auch wichtig, zu versuchen, den Rest der Lebensgeschichte von Dyonisus zu bekommen und etwas mehr zum Leben von Nostradamus zu fragen. Ich würde meine Zeit sorgfältig einteilen müssen, wenn ich auch nur einen Teil von dem tun wollte, was ich geplant hatte. Dies war ein Fall, bei dem ich meine Prioritäten wirklich richtig setzen musste. Aber wie konnte ich bestimmen, auf welchen Bereich ich mich am meisten konzentrieren sollte? Unter solchem Druck zu arbeiten ist bei weitem nicht die ideale Voraussetzung für Hypnose, und ich mag es nicht, mit einer tickenden Uhr zu konkurrieren.

Dies war der letztmögliche Tag, um eine Sitzung durchzuführen, da Elena am nächsten Tag (Freitag) einen Garagenverkauf hatte und am Samstagmorgen nach Kalifornien fliegen würde. Es gab unzählige Details in letzter Minute, die sie beschäftigten. Ich erschien früh zur Sitzung, damit ich ihr aus dem Weg gehen konnte, aber das machte keinen Unterschied. Sie hatte noch viele Dinge zu erledigen, bevor wir uns an die Arbeit machen konnten. Ich folgte ihr, als sie zum Haareschneiden ging, und wartete, bis sie ein Porträt ablieferte, das ihr in Auftrag gegeben worden war. Sie würde das Geld für die Reise brauchen. Dann musste sie nach Hause zurückkehren und einige Dinge für ihre Tochter erledigen. Elena muss sich wie zwischen den Stühlen gefühlt haben, als sie versuchte, sich zwischen den Forderungen ihrer Kinder aufzuteilen. Ich folgte ihr, während sie noch einige weitere Besorgungen machte, und ich wartete und sah zu, wie wertvolle Minuten verstrichen. Ich wusste, dass wir bald beginnen mussten, da Elena Pläne für den Abend hatte.

Schließlich erreichten wir Vals Haus, wo wir nicht gestört werden würden. Val zog ebenfalls um und überall stapelten sich Dinge. Als ich mein Tonbandgerät auf einem Koffer neben dem Bett aufbaute, verkündete Elena, dass wir genau anderthalb Stunden für die Sitzung hätten, dann müsse sie zu einem Abschiedsessen zu ihren Eltern fahren. Das bedeutete Arbeiten unter Zeitdruck. Das hieß wirklich, bis an seine Grenzen zu gehen, um in dieser Zeitspanne etwas zu erledigen, aber es war besser als nichts.

Ich bin sehr ausführlich auf die Ereignisse dieses letzten Tages eingegangen, um zu zeigen, dass diese Sitzung für Elena nicht sehr wichtig war. Es war fast ein beiläufiges Ärgernis. Sie war eher besorgt über ihre bevorstehende Reise und all die Details, die noch in letzter Minute erledigt werden mussten. Sie räumte der Sitzung in ihrem vollen Terminkalender lediglich Zeit ein, weil sie wusste, dass sie mir so wichtig war und sie meine Gefühle nicht verletzen wollte. Das war für mich in Ordnung, weil ich nie versuche, mich in das Privatleben meiner Probanden einzumischen. Ich fühlte mich wie ein Eindringling und wollte fertig werden und ihr aus dem Weg gehen.

Nachdem Elena sich auf dem Bett niedergelassen hatte, gab ich ihr das Schlüsselwort und beobachtete, wie sie in die vertraute tiefe Trance fiel. Dann brachte ich sie zurück in die Lebenszeit von Dyonisos und wandte die detaillierten Anweisungen an, die mir als Methode gegeben worden waren, um Nostradamus an dem besonderen Treffpunkt zu kontaktieren. Ich war nicht einmal sicher, ob es wieder funktionieren würde. Als ich mit dem Zählen fertig war, verkündete Dyonisus, dass sie da waren, und ich empfand wieder ein großes Gefühl der Erleichterung, dass das Verfahren erfolgreich war.

D: Seit unserem letzten Gespräch bin ich verschiedene Bücher durchgegangen. In unserer Zeit haben wir viele Übersetzungen der Vierzeiler von Nostradamus und sie scheinen alle unterschiedliche Wortlaute zu haben. Das scheint ein Problem in unserem Verständnis dieser Texte zu schaffen.

E: Das liegt an der Unkenntnis der Epoche, und daran, dass ihr eine erleuchtetere Epoche erreicht habt. Es gibt noch immer solche, die keinen erleuchteten Geist entwickelt haben.

D: Die Menschen haben sich gefragt, warum Nostradamus in seinen Vierzeilern so undurchsichtig war.

E: Dies geschah absichtlich. Diese Dinge wären für die Menschen der vergangenen Jahrhunderte beängstigend gewesen.

D: Du sagtest mir vorhin, dass einige der Vierzeiler mehr als eine Bedeutung hätten?

E: Das stimmt.

D: Haben alle Vierzeiler mehr als eine Bedeutung?

E: Nur einige. Nicht alle.

In der begrenzten Zeit, die ich in der Nacht zuvor hatte, um die Vierzeiler zu studieren, stellte ich fest, dass sie äußerst kompliziert waren. Aber mir kam eine Idee. Bei einigen von ihnen schien sich jede

Zeile auf eine andere Sache zu beziehen. Sogar die Übersetzer kommentierten dies gelegentlich. Sie sagten, dass ein Teil zu ihrer Interpretation passen würde, während der andere Teil nicht passte. Ich fragte mich, ob es sein könnte, dass eine oder zwei Zeilen sich auf ein Ereignis und die anderen Zeilen sich vielleicht auf ein anderes Ereignis bezogen. Dies könnte einen Teil der Verwirrung erklären.

E: Jeder Vierzeiler enthält eine einzige Prophezeiung, aber sie ist in einigen so formuliert, dass die Bedeutung auf den Zeitunterschied anwendbar sein könnte, in welchem das Ereignis stattfand.

D: Sagte er nicht, dass einige dieser Prophezeiungen nicht eingetreten seien aufgrund der Fähigkeit des Menschen, die Zukunft zu verändern?

E: Das ist richtig.

D: Manche Leute sagen, wenn die Zukunft nicht verändert werden kann, dann gibt es so etwas wie einen freien Willen nicht.

E: Es gibt einen freien Willen.

D: Dann lag er weder falsch noch hatte er unrecht. Er berichtete nur, was er sah?

E: Es war das, was er mit aus der gerade ablaufenden Zeitsequenz heraus gesehen hatte. Das ist schwierig. Darf ich es so erklären, dass man, wenn man etwas aus der Ferne betrachtet, bei näherem Herantreten bemerkt, dass Details schärfer sind oder nicht ganz so sind, wie sie aus der Entfernung erschienen waren. Das bedeutet, dass der Wille oder die Überzeugungen des Menschen die Fähigkeit haben, ein Ereignis zu verändern, je näher man jener Zeit kommt. Aus der Entfernung, aus der mein Lehrer es sah, war das also, bevor das Bewusstsein des Menschen das Ereignis veränderte oder es in eine andere Richtung verzerrte.

D: Dann sind dies also die Ereignisse, die er sah, aber der Mensch kann sie ändern, wenn der Zeitpunkt naht.

E: Das ist richtig.

D: Es ist gut zu wissen, dass der Mensch die Fähigkeit hat, Dinge zu verändern, wenn er von ihnen weiß. Viele Menschen denken, dass alles einfach komplett wie eine Schablone sei, wenn du weißt, was ich meine, dass sie nichts dagegen tun können.

E: Aus diesem Grunde möchte er, dass du darüber Bescheid weißt, damit die Dinge geändert werden können.

In Nostradamus' Büchern sind die Vierzeiler in sogenannten „Centurien“ angeordnet. Ein Quatrain ist ein vierzeiliges Gedicht (oder in diesem Fall ein vierzeiliges Rätsel) und eine Centurie soll einhundert davon umfassen. Es gibt zehn Centurien, obwohl in Erika Cheethams Buch eine unter ihnen (VII) nur 42 Vierzeiler enthält. Das bedeutet, dass es fast 1000 Vierzeiler gibt, 942, um genau zu sein. Ich fragte mich, ob dies die Anordnung war, die er für sie vorgesehen hatte und ob sie für einen bestimmten Zweck in dieser Reihenfolge angeordnet waren.

E: Nein, dies ist eines der irreführenden Rätsel, die er eingebaut hat. Er nannte sie Centurien, was aber nicht bedeutet, dass es einhundert Jahre an Zeit gibt. Er tat dies als ein Rätsel, um zu verwirren.

D: Kannst du erklären, was er wirklich im Sinne hatte?

E: (Pause, horchend) Er beabsichtigte damit, dass für die Leute, diejenigen, die sie aus Profitgier übersetzten, das Thema, die Zeitepoche verwirrt sein sollte. Obwohl sie es taten, sollten sie nicht jedes Ereignis einem bestimmten Jahrhundert zuordnen. Das meinte er mit einem Vierzeiler, der sich auf mehr als eine Zeitperiode bezieht.

D: Die Experten sagen heute, dass eine Centurie hundert dieser Vorhersagen ausmacht, und sie haben sie in diese Ordnung gebracht. Eine Centurie besteht aus hundert Vierzeilern, die zweite Centurie aus hundert weiteren.

E: Er macht sich nichts daraus, was diese Experten sagen.

D: Eine von ihnen enthält nicht einhundert. Ich fragte mich, ob er das mit Absicht getan hatte. Ich dachte, vielleicht fehlen einige Vierzeiler, die er nicht fertiggestellt hatte oder die nicht enthalten waren.

E: Nein. Alles, was er euch wissen lassen wollte, ist euch mitgeteilt worden.

Ich hatte das Gefühl, diese Dinge klären zu müssen. Vielleicht haben die Leute versucht, seine Prophezeiungen in eine zu große Ordnung zu bringen, und das schmälert das, was er sagen wollte. Er sagte vorhin, dass Fehler gemacht worden seien, weil wir seine

Berechnungen der verschiedenen Planetenpositionen falsch verstanden haben. Ich dachte, dass sich die Erde in den dazwischenliegenden 400 Jahren vielleicht so sehr verschoben oder ihre Position verändert hat, dass der Himmel jetzt anders aussieht, insbesondere was die numerischen Berechnungen betrifft.

E: Die von ihm angegebenen Berechnungen sind korrekt. Die Art und Weise, wie sie interpretiert wurden, ist falsch. Wenn sich die Berechnungen auf einen astrologischen Zeitpunkt beziehen, der aus einer anderen Centurie stammt, müsste der Astrologe dieser Zeit mathematisch ableiten, welchen Zeitpunkt dies dann bedeutete. Er sagt, dass der mathematische Teil dabei der Fehler war, der gemacht wurde. Was nun in einigen Fällen geschah, ist, dass durch den freien Willen des Menschen die Prophezeiung entweder beschleunigt oder gelöscht wurde.

D: Ich nehme an, die Positionen der Sterne haben sich über so viele hundert Jahre hinweg verändert.

E: Das haben sie. Den Himmel, den er sah, sah er in seiner Prophezeiung. Er blickte nicht auf den Himmel seiner Zeit.

D: Meinst du damit, als er das Ereignis sah, sah er auch, wie die Sterne zu jener Zeit standen?

E: Bevor er das Ereignis sah, sah er die Himmel. Und dann konzentrierte sich alles auf die Erde. Dann, wurde das Ereignis, wie durch ein Vergrößerungsglas betrachtet, in den Mittelpunkt gerückt.

D: Ich verstehe. Dann liegt der Fehler in den Berechnungen, die der Mensch heute anstellt.

E: Das ist richtig.

D: Das sind Dinge, die unsere Experten meines Erachtens nicht berücksichtigt haben. Letztes Mal sprachst du von unseren Waffensystemen, oder dass diese Macht hinter unseren Waffensystemen in unserer Zeit Probleme verursachen werde. Du sagtest, es befinde sich etwas in der Luft, das Probleme verursachen werde? Welche Art von Veränderungen wird diese Substanz bewirken?

E: (Pause, während er lauschte.) Sie wird die Struktur der Wolken verändern, die Struktur der Pflanzenwelt, die Struktur der Tiere. Wenn ich „Struktur“ sage, meine ich eine körperliche

Verformung, aber... (Er hatte Schwierigkeiten, die richtigen Worte zur Beschreibung zu finden) ... aus dem Inneren des Blutes, den inneren Organen.

D: Ich glaube ich verstehe, wovon du sprichst.

Offensichtlich bezog er sich auf die Auswirkungen der radioaktiven Strahlung auf das Blut und die Gene. Er benutzte die einzigen Worte, die er finden konnte, um ein solches fremdartiges Konzept zu beschreiben.

(Zum Zeitpunkt der Tschernobyl-Katastrophe dachte man, dass die Strahlung nicht viel Schaden angerichtet habe, und die Wissenschaftler waren nicht sehr besorgt. Sie hatten vermutet, dass sie von den Regenfällen weggeschwemmt werden würde. Doch mehrere Monate später wurde entdeckt, dass sie stattdessen in den Boden gesickert war und die Pflanzenwelt verseucht hatte, insbesondere in Lappland. Nachdem die Tiere in dieser Gegend die Pflanzen gefressen hatten, wurden auch sie kontaminiert. Innerhalb weniger Monate verkündeten die Wissenschaftler, dass das Rentier nun das radioaktivste Tier auf der Erdoberfläche sei. Das war katastrophal für die Menschen, die ihren Lebensunterhalt damit verdienen, den Rentierherden zu folgen. Und dies könnte nur die Spitze des Eisbergs sein. Es könnte in der Zukunft noch weitere erschreckende Entdeckungen geben, die zeigen, dass diese nuklearen Unfälle nicht beiseite geschoben und so leichtgenommen werden sollten.)

D: Unsere Wissenschaftler sagen nach wie vor, dass wir nichts getan hätten, was der Erde schade. Sie sagen, diese Substanz sei nicht stärker oder schlechter als das Licht, das von der Sonne kommt.

E: (Ihre Stimme war von Ungläubigkeit erfüllt.) Wie können sie das sagen? Es ist eine völlig andere Struktur, ein anderes Element.

D: Sie sagen, da das Sonnenlicht uns nicht schadet, werde diese Substanz uns auch nicht schaden, außer in großen Dosen.

E: (Grimmig und mit Nachdruck) Sie irren sich!

D: Glaubt er dann, dass selbst kleine Dosen dieser Substanz dem Menschen schaden?

E: Je kleiner die Dosis, desto länger dauert es, bis sich ein Unterschied zeigt. Aber er hat den Unterschied bereits bei den Fischen aus dem

Meer gesehen. Er fragt, wie sie diesen physikalischen Beweis sehen und etwas anderes behaupten können?

D: Glaubst du, dass es etwas ist, das lange braucht, bis es auftaucht, und sie es vielleicht aus diesem Grunde nicht verstehen?

E: Aber was passieren wird, ist, dass die Gefahr für die Struktur, die von den Waffensystemen ausgeht, welche die Luft beeinflussen, sehr stark sein wird. Und es werden innerhalb weniger Wochen sofortige Veränderungen beobachtet werden, es sei denn, sie werden sich dessen bewusst.

D: Aber siehst du, sie denken auch, dass dies eine gute Macht sei und dass sie sie - abgesehen von Waffen - auch für andere Dinge einsetzen können. Deshalb wollen sie sie nicht aufgeben.

E: Sie haben sie aber nicht zum Guten eingesetzt, als diese Energie geschaffen wurde. Sie benutzten sie für das Negative, für die Zerstörung von Leben. Deshalb ist die Energie, die aus ihr hervorgegangen ist, eine negative Energie. Wäre sie so verwendet worden, wie ihr Erfinder es beabsichtigt hatte, hätte die Energie überhaupt keine Negativität in sich. Und während sie die Fähigkeit haben, sie zurückzuhalten, verursacht man, wenn man sie als Waffe, als zerstörerische Sache einsetzt, ein negatives ... (Er hatte Schwierigkeiten mit der Definition.) Er sagt, dass ihr für die Sache, die etwas gut oder schlecht macht, ein Wort namens „Karma“ oder „Aura“ habt. Dies ist also als etwas Schlechtes ins Leben gerufen worden.

D: Ich verstehe. Glaubst du dann, dass wir als Menschheit aufgrund der Art und Weise, wie wir damit begonnen haben, jemals in der Lage sein werden, dies umzukehren und zum Guten zu nutzen?

E: Mit einer völlig anderen Quelle. Die Materialien, die ihr jetzt dafür verwendet, werden in Zukunft nicht mehr zur Verfügung stehen. Es wird also nicht mehr verwendet werden können.

D: Dann werden sie eine andere Kraft- oder Energiequelle finden müssen?

E: Offensichtlich gibt es Leute, die dies bereits getan haben.

Bezog sich Nostradamus damit auf Solarenergie?

D: Ich glaube, der Vorschlag, den er letztes Mal gemacht hatte, war, dass wir damit aufhören sollten, dies in die Luft auszustoßen?

E: Ja, das ist sehr wichtig. Sie beschleunigen die Veränderungen auf dem Planeten und in der Atmosphäre, was das Universum vollständig beeinflussen wird.

D: Dann betrifft es nicht nur unseren kleinen Planeten?

E: Das ist korrekt.

D: Aber so viele Menschen wollen einfach nicht aufhören. Sie führen immer wieder Tests durch, und jedes Mal, wenn sie das tun, wird mehr davon in die Luft freigesetzt. Und wir hatten in jüngster Zeit auch diese Unfälle, von denen du das letzte Mal gesprochen hast.

E: Und es wird noch mehr geben.

D: Weiß er, wo, in welchem Land sich diese Unfälle ereignen werden?

E: Er sagt, es stehe in den Vierzeilern.

D: Wird es irgendwelche dieser Unfälle in der Neuen Welt, in dem Land, von dem aus ich spreche, geben?

E: Ja. Die natürlichen Erdbeben, die diese Unfälle verursachen werden.

D: Gibt es irgendeine Möglichkeit, wie wir das vermeiden können?

E: Eine Entfernung des Systems, des Gehäuses, welches es beinhaltet.

D: Aber es gibt keine Möglichkeit, ... (Ich versuchte, eine Erklärung zu finden, die er verstehen könnte.) Er kennt die Macht des Königs von Frankreich. So ist es auch in unserem Land. Die Macht liegt in den Händen einiger weniger Leute.

E: Das ist der Grund, warum er möchte, dass eure Leute sich der damit verbundenen Gefahr bewusst sind und warum er jetzt mit uns spricht. Er sagt, dass die Folgen eines Erdbebens in der Nähe eines eurer militärischen Lager für dieses Waffensystem eure Führer dazu veranlassen würden, sich der Gefahren definitiv bewusst zu werden. Was ihr jetzt tun könnt, ist nur, zu verhindern versuchen, dass dies Wirklichkeit wird.

D: Ich werde versuchen, sie darauf aufmerksam zu machen, so gut ich kann. Letztes Mal sprachst du von einigen Veränderungen, die in anderen Ländern stattfinden würden und über die Bescheid zu wissen für uns wichtig sei.

E: Sprichst du von dem Wandel der Erde?

D: Nun, was auch immer es ist, das er meint, es wäre wichtig darüber Bescheid zu wissen.

E: (Horchend) Dass die Teile der Erde zu Inseln werden und dass die Probleme der Ernährung und des Überlebens in diesen Ländern am härtesten sein werden.

D: Wird dies zur Zeit des Wandels geschehen?

E: Ja. Davor wird es Probleme auf Regierungsebene geben. Was abermals vom Bewusstsein der Menschen abhängt. Es werden entweder kleine Aufstände ausbrechen oder es wird einen Zusammenschluss der Mächte zur Bekämpfung von Aufständen in den persischen Ländern geben.

D: In den persischen Ländern? Werden diese der Verschiebung vorausgehen oder zur gleichen Zeit wie sie stattfinden?

E: Dies ist fortschreitend, aber die Erdumwälzungen sind umso wichtiger, weil die Kämpfe aufhören werden. Ich meine, die Zerstörung der verschiedenen Länder wird das Kämpfen zu einer zweitrangigen Sache machen.

D: Ich verstehe. Sieht er uns, wie wir diese Art von Waffen in der Zukunft einsetzen, bevor die Verschiebung stattfindet?

E: Nein, nicht die gefährlichsten Waffen. Es sind die Erdumwälzungen, welche die Gefahr der Waffen auslösen werden.

D: Dann haben unsere Führer zumindest so viel Verstand. Kannst du sehen, ob unser Land, die neue Welt, in einen Krieg verwickelt ist, bevor dieser Wandel stattfindet?

E: (Pause, lauschend) Wenn der Führer in dem persischen Land stark bleibt, könnte dies ein Faktor sein.

D: Auch hier ist wieder der freie Wille des Menschen beteiligt, nicht wahr?

E: Das ist richtig.

Ich beschloss, mit dem Lesen der Vierzeiler zu beginnen.

D: (CENTURIE II-41) „Der große Stern wird sieben Tage lang brennen und die Wolke wird die Sonne doppelt erscheinen lassen. Die große Dogge wird die ganze Nacht heulen, wenn der große Pontifex seinen Wohnsitz wechselt."

In diesem Vierzeiler versteht der Übersetzer nicht, was Nostradamus mit den zwei Sternen meinte. Nach einer langen Pause gab Dyonisus die Definition.

E: Das ist ein Vierzeiler, der sich auf das Kommen der Menschen von den Sternen bezieht. Die Dogge ist das Symbol des Teufels oder des Bösen, und der Papst wird wechseln. Rom wird nicht mehr länger die Heimat der Katholischen Kirche sein.

D: Dann meint er also das mit: „Der große Stern wird sieben Tage lang brennen"? Das Kommen dieser anderen Menschen?

E: Das steht auch in Bezug zu dem Vierzeiler, über den wir bei der letzten Sitzung gesprochen haben.

D: Über das Lichtspektakel?

E: Das ist richtig. Die doppelt erscheinende Sonne bedeutet nicht zwei Sonnen. Es bedeutet, dass die Sonne sowohl bei Tag als auch bei Nacht erscheinen wird.

*D: Der Übersetzer hat dies als Krieg interpretiert. Ich verstehe, warum es für die Übersetzer sehr schwierig war, die wirkliche Bedeutung zu finden, besonders wenn sie nicht glauben, dass es noch andere Menschen als jene auf der Erde gibt. (Ich suchte nach einem anderen Vierzeiler, den ich auf meinem Notizblock markiert hatte.) (CENTURIE VI-5) „Eine sehr große Hungersnot (verursacht) durch eine Pestilenzwelle wird ihre lange Herrschaft um die Länge des Arktischen Pols verlängern. Samarobrin, einhundert Leugen (entspricht ca. 482 Kilometern, *Anm. d. Übersetzers) von der Hemisphäre entfernt. Sie werden ohne Gesetz leben, frei von Politik.*

Zuweilen schien Nostradamus verwirrt oder frustriert zu sein, als ob ihm die englische Übersetzung Schwierigkeiten dabei bereite, den Vierzeiler zu identifizieren. Beinahe so, als ob er dachte: „Welcher könnte das wohl sein."

E: Dies wird nach der Polverschiebung stattfinden.

D: Was meint er mit Samarobrin? Das ist ein Wort, das sie nie verstehen konnten.

E: Bitte buchstabiere es. (Ich tat es.) Lautet es im Französischen auch so?

D: Ja, aber es könnte auch im Französischen falsch übersetzt sein.

E: Ja. Zur Zeit des Wandels wird es eine Trennung der großen Landmasse geben, die an der Spitze des neuen Landes liegt. Diese wird in kleine Inseln zersplittert werden. Wegen der Entfernung und der Unfähigkeit zur Kommunikation werden diese unter ihrer eigenen Herrschaft leben und aggressiv und stark sein, und „aggressiv" ist das falsche Wort, aber ihre Unterkünfte stark beschützend, wegen der Zeit, die es brauchte, sie aufzubauen und Nahrung zu finden. Und dies ist der Name, den sie sich selbst geben: „Samarobrin", wegen der (suchend) ... Fische, die in dieser Gegend heimisch sind. Sie bilden einen Teil des Namens.

Später, als wir dies diskutierten, wurde angeregt, dass es sich bei dem Fisch um Lachs handeln könnte, der in der Gegend von Kanada und Alaska heimisch ist.

Ich hatte auf die Uhr geschaut und wusste, dass ich mit den Übersetzungen aufhören musste, wenn ich noch die anderen Dinge, die mich interessierten, herausfinden wollte, wenngleich wir ausgezeichnete Ergebnisse erzielten.

D: Ich sagte vorhin, dass das Medium, durch das Ihr sprecht, in eine andere Gegend ziehen werde, und Ihr sagtet, Ihr würdet versuchen, durch jemanden durchzukommen, mit dem ich arbeite?

E: Wir werden den Versuch unternehmen. Wenn ein Medium empfänglich wird, werden wir gerne den Kontakt herstellen. Lass mich dir erklären, dass es aufgrund der vorherigen Verbindung mit deinem Medium, Elena, in ihren verschiedenen Leben höchst einfach war. (Nach einer Pause fuhr sie mit einer Stimme voller Staunen fort.) Das ist für mich so interessant. Ich hatte nie an so etwas gedacht.

D: Was meinst du damit?

E: Nun, wie Nostradamus sagte, dass ich eine Verbindung zu deinem Medium habe.

D: Daran hattest du noch nie gedacht, an andere Leben? Nun, es ist wahr. Das ist der Grund, warum dies geschieht. Das ist auch der Grund, warum ich fragte, ob es nicht schwieriger sein könnte, durch jemand anderen zu kommen, mit dem er keine Verbindung hat. Aber er sagt, er werde es versuchen?

E: Er sagt, dass es an diesem meditativen Ort, an den er uns gebracht hat, nicht so schwierig sein sollte.

D: Ich werde das Medium anweisen, über diese Vierzeiler zu meditieren und mir möglichst seine Interpretationen zuzuschicken.

E: Ja, denn leider sind wir die Vierzeiler, die wesentlich sind, nicht durchgegangen. Einige haben wir, aber nicht alle.

Ich konnte mir nicht vorstellen, welche wesentlicher und wichtiger sein könnten als die, die wir bereits behandelt hatten, und so war ich irritiert.

D: Nun, wenn wir die Verbindung herstellen und du durch jemand anderen kommst, werden wir vielleicht in der Lage sein, jene Vierzeiler zu finden. Wir können es auf beide Arten versuchen. Aber wenn du durch jemand anderen kommst, gibt es dann irgendeine Möglichkeit, zu wissen, dass es wirklich Nostradamus ist und nicht jemand anderes, der versucht, mich zu täuschen?

E: Er sagt, der beste Weg, das herauszufinden, sei, diesem Medium und der anderen Person den gleichen Vierzeiler zu geben. Und wenn sie ihn ähnlich übersetzen -- es muss nicht wortwörtlich sein -- dann wirst du es wissen.

D: Das wäre ein sehr guter Test. Denn ich möchte sicherstellen, dass ich nicht mit einer anderen Wesenheit, einem anderen Geist oder einer anderen Person spreche. Ich möchte sicher sein, dass er es ist.

E: Er sagt auch, dass -- nein, er verwirft das. Er wollte gerade ein bestimmtes Wort vorschlagen, das sie sagen würden. Aber wenn sie hellseherische Fähigkeiten haben, könnten sie dieses Wort vielleicht von dir aufnehmen.

D: In Ordnung. Ich denke, ich arbeite mit genügend Leuten zusammen, so dass ich ein anderes Medium finden werde, durch das er durchkommen kann. Und Elena wird alleine weiterarbeiten, bis wir uns irgendwann in der Zukunft wieder treffen.

Ich bereitete mich darauf vor, die Befehle zu geben, die Dyonisus aus dieser Szene herausnehmen sollten. Val konnte nicht verstehen, warum, da das Übersetzen so gut lief. Sie deutete verzweifelt auf ihre Uhr und flüsterte, dass wir noch eine halbe Stunde Zeit hätten, um daran zu arbeiten. Sie wusste nicht, dass ich geplant hatte, den Rest der Lebensgeschichte von Dyonisus zu bekommen. Als Autorin muss ich den Blick über den Tellerrand richten anstatt nur auf das, was gerade im Moment geschieht. Wenn ich Nostradamus wirklich glauben konnte, als er sagte, dass es möglich sei, die Übersetzungen der Vierzeiler von jemand anderem zu bekommen, dann würde es geschehen. Aber ich würde niemals in der Lage sein, Dyonisus' Lebensgeschichte von jemand anderem als von Elena zu bekommen. Ich wusste, dass dies für jedes Buch, das ich über dieses Phänomen schreiben würde, von wesentlicher Bedeutung sein würde. Ich hoffte zudem, etwas mehr über das Leben von Nostradamus aus der Sicht seines Schülers herauszufinden. Val verstand nicht, dass in dieser letzten Sitzung nicht genug Zeit war, um das alles zu tun. Ich würde mich also auf das konzentrieren müssen, was ich für das Wesentlichste hielt. Natürlich hielt sie die Vierzeiler vom Standpunkt der Neugierde aus für wichtiger, aber ich wusste, dass wir in der halben Stunde, die wir noch zu arbeiten hatten, kaum vorankommen konnten.

Ich ignorierte Val's Frustration und wies Dyonisus an, diese Szene zu verlassen und zum letzten Tag seines Lebens überzugehen. Ich sagte ihm, er könne es sich ansehen, falls er nicht daran teilnehmen wolle. Das wird häufig getan, um zu verhindern, dass der Proband ein unnötiges Trauma erlebt.

E: (Ihre Stimme wurde sanft und leise.) Ich sehe mich selbst auf dem Bett liegen. Meine beiden Freunde weinen.

D: Was ist los mit dir?

E: Da ist etwas in mir. Ich habe versucht, sein Wachstum zu verlangsamen, aber es hat mich überwältigt.

D: Bist du sehr alt, als das passiert?

E: Achtundfünfzig. Es ist ein gutes Alter, ein gutes Alter.

D: Hast du in all den Jahren die Medizin als Arzt praktiziert?

E: Nein, ich habe mich entschieden, den Geist und das Wissen der Seele zu studieren.

D: Ist Nostradamus zu diesem Zeitpunkt noch am Leben? (Sie schüttelte den Kopf.) Kannst du mir sagen, was mit ihm passiert ist?

E: Sein Alter. Er war eine Zeit lang krank. Er erkrankte an einer ... (sie hatte Schwierigkeiten) ... Ich kann mich nicht mehr an das Wort erinnern.

D: Beschreibe mir, was es war, vielleicht fällt mir das Wort ein.

E: Es ... ein anhaltender Husten.

Val meldete sich unbedacht von selbst mit dem Begriff „Schwindsucht", ohne daran zu denken, dass Elena sie hören könnte.

E: Schwindsucht, danke.

Val hielt sich den Mund zu und sagte, dass es ihr leid tue. Ich gebe immer Anweisung, dass niemand im Raum mit dem Probanden sprechen solle, solange er in Trance ist, es sei denn, ich erlaube es. Ich möchte nicht, dass er durch irgendetwas, das jemand sagen könnte, beeinflusst werde. Oft scheint der Proband nicht in der Lage zu sein, etwas anderes zu hören, das im Raum vor sich geht, es sei denn, er wird dazu aufgefordert. Val hatte das Wort spontan ausgeplaudert.

D: Ist es das, was mit Nostradamus hauptsächlich nicht stimmte?

E: Er wurde sehr alt. Er hatte mehrere Dinge, aber es war hauptsächlich der Körper, der herunterdrehte. Und der Geist war müde.

D: Hatte er keine Möglichkeit, dies selbst zu heilen?

E: Er war bereit, weiterzugehen.

D: Du hast mir einmal erzählt, dass er mehrere Häuser hatte, dass er an verschiedenen Orten lebte. Hatte er eine Familie?

E: Er hat spät im Leben wieder geheiratet. Er hatte eine Frau und drei Kinder.

Ich erinnerte mich aus dem Film, dass er als junger Mann verheiratet gewesen und seine Familie von einer Seuche getötet worden war. Das wollte ich überprüfen.

D: Dann war dies nicht seine einzige Frau?

E: (Traurig) Nein.

D: Hat er dir je die Geschichte darüber erzählt, was mit seiner ersten Frau geschehen ist?

E: Ja. Das war sehr schwer für ihn. In seinen jüngeren Jahren war er verheiratet gewesen, und es gab eine große Krankheit in dem Land, die viele Menschenleben forderte. Und obwohl er in der Lage war, vielen Menschen zu helfen, erkrankten seine Frau und seine Familie an der Krankheit, während er weg war, um ... (auf der Suche nach einem Wort) mit seiner Medizin zu helfen.

D: Und er war nicht dort?

E: Nein. Er war da, bevor sie starben, aber er kam zu spät, um sie zu retten.

D: Dachte er, dass er ihnen hätte helfen können, wenn er dort gewesen wäre?

E: Ja. Das war die größte Traurigkeit seines Lebens.

D: Ist das der Grund, warum er lange Zeit nicht wieder geheiratet hat?

E: Er war in seinen Vierzigern, als er wieder heiratete. Er war ein guter Arzt. Während er älter wurde, nahm sein Wissen über den Körper und den Geist zu, und er konnte vielen helfen.

D: Hatte er außer dir noch viele andere Studenten?

E: In der ganzen Zeit, in der ich ihn kannte, hatte er ... (überlegte) vielleicht fünfundzwanzig, dreißig von uns, die er im Laufe der Jahre ausbildete. In den letzten zehn Jahren seines Lebens widmete er sich dem Schreiben und Studieren. In dieser Zeit hatte er keine Studenten.

Am Anfang von Erika Cheethams Buch befindet sich eine Kurzbiographie von Nostradamus. Darin erwähnt sie einen Mann namens Jean Chavigny, der angeblich einer seiner Schüler gewesen ist. Es wurde berichtet, dass er bei der Zusammenstellung und Veröffentlichung der Vierzeiler geholfen haben soll. Ich fragte mich, ob Dyonisus diesen Mann vielleicht gekannt hat. Ich hatte solche Schwierigkeiten mit meiner leidigen Aussprache des Namens, dass er nicht verstehen konnte, wen ich meinte. Nachdem ich ihn für ihn buchstabiert hatte, wiederholte er ihn mit einer französischen Aussprache, die so klang, als könnte sie richtig sein.

E: Dieser Name ist nicht ungewöhnlich. Chavigny, ihn kannte ich nicht gut. Vor der Zeit seines Ablebens studierte ich nicht bei Nostradamus.

D: Bist du etwa zu der Zeit gegangen, als er zu schreiben begann?

E: Nein. Er hatte angefangen zu schreiben, und ich blieb bei ihm und lernte mehr geistige Dinge. Als sich sein Schreiben weiterentwickelte, wurde er immer mehr zu einem Einsiedler. Und ich war begierig, andere Dinge zu lernen, und begann zu reisen.

D: Hattest du weitere Lehrer?

E: Nicht leibhaftig, nein. (Bedeutet diese Antwort, dass er von geistigen Führern unterrichtet wurde?) Ich fing an, einige Schüler zu unterrichten, von denen ich dachte, dass sie mir nahestanden und im Geiste verwandt waren.

D: Ich glaube, es wäre ohnehin schwierig gewesen, einen so guten Lehrer wie ihn zu finden, nicht wahr?

E: (Emotional) Ich habe ihn sehr geliebt.

D: Hatte Nostradamus jemals Probleme mit der Kirche, als er diese verschiedenen Dinge tat?

E: Nur als er jünger war. Er wurde besonnener in dem, was er im öffentlichen Leben sagte und tat. Er war ein strenggläubiger Katholik.

D: Das war eine Zeit, in der die Kirche diesen Dingen nicht wohlwollend gegenüberstand, nicht wahr?

E: Schrecklich.

D: Hattest du in dieser Hinsicht jemals Probleme mit der Kirche?

E: Ja, das hatte ich. Das war, nachdem ich Nostradamus verlassen hatte. Ich hatte begonnen, mit einigen Leuten über meine Überzeugungen zu sprechen. Einer war ein Mann, von dem ich dachte, ich könne ihm vertrauen. Und er meldete mich dem Klerus in der Provinz. Ich hatte großes Glück, dass der Klerus mit mir geistig und seelisch gleichgesinnt war. Er kam, um mit mir zu sprechen, und ließ nicht zu, dass der Vorfall weiter verfolgt wurde.

D: War es nicht ungewöhnlich, einen Geistesverwandten in der Kirche zu finden?

E: Ich hatte wirklich Glück, dass der Mann mich bei einem Priester und nicht bei einem Bischof oder einer höheren Instanz gemeldet hatte. Er war mehr spirituell eingestellt statt geldgierig zu sein.

D: Warst du nach diesem Vorfall vorsichtiger?

E: Sehr viel vorsichtiger. Der Priester war so freundlich, mir zu sagen, dass er das Gefühl hatte, ich solle die Gegend verlassen, damit es kein Nachspiel zu der Angelegenheit geben würde.

D: Ja, du hattest großes Glück. Ich sehe, dass du müde bist.

E: (Leise) Ja.

D: Hat der Körper schon aufgehört zu leben?

E: Ich schaue gerade zu.

D: Was glaubst du, dass du tun wirst, jetzt, da das Ende naht?

E: (Leise) Oh, ich habe keine Angst.

D: Dann lass uns ein wenig weitergehen, bis zu dem Zeitpunkt, da alles vorbei ist. Ich möchte nur, dass du mir erzählst, wie es ist und was du siehst.

E: (Ehrfürchtig.) Es ist so wunderbar!

D: Was siehst du?

E: (Ihre Stimme war voller Staunen.) Alles! Jedes! Ich kann in jede Richtung gehen.

D: Du bist frei. Bist du allein?

E: Nein, es ist jemand hier, aber ... nur eine Wahrnehmung von einer Person, von Liebe. Eines Führers.

D: Weißt du, was du jetzt tun wirst?

E: Ich werde folgen. Der Liebe folgen. Oh, es ist so schön!

D: Wie denkst du über das Leben, das du gerade hinter dir gelassen hast?

E: Ich denke, es war ein gutes Leben. Es wurden mir Dinge verdeutlicht, bei denen ich mir unsicher war.

D: Ja, es war ein Leben von tiefem Wissen. Ich glaube, du hast in diesem Leben viel gelernt und bist spirituell gewachsen. Aber bist du jetzt glücklich, dort, wo du jetzt bist?

E: Ja. Aber ich werde wiederkommen.

D: Das weißt du?

E: Ja, sie sagen mir das. Sie sagen, dass auf der Erdebene noch mehr Arbeit getan werden müsse. Oh, ich fühle mich so geehrt, dass sie mir das sagen.

D: Sagen sie dir, was du als Nächstes tun wirst?

E: Dass ich der Menschheit helfen werde.

D: Wie denkst du darüber?

E: Ich denke, das wäre wundervoll.

D: Ich dachte, dass du vielleicht nicht gerne auf der Erde lebst, dass du nicht mehr zurückkommen möchtest.

E: Nein! Mir hat das Leben auf der irdischen Ebene nicht missfallen.

D: Glaubst du, dass es lange dauern wird, bis du zur Erde zurückkehren musst?

E: Ich weiß es nicht. Ich fühle mich geehrt, dass sie so für mich empfinden.

D: Oh, das fühle ich auch. Ich finde es wirklich wunderbar. Und ich habe auch viel von deinem Wissen gelernt.

E: Ich danke dir. Wir können wieder miteinander sprechen.

D: Das können wir, ja, das können wir. Man weiß nie, wann ich wiederkommen und Fragen stellen kann. Und ich wünsche dir Frieden, Liebe und Freude, wo immer du auf deinen Reisen bist.

Ich hatte angefangen, mich diesem freundlichen Mann sehr nahe zu fühlen, aber irgendwie wusste ich, dass ich nie wieder mit ihm sprechen würde. Ich hatte das Gefühl, dass mit Elenas Abreise dieses Kapitel abgeschlossen und nicht wieder geöffnet werden würde. Ich wusste, dass Elenas Leben in eine andere Richtung verlief. Zumindest hatten diese beiden Sitzungen den Druck, den ihr Unterbewusstsein auf sie ausübte, wohl gemildert. Ich hatte jetzt das Gefühl, sie konnte mit Sicherheit sagen, dass sie versucht hatte, ihren Teil zu diesem fremdartigen Szenario beizutragen, und dass die Umstände dazwischenkamen. Ich hatte befürchtet, dass sie ohne jegliche Sitzungen mit der unterbewussten Last unerledigter Angelegenheiten gehen und dadurch krank werden könnte. Ich wusste, dass ich mit dieser Geschichte aus der Sicht von Elena nun alles getan hatte, was ich tun konnte. Das Einzige, was ich bedauerte, waren all die vergeudeten Monate, die wir daran hätten arbeiten können. Aber es gab keine Möglichkeit zu wissen, dass die Geschichte überhaupt existierte. So ist das Leben. Die Umstände haben eine Art, die Macht an sich zu reißen, und bevor wir es merken, ist uns zu viel kostbare Zeit zwischen den Fingern zerronnen. Wir konnten also einfach sagen, dass das Leben uns in die Quere gekommen ist und ohne Bedauern und ohne Wenn und Aber weitergehen.

Nachdem ich Elena wieder zu vollem Bewusstsein gebracht hatte, war Val verärgert, weil ich nicht mit weiteren Vierzeilern weitergemacht hatte, als Nostradamus sie so gut übersetzte. Sie hatte Angst, dass es nie wieder eine solche Chance geben würde. Natürlich wusste sie nicht, dass ich versuchte, den Rest von Dyonisus' Leben zu bekommen, was unmöglich von jemand anderem als Elena zu bekommen sein würde. Ich musste das Beste aus der begrenzten Zeit machen, die uns für die heutige letzte und endgültige Sitzung zur Verfügung stand. Es war meine Entscheidung, welches die wichtigste Information war, die es zu verfolgen galt.

Val versuchte immer noch, Elena zu ermutigen, noch ein paar Wochen zu bleiben, damit wir daran arbeiten konnten. Ich sprach überhaupt nicht mit ihr darüber. Ich wusste, dass sie eine Entscheidung getroffen hatte, und ich würde es nie auf dem Gewissen haben wollen, dass ich versucht hätte, sie so zu beeinflussen, dass sie ihre Pläne ändert, nur um mir einen Gefallen zu tun. Ich hatte keine Ahnung, wohin diese Geschichte führen würde, und selbst wenn sie nur in einer Schublade landete, um auf ihre Rückkehr zu warten, wusste ich, dass sie die besten Pläne für ihr Leben gemacht hatte, weil es ihre eigenen Pläne waren, ohne Beeinflussung von mir.

Ich ermutigte sie, sich Zeit zu nehmen, das Bild von Nostradamus zu zeichnen, sobald sie sich schließlich niedergelassen haben würde. Dazu willigte sie eifrig ein. Als sie mir eine große Abschiedsumarmung gab, wusste ich, dass meine Arbeit mit ihr beendet war.

Sie sagte liebevoll: „Oh, wir bleiben in Kontakt. Eines musst du mir versprechen, dass du mir Bescheid sagen wirst, wenn es jemals durch jemand anderen kommt. Das wäre das Fantastischste. Wenn das jemals passiert, dann werde ich alles glauben."

Als ich aus dem Haus ging und mit meinem Auto auf der Straße in Richtung Heimat fuhr, hatte ich keine Antworten, nur ein paar Kassetten mit dem Beginn eines interessanten Experiments. Es war gerade genug, um meine unersättliche Neugierde zu wecken, um dann die Tür dahinter zuzuschlagen. Nostradamus hatte auf der Möglichkeit einer Fortsetzung beharrt, aber zu diesem Zeitpunkt wusste ich nicht, wie. Was er vorschlug, war unmöglich, es war noch nie zuvor erreicht worden. Während ich fuhr, verschwammen die Bäume ständig vor meinen Augen, und in meinem Geist hallten Elenas letzte Worte wider.

Schweigend antwortete ich ihr: „Ja, wenn das jemals geschieht, dann werde auch ich alles glauben.“

KAPITEL 7

DURCH DEN MAGISCHEN SPIEGEL

NACH ELENAS ABREISE fuhr ich fort, mit verschiedenen weiteren Probanden zu arbeiten, da ich in mehrere andere Projekte involviert war. Ich arbeite immer an vielen verschiedenen Dingen in unterschiedlichen Entwicklungsstadien. Ich war enttäuscht, dass das Nostradamus-Material so fruchtbar begonnen hatte und mir nun in aller Realität für immer verloren schien. Die Chancen standen schlecht, dass ich zufällig einen anderen Schüler von ihm finden würde. Die einzige andere Möglichkeit wäre der Versuch, ihn über einen anderen Probanden zu kontaktieren. Das war etwas, das ich noch nie versucht hatte, und ich hatte nie auch nur daran gedacht, das zu tun. Es hatte zuvor funktioniert, weil ich mit einem seiner Studenten zu tun gehabt hatte. Indem ich seine Anweisungen befolgte, könnte ich den Studenten dahin lenken, ihn zu bitten, sich mit uns an dem von Nostradamus bestimmten besonderen Treffpunkt zu treffen. Damit es mit jemand anderem funktionieren konnte, würde ich einen Weg finden müssen, wie er mit Nostradamus zu seinen Lebzeiten im sechzehnten Jahrhundert in Frankreich Kontakt aufnehmen und ihn gleichfalls bitten könnte, sich mit uns an diesem besonderen Ort zu treffen. Würde dieser Ort existieren und für jeden anderen zugänglich sein? Wie könnte ich jemand anderen anweisen, den Versuch zu starten, mit ihm Kontakt aufzunehmen? Wenn er nicht jemand wäre, der physisch mit ihm sprechen könnte, wie es Dyonisus getan hat, wie könnte der Kontakt dann hergestellt werden?

Es war definitiv eine Herausforderung und noch dazu eine, mit der ich sehr gerne experimentieren wollte. Es würde weitaus komplizierter sein als der Versuch, die tote Tante Lucy zu kontaktieren und mit ihr in geistiger Form über ein Medium zu sprechen, falls so etwas möglich ist. Ich weiß nicht, ich habe noch nie an einer stereotypen spiritistischen Sitzung teilgenommen. Ich glaube, was ich tue, ist etwas völlig anderes.

Damit dies gelingen konnte, würde ich Nostradamus im gleichen Zeitraum über einen anderen Channel oder ein anderes Medium kontaktieren müssen, das keine Ahnung davon hätte, was zuvor geschehen war. Nostradamus müsste sich an mich erinnern, daran, dass wir ein Experiment begonnen hatten, und er müsste bereit sein, es fortzusetzen. Die ganze Sache war seltsam und eigentlich unmöglich. Aber wenn es gelingen könnte, würde dies nicht beweisen, dass ich wirklich mit dem echten Nostradamus zu seinen Lebzeiten in Kontakt getreten war? Würde dies nicht letztendlich beweisen, dass es möglich war, mit dieser einzigartigen Methode durch die Zeit zu reisen? In der Vergangenheit war ich in der Lage, zwei oder drei Personen zu finden, die zur selben Zeit lebten und mir ihre individuelle Version der Geschichte erzählen konnten, was beweist, dass sie dieses Leben in der Vergangenheit tatsächlich gemeinsam gelebt haben. Aber das war etwas ganz anderes. Es würde beweisen, dass es möglich war, ein Individuum zu erreichen, indem man jemanden benutzt, der ihm unbekannt ist und der zu Lebzeiten keine Verbindung zu ihm hatte.

Eine faszinierende Herausforderung. Während ich mit meinen verschiedenen Probanden arbeitete, studierte ich sie, um den einen herauszufiltern, von dem ich dachte, dass er am erfolgreichsten als Versuchskaninchen in diesem Experiment eingesetzt werden könnte. Ich erzählte keinem von ihnen von meinen Plänen. Schlussendlich beschloss ich, es mit Brenda, einer jungen Musikstudentin an der örtlichen Hochschule, zu versuchen. Ich kenne sie seit Jahren, seit sie zusammen mit meinen Kindern die Schule besuchte. Sie war sehr beschäftigt, da sie in Teilzeit an der Hochschule arbeitete und Kurse besuchte, um ihren Bachelor-Abschluss in Musik zu machen. Alle Freizeit, die sie finden konnte, widmete sie dem Komponieren, ihrer größten Liebe. Sie bekundete Neugier über meine Arbeit und wollte eine Rückführung ausprobieren. Schon in der allerersten Sitzung erwies sie sich als hervorragende somnambulistische Probandin, und sofort begann wunderbares Material zum Vorschein zu kommen. Es war höchst ungewöhnlich, dass Material von solcher Qualität während der ersten Sitzung zutage kam. Vielleicht war der Grund dafür, dass dies so schnell geschah, die Tatsache, dass das Vertrauensniveau bereits etabliert war, denn ich war ihr nicht fremd. Das war der Grund dafür, dass ich das Experiment zuerst mit ihr versuchen wollte, weil sie ein so klarer und präziser Kanal war. Wir hatten über ein Jahr lang an verschiedenen anderen Projekten zusammengearbeitet, und sie hatte bereits ihre Flexibilität bewiesen, an Experimenten mitzuarbeiten.

Ein bemerkenswertes Beispiel für ihre Anpassungsfähigkeit und die Leichtigkeit, mit der sie Antworten erhielt, ereignete sich zur Zeit des Reaktorunfalls von Tschernobyl im April 1986. Am Tag der Bekanntgabe der Explosion waren die Nachrichtenberichte unklar, niemand schien zu wissen, was vor sich ging. Genauere Nachrichten kamen erst einige Tage später heraus. Ich dachte, es könnte interessant sein, Brenda Fragen dazu zu stellen, während sie in Trance war, und zu versuchen, herauszufinden, was vor sich ging.

Als ich an diesem Tag an ihrem Haus ankam, fragte ich sie, ob sie die Nachrichtenberichte gehört habe. Sie sagte, dass sie vielleicht einfach eine verrückte Komponistin sei, aber sie spiele lieber Klavier und schreibe lieber ihre Musik, als fernzusehen oder Radio zu hören, weshalb sie diese Geräte nur selten anschalte. Es mag schwer zu glauben sein, aber es gibt immer noch ein paar Leute, die nicht in der Flimmerkisten-Gewohnheit gefangen sind. Die Umstände waren ideal für ein Experiment.

Gegen Ende unserer regulären Sitzung fragte ich sie, ob sie sehen könne, was zu dieser Zeit gerade in Russland geschah. Sie griff sofort den Atomreaktorunfall auf und berichtete wie eine Beobachterin, dass er durch mehrere kleinere Geräteausfälle verursacht wurde, die sich zu größeren Ausfällen ausgeweitet hatten. Sie sagte, dass mehrere Menschen getötet worden seien und dass später noch mehr Menschen an den Folgen der Strahlung und an Krebs und dergleichen sterben würden. Es bestehe keine große Gefahr durch die Strahlung, da der größte Teil davon in die Erde gehe und daher das Wasser in der Gegend vergiftet werde. Sie lieferte viele Einzelheiten, die damals niemand in unserem Land kannte. Keine dieser Informationen wurde in den öffentlichen Nachricht erwähnt, aber ihre Ausführungen wurden in den folgenden Tagen bestätigt.

Ein weiteres Beispiel für ihre Fähigkeiten betraf ihre Vorhersage eines massiven Erdbebens im mittleren Teil der Vereinigten Staaten, das durch die New-Madrid-Verwerfung ausgelöst werden sollte. Glücklicherweise ist dies bisher noch nicht eingetreten, aber sie ging sehr detailliert darauf ein.

Es geschah aufgrund von bemerkenswerten Beispielen wie diesen, dass ich Brenda zu meinem Versuchskaninchen erster Wahl auserkoren hatte.

ES SOLLTE EIN MONAT VERGEHEN, bevor ich das Experiment starten konnte. Ich hatte mit ihr an einem anderen Projekt gearbeitet. Wir erforschten das interessante Vorleben eines jungen Mädchens, das zur Zeit der Inquisition in Europa lebte. Dieses Leben enthielt eine Menge an Informationen über die Verfolgung durch die Kirche in jener Zeit, und ich wollte das beenden, bevor ich mich an ein neues Projekt machte. Einmal in der Woche arbeiteten wir daran, und die andere Wesenheit wurde zu Scheherazade, der Prinzessin aus Tausendundeiner Nacht. Der Frau, die dem Prinzen tausendundeine Nacht lang Geschichten erzählte, um ihr Leben zu retten. Jede Woche bereitete ich mich darauf vor, sie sozusagen umzubringen, um zu ihrem Lebensende zu kommen, damit ich zu dem neuen Experiment übergehen konnte. Und jede Woche lieferte sie mir immer noch mehr interessante Informationen. So ließ ich sie noch eine weitere Woche weiterleben. Schließlich, nach einem Monat, konnten wir ihre Geschichte abschließen, sie zur Ruhe betten und ihr erlauben, sich in die Seiten des Buches der Zeit zurückzuziehen. Ihre Geschichte wird in meinem Buch The Horns of the Goddess (z. Dt.: Die Hörner der Göttin, * Anm. d. Übersetzers) erzählt werden. Dieses Mädchen konnte später immer noch wieder zum Leben erweckt werden, falls weitere Informationen benötigt würden. Das klingt so, als hätte ich eine Art Macht über Leben und Tod bei diesen anderen Persönlichkeiten, aber es zeigt in Wirklichkeit die Leichtigkeit, mit der sie immer wieder kontaktiert werden können. Ich überlasse es anderen, über die Logik des Ganzen zu diskutieren. Ich für meinen Teil weiß nur, dass meine Techniken funktionieren.

In der Nacht, in der ich das Experiment ausprobieren sollte, war ich hinsichtlich der Methode, mit der ich Nostradamus kontaktieren wollte, nicht besser vorbereitet als in der Nacht, als Elena so unerwartet abgereist war. Es ist wichtig zu betonen, dass Elena und Brenda in zwei verschiedenen, etwa achtundvierzig Kilometer voneinander entfernten Städten leben, und dass sie einander nie begegnet waren. Ich erzähle selten einem meiner Probanden von den Geschichten, an denen ich mit jemand anderem arbeite. Wenn ich mit ihnen zusammen bin, versuche ich, mich auf die Arbeit zu konzentrieren, die ich zu dem Zeitpunkt tue. An diesem Abend sagte ich Brenda also lediglich, dass ich ein Experiment ausprobieren wollte. Falls es nicht klappen sollte, konnten wir immer noch versuchen, Kontakt zu einem anderen Leben aufzunehmen, das sie in der Vergangenheit gelebt hatte.

Sie kannte meine Gründe, ihr nichts davon zu erzählen. Denn falls es erfolgreich sein sollte, konnte unmöglich jemand sagen, dass ich sie beeinflusst hätte, denn sie wusste ganz und gar nicht, was ich suchte. Wir hatten das schon einmal getan, und so störte es sie nicht. Sie war einverstanden und sagte: „Das ist schon in Ordnung. Aber wirst du mir davon erzählen, wenn ich aufwache?“ Ich lachte und sagte, dass ich das sicher tun würde.

Nachdem ich ihr Schlüsselwort verwendet hatte und beobachtete, wie sie in eine tiefe somnambulistische Trance verfiel, bat ich sie, in eine Zeit zurückzugehen, in der sie sich zwischen den Leben befand, in den so genannten „toten“ Zustand. Ich habe herausgefunden, dass wesentlich mehr Informationen gewonnen werden können, wenn sich Menschen in diesem Zustand befinden, weil sie nicht direkt in ein Leben involviert sind. Wenn Menschen ein Leben leben, ist ihre Wahrnehmung eingeschränkt, und die physische Umgebung ist gewöhnlich alles, dessen sie sich gewahr sind. Sie können keine Informationen liefern, die sich nicht auf das Leben beziehen, das sie da leben. Nach ihrem Tod scheint der Schleier sozusagen weggerissen zu werden, und sie haben Zugang zu höherem Wissen, das häufig bemerkenswert ist. Mehr Informationen über diesen erstaunlichen Zustand wird es in meinem Buch Gespräch mit einem Geist geben. Brenda hatte bereits bewiesen, dass sie eine große Fähigkeit besitzt, dieses Wissen für mich zu finden, als ich sie angewiesen hatte, in diesen Zustand zu gehen. Ich wusste nicht, wie ich vorgehen sollte, aber ich dachte, dies könnte ein guter Ausgangspunkt sein, sobald sie erst die Fesseln des einschränkenden physischen Körpers entfernt hatte.

Als ich mit dem Zählen fertig war, fand ich sie an einem überirdischen Ort von ätherischer Schönheit vor.

B: Ich befinde mich auf einer der höheren Erden. Einer Erde auf einer höheren Schwingung. Es ist sehr schön hier. Ich sitze neben einem kristallklaren Bach, der über Felsen und Kristalle und Edelsteine sprudelt. Die Farben sind viel heller und lebhafter als auf der Erde, auf der wir unser Leben verbringen. Das Gras ist intensiv smaragdgrün. Ich befinde mich unter einer Eiche, und in der Nähe gibt es einen Wasserfall. Und eines der ungewöhnlichen Dinge an diesem Wasserfall ist, dass er gleichzeitig eine natürliche Formation von kristallenen Windspielen ist. Einige der Kristalle schlagen so zusammen, wie bei Windspielen, und einige von ihnen funktionieren wie eine Windharfe oder Windpfeifen. Es erklingen alle möglichen Arten von Musik von ihnen und dem Wasserfall. Es ist eine ausgesprochen schöne Ebene. Es ist einer meiner Lieblingsplätze.

Es klang in der Tat nach einem sehr schönen und friedlichen Ort. Ich fragte, ob es ihr etwas ausmachen würde, mir zu helfen, oder ob sie beschäftigt war.

B: (Gelächter) Ich bin damit beschäftigt, den Windspielen zuzuhören. Aber ich bin allein.

D: Ich meine, du bist nicht mit etwas beschäftigt, von dem ich dich wegholen würde, wenn ich dir einige Fragen stelle?

B: Nein, das glaube ich nicht. Falls ich den Ort wechseln muss, um eine Antwort auf eine Frage zu finden, kann ich danach immer noch wieder hierher zurückkommen. Es ist ein besonderer Ort für mich.

D: In Ordnung. Ich würde dir gerne ein Problem zeigen und sehen, ob du mir dabei in irgendeiner Weise helfen kannst.

B: Solange es sich nicht um Mathematik handelt.

D: (Lachen) Nein, nicht Mathe, ich mag Mathe auch nicht. Es ist ein Problem, das mir vorgelegt wurde, ein situationsbezogenes Problem. Vielleicht kannst du mir helfen.

B: Mal schauen, was ich sehen kann.

D: Du weißt, dass ich diese Methode an vielen verschiedenen Personen anwende, um Informationen zu erhalten?

B: Welche Methode meinst du?

D: Nun, es ist eine Methode, die ich anwende und die es mir erlaubt, in diesen verschiedenen Zuständen zu dir zu sprechen. Auf diese Weise erhalte ich Informationen von vielen verschiedenen Menschen.

B: Ja, du hast ein Zugangstor gefunden.

D: Nun, das ist das Problem. Ich habe mit einer jungen Frau gearbeitet, die in einem früheren Leben eine Schülerin des großen Meisters Nostradamus war.

B: Michel de Nostredame.

D: In unserer Zeit nennen wir ihn Nostradamus, aber weißt du, wen ich meine?

B: Ja, du verwendest die lateinische Version seines Namens. Er ist eine sehr entwickelte Seele. In jenem Leben hatte er einen sehr schwierigen Weg zu gehen. Er war der am meisten talentierte und mit übersinnlichen Fähigkeiten begabte Mensch auf diesem Niveau, den es je gab. Er hatte dermaßen starke übersinnliche Fähigkeiten, dass er ... davon förmlich triefte. Zu anderen Zeiten wäre er als Gott verherrlicht worden.

D: Zu seiner Zeit wurde er auch in vielerlei Hinsicht missverstanden. Nun, ich arbeitete mit dieser jungen Frau, die mir Informationen über ihr Leben als einem seiner Studenten gab. Und während wir dies taten, sprach Nostradamus zu dem Studenten. Er sprach nicht direkt mit mir, aber er sagte, es sei sehr wichtig, seine Vierzeiler, seine Prophezeiungen, zu übersetzen. Er sagte, sie hätten große Bedeutung für die Zeitperiode, in der ich jetzt gerade lebe. Er äußerte mit großem Nachdruck, dass ich diese Arbeit tun müsse.

B: Ich verstehe die Situation.

D: Er gab mir eine Menge Informationen über die Vierzeiler, und dann zog die Person, mit der ich zusammenarbeitete, fort. Bevor sie wegging, sagte Nostradamus, er werde mich über eine andere Person kontaktieren, damit wir unsere Arbeit fortsetzen können.

Und ich fragte mich, ob es dir möglich wäre, ihn zu kontaktieren, wenn ich dir die Anweisungen gäbe, die er mir gab?

B: Soweit ich sehe, scheint es einen Weg zu geben. Zusätzlich zu der Tatsache, dass er über übersinnliche Fähigkeiten verfügte, rief er auch seine Führer auf dieser Seite der Dinge an. Und während der Zeitspanne, in der er seine Führer ruft, denke ich, dass ich vielleicht hingehen und mich vorstellen könnte und sehen könnte, was passiert. Als ein Freund, nicht als ein Führer. Nur als ein Freund, der hilft, mit ihm zu kommunizieren. Ich könnte mich darbieten als ein Portal durch eine Dimension in der Zeit.

Ich begann, aufgeregt zu werden. Sie klang so zuversichtlich. War dies womöglich der Weg, um wieder den Kontakt mit ihm herzustellen? Ich hatte kaum zu hoffen gewagt, dass es so einfach sein würde.

D: Er wollte ein Medium, mit dem er die Arbeit an den Übersetzungen fortsetzen konnte. Er sagte, mit der anderen Frau sei es einfacher gewesen, denn sie hatte eine Verbindung zu ihm, weil sie einstmals eine Studentin von ihm war.

B: Ja, das machte es einfacher. Machte er konkrete Angaben zu dem gewünschten Medium oder überließ er es dir?

Er hatte den Musikstudenten erwähnt, mit dem ich zusammenarbeitete. Auch wenn er „Brian“ sagte, glaube ich, dass er in Wirklichkeit Brenda meinte. Das wollte ich ohnehin annehmen, um dieses Experiments willen.

D: Nun, er machte in der Tat konkrete Angaben zu diesem Medium. Er sagte, er werde versuchen, durch sie hindurch zu kommen, so wie er durch die andere Person gekommen sei.

B: Das ist gut, dass er dieses Medium konkretisiert hat. Dann muss er spüren, dass es eine auf Sympathie beruhende gleiche Wellenlänge gibt, die bei der Kommunikation hilft.

D: Ich könnte dir die Anleitungen nennen, die er mir gab, um ihn zu kontaktieren. Ich weiß nicht, ob wir die andere Person, den Studenten, brauchen oder nicht.

B: Es sieht nicht danach aus. Soweit ich sehen kann, ist er anscheinend bereit, mit mir so zu sprechen, wie er es mit seinen anderen Geistführern tut. Und dass ich es entweder weitergebe oder so spreche, als ob er direkt spricht, als ob ich nicht dazwischen stünde, was im Allgemeinen am besten funktioniert.

Ich schärfte ihr die Wichtigkeit ein, die er bei der Offenbarung dieser Informationen für unsere Zeit betont hatte. Das Gefühl der Dringlichkeit, das er in Bezug auf die Erledigung dieser Arbeit vermittelte. Sie sagte, sie verstehe.

D: Wir trafen ihn an einem Ort, den er den „besonderen" Treffpunkt nannte. Ich bin nicht sicher, ob du weißt, wo das ist.

B: Ich glaube, er bezieht sich auf eine bestimmte Dimension, die er erreichen kann.

D: Das glaube ich auch, denn als er den Ort beschrieb, befand sich dieser nicht auf der Erde. Und er konnte sich dort nur für eine begrenzte Zeit aufhalten, um sich mit mir zu unterhalten.

B: Das ist wahr. Er tut dies, er geht zu diesem Treffpunkt, wenn er sich mit seinen Führern unterhält.

D: Soll ich dir dann die Anweisungen geben? Oder muss ich dich dorthin zählen? Was wird einfacher sein? Danach kannst du jederzeit wieder an deinen schönen Ort zurückkehren.

B: Ja, ich kann zu einem anderen Zeitpunkt an diesen Ort zurückkehren. Das ist eine faszinierende Situation. Versetze mich ein Jahr in die Zukunft, damit ich weiß, wann.

D: Wann er gelebt hat?

B: Ja. Dort, wo ich bin, hat Zeit keine Bedeutung, und ich kann sein ganzes Leben betrachten sowie danach und davor, wie ein bewegliches Panorama.

D: Ich bin mir der genauen Jahre nicht sicher, aber ich glaube, er lebte in den 1500er Jahren.

B: In Ordnung. Gib mir einen Moment, um mich auf ihn zu konzentrieren, damit ich ihm die Botschaft vermitteln kann.

D: Ich weiß, dass das mit einem gewöhnlichen Menschen schwer zu machen wäre, aber er war nicht gewöhnlich.

B: Nein, er ist ganz und gar nicht gewöhnlich, es ist also machbar. Aber da es das erste Mal ist, könnte es etwas länger dauern. Es könnte helfen, wenn ich beschreibe, was ich sehe, während ich mich da hineinversetze.

D: In Ordnung. Vielleicht können wir zu der gleichen Zeit oder Situation zurückkehren, als er zuvor mit mir sprach.

B: Oder nahe genug herangehen, bis zu dem Punkt, da er sich an die Verbindung erinnert.

Ich wurde wirklich sehr aufgeregt. Würde sie ihn ausfindig machen und Kontakt mit ihm aufnehmen können? Die Chancen dafür standen so ungeheuer schlecht, dass jede vernünftige Person sagen müsste, dass es nicht möglich sei. Aber Erfolg oder Misserfolg, es war den Versuch wert, und ich hielt vor lauter Erwartung fast den Atem an.

B: Ich steuere jetzt auf die Erde zu und ich befinde mich jetzt über Europa. Und dort ist Frankreich. Ich komme näher. Weißt du, wo in Frankreich er sich befand?

D: Ich bin mir über den Namen der Stadt nicht ganz sicher.

B: Sein Name ist Michel de Nostredame. ... Okay, ich sehe ihn in seinem Heimatort. Es gibt dort ein Haus, in dem er seine Arbeit verrichtet. Das Haus ist aus Stein gebaut. Für die damaligen Verhältnisse ist es angenehm groß. Aber für eure Verhältnisse wäre es ein bisschen klein. Alles ist relativ. Es gibt einen speziellen Raum, in dem er üblicherweise seine Arbeit verrichtet. In diesem Raum hat er verschiedene Instrumente angeordnet. Und ich sehe ... er ist hereingekommen ... und er hat eine Flamme entzündet. Er verbrennt Alkohol, so dass die Flamme blau ist. Und er stellt seine verschiedenen Instrumente ein, damit sie ihm helfen, sich auf die höheren Sphären zu konzentrieren.

D: Ist es das, was ihm hilft, seine Visionen zu sehen?

B: Ja. Irgendwie helfen ihm diese verschiedenen Messinstrumente. Sie helfen ihm, sich mit den höheren Schwingungen des Universums in Einklang zu bringen, die mathematisch sehr präzise sind. Er ist in der Lage, diese Instrumente einzustellen, ähnlich wie bei einem Radio. Und von dort aus kann er viele Dinge sehen, oder er kann für eine gewisse Zeit astral in andere Dimensionen reisen. Er ist ein sehr ungewöhnlicher Mann.

D: Welche Art von Instrumenten siehst du?

B: Er hat einige Schreibgeräte und er hat ... (Schwer zu beschreiben) Ich kann sie sehen, aber ich weiß nicht, wie sie genannt werden. Zeiger, die in einem Winkel verbunden sind, wie beim Messen von Entfernungen auf Landkarten. Und er hat einige Schieblehren. Und er hat auch einige Kristalle unterschiedlicher Art zur Hand. Ich glaube, die Kristalle dienen dazu, das Licht auf bestimmte Weise zu bündeln, so dass bestimmte Lichtschwingungen entstehen.

D: Glaubst du, er benutzt sie, um sie anzustarren?

B: Er starrt die Kristalle nicht an. Er stellt die Kristalle präzise ein, um eine bestimmte Schwingung oder vielmehr eine bestimmte Lichtfarbe zu erhalten, und er meditiert darüber, um eine bestimmte Geistesverfassung zu fördern.

D: Und du weißt nicht, wozu die Messschieber oder die anderen Messinstrumente da sind?

B: Nein, ich bin mir nicht sicher, es sei denn, dass sie dafür da sind, das, was er sieht, bildhaft darzustellen, und dass er das präzise tun will.

D: Siehst du sonst noch etwas?

B: Nun, der ganze Raum ist ziemlich vollgestopft mit Dingen. Überall liegen Pergamente, Manuskripte und Schreibgeräte herum. Und da ist ein Tisch mit Dingen darauf. Er steht an einem Schreibtisch, oder besser gesagt, es gibt einen Schreibtisch in der Nähe. Und da liegen ein paar Bücher herum.

Diese Beschreibung des Raumes und des Hauses klang sehr ähnlich derjenigen, die Dyonisus gemacht hatte. Ich bat um eine Beschreibung von Nostradamus.

B: Er ist ein sehr vornehm aussehender Mann. Er ist für die damalige Zeit durchschnittlich groß. Er hat eine etwas höhere Stirn. Er hat ein sehr fein gestaltetes Gesicht. Durchdringend graue Augen -- oder blaue -- sie sind hell. Er ist zu diesem Zeitpunkt Anfang fünfzig. Sein Haar ist grau, und er hat einen Vollbart und einen Oberlippenbart, die ins Kopfhaar übergehen. Und er hält sie sauber, was für diese Zeit ungewöhnlich ist. Er hält sich selbst gut für diese Zeit. Ich glaube, das liegt zum Teil an den Dingen, die er in der Zukunft gesehen hat, denn ich glaube, er hat dort den

Vorteil einer guten Hygiene gesehen. Er trägt Gewänder, aber das ist üblich.

D: Hat er irgendwelche auffälligen Merkmale?

B: Er hat sehr feine Gesichtszüge. Sein Gesicht ist sehr gut proportioniert. Er hat gerade Brauen, und seine Nase ist gerade und gut geformt. Seine Brauen schattieren die Augen etwas und seine Wangenknochen sind so ausgeprägt, dass die Augen sehr tiefliegend aussehen. Und da sie eine silbrig-graue Farbe haben, sehen sie sehr durchdringend aus. Sie greifen nach einem und packen einen einfach.

Ich nahm einen raschen Atemzug, als ein Kribbeln der Aufregung durch meinen Körper ging. Elena hatte ebenfalls erwähnt, dass die Augen des Mannes von besonderer Natur waren. Von der Beschreibung her schien es, dass Brenda denselben Mann in demselben Umfeld sah.

D: Aber er sieht nicht bedrohlich aus, oder?

B: Nein, denn er ist ein freundlicher Mann. Nur sehr durchdringend und intelligent.

D: Was ist sein Beruf, wenn er nicht gerade jene Vorhersagen macht?

B: Er ist Arzt. Er hat keines seiner medizinischen Instrumente in diesem Raum. Ich glaube, sie befinden sich in einem anderen Teil des Hauses. Er macht von allem ein bisschen, aber das scheint das übliche Muster für diese Zeit zu sein, dass gebildete Männer mit allen wichtigen Zweigen der Künste und Wissenschaften vertraut sind und sie auszuüben verstehen.

D: Lehrte er Medizin?

B: Du meinst, ob er irgendwelche Lehrlinge hatte?

D: Ja, welche, denen er Medizin beibrachte?

B: Das glaube ich nicht. Es scheint nicht so zu sein. Er hat einige Studenten, die bei ihm Metaphysik studieren. Wegen der Inquisition und dergleichen müssen sie sagen, dass sie Medizin studieren.

Aus diesen Aussagen ging hervor, dass die Studenten bei Nostradamus in dem Haus lebten, wie Dyonisus gesagt hatte.

D: Es gibt einen Studenten, der mich besonders interessiert. Ich weiß nicht, ob du seine Studenten dort sehen kannst oder nicht.

B: Es sind zu dieser Zeit keine Studenten dort. Er arbeitet allein.

D: Nostradamus hatte Heilmittel und kannte Methoden, Menschen medizinisch zu helfen, welche die damaligen Ärzte nicht verstehen konnten. Weißt du irgendetwas darüber?

B: Das steht in direktem Zusammenhang mit seinen übersinnlichen Fähigkeiten. Wenn er in eine andere Dimension eintrat, war er in der Lage, alles und jedes zu sehen, was er zu sehen wünschte. Jeden Bereich, jedes Thema. Er war in der Lage, Dinge zu sehen, die er mit dem, was er hatte, umsetzen konnte, Dinge, an die andere nicht gedacht hatten, die aber für die Behandlung seiner Patienten effektivers waren.

D: Ich habe mich immer gefragt, warum er den anderen Ärzten nicht einige seiner Methoden verriet.

Dies waren „Test"-Fragen, um herauszufinden, ob sie dieselben Antworten geben würde, wie Elena.

B: Die Ärzte würden sich über ihn lustig machen, denn diese Dinge verstießen gegen uralte Gewohnheiten. Wenn die Ärzte aufgeschlossen genug wären, etwas auszuprobieren, würden sie danach verlangen, es zu wissen: „Wie haben Sie denn das herausgefunden? Wo haben Sie das gelernt?"

D: „Wie bist du zu diesem Wissen gekommen?"

B: Ja. Und sie wären diesbezüglich sehr misstrauisch. Sie würden sagen, dass er mit dem Teufel im Bunde sei. Jeder hat ein inneres Misstrauen gegenüber der Kirche, die gewisse Dinge schürt, und gegenüber den politischen Unruhen und den verschiedenen Plagen, die von Zeit zu Zeit über uns hereinbrechen.

D: Das war jammerschade, nicht wahr? Denn er hatte viel, das er ihnen hätte beibringen können.

B: Ja, in der Tat. Im Grunde wurden seine Talente zu dieser Zeit vergeudet. Er tat das Bestmögliche, das er zu jener Zeit tun konnte.

Ich konzentriere mich auf ein anderes Instrument, das er zu haben scheint. Es ist nicht wirklich ein Spiegel. Es ist etwas dazwischen ... es ist eine Art Spiegel und gleichzeitig eine Art trübes Glas. Ich kann nicht wirklich sehen, was es ist.

Ich schnappte beinahe nach Luft. Könnte das derselbe Spiegel sein, den Elena erwähnt hatte, welchen Nostradamus benutzte, um seine Visionen zu sehen?

B: Dieser Spiegel ist ein archaisches Instrument, und er beherrscht die Kunst, ihn zu benutzen. Er wird durch den Geist gesteuert. Ich glaube, das ist es, was im Volkstum als „magischer Spiegel“ bezeichnet wird. Dieser Spiegel wurde in der Antike hergestellt, bevor die Zivilisation unterging.

Welche Zivilisation meinte sie damit? Atlantis?

D: Ich frage mich, wie er zu ihm gekommen ist.

B: Ich bin mir nicht sicher. Es gibt verschiedene Relikte wie dieses, die über ganz Europa verstreut sind und geschätzt und verwahrt werden. Und jedes einzelne hat eine Geschichte darüber, wie es weitergegeben wurde und die Jahrhunderte überdauert hat. Er hat vor, ihn zu benutzen. Und ich denke, auf diesem Weg werde ich ihn kontaktieren können, durch diesen Spiegel. Denn offenbar wird er sich mit Hilfe des Lichts, das er gebündelt hat, auf den Spiegel konzentrieren. Er konzentriert sich auf den Spiegel und die Trübung löst sich auf. Und in dem erhellten Raum sieht er dann entweder eine Person, mit der er sprechen wird, oder er sieht einen Pfad, der ihn in eine andere Dimension führt. Ähnlich wie in deiner Geschichte „Durch das Spiegelglas“, als das kleine Mädchen durch den Spiegel ging. Er wird mental auf einem Pfad durch diesen Spiegel gehen, ganz gleich, welchen Pfad er dabei sieht. Ich denke, wenn er sich konzentriert und es sich klärt, dann werde ich mich zeigen, dann werde ich mit ihm sprechen und ihn einladen, den Pfad zu dir zu gehen.

D: Vielleicht ist dies das, was er mit dem besonderen Treffpunkt meint.

B: Vielleicht. Dieser Spiegel könnte der Pfad sein.

D: Das letzte Mal trafen er und sein Schüler sich dort mit mir. Es wäre gut, wenn wir es ohne den Studenten machen könnten. Dann wären nicht so viele Leute daran beteiligt.

B: Ja. Wir werden direkt zu ihm sprechen. Lass mich auf ihn warten, bis er in den richtigen Konzentrationszustand gekommen ist. (Lange Pause.) Es fällt mir schwer, mich zu konzentrieren, aber ich glaube, das liegt daran, dass es das erste Mal ist.

D: Ja, ich denke, wenn wir es erst einmal ausprobiert haben, wird es viel einfacher sein. Wenn er sieht, dass es einen neuen Kontakt gibt.

B: Ich weiß, er wird froh darüber sein. Es ist sehr wichtig. Es ist wie ... es gibt eine Beschreibung darüber, wie viel Energie hinter der Arbeit steckt, die du tust. Multipliziere das mit dem Zehn- oder Hundertfachen, und du erhältst die Energiemenge, die hinter der Arbeit steht, die er tut. Es muss gelingen! Und es muss so genau wie möglich sein.

D: Ich denke, es ist normal, dass man als Medium versucht, die Leute zu warnen, wenn man Dinge sieht, die passieren werden.

B: Ja, denn er ist so ... Ich scheine einige seiner Gedanken aufzugreifen. Vielleicht hilft uns das bei unserer Kommunikation. Seine Hauptsorge ist, dass die Menschen trotz seiner Warnungen weiterhin die falschen Entscheidungen treffen und genau den Weg gehen, den er vorhergesehen hat. Er versucht, den Menschen die Nachricht so rechtzeitig zu übermitteln, dass sie vielleicht ihre Meinung über einige Dinge ändern und das Schlimmste abwenden können.

D: Er sah viele Dinge, die er meiner Meinung nach nicht verstanden hat. Er versuchte, sie mir zu übermitteln, aber das ist schwierig, weil seine Vierzeiler Rätselspiele sind.

B: Sie mussten undurchschaubar sein. Das mussten sie sein. Ich bekomme das Gefühl, dass er genau das will. Eine prosaische Erklärung zu den Vierzeilern abgeben. Ah! Ich glaube, er ist jetzt am richtigen Punkt. Lass mich versuchen, ihn zu kontaktieren. Ich werde versuchen zu berichten, was passiert. (Pause) Er sieht mich jetzt! (Sie sprach ihn respektvoll an.) „Michel de Nostredame. Ich bin diejenige, die geschickt wurde, um mit Euch Kontakt aufzunehmen. Ich bin gebeten worden, die Mittelsperson zu der Person zu sein, die Euch auf der anderen Seite der Zeit kontaktiert hat. (Pause) Ja, ich bin diejenige. Ich wurde gebeten, Euch noch einmal zu übermitteln, dass Ihr uns an dem besonderen Treffpunkt treffen möget. Damit wir die Übersetzung Eurer Vierzeiler in eine verständliche Sprache sicherstellen können. Damit wir alle rechtzeitig gewarnt werden mögen. (Pause) Nun, wir können entweder versuchen, anzufangen oder zumindest unsere Kommunikationsverbindung so einzurichten, dass sie gut funktioniert. Seid Ihr bereit, Euch an den besonderen Ort zu begeben, Michel de Notre Dame? (Pause) In Ordnung. Wir werden dort auf Euch warten."

Meine Aufregung konnte sich kaum im Zaum halten. Konnte das wirklich möglich sein? Es schien tatsächlich so, als hätten wir mit ihm Kontakt aufgenommen.

D: Hat er dich verstanden?

B: Ja. Offenbar findet diese Kommunikation im Geiste statt, und zwar besteht sie eher aus Konzepten als aus gesprochener Sprache. Es spielt also keine Rolle, in welcher Sprache du denkst, es sind die grundlegenden Konzepte, die übermittelt werden und in jegliche Sprache hinein interpretiert werden, in der sein Bewusstsein denkt, und umgekehrt.

D: Erinnerte er sich an das, worüber du sprachst?

B: Ja, obwohl sich sein Gesichtsausdruck nicht veränderte, wurden seine Augen sehr feurig. Ich konnte sehen, dass er aufgeregt war. Und er erinnerte sich. Er sagte, er habe darauf gewartet, kontaktiert zu werden, und dass er sich gefragt habe, wann und wie wir ihn kontaktieren würden.

Mir wurde schwindlig. Ich konnte mich vor lauter Freude kaum zurückhalten, laut herauszulachen. Ich dachte, wir hätten den Kontakt zu ihm verloren, und es bereitete mir Sorgen, dass es uns womöglich nicht gelingen würde, ihn wieder herzustellen. Ich dachte wirklich, es würde wesentlich schwieriger, wenn nicht gar unmöglich sein.

B: Ich denke, was wir dieses Mal vor allem versuchen werden, ist, sicherzustellen, dass wir klar kommunizieren können und dafür zu sorgen, dass die Dinge gut übermittelt werden können, denn beim nächsten Mal wird es einfacher sein. Ich werde wissen, dass ich mich auf den Spiegel konzentrieren muss. Es hat eine Weile gedauert, bis ich das herausgefunden habe.

Ich stimmte zu, dass das Wichtigste war, die Kommunikation wieder in Gang zu bringen. Ich war ohnehin zu aufgeregt, um an jenem Abend über die Übersetzung nachzudenken.

D: Willst du ihn fragen, wie er es durchführen will, oder kann er mich hören?

B: Ich muss das gleich jetzt wiederholen. Was ich tun muss, ist, für ihn zu wiederholen, was du sagst, denn er hört dich nicht. Er weiß, dass du da bist, aber er kann dich nicht direkt wahrnehmen. Er benutzt mich zu diesem Zweck. Ich habe das Gefühl, dass er, anstatt dass ich immer sage: „Er hat das und das gesagt", und ich mich dann umdrehe und sage: „Sie hat das und das gesagt", will, dass ich ... es wäre wie der Zauberspiegel, aber mit Worten, und ich würde einfach so sprechen, als ob er sprechen würde.

D: Das wäre wesentlich einfacher, weil vorher viel hin und her geredet wurde. Ein Dreier-Gespräch.

B: Es könnte immer noch ein bisschen was davon haben. Ich bin mir nicht sicher. Aber er ist sehr bestrebt, zu kommunizieren. Ich erzähle immer noch Dinge in der dritten Person, weil er hier ist, aber er hat bisher noch nichts gesagt. Er überlegt gerade, wie er das gestalten will. Ich weiß, dass er gesagt hat, dass er niemals durch einen anderen Menschen sprechen würde, damit man sich vor Nachahmern hüten kann, die sich für ihn ausgeben. Aber, obwohl das von mir genutzte Medium ein Mensch ist, ist der Teil von mir, zu dem er hier spricht, ein Geistwesen. Aus seiner Sicht spricht er also zu einem Geist und nicht zu einem menschlichen Wesen. Das letztendliche Bindeglied, das dich kontaktiert, ist zufällig ein Mensch, aber mein Geist ist dazwischen.

Es ist erstaunlich, dass sie auch diese Vorhersage erwähnte, welche vor Imitatoren warnte.

D: Kannst du sehen, wie der besondere Treffpunkt aussieht?

B: Hier gibt es eigentlich nichts. Es ist eine Leere, ein Teil einer besonderen Dimension. Es scheint eine Art kleines Loch zu sein, in welches Menschen kommen und zwischen zwei oder drei verschiedenen Dimensionen interagieren und kommunizieren können. Es gibt keine physischen Merkmale, die es zu beschreiben gilt. Es ist einfach eine bestimmte Schwingung im Universum.

Das schien genau mit der Beschreibung übereinzustimmen, die Elena uns zu diesem Ort gegeben hatte. Sie sagte, er sei wie ein grauer Wall mit nebligen Wolken, habe aber weder eine Form noch ein substantielles Fundament. Ich freute mich, denn es klang so, als hätten wir genau denselben Ort gefunden, an dem wir uns bereits zuvor getroffen hatten.

B: Mir scheint, es ist derselbe Ort. Zumeist spüre ich seine Anwesenheit, aber ich stelle mir sein Gesicht dort vor, damit ich es leicht identifizieren kann. Und ich höre dich, obwohl ich dich nicht sehe.

Ich wollte sichergehen, dass sie sich an diesem seltsamen Ort wohl fühlte und nicht den Kontakt zu mir verlor, wie es Elena geschehen war, als wir in jene Dimension kamen. Ich gab ihr Anweisungen, um jegliche Störung zu verhindern.

B: Es ist angenehm, aber ich habe das Gefühl, an zwei Orten gleichzeitig zu sein. Es ist ein seltsames Gefühl, aber es ist ... kein schlechtes. Wenn ich es dir beschreiben müsste, würde ich sagen, es ist wie zwischen Wachsein und Schlafen. Und man denkt, man sei wach, aber in Wirklichkeit schläft man. Und man fühlt sich sehr seltsam, weil man denkt, dass man wach sei. Man hat also das Gefühl, an zwei Orten gleichzeitig zu sein. Es sind zwei Geisteszustände zugleich.

Diese Beschreibung klang ebenfalls bemerkenswert ähnlich wie die von Elena. Es war das Einzige, woran sie sich beim Erwachen erinnerte. Sie war sich auch des Gesichts von Nostradamus bewusst.

D: Der Student, der durch das andere Medium sprach, sagte ebenso, dass es sich seltsam anfühlte. Es fiel ihm etwas schwer, den Zustand beizubehalten, weil er nicht daran gewöhnt war.

B: Ich kann sehen, wo es war. Er hatte eine andere Konditionierung als dieses Medium. Er wurde von Nostradamus ausgebildet, aber er hatte noch eine Menge kultureller Dinge zu überwinden.

D: Weiß Nostradamus, dass ich dieselbe Person bin, die zuvor mit ihm gesprochen hat?

B: Ja. Er lässt Grüße ausrichten.

D: Ich sende ihm meine.

B: Und er sagt: „Ich bin sehr froh, dass wir diese Kommunikationsverbindung einrichten konnten. Obwohl ich vorausgesagt hatte, dass ich niemals durch eine andere Person sprechen werde, spreche ich hier zu dem Geist. Und der Geist sagt, dass sie meine Worte weitergeben könne, während ich sie spreche. Sodass es sich anhören werde, als würde ich durch eine Person sprechen, aber das liegt einfach daran, dass diese weitergebende Person den Aspekt der dritten Person herausschneidet. Das „er sagt und sie sagt". Ich erlaube ihr, dies zu tun, um es zu beschleunigen, damit wir in der Zeit, die uns hier zur Verfügung steht, mehr kommunizieren können. Denn ich kann nur für eine kurze Zeitspanne hier bleiben, bevor mein Körper müde wird und ich zurückgehen muss."

Dies war abermals eine Bestätigung dafür, dass wir zu seinen Lebzeiten während seiner physischen Existenz zu ihm sprachen, denn ein Geistwesen würde nicht müde werden.

D: Ich bin froh über jedes bisschen Zeit, das Ihr mit mir verbringen könnt.

B: Du weißt gar nicht, wie sehr ich es schätze, dass du in der Lage bist, dich mit mir in Verbindung zu setzen, damit ich sicherstellen kann, dass meine Vierzeiler richtig erklärt werden.

D: Ich war besorgt, als das andere Medium fortging.

B: Nun, ausgehend von meinen Studien habe ich das Gefühl, dass, wenn etwas geschehen soll, man immer einen Weg findet, wie es geschehen wird.

D: Ja, denn ich möchte dieses Wissen gerne in meiner Zeit weitergeben.

B: Es gibt mehrere, die auf das Wissen erpicht sein werden, und es wird gebraucht. Es muss weitergegeben und verbreitet werden, damit die Menschen ihm Beachtung schenken und versuchen können, sich vor den Dingen zu schützen, vor denen ich sie zu warnen versuche.

D: *Ihr sagtet vorhin, dass Ihr mir die Korrekturen zu den Vierzeilern geben würdet, weil Ihr wüsstet, dass einige von ihnen fehlerhaft übersetzt worden waren.*

B: Richtig. Und zu den meisten von ihnen, auch zu denen, die fast korrekt übersetzt wurden, zu allen möchte ich eine zusätzliche Erklärung darüber abgeben, was ich gesehen habe, als ich diese schrieb. Aufgrund der Form, in der ich sie schreiben musste, musste ich vieles weglassen. Ich möchte viele Dinge klären, damit sie klarer werden. Denn bei mehreren von ihnen musste ich zwei oder drei Ereignisse kombinieren und darüber schreiben, als ob es ein einziges Ereignis wäre, damit ich sie in den Vierzeiler einordnen konnte.

D: *Meint Ihr damit, dass es Ereignisse zu verschiedenen Zeiten waren, oder Ereignisse, die alle zur gleichen Zeit stattfanden?*

B: Beides. Oftmals konnten Ereignisse aus verschiedenen Zeiten, die ähnlichen Mustern folgten, in einem Vierzeiler beschrieben werden.

D: *Das ist etwas, was die Leute nicht verstehen. Die Mehrheit der Menschen, die Eure Vierzeiler studieren, denkt, dass Ihr von nur einem einzigen Ereignis sprecht.*

B: Aufgrund der Art und Weise, wie ich sie schreiben musste, ist es sehr leicht für sie, diesen Fehler zu machen. Ich bin deswegen also nicht gekränkt.

D: *Es liegt wirklich in der Natur des Menschen zu versuchen, die Dinge auf die einfachste Art und Weise zu verstehen.*

B: Ja. Es ist schwierig, den komplexeren Weg zu finden, wenn man nicht weiß, wo man suchen muss.

D: *Wenn die Ereignisse in verschiedenen Zeitabschnitten stattfanden, warum habt Ihr sie in einem Vierzeiler zusammengefasst? Weisen sie denn eine Ähnlichkeit zueinander auf?*

B: Michel de Nostredame hat versucht, eine Darstellung zu zeichnen. In dieser Dimension, in der wir uns befinden, gibt es eine Möglichkeit, die Zeit physisch zu demonstrieren. Es ist schwer zu beschreiben. Offenbar ist einer der Aspekte der Zeit, dass sie sich in einer Spirale bewegt. Und an ähnlichen Positionen auf jeder der Schleifen der Spirale neigen die Ereignisse dazu, ähnlich zu sein oder zumindest ähnlichen allgemeinen Mustern zu folgen. Wann immer er einige dieser allgemeinen Muster sah, insbesondere wenn sie dieselbe Kultur betreffen, schrieb er darüber in einem Vierzeiler. Ich glaube, ein Grund, dass er das tat, war, um diejenigen zu verwirren, die ihn verfolgen würden. Und ein weiterer Grund war, glaube ich, dass er der Meinung war, wenn er in der Lage wäre, in einem Vierzeiler anstatt in dreien oder vieren darüber zu schreiben, könnte er die Zeit, die er für die drei oder vier aufwenden müsste, damit verbringen, über andere Ereignisse zu schreiben. Er versuchte, so viele Ereignisse zu Papier zu bringen, wie er konnte, weil er so viele Dinge sah. Es gibt vieles, was er nicht zu Papier gebracht hat. Er versuchte also, so viele Informationen wie möglich zu sammeln, weil er es für äußerst dringend hielt, so viele Informationen wie möglich weiterzugeben.

D: *Wir haben das Sprichwort, dass die Geschichte sich wiederholt, sie folgt Mustern. Ist es das, was er meint?*

B: Im Grunde genommen, ja. Es gibt weitere Aspekte, die ich in dieser Dimension sehen kann, die in der physischen Dimension nicht ohne weiteres sichtbar sind. Aber grundsätzlich, ja. Zum Beispiel kommt eine obskure Person an die Macht, wird zum Tyrannen und wird schließlich gestürzt. Dies ist ein Muster, das sich mehrmals wiederholt. Und so fand er heraus, dass, wenn es zwei oder drei Personen gibt, die einen besonderen Einfluss auf die Weltgeschichte haben werden, er einen einzigen Vierzeiler über mehr als einen von ihnen schreiben kann, sagen wir, über zwei oder drei von ihnen. Und er kann innerhalb des Vierzeilers verdeckte Hinweise darauf geben, an denen man merken kann, dass er sich auf diese Person und auf jene Person bezieht, denn dies ist dieser Person passiert und diese andere Sache ist jener anderen Person passiert. Aber beide folgen ähnlichen Mustern.

D: *Ich glaube, das Problem ist, dass unsere Experten glauben, er beziehe sich auf ein Ereignis und eine Person, und es ist sehr schwierig herauszufinden, was er meint.*

B: Ein Problem besteht darin, dass eure Experten es von der physischen Ebene aus betrachten. Er sagt, dass er das verstehe. Vor allem, wenn sie unter dem Einfluss des überwältigenden historischen Ereignisses schreiben. Sie neigen dazu, den ganzen Vierzeiler in Bezug auf dieses historische Ereignis zu interpretieren. Das ist nur natürlich und verständlich. Deshalb war er so bestrebt, diese Kommunikationsverbindung zu etablieren, um die Vorurteile auszuräumen und die Standpunkte zu den Vierzeilern auszugleichen.

D: Viele von ihnen werden sogar erst verstanden, nachdem sie geschehen sind.

B: Ja, in der Tat. Das ist ein weiterer Grund, warum er zu seinen Übersetzungen zusätzliche Erklärungen geben will.

Ich beschloss, ein paar Fragen zu stellen, die Testfragen sein sollten. Ich hatte so viel Ehrfurcht vor diesem Mann und war so überwältigt von diesem Durchbruch, dass ich wirklich keinen Beweis brauchte. Aus dem, was Elena sagte, und dem, was Brenda jetzt sagte, war bereits eine starke Verifizierung erfolgt. Aber er hatte mir gesagt, dass es in Ordnung sei, dies zu tun, um zu überprüfen, ob ich mit derselben Person spreche. Ich hatte ein wenig Angst, dass ich Nostradamus vor den Kopf stoßen könnte, indem ich seinen Wahrheitsgehalt in Frage stelle.

B: Lass mich ihm diese Situation erklären. (Pause) Ja, er bittet dich dringend, weiterzumachen. Er sagt mir, dass er nicht an meiner Ehrlichkeit zweifelt, dass er nur sichergehen will, dass die Kommunikation klar ist.

D: Er verwendete in seinen Vierzeilern viele Zeitfaktoren, die mit astrologischen Zeichen zu tun hatten. Weißt du irgendetwas darüber?

B: Ob ich etwas darüber weiß? Oder er?

D: Weiß er denn etwas darüber? Kann er mir etwas darüber sagen, wie er die Zeiten festgelegt hat, zu denen diese Ereignisse stattfinden sollten, als er diese astrologischen Symbole in seinen Vierzeilern benutzte?

B: Lass mich ihm das kurz übermitteln. (Lange Pause wie beim Zuhören.) Die Antwort, die ich bekomme, ist mehr in Bildern von Konzepten und nicht in Worten. Und ich bin mir nicht sicher, ob ich in der Lage sein werde, klar zu erklären, was ich sehe. Zuallererst kommt mir die Idee, dass er mir erst ein allgemeines

Bild zeigen und mich dann zum Spezifischen hinführen wird. Er sagt, oder besser gesagt, die Bilder zeigen mir, dass alles miteinander in Wechselbeziehung steht. Die Positionen der Planeten in Bezug auf die Zeit und dergleichen. Und wenn ich „alles" sage, dann sehe ich an dieser Stelle ein Bild unserer Galaxie, und ihre Position ist mit der Zeit verknüpft. Die Galaxie lässt sich sozusagen in Keilstücke unterteilen, wobei jeder Keil eine bestimmte Zeitmenge repräsentiert. Dies gilt auch für den großen Zeitlauf im Sonnensystem. Und jeder dieser Zeitkeile wird hauptsächlich durch die Schwingungen eines bestimmten Himmelskörpers beeinflusst. Und diese Keile kommen in geordneter Weise, einer geht nach dem anderen voraus. Wann immer er einen bestimmten Himmelskörper erwähnt, bezieht er sich auf diesen Zeitkeil, den die Schwingungen dieses Himmelskörpers durchdringen. Und da dies in einer bestimmten Reihenfolge geschieht, wäre das so und so viele Jahre nach der Zeit, in der er spricht, denn dazwischen gibt es andere Zeitkeile. Die Sprache ist nicht ausreichend, um dies gut zu formulieren. Ich nenne sie Zeitkeile, weil alles, alle Energie von einer zentralen Quelle ausgeht und Zeit eine Art von Energie ist. Diese verschiedenen Himmelskörper in ihren unterschiedlichen Positionen strahlen alle ihre eigenen besonderen Schwingungen aus. Und ihre Positionen zueinander, sowohl von außerhalb des Sonnensystems als auch von innerhalb des Sonnensystems aus betrachtet, geben Hinweise darauf, wie sie miteinander interagieren. Und somit die Zeitkeile beeinflussen, welche sie durchdringen.

Ich erhielt eine wesentlich kompliziertere Antwort als ich erwartet hatte, als ich diese Frage stellte. Obwohl mir die Antwort nicht klar war, sagte ein Astrologe, dem ich sie später zeigte, dass sie für ihn einen Sinn ergebe. Er sagte, die Beschreibung benutze archaische Formulierungen, aber Nostradamus beschreibe definitiv die Astrologie. Insbesondere dachte ich, dass die Formulierung: „diese Keile kommen in geordneter Weise, einer geht nach dem anderen voraus" ein Fehler sein müsse. Denn wie kann etwas nach etwas vorangehen? Etwas vorausgehen bedeutet, vorher zu gehen. Der Astrologe stimmte zu, dass dies im normalen Sprachgebrauch richtig ist, doch in der Astrologie scheinen die Planeten nacheinander vorauszugehen. Das war der Beweis dafür, dass der Verstand eines Astrologen, in diesem Fall Nostradamus, dieses Konzept vermittelte, da weder Brenda noch ich etwas anderes als die bloßen Grundlagen der Astrologie kennen.

D: Warum haben die Experten heutzutage Schwierigkeiten, die Ereignisse in seinen Vierzeilern zu datieren?

B: Ich glaube, es liegt daran, dass sie sie aufgrund der von ihm verwendeten Begriffe für Unsinn halten und sie deshalb nicht einmal in Betracht ziehen. Damit haben sie einige entscheidende Daten verworfen, die ihnen bei der Datierung seiner Vierzeiler helfen könnten.

D: Eine weitere Frage, die ich stellen wollte: Besteht auch nur die geringste Möglichkeit, dass seine Vierzeiler falsch sind? Dass einige von ihnen nicht eingetreten sind?

B: Er sagt, falls einige seiner Vierzeiler ungenau zu sein scheinen, dann liegt das nicht daran, dass er nicht präzise gesehen hat, sondern an der Unzulänglichkeit der Sprache, das Gesehene zu vermitteln. Er sagt, das sei der größte Stolperstein. Die einzige Möglichkeit, dass einige seiner Vierzeiler falsch seien, könne darin liegen, dass die Menschheit den von ihr beschrittenen Weg erkennt und an einer Kreuzung dieses Weges die ausschlaggebende Entscheidung trifft, einen anderen Weg einzuschlagen. Das würde die Geschichte völlig verändern. Damit würde sich der Weg dann von dem unterscheiden, was er als den Weg ansah, den die Menschheit zu seiner Zeit bereits ging.

D: Ich verstehe. Dann hält er es für möglich, dass der Mensch die Zukunft verändern kann?

B: (Seufzen) Er hofft es. Er sagt, das sei der Hauptgrund, warum er seine Vierzeiler niedergeschrieben hat. Damit einige der schrecklichen Dinge, die er sah, nicht geschehen würden.

D: Hätte der Mensch die Zukunft zu verschiedenen Zeiten in der Vergangenheit ändern können?

B: Anscheinend gab es ein paar kleinere Veränderungen, aber nichts, was das allgemeine Muster hätte ändern können.

D: Ich dachte, dies könnte die Vierzeiler uninterpretierbar machen, wenn ein Ereignis, das er sah, deshalb nicht eintrat, weil der Mensch einen anderen Weg eingeschlagen hatte.

B: Das ist wahr. Das ist eine Möglichkeit. Aber anscheinend gilt das Hauptmuster zu diesem Zeitpunkt immer noch.

Ich war immer noch dabei, Testfragen zu stellen.

D: Darf ich fragen, ob Ihr eine Person namens Dyonisus kennt? (Ich musste es zweimal wiederholen, um die richtige Aussprache zu finden).

B: Deine Aussprache ist gut genug. Er ist ein Schüler von mir. Er studiert gut. Manchmal hat er Schwierigkeiten mit dem Verständnis, aber er ist gut dabei, seinen Geist zu öffnen. Und er bemüht sich. Und ich denke, er ist vielversprechend. Er macht sich gut mit seinem Medizinstudium, aber er hat hauptsächlich ein starkes Interesse an ... metaphysischen Dingen, glaube ich. Ja, der Kommunikator nennt es „metaphysisch". An metaphysischen Studien. Er hat nicht die natürliche Fähigkeit dazu, wie ich sie habe. Aber ich habe entdeckt, dass es Dinge gibt, die Menschen tun können, um Teile ihres Geistes zu öffnen, die ihnen nicht bewusst sind. Und so sind wir damit erfolgreich gewesen.

D: Wisst Ihr, woher Dyonisus stammt?

B: (Pause) Ich bin mir nicht wirklich sicher. Seine Eltern sind Emigranten. Und er kommt von irgendwo außerhalb des Landes. Er kam hierher, um bei mir zu studieren.

D: Was meint Ihr mit Emigranten? Dass sie aus einem anderen Land kamen?

B: Ja. Ich erlaube diesem Medium, Wörter von außerhalb meiner Zeit zu verwenden, wenn sie passend sind. Wenn das Konzept nach einem Wort verlangt, das ihr als modern bezeichnen würdet, bin ich durchaus bereit, dass das Medium dieses Wort verwendet, wenn es das vermittelt, was ich meine. Das ist besser, als zu versuchen, drum herum zu reden und etwas auszudrücken, wenn doch bereits ein Wort zur Hand ist.

Wieder spürte ich einen kalten Schauer. Seine Beschreibung von Dyonisus war viel zu perfekt, um Zufall zu sein.

D: Könnt Ihr mir sagen, in welcher Stadt Ihr dort lebt? Ich weiß, das ist manchmal schwierig.

B: Ja, es ist schwierig. Ich würde gerne Paris sagen, aber ich glaube nicht, dass es Paris ist. Es ist ein anderes bedeutendes Kulturzentrum, welches nicht allzu weit von Paris entfernt ist. Vielleicht kommt mir der Name noch in den Sinn. Ich habe bemerkt, dass das manchmal bei einigen meiner Patienten passiert. Sie versuchen, an etwas zu denken, an das man sich nur schwer erinnern kann. Und wenn sie anfangen, von etwas anderem zu sprechen, schleicht es sich an sie heran und plötzlich erinnern sie sich daran.

Später, nachdem Brenda wach war und wir diese ereignisreiche Sitzung besprachen, schoss ihr plötzlich der Name „Lyons“ durch den Kopf. (Ausgesprochen: Lions.) Sie platzte damit ohne besonderen Grund heraus. Sie schaute sehr verwirrt drein und fragte, was das bedeute. Ich sagte ihr, dass ich glaubte, es sei der Name einer Stadt in Frankreich. Könnte dies der Name sein, an den er sich zu erinnern versuchte, und er tauchte tatsächlich später im Kopf des Mediums auf, als sie an etwas anderes dachte? Eine interessante Möglichkeit. Das war auch ein Beispiel dafür, dass wir es nicht mit dem Teil des Gehirns zu tun hatten, der alltägliche Daten und Namen enthält.

D: Wart Ihr je an der Universität?

B: Ja, das war ich, viele Male. Die Stadt, in der ich lebe, hat eine Universität. Die wichtigste Universität ist in Paris. Und hier gibt es auch eine Universität, wo man Wissenschaften und Theologie und solcherlei Fächer studieren kann. Der Hauptgrund, warum ich dorthin gehe, ist die Benutzung ihrer Bibliothek.

D: Habt ihr jemals an einer dieser Universitäten Medizin gelehrt?

B: Ich habe dort Kurse unterrichtet. Nicht unbedingt immer Medizin. Manchmal werde ich gebeten, in Philosophie zu unterrichten.

D: Wenn wir uns wiedersehen, wird er die Vierzeiler übersetzen wollen, oder wird er mir einfach nur die Dinge nennen wollen, die passieren werden?

B: Er wird eine Kombination aus beidem verwenden, einfach so, wie es kommt. Um die Kommunikation zu entfachen und in Gang zu bringen, wird er dich wahrscheinlich einen Vierzeiler lesen lassen und er wird ihn interpretieren. Und irgendwann wird er wahrscheinlich ... (Lachen) er sagt, wie ich ihn ja kenne, werde er anfangen, darüber einen Vortrag zu halten, und er werde einfach weiterplappern. (Lachen) Das ist sein Wort, „plappern". Ich habe das nicht hinzugedichtet.

D: (Lachen) Nun, ich möchte, dass er so viel plappert, wie es ihm beliebt. Ich bin hier, um zuzuhören und es weiterzugeben. Wir haben viele, viele Bücher mit Übersetzungen von seinen Vierzeilern, und ich habe bemerkt, dass keines von ihnen mit seinen Interpretationen übereinzustimmen scheint. Das ist es, was es schwierig macht.

B: Ja. Er sagt, wenn du eine Interpretation findest, mit der du übereinstimmst, dann wird es einfacher sein, die Begriffe zu vermitteln. Und wenn die Begriffe nicht mit dem übereinstimmen, was er versucht hat auszudrücken, dann wird er dir erklären, was er sagen wollte, das vielleicht in der Interpretation verloren gegangen ist. Er sagt, wenn es für dich besser ist, sie laut auf Englisch vorzulesen, dann ist das in Ordnung, denn ich werde die Begriffe dessen, was du sagst, auf Englisch übermitteln. Und er wird nachsehen, wie sie sich mit den Begriffe vergleichen lassen, an die er gedacht hat, gleichwohl er auf Französisch geschrieben hat.

D: Okay, denn ich verstehe kein Französisch. Mir ist beim Vergleich verschiedener Bücher aufgefallen, dass das Englisch in jedem Buch anders ist, je nachdem, wer die Übersetzung gemacht hat.

B: Ja. Deshalb will er sich mit den Begriffen befassen, und er macht sich keine Gedanken darüber, mit welcher Sprache wir es zu tun haben.

Ich befürchtete, dass einige von ihnen so sehr verändert worden waren, dass er sie nicht einmal mehr würde wiedererkennen können.

B: Er sagt, er sei mit all seinen Vierzeilern bestens vertraut. Er ist sich bewusst, dass einige der Begriffe möglicherweise verdreht wurden. Wenn du also einen Vierzeiler liest und ich ihm die Begriffe übermittle, wird er von diesem Vierzeiler sprechen, wenn dieser einem von ihm geschriebenen Vierzeiler ähnelt. Wenn er ihm jedoch nicht vertraut erscheint, bittet er dich eventuell darum, ihn auf Französisch zu lesen, damit er sich auf den speziellen Vierzeiler konzentrieren kann.

Diese Idee gefiel mir ganz und gar nicht, da ich kein Französisch kann. Ich fragte ihn, ob es ihm möglich wäre, sich auf irgendeine Weise auf das Buch zu konzentrieren.

B: Ich bin mir nicht sicher, ob das machbar ist.

Ich protestierte: „Aber ich kann die französischen Worte nicht aussprechen." Er hatte nicht vor, mich so einfach aus der Verantwortung zu entlassen.

B: Nun, er weist darauf hin, dass sich das Französisch geändert hat. Wenn sie das Französisch eurer Zeit lesen, lassen die Leute viele Laute aus. Aber zu seiner Zeit wurden die meisten Laute ausgesprochen. Das Französisch eurer Zeit lässt viele Konsonanten weg und zieht die Vokale zusammen. Er sagt, sprich sie einfach aus. Behalte deine Vokale rein und sprich es so aus, wie es geschrieben wird. Und selbst wenn es für ihn grauenhaft klingen mag, wird er wissen, was du sagst.

D: (Lachen) Genau das denke ich auch. Ich fürchte, es würde schrecklich klingen.

B: Es ist ihm egal. Wenn sein physischer Körper hier wäre, würde er an diesem Punkt auf und ab springen. Er sagt, es sei ihm egal. Er will die Konzepte vermitteln.

D: Seine Vierzeiler waren nicht komplett auf Französisch, oder?

B: Nein, es gibt einige lateinische Einflüsse. Er sagt: „Ich werde dich warnen. Hin und wieder werde ich vielleicht emotional wegen einiger Dinge, die sie mit meinen Vierzeilern angerichtet haben. Aber ich werde versuchen, es unter Kontrolle zu halten, denn dies ist mein Mittel, um das, was sie getan haben, rückgängig zu machen, und deshalb werde ich die Gelegenheit nutzen und versuchen, mich mitzuteilen. Es ist sehr wichtig, dass die Botschaft ankommt."

D: Aber versprecht mir, dass Ihr Euch nicht über mein verkorkstes Französisch ärgern werdet. (Lachen)

B: „Nein, ich werde mich nicht über dein Französisch ärgern. Ich werde mich nur über die Verleger, die Lektoren und die Übersetzer ärgern."

D: Es wäre gut, wenn ich jemanden finden könnte, der Französisch kann, dann könnte er es Euch vorlesen.

B: „Ich glaube nicht, dass das viel nützen würde, denn die Sprache verändert sich im Laufe der Jahrhunderte. Und das Französisch dieser Person würde für mich ebenso verkorkst klingen."

Es sah so aus, als würde ich da nicht mehr rauskommen.

D: Also gut. Dann werde ich es bei unserem nächsten Treffen auf Englisch vorlesen. Und wenn Ihr es überhaupt nicht verstehen könnt, werde ich es als letztes Mittel auf Französisch versuchen.

B: „Ja. Ich denke, es sollte auf Englisch funktionieren. Dieses Medium, das wir benutzen, ist mit der englischen Sprache vertraut. Und letzten Endes haben wir es mit mentalen Begriffen zu tun. Wenn du es also auf Englisch liest, ist das Medium in der Lage, die Begriffe dessen, was kommuniziert wird, zu erfassen und sie mir zu zeigen. Und wenn die Begriffe nicht ganz das sind, was ich vermitteln wollte, gebe ich dem Medium die Begriffe, die ich gemeint habe. Dann wird es dir das Medium auf Englisch geben, da wir es hier mit Begriffen zu tun haben und das Medium normalerweise immer dann, wenn es kommuniziert, die Begriffe ins Englische oder Deutsche übersetzt. Und falls ich beschließe, dass ich noch einige zusätzliche Begriffe hinzufügen möchte, werde ich sozusagen beginnen, einen Vortrag zu halten."

D: Damit würde ich mich viel wohler fühlen. Außerdem habt Ihr Worte verwendet, die wir Anagramme nennen. Warum habt Ihr das getan?

B: „Normalerweise benutzte ich Anagramme immer dann, wenn ich über etwas schrieb, das politisch heikel war."

D: Aus Eurer Zeit betrachtet? Oder in Bezug auf andere Zeiten?

B: „Sowohl als auch. Ich verwendete einige der Anagramme , weil direkte Worte zu meiner Zeit politisch heikel sind und es etwas taktlos wäre, sie zu verwenden. Und in meiner Zeit haben die Adligen viel Macht, verstehst du. Ich möchte sie nicht verärgern, denn sie könnten mich verhaften lassen und dann könnte ich keine

Vierzeiler mehr schreiben. Ich bin also bereit, gewisse Anstrengungen zu unternehmen, um zu verschleiern, was ich schreibe, solange es wenigstens geschrieben wird. In einigen der anderen Vierzeiler verwende ich zudem Anagramme, weil das Thema für die Zeit, in der es angesprochen wird, sehr heikel ist. Es wäre nicht gut für die Allgemeinheit, wenn sie wüsste, worüber ich schreibe, denn ich könnte eine Panik oder etwas dergleichen verursachen. Somit verwende ich Anagramme, damit diejenigen, die sich mit solchen Dingen auskennen, es herausfinden können. Denn diejenigen, die sich damit auskennen, sind normalerweise in der Lage, etwas dagegen zu unternehmen."

D: Ich vermute, dass er wohl müde wird. Das Wichtigste, was ich heute Abend tun wollte, war, diesen Kontakt wieder herzustellen.

B: Ja, er stimmt zu, dass diese Zeit der Kommunikation zu Ende ist. Seine Kontrolle und Konzentration schwanken, und er bemerkt, dass auch das Medium müde wird.

D: Das ist ungefähr so lange, wie wir es jedes Mal tun werden. (Etwa eine Stunde.)

B: Er sagt, das sei in Ordnung. Zeit sei an diesem Ort bedeutungslos. Er wird in der Lage sein, die Begegnungen in einem Maß auszuweiten, das er verkraften kann. Die Zeit, die an seinem Ende verstreicht, wird nicht unbedingt dieselbe Zeit sein, die an deinem Ende verstreicht. Und er geht davon aus, dass er es sein wird, der die Kommunikation einleitet. Im Grunde wird er genau das tun, was er heute Abend getan hat, um diesen besonderen Treffpunkt zu betreten. Und er weiß, dass du hier sein wirst, wenn er hierherkommt. Auch wenn es auf seiner Seite zwei oder drei Wochen dauern wird, wird es auf deiner Seite nur ein oder zwei Tage dauern. Aber das spielt keine Rolle. Er weiß, dass er dich hier treffen kann, um mit dir zu kommunizieren. Sage dem Medium, dass es zu dem besonderen Treffpunkt fahren und an den Spiegel denken soll, denn das hilft, den Pfad zu öffnen. Dass es sich den Spiegel und den Raum vorstellen soll, in dem er sich befinden wird, und sich bildlich vorstellen soll, wie er hindurchkommt. Das hilft, die Energie aufzubauen, die ihn hindurchzieht. Die Art und Weise, wie diese Dimension eingerichtet wird, wenn das Medium sich vorstellt, dass er sich am Spiegel befindet, um mit dir in Kontakt zu treten, führt auf bestimmte Weise dahin, dass es automatisch zu einem Zeitpunkt geschehen wird, zu dem er auf jeden Fall bereit ist, mit dir in Kontakt zu treten.

Ich fragte mich, was passieren würde, wenn er darauf warten würde, uns zu einer Zeit zu kontaktieren, zu der wir nicht arbeiten. Ich mochte mir gewiss nicht geistig vorstellen, wie er dort vergeblich wartet und ungeduldig wird. Diese Prozedur klang seltsam, aber anscheinend würde sich der Kontakt von selbst herstellen. Alles an dieser ganzen Situation war merkwürdig, so dass es keinen Sinn hatte, die Plausibilität oder Logik dieser Situation zu hinterfragen.

D: Bei unserem nächsten Treffen werde ich dann einige der Vierzeiler vorlesen. Soll ich sie denn einfach willkürlich auswählen?

B: Er ist sich nicht sicher. Es wird für ihn immer schwieriger zu kommunizieren, weil er zurückgehen muss. Er sagt, dass wir das beim nächsten Mal klären werden. Er geht jetzt zurück, er ist in seinen Körper zurückgekehrt. Er ist jetzt in seinem Laboratorium. Er fühlt sich tief erschöpft, aber sehr zufrieden. Er schickt dir innige Gedanken.

Ich wollte ihn auch nicht ermüden. Ich sagte ihm, dass ich Angst gehabt hätte, dass der Kontakt abbrechen würde, als Elena wegging, und dass ich gedacht hatte, dass es keine Möglichkeit gebe, ihn wieder zu kontaktieren.

B: Er hat den Spiegel immer noch offen, obwohl er in seinen Körper zurückgekehrt ist. Er vermittelt das Konzept, dass, wenn es um Metaphysik geht ... nun, er hat mir grünes Licht gegeben, hier einen umgangssprachlichen Ausdruck zu verwenden. (Lachen) Viele Wege führen nach Rom. Er sagt, falls dieser Weg nicht funktioniert hätte, hätte er sich einen anderen Weg ausgedacht, und jener wäre für ihn viel schwieriger gewesen. Aber er hatte gehofft, dass diese Methode funktionieren würde, weil es für ihn und möglicherweise auch für dich der einfachste Weg war.

D: Ja, denn dies ist ein sehr gutes Medium, ein sehr klarer Kanal.

B: Ja, das ist ihm bewusst. Er sagt, dass er ein Medium finden wollte, das gebildet genug ist, um ein gutes Vokabular zu haben, mit dem die Begriffe auf die prägnanteste Art und Weise vermittelt werden können.

D: Ich glaube, für das andere Medium war es ein wenig beängstigend. Ein wenig überwältigend. Sie dachte, es sei eine große Verantwortung für sie.

B: Das ist wahr. Er hat das Gefühl, dass der Verstand dieses Mediums in der Lage sein wird, dies zu bewältigen, weil es ein sehr eifriger und offener Geist ist. Eifrig, neue Dinge zu lernen und nach Wissen zu greifen. Er sagt, je mehr diese Kommunikationsmethode genutzt wird, desto einfacher wird sie werden. Es ist wie bei einer hoch geschätzten Pfeife: Je mehr sie geraucht wird, desto besser funktioniert sie.

D: In der uns zur Verfügung stehenden Zeit werden wir versuchen, alle Informationen über die Vierzeiler zu bekommen, die er uns zukommen lassen will. Und dann kann jeder von uns seinen eigenen Dingen nachgehen, und er wird das Gefühl haben, eine Mission erfüllt zu haben.

B: Ja. Er sagt, es könne eine ganze Weile dauern. Er ist sich nicht ganz sicher, wie lange es dauern wird. Aber er ist bereit, so viel Zeit zu opfern, wie nötig, solange ein Kommunikationsmedium zur Verfügung steht. Er sagt, ihm sei klar, dass du wahrscheinlich noch andere Projekte mit diesem sowie anderen Medien vorhast. Und dass du dich frei fühlen sollst, mit diesen fortzufahren, denn auch er werde seine anderen Projekte fortsetzen. Er möchte in enger Verbindung mit dir bleiben, um weiter an diesem Projekt zu arbeiten, denn es ist von entscheidender Bedeutung. Aber ihm ist klar, dass er nicht ... „das Fahrzeug in Beschlag nehmen" darf, so weit ich verstehe. Er spricht sein Schlusswort ... Ich werde „Ritual" dazu sagen, bevor wir zu einem normalen Bewusstseinszustand zurückkehren.

D: Auch ich bin bereit, dem so viel Zeit zu widmen, wie nötig ist, und ich glaube wirklich, dass wir das schaffen können. Ich fühle mich jetzt sehr zuversichtlich und schätze es auch, dass du (das Medium) dies mitmachst.

B: Es ist mir eine Freude. Ich bewundere diesen Mann schon seit geraumer Zeit. Solche Themen interessieren mich ohnehin. Und in seinem derzeitigen Leben hat sich dieses Medium auch sehr mit solchen Dingen beschäftigt. Das wird also auch für sie von

Interesse sein. Ich fühle mich geehrt, dass ich für eine so wichtige Aufgabe ausgewählt worden bin.

Ich sagte ihr, sie könne wieder an ihren schönen Ort zurückkehren, aber sie war mir zuvorgekommen und war bereits dort und genoss wieder einmal den kristallklaren Strom und den musikalischen Wasserfall.

B: Ich glaube, wenn du nächstes Mal einfach darum bittest, zu dem besonderen Treffpunkt zu gehen, wird es funktionieren, denn dieser Ort ist nicht mit dem Rad des Lebens verbunden. Das würde mich, also diese Wesenheit, automatisch zwischen den Lebenszyklen festhalten.

Nachdem Brenda aufgewacht war, wollte ich wissen, woran sie sich bewusst erinnerte, bevor ich ihr etwas über die Sitzung erzählte. Sie sah immer wieder ein seltsames Glas oder einen Spiegel. Ich bat sie, das zu beschreiben.

B: Ich werde versuchen, auch die Maße anzugeben. Ich sehe ein Oval, ich würde sagen, etwa fünfunddreißig Zentimeter lang und etwa ... zwölf, dreizehn Zentimeter breit. (Sie nahm Maß mit den Händen.) Ein Oval aus ... Ich möchte es „Glas" nennen, aber ich bin mir nicht sicher. Es ist eine Art Oberfläche zwischen zwei Dimensionen. Eine Seite dieses Glases befindet sich in unserer Dimension, und diese Seite sieht irgendwie milchig weiß aus. Und wenn man es umdreht und die andere Seite ansieht, die mit der anderen Dimension verbunden ist, sieht man nichts, eine Leere, Schwarz. Vielleicht gelegentlich ein sachtes Schimmern, wenn das Licht richtig darauf fällt. Aber es ist einfach nichts da, weil die andere Seite dieses Glases nicht in dieser Dimension ist. Wie ein Fenster oder ein Türeingang oder so etwas. Und ich sehe das Gesicht eines Mannes, das irgendwie schwebt, frei hängt, ohne besonderen Hintergrund.

D: Ist es ein ansprechendes Gesicht?

B: Er sieht gut aus. Wirklich, er ist gut aussehend. Seine Stirn ist irgendwie flach und sein Haaransatz ist etwas höher. Er hat einen Bart und einen Schnurrbart, der geschwungen und wirklich hübsch ist. Und er hat durchdringende Augen. Ich bringe ihn scheinbar irgendwie mit einer Art Laboratorium in Verbindung, aufgehäufte Dinge, Instrumente, derlei Schrott. Aber was mich persönlich am meisten fasziniert, ist die Erfindung dieses Glasovals, woraus auch immer es ist, mit zwei Dimensionen. Ich weiß nicht, welche Art von Technologie oder Wissen so etwas hervorbringen könnte, aber es ist interessant zu versuchen, sich eine Zivilisation vorzustellen, die über solcherlei Instrumente verfügt. (Lachen) Ich hätte selbst nichts dagegen, selbst eines dieser Dinger zu besitzen.

Dann verriet ich, was geschehen war. Ich sagte ihr: „Wir haben gerade das Unmögliche geschafft!“ Ich erzählte Brenda von meiner Erfahrung mit Elena und all den Komplikationen, die zu meinem Wunsch führten, dieses Experiment mit ihr zu versuchen. Sie war sehr aufgeregt und wollte mit der Arbeit daran fortfahren. Das Einzige, woran sie sich erinnern konnte, das sie je über Nostradamus las, war ein altes Buch über seine Prophezeiungen, das nach dem Zweiten Weltkrieg gedruckt wurde und in welchem man versuchte, alle seine Vierzeiler mit dem Krieg in Verbindung zu bringen. Sie erinnerte sich daran, dass sie damals dachte, wie dumm das war, denn viele von ihnen schienen nicht wirklich auf den Krieg zu passen, sondern waren vom Übersetzer in die Länge gezogen worden.

MEINE EMOTIONEN NACH DIESER SITZUNG umspannten eine ganze Skala von Ungläubigkeit über Verwunderung bis zu Ekstase und Begeisterung über die tatsächliche Ausführung und den Durchbruch, weil ich die Vollendung des Projekts für unmöglich gehalten hatte. Ich hatte das Gefühl, wenn dies geschehen konnte, dann war wirklich nichts unmöglich. Nichts konnte uns jetzt zurückhalten, denn wir waren in der Lage gewesen, die Barrieren und Grenzen von Zeit und Raum zu überwinden. Ich wusste, dass es uns erlaubt sein würde, immer und immer wieder zurückzukehren, so oft wir wollten, um verborgenes Wissen zu suchen und zu finden. Ich konnte mir nicht im Entferntesten ausdenken oder vorstellen, welch wunderbare Abenteuer und Einblicke jenseits des Portals des magischen Spiegels auf uns warteten.

KAPITEL 8

MANN DER MYSTERIEN

SEIT IHRER ABREISE hatte ich nichts mehr von Elena gehört. Nach diesem gewaltigen Durchbruch schrieb ich ihr, um ihr von den fantastischen Entwicklungen zu berichten. Ich wollte ihr auch mitteilen, dass sie nun „aus dem Schneider" sei. Sie brauchte sich in diesem Projekt nicht weiter verantwortlich zu fühlen. Ich war zu dem Schluss gekommen, dass sie bei all dem als Brücke, als Katalysator gedient hatte, um die ganze Sache in Gang zu bringen.

Ihr Antwortschreiben enthielt folgende Offenbarung: „Innerhalb weniger Wochen, nachdem ich dich verlassen hatte, wusste ich, dass ich mit diesem Teil des Projekts abgeschlossen hatte. Aber ich hatte ein inneres Wissen, dass die Dinge weitergehen würden, auch wenn die intellektuelle Seite von mir das nicht verstand. Ich weiß, dass ich das Porträt malen muss; ich habe sein Gesicht immer deutlicher vor meinem geistigen Auge gesehen."

Das Bild kam ein paar Wochen später an. Aus irgendeinem Grund sah sie ihn mit einer Wollmütze, die über seine Ohren gezogen war. Sie sagte, es sei ein schwierig zu zeichnendes Porträt und sie sei damit nicht ganz zufrieden. Ihre größte Enttäuschung war, dass sie das Gefühl hatte, die Intensität seiner Augen nicht richtig wiederzugeben. Als Brenda es sah, sagte sie, es komme der Art und Weise, wie sie ihn sich im Geiste vorstellte, sehr nahe. Gleich, ob es nun völlig akkurat ist oder nicht, es ist dennoch eine bemerkenswerte Leistung, dass Elena in der Lage war, das Porträt eines Mannes zu reproduzieren, der schon seit 400 Jahren tot ist.

Vielmehr sollte ich „sozusagen" tot sagen, denn als ich anfing, mich regelmäßig mit ihm zu unterhalten, hätte das Wort „tot" ihn keinesfalls korrekt beschrieben. Für mich wurde er ausgesprochen lebendig, und er zeigte all die unterschiedlichen, gemischten Gefühle, die uns zu individuellen Menschen machen. Zu manchen Zeiten war er gereizt, ungeduldig, besorgt oder heftig. Oft wurde er wütend darüber, wie die Übersetzer seine Vierzeiler übersetzt hatten. Zu anderen Zeiten vermittelte er einen echten Sinn für Humor. In diesen Momenten scherzte er mit uns und wurde sogar lebhaft. Er war eine ziemlich starke Persönlichkeit. Er war aber auch sehr menschlich. Ich wusste in jedem Moment dass ich mit einem lebendigen, physischen Menschen kommunizierte und nicht mit einem Geist. Er bestand auch sehr nachdrücklich darauf, dass er sehr lebendig war, dass ich nicht mit den Toten sprach. Dieser Punkt war für ihn sehr wichtig. Er wollte unbedingt, dass ich das verstehe. Dass er einfach dieses ungewöhnliche Talent besaß, das ihn in die Lage versetzte, in die Zukunft zu sehen und so mit mir zu kommunizieren. Bedeutet das, dass die Theorie der simultanen oder parallelen Zeit eine Tatsache ist? Ich überlasse es anderen, zu versuchen, das Wie, das Warum und die Logik dessen zu erklären. Ich werde lediglich versuchen, das Projekt zu verwirklichen, das er mir aufgetragen hat.

ICH WOLLTE MEHR ÜBER NOSTRADAMUS WISSEN, daher stellte ich häufig Fragen über sein Leben. Ich werde diese hier aus dem Zusammenhang gerissen zusammenfassen.

D: Würde es ihm etwas ausmachen, wenn ich ihm einige Fragen über sein Leben stelle?

B: Er sagt, er werde die Fragen beantworten, die er beantworten kann. Da er noch nicht am Ende seines Lebens angelangt ist, kennt er nicht die ganze Geschichte.

D: (Lachen) Aber ich bin an den Anfängen interessiert. Darüber müsste er Bescheid wissen. Eines der Dinge, über die sich die Leute immer gewundert haben, ist, wie Ihr Eure medizinischen Heilungen durchführen konntet. Wie Ihr in der Lage wart, Schmerzen und Blutungen und solche Dinge zu kontrollieren. Könnt Ihr mir das mitteilen?

B: Das hängt von der Methode ab, die ich verwende. Manchmal benutze ich physische Mittel und manchmal mentale Mittel. Anscheinend denke ich, dass dieses ... wie auch immer du es nennen willst, mich in die Lage versetzt, Dinge zu sehen, die geschehen werden. Manchmal hat das Nebenwirkungen, unsichtbare Energien, die andere Dinge bewirken können - wie Schmerzen dämpfen oder Blutungen unterdrücken. Was die physischen Mittel betrifft, so setze ich dieses Talent oft auch dafür ein. Wenn ich meinen Geist auf bestimmte Weise ausrichte, kann ich die Lebensenergien sehen, die durch einen Körper fließen. Wenn es eine Stelle gibt, wo sie nicht so fließen, wie sie sollten, wenn man auf diese Stelle drückt oder sie reibt oder andere Arten von Handgriffen anwendet, um sie wieder dahin zu bringen, dass sie frei fließen, hilft das oft, um Schmerzen zu beseitigen. Bei Operationen verwende ich für gewöhnlich eine Kombination aus physischen und mentalen Methoden der Schmerzkontrolle. Eine Sache, die ich tue, ist sehr effektiv. Ich bringe den Patienten dazu, mir dabei zu helfen. Ich bringe auch ihn in die richtige Geistesverfassung, sodass er die Schmerzen nicht spürt. Indem er seinerseits den Schmerz nicht spürt und ich ihm meinerseits mit meinem Geist helfe und auf die Stellen drücke, die ich sehen kann, hilft das, den Schmerz zu kontrollieren, hält das den Schmerz auf ein Minimum reduziert, so dass ich operieren kann, ohne dass die Körpernerven einen Schock erleiden.

D: Das sind Dinge, von denen die anderen Ärzte nichts wissen, nicht wahr?

B: Nein, sie haben nicht diese Begabung, die ich habe. Und außerdem sind sie alle sehr unwissend in Bezug auf das, was der Geist zu tun fähig ist. Ich habe Experimente durchgeführt, um herauszufinden, was der Geist tun kann. Das ist eines der Dinge, die ich mit meinen Studenten getan habe. Diese Studien, die wir mit dem Geist durchführen, sind sowohl medizinisch als auch metaphysisch. Diese Studien sind bei meinen Studenten sehr beliebt.

D: Ich kann sehen, wo sie sein würden. Aber fragen sich die anderen Ärzte nicht, wie Ihr in der Lage seid, diese Dinge zu tun?

B: Sie fragen danach, aber immer, wenn ich versuche, es ihnen zu erklären, kommt ihnen ihr Aberglaube in die Quere, und sie schreien sofort: „Hexerei“. Also mache ich mir damit keine Mühe. Ich lächle nur, zucke mit den Schultern, ziehe eine meiner

Augenbrauen hoch und lasse sie sich wundern. Und mein Ruf wächst.

D: Ich dachte, sie würden versuchen, Euch nachzuahmen, Euch auf irgendeine Weise zu kopieren, wenn sie es wüssten.

B: Sie wissen nicht, was sie tun sollen, um mich zu kopieren.

D: Könnten sie es nicht herausfinden, indem sie Euch beobachten?

B: Nein. Zu Beginn einer Operation starre ich oft in die Augen eines Patienten, um ihn in die richtige Geistesverfassung zu bringen. Ich weiß nicht wirklich, warum ich dazu in der Lage bin, aber ich bin es. Und sie (die Ärzte) können ihre Augen anscheinend nicht gut genug konzentrieren, um dies zu tun.

D: Ich dachte, wenn sie Euch mit dem Patienten sprechen hörten, würden sie wissen, dass Ihr etwas tut.

B: Ich murmele zwar zu dem Patienten, aber sie, die Ärzte, sind normalerweise nicht nah genug, um zu hören, was ich sage.

D: Was sprecht Ihr zu dem Patienten?

B: Oh, das hängt von der Situation ab. Im Allgemeinen erzähle ich ihnen positive Dinge. Zum Beispiel, dass sie sich gut fühlen, dass es sehr angenehm ist, dass sie keinen Grund haben, Angst zu haben, und dass alles in Ordnung sein wird und es ihnen hinterher gut gehen wird und solche Dinge.

Ich erinnerte mich daran, dass Dyonisus sagte, dies seien gefährliche Zeiten, in denen man wegen der Inquisition sehr vorsichtig sein müsse.

D: Ich dachte immer, dass ein so mächtiger Mann wie Ihr nicht in Gefahr sei. Ich halte Euch jedenfalls für mächtig, mit all Eurem Wissen.

B: Ich werde respektiert, weil ich gebildet bin und weil meine Medizin, meine medizinische Arbeit funktioniert. Ich werde respektiert, weil man mich für wissensreich hält. Ich bin ein vielseitig gebildeter Mann. Aber das gibt mir nicht die politische Macht, die ich brauche, um sicherzustellen, dass ich überhaupt nicht in Gefahr bin. Ich wurde als Sohn einfacher und schlichter Eltern geboren. Ich habe keine Titel. In meiner Zeit verfügen edle Menschen über eine sehr reale Macht, und die Menschen glauben aufrichtig, der König sei Gott oder komme gleich nach Gott, weil der König absolute Macht hat. Und so funktioniert es auch. Außerdem ist die Kirche zu meiner Zeit extrem mächtig. Und auch da muss ich vorsichtig sein. Denn die Kirche kann genug politische Macht ausüben, um Könige und Adlige zu veranlassen, in bestimmten Situationen das zu tun, was sie will. Meine Aufgabe ist also sehr wichtig. Ich stelle mich nicht stolz zur Schau, wenn ich das sage. Es sollte jedem klar sein, dass meine Aufgabe von großer Bedeutung ist. Warum sonst sollte ich diese Fähigkeit haben, die ich besitze? Ich habe sie schon mein ganzes Leben lang. Ich habe nicht darum gebeten. Sie war da, und so muss sie zu einem bestimmten Zweck da sein. Gott arbeitet auf geheimnisvolle Weise, und das ist wohl eine seiner geheimnisvolleren Weisen, wie ich annehme. Und so werde ich so viel tun, wie ich kann, das Beste tun, was ich kann, um der Menschheit zu helfen.

Nostradamus sprach danach nur selten noch direkt in der ersten Person. Die Informationen wurden durch Brenda in dritter Person weitergegeben.

D: Kann Nostradamus uns irgendwelche Informationen über Heilmethoden geben, die in unserer heutigen Zeit angewendet werden können?

B: Ja, das kann er. Das heißt, er kann versuchen, einige der Methoden zu erklären, die er anwenden würde. Wenn du diese für geeignet hältst, kannst du sie gerne anwenden. Er sagt, dass viele der äußerlichen Techniken, die er anwendet, von Dingen stammen, die er aus zukünftigen Zeiten gesehen hat. Und er sagte dann: „Ah! Das kann ich jetzt selbst tun. Meine Kollegen werden das vielleicht nicht akzeptieren, aber ich kann es tun und es wird den Menschen helfen. Und ich werde den Menschen helfen, so gut ich kann." Bei den meisten davon handelt es sich nicht unbedingt um komplexe Verfahren, sondern nur um Dinge, die dazu beitragen, seine Chancen zu verbessern, einige seiner Patienten zu retten. Da er jedoch psychisch derart stark ist, sagt er, dass er in der Lage sei, geistig zu erkennen, was dem Patienten fehlt, sodass er weiß, was er behandeln muss. Er wandte stets viel positive Energie auf die Person an und ließ sich von der Person helfen, indem diese sich vorstellen sollte, dass das Problem nicht mehr da sei. Er baute sie auf und half den Patienten, sowohl Vertrauen in sich selbst als auch in das zu entwickeln, was er tat, um den feinstofflichen Feldern zu helfen, sowohl den physischen als auch den mentalen und emotionalen Aspekten der Heilung förderlich zu sein.

Auch wenn Nostradamus es nicht so nannte, praktizierte er offensichtlich eine fortgeschrittene Form der Hypnose, kombiniert mit Akupressur und der Fähigkeit, die Schwachstellen in der Aura zu sehen. Es scheint, dass er ein so fortgeschrittener natürlicher Metaphysiker war, dass er auch andere Talente hatte, die er nutzte, ohne genau zu wissen, wie oder warum er etwas tat.

D: Verwendet er jemals Farbe als Faktor bei der Heilung?

B: Ja, sehr sogar. Er sagt, eines der Dinge, die er tun würde, um die richtige Atmosphäre zu schaffen, sei, dass er einem Patienten mittels eines Prismas die Farben des Lichts demonstrieren würde. Er würde demonstrieren, wie das, was weißes Licht zu sein scheint, andere Farben in sich birgt. Er würde sie auf eine der Farben hinweisen und sie bitten, sich vorzustellen, dass sie in einem Licht dieser Farbe stehen, das auf sie herabstrahlt. Welche Farbe auch immer für das gewünschte Ergebnis notwendig war, um dabei zu helfen, ihre feinstofflichen Felder ins Gleichgewicht zu bringen.

D: Ist er sich der Methode bewusst, die ich anwende, um ihn zu kontaktieren?

B: Er sagt, er wisse es nicht genau, aber er habe das starke Gefühl, dass sie einigen der Methoden ähnelt, die er zur Heilung einsetzt.

D: Ja, die Methode wird in meiner Zeit „Hypnose“ genannt.

B: Er sagt, er habe diese Methode angewandt, um bei Menschen Schmerzen zu lindern.

D: Dafür wird sie auch in unserer Zeit verwendet. Aber sie hat auch viele andere Einsatzgebiete.

B: Er sagt, sie sei höchst erstaunlich. Sie sei ein praktisches Werkzeug, und er sei froh, dass sie über die Jahrhunderte nicht verloren gegangen ist.

D: Er weiß vielleicht besser als wir, wie man Hypnose benutzt, und er hat vielleicht Anwendungsbereiche dafür, von denen ich nichts weiß. Aber ich habe diese Methode entdeckt, um damit Menschen über die Zeiten hinweg zu kontaktieren. Dies ist Arbeit mit dem Geist, und der Geist ist eine fantastische Schöpfung.

B: Er sagt, es gebe wirklich keine Grenzen dafür, was mit dem Verstand gemacht werden kann.

D: Es ist schade, dass die anderen in seiner Zeit diese Dinge nicht lernen können, es würde alles so viel besser machen.

B: Sie könnten es lernen, sie wollen es nur nicht. An diesem Punkt empfange ich ein Gefühl großer Trauer von Michel de Nostredame. Er weiß, dass es so viele Dinge gibt, die seine Leute tun könnten, die ihr Schicksal verbessern würden. Aber sie tun sie nicht oder sie können es nicht, weil sie nichts darüber wissen oder nicht mit dem Wissen umgehen können oder weil sie einfach in Unwissenheit gehalten werden. Das macht ihn sehr traurig.

D: Ja, es ist die Zeit, in der er lebt, und darüber haben wir keine Kontrolle. Ich habe mich gefragt, wo er diese Dinge wohl gelernt hat. Hat er bei irgendjemandem eine Ausbildung gemacht?

B: Er sagt, dass er schon immer etwas merkwürdig gewesen sei und dass er immer schon Zukunftsvisionen hatte. Er betrachtete die Dinge und die Menschen und sah Visionen darüber, wie sich die Dinge für sie entwickeln würden. Und er erkannte, dass er diese Gabe nutzen konnte, um Menschen zu helfen. Also begann er, sich um Wissen und Übung zu bemühen. Er sagt, es habe nicht viel zu lernen gegeben. Das meiste, was er tat, habe er selbst entdeckt. Er hatte entdeckt, dass er sich gut konzentrieren konnte, wenn er in eine Kerzenflamme starrte. Und so kam er zu dem Schluss, dass es noch besser wäre, wenn er eine Spirituslampe zum Verbrennen von Alkohol oder etwas Ähnlichem verwenden würde, um eine reinere Flamme zu erzeugen.

D: Die Leute dachten, dass er vielleicht gereist sei und diese Dinge von großen Meistern in fernen Ländern gelernt habe.

B: Er sagt, er habe bei einigen wenigen Lehrern studiert, aber nicht bei so vielen, wie man meint. Der größte Teil des Unterrichts, den er erhalten hatte, kam von großen Meistern aus der anderen Ebene. Er sagt, dass er manchmal Wissen empfing, wenn er meditierte. Aber er scheint irgendwie verwirrt darüber zu sein, woher er den Spiegel hat. Er sagt, er sei sich nicht wirklich sicher, wie das passiert sei. Er scheint zu glauben, dass ein Wesen aus einer anderen Sphäre oder einer anderen Dimension ihm diesen zuteil werden ließ, um Kontakt zwischen verschiedenen Ebenen herstellen zu können.

D: Ich fragte mich, wie er das Wesen fand.

B: Er sagt, er habe es nicht gefunden. Eines Tages meditierte er und sah, wie dieses Wesen vor ihm stand, mit ihm sprach und ihn lehrte. Das Wesen sagte ihm, er könne es und andere Ebenen jederzeit wieder kontaktieren, wenn er es wolle. Und Nostradamus fragte: „Wie? So gelehrt bin ich noch nicht." Und das Wesen sagte: „Du wirst es wissen, wenn du wieder zu normalem Bewusstsein zurückkehrst." Als er wieder zu seinem normalen Bewusstsein zurückkehrte, lag der Spiegel vor ihm.

D: Er wusste also wirklich nicht, woher er kam.

Zu Beginn einer Sitzung verkündete sie:

B: Er hatte dieses Mal etwas Schwierigkeiten, zum Treffpunkt durchzukommen, aber er ist der Meinung, dass seine Probleme nicht mit dem in Konflikt geraten sollten, was er mit dir unternehmen will.

D: Warum hatte er Schwierigkeiten?

B: Ich bin mir nicht sicher, ob er es weiß. Er vermutet, dass es etwas mit der Tatsache zu tun haben könnte, dass ein paar Skeptiker ihn ausgefragt haben. Sie haben negative Kräfte und Einflüsse freigesetzt, die das, was er zu tun versucht, behindern könnten. Er sagt, Skeptiker seien so unvergänglich wie Unkraut und ungefähr so lebensfähig. Er schnaubte an dieser Stelle einfach ein wenig und schüttelte den Kopf.

D: Stellen sie ihn wegen seiner medizinischen Arbeit oder wegen seiner Arbeit mit diesen Prophezeiungen in Frage?

B: Sowohl als auch.

D: Ich kann das verstehen, denn manchmal bekomme ich auch negatives Feedback. Wahrscheinlich kann ich seine Position nicht wirklich einschätzen, aber ich versuche es.

B: Er schätzt dein Verständnis, aber er sagt, dass du dir bewusst sein musst, dass er mit wesentlich mehr Unwissenheit umgehen muss, als du dir je auch nur ansatzweise hättest vorstellen können. Er sagt, dass einige Arten von Unwissenheit über die Jahrhunderte hinweg gleich geblieben seien und andere sich verändert hätten, aber so ist das Leben.

D: War er je wegen der Dinge, die er tut, durch die Kirche in Gefahr gebracht worden?

B: Er sagt, es seien einige Drohungen ausgesprochen worden. Verschiedene Personen aus der Kirche hätten versucht, ihn zu manipulieren und ihn dazu zu bringen, nach ihrem Willen zu handeln. Aber er sagt, es sei ihm gelungen, sie zu überlisten und eine unabhängige Person zu sein.

D: Haben sie versucht, ihn Dinge für die Kirche voraussagen zu lassen?

B: Sie haben versucht, ihn dazu zu bringen, bestimmte Vorhersagen nicht zu veröffentlichen. Sie haben versucht, ihn mit einigen seiner Vorhersagen in eine Falle zu locken, indem sie versuchten, es so aussehen zu lassen, als habe er Ketzerei begangen. Sie haben versucht, ihn zu bestechen und mit Geld zu erpressen. Und sie haben versucht, ihn dazu zu bringen, bestimmte Vorhersagen so zu ändern, dass sie ihren Bedürfnissen entsprechen. Er sagt, dass die Kirche keine religiöse Institution sei. Sie sei eine der größten politischen Institutionen der Welt. Und deshalb habe er an dieser Stelle einen Satz von mir geliehen. Er sagt, es sei ihnen egal, es sei ihnen völlig schnuppe. Als er diesen Satz in meinem Kopf sah, fragte er mich, was eine Schnuppe sei. (Gelächter) Der Kirche seien die religiösen Aspekte völlig schnuppe. Er sagt, sie benutzten das, um die politische Manipulation zu unterstützen. Und sie tun das, um die Dinge zu ihrem Vorteil zu gestalten.

D: Meint er damit, dass sie versuchen könnten, die Vierzeiler zu verändern?

B: Ja, das auch. Er sagt, da sie sie auf jeden Fall verändern wollen und man sie bei dem Versuch nicht erwischen wird, weiß er, dass, wenn er sie so formuliert, wie er es tut, sie für die Priester und jene, die sie lesen werden, nicht wirklich viel Sinn ergeben. Sie wüssten also nicht, wo sie sie in der Weise ändern sollten, wie sie es wollen.

D: Sehr clever. Aber einige davon wurden vielleicht geändert. Das ist es, was wir herauszufinden versuchen.

B: Er sagt, soweit er es beurteilen kann, waren die Priester nie wirklich sehr effektiv im Verändern seiner Vierzeiler. Einige der

Änderungen, die stattgefunden haben, waren eher auf eine schlechte Schreibweise als auf absichtlich eingefügte Fehler zurückzuführen. Er geht davon aus, dass wir wussten, dass es auch einige schlechte Übersetzungen gegeben hat.

Er sagt, dass immer, wenn er in die Zukunft blicke, die Stellen, an denen nichts besonders Wichtiges geschieht, glatt wie Seide erschienen. Aber an den Orten, an denen sich etwas von großer Wichtigkeit ereigne, sehe es aus wie eine Falte im Tuch. Ein Durcheinander im Tuch, in dem sich alle Fäden verheddern. Das lenkt seine Aufmerksamkeit darauf, und er schaut genauer hin, um zu sehen, was es ist. Durch die verschiedenen Schlingen und Knoten der Fäden, die sich dort im Tuch verheddert haben, erhält er Einblicke in das Geschehen. Und die Ereignisse, die größer sind, verursachen auch ein größeres Durcheinander, was es leichter macht, sie zu erkennen. Das ist ein weiterer Grund, warum so viele seiner Vierzeiler mit Dingen zu tun haben, die einem das Herz brechen, wie zum Beispiel Krieg. Weil sie sehr leicht auszumachen sind, und manchmal ist es schwierig, diese Orte rechtzeitig zu umschiffen, ohne einige von ihnen zu durchqueren und zu sehen, was passieren wird. Er sagt, es sei schwierig zu erklären, aber er werde von Zeit zu Zeit, so, wie gerade jetzt, versuchen zu erklären, was passiert, wenn er in die jeweilige Zeit schaut.

D: Der Übersetzer in dem Buch, das ich verwende, sagt, er habe die Idee, dass er die Vierzeiler zuerst auf Latein niedergeschrieben haben könnte. Dass sie in der ursprünglichen Form auf Latein geschrieben worden seien, bevor er sie ins Französische übersetzte. Stimmt das?

B: Er sagt, so, wie die Situation war, sei sein Bewusstsein wie eine leere Schiefertafel gewesen, auf die man schreiben könne, und darauf erschienen Worte, um ihm zu helfen, die Konzepte zu entschlüsseln, die er sah. Er war sich damals nicht der Sprache dieser Worte bewusst gewesen, erst, nachdem er sie niedergeschrieben hatte. Oft waren sie in Latein, aber nicht immer. Dann übersetzte er sie ins Französische, denn er schrieb dies für das einfache Volk und nicht für den Klerus.

D: Dann war er sich nichts von alldem, was er geschrieben hat, wirklich bewusst, bis er aus der Trance kam?

B: Das ist wahr. Er sagt, dass er, während er in Trance war, zwar zum Schreiben Kontrolle über seine Hände hatte, er aber nicht wusste, warum er schrieb. Die Kräfte jenseits des Spiegels führten seine Hand. Wenn er zurückkam, wusste er, was er gesehen hatte, aber er wusste nicht, was er geschrieben hatte.

D: Wurde das Rätsel, in das er sie hineingepackt hatte, denn erstellt, während er in Trance war oder während er bei Bewusstsein war?

B: Während er in Trance war.

D: Dann hat er sich diese Rätsel nicht bewusst ausgedacht.

B: Nein. Er sagt, er sei dazu zwar in der Lage gewesen, und er habe seine private Korrespondenz oft auf diese Weise geführt, aber diese Rätsel seien nicht annähernd so komplex gewesen wie jene, die er in Trance erstellte. Er sagte, wenn er aus dem Spiegel zurückkam, sei er erstaunt gewesen über die Komplexität des Rätsels. Er kannte alle Bedeutungen und Bedeutungsabstufungen und die damit verbundenen Feinheiten aus dem, was er gesehen hatte. Aber er sagt, es gebe neben seinem Bewusstsein noch ein anderes Element, welches besser darin sei, die Worte in Rätsel zu verpacken. Er sagt, wenn er in Trance sei, sehe er mehrere Dinge, eine Szene nach der anderen. Und wenn er herauskomme, sei manchmal nur ein Vierzeiler geschrieben worden. Und obwohl er mehrere verschiedene Ereignisse gesehen hatte, sah er, dass sie alle mit diesem einen Vierzeiler zusammenhingen.

D: Sie sind so kompliziert, dass es über die Fähigkeiten des Durchschnittsmenschen hinauszugehen scheint. Man müsste schon ein Meister im Rätselmachen sein. Ich bin mir jetzt ein wenig mehr der Schwierigkeiten bewusst, die der Durchschnittsmensch hat, wenn er versucht, diese zu entziffern.

B: Das ist wahr. Er sagt, dies sei der Grund für die Wichtigkeit dieses Projekts. Den Menschen dabei zu helfen, wieder den Kontakt mit jenem Aspekt der Existenz herzustellen, der bei der Interpretation dieser Vierzeiler helfen kann.

Dies klang wie ein bemerkenswerter Fall von unbewusstem Schreiben. Viele Menschen sind in der Lage, dies sowohl im Wachzustand als auch in Trance zu tun, und oft kommen auf diese

Weise Dinge beim Einzelnen durch, die ihm völlig fremd sind. Es ist argumentiert worden, dass dabei einfach das Unterbewusstsein der Person am Werk sei und nicht eine separate Einheit, die ihre Hand beeinflusst. Es lässt sich diskutieren, was im Fall von Nostradamus geschah.

D: Im Laufe der Geschichte haben verschiedene Herrscher zuweilen versucht, einige der Bedeutungen zu ändern, um sagen zu können, dass er Dinge über sie vorhergesagt habe.

B: Ja. Er kichert und sagt, das sei unter den Herrschern der Menschen ein übliches Spiel.

D: Seine Rätsel, die Anagramme und die unterschiedlichen Bedeutungen der Wörter schaffen ebenfalls Probleme.

B: Er sagt, das sei mit ein Grund, warum er froh sei, dieses Projekt in die Wege leiten zu können.

Das stimmte. Er leitete es wirklich in die Wege. Mir wäre die Idee niemals in den Sinn gekommen. Ich war sehr überrascht, als er anfing, durch Elena zu mir zu sprechen.

B: Er sagt, er wusste, dass du das sein würdest, aber er wusste auch, dass du für die Kommunikation offen sein würdest, was zu seinem Vorteil war.

D: Ja, aufgrund meiner Neugierde würde ich mir eine solche Chance nie entgehen lassen. (Gelächter) Er hat sich jemand neugierigen ausgesucht.

B: Er meint, man solle ihm jederzeit lieber eine neugierige Person anstatt einer selbstsicheren geben. Denn jemand, der selbstsicher ist, hat sich selbst eingemauert und ist selbstgefällig, weil er schon alles weiß. Aber der Neugierige sagt: „Ich weiß vielleicht eine ganze Menge, aber es gibt immer noch mehr darüber zu lernen, was etwas verursacht."

D: Dann versteht er mich.

Warum ist es für ihn so wichtig, dass er diese Vierzeiler in unserer Zeit richtig übersetzt bekommt?

B: Er sagt: „Was nützt eine Prophezeiung, wenn die Worte falsch sind?" Eine Prophezeiung muss korrekt sein, um einen Nutzen zu haben. Wenn du die Zukunft voraussiehst und du prophezeist, und du es tust, um den betroffenen Menschen zu helfen, wie kann es dann hilfreich sein, wenn sie nicht wirklich verstehen, was du zu sagen versuchst? Wenn sie die Vorwarnung nicht so hören, wie sie wirklich formuliert ist, wie kann man dann etwas dagegen tun?

D: Das ist wahr. Denn seine Vierzeiler sind so verworren, dass die meisten seiner Prophezeiungen erst verstanden werden, wenn sie geschehen, und dann ist es zu spät.

B: Er zog nur die Augenbraue hoch, lächelte irgendwie und sagte: „Nun, wir wissen, wer daran schuld ist." Ich glaube, er bezieht sich auf die Inquisition oder die Kirche. Er sagte, ein Problem sei, dass die Dinge, die er zu beschreiben versuche, so jenseits des geistigen Horizonts ... jenseits des Wissens der Menschheit lägen, und er habe nur ein begrenztes Vokabular, um sie zu beschreiben. Sie sind so jenseits des Wissens der Menschen, dass sie das, was er zu beschreiben versuchte, erst erkannten, nachdem sie es gesehen haben. Weil er so viele Dinge beschrieb, die die Menschheit zuvor nicht kannte. Sie werden also keine Möglichkeit haben, sie zu erkennen, bis sie der Menschheit bereits bekannt sind.

D: Ja, und dann sagen sie: Das ist es, was er meinte." Aber das trifft auch auf die Bibel zu. Sie musste in Symbolen geschrieben werden, denn manchmal waren die Dinge, die sie sahen, für sie zu schwer zu verstehen.

B: Ja. Er weist auf einen unbedeutenden Propheten im Alten Testament hin, und er schmunzelt leicht darüber. Er sagt, dass dieser unbedeutende Prophet, was die technischen Errungenschaften betrifft, ebenso einige der Dinge vorausgesagt hat, die er vorausgesagt hat. Aus irgendeinem Grund findet er das amüsant.

D: Wer ist dieser unbedeutende Prophet?

B: Ich erhalte den Namen Zephania. Gibt es einen Zephania?

D: Ich denke schon. Natürlich können einige seiner Dinge aus der Bibel entfernt worden sein.

B: Das stimmt.

Ich dachte, er habe vielleicht Zacharias gemeint. Ich dachte nicht, dass ich jemals ein Buch namens Zephaniah gelesen hätte. Als ich später nachsah, fand ich heraus, dass es nur ein paar Seiten umfasste.

Es war eine lange Geschichte über eine Massenvernichtung, die offenbar durch den Zorn Gottes herbeigeführt wurde.

D: Lass mich wissen, wenn er müde wird.

B: Er sagt, er halte bis jetzt durch. Er weiß nicht, wie lange er heute durchhalten kann, da die Kommunikationsverbindung nicht so klar zu sein scheint, wie beim letzten Mal. Und er muss sich stärker anstrengen, um die Bilder zu vermitteln. Aber dies ist ein wichtiges Projekt für ihn, und deshalb sagt er, dass es ihm nichts ausmache, sich gegebenenfalls ein wenig mehr anzustrengen.

D: Ich will nicht, dass er sich selbst schadet. Das ist mir sehr wichtig.

B: Er sagt, er habe dieses System so eingerichtet, dass es ihm unmöglich sei, sich selbst dauerhaft zu schädigen. Wenn er anfängt, zu weit zu gehen, wird er zurückgerissen zu seinem ... ich möchte es sein „Labor" nennen. Und er sagt, dass er dann vielleicht ein paar Tage lang Kopfschmerzen und Schwindelgefühle habe, aber das gehe vorbei. Er sagt, das sei ein Grund, warum er in diese Art der Kommunikation eingewilligt habe. Er wusste, dass es mehrere verschiedene Möglichkeiten gab, die Kommunikation zu arrangieren und mit unserer Zeit Kontakt aufzunehmen. Aber er wollte sichergehen, dass er mit denjenigen in Kontakt tritt, die mit diesem Wissen arbeiten können, ohne Schaden zu nehmen oder das, was sie herausfinden, zu verdrehen.

D: Ja, damit könnten in vielerlei Hinsicht viele falsche Dinge angerichtet werden. Und es gibt auch Leute, die sich nicht um das Medium scheren würden. Ich bin in dieser Hinsicht sehr vorsichtig.

B: Er sagt, das sei wichtig. Gute Medien seien schwer zu finden, und man müsse sich gut um die kümmern, die man findet.

D: Und ich werde auch sehr vorsichtig sein in der Art und Weise, wie ich diese Dinge aufschreibe, um dem, was er sagt, so treu wie möglich zu bleiben.

B: Er sagt, er schätze die Sorgfalt, die du anwendest. Es wird dir selbst Unannehmlichkeiten bereiten, aber er sagt, dass du dem offenbar vor dem Eintritt in dieses Leben zugestimmt hast. Da du zugestimmt hast, dies auf dich zu nehmen, stehen die Kräfte des

Universums in der Weise hinter dir, dass du alles an Schutz bekommst, was du brauchst.

D: In Ordnung, denn ich bin einfach zu neugierig, um es jetzt fallen zu lassen.

Diese Frage wurde von einem Beobachter in einer der Sitzungen gestellt. Ich wusste nicht, wer Caterina de' Medici war. Später, als ich anfing, Nachforschungen anzustellen, fand ich heraus, dass sie die Mutter dreier Könige von Frankreich war und hinter dem Thron eine große Macht ausübte. Sie bat Nostradamus oft, ihr zu sagen, was er für die Zukunft ihrer Söhne und deren Land voraussah.

John: Da ich ein wenig über dein Leben weiß, wie war es, Caterina de' Medici, der Mutter der damaligen Könige, zu Diensten zu sein?

B: Er schüttelt den Kopf und schmunzelt. Er sagt, es sei manchmal wie ein Drahtseilakt über eine Feuerstelle gewesen. Dass sie einen scharfen Verstand hatte und es interessant war, in ihrem engeren Kreis zu sein. Aber man wusste nie, aus welcher Richtung sie als Nächstes zuschlagen würde. Er sagt, sie sei sehr klug gewesen und dass ihr größtes Interesse stets ihrer Familie galt und wie diese mehr Macht erlangen könnte. Er sagt, dass sie sehr manipulativ gewesen sei. Aber das musste sie auch sein, um die Macht und Kontrolle auszuüben, die sie begehrte. Er sagt, dass sie eigentlich als Mann hätte geboren werden sollen. Aber sie wurde als Frau geboren, und in seiner Kultur zu jener Zeit musste sie auf verschiedene Mitteln zurückgreifen, um den Einfluss auszuüben, den sie ihrer Meinung nach ausüben musste. Er sagt, dass bei der Kombination aus ihrem Horoskop und der Art des Karmas, das sie in diesem Leben hatte, ein wirklich interessantes Ergebnis herauskam. Wenn er mit ihr zusammen ist, muss er immer seine beste Diplomatie anwenden und mit sanften Worten, aber dennoch mit dem Klang der Wahrheit sprechen. Denn wenn sie dachte, er versuche, irgendwelche Ausflüchte zu machen oder über etwas zu schwindeln, brachte sie das völlig aus der Fassung.

John: Das klingt wie eine Person, mit der man schwer umgehen kann.

B: Das war sie auch. Er sagt, dass sie als Freundin viel interessanter gewesen wäre, jemand, mit dem man wirklich einen spannenden mentalen Austausch hätte führen können, wenn es ihre Position nicht gegeben hätte.

D: Ich war an seinem Privatleben interessiert. Ich weiß nicht, ob ich zu neugierig wäre, wenn ich dazu ein paar Fragen stellen würde.

B: Er scheint sich mit dieser Idee nicht sehr wohl zu fühlen. Er ist verdutzt. Er fragt, warum du etwas über solche Dinge wissen willst? Es ist für unser Projekt nicht wichtig. Es hat nichts mit dem zu tun, was wir uns vorgenommen haben.

D: Nun, es sind Biographien über sein Leben gedruckt worden, und ich war neugierig, ob sie korrekt sind. Ich wollte einige Fakten zur Untermauerung dieser Dinge gewinnen.

B: Er sagt, dass es für ihn eigentlich keine Rolle spiele, ob sie korrekt sind oder nicht. Es sei ihm egal, ob sie die abscheulichsten Lügen über sein Leben erzählen, solange sie seine Vierzeiler richtig übersetzen. Er sagt auch, dass es für ihn an der Zeit sei zu gehen. Ich, das Medium, habe den Verdacht, dass er sich von weiteren Fragen dieser Art distanzieren will.

D: Okay. Ich wollte ihn nicht verärgern. Aber wir sind auch neugierig auf ihn als Person und auch als Prophet. Ich weiß nie, ob ich eine kränkende Frage stelle.

B: Ich glaube nicht, dass er gekränkt war. Es ist sehr leicht zu erkennen, wenn er wegen etwas gekränkt ist. Es scheint im Körper des Kommunikatoren widerzuhallen.

Nostradamus machte nicht nur jeden Vierzeiler zu einem individuellen Rätsel, sondern stellte das gesamte Buch zu einem einzigen gigantischen Rätsel zusammen. Es scheint keine erkennbare Ordnung in ihrer Anordnung zu geben. Zu dem Zeitpunkt, als ich diese Frage stellte, hatten wir bereits über 100 der Vierzeiler übersetzt, und ich versuchte zu entscheiden, wie sie angeordnet werden sollten.

D: Ich versuche gerade, diese Vierzeiler, die wir bereits abgedeckt haben, in eine Art Ordnung zu bringen. Chronologisch, wenn möglich. Und das ist eine große Aufgabe.

B: Diesmal ist er gut gelaunt, und als du sagtest, du wollest sie in Ordnung bringen, fragte er scherzhaft: „Eine logische oder eine unlogische Ordnung?"

Ich genoss es, wenn er in der Stimmung war, mit mir zu scherzen. Es war so viel besser, als für belanglose Kommentare getadelt zu werden.

D: (Gelächter) Gibt es da einen Unterschied?

B: Er sagt, das hänge von deinem Standpunkt ab.

D: (Lachen) Nun, es ist schon eine genügend große Aufgabe, zu versuchen, sie in eine Art chronologische Reihenfolge zu bringen.

B: Er sagt, eine chronologische Reihenfolge wäre ein logischer Weg, das zu tun. Ein unlogischer Weg, wie du es tun könntest, wäre, sie in alphabetischer Reihenfolge gemäß dem ersten Wort des Vierzeilers zu ordnen.

D: (Lachen) Oder nach der Art, wie er es getan hat. Die ich für unlogisch halte.

B: Er sagt, es sei recht logisch gewesen. Es basiere auf feinen und präzisen mathematischen Prinzipien, wie sie durch das Werfen von Würfeln definiert sind.

D: Hat er auf diese Art herausgefunden, in welcher Reihenfolge er sie einbauen sollte?

B: Ich bin mir nicht sicher. Er ist heute Abend voller jugendlicher Energie. Er ist sehr gut gelaunt.

D: (Gelächter) Ich dachte, er habe sie alle zusammengeworfen und wie ein Kartenspiel gemischt und gesagt: „So werden sie ausgeteilt." So wenig Sinn ergeben sie für mich.

B: Er sagt, eigentlich habe er sie in sechs Stapel gelegt, jeden gemäß einer Seite eines Würfels. Und er würfelte, und wenn er eine doppelte Zahl bekam, nahm er einen nach dem Zufallsprinzip aus dem Stapel, welcher dieser Zahl zugeordnet war, und legte den Vierzeiler neben sein Buch. Wenn er aber zwei unterschiedliche Zahlen erhielt, addierte er die Zahlen und teilte sie durch eine Dezimalzahl, um eine Zahl zu erhalten, die er per Zufallsprinzip aus einem anderen Stapel nahm.

D: Ich nehme an, das System ist genauso gut, wie jedes andere. Ich wusste nicht, dass es zu seiner Zeit Würfel gab.

B: Er sagt, dass es Würfel schon seit Jahrhunderten gebe. Form und Maße mögen sich gelegentlich ändern, aber das Prinzip sei dasselbe. Er nannte sie Würfel, weil das, was wir heute haben, mit dem zusammenhängt, was er benutzt hat.

D: Ich dachte, wenn ich dieses Projekt abgeschlossen haben werde, werde ich vielleicht eine Art Muster darin sehen, welches er vielleicht mit Hilfe der Mathematik erstellt hat, falls es dort überhaupt ein Muster gibt.

B: Er sagt, dass es dort zweifellos ein Muster gibt, aber es sei ziemlich schwierig, es zu finden. Und er sagt, du sollest nicht beunruhigt sein, wenn du es nicht findest. Denn er habe versucht, es zu verschleiern, um es bestimmten Parteien -- und das sind seine Worte -- bestimmten Parteien schwer zu machen, herauszufinden, was er sagen wollte.

D: Okay, dann werde ich nicht damit rechnen, irgendein Muster zu finden. Es ist genau so, als würde man sie mischen und hinwerfen.

B: Er sagt, es gebe da ein Muster. Es sei nur mathematisch zu komplex, als dass gewöhnliche Menschen es erkennen könnten.

D: Nun, das war das Wesentliche, worüber ich mich gewundert hatte, wie er ihre Reihenfolge festlegte.

B: Er sagt, er hoffe, dass sein Vortrag dir dabei geholfen hat.

D: Aber Ihr könnt jetzt die Aufgabe sehen, die Ihr mir aufgetragen habt, nämlich zu versuchen, sie wieder in der Reihenfolge anzuordnen, in der sie sein sollten.

B: Er sagt, dass die chronologische Reihenfolge ausreichend sei.

D: Manchmal ist es schwierig, das herauszufinden. Es ist kompliziert, weil sie sich oft auf mehr als ein Ereignis beziehen und die Ereignisse in verschiedenen Zeiträumen liegen.

B: Er sagt, dann schreibe sie zweimal auf. Für jede Zeitperiode einen.

D: Das ist es, was ich versucht habe, hin und her zu verweisen zu den verschiedenen Zeitperioden. Das ist schwierig. Es ist eine anspruchsvolle Aufgabe, das zu tun.

Offenbar war es falsch, das zu sagen. An diesem Punkt unterbrach Nostradamus mich. Sie begann sehr schnell zu sprechen, als ob er verärgert wäre.

B: Er sagt, er wolle nichts von deinen Schwierigkeiten beim Schreiben hören. Er sagt, er begreife an diesem Punkt, dass ihr Menschen des zwanzigsten Jahrhunderts es so leicht habt. Ihr wüsstet nicht zu schätzen, wie leicht ihr es habt. „Ich will nichts davon hören. Sie hat nicht ständig die Inquisition im Nacken. Sie muss nicht alles in Rätsel packen, nur um ihren Körper und ihre Seele beieinander zu halten. Sie ..." Er schimpft in verallgemeinernder Weise herum. „Sie muss nicht dies tun, sie muss nicht das tun. Ich will das nicht hören. Ich will dieses Projekt zu Ende bringen." Er sagt, dass die Beschwerden, die du über Dinge hast, die dir beim Schreiben in die Quere kommen, sehr unbedeutend und belanglos seien im Vergleich zu den Problemen, die er hat, wenn er schreibt.

Ich musste lachen; der Ausbruch hatte mich völlig überrumpelt. Er konnte oft unerwartete Gefühlsveränderungen zeigen. Ich hatte ihn sicherlich nicht verärgern wollen.

D: Und mein Schreibgerät ist viel einfacher zu bedienen.
B: Richtig.
D: In Ordnung, ich entschuldige mich. Das ist der Teil, an dem ich noch arbeiten muss.
B: Ja, er sagt, das sei dein Problem. Er sagt, er könne dir nicht einfach alles für deine Bücher geben, weißt du. Du musst ein bisschen von dir selbst einbringen.

Ich fühlte mich wieder wie ein Schulmädchen, das von einem Lehrer zusammengestaucht wurde. Hinreichend zurechtgewiesen, konnte ich unter seiner Schroffheit trotzdem noch ein Gefühl der Zuneigung und des Verständnisses spüren. Er hatte recht, er hatte seinen Teil zu diesem Projekt vor 400 Jahren beigetragen. Dieser Anteil daran musste meine Verantwortung sein.

Er tat dies oft, wenn ich ihn nach der Reihenfolge bestimmter Vierzeiler und ihrer zeitlichen Beziehung zueinander fragte. Er sagte dann, dass er nur den Vierzeiler interpretiere, mit dem wir im Moment arbeiteten. Sie zusammenzufügen sei mein Problem. Er hat mir also sicherlich nicht einfach alle Antworten gegeben.

Anmerkung: Weitere Informationen zu dem Nummerierungssystem der Vierzeiler wurden 1994 gegeben, als die Frage für eine Fernsehsendung erneut gestellt wurde. Dies wird im Addendum am Ende dieses Buches dargestellt, das bei der Neuauflage 1996 hinzugefügt wurde.

ABSCHNITT ZWEI

DIE ÜBERSETZUNG

KAPITEL 9

DIE ÜBERSETZUNG BEGINNT

D: Soll ich zählen, oder kannst du einfach dort hingehen und sehen, ob du ihn durch den Spiegel finden kannst?

B: Ich sitze ruhig da und meditiere einen Moment lang über etwas, dann kann ich dorthin gehen und es tun. Ich gebe dir Bescheid, wenn alles bereit ist. Ich fokussiere mich jetzt auf seinen Verweilort. Er ist in seinem -- ich werde es ein Labor nennen. Es ist eine Kombination aus Labor und Studierzimmer. Er ist da drin und konzentriert sich auf den Spiegel. „Michel de Nostredame, ich bin zurückgekehrt. Es ist an der Zeit, dass wir uns wiedersehen, wenn es Euer Wunsch ist." (Pause) Er sagt, dass er uns am Treffpunkt treffen werde. (Pause) In Ordnung. Ich bin dort, und er ist jetzt auch hier.

Er meint, wir sollen den Vierzeiler lesen und zwischen jeder Zeile eine kleine Pause einlegen, um dem Mitteilenden Zeit zu geben, die Sätze gut aufzunehmen, damit er die Begriffe vermitteln kann.

D: Ich weiß, dass du versuchen wirst, es in unsere Begriffe zu übersetzen. Aber sage mir zuerst, wie er es formuliert, damit ich seine Denkweise besser verstehen kann.

B: An diesem besonderen Ort verwenden wir per se keine Worte. Ich sage: „Er sagt so und so", und dabei meine ich in Wirklichkeit, er kommuniziert so und so. Er kommuniziert dabei hauptsächlich über mentale Bilder mit einem Gefühl von Worten unterlegt, wenn das einen Sinn ergibt. Ich werde mein Bestes geben. Er sagt, jedes kleine Bisschen helfe. Es macht ihm nichts aus, wenn diese Bisschen klein sind, weil es für ihn eine Belastung ist, an diesen

Ort zu kommen. Er sagt also, solange wir beständig weitermachen, werde die Aufgabe erledigt werden.

D: Ich wünschte, es gäbe einen schnelleren Weg, dies zu erreichen.

B: Er sagt, wenn es getan werden solle, dann werde es getan werden. Dass wir einfach in einem bequemen Tempo vorankommen könnten, und dass wir alle, die wir daran beteiligt sind, das Beste daraus machen würden.

D: Will er, dass ich am Anfang des Buches beginne, oder dass ich einfach ein paar Vierzeiler nach dem Zufallsprinzip auswähle?

B: Lass mich ihn fragen. (Pause) Wähle zunächst denjenigen Vierzeiler aus, mit dem du gerne beginnen möchtest. Er sagt, wenn man den Körper und den Geist stillhalte und in seinen inneren Kern schaue, das sei der Ort, an dem alle Weisheit wohne. Und wenn du dieser Anleitung folgst, wirst du in der Lage sein, den Richtigen auszuwählen. Er spricht in Zyklen. Ich verstehe das nicht ganz, aber das ist es, was er sagt.

D: Ich möchte ihm sagen, dass das Buch, welches ich benutze, die französische und die englische Übersetzung enthält, und dass es in Centurien unterteilt ist. Es enthält zehn Centurien, und jede Centurie enthält 100 Vierzeiler. War das so, wie er es sich vorgestellt hatte?

B: Er sagt: „Natürlich, so habe ich es angeordnet. So habe ich es in das Manuskript geschrieben."

D: Ich dachte, dies sei vielleicht eine Anordnung gewesen, in die sie jemand später eingefügt hat.

B: Er sagt: „Ich wiederhole: So habe ich es in das Manuskript geschrieben."

D: Aber eine Centurie enthält nicht einhundert Vierzeiler.

B: Nein. Er sagt, er wisse das. Er habe sie aus Bequemlichkeit in Centurien angeordnet. Aber nicht alle Centurien seien vollständig, weil er nicht in der Lage war, die Zeitkanäle zu klären, um sie alle zu erhalten.

D: Ich wollte nur sichergehen, dass nicht jemand anders daran herumgepfuscht hat. Dann hätten wir also fast eintausend. Deshalb wäre es sehr schwierig, am Anfang anzufangen und sie durchzugehen. Das würde furchtbar viel Zeit in Anspruch nehmen.

Später war es genau das, was wir schlussendlich getan haben. Nachdem wir hundert Vierzeiler nach dem Zufallsprinzip ausgewählt hatten, beschlossen wir, uns besser zu organisieren. Zu jenem Zeitpunkt begann ich am Anfang des Buches und nahm sie der Reihe nach durch. Selbst mit diesem Verfahren scheint es keine logische Reihenfolge zu ergeben, was die zeitliche Abfolge betrifft.

D: Wäre er in der Lage, das später ohne den Einsatz der Vierzeiler auszuarbeiten? Oder braucht er sie sozusagen, um sich darauf zu konzentrieren?

B: Er sagt, dass er sie wahrscheinlich brauchen werde, um sich konzentrieren zu können, da er auf indirekte Weise kommunizieren müsse. Irgendwann wird er vielleicht in der Lage sein, frei zu sprechen, aber er sagt, dass er sich nicht darauf verlasse.

D: Dann brauchen wir die Vierzeiler, um ihm zu helfen, sich an das Gesehene zu erinnern.

B: Nun, nicht unbedingt, um ihm zu helfen, sich an das Gesehene zu erinnern, sondern um ihm zu helfen, sich so zu konzentrieren, dass ich das übermitteln kann, was er zu sagen versucht. Er sagt, falls er gelegentlich unhöflich klinge, dann nicht, weil er etwas gegen dich oder mich, den Kommunikator, persönlich habe. Es ist nur so, dass er versucht, die Arbeit zu erledigen. Er sagt, dass du manchmal zu viele irrelevante Kommentare zwischen den Vierzeilern einfügen würdest oder während er versucht zu denken. Wenn er dir gelegentlich sagt, du mögest damit aufhören, dann nicht, weil er gemein ist, denn er ist sehr dankbar für diesen Kommunikationskontakt. Es ist nur, dass es so viele Informationen zu vermitteln gibt, dass er manchmal ungeduldig wird. Vor allem, wenn er versucht, eine Idee zu vermitteln und zu sprechen, und du ebenfalls sprichst. (Ich entschuldigte mich.) Er sagt, du sollest dir darüber keine Sorgen machen. Immer, wenn neue Experimente ausprobiert werden, müssen Dinge ausgearbeitet werden. Wenn es etwas gibt, das er nicht versteht, wird er danach fragen. Und er sagt, du bräuchtest dich nicht so sehr zu entschuldigen.

D: Okay. Aber ich habe große Ehrfurcht vor ihm, und ich möchte nicht, dass er mit mir böse wird.

B: Er sagt, dass er froh sei, ein paar Genossen zu haben.
D: Es ist nicht gut, das allein zu tun, nicht wahr?
B: Er sagt, es sei möglich, es sei nur schwieriger.
D: Ich meine ... es ist einsam.
B: Er sagt, wenn er mit Problemen beschäftigt ist und sich um höhere Dinge kümmert, mache er sich keine Sorgen um die Einsamkeit.

Anfangs gab es eine Menge Versuch und Irrtum, als ich begann, ihm die Vierzeiler zur Übersetzung vorzulegen. Nach langem Herumtappen brachte ich das Verfahren in Erfahrung, das er anwenden wollte. Während dieser Zeit begann ich zu verstehen, wann er geistig mit Brenda kommunizierte und mir wurde gesagt, ich möge bitte aufhören zu quasseln und zu unterbrechen. Ich wurde angewiesen, den Vierzeiler langsam zu lesen und zwischen jeder Zeile eine Pause einzulegen. Wenn es Wörter gab, die er nicht verstand, und das waren viele, buchstabierte ich sie für ihn sowohl auf Englisch als auch auf Französisch. Meistens waren dies Eigennamen oder Wörter, die er für Anagramme verwendete. Dann wurde ich oft gebeten, den Vierzeiler noch einmal zu wiederholen. Dann wartete ich ein paar Sekunden, bis die Übersetzung durchkam. Ich musste meine Fragen viele Male zurückhalten, weil er es nicht mochte, dass sein Gedankengang unterbrochen wurde. Zuerst fragte ich mich, ob ich ihn mit meinen Bemühungen, nach Worten zu suchen, beleidigte, aber er sagte, das sei kein Problem. Er sei so heftig, weil er versuche, vieles in einer begrenzten Zeitspanne zu erledigen.

Es war erstaunlich, wie schnell ich in der Lage war, dieses ungewöhnliche Projekt zu akzeptieren. Wie leicht das Fremde alltäglich wird. Es schien bald so normal zu sein, sich mit Nostradamus über 400 Jahre Zeit und Raum hinweg zu unterhalten, wie mit einem Nachbarn per Telefon.

Nach den ersten Sitzungen wurden die Übersetzungen wesentlich detaillierter. Anfangs war ich nur in der Lage, vier Vierzeiler in einer Sitzung zu übersetzen. Später, als wir uns auf ein Muster festgelegt hatten, waren wir in der Lage, etwa sechs bis acht und manchmal sogar bis zu zehn zu bewältigen.

Die ersten Vierzeiler, die ich für dieses Experiment verwendete, wurden per Zufallsprinzip ausgewählt. Ich wählte diejenigen aus, die mich aus irgendeinem Grund beeindruckten. Ich war fasziniert von den schwierigsten, den Vierzeilern, für welche die Experten nie eine Erklärung finden konnten. Ich dachte, das würde dieses Projekt zu einer noch größeren Herausforderung machen. Ich wählte auch diejenigen aus, von denen die Übersetzer dachten, sie beträfen unsere Zukunft. Nachdem ich einhundert davon abgeschlossen hatte, wurde ich systematischer und begann am Anfang des Buches und ging in einer organisierteren Weise vor. Bis dahin hatten wir uns schon so gut darin eingearbeitet, dass wir bis zu dreißig Vierzeilern je Sitzungsstunde abhandelten.

Ich hegte nie Zweifel daran, dass ich tatsächlich in Kontakt mit dem physischen Nostradamus stehe, während er sein Leben in Frankreich um 1500 lebt, weil ihm physische Einschränkungen auferlegt wurden. Er kann nur etwa eine Stunde lang mit mir in Kontakt bleiben, bevor er in seinen physischen Körper zurückkehren muss. Gegen Ende der Sitzung ermüdet er ganz offensichtlich und sagt, er müsse gehen. Manchmal geht er abrupt und ohne Vorwarnung. Bei jenen Malen vermute ich, dass er sich so sehr in die Sache vertieft hat, dass er versehentlich sein Zeitlimit überzog. Oder vielleicht geschah etwas an seinem Ende der Verbindung, das ihn wieder zurück in seinen Körper zog.

Er sagt, wenn er zu lange bliebe, würde er für den Rest des Tages körperliche Symptome wie Kopfschmerzen und Schwindelgefühle haben. Aber er sei durchaus bereit, diese zu erleiden, wenn dadurch die Arbeit erledigt wird. Da ich ihm keine Unannehmlichkeiten bereiten möchte, respektiere ich seine Forderungen. Ich könnte ihn ohnehin nicht dort halten, denn wenn er bereit ist zu gehen, geht er einfach. Ich weiß, dass dies nicht deshalb geschieht, weil meine Probandin Brenda müde wird, denn oft arbeiten wir, nachdem Nostradamus zu seinem physischen Körper in seinem Labor zurückgekehrt ist, noch an etwas anderem weiter.

Nachdem der Erstkontakt hergestellt und die Anweisungen sorgfältig befolgt worden waren, erwies es sich als eine überraschend einfache Aufgabe, Nostradamus an unserem besonderen Treffpunkt zu treffen. Von dort aus begannen wir ein sehr ehrgeiziges Projekt, ein Projekt, für das ich mich nie freiwillig gemeldet hätte: die Übersetzung seiner Vierzeiler in die moderne Sprache.

Elena war daran gehindert worden, seine Wortbedeutungen zu übermitteln, weil sie die Prophezeiungen auch von dem Blickwinkel des 16. Jahrhunderts seines Schülers Dyonisus aus betrachtete. Die Dinge, die Nostradamus ihm zeigte, waren rätselhaft und beängstigend zugleich, und er konnte in seiner begrenzten Erfahrung keine Worte finden, um sie sinngetreu zu beschreiben. Er musste auf grobe Symbolik zurückgreifen, um zu versuchen, die Bedeutungen zu vermitteln. Brenda war nicht so eingeschränkt. Sie war nicht so sehr involviert und an ein Leben gebunden wie Dyonisus. Sie sprach aus dem Zustand zwischen den Leben heraus, in dem der Blickwinkel stark erweitert und ausgedehnt ist. Auf diese Weise hatte sie ein größeres Erkenntnisvermögen und Verständnis für jegliche Visionen oder Symbolik, die man ihr zeigte. Sie war in der Lage, moderne Wörter für Dinge zu liefern, die zu Nostradamus' Zeit keinen Namen hatten. Vielleicht war das der Grund, dass wir seinen Rätseln schlussendlich einen Sinn abgewinnen und die wahre Tiefe und die wunderbaren Kräfte dieses ungewöhnlichen und bemerkenswerten Mannes begreifen konnten.

Ich werde mit unserem ersten Kraftakt beginnen. Die Ergebnisse waren wirklich erstaunlich, obwohl wir noch experimentierten und versuchten, ein Arbeitsmuster und ein Verfahren zu finden.

Die ersten beiden Vierzeiler im Buch sind für jedermann ziemlich leicht zu entziffern, aber ich werde sie hier aus demselben Grund an den Anfang stellen, aus dem Nostradamus sein Buch damit begann.

CENTURIE I-1

Estant assis de nuict secret estude
Seul repos sur la selle d'aerain;
Flambe exigue sortant de solitude
Fait prosperer qui n'est à croire vain.

Während ich nachts allein sitze, in geheime Studien vertieft,/Ruht es auf dem Dreibein aus Messing./Eine schwache Flamme aus der Leere kommend/Bringt zur Blüte, was nicht vergebens geglaubt werden soll.

B: Er sagt, es sei lediglich eine Beschreibung dessen, was er in seinem Labor tue. Er fügte jenen Vierzeiler am Anfang als eine Erklärung dafür ein, woher er die Dinge hatte, die er schrieb.

CENTURIE I-2

Le verge en main mise au milieu des BRANCHES *De l'onde il moulle & le limbe & le pied:* *Un peur & voix fremissant par les manches:* *Splendeur divine. Le divin pres s'assied.*	Der Stab in der Hand wird inmitten des Dreibeins gelegt,/Mit Wasser benetzt er sowohl den Saum als auch den Fuß./Eine Stimme, Furcht; er zittert in seinem Gewand./Göttlicher Glanz. Das Göttliche setzt sich nahe bei.

B: Er sagt: „Dito." Der erste Vierzeiler erklärt seine Instrumente und der zweite Vierzeiler erklärt, wie er den Prozess seiner Öffnung für die anderen Reiche beginnt.

D: Die Übersetzer sagten, dass Nostradamus Angst vor der Macht habe, die er anruft, wenn sie zu ihm kommt. „Eine Stimme, Furcht, er zittert in seinem Gewand." Sie dachten, das bedeute, dass er sich vor diesen Dingen, die er sah, fürchtete.

B: Uh oh! Er ist in der Tat verärgert über diese Interpretation. Er sagt, dass Furcht nicht bedeute, Angst zu haben, Furcht bedeute Respekt. Er sagt, er sei in wundersamer Ehrfurcht vor dem, was er sieht, weil er nicht alles von dem verstehe, was vor sich geht. Aber er sagt, dass er keine Angst habe, er sei nur voller Respekt. Und er weiß, dass er vorsichtig arbeiten muss, um sicherzustellen, dass er keinen Fehler macht.

CENTURIE III-92

Le monde proche du dernier periode, *Saturne encor tard sera de retour:* *Translat empire devers nation Brodde,* *L'oeil arrach Narbon par Autour.*	Die Welt steht kurz vor ihrem letzten Abschnitt,/Saturn wird erneut verspätet zurückkehren./Das Reich wird sich Richtung Brodde-Nation verlagern,/In Narbonne wird ein Auge durch einen Habicht ausgerupft.

B: Er organisiert die mir zu übermittelnden Gedanken und Begriffe, so dass ich sie klar aussprechen kann. Er sagt, wenn er durch eine dritte Person, damit meint er mich, arbeite, müsse er versuchen, alle Fehler in der Kommunikation zu minimieren. (Pause) Er sagt, in diesem Vierzeiler beziehe er sich auf eine Zeitperiode, in der Krieg herrscht. Und das Geschehen ereigne sich gegen Ende dieses Krieges, im Endstadium, wenn Saturn wieder einmal zu spät kommt. Er sagt, dass diese Aussage eine doppelte Bedeutung habe. Einerseits beziehe sie sich auf ein astrologisches Ereignis, bei dem Saturn rückläufig ist, um die entsprechende Zeit einzugrenzen. Zum anderen beziehe sie sich auf einen Teil der Technologie in diesem Krieg. Wie in allen Kriegen, werden auch in diesem Krieg große Fortschritte in der wissenschaftlichen Forschung gemacht, sowohl in der Waffenforschung als auch in vergleichbaren anderen Dingen. In diesem Krieg erforschen die Wissenschaftler, wie sie die Zeit krümmen und abändern können, um einige Ereignisse zu verändern und damit den Krieg zu ihrem Vorteil zu wenden. Und sie haben dennoch wieder versagt. Als Folge dieses zweiten Scheiterns wird der gesamte Komplex in einer großen Katastrophe zerstört. Das ist das Auge, welches von einem Habicht herausgerupft wird. Denn sie haben es mit Mächten zu tun, die sie nicht zu kontrollieren wissen, und das zerreißt sie. Die Menschen, die dort nicht dabei sind, vermuten aufgrund der großen Zerstörung, dass sie von einer Art Rakete getroffen wurden. Was aber geschah, war, dass die Energiewirbel, gegen die sie versuchten anzugehen, nicht fein genug abgestimmt waren, um es gegen sie aufzunehmen, und sie gerieten außer Kontrolle. Jene Worte: Narbonne (ausgesprochen: Nar-boun) und Brodde (ausgesprochen: Brod-dä), beziehen sich auf die Nation und den Ort. Aber er sagt, worauf er sich einstellte war, dass die betroffene Regierung äußerst hinterhältig sei und falsche Namen für die Dinge habe. Ich glaube, er meint hier „Codenamen“, und was er empfing, als er dies sah, waren die Codenamen. Ich versuche gerade herauszufinden, ob er eine Ahnung von der Lage dieser Orte hat. Er sagt, dass er sich gerade darauf konzentriere, um zu sehen, ob er es mir sagen könne. (Lange Pause.) Er sagt, das sei schwierig, weil das Bild, das er dabei immer bekomme, der Forschungskomplex sei, von dem aus sie es taten. Er sagt, es scheine ihm, dass es England und Nordeuropa betreffe. Narbonne ist ein Ortsname, die Stadt in der Nähe des Ortes, an dem es passiert. So, wie er spricht, glaube ich, dass die beiden Namen Anagramme sind. Es fällt ihm schwer, mir die Lage bestimmter Orte zu vermitteln, weil er in Anagrammen denkt und die Anagramme nicht als klare Begriffe erscheinen.

D: Hat er irgendeine Ahnung, wann dies geschehen wird?

B: Er sagt, es liege noch in unserer Zukunft, aber die Grundlagen dafür seien bereits gelegt worden. Wissenschaftler, die an Geheimprojekten arbeiten, würden bereits in diese Richtung arbeiten, aber es werde noch eine Weile dauern, bis etwas daraus wird. Er sagte, es könne noch zu unseren Lebzeiten etwas dabei herauskommen, aber wir würden nichts davon erfahren, weil die Regierung es unter Verschluss halten werde.

D: In der Übersetzung denkt man, dass Brodde ein altfranzösisches Wort für Schwarz oder Dunkelbraun sei. Weil er dieses Wort benutzte, glaubt man, dass der Vierzeiler die afrikanischen Nationen oder die Schwarzen betreffe.

B: Er sagt, das sei nicht wahr. Er schmunzelt an dieser Stelle. Er sagt, er habe dieses Wort absichtlich verwendet, weil es in der Tat dem Wort für eine dunkle Farbe ähnele, aber eigentlich sei es ein Anagramm für einen Ortsnamen. Er wolle nicht zu sehr ins Detail gehen, weil er es der Inquisition und anderen neugierigen Leuten nicht zu leicht machen wolle, herauszufinden, über welchen Ort er spricht.

D: Nun, das zeigt die Schwierigkeiten, die sie bei dem Versuch hatten, seine Vierzeiler zu verstehen. Wir haben trotzdem einen Anfang gemacht.

B: Ja, er sagt, aller Anfang sei schwierig. Aber wenn wir als Team zusammenarbeiten, werden wir uns mehr an unsere Denkweisen gewöhnen und in der Lage sein, besser zu arbeiten. Diesmal fällt es uns beiden schwer, miteinander zu kommunizieren, weil ich ihn heute nicht visuell empfange wie sonst. Wenn ich mich jedoch konzentriere und er sich konzentriert, kann er das, was er zu sagen versucht, bildlich verständlich machen. Er hat mir ein Bild von einem Teil eines Forschungskomplexes geschickt, in welchem dies stattfinden wird.

D: Wird dies auch den Rest der Welt betreffen oder nur diese Gegend?

B: Was die Katastrophe betrifft, so wird sie sehr lokal begrenzt sein und einige seltsame Nebenwirkungen auf die Zeitdimension in dem allgemeinen Gebiet dort haben. Er kann sie nicht wirklich beschreiben und er kann uns nicht wirklich sagen, wie wir uns darauf vorbereiten sollen, denn sie ist sehr bizarr. Aber er sagt, dass dies schließlich weitreichende Auswirkungen haben werde, weil die Regierung sich auf diese Forschungsrichtung verlassen hat, um sich in diesem Krieg einen Vorteil zu verschaffen. Und ein Teil dieses Vorteils werde wieder weggenommen, und am Ende werde das den Ausgang dieses Krieges beeinflussen.

D: Weiß er, um welchen Krieg es sich dabei handeln wird?

B: Krieg drei, sagt er. Der dritte Krieg.

D: Ich wusste nicht, dass es einen weiteren Krieg geben würde. Wir hoffen, das wird nicht eintreten.

B: Er sagt, dass er mehrere Kriege für uns gesehen habe, und er hofft, dass er uns helfen kann, einige davon abzuwenden.

D: Kann er sehen, welche Länder beteiligt sein werden?

B: Er sagt, dass es die Nordhalbkugel und einen Teil der Südhalbkugel betreffen werde. Ich versuche herauszufinden, welchen Teil der Südhalbkugel. Ich denke, er meint Australien, weil er ständig sagt, dass es sich bei dem Teil der südlichen Hemisphäre, der betroffen ist, um eine Insel handle.

Dies war die erste Erwähnung dieses Krieges. In den nächsten Monaten sollte ich noch viel mehr darüber erfahren, als mir zu erfahren lieb war. Über diese Informationen wird in den Kapiteln über den schrecklichen Antichrist berichtet.

Mabus puis tost alors mourra, viendra,	Mabus wird dann bald sterben, und es wird kommen/Zu einer schrecklichen Vernichtung von Mensch und Tier./Plötzlich wird sich die Rache offenbaren,/Hundert Hände, Durst, Hunger, wenn der Komet erscheint.
De gens & bestes une horrible defaite:	
Puis tout à coup la vengeance on verra,	
Cent, main, soif, faim, quand courra la comete.	

Er fragte nach der Schreibweise von Mabus und korrigierte dann meine Aussprache. Er sprach es aus, wie: Mäi-bus.

B: Er sagt, dass der Tod eines Weltführers, vielleicht eines religiösen Führers, mit dem Kommen eines großen Kometen zusammenfallen werde. Ich glaube, er meint damit vielleicht den Halleyschen Kometen. Er sagt, der Komet werde in dem Land, in dem dieser Weltführer sterbe, deutlich zu sehen sein. Das betreffende Land liege im Nahen Osten. Das Sterben des Weltführers in diesem Land im Nahen Osten und das Vorbeiziehen des Kometen würden einen Aufstand heraufbeschwören. Die Revolte werde unter anderem deshalb so leicht heraufbeschworen, weil es in jenem Jahr zudem große Ernteausfälle geben werde. Viele Menschen werden hungern.

D: Wird dies alles in dem Jahr geschehen, in dem der Komet zu sehen sein wird?

B: Es wird in jenem Jahr beginnen, in dem der Komet zu sehen ist, aber es wird noch 500 Tage andauern, einhundert Hände lang. Er benutzt diese Symbolik, um zu zeigen, wie lange der Aufstand andauern wird, und um darauf hinzuweisen, dass es einhundert Menschen gibt, die in einer Weise zum Aufstand beitragen werden, dass er ausbrechen wird und ausreichend frei und verbreitet werden wird, um die Aufmerksamkeit der ganzen Welt auf sich zu ziehen.

Eine interessante Idee, dass einhundert Hände 500 Tage bedeuten konnten. Die fünf Finger an einer Hand multipliziert mit einhundert.

Auch heute noch verwenden wir das Wort „Hand“, um eine Person zu bezeichnen, wie zum Beispiel als „hired hand“. (z. Dt. „Lohnarbeiter“, *Anm. d. Übersetzers). Es hat also eine doppelte Bedeutung. Es wurde offensichtlich, dass Nostradamus sehr klug dachte.

Ich zog in Erwägung, dass sich dieser Vierzeiler aufgrund der Ähnlichkeit seines Namens mit Mabus möglicherweise auf den Sturz des philippinischen Präsidenten Marcos beziehen könnte, und auch der Zeitpunkt wäre korrekt. Aber Marcos starb nicht, er wurde des Amtes enthoben.

Da der Halleysche Komet 1986 vorbeizog und nicht die erwartete dramatische Erscheinung hatte, und da in jenem Jahr nichts geschah, was zu diesem Vierzeiler passte, hatte es den Anschein, dass er ungenau sei. Aber Brenda war diejenige, die annahm, es sei der Halleysche Komet. Dieser Vierzeiler könnte sich auch auf einen unentdeckten Kometen beziehen. Neben dem Halleyschen Kometen gibt es noch viele andere Möglichkeiten.

UPDATE: Als sich der Persische Golfkrieg im August 1990 abzuzeichnen begann, erhielt ich Briefe und Anrufe von Lesern dieses Buches. Sie hatten bemerkt, dass das Anagramm Mabus zu Sudam wurde, wenn man es spiegelbildlich rückwärts liest. Das war ziemlich bemerkenswert und passte perfekt zum Denken von Nostradamus. Wenn Sudam Hussein der in diesem Vierzeiler erwähnte Führer des Nahen Ostens war, dann bedeutete das, dass er sterben würde. Während des gesamten Krieges legte Präsident Bush nahe, dass sein eigenes Volk sich erheben und ihn ermorden solle. Dies geschah zwar nicht, aber der Vierzeiler enthielt auch die Zahl von 500 Tagen. Wie hängt das zusammen? Es wurde auch angedeutet, dass sich der vorbeiziehende Komet auf die Raketen hätte beziehen können, die während des Krieges eingesetzt wurden. Sie ähnelten sicherlich Kometen, wenn sie durch den Nachthimmel flogen.

Le parc enclin grande calamité. *Par l'Hesperie & Insubre fera:* *Le feu en nef peste et captivité,* *Mercure en l'Arc Saturne fenera.*	Aus den kläglichen Reihen zieht großes Elend/ Durch Amerika und die Lombardei./ Das Feuer im Schiff, Pest und Gefangenschaft;/Merkur im Schützen, Saturn warnt.

B: Er sagt, die erste Zeile beziehe sich auf die Tatsache, dass die beteiligten Führungskräfte nicht kompetent seien. Sie seien aus Gründen des Familienprestiges dort. Er sagt, dass bei einem Gemeinschaftsprojekt von Amerika und Frankreich ... er hat Schwierigkeiten, es zu beschreiben. Ich glaube, er versucht, eine Raumfähre zu beschreiben.

D: Oh? Wie sieht das Bild aus?

B: Er vermittelt kein Bild davon. Er versucht nur, das Konzept dessen zu beschreiben, was die Raumfähre tut. Er sagt, dass es ein Schiff sei, aber kein seetüchtiges Schiff. Und ich fragte ihn: „Ein Flugzeug also, ein Schiff, das in die Luft geht?" Er sagt, nicht in die Luft, sondern darüber hinaus. Er sagt, das Luftschiff fliege also weit über dem Ozean und normalen Schiffen, dieses Schiff fliege sogar über dem Luftschiff. Er sagt, es werde eine Katastrophe geben. Auf diesem Schiff werden einige Wissenschaftler einige biologische Experimente durchführen, um zu sehen, wie diese jenseits des Einflusses der Schwerkraft ablaufen. Es wird einen Unfall geben, eine Panne, die dazu führt, dass dieses Schiff zurück in die Atmosphäre stürzt und dabei zerbricht, und es wird in der Atmosphäre verbrennen. Aber einige der Phiolen und Behälter, die bei den biologischen Experimenten verwendet werden, enthalten Organismen, die robust genug sind, um den Sturz zu überleben. Da diese dem Kosmos ausgesetzt waren, werden sie anders sein als zuvor. Und diese Organismen haben das Potenzial, Seuchen zu verursachen. Die astrologischen Aufzeichnungen dort am Ende sind wie ein Horoskop des Datums. Er sagt, dass Merkur im Schützen sehr leicht zu beobachten sei. Man schaue nur einfach bei Nacht in den Himmel mit dem -- er nennt es „ein weitsichtiges Auge" -- ich glaube, er meint ein Teleskop. Und den warnenden Saturn betreffend sagt er, dass ein Horoskopersteller ein Horoskop erstellen solle, wenn Merkur im Schützen steht und Saturn sowohl für Amerika als auch für Frankreich in einem schlechten Haus steht. Dann werde es sein. Ich glaube, er will damit sagen, dass Saturn in ... in Bezug auf Merkur wird der Winkel eine negative Bedeutung haben.

D: Es wird ein Gemeinschaftsprojekt zwischen Amerika und Frankreich sein. Der Übersetzer sagte, dass wenn er seine astrologischen Zeichen als eine Konjunktion deute, dieser Vierzeiler im Jahr 2044 geschehen würde. Weißt du, was eine Konjunktion ist?

B: Ja, er sagt, er habe dir diese gerade erst beschrieben. Und er sagt, dass die Katastrophe sowohl diese Nationen als auch die mit ihnen sympathisierenden Nationen traurig stimmen werde, und sie würden zusammenarbeiten, um herauszufinden, was passiert sei.

Dies war der erste Hinweis darauf, dass ich einen Astrologen oder „Horoskopzeichner“ brauchen würde, der mir bei den Übersetzungen hilft. Aber wo sollte ich jemanden finden, der qualifiziert genug dafür wäre und auch aufgeschlossen und mit metaphysischen Ausdrücken vertraut?

Auch hier sollten wieder ungewöhnliche Umstände ins Spiel kommen. Gleich in der darauffolgenden Woche brachte eines unserer Mitglieder einen jungen Mann zu unserem metaphysischen Gruppentreffen mit, der noch nie zuvor dort gewesen war. Es stellte sich heraus, dass er ein professioneller Astrologe war und sich auch für die Vierzeiler von Nostradamus interessierte. Als er hörte, was ich tat, war er sehr bestrebt, mit mir daran zu arbeiten. Zufall? Später sagte er: „Ich wusste, dass es für mich einen Grund gab, an jenem Abend zu diesem Treffen zu gehen.“ Aufgrund anderer Umstände ist er nie zu den Treffen zurückgekehrt. Es scheint, dass er lediglich an genau diesem Abend dort sein sollte, damit wir die Verbindung herstellen konnten.

Zuerst brachte ich ihm die Interpretationen zur Durchsicht. Aber später wollte er bei Sitzungen dabei sein, um Nostradamus persönlich Fragen zu stellen. Bei jenen Malen versuchte ich, mich nur auf die Vierzeiler zu konzentrieren, die astrologische Hinweise enthielten.

Das erwies sich als trügerisch, denn oft bezog sich das, was wie ein astrologischer Vierzeiler aussah, in Wirklichkeit auf etwas anderes.

John Feeley hatte bei der berühmten Astrologin Isabelle Hickey studiert und erstellte Horoskope seit 1969. Er war von unschätzbarem Wert für das Verständnis dieser astrologischen Begriffe, die sowohl mir als auch Brenda so fremd sind. Wenn es passend ist, werde ich seine Erkenntnisse in die Übersetzung der Vierzeiler einfließen lassen. Er hat uns viele Einblicke in die damit verbundenen Datierungs- und Zeitfaktoren gegeben.

CENTURIE II-91

Soleil levant un grand feu l'on verra,
Bruit & clarté vers Aquilon tendants:
Dedans le rond mort & cris l'on orra,
Par glaive, feu, faim, mort las attendants.

Bei Sonnenaufgang ist ein großes Feuer zu sehen,/ Lärm und Licht breiten sich gen Norden aus./ Auf dem Globus sind Tod und Schreie zu hören,/Durch Waffen, Feuer, Hunger erwartet sie der Tod.

B: Er sagt, dass dieser Vierzeiler eine doppelte Bedeutung habe, ein doppeltes Datum. Eines der beiden sei bereits geschehen und das andere stehe noch aus. Er sagt, dass das erste Ereignis, auf das sich dieses Datum bezieht, die Tunguska-Katastrophe zu Beginn unseres Jahrhunderts sei.

Ich war überrascht. Er bezog sich auf die furchtbare Explosion unbekannten Ursprungs, die sich Anfang 1900 in Sibirien ereignete. Sie machte den Wald in einem Umkreis von 50 Kilometern dem Erdboden gleich, tötete vor allem Wildtiere, da dieses Gebiet zu jener Zeit nur dünn besiedelt war, und machte das Land radioaktiv und unbrauchbar. Es wurden viele Theorien aufgestellt, um dies zu erklären. Die häufigste ist, dass ein Meteorit die Erde an diesem Punkt traf. Aber konnte das die Radioaktivität erklären? Russische Wissenschaftler haben nun die Möglichkeit erwogen, dass dort ein Raumschiff abgestürzt sein könnte. Wäre Nostradamus in der Lage, die wahre Ursache zu bestimmen? Seine nächste Aussage erschreckte mich noch mehr.

B: Er sagt, das andere Ereignis, auf das sich dieser Vierzeiler bezieht, sei eine ähnliche Begebenheit. Er sagt das, weil eine Gruppe, die er die „ANDEREN" nennt -- und ich spüre, dass er das in Großbuchstaben gesetzt hat -- versuche, mit uns Kontakt aufzunehmen. Und wenn sie in die Erdatmosphäre eintreten, versuchen sie das auf einer zirkumpolaren Umlaufbahn. Aber die Sowjets haben geheime Waffenforschungen betrieben, und sie haben einige Energiefelder, die ihre nördlichen Zugangskorridore bewachen. Wenn dieses Schiff in diese Korridore eintritt, verursacht das eine Funktionsstörung des Schiffes, so dass ein Großteil der Besatzung getötet wird. Und wenn sie abstürzen, werden Soldaten zur Stelle sein, um sie entweder gefangen zu nehmen oder zu töten und sie elend zugrunde gehen zu lassen. Aber das Schiff wird einige mikroskopisch kleine Organismen beherbergen, die im Erdklima auf bizarre Art und Weise reagieren und einige unergründliche Plagen auslösen werden. Seuchen, die nicht verstanden werden können, weil die Wissenschaftler den ursächlichen Organismus nicht klar erkennen können.

Seine Erwähnung der „Anderen" brachte wirklich eine Saite in mir zum Klingen. Ich war überrascht, als er diesen Begriff benutzte. Ich habe in meinen Sitzungen viele Male von den „Anderen" und den „Beobachtern" gehört. Dies bezieht sich für gewöhnlich auf Wesen aus dem Weltraum. Ich nahm unmittelbar an, dass auch Nostradamus das Wort in diesem Zusammenhang verwendete.

D: Ich würde meinen, dass sie sie nicht töten wollen, sondern dass sie recht neugierig sind und sie nur studieren wollen.

B: Er sagt, dass das Land, in dem sie abstürzen, sich entweder im Krieg befinden oder aber sich darauf vorbereiten werde, in den Krieg zu ziehen. Sie werden eine kriegerische Geisteshaltung haben, so dass für sie alles, was von außen kommt, ein Feind ist und potenziellen Schaden anrichtet. Anstatt neugierig zu sein, sind sie eher -- er sagt, unser Wort „paranoid" würde passen. Sie befürchten einen neuen Waffentyp von ihrem sogenannten

„Feind", und daher werden die beteiligten Wesen getötet. Offenbar wird ein Soldat einen nervösen Abzugsfinger haben und mit einer Art Waffe -- ich glaube, er übermittelt gerade das Konzept von einer Art Maschinengewehr -- wird er anfangen, auf alles zu schießen.

D: *Ich würde meinen, dass sie versuchen wollen, sie zu studieren. Ich denke, unser Land würde das tun, zumindest hoffe ich das.*

B: Er sagt, man könne sich nie auf etwas verlassen, weil man nie weiß, was im Krieg passieren wird.

Offenbar deutete er an, ohne es direkt zu sagen, dass beide Vorfälle (Tunguska und dieser) den Absturz eines Raumschiffs beinhalteten.

Eine Sache, die mich störte, war seine Erwähnung von Mikroben oder Keimen in zwei getrennten Vierzeilern. Ich wusste, dass zu Nostradamus' Zeiten die Ärzte nichts von der Existenz von Bakterien oder Keimen wussten. Sie waren sehr unwissend auf diesem Gebiet und kannten nicht wirklich die Ursache der Krankheiten, die zu dieser Zeit grassierten. Der allgemeine Glaube war, dass alle niederen Lebensformen durch spontane Erzeugung entstanden seien, und die Ärzte unternahmen große Anstrengungen, um dies zu beweisen. Es war ein seltsamer Glaube, dass alle kleineren Lebensformen, von Mäusen und Ratten über Frösche und Kröten bis hin zu Würmern und Käfern, keine Eltern hätten. Sie sollen spontan durch Sonnenlicht erschaffen worden sein und zwar aus Schlamm, Schleim, stehendem Wasser oder verwesendem Material, aus dem sie plötzlich aufzutauchen schienen. Ich fragte mich also, woher Nostradamus anscheinend von solchen Dingen wusste, die er unmöglich gesehen haben konnte. Ich fragte ihn, ob er diese Begriffe „Mikroben und Keime" verwendet hatte oder ob dies Brendas Interpretation dessen war, was ihr gezeigt wurde.

B: Er sagt, es sei zu seiner Zeit allgemein anerkannt, dass solche Dinge nicht existieren. Aber er sagt, er habe das erste Mal durch die Lektüre der Schriften einiger griechischer Philosophen eine Ahnung davon bekommen, dass sie existieren könnten. Sie theoretisierten darüber, dass solche Dinge existieren könnten. Dass selbst Menschen, Tiere, Pflanzen, der Planet ... im

Weltraum, der Äther und so weiter als Lebensformen immer größer und größer werden können. Warum also sollte es nicht auch in die andere Richtung gehen können, so dass die Dinge immer kleiner und kleiner werden. So, sagt er, glaubten die Griechen, dass es sehr kleine Teilchen gibt, genannt „Atome". Und warum sollten sich diese kleinen Tierchen und die so genannten „Atome" nicht so verhalten können wie manche Pflanzen? Manche Pflanzen wirken wie Gift. Nun, theoretisierte er, warum sollten nicht einige Tiere auch so handeln können? Und seine Theorien halfen ihm, zu verstehen, was er sah, wenn er diese Dinge aus der Zukunft betrachtete. Er stellte fest, dass ich diese Konzepte verstand und dass es in meiner Sprache Bezeichnungen für diese Vorstellungen gab. Und so sagte er mir, ich solle weitermachen und diese als Mikroben und Keime bezeichnen. In seinem eigenen Verständnis hat er dafür andere Worte. Manchmal nennt er sie „Atome", wie es die Griechen taten. Und manchmal nennt er sie „die Kleinen" und „die kleinen Tierchen", die das tun. Er sagt, dass er wirklich kein bestimmtes Wort für diese habe, weil er sie noch nie gesehen habe. Er weiß nicht wirklich, was sie sind. Wenn er sich also nicht in Trance befindet, ist es nur eine theoretische oder mentale Übung, eine mentale Abwechslung, um über solche Dinge nachzudenken. Wenn er also bei den kommenden Generationen sieht, dass die Existenz solcher Dinge anerkannt werden, hat er ein Gefühl, wie man es hat, wenn man erfolgreich ein Rätsel löst.

D: Ich bin sehr überrascht, dass die Griechen von diesen Dingen wussten. Ich glaube nicht, dass wir in unserer Zeit uns bewusst sind, dass sie so sachkundig waren.

B: Er sagt, einige Leute aus eurer Zeit seien sich bewusst, dass sie von solchen Dingen wussten. Es ist nicht allgemein anerkannt, dass die Griechen in der Tat eine Menge dieser Dinge wussten, weil es im antiken Griechenland mehrere Denkschulen gab. Und einige von ihnen waren nicht populär. Diejenigen, die populär waren, insbesondere bei den Römern, waren die Denkschulen, die über die Jahrhunderte weitergeführt wurden, und diese bezogen oft nicht das Konzept der Atome und dergleichen mit ein, obwohl es schriftliche Beweise für solcherlei Denkschulen gibt.

D: Es wird allgemein angenommen, dass, weil sie diese Dinge nicht sehen konnten, die Römer auch nichts von ihnen gewusst haben konnten.

B: Er lacht darüber etwas höhnisch. Er sagt, die Wissenschaftler eurer Zeit seien sehr engstirnig und dumm, so etwas zu denken. Er sagt, die Griechen seien vor allen Dingen Denker gewesen. Sie haben stets über Dinge nachgedacht und Dinge herausgefunden. Sie mussten nicht etwas sehen, um logisch schlussfolgern zu können, dass etwas existiert.

Eine andere Sache, auf die ich neugierig war, war seine Erwähnung der Anderen. Ich sagte ihm, dass ich mit dem Begriff vertraut sei, aber wissen wolle, was er über sie wisse.

B: Er sagt, er wisse nicht viel über sie. Nur das, was er in seinen Visionen gesehen hat und was er mithilfe von Logik mutmaßen konnte. Er sagt, dass sie mehrere ketzerische Überzeugungen enthielten. Wenn er nur die Hälfte von ihnen zum Ausdruck brächte, würde er auf dem Scheiterhaufen verbrannt werden. An diesem Punkt wird er aufgeregt. Er sagt, zum einen sei die Erde nicht flach, sondern rund.

D: Und er hat recht.

B: Nun, er sagt eher arrogant: „Das weiß ich!“ (Gelächter) Und zum anderen sagt er, dass jeder, der etwas weiß, jeder, der Augen hat, um zu sehen, bezeugen kann, dass die Erde nicht im Zentrum des Universums liegt. Und er bezweifelt zudem sehr stark, dass die Sonne im Zentrum des Universums steht. Die Sonne ist nur rein zufällig das Zentrum dieses Teils des Universums. Er sagt, wenn Gott ein unendlicher Gott und unendlich mächtig ist, wer könne da behaupten, dass wir die einzigen Schöpfungen seien, die es von Gott gibt. Es scheint ihm, da Gott ein unendlicher Gott ist, dass es also auch unendliche Schöpfungen Gottes geben müsse. Er hat in seinen Visionen Dinge gesehen, die er sich nur erklären kann, wenn er sagt, dass sie weitere Schöpfungen Gottes sind: andere Menschen, Tiere und Wesen aus anderen Teilen des Universums. Er sagt, die Priester würden diese Dinge für ketzerisch halten, aber er persönlich halte die Priester für ketzerisch, da sie versuchten,

Gott zu begrenzen. Und die Bibel sagt ganz klar, dass es für Gott keine Grenzen gibt.

D: Nun, sage ihm, dass ich ihm zustimme. Und dass er die gleichen Fragen stellt, die wir uns auch heute noch stellen, nur sind wir jetzt etwas offener für die Suche nach den Antworten.

B: Er sagt, er sei davon ausgegangen, dass es einige wenige geben werde, die nicht so aufgeschlossen seien. Es scheint immer einen Teil der Gesellschaft zu geben, der es sich zur Gewohnheit macht, so engstirnig zu bleiben, wie er nur kann.

Beim Erwachen fragte ich Brenda, ob sie den Begriff die „Anderen" kenne. Sie sagte, das könne vieles bedeuten, aber sie verband ihn nicht besonders mit etwas, das ihr im Geiste besonders auffiel. Als ich ihr sagte, was er für mich bedeute, sagte sie, sie habe es so noch nicht betrachtet.

B: Der Mann hat einen guten Sinn für Humor, wenn er nicht gerade ernst ist. Uh oh! Er hat mich gerade dafür getadelt, unsachlich zu sein.

D: (Gelächter) Nun, es ist nichts Falsches daran, einen guten Sinn für Humor zu haben. Das baut die Spannung ab.

B: Oh, das war es nicht, worüber er sich beschwert hat. Er nannte mich unsachlich aufgrund dessen, was ich über ihn sagte, als er gerade nicht damit beschäftigt war, ernst zu sein.

Er sagt, es werde zukünftig Sitzungen geben. Er habe das gesehen. Er sagt, dass sich die Dinge in gewissen Mustern einpendeln würden. Und wir würden noch eine Weile nach diesen Mustern verfahren, wobei kleine Veränderungen kommen und gehen werden. Aber nach und nach würden wir unser Leben in die verschiedenen Richtungen führen, die unser Leben nehmen wird.

D: Was ich zu tun gedenke, ist, schließlich zu versuchen, alle Vierzeiler zu übersetzen.

B: Er sagt, wenn unsere Wege in diese Richtung führen, sei das gut, weil er das gerne tun würde. Er sagt, er wisse sicher, dass wir die wichtigen Vierzeiler ohnehin übersetzen werden. Er sagt, wir sollten uns auf die Vierzeiler und die darin enthaltenen Informationen konzentrieren und nicht auf die verschiedenen Informationen drum herum. Ihm sei klar, dass die Art und Weise, wie die Kommunikation zustande gekommen ist, dir vielleicht erstaunlich erscheinen mag, aber was ihn betrifft, sei das nicht wichtig. Wichtig sei, dass die in diesen Vierzeilern enthaltenen Informationen den Menschen zugänglich gemacht werden.

Er ist sehr bedacht auf die Arbeit und ihren Zweck. Er konzentriert sich so sehr darauf, sie zu erledigen, dass er vergisst, dass du dich dabei unsicher fühlst. Er ist wie ein Künstler inmitten der Arbeit an einem Gemälde. Er konzentriert sich auf das Ende der Arbeit, auf die gesamte Arbeit und darauf, sie zu Ende zu bringen. Und er kümmert sich nicht um das, was er als Bagatellen am Wegesrand betrachtet. Er konzentriert sich auf das eine Ziel.

Michel de Nostredame ist sich bewusst, dass es wegen der Hindernisse, die im Weg stehen, manchmal frustrierend für dich ist. Doch beim Abschied kam ihm der Gedanke, dass je mehr man sich abmühen muss, etwas zu erreichen, das Erreichte umso länger andauert.

Man stelle sich ein Puzzle vor, das aus mehreren hundert Teilen besteht. Mit diesem Dilemma sah ich mich konfrontiert, als ich versuchte, die Vierzeiler in einer Art logischer Reihenfolge anzuordnen. Es war möglich, aber schwierig. Vor allem, wenn es gelegentlich ein Teil gibt, das sich weigert, irgendwo hineinzupassen. Ich beschloss, auf die angegebenen Daten und das behandelte Sachgebietsthema zu setzen. Nach vielem Mischen und Umordnen entschied ich mich für die folgende Reihenfolge. Es ist erstaunlich und fast unglaublich, dass die Kapitel, wenn sie zusammengefügt werden, einen Sinn ergeben und eine fortlaufende Geschichte bilden. Es scheint keine Widersprüche zu geben, so als hätte Nostradamus sie in einer Art Ordnung gehabt, bevor er sie gemischt und für immer durcheinander gebracht hatte. Wenn wir uns daran erinnern, dass sie derart „holterdiepolter“ interpretiert wurden, müssen die Chancen für diese sich abzeichnende Kontinuität astronomisch sein.

KAPITEL 10

VIERZEILER ÜBER DIE VERGANGENHEIT

B: Er ist im Begriff, anzukommen. Du siehst nicht, was ich sehe, also weißt du nicht, wie es ist. Es ist, als sähe man jemanden aus dem Nebel auftauchen. Wenn man anfängt, sie zu sehen, sind sie gewissermaßen schon da. Aber sie klären die Verbindung, indem sie aus dem Nebel auftauchen. Er ist also schon da, es ist nur so, dass er noch dabei ist, zu kommen.

D: Wenn er dann deutlich wird oder näher kommt, dann weißt du, dass er da ist?

B: Deutlicher. So etwas wie Distanz gibt es nicht, weil auf dieser Ebene andere Dimensionen am Werk sind. Ich dachte, diese Beschreibung könnte dich interessieren. Manchmal vergesse ich, dass du sie nicht sehen kannst, weil sie mir so klar erscheinen. Und so ist er hier. Er sagt, als du gerade dabei warst, die Vierzeiler auszuwählen, zu denen du dich hingezogen fühlst, da wusste er, dass einige aus der Vergangenheit darunter sein würden. Das sei notwendig, um denjenigen, die sich noch nicht verwirklicht haben, einen neuen Blickwinkel hinzuzufügen. Damit die Leute, die dies lesen, beginnen, seine Denkweise zu verstehen, und dadurch von den Ereignissen überzeugt werden, die noch kommen werden.

D: Ich habe keine Möglichkeit, zu erkennen, ob sie sich auf die Vergangenheit beziehen.

B: Er sagt, das sei kein Problem. Denn wenn du auf einen bereits eingetretenen Vierzeiler stößt, hilft dir das, die Richtigkeit der

Übersetzungen und Interpretationen der verschiedenen anderen Vierzeiler zu überprüfen. Es dient auch zur Veranschaulichung seiner Äußerung, dass sich Vierzeiler auf mehr als eine Sache beziehen können. Denn wenn es sich um einen Vierzeiler handelt, der bereits eingetreten ist, können sich die Menschen ein vollständigeres Bild davon machen, was bei beiden Ereignissen geschah, und sehen, wie ein Vierzeiler beiden dienen kann.

ALS WIR ANFINGEN, MEHR UND MEHR Vierzeiler zu übersetzen, stellte ich fest, dass ich beginnen musste, Entscheidungen darüber zu treffen, welche davon in dieses Buch aufgenommen werden sollten. Ich war überzeugt, es müsse Fortsetzungen geben, wenn wir sie alle drucken wollten, da sie niemals alle in ein Buch passen würden. Nostradamus riet mir dazu und schlug vor, diejenigen, die sich mit der fernen Vergangenheit befassen, wegzulassen und uns auf jene zu konzentrieren, welche die Ereignisse der letzten etwa 100 Jahre beschreiben. Er wollte insbesondere, dass ich mich auf jene konzentriere, die die Ereignisse der nächsten 20 Jahre betreffen. Diese hielt er für entscheidend und für das wichtigste Element dieses Projekts. Ich fand die Vierzeiler, die sich mit der Vergangenheit beschäftigen, interessant und dachte, den Lesern würde das auch so gehen, aber ich stimmte ihm zu, dass er wahrscheinlich recht hatte. Er schlug vor, sie später in ein Buch für die historisch Interessierten aufzunehmen.

Ich möchte nicht, dass der Leser den falschen Eindruck bekommt, dass alle Vierzeiler, die Nostradamus bei diesem Experiment übersetzt hat, nur von der Neuzeit handeln. Das wäre ein grober Fehler. Diejenigen, die ich beschloss auszulassen, beschäftigen sich mit der Französischen Revolution, Napoleon, den Schicksalen verschiedener Königshäuser in Europa, dem Spanischen Bürgerkrieg, dem Ersten Weltkrieg und so fort. Nostradamus hat auch eine Vorliebe dafür, Trends in den Religionen und in der Philosophie vorherzusagen. Er war der Meinung, dass dies ebenfalls einen tiefgreifenden Einfluss auf die Zukunft der Welt habe. Ich beschloss, viele von ihnen auszulassen, da sie sich mit Kulturen der Vergangenheit beschäftigen.

Ich werde in dieses Kapitel nur einige der die Vergangenheit betreffenden Vierzeiler aufnehmen, um seine Denkweise zu zeigen. Der Rest wird eines Tages in ein anderes Buch einfließen, wo mehr

Raum dafür sein wird, diese zu studieren und seine bemerkenswerte Genauigkeit zu betrachten. Ich denke, diejenigen Vierzeiler, die ich beschloss in dieses Buch aufzunehmen, werden seinen tiefsinnigen Gebrauch komplexer Symbolik mehr als deutlich machen.

CENTURIE I-25

Perdu trouvé, caché de si long siecle,
Sera Pasteur demi Dieu honoré:
Ains que la lune acheve son grand siecle,
Par autres vents sera deshonoré.

Jahrhundertelang verborgen, wird das verlorene Ding entdeckt./ Pasteur wird wie eine gottähnliche Figur gefeiert./ Das geschieht, wenn der Mond seinen großen Zyklus vollendet,/Doch durch andere Gerüchte wird er entehrt werden.

D: Es ist interessant, dass er diesen Namen Pasteur benutzt.

B: Er sagt, dass sich der Name genau auf denjenigen beziehe, auf den du glaubst, dass er sich beziehe. Die pharmakologischen Geheimnisse, die Pasteur entdeckt hat, sind schlichtweg Wiederentdeckungen von Dingen, die bereits zuvor bekannt waren, aber während des großen finsteren Mittelalters verloren gingen. Er sagt, dass einige der Dinge, die Pasteur tut ... getan hat ... er sagt, dass er mit seinen Zeitformen durcheinander gerate.

D: (Lachen) Weil es in seiner Zukunft und in unserer Vergangenheit liegt.

B: Ja. Er sagt, dass einige der Dinge, die Pasteur tue, später durch bessere Praktiken ersetzt würden. Und es werde bekannt werden, dass er die Dinge nicht auf die beste Art und Weise tat. Das meint er mit verunglimpft werden, denn es werden bessere Methoden gefunden werden für das, was Pasteur entdeckt hat.

D: Ist es das, was er damit meint: „... wenn der Mond seinen großen Zyklus vollendet"?

B: Nein. Er sagt, der Mond habe viele Zyklen, was den Wissenschaftlern insgesamt nicht bewusst zu sein scheint. Wären sich die Wissenschaftler über die Zyklen des Mondes völlig im

Klaren, würden sie nicht irritiert sein über den Zweck und die Konstruktion solcher Strukturen wie Stonehenge. Zum einen umfasst der große Zyklus des Mondes die Zeit vom Untergang der Atlantis-Zivilisation über den allmählichen Wiederaufstieg zur Zivilisation bis hin zur Wiederentdeckung von Wissen, das Jahrhunderte zuvor verloren gegangen war.

D: Das bedeutet es also. Pasteur entdeckte einfach Dinge wieder, die bereits zur Zeit von Atlantis bekannt waren. Und „durch andere Gerüchte wird er entehrt werden" bedeutet, dass sie andere Methoden finden werden, diese Dinge zu tun. Die Übersetzer konnten diesen Vierzeiler mit Pasteur in Verbindung bringen, weil er den Namen benutzt. Er hat nicht sehr viele Vierzeiler, in denen er tatsächlich jemanden beim Namen nennt.

B: Manchmal sticht eine bestimmte Person eben heraus. Er sagt, die moderne Medizin, wie ihr sie kennt, gäbe es ohne die Arbeit von Pasteur nicht.

WÄHREND DER MONATE, IN DENEN WIR ARBEITETEN, übersetzten wir mehrere Vierzeiler, die sich mit dem Zweiten Weltkrieg befassten. Nostradamus äußerte sich zu den wichtigsten Persönlichkeiten, die an diesem Konflikt beteiligt waren. Seltsamerweise zeichnete er von Präsident Franklin Roosevelt ein völlig anderes Bild als jenes, welches wir, die wir zu dieser Zeit lebten, sahen. Ich hatte ihn immer als einen großen Mann betrachtet, der uns durch den Krieg brachte. Nostradamus stellte ihn als einen Mann dar, der in der Lage war, seine präsidiale Macht so zu missbrauchen, dass er beinahe ein König war. (Centurie VIII-74) Er verbrachte mehr Wahlperioden im Amt als jeder andere Präsident, und damals gab es Gerede darüber, dass er einem König ähnlich werden könnte. Es geschah zu jener Zeit, dass der Kongress die Anzahl der Amtszeiten beschränkte, die ein Präsident innehaben konnte. Er verwies auch darauf, dass Roosevelt uns manipuliert habe, um uns in den Krieg hineinzuziehen. In Centurie I-23 steht der Leopard für England und das Wildschwein für die Nazis, weil sie ein schweinischer Haufen waren. Amerika wird als der Adler bezeichnet, der um die Sonne kreist, was darauf hinweist, dass wir vermeintlich neutral waren. Dieser Vierzeiler erwähnt eine Zeit, „den dritten Monat bei Sonnenaufgang". Dies war nicht astrologisch gemeint, sondern bezog sich auf die Zeit, als England sich von Deutschland bedroht fühlte und versuchte, die Vereinigten Staaten in den Krieg hineinzuziehen. Er deutete an, dass Roosevelt einen Weg finden musste, um die Unterstützung des Volkes für den Eintritt in den Krieg zu bekommen. Recherchen beweisen, dass dies zutrifft. Im März 1941 bot Roosevelt England jegliche Hilfe „kurz vor dem Krieg" an. Seine mächtigsten Gegner warfen ihm vor, die Nation auf eine Kriegserklärung vorzubereiten. Der Grund für unsere Beteiligung war die Unterstützung der Wirtschaft. In Centurie I-84 wurde Roosevelt als der Große beschrieben, der im Schatten verborgen war und eine Klinge in die blutige Wunde hielt. Das bedeutete, dass er Dinge unternahm, um Japan zu provozieren. England wird in diesem Vierzeiler als sein Bruder bezeichnet. Es gab mehrere weitere Fälle, in denen Nostradamus England als unseren Bruder bezeichnete. Roosevelt wird in Centurie II-9 erneut als der dünne Mann bezeichnet, der neun Jahre lang friedlich regierte, bevor er einen Blutdurst entwickelte. Er wurde 1932 gewählt und im Dezember 1941 traten wir in den Krieg ein. Obwohl diese neun Jahre die Epoche der Depression umfassten, waren sie relativ friedlich. Es gab mehrere weitere Vierzeiler, aber diese reichen aus, um zu zeigen, wie Nostradamus Roosevelt und den Eintritt unseres Landes in den Zweiten Weltkrieg sah.

CENTURIE III-75

Pau, Verone, Vicence, Sarragousse,
De glaives loings terroirs de sang humides
Peste si grance viendra à la grand gousse,
Proche secours, & bien loing les remedes.

Pau, Verona, Vicenza, Saragossa,/ Schwerter triefen vor Blut aus fernen Ländern./ Eine große Seuche wird kommen mit der großen Granate,/Hilfen sind nah, doch Heilmittel weit entfernt.

B: Er sagt, dieser Vierzeiler beziehe sich auf den Ersten und Zweiten Weltkrieg. Die eingangs genannten Ortsnamen bezögen sich auf Orte, die im Ersten Weltkrieg eine Schlüsselrolle spielten. Die Art und Weise, wie sich die Politik in Europa verwickelt hatte, war die Ursache für den Ersten und Zweiten Weltkrieg. Er sagt, wenn der Erste Weltkrieg nicht stattgefunden hätte, hätte auch der Zweite Weltkrieg nicht stattgefunden. Die Seuche, die durch die große Granate ausgelöst wurde, waren die Atombomben, die auf Japan abgeworfen wurden. Dort gab es ein klein wenig medizinische Hilfe für die Opfer, aber das Heilmittel musste von den weit entfernt gelegenen Vereinigten Staaten herbeigeschafft werden.

D: Sie haben dies als etwas interpretiert, das in der Zukunft geschehen werde. Sie dachten, er spreche von chemischer Kriegsführung, Gas oder etwas in der Art.

B: Er sagt, dass er sehen könne, wodurch sie auf diesen Aspekt der Interpretation kämen, nämlich durch die Gaskriegsführung im Ersten Weltkrieg. Auch das deutete er an. Er sprach von beiden Ereignissen, dem Ersten und dem Zweiten Weltkrieg, wobei der Zweite Weltkrieg der unheilvollere von beiden war.

Ich konnte nun erkennen, dass dieser Vierzeiler ein perfektes Beispiel für die doppelte Bedeutung seiner Prophezeiungen war. Dass die Geschichte sich selbst wiederholt, indem sie sowohl die chemische Kriegsführung als auch die radioaktive Verseuchung als Plage bezeichnet.

In diesem Vierzeiler hatten die Ortsnamen eine Bedeutung, aber oft, wenn Nostradamus Städtenamen benutzte, deuteten sie auf ein Land hin. Die Vierzeiler wurden durchweg falsch interpretiert, weil die Übersetzer oft dachten, er beziehe sich auf ein Ereignis, das sich in einer bestimmten Stadt ereigne, während er diese Namen in Wirklichkeit als Symbolik für ein Land verwendete.

Der nächste Vierzeiler bezog sich ebenfalls auf die Atombombe.

CENTURIE V-8

Sera laissé le feu vif, mort caché,
Dedans les globes horrible espouvantable,
De nuict à classe cité en poudre lasché
La cite à feu, l'ennemi favorable.

Es werden heftiges Feuer und versteckter Tod entfacht,/ Schrecken bringend aus dem Innern der grauenvollen Kugeln./Die Stadt wird bei Nacht von der Flotte in Asche gelegt,/Die in Flammen stehende Stadt ist hilfreich für den Feind.

B: Heftiges Feuer in grauenvollen Kugeln bezieht sich auf die Strahlung durch die Atombomben, die auf Japan abgeworfen wurden. Dass es wie Feuer brannte, die Menschen aber nicht wie bei normalem Feuer direkt starben, sondern vor ihrem Tod erst die Qualen des Feuers durchleben mussten. Die Flotte bezieht sich auf die deutschen Flugzeuge, die London überflogen, bombardierten und in Schutt und Asche legten. Die grauenvollen Kugeln waren Brandbomben. Sie wollten etwas Licht bereitstellen, um ihre Ziele finden zu können. Und so warfen sie Kugeln mit explosiven Flüssigkeiten ab, die sich bei Kontakt entzündeten, um Licht zu erzeugen, an dem sie ihre anderen zerstörerischen Bomben ausrichten konnten.

D: Das ergibt einen Sinn, denn sie hatten Stromausfälle während des Zweiten Weltkriegs.

Es gab viele Vierzeiler, die sich auf Hitler bezogen. Viele von ihnen konnten akkurat übersetzt werden, besonders wenn Nostradamus das Anagramm „Hister“ verwendete, um sich auf Hitler zu beziehen. Ich werde einen aufgreifen, der nicht so offensichtlich war.

Enseveli non mort apopletique, *Sera trouvé avoir les mains mangees:* *Quand la cité damnera l'heretique* *Qu'avoit leurs loix se leur sembloit changees.*	Verbrannt, apoplektisch, aber nicht tot,/ Wird man ihn finden mit abgenagten Händen./ Wenn die Stadt den Ketzer verurteilen wird,/Der dem Anschein nach ihre Gesetze geändert hatte.

B: Dies bezieht sich auf Hitlers Selbstmord und Tod und folgerichtig auf die Überreste, die dort im Bunker entdeckt wurden. Seine abgenagt erscheinenden Hände sind ein Symbol dafür, dass seine einst große Macht um ihn herum zerbröckelte, da er nicht mehr die große Reichweite hatte, die er früher besaß. Und die Alliierten nagten sozusagen an seinen Grenzen herum.

D: Apoplektisch bedeutet in der Regel jemand, der im Koma liegt oder so etwas Ähnliches, nicht wahr?

B: Es ist jemand, der vor Wut Glotzaugen bekommt, der aufgrund von Bluthochdruck, möglicherweise verursacht durch den Verlust der Beherrschung, mit einem Hirnschlag niedergestreckt wird. Er sagt, dass dieser Mann (Hitler) seine Emotionen oder Leidenschaften nicht kontrollieren konnte und dass er sich von ihnen mitreißen ließ. Er begann, über ein Thema zu sprechen, das ihn aufwühlte und ließ sich von seinen Emotionen bis an den Rand eines Nervenzusammenbruchs treiben.

D: So sah ihn Nostradamus also. Ich glaube, man sagte, Hitler sei emotional sehr labil gewesen. Was bedeutet der zweite Teil: „Wenn die Stadt verurteilen wird den Ketzer, der anscheinend ihre Gesetze geändert hatte.“ Bezieht sich das ebenfalls auf Hitler?

B: Gewiss. Er dachte, das würde dir sehr klar sein, also hat er sich nicht die Mühe gemacht, dir eine Erklärung hierzu zu geben. Die Stadt hatte immer „Heil Hitler“ gerufen und ihm nachgeeifert und gesagt, dass er vollkommen sei und so was alles. Aber nach seinem Tod verurteilte man ihn sehr schnell, denn er hatte die Dinge von einer Demokratie hin zu einer Diktatur verändert.

D: Es wurde immer viel darüber spekuliert, dass Hitler nicht wirklich in diesem Bunker starb. Es kursierte die Idee, dass er vielleicht irgendwie entkommen sei und jemand anderes an seiner Stelle gestorben sei.

B: Er starb tatsächlich dort. Die hohen Tiere der Nazi-Partei, die überlebten und nach Südamerika und an andere Orte flohen, hielten diese Idee im Umlauf, um ihnen zu helfen, die Kontrolle über das zu behalten, was von der Nazi-Partei übrig geblieben war. Und auch, um den verbliebenen Anhängern Hoffnung zu geben, dass sie noch einmal zu Macht und Ruhm aufsteigen würden.

CENTURIE IV-95

La regne à deux laissé bien peu tiendront
Trois and sept mois passés feront la guerre.
Les deux vestales contre eux rebelleront,
Victor puis nay en Armorique terre.

Die Herrschaft verbleibt zweien, die sie nur sehr kurze Zeit halten./ Nach drei Jahren und sieben Monaten ziehen sie in den Krieg./ Die beiden Vestalinnen werden gegen sie rebellieren,/Der Sieger wird dann auf amerikanischem Boden geboren.

D: Die Übersetzer konnten das Wort „Vestalinnen" nicht verstehen. Sie hielten es für eine Verfälschung eines anderen Wortes.

B: Er sagt, dieser eine Vierzeiler habe mehrere Bedeutungen, aber alle bezögen sie sich auf die gleiche Reihe von Ereignissen, die mit dem Zweiten Weltkrieg zu tun haben. Die den zweien verbleibende Herrschaft bezieht sich auf die beiden Hauptdiktatoren, die versuchten, die Welt zu erobern: den Führer des Deutschen Reiches und den Führer des Japanischen Reiches. Unter diesen beiden versuchte man, die Welt aufzuteilen. Hitler versuchte, Russland und Europa und schließlich die Vereinigten Staaten zu übernehmen. Die Japaner waren dabei, die Mongolei, Sibirien, China, Indien, Australien und jenen Teil der Welt zu übernehmen. Sie planten, bei der Übernahme Amerikas von der anderen Küstenseite zu helfen, so dass die Menschen der westlichen Hemisphäre eine Schlacht an zwei Fronten zu schlagen haben würden. Er sagt allerdings, dass sich in Amerika der Sieger, also das Element, das bestimmen sollte, welche Seite dieses Konflikts gewinnen würde, bereits in der Entwicklung befunden habe. Und das war die Atombombe. Es gab zwei Hauptwissenschaftler, deren Köpfe die für die Entwicklung der Bombe erforderlichen theoretischen Informationen herausfanden. In diesem Vierzeiler datierte er diesen Konflikt. Das Zeitelement stammt aus der Zeit, als die Amerikaner in den Zweiten Weltkrieg verwickelt wurden. Er sagt, die drei Jahre und sieben Monate später sei der Zeitpunkt, wenn die Amerikaner, also den Sieger hervorbringend, den Krieg mit dem Abwurf der Bombe beenden würden.

D: Die Übersetzer sagen, dass „nach drei Jahren und sieben Monaten ziehen sie in den Krieg" bedeute, dass dann jemand einen Krieg beginnen werde.

B: Er sagt, sie würden das falsch interpretieren. Er weiß, wovon er spricht. Drei Jahre und sieben Monate später ist der Zeitpunkt, wenn der Sieger in den Krieg zieht. Das ist der Zeitpunkt, an dem die Bombe in den Krieg eintritt und den Begriff der Gewalt für immer verändert. Drei Jahre und sieben Monate später ist es, als die Bombe zum ersten Mal abgeworfen wird. Die Bombe wird metaphorisch als Siegesritter dargestellt, der für die Alliierten in den Kampf zieht. Dieser Champion, die Bombe, tritt drei Jahre und sieben Monate später zum ersten Mal in den Krieg ein. Und dieser sozusagen besondere Ritter wird von nun an die Kriegspolitik und das Gesicht der Schlacht für immer beeinflussen. Denn nachdem der Zweite Weltkrieg beendet war, waren die Auswirkungen der Bombe immer noch durch den Kalten Krieg und die anhaltenden Spannungen unvermindert zu spüren. Danach war die Welt nicht mehr so friedlich, wie sie zuvor gewesen war. Denn die von diesem die Bombe repräsentierenden Ritter ausgehende Kriegsdrohung war immer noch da.

D: Sind die „beiden Vestalinnen, die gegen sie rebellieren werden" die beiden Wissenschaftler?

B: Ja. Diese beiden Wissenschaftler rebellierten nicht nur gegen die Diktatoren, die versuchten, die Welt zu übernehmen, sondern sie rebellierten auch gegen die damals üblichen Vorstellungen. Sie sagten, die Art und Weise, wie die konventionellen Wissenschaftler die Welt darstellten, sei nicht die Art und Weise, wie die Existenz wirklich sei. Sie waren in der Lage, das konventionelle Denken zu durchbrechen und die verschiedenen Theorien und Mechanisierungen der Kernkraft hervorzubringen.

Dies erklärt seine Verwendung des Wortes „Vestalinnen", um die Wissenschaftler zu umschreiben. Ich fand heraus, dass Vesta nach der römischen Mythologie die Göttin des Herdes und des Herdfeuers war. Im alten Rom gab es sechs vestalische Jungfrauen, die das heilige Feuer in ihrem Tempel hüteten. Dies ist ein weiteres bemerkenswertes Beispiel für die geschickte Art und Weise, wie Nostradamus innerhalb des Rätsels Worte und Mythologien benutzte, um das Bild zu schaffen, das er zustande bringen wollte. Die Wissenschaftler könnten mit den Vestalinnen verglichen werden, da sie ein heiliges Feuer hüteten, als sie die Bombe erfanden. Die Bombe könnte zu jener Zeit auch als eine Vestalin betrachtet werden, da ihr Erfolg nie bewiesen worden war.

D: Die Übersetzer sagen, dass die beiden Mächte Amerika und Russland seien und dass sie irgendwann in der Zukunft in den Krieg ziehen würden.

B: Amerika und Russland werden sich in der Zukunft bekriegen, aber dieser spezielle Vierzeiler bezieht sich nicht darauf.

CENTURIE II-89

Un jour seront demis les deux grand maistres,
Leur grand pouvoir se verra augmenté:
Le terre neufue sera en ses hauts estres,
Au sanguinaire le nombre recompté.

Eines Tages werden die beiden großen Führer Freunde sein;/ Man wird sehen, wie ihre große Macht weiter wächst./ Das neue Land wird den Höhepunkt seiner Macht erreichen,/Dem Mann des Blutes wird die Zahl gemeldet.

B: Damit ist das Ereignis gemeint, als euer Präsident Nixon diplomatische Kontakte mit dem kommunistischen China aufnahm. Er sagt, dass sie die beiden Männer an der Macht seien. Und zu dieser Zeit war das neue Land -- das sind die Vereinigten Staaten -- auf dem Höhepunkt seiner militärischen Macht. Wirtschaftlich und monetär betrachtet, war der Dollar der Vereinigten Staaten auf dem internationalen Markt immer noch sehr mächtig. Er sagt, die Zahl, die dem Mann des Blutes gemeldet wurde, seien die Opfer des Vietnamkrieges, die Präsident Nixon gemeldet wurden. Insbesondere die endgültigen Zahlen, die ihm mitgeteilt wurden, nachdem er die amerikanische Beteiligung an diesem Konflikt beendet hatte.

D: Dann wird er der Mann des Blutes genannt, weil man ihn für den meist Verantwortlichen hielt?

B: Er ist nicht der am meisten dafür Verantwortliche. Diese Last ruht auf den Schultern des Präsidenten vor ihm, Präsident Johnson. Aber man nennt ihn den Mann des Blutes, weil er in den blutigsten Jahren jenes Krieges Oberbefehlshaber war, obgleich es ihm gelang, die offiziell eingestandene amerikanische Beteiligung an diesem Konflikt zu beenden.

D: Öffentlich eingestanden. Du meinst, er wurde nicht wirklich beendet.

B: Nicht nur das, sondern es sind immer noch geheime Organisationen unter amerikanischer Kontrolle beteiligt. Sie waren an diesem Konflikt niemals nicht beteiligt.

D: Es geht sozusagen immer noch wie ein stiller Krieg weiter. Kann man das so sagen?

B: Ja. Deshalb gibt es sporadische Entdeckungen von amerikanischen Gefangenen, die immer noch dort drüben festgehalten werden. Denn obwohl die Vereinigten Staaten ihre Beteiligung angeblich eingestellt haben und die amerikanische Öffentlichkeit sich nicht über die beteiligten Geheimorganisationen bewusst ist, sind sich die Menschen dort drüben sehr wohl über diese Organisationen bewusst. Und sie sind sich bewusst, dass es amerikanische Organisationen sind. Sie betrachten die Amerikaner also immer noch als beteiligt und halten es daher für richtig und angemessen, amerikanische Gefangene zu halten.

D: Warum sind diese Geheimorganisationen immer noch beteiligt?

B: Der Grund hat mit den imaginären Machtbereichen zu tun, die zwischen dem liegen, was als „Demokratie" und dem, was als „Kommunismus" bezeichnet wird. Die Führer dieser Organisationen sind der Meinung, dass, wenn sie sich allesamt zurückziehen, das Kräftegleichgewicht in diesem Teil der Welt bedroht werde. Und sie wollen nicht, dass dies geschieht.

D: Sie haben diesen Vierzeiler so übersetzt, als ob er sich auf Amerika und Russland beziehe. Dass sie irgendwann in der Zukunft Freunde werden könnten. Und sie denken, der Mann des Blutes könnte der Antichrist sein.

B: Er sagt, dass es wahr sei, dass Amerika und Russland eines Tages Freunde würden. Aber das werde auf die Bemühungen des Mannes zurückzuführen sein, der nach dem Antichristen komme.

CENTURIE V-78

Les deux unis ne tiendront longuement,
Et dans treize ans au Barbare Satrappe:
Au deux costez seront tel perdement,
Qu'un benira le Barque & sa cappe.

Die beiden werden nicht lange Verbündete bleiben,/ In den dreizehn Jahren geben sie der barbarischen Macht nach./ Auf beiden Seiten wird es einen solchen Verlust geben, /Dass man den Kahn (des Petrus) und seinen Führer preisen wird.

B: Er sagt, dies sei bereits eingetreten. Dies bezieht sich auf Amerika und Russland nach dem Zweiten Weltkrieg. Obwohl sie während des Zweiten Weltkriegs und unmittelbar danach während der Besetzung Deutschlands Verbündete waren, hatten sich diese beiden Mächte fünf Jahre nach Kriegsende getrennt und wurden Kontrahenten. Die 13 Jahre, von denen die Rede ist ... er sagt, man solle sie ab 1950 oder um den Dreh datieren, ab dem Zeitpunkt, an dem diese beiden Mächte sich sozusagen entzweit haben. Die 13 Jahre beziehen sich auf die intensivste Phase des Kalten Krieges. Von der Zeit, als sie sich entzweiten, bis zu der Zeit der Kubakrise, als sie kurz vor dem Ausbruch eines offenen Krieges standen. Dies war eine Zeit großer Unruhen in beiden Ländern.

Das eine Land, Russland, versuchte, die Kriegsschäden wieder neu aufzubauen und sich gleichzeitig zu modernisieren, was viel sozialen Stress verursachte. Stalin führte zu dieser Zeit seine Säuberungen durch, und immer wieder wurden Menschen grundlos getötet, weil die Geheimpolizei imaginäre Staatsfeinde tötete. Auch in den Vereinigten Staaten herrschten zu dieser Zeit große soziale Unruhen aufgrund der Paranoia gegenüber dem Kommunismus, welche durch McCarthy und andere geschürt wurde, die in die gleiche Richtung dachten. Beide Länder erlebten eine sich aufbauende Paranoia. Zu dieser Zeit wurde den Menschen klar, dass sie dem Ausbruch eines offenen Konflikts sehr nahe gekommen waren, aber niemand auf dieser Ebene kann erkennen, wie nahe sie dem Ausbruch eines offenen Krieges gekommen waren. Er sagt, das sei ein bedeutender Wendepunkt entlang der Zeitgabelungen gewesen. Ein wichtiger Scheidepunkt, an dem sie in eine Richtung gehen und anfangen konnten, ihre Probleme zu lösen und zum Frieden zu gelangen, oder zumindest dazu, miteinander ins Gespräch zu kommen, wie sie es heute tun. Oder sie hätten einen Krieg ausbrechen lassen und dabei den größten Teil Europas vernichten können, indem sie sich gegenseitig mit Waffen und Bomben beworfen hätten. Er sagt, da dies ein wichtiger Scheidepunkt auf den Bahnen der Zeit war, habe er sehr deutlich hervorgestochen und sei für ihn ziemlich leicht zu erkennen gewesen. Es zeigt auch deutlich, dass der Mensch die Folgen seiner Zukunft ändern kann, vor allem, wenn er weiß, was diese Folgen sind.

UPDATE: Diese Beobachtungen wurden uns 1986 während der Interpretation der Vierzeiler gegeben. Aber im Januar 1992 stellte sich schließlich heraus, dass Nostradamus recht hatte. Die Krise von 1962 wurde durch die sowjetische Aufstellung von Atomraketen mit einer Reichweite von 1200 bis 1600 Kilometern ausgelöst. Kennedy sah darin eine eindeutige Bedrohung für die Vereinigten Staaten. Diese Raketen wurden schließlich nach tagelangen Spannungen wieder abgezogen, während derer Kennedy unter starkem Druck stand, in Kuba einzumarschieren. Während der Kubakrise kündigte der sowjetische General A.I. Gribkov an, dass die Sowjetunion ebenfalls Kurzstrecken-Nuklearwaffen nach Kuba geschickt habe (mit einer Reichweite von etwa 60 Kilometern) und ihren Einsatz gegen alle US-Invasionstruppen genehmigte. Er sagte, dass die beiden Supermächte zu jenem Zeitpunkt näher an einen Atomkrieg herangerückt seien, als man bis dahin angenommen hatte. Robert McNamara, Präsident John F. Kennedys Verteidigungsminister sagte, er sei sich der Präsenz der Kurzstreckenraketen in Kuba zu dieser Zeit nicht bewusst gewesen. Er sei sich jedoch absolut sicher, dass Kennedy einen nuklearen Vergeltungsschlag gegen Kuba - und vielleicht auch gegen die Sowjetunion - angeordnet hätte, wenn Atomwaffen gegen die US-Streitkräfte eingesetzt worden wären. Ein Sprecher sagte: „Wir kamen einem Atomkrieg näher, als sich jemals jemand vorgestellt hatte. Es steht absolut außer Frage, dass wir gerade am Rande des Abgrunds standen."

D: Im Französischen ist das Wort Barque groß geschrieben. Es heißt dort: „Sie werden den Kahn preisen".

B: Er sagt, dass ein Mann, den ein Land in die Vereinigten Staaten bringen werde, die Bemühungen des Papstes der Katholischen Kirche gutheiße, Frieden zwischen den beiden Nationen zu schaffen und auch in andere bewaffnete Konflikte einzugreifen. Russland, das von sich behauptet, ein atheistisches Land zu sein, würde misstrauisch gegenüber allem sein, was die Katholische Kirche täte, und würde es für einen kapitalistischen Trick halten. Während das kapitalistische, so genannte christliche Land, die Vereinigten Staaten, die Bemühungen gutheißen würden, in dem Glauben, dass es sich um eine dritte Partei handle, die einigermaßen objektiv sei und ihnen bei der Lösung ihrer Probleme helfen könne. Ich habe das Gefühl, dass der Papst, auf den er sich bezieht, der jetzige Papst ist, der offenbar politisch ziemlich engagiert ist und versucht, den Weltfrieden herbeizuführen. Ja, er sagt, dass mein Gefühl richtig sei. Ein weiterer Grund, warum er ihn als einen Kahn dargestellt hat, ist, weil dies eine Art Boot ist, etwas, das reist. Und dieser Papst wird nicht abgeschieden im Vatikan bleiben.

D: Ja, das ergibt einen Sinn. Dieser Papst reist überall hin.

UPDATE: 1992 wurde bekannt, dass der damalige Papst in der Vergangenheit an politischen Verhandlungen mit den Vereinigten

Staaten und den kommunistischen Ländern beteiligt war. Eine solche Entdeckung verleiht diesem Vierzeiler noch mehr Plausibilität. Es wurde enthüllt, dass Präsident Reagan vor einem Jahrzehnt nach Konsultationen mit Papst Johannes Paul II. und einem heftigen Streit unter Regierungsbeamten ein geheimes Hilfsprogramm für Polens gesetzlich verbotene Solidarnosc-Bewegung genehmigte.

D: Sie haben dies als ein Bündnis zwischen den USA und Russland interpretiert und nicht als die Zeit, in der sie größte Uneinigkeit hatten.

B: Er sagt, wir mögen zum nächsten Vierzeiler übergehen, diese Interpretationen seien lächerlich.

CENTURIE IV-28

Lors que Venus du Sol sera couvert,
Soubs l'esplendeur sera Forme occulte:
Mercure au feu les aura descouvert,
Par bruit bellique sera mis à l'insulte.

Wenn Venus von der Sonne verdeckt sein wird,/Wird unter dem Glanz ein Gebilde verborgen sein./Merkur wird sie dem Feuer ausgesetzt haben,/Aufgrund eines Kriegsgerüchts erfolgt der Angriff.

B: Er sagt, dass in diesem speziellen Vierzeiler nicht alle Hinweise, die astrologisch klingen, auch unbedingt astrologisch seien. Er hat Schwierigkeiten, die Begriffe zu übermitteln, aber er wird es versuchen. Er sagt, dass dieser Vierzeiler mehrere Bedeutungen habe. Eine der Interpretationen bezieht sich auf ein Ereignis, das bereits stattgefunden hat. Es handelt sich um ein Ereignis, das sich tatsächlich ereignet hat, aber zu der Zeit, als es geschah, wurde es eher als Gerücht denn als ein tatsächliches Ereignis betrachtet. Ein Aspekt dieses Vierzeilers hat mit dem russischen Weltraumprogramm zu tun. Er sagt, dass Russland bereits in den frühen siebziger Jahren, als Russland und Amerika versuchten, einander im Hinblick auf die Errungenschaften bei den Weltraumflügen, insbesondere bei bemannten Raumflügen, zu übertreffen, ein ehrgeiziges Projekt in Angriff nahm. Da es ihnen nicht gelungen war, einen bemannten Flug zum Mond durchzuführen, kamen sie bei dem Versuch, ihren verletzten Stolz zu retten zu der Einsicht, etwas Besseres zu tun und sich keine Sorgen um den Mond zu machen. Sie versuchten, einen bemannten Flug zur Venus zu schicken. Er sagt, als sie dies taten, sei der Kontakt für eine gewisse Zeit unterbrochen worden, und es wurde angenommen, dass das Schiff verloren gegangen oder zerstört worden sei. In letzter Minute wurde die Kommunikation wieder hergestellt, kurz bevor das Schiff in der Atmosphäre der Venus verglühte. Er sagt, dass die Vereinigten Staaten zu diesem Zeitpunkt vermuteten, dass dies geschehen sei, aber sie dachten, es könnte sich dabei auch nur um einen Propagandatrick der Russen handeln. Das war zu einer Zeit, als die diplomatischen Beziehungen zwischen den beiden Ländern sehr heikel waren.

Nostradamus sah, dass der Challenger-Unfall kein einzelner Fall einer Weltraumtragödie war. Es war lediglich der am meisten publizierte. Er sah, dass seit Beginn der Weltraumforschung Astronauten verloren gegangen waren, nicht nur durch die Vereinigten Staaten, sondern auch durch Russland und andere Länder. Er sagte, dass -- für die Außenwelt unbekannt -- neben den beiden Supermächten auch andere Länder in den frühen Tagen der Raumfahrt Weltraumexperimente durchführten. Viele von ihnen hörten nach desaströsen Ergebnissen mit den Experimenten auf. Nostradamus berichtete, dass viele der so genannten „unbemannten“ Flüge in Wirklichkeit Astronauten beförderten, die bei erfolglosen Missionen im Weltraum starben oder verloren gingen. Diese Unfälle wurden aus naheliegenden Gründen nie publik gemacht. Als ich darüber nachdachte, erinnerte ich mich an Gerüchte aus den frühen 1970er Jahren, dass bei den ersten sanften Landungen der Sowjets auf der Venus Astronauten ums Leben kamen. Aufgrund mysteriöser Rundfunkübertragungen gab es damals viele Spekulationen, doch es wurde niemals ein Beweis erbracht, und diese Spekulationen sind lediglich Gerüchte geblieben. Hat Nostradamus gesehen, was bei einigen dieser Weltraummissionen tatsächlich geschah?

KAPITEL 11

DIE HEUTIGE ZEIT

B: Ich soll dir sagen, dass er seine Werkzeuge und Instrumente sowie seinen Tintentopf und seine Schriftrollen bei sich hat.

D: Hat er das? Warum hat er sie diesmal mitgebracht?

B: Bildlich gesprochen. Eine Redensart. Er sagt, er habe sie immer dabei. Außerdem bringt er mit sein ... er nennt es sein Fragenbuch. Und er zeigt mir gerade ein Bild von einem Buch, in dem nichts als Fragezeichen stehen.

(Es war offensichtlich, dass er mit mir scherzte.)

D: (Gelächter) Okay. Sage ihm, ich habe meine Schriftrollen, meine Schreibgeräte und meine kleine Black Box.

B: Er sagt, du seist eine Schwindlerin. Du hast nichts außer deiner Blackbox.

D: (Gelächter) Ich bitte um Verzeihung. Ich habe sein Buch.

B: Er sagt, das zähle nicht, denn es sei sein Buch, und er habe es auch. Aha! Aber du hast keinen Tintentopf und kein Fragenbuch. Er fügte aber gerade hinzu, dass die höllische Frau genug Fragen stelle. Sie brauche kein Fragenbuch. (Lachen) Ich glaube, er will dich ärgern.

D: Ich habe auch den Eindruck. (Lachen) Ja, ich habe viele Fragen. Ich habe eine schreckliche Neugierde.

B: Er sagt, schrecklich sei das richtige Wort dafür.

D: (Lachen) Nun, ich bin froh, dass er mich duldet. Er ist derjenige, der mit dieser ganzen Sache angefangen hat.

B: Er sagt, das Rad des Karmas sei endlos. Es beginne nicht, und es ende auch nicht. Deshalb könne man ihm nicht vorwerfen, die ganze Sache begonnen zu haben, denn die Dinge seien endlos. Er sagt, er könnte genauso gut sagen, dass du es begonnen hast, indem du dich zunächst auf Hypnose-Rückführung eingelassen hast, du siehst also, dass es endlos ist. Wenn das jeder erkennen würde, würde das Gerichte und Gesetze überflüssig machen.

D: Nun, wenn er den Scherz mit uns beendet hat, ist er dann bereit, die Arbeit an der Übersetzung seiner Vierzeiler fortzusetzen?

B: Er sagt mit einer großen Handbewegung, dass er immer bereit sei, die Arbeit fortzusetzen. Er sagt: „Lass es uns tun." (Breit grinsend) Er scheint sehr gut gelaunt zu sein.

In den Monaten, in denen wir zusammenarbeiteten, gab mir Nostradamus die Übersetzung vieler Vierzeiler, die für unsere heutige Zeit gelten. Ich werde die Außergewöhnlichsten hier aufnehmen.

CENTURIE III-13

Par fouldre en l'arche or & argent fondu,
De deux captifs l'un l'autre mangera:
De la cité le plus grand estendu,
Quend submergee la classe nagera.

Durch Blitze in dem Kasten werden Gold und Silber geschmolzen,/Die beiden Gefangenen werden einander verschlingen./Die größte der Stadt dehnt sich aus,/Wenn die Flotte unter Wasser fährt.

B: Er sagt, dass sich dieser Vierzeiler auf einige Erfindungen beziehe, die man als „moderne" Erfindungen bezeichnen würde. Diese werden sich natürlich als militärisch anwendbar herausstellen. Er sagt, dass sich zum Beispiel der Kasten mit dem flackernden Licht auf die Bändigung und Kontrolle der Elektrizität beziehe. Gold und Silber, die in dem Kasten geschmolzen werden, bezieht sich auf einige Anwendungen der Elektrotechnik, wie z.B. das Galvanisieren von Dingen mit Gold und dergleichen. Und wie dies wiederum zu Technologien wie der Kommunikationstechnologie unter der Verwendung von

Mikrochips führe, die wiederum zur Kommunikation mit den so genannten „U-Booten“ verwendet wird -- der U-Boot-Flotte, die jedes Land besitzt. Er sagt also, dass er einfach versucht habe, ein Bild von all den vielen wundersamen Erfindungen zu zeichnen, die er für die Zukunft gesehen habe.

D: *Und das geht einher mit dem Teil, in dem es heißt: „Die beiden Gefangenen werden einander verschlingen“.*

B: Er sagt, ja, das habe mit den beteiligten Energien zu tun, denn sie müssten ausgeglichen sein. Es sind entgegengesetzte Energien, aber sie müssen ausgeglichen sein, damit es funktioniert. Und so verschlingen sie sich in gewisser Weise gegenseitig, damit sie im Gleichgewicht sind.

D: *Die Übersetzer dachten, er spreche von Alchemie.*

B: Er sagt, dass die Praktik der Alchemie die Chemie und Astronomie hervorgebracht habe, und dass auch die Astrologie dazu beigetragen habe. Und er sagt, dass auch die Physik davon betroffen gewesen sei. Er sagt, dass einige der frühen Alchemisten auf der Suche nach metaphysischem Wissen gewesen seien, und einige hätten einfach nur nach physikalischem Wissen gesucht. Dies führte schließlich zu dem, was man moderne Wissenschaften nennen könnte, die all diese Dinge erfunden haben.

D: *Auf etwas umständliche Weise bezieht es sich also auf die Alchemie. Obwohl die Übersetzer glauben, dass er von einer Art Prozess spricht, den er zu seiner Zeit anwandte.*

B: Er sagt, dass er sehen kann, woher sie diese Interpretation hatten, da sie darauf bestehen, ihm Scheuklappen aufzusetzen.

Häufig gab er mir nicht alle Antworten. Er überließ uns immer noch einen Teil des Rätsels, den wir selbst herausfinden mussten.

B: Er sagt, das müssest du selbst herausfinden. Er wird dir nicht alles verraten. Jetzt, da er die Hinweise gegeben hat, sollte man in der Lage sein, es selbst herauszufinden. Er sagt, dass man den Geist trainieren müsse, damit er wächst, sonst würde man zu einem Dummkopf werden. (Gelächter aus der Gruppe.)

D: *Er will also, dass ich mein eigenes Gehirn benutze.*

B: Er sagt, dass du in diesem Bereich deines Körpers sicherlich keine großen Mengen Schweizer Käse haben willst.

D: (Lachen) Stimmt. Ich möchte kein löchriges Gehirn haben. Man kann sich nicht einfach alle Antworten überreichen lassen, nicht wahr?

B: Er sagt, er habe zu viel Übung darin, geheimnisvoll zu sein. Es sei schwer, sich gänzlich zu öffnen.

Es gab mehrere Vierzeiler, die sich auf die Absetzung des Schahs von Iran und die Machtergreifung des Ayatollah Khomeni bezogen, weil dies Vorboten der schrecklichen „Zeit der Unruhen" waren. (Centurien II-10 und I-70)

CENTURIE VI-34

Du feu volant la machination,
Viendra troubler au grand chef assiegez:
Dedans sera telle sedition,
Qu'en desespoir seront les profligez.

Die Maschine des fliegenden Feuers wird kommen,/Um den großen, bedrängten Anführer zu plagen. /Im Inneren wird es einen solchen Aufruhr geben,/Dass die Verlassenen sich in Verzweiflung befinden werden.

B: Er sagt, dass dies eine Vorhersage des Unfalls sei, der sich Anfang dieses Jahres bei der NASA bei der Challenger-Besatzung ereignete. (Dies geschah Ende Januar 1986.) Er sagt, dass die Nachwirkungen dieses tragischen Unfalls zu einer großen Meinungsverschiedenheit in den obersten Ebenen geführt haben, sowohl innerhalb der NASA als auch in der Strategischen Luftstreitmacht, was Ziel und Zweck des amerikanischen Raumfahrtprogramms betrifft. Er sagt, es gebe seit geraumer Zeit eine Fraktion, die sich für unbemannte Sonden, bestückt mit hochentwickelten Instrumenten, einsetze. Dieser Unfall gab ihnen den Treibstoff, den sie brauchten, um ein Feuer der Uneinigkeit zu entfachen. Und jene Idealisten, die an dem Traum von der direkten Erforschung des Weltraums durch den Menschen festhalten, sind über die Entwicklung der Sache zunehmend entmutigt geworden. Denn sie wollten Raumstationen bauen und die Solarenergiegewinnung entwickeln, um dazu beizutragen, den Energiebedarf der Erde zu decken.

D: „Sie wird kommen, um den großen bedrängten Anführer zu plagen", meint er damit die Führer der NASA?

B: Er sagt, dass der große bedrängte Anführer sowohl für die Führer der NASA als auch für den Präsidenten der Vereinigten Staaten stehe.

D: Ist er in der Lage, die Ursache des Unfalls zu erkennen?

B: Ich werde ihn fragen. (Pause) Er sagt, es ist schwer, klar zu sehen, aber eine der Hauptursachen für den Unfall scheint ein Computerfehler gewesen zu sein.

D: Natürlich wusste er nicht, was Computer sind, oder? Hat er vielleicht etwas mit Maschinen gesehen?

B: Nun, er sah sich die Situation an und wählte den Begriff aus dem Geist dieses Mediums aus. Er dachte an Mathematiker und Denker, und er dachte an Maschinen. Er dachte an Maschinen, die das Denken von Mathematikern und Denkern übernahmen. Und was passieren würde, wenn ein System, das von einer solchen Maschine abhängig ist, zusammenbräche und einen Fehler machte, so wie es Menschen tun. Und er fragte nicht nach einem umgangssprachlichen Ausdruck, sondern nach einem Begriff, der zu diesem Konzept passen würde. Er ist mit dem Begriff „Computerfehler" zufrieden.

D: Das war sehr geschickt.

B: Er sagt, dass, obwohl der Großteil der Beweismittel in der Feuersbrunst zerstört wurde, nicht veröffentlicht werden wird, welche Stücke gefunden werden und welche Geschichte zusammengestückelt wird. Es wird in den höchsten Kreisen der NASA geheim gehalten werden, während sie versuchen herauszufinden, was einen solch schrecklichen Unfall verursacht hat.

D: Sie haben einige Dinge veröffentlicht, aber wir wissen nie, ob es die Wahrheit ist oder nicht.

B: Er sagt, was sie veröffentlicht haben, sei Propaganda.

D: Wird dies einen Rückschlag für unser Weltraumprogramm bedeuten?

B: Ja, das wird es ... ein wenig. Er sagt, das werde es vorübergehend zurückwerfen. Aber der Zeitaufwand werde länger sein als ursprünglich angenommen. Denn im Moment hat es zu einer großen Spaltung in den Diensträngen geführt. Es ist wie eine zweiköpfige Schlange, die sich selbst bekämpft. Jede Division versucht, die Oberhand zu gewinnen, um das Raumfahrtprogramm in die gewünschte Richtung zu lenken. Bis dies gelöst ist, wird die Umsetzung der Entscheidung durch den Krieg verzögert. Erst wenn der Krieg vorbei ist, sich die Dinge beruhigt haben und das Land sich vom Krieg erholt hat, wird das Raumfahrtprogramm in Richtung der Entwicklung von Solarenergie und Raumstationen umgesetzt werden. Die Idealisten werden am Ende siegen, aber es wird eine sehr knappe Entscheidung sein. Das Aufkommen des Krieges wird dazu beitragen, ihre Position zu stärken.

CENTURIE IV-30

Plus onze fois Luna Sol ne voudra,
Tous augment & baissez de degré:
Et si bas mis que peu or on cendra,
Qu'apres faim, peste, descouvert le secret.

Mehr als elf Mal wird der Mond die Sonne nicht wollen,/sowohl im Grad erhöht als auch erniedrigt./So niedrig gestellt, dass man wenig Gold nähen wird./Erst nach Hungersnot und Pest wird man das Geheimnis entdecken.

B: Er sagt, dieser Vierzeiler beziehe sich auf ein Ereignis, dessen Wurzeln bereits gelegt seien, dessen Ausgang aber noch eine Weile lang nicht ans Licht kommen werde. Er sagt, der Satz „mehr als elf Mal wird der Mond die Sonne nicht wollen" beziehe sich auf das Raumfahrtprogramm der Vereinigten Staaten und die bemannten Flüge zum Mond. Der Mond war zu dieser Zeit in den Gedanken der Menschen sehr dominant, wodurch er zu Ruhm gelangte und besonders wichtig war. Daher brauchte oder wollte er es nicht, dass der Einfluss der Sonne zu seinem Ruhm beiträgt. Aber dann wird das Raumfahrtprogramm in Ungnade fallen, so dass der Ruhm des Mondes durch politische Veränderungen in der Regierung gemindert und der Schwerpunkt in eine andere

Richtung verlagert wird. Und die Schwerpunktverlagerung ist zurückzuführen auf -- er besteht auf der Verwendung des Wortes „ruchlos“ -- die ruchlose Politikmacherei hinter den Kulissen, von der die wählende Öffentlichkeit nichts weiß, die sie aber bei Kenntnis nicht billigen würde. Dieser politische Kurswechsel, das Geld in militärische Unterfangen anstatt in wissenschaftliche Dinge zu leiten, wird zu den Schrecken der kommenden Veränderungen beitragen. Aber die Machenschaften hinter den Kulissen werden erst zu einem späteren Zeitpunkt aufgedeckt werden.

UPDATE: Einer meiner Leser hat in diesem Vierzeiler etwas entdeckt, das ich nicht bemerkt habe. Ich zitiere aus seinem Brief: „Die Mondflüge gingen bis zur Nummer elf, bevor Neil Armstrong auf der Oberfläche landete. Die Missionen wurden natürlich nach Apollon, dem römischen Sonnengott, benannt.“

D: Was ist die Bedeutung von „man wird wenig Gold nähen“?

B: Wenn eine Schwerpunktverlagerung in der Politik stattfindet, wirkt sich dies auf das Geld aus, das für die Beiträge zum Ruhm des Mondes zur Verfügung steht, d.h. auf das für Raumfahrtprogramme zur Verfügung stehende Geld. Es wird für andere Zwecke abgezweigt, und da kein Geld in das Raumfahrtprogramm gesteckt wird, kann es nicht in Naturalien zurückfließen. Denn wenn Geld in die Forschung gesteckt wird, an der das Raumfahrtprogramm beteiligt ist, fließt es um ein Zehnfaches durch die Entdeckungen zurück, die gemacht werden, um das Los der Menschheit zu verbessern.

D: „Nach Hungersnot und Pest wird das Geheimnis gelüftet werden.“

B: Nach der Zeit der Unruhen.

D: Ich denke an einen weiteren Vierzeiler, in dem wir die Challenger-Tragödie behandelten, und die Tatsache, dass sie versuchten, Raumstationen ins All zu bringen. Er sagte, das Ganze werde sich wegen eines Krieges verzögern. Glaubst du, dass diese beiden miteinander verbunden sind?

B: Ja. Er sagt, diese Situation um die Weltraumforschung sei sehr kompliziert und verwickelt.

D: Dieser Nächste enthält einige astrologische Zeichen. Ich möchte ihm sagen, dass ich einen jungen Mann gefunden habe, der ein erfahrener Astrologe ist. Er möchte mit mir an diesen Vierzeilern arbeiten, um die Zeichen zu bestimmen, die Nostradamus erwähnt.

B: Er sagt, es wäre gut, wenn der junge Mann seinen Geist für neue Interpretationen dessen, was er sieht, offen halten und sich nicht zu steif und fest an die etablierten Regeln der Astrologie halten würde. Die Planeten bilden ihre Muster, und wenn man ihnen genügend Zeit lässt, werden sie wieder zu diesen Mustern zurückkommen. Deshalb wird mehr als nur ein Weg angezeigt werden, gerade so, wie den Vierzeilern mehr als eine Interpretation gegeben werden kann.

D: Der junge Mann regte an, dass ich gelegentlich nach mehr astrologischen Informationen fragen solle.

B: Er sagt, er werde tun, was er kann, um zu helfen. Manchmal sei es schwierig, die Begriffe präzise genug zu übersetzen, um wirklich eine Hilfe zu sein. Aber er wird tun, was er kann.

John war anwesend und wollte eine Frage zu einem Vierzeiler stellen, den ich von Elena erhalten hatte. Ich bat ihn, die astrologischen Zeichen nachzuschlagen, und er wollte mehr Informationen dazu zusammentragen. Er war besorgt darüber, weil es sehr bald geschehen sollte, am 22. Dezember 1986, in etwa zwei Monaten. Elena hatte durch Dyonisus angedeutet, dass der Vierzeiler sich auf Raumschiffe bezog. John war nicht dieser Meinung.

CENTURIE II-48

La grand copie qui passera les monts,
Saturne en l'Arq tournant du poisson Mars:
Venins caches soubs testes de saulmons,
Leur chef pendu à fil de polemars.

Die große Armee, die über die Berge ziehen wird,/Wenn Saturn im Schützen steht und Mars sich in Fische bewegt./Gift unter den Köpfen der Lachse versteckt,/Ihr Anführer wurde im Krieg mit einem Seil erhängt.

B: Er sagt abermals, dass dieser Vierzeiler mehr als eine Bedeutung habe. Durch den Fehler eines Führers wird es zu einem internationalen Zwischenfall kommen. Er meint, das Hauptproblem in der Situation werde durch einen Zusammenbruch der Kommunikation zwischen den beiden beteiligten Mächten verursacht werden.

John: Wir wissen, dass Mars und Saturn in dieser Zeitspanne im Quadranten stehen werden. „Gift unter den Köpfen der Lachse versteckt. Ihr Anführer wird im Krieg an einem Seil erhängt". Bedeutet das, dass sich der Anführer selbst erhängen wird? Dass er wegen des Fehlers Selbstmord begehen wird?

B: „Der Anführer wird im Krieg mit einem Seil erhängt." Er sagt, dass die Situation viel komplizierter sei als es zunächst an der Oberfläche erscheinen wird, symbolisiert durch den vermeintlichen Knoten in dem Strick. Um sich mit einem Strick zu erhängen, muss man irgendwo einen Knoten hineinmachen. Er sagt, dass der Anführer, der involvierte Führer, das Geschehene sehr bedauern werde und seine Karriere wird fortsetzen und dabei helfen wollen, die Situation zu korrigieren, um die negativen Auswirkungen der Situation auszugleichen. Er wird jedoch von anderen, die seine Position in der Organisation einnehmen wollen, symbolisch gehängt werden. Er wird gehängt werden, soweit es um Politik und seine Karriere geht. Es wird fast so sein, als würde er Selbstmord begehen, denn das Endresultat wird sein, dass er ein gebrochener Mann und nicht in der Lage ist, etwas an der Situation zu ändern. Es scheint, wie er sagt, dass von beiden Seiten aus betrachtet das ganze Ereignis am Ende ein Fiasko sein wird. Aber es wird katastrophale und sehr schädliche Folgen haben. Es gibt noch ein anderes Wort, das er hier verwenden will, aber ich kann es nicht finden. Es wird sehr ... tiefgreifende Konsequenzen für beide beteiligten Länder haben.

D: Wäre „weitreichend" ein gutes Wort?

B: Nein. Tiefgreifend, tief reichend, tief bis ins Mark treffend, weil es die allgemeine Weltpolitik für viele Nationen beeinflussen wird.

D: Wir wollten diesen ersten Teil noch einmal klarstellen. „Die große Armee." In einer französischen Übersetzung hieß es: „Die große Horde, die über die Berge ziehen wird."

B: Er sagt, das Wort „Horde“ komme der Beschreibung näher als „Armee“. So wie sich die Situation entwickelt, wird ein Feind oder jemand, der den Vereinigten Staaten nichts Gutes will, die Situation ausnutzen, indem er seine Macht auf unmoralische Weise ausweitet. Und sie werden es tun, indem sie eine Horde von Agenten in dieses Gebiet schicken, die für sie arbeiten. Er sagt, es sei ihm nicht klar, aber dieser Aspekt der Situation werde erst etwas später ans Tageslicht kommen. Und ein Großteil der Welt wird über diese Aktion aufgebracht sein. Michel de Nostredame fragt dich, ob du dem etwas hinzufügen möchtest.

D: Nun, ist dieses Datum korrekt, der 22. Dezember 1986?

B: Er sagt, ja, oder so nahe dran, dass es keinen Unterschied macht.

D: Das interessierte uns, weil dies in sehr naher Zukunft geschehen wird. (Wir stellten diese Fragen im Oktober 1986).

B: Ja. Er sagt, dass es aus seiner Sicht so unmittelbar erscheint, dass die Zeit, aus der wir heute sprechen, und die Zeit, in der es geschehen wird, fast gleichzeitig erscheinen.

Erika Cheetham übersetzte die im Vierzeiler erwähnten astrologischen Zeichen als eine Konjunktion, aber das stimmt nicht. John hatte herausgefunden, dass diese Zeichen von der letzten Novemberwoche 1986 an über den Dezember bis in die erste Januarwoche 1987 hinein auftreten werden. Es ist interessant, dass Elena auf dieses Datum für diesen Vierzeiler kam, wo sie doch nichts über Astrologie wusste.

Ich glaube, dieser Vierzeiler bezieht sich auf das Problem, das Präsident Reagan bei der Entdeckung des Waffendeals mit dem Iran hatte. Dieses Fiasko begann sich gegen Ende November zu entfalten und dauerte von Dezember bis in den Januar hinein. Der Rest der Nation verfolgte die Entwicklung der Geschichte im Fernsehen und verspürte wahrscheinlich Gefühle von Unglauben, Wut oder Frustration. Einige mögen das Gefühl gehabt haben, dass das gesamte Szenario völlig übertrieben wurde. Dieser Teil des Dramas berührte mich nicht. Mit einem Gefühl der Distanziertheit hörte ich zu, als ein Senator Präsident Reagan zum Rücktritt und zur Ernennung eines Nachfolgers aufforderte. Mir ging immer wieder der Satz durch den Kopf: „Ihr Anführer im Krieg mit einem Seil erhängt.“ Es stimmt, der Präsident ist mit Sicherheit der Oberbefehlshaber der Streitkräfte.

Meine Sympathie für die symbolische Erhängung des Präsidenten wurde durch das Staunen und Wundern ersetzt, als ich sah, wie die 400 Jahre alte Prophezeiung von Nostradamus vor meinen Augen Realität wurde. Dann lief ein kalter Schauer durch meinen Körper. Wenn er mit dieser Prophezeiung Recht hatte, würden sich dann seine schrecklichen Visionen vom Antichristen ebenfalls erfüllen?

Erika Cheetham sagt in ihrem Buch, dass „saumon" in der provenzalischen Sprache Eselskopf bedeute. Sie sah keine Möglichkeit, das in diesem Vierzeiler sinnvoll zu übersetzen, also benutzte sie das Wort „Lachs". Aber ich frage mich, ob damit der Esel, das Symbol der Demokratischen Partei, gemeint sein könnte? Könnte es mit „unter dem Eselskopf verborgenem Gift" bedeuten, dass die Demokraten irgendwie für die Negativität in den Nachrichten über dieses Ereignis verantwortlich waren? John sagte auch, dass ein Eselskopf eine beliebte Art von Maske sei, die auf Festivals in Frankreich getragen wird. Auch hier wurde wieder angedeutet, dass etwas Verborgenes vor sich ging. Dies sind meine Betrachtungen und nicht die von Nostradamus, aber er sagte mir, ich solle versuchen, meine eigenen kombinatorischen Fähigkeiten zu nutzen, um diese Rätsel zu lösen.

J: Du sagtest, dieser Vierzeiler könnte mehr als eine Bedeutung haben. Saturn im Schützen stellt sich mir fast wie ein Feuerpfeil dar. Und Mars in Fische ist Wasser wie die Ozeane. Hat das etwas mit Unruhen auf See oder mit Kämpfen zwischen Marineschiffen zu tun?

D: Oder willst du es mit deinen eigenen Worten erklären?

B: Er sagt, es mache ihm nichts aus, dass man ihm solche Fragen stellt, denn darum gehe es schließlich in der Diskussion. Geben und Nehmen. Er hat sich darauf gefreut, mit diesem jungen Mann zu diskutieren, anstatt bloß mit ihm zu kommunizieren. Er sagt, es gebe einen Unterschied zwischen Diskussion und Kommunikation. Eine Sache, die ihm besonders erfreulich erscheint, ist, dass die Linie, entlang der du zu denken scheinst, parallel zu seinem eigenen Gedankengang zu verlaufen scheint. Das macht die Diskussion sehr viel einfacher und direkter. Er sagt, dass es richtig sei, wenn du bei der Interpretation astrologischer Symbole deinen Gefühlen in der Sache folgst. Deine Gefühle sind deine übersinnlichen Führer, die dir helfen, indem sie die Dinge von ihren höheren Ebenen aus beobachten. Dadurch tragen sie zu deiner Einsicht in die Materie bei. Er sagt, dass dieses besondere Ereignis den Ozean betreffe. Er gibt mir ein Bild von etwas, das ich als U-Boot interpretiere. Es wird ebenso involviert sein wie bewaffnete Schiffe auf der Oberfläche des Ozeans.

D: Welches Land ist denn hierin verwickelt?

B: Das kann er nicht mit Sicherheit sagen. Das Gefühl, das er vermittelt, ist, dass ein Amerikaner involviert sein wird und dass es im Atlantischen Ozean stattfinden wird. Das Bild, das Michel de Nostredame mir vor Augen führt, ist wie der Blick auf eine Karte, deren Zentrum der Atlantische Ozean ist. Und ich sehe etwas, das wie zylinderförmige Raketen aussieht, die ins Wasser platschen, und etwas, das wie ein teilweise untergegangenes Schiff aussieht sowie ein U-Boot in der Nähe. Es ist, als sähe man ein Foto davon auf die Karte des Atlantischen Ozeans kopiert, so dass die Objekte auf diesem Foto im Vergleich zum Ozean in keinerlei Verhältnis stehen. Aber der Standort liegt in der nördlichen Hemisphäre des Atlantischen Ozeans, im südwestlichen Quadranten. Ich habe den Eindruck, dass dies der Ort ist, an welchem sich der Vorfall abspielen wird.

Es ist interessant, dass Raketen erwähnt wurden, weil diese auch in den Iran-Rüstungsskandal verwickelt waren. Könnte er sich abermals auf beide Vorfälle beziehen?

D: Der Grund, warum wir nach diesem Vierzeiler fragen, ist, dass das andere Medium dachte, er handle von Raumschiffen. Es war Dyonisus, der uns dies erzählte, und ich persönlich glaube, dass er das, was er sah, womöglich falsch interpretiert hat.

B: Er sagt, dies sei absolut begründet, da auf dem Bild überwiegend zylinderförmige Objekte zu sehen seien, nämlich das U-Boot und die Raketen. Er könnte diese mit Raumfahrzeugen verwechselt haben, da diese ebenfalls überwiegend zylinderförmig seien.

J: Was bedeutet das „Gift, unter den Köpfen der Lachse versteckt"?

B: Er sagt, dies stelle eine zweifache Sache dar. Das Gift, das unter den Köpfen der Lachse versteckt ist, bezieht sich sowohl auf ein Atom-U-Boot als auch auf die kriegerischen Absichten der

Kommandanten dieser U-Boote. Sie werden sozusagen etwas nervös dabei sein, den Knopf zu drücken. Beide in diesem Vierzeiler angesprochenen Vorkommnisse führen zu einem Fiasko.

J: Ich denke, der südwestliche Quadrant könnte in der Nähe von Kuba oder in diesem Gebiet liegen. Könnte dies bedeuten, dass ein sowjetisches U-Boot, welches Manöver vor der Küste durchführt, die Vereinigten Staaten bedrohen oder sogar bombardieren könnte?

B: Ja, er sagt, dass insbesondere ein amerikanisches Überwasserschiff in Gefahr sein werde. Der sowjetische Kommandeur dieses U-Boots wird geheime Anweisungen haben, von denen der Rest der Besatzung nichts weiß, und diese besagen im Wesentlichen, dass er so viel wie möglich reizen und anstiften soll, ohne unbedingt die Grenze zu überschreiten. Was passiert, ist, dass er sich hinreißen lässt und zu weit geht, aber wegen der allgemeinen Natur seiner Befehle er hat keine Angst vor Bestrafung. Der amerikanische Kommandeur hingegen befindet sich in einer Situation, in der ihm befohlen wurde, die Küste der Vereinigten Staaten zu verteidigen, aber nichts zu unternehmen, um einen Krieg zu beginnen. Dem Kommandeur gelingt es bei der Verteidigung seines Schiffes gegen das U-Boot, das U-Boot zu treffen, und er hat das Gefühl, es versenkt zu haben. Er hat das Gefühl, dass ihm die Hände gebunden sind, dass dies vielleicht eher als eine Aktion zur Kriegsauslösung interpretiert werde denn als eine Maßnahme zur Verteidigung der Vereinigten Staaten.

J: Wird dies zum Krieg führen?

B: Es wird eines der Ereignisse sein, die zu einem Konflikt führen, als Vorbereitung auf die Zeit der Unruhen. Es wird zu diesem Zeitpunkt kein ausgemachter Krieg sein, sondern nur eines der vorbereitenden Ereignisse, die zum Krieg führen. Er sagt zum Beispiel, dass es einige Dinge gebe, die sich vor dem Zweiten Weltkrieg ereignet hätten, die damals als vereinzelte Ereignisse betrachtet wurden, welche aber später als eine ganze Reihe von Ereignissen erkannt wurden, die zum Zweiten Weltkrieg führten. Er sagt, es sei diese Art von Situation. Es ist schwierig für ihn, das aus seiner Perspektive zu sagen, aber wenn die Zeit der Unruhen vorbei ist und wir darauf zurückblicken und diese Zeitspanne dokumentieren, wird der Zusammenhang offensichtlich werden.

Könnte diese Vorhersage im Zusammenhang mit dem sowjetischen U-Boot stehen, das vom 3. bis 6. Oktober 1986 im Meer versank? Es hieß, dass es an Bord des U-Boots zu einem Brand und einer nuklearen Explosion kam und das U-Boot östlich der Bermudainseln versank, während es doch nach Russland zurückgeschleppt wurde. Unsere Hilfe wurde verweigert, und den U. S.-amerikanischen Flugzeugen und Schiffen wurde befohlen, sich fernzuhalten. Könnte es dort mehr Beteiligte gegeben haben, als bekannt wurde?

Als dieses Buch an die Verleger ging, gab es zudem im April 1988 einen Vorfall mit dem amerikanischen U-Boot Bonefish. Das Schiff wurde durch eine Explosion unbestimmter Herkunft in genau dem von Nostradamus angegebenen Meeresgebiet außer Gefecht gesetzt. Es gab noch einige andere Parallelen zu dem Vierzeiler. „Gift unter den Köpfen der Lachse versteckt" könnte sich in diesem Fall auf die giftigen Dämpfe beziehen, die im Innern des U-Bootes freigesetzt wurden und die das Leben aller an Bord befindlichen Personen bedrohten. Auch das Wort „Lachs" könnte sich auf das U-Boot (einen Fisch) und seinen ungewöhnlichen Namen „Bonefish" beziehen. Auch Überwasserschiffe waren an den Routineübungen beteiligt, die in diesem Gebiet des Atlantiks stattfanden. Die Bonefish war ein veraltetes dieselelektrisches U-Boot, das bald außer Betrieb genommen werden sollte. Von diesem Typ sind nur noch vier im aktiven Einsatz. Die Marine verwendet diesen U-Boot-Typ, um bei diesen Übungen sowjetische U-Boote zu simulieren, da die Russen viele dieser U-Boote noch immer in Betrieb haben. Könnte dies der Grund dafür sein, dass Nostradamus Brenda gegenüber angab, es handele sich um ein sowjetisches U-Boot? Könnte er ihr in Wirklichkeit einen Unfall gezeigt haben, der sich während der Kriegs-„Spiele" ereignet hat, und nicht eine tatsächliche Konfrontation? Es wäre für ihn schwierig gewesen, den Unterschied zu erkennen, und für Brenda wäre es schwierig gewesen, aus den ihr gezeigten Bildern irgendwelche anderen Schlüsse zu ziehen. Auch hier frage ich mich, ob er mehr gesehen hat, als wir je erfahren werden.

B: Er sagt, es sei sehr schwierig gewesen, durch Dyonisus zu kommunizieren. Zum einen habe er nicht so gut im Französischen gedacht, wie Michel de Nostredame. Er sagt, er habe die Begriffe, die er vermitteln wollte, oft missverstanden. Er sagt auch, dass es eine sehr indirekte Art der Kommunikation gewesen sei. Aber er musste die Kommunikation irgendwie herstellen, und das war die direkteste Art und Weise, die ihm dazu einfiel. Denn er wusste, dass es sich zu dieser Art von Kommunikation entwickeln würde. Er hielt es für sehr wichtig, einen Weg zu eröffnen, weil es zu eurer Zeit äußerst wichtig ist. Ihr seid an dem Punkt, an dem sich diese Dinge während eurer Lebenszeit abspielen werden. Sie werden einen sehr tiefgreifenden Einfluss auf euer Leben und auf das Leben aller haben. Er will versuchen, die Informationen zu überbringen, um zumindest einigen der Menschen zu helfen. Er hofft, dass der junge Astrologe, dessen Bekanntschaft er heute gemacht hat, nicht übermäßig enttäuscht darüber ist, dass es bisher keine eindeutigen astrologischen Hinweise gibt. Aber er sagt, er werde gerne weiterhin mit diesem jungen Mann durch dieses Medium zusammenarbeiten. Um gemeinsam daran zu arbeiten, die damit verbundenen Rätsel zu lösen. Er weiß, dass es zu seiner Zeit in seinem Land verschiedene Dialekte der französischen Sprache gibt, und obwohl euer Land relativ jung ist, findet er es amüsant, dass es zu eurer Zeit und auch in eurem Land verschiedene Dialekte eurer Sprache zu geben scheint. Er sagt, er habe bemerkt, dass der junge Astrologe anders spricht, als er es von eurer Sprache aus eurer Ebene zu hören gewohnt ist.

Wir lachten. John kommt aus Boston. Ich hätte nicht gedacht, dass sein Akzent so auffällig ist, aber anscheinend empfand es Nostradamus so.

CENTURIE VII-41

Les oz des piedz & des main enserrés, *Par bruit maison long temps inhabitee:* *Seront par songes concavent deterrés,* *Maison salubre & sans bruit habitee.*	Die Knochen der Füße und der Hände wurden verriegelt,/Wegen des Lärms ist das Haus lange Zeit unbewohnt./In Träumen schürfend werden sie ausgegraben,/Das Haus ist wohlbehalten und wird ohne Lärm bewohnt.

B: Er sagt, dass sich dies auf verschiedene Ereignisse in der amerikanischen Geschichte und auf einige künftige Ereignisse beziehe. Dies ist einer jener Vierzeiler mit mehreren Interpretationen. Er sagt, das Haus beziehe sich auf das Weiße Haus. Eine der Assoziationen bei diesem Vierzeiler, eines der Dinge, die er sah, aber die er nicht sehr stark hervorhob, waren die Ereignisse von Watergate. Der Grund, warum er es nicht sehr stark herausstellte, ist, dass der Vierzeiler mit anderen Ereignissen in Verbindung gebracht wird, die bedeutender und gewichtiger zu sein scheinen. Er war der Meinung, dass die Menschen vor diesen und nicht nur vor den Ereignissen von Watergate gewarnt werden müssten. Er wollte ihnen einen Hinweis auf Watergate geben, weil es eine schlimme, aber nicht unbedingt vermeidbare Angelegenheit sei. Im Geheimen haben die Präsidenten des angeblich freien Landes die Macht unablässig und in immer größerem Maße missbraucht. Und es musste etwas geschehen, um sie aufzurütteln und auch das Volk aufzurütteln, damit sie nicht so selbstgefällig würden. Aber er sagt, es beziehe sich auch auf Ereignisse in der Zukunft. In einem anderen Zeitraum wird es eine Zeit großer sozialer Unruhen geben, sogar noch größerer als die sozialen Unruhen während der Vietnam-Ära, in der aufgrund eines -- der Begriff, den er zu vermitteln versucht, ist eine Kombination aus zwei Begriffen, was sich nicht in ein oder zwei Worten erklären lässt. Zunächst zeigt er das Konzept einer uneinigen Jury, so dass ein Urteil nicht vor Gericht entschieden werden kann, aber er wendet dieses Konzept auf eine Wahl an.

Eine unentschiedene Wahl, bei der die Nation die unentschiedene Jury ist und bei der die Stimmen zwischen zwei verschiedenen Männern für das Amt des Präsidenten über das Land verteilt gespalten sind. Auch das Wahlkollegium wird nicht in der Lage sein, die Entscheidung zu treffen, weil die Stimmen so gleichmäßig über die gesamte Nation verteilt gespalten sein werden, dass es die demokratischen Prozesse vorübergehend einfrieren wird. Die Hände und Füße, das eigentliche Herzstück der Operation, nämlich die Wahl, werden blockiert, eingefroren. Er sagt, die Menschen würden nach dem Kandidaten schreien, für den sie jeweils gestimmt haben, und das werde über die ganze Nation einen großen Lärm verursachen. Es wird aufgrund der allgemeinen Weltlage zu diesem Zeitpunkt ein heikles Thema sein. Sollte also der eine oder andere Kandidat ins Amt gebracht werden, bestünde die Gefahr, dass ein weiterer Bürgerkrieg oder zumindest eine Revolution ausgelöst wird. Er sagt, es werde eine Zeit großen sozialen Drucks, sozialer Unruhen und sogar noch größerer Sprengkraft als während der Vietnam-Ära sein. Es wird eine Weile dauern, bis sie einen Kompromiss ausarbeiten und eine weitere Wahl abhalten, um einen für alle akzeptablen Kandidaten zu finden, einen Kandidaten, der ohne die Bedrohung durch den ganzen Lärm und die Verwirrung, die durch eine Revolution oder einen Bürgerkrieg oder was auch immer verursacht werden, im Weißen Haus eingesetzt werden kann.

D: Was bedeutet „in Träumen schürfend"?

B: Er sagt, dass bei dem Versuch, eine Lösung für das Problem zu finden, eine Menge Rhetorik eingesetzt werden wird. Es werden viele Konzepte über Patriotismus und Vaterlandsliebe und so weiter sowie die Träume der Gründerväter der Nation ins Gespräch gebracht werden.

Ich dachte, dies könnte möglicherweise bei den Präsidentschaftswahlen 1988 geschehen. 1987 gab es keinen klaren Favoriten unter den Kandidaten, der eine Wahl erfolgreich gewinnen konnte. Als Bush und Dukakis angekündigt wurden, stieß dies auf nur mäßige Begeisterung. Aber das Konzept der unentschiedenen Jury trat nicht ein, als George Bush in das Amt des Präsidenten gewählt wurde. Es scheint also, dass diese seltsame Prophezeiung ein Ereignis beschreibt, das noch in unserer Zukunft liegt. Wie weit, können wir nur spekulieren.

D: Aber du sagtest, es könnte sich wegen der Verwirrung auch auf Watergate beziehen?

B: Ja. Er sagt, wenn du möchtest, wird er einige der Assoziationen zu Watergate anführen, aber er hält es nicht für wesentlich. Er sagt, dass im Falle von Watergate die Knochen der Hände und Füße, die miteinander verriegelt sind, sich darauf beziehen, dass der Präsident die Macht der CIA für die Interessen seiner politischen Partei gegen die andere politische Partei missbraucht. Es war, als würde man sich die Hand oder die Nase abschneiden, um sich ins eigene Fleisch zu schneiden, denn beide Parteien wollen ja für das Wohl des Landes arbeiten. Und sie lassen zu, dass sich Belanglosigkeiten und Parteidifferenzen in den Weg stellen und übermächtig werden. Der Präsident hat seine Macht zum Zeitpunkt der Wahl gegen die andere Partei missbraucht, so dass dies einen großen Lärm verursachte. Mit anderen Worten: Watergate. (Ein Wortspiel. Das Öffnen eines Watergate (zu Deutsch: Wassertors, Anm. des Übersetzers) verursacht einen großen Lärm.) Es wurde erst geklärt, als der Präsident von seinem Amt zurücktrat, so dass sich die Dinge beruhigten und ein anderer an seine Stelle gesetzt werden konnte.

Ich konnte den Vergleich nun verstehen. In beiden Fällen müsste jemand ernannt werden, um das Amt auszufüllen, bis ein Präsident ordnungsgemäß gewählt werden könnte. Das meinte er damit, dass das Haus unbewohnt sei. In Falle Watergate und in diesem zukünftigen Fall gab es eine Zeitspanne, in der das Land von jemandem geführt wurde, der nicht vom Volk gewählt worden war.

B: Er sagt, dass der Mann, der das Amt übernahm (Gerald Ford), sich in einer sehr heiklen Lage befand, denn er war zum Vizepräsidenten ernannt worden, nachdem der andere seines Amtes enthoben worden war. Dann trat der Präsident zurück, so dass er Präsident wurde, ohne jemals von irgendjemandem eine Stimme erhalten zu haben, außer in seinem Wahlbezirk in Michigan. Er sagt, dass sich dieser bestimmte Mann (Ford) in einer sehr heiklen Position befand. Er habe nicht darum gebeten, dass ihm das passiere. Er habe nicht die Präsidentschaft angestrebt. Der Mann habe sich unter den gegebenen Umständen gut geschlagen, und die Art und Weise, wie er seinerseits mit der gesamten Situation umgegangen sei, habe ihm viel gutes Karma eingebracht.

D: Ich verstehe. Das Haus war bewohnt, aber es war nicht von einem gewählten Präsidenten bewohnt. Diese andere Bedeutung über die Wahl ist wichtiger, weil die Watergate-Episode bereits vorüber ist. Er wird wahrscheinlich wieder verärgert werden, wenn ich ihm die Übersetzung dieses Vierzeilers erzähle. Darin heißt es: „Nostradamus scheint an Gespenster geglaubt zu haben, denn dies ist die Beschreibung eines Spukhauses, das exorziert wird, wenn die Knochen des Opfers entfernt werden. Vielleicht träumte ein Bewohner des Hauses von dem Grab, das zu der Entdeckung eines Skeletts führte?"

B: Er ist darüber nicht verärgert. Das Bild, das er projiziert, ist, wie er sich lachend auf dem Boden wälzt. Er sagt, wenn sie Gespenster wolle, zeige er ihr Gespenster. Er werde kommen und sie in ihren Träumen heimsuchen.

D: Sie hat das ziemlich wörtlich interpretiert, nicht wahr?

B: Ja. Er sagt, das sei der Grund, warum dieses Projekt ins Leben gerufen worden ist. Er wusste, dass dies geschehen würde.

In aller Fairness gegenüber Erika Cheetham muss gesagt werden, dass auch viele andere Übersetzer gedacht haben, dass dieser Vierzeiler sich auf ein Geisterhaus beziehe. Ich denke, dies ist ein wunderbares Beispiel für Nostradamus' fantastischen Gebrauch von Symbolik.

Dieser nächste Vierzeiler ist höchst erstaunlich, denn er scheint sich bewahrheitet zu haben, noch während dieses Buch geschrieben wurde. Diese Übersetzung wurde im Dezember 1986 empfangen und sie scheint ein offensichtlicher Hinweis auf die Bakkers und ihre Schwierigkeiten mit dem PTL-Club zu sein, die im März 1987 begannen. Sie scheint sich auch auf die Probleme von Jimmy Swaggart Anfang 1988 zu beziehen. Offenbar hielt es Nostradamus für wichtig, sich dazu zu äußern, weil er glaubte, dass es einen negativen Einfluss auf die Kirche im Allgemeinen haben würde. Ich glaube, dass er weitreichendere Konsequenzen sah, als die, derer wir uns jetzt bewusst sind.

CENTURIE II-27

Le devin verbe sera du ciel frappé,
Qui ne pourra proceder plus avant:
Du reserant, le secret estoupé
Qu'on marchera par dessus & devant.

Die göttliche Stimme wird vom Himmel getroffen,/Und er wird nicht mehr weitermachen können./Das Geheimnis wird mit der Offenbarung verborgen,/So dass die Menschen darüber hinwegschreiten und weitergehen.

Er sagt, dies habe eine doppelte Bedeutung. Die erste Bedeutung ist auf dieses Kapitel nicht anwendbar, daher werde ich hier nur die zweite Bedeutung einbeziehen.

B: Er sagt, dies beziehe sich auch auf ein Ereignis, bei dem aufgrund des Drucks der Zeit die große Macht, die der Fundamentalismus auf sich gezogen haben wird, wieder entzogen wird und zwar aufgrund von Informationen, die über die Führer enthüllt würden. Widerwärtige Informationen werden ihnen sozusagen den Wind aus den Segeln nehmen, und sie werden die Unterstützung für ihre Bewegung verlieren. Die Menschen werden weitermachen und das Leben wird weitergehen, als hätte es sie nie gegeben. Er bittet dich, diese Interpretation des Vierzeilers nicht zu beschönigen. Du musst ihn im Gedächtnis behalten und dich für ihn interessieren, denn er findet viel unmittelbarer und näher in der Zukunft statt. Um sicherzustellen, dass dein Verstand ihn nicht ausschließt. Dass du nachher darüber nachdenkst.

La trombe fausse dissimulant folie, *Fera Bisance un changement de loix:* *Istra d'Egypte qui veut que l'on deslie,* *Edict changeant monnaies & alois.*	Die falsche Trompete, die den Wahnsinn verbirgt,/Wird Byzanz veranlassen, seine Gesetze zu ändern./Aus Ägypten wird ein Mann hervorgehen, welcher will,/dass das Edikt widerrufen wird, Geld und Normen ändernd.

B: Er sagt, dies sei ein Vierzeiler mit mehreren Bedeutungen. Eine der Bedeutungen beziehe sich zwar auf vergangene Ereignisse, er gelte aber auch für Ereignisse in der Zukunft, was dir helfen werde. Er sagt, dass sich die falsche Trompete auf mächtige Führer beziehe, die sowohl religiös als auch politisch seien. Männer, die ihren Lebensunterhalt mit Religion verdient haben, die aber in der Blüte ihres Lebens in Politik verwickelt wurden. Er sagt, er könnte Namen nennen, aber dass die Skeptiker deines Buches nicht allzu sehr davon beeindruckt sein würden. Zu deiner persönlichen Information: Er ist bereit, dir einige Namen zu nennen, wenn du sie nicht druckst. Er sagt, er könne nicht anders, als davon auszugehen, dass es in deiner Zeit noch Spuren der Inquisition gebe.

D: Vielleicht nicht ganz so schlimm, aber immer noch ...

B: Er sagt, dass es mit der Zeit immer schlimmer werde. Erstens sagt er, dass du mit den Sätzen, in denen er sie nicht beim Namen nennt, gerne weitermachen und diese verwenden könnest, weil es Informationen seien, die benötigt würden. Dies diene teilweise auch zu deinem eigenen Schutz, da diese Männer mächtig genug seien, um dir durch Verleumdungsklagen und was auch immer sie finden, Kummer zu bereiten. Andere wie du, solche Leute, wie dieses Medium und Weitere, werden wissen, von wem du sprichst, ohne dass Namen genannt werden müssen, denn diese Männer sind mit euren Kommunikationsgeräten leicht zu finden. (Ich stimmte seinen Einschränkungen zu.) Er sagt, die falsche Trompete beziehe sich auf fundamentalistisch-religiöse Männer, die das Wort Gottes verzerren und es für ihre eigenen Zwecke benutzen. Er sagt, dass mehrere dieser Männer nach politischer Macht strebten und dass sie sich zusammenschlössen, um so vielen von ihnen wie möglich zu helfen, Schlüsselpositionen in der Regierung zu bekleiden. Viele dieser Posten sind nicht unbedingt sensationell oder öffentlich. Vielleicht ein ruhiger Posten, der irgendwo in der Bürokratie versteckt ist und sich an einer Schlüsselposition befindet, was den Informations- und Machtfluss betrifft, wo sie ihn für ihre eigenen Zwecke nutzen und das Weltgeschehen auf subtile Weise zu ihren Gunsten beeinflussen können. Er sagt, dass wenn diese Männer politische Macht erlangten, dies Auswirkungen auf die ganze Welt haben würde. Es werde viele Länder veranlassen im Mittleren -- er nennt es Mittelerde und er zeigt mir ein Bild von Osteuropa, Westasien und dem Nahen Osten, dem ganzen Gebiet dort. Die Führer dieses Teils der Welt werden über die Entwicklung der Dinge sehr beunruhigt sein. Sie werden als Reaktion darauf beginnen, ihre Gesetze zu ändern, was es für die Amerikaner schwieriger machen wird, in diesen Teil der Welt zu reisen. Insbesondere werden einige Gesetze geändert werden, die mit der Umrechnung des amerikanischen Dollar in andere Währungen und mit dem Handel mit den Vereinigten Staaten zu tun haben. Das werde negative Auswirkungen haben. Er sagt, dass sich dies letztendlich auf den jungen Anti-Christen, genannt Byzanz, auswirken werde. Der junge Anti-Christ, der dabei sei, eine Machtbasis aufzubauen, werde in seinem eigenen Land von den perversen Aktionen dieser Fundamentalisten beeinflusst werden. Beeinflusst in einer Weise, die es später dem Christentum im Allgemeinen schwerer machen wird. Die Fundamentalisten würden auf diese Weise ein Element ihres eigenen Verderbens sein. Er sagt, dass diese sehr religiös erscheinenden Männer äußerst scharfsinnig und berechnend seien. Wenn sie in die Priesterseminare gehen, um zu lernen, wie man ein Geistlicher wird, kann vieles von dem, was sie lernen, zur Massenkontrolle und zur Gehirnwäsche und zur Manipulation von Menschen verwendet werden. Das ist im Grunde das, was sie tun, aber sie tun es eher für persönliche, weltliche Zwecke und nicht nur für religiöse Zwecke.

D: Dann ist das, worauf sie wirklich aus sind, Macht.

B: Genau, sagt er.

Der Rest dieses Vierzeilers wird in Kapitel 17, „Das Monster erscheint“, S. 222, interpretiert.

CENTURIE VI-62

Trop tard tous deux les fleurs seront perdues,
Contre la loi serpent ne voudra faire:
Des ligueurs forces par gallots confondues,
Savone, Albinque par monech grand martyre.

Zu spät werden beide Blumen verloren sein,/Die Schlange wird nicht gegen das Gesetz handeln wollen;/Die Kräfte der Verbündeten verwirrt durch die Franzosen,/Erleiden Savona und Albenga ein großes Martyrium durch Monaco.

B: Er sagt, dieser Vierzeiler betreffe Irland. Die beiden Blumen kann man sich vorstellen als entweder auf Irland und Nordirland oder als auf die protestantischen Iren und die katholischen Iren bezogen. Er sagt, das arme Irland, diese arme Insel sei so sehr gegen ihre eigenen Interessen geteilt, dass es am besten durch zwei Blumen statt durch eine repräsentiert werde. Beide irische Gruppen haben das Gefühl, für das Wohl ihres geliebten Landes zu kämpfen. Und erst, wenn es zu spät ist, werden sie erkennen, dass sie ihr Land niedergerissen haben, so dass es vollkommen verloren sein wird. Er sagt, dass sie in letzter Minute nach einem Kompromiss suchen, um die Situation zu retten. Die Schlange bezieht sich auf den Anführer der aufständischen Kräfte, und das Gesetz bezieht sich auf die Kräfte, die mit Großbritannien kooperieren. Aber sie werden in ihren Bemühungen durch verschiedene Pläne vereitelt werden, die von Mitgliedern der Unterwelt an den verschiedenen im Vierzeiler genannten Orten umgesetzt werden. Diese werden die Lage sowohl durch die Lieferung fehlerhafter Waffen an beide Seiten zerstören als auch durch den Schmuggel harter Drogen und solcher, die den Verstand der kämpfenden Menschen verwirren. Monaco ist der Punkt, durch den es nach Irland durchgeschleust wird. Er sagt, dass sich Mitglieder der Unterwelt an den verschiedenen im Vierzeiler beschriebenen Orten aufhalten, aber sie koordinieren ihre Bemühungen und kanalisieren das, was getan werden muss, über Monaco. Er sagt, es scheint ein unlogischer Weg zu sein, aber durch die feinen Verbindungen der Unterwelt ist es der direkteste und logischste Weg, es zu tun.

D: Die Übersetzerin nannte dies einen „fehlerhaften Vierzeiler“.

B: Er sagt, so etwas gebe es nicht. Ich kann seine Antwort darauf nicht genau wiederholen, aber es war ein nonverbales unhöfliches Geräusch. Er sagt: „Versuche es mit einem Fehler von Seiten dieser Frau.“

D: Die Übersetzerin meint, er spreche von einer Art Bündnis zwischen den Ländern. Sie sagt: „Nostradamus schien in diesem Vers ein Bündnis gegen die Franzosen anzustreben, in welchem die Franzosen triumphieren. Aber Monaco war vertraglich an die Spanier gebunden, und Savona und Albenga gehören zu Genua. Nostradamus hatte wahrscheinlich eines der italienischen Bündnisse aus dem 16. Jahrhundert im Sinn, aber in diesem Fall zu Unrecht".

B: Er schüttelt in leichter Verzweiflung den Kopf. Er sagt, dass das unverschämte Mädchen noch einmal zur Schule gehen und ihr ABC noch einmal lernen sollte. Er sagt, dass er gelegentlich einen Vierzeiler habe, der sich ziemlich eindeutig auf etwas in seiner eigenen Zeit beziehe, nur um seine Glaubwürdigkeit aufrechtzuerhalten. Aber die politische Situation, wie sie zu seinen Lebzeiten war, war so kleinlich und unbeständig im Vergleich zu den kommenden Ereignissen, dass er sich nicht wirklich viel damit befasste. Die kommenden Ereignisse seien so viel tragischer und die Welt erschütternder. Er sagt, wenn sie darauf bestehe, ihn mit einem Bündnis in Verbindung zu bringen, könne der Vierzeiler in gewisser Weise mit dem Völkerbund in Verbindung gebracht werden. Dessen fehlerhafte Konzeption durch den Ersten Weltkrieg und sein Auseinanderbrechen durch den Zweiten Weltkrieg. Vielleicht könnte sie das logisch verbinden. Er sagt, sie bestehe darauf, 400 Jahre zu spät zu denken, aber das sei ihr Problem.

D: Sie haben versucht, ihn zu beschränken, indem sie sagten, er interessiere sich stärker für seine eigene Zeit, und somit bezögen sich viele seiner Vierzeiler darauf.

B: Er sagt, dass er weit, weit in die Zeit und in die Ferne sehe. Er habe vollständig bis zum Ende der Welt und bis zum Ende dieses Sonnensystems gesehen. Er sagt, warum sollte er sich lediglich mit den belanglosen Geschehnissen in Südeuropa während seiner Zeit beschäftigen? Ich möchte etwas einwerfen. Ich schlage vor, dass wir das Thema wechseln. Er wird etwas verärgert. Ich kommuniziere mit ihm auf der geistigen Ebene und er kann Bilder projizieren, die nicht wortwörtlich wahr sind. Er projiziert ein Bild von ihm, wie er mit den Füßen stampft und Rauch aus seinen Ohren kommt.

D: (Gelächter) Dann denke ich, du hast recht, wir sollten besser zu einem anderen Vierzeiler übergehen.

CENTURIE V-75

Montera haut sur le bien plus à dextre,
Demourra assis sur la pierre quarree:
Vers le midi posé à la fenestre,
Baston tortu en main, bouche serree.

Er wird sich hoch über seinen Reichtum erheben, mehr nach rechts,/Er wird auf dem quadratischen Stein sitzen bleiben;/Nach Süden hin am Fenster platziert,/Einen Krummstab in der Hand, seinen Mund versiegelt.

B: Er sagt, dass sich dies auf einen Mann in den Vereinigten Staaten beziehe. Einen Mann, der sehr wohlhabend ist. Wohlhabend in dem Maße, dass alles, was er will, sofort erledigt werden kann, denn er hat das Geld, um es zu verwirklichen. Er sagt, dieser Mann werde wegen seines Reichtums wohlbekannt und berühmt sein, aber seine wahre Lebensaufgabe werde geheim bleiben, denn dieser Mann werde eine Art Fanatiker sein. Er werde in Organisationen wie der Amerikanischen Nazi-Partei und in den Ku-Klux-Klan verwickelt sein. Deshalb habe er den Ausdruck „Krummstab“ eingefügt, um die brennenden Kreuze des Ku-Klux-Klan und das Hakenkreuz der Nazi-Partei darzustellen. Das einzige Lebensziel dieses Mannes ist der Sturz der amerikanischen Regierung, wie sie sich gegenwärtig im zwanzigsten Jahrhundert konstituiert hat. Er sagt, dass sich dieser Mann natürlich auch in der Politik engagieren werde. Aber auch wenn sein Hauptanliegen darin besteht, die Form der amerikanischen Regierung zu verändern, muss er in der Politik zurückhaltend bleiben, damit er seine Machtnetze weiter spinnen und weiterhin neue Kontakte knüpfen und seinen Einflussbereich erweitern kann. Das Fundament, das er gelegt hat, wird zur Zeit der durch den Anti-Christus verursachten Unruhen zum Tragen kommen.

D: Weiß denn zum jetzigen Zeitpunkt irgendjemand, wer er ist?

B: Diejenigen, die ihm folgen, wissen, wer er ist.

D: Aber die anderen wissen nicht, welche Gefahr von ihm ausgeht?

B: Nein, denn er ist sehr schlau und sehr vorsichtig gewesen.

D: Könnte das den Satz erklären: „Er wird auf dem quadratischen Stein sitzen bleiben"?

B: Ja. Er wird im Zentrum der gesamten Organisation stehen, aber er wird nicht die Machtfigur sein, die die Menschen sehen. Er wird eine Marionette haben, jemanden, der als die Person an der Macht erscheint, aber er wird die Fäden ziehen. Er wird eine Galionsfigur haben, aber er wird dahinter sitzen bleiben, auf dem quadratischen Stein, der sich im Zentrum dieser Organisation befindet.

D: „Seinen Mund versiegelt" könnte bedeuten, dass er geheim ist.

B: Ja, er ist geheim. Der Ausdruck „nach Süden hin am Fenster platziert" bedeutet, ganz gleich, welchen offenen Aktivitäten er auch aufgrund seiner politischen Überzeugungen nachgeht und welches Chaos er auch verursachen mag, diese treten häufiger im südlichen Teil des Landes auf, wo ein solches Chaos eher traditionell ist.

D: Dann wird niemand wissen, wer er ist, bis er zur Zeit des Antichristentums ans Licht tritt.

B: Das ist wahr. Er sagt, er hoffe, dass diese Botschaften, die er zu vermitteln versucht, rechtzeitig ankämen. Er hofft, dass die Menschen offen genug dafür seien, dies zu akzeptieren und vielleicht bei der Verbreitung dieses Kernwissens zu helfen, um die Katastrophen, die er gesehen hat, abzuwenden, denn sie sind abwendbar. Deshalb ist er allzeit bereit, zu kommunizieren.

D: Wir hatten eine Frage zu etwas, von dem ich nicht sicher bin, ob du etwas darüber weißt. Sie betraf den Aktienmarkt. Ist er mit unserem Aktienmarkt vertraut?

B: Er sagt, er habe Geschichten gehört, dass die Händler in Florenz Dinge kaufen und verkaufen, gemäß dem, was sie auf zukünftigen Handelsreisen bekommen werden, und nicht gemäß dem, was sie direkt zur Hand haben. Er fragt, ob das so ist?

J: Das ist es, was den Aktienmarkt ausmacht. Was ich wissen wollte, ist: Am 31. Oktober 1988 werden die Planeten in der gleichen Ausrichtung sein wie am 29. Oktober 1929. Das war der Börsencrash von 1929. Wird 1988 aufgrund der Ähnlichkeit der Zeichen etwas Ähnliches passieren?

B: Die Schwingungen werden durch dieses Datum widerhallen. Er sagt, er sei sich nicht wirklich sicher, was du über den Aktienmarkt fragst, aber er könne dir sagen, dass die von dir genannten Auswirkungen, die 1929 stattfanden, sich wiederholen werden, was die Gesellschaft als Ganzes betreffen wird. Es werde große soziale und wirtschaftliche Auswirkungen haben. Er weiß an sich nichts über den Aktienmarkt, aber er sagt, dass das, was ihn damals verpfuscht hat, ihn wieder verpfuschen werde.

D: Als es das letzte Mal passierte, hatte es große Auswirkungen auf die Weltwirtschaft.

Im Nachhinein fragten wir uns, ob dies die Möglichkeit eines Banken-Crashs bedeuten könnte, da der Aktienmarkt angeblich vor einem ähnlichen Ereignis geschützt ist. Während dieser Zeit gerieten die Spar- und Darlehensinstitute in Schwierigkeiten. Die Ähnlichkeit der Zeichen könnte sich auf ein monetäres oder finanzielles Problem von offenbar großen Ausmaßen beziehen.

Anmerkung: Ende Oktober 1987 verzeichnete der Aktienmarkt einen rekordverdächtigen Sturz. Wir warteten ab, ob sich dies im Oktober 1988 wiederholen würde. Damals begannen riesige Firmenübernahmen, Aufkäufe und Auktionen von enormem Ausmaß, bei denen immense Summen geliehenen Geldes eingesetzt wurden. Als dies begann, geriet der Markt ins Wanken, aber das war nichts im Vergleich zu dem Einbruch im Jahr zuvor. Dies war das Datum, welches John in seinen astrologischen Berechnungen gefunden hatte.

Es war nicht die Vorhersage von Nostradamus. Nostradamus bestätigte lediglich, dass die Ähnlichkeit der Zeichen ein ähnliches Ereignis bedeuten könne.

KAPITEL 12

DIE NAHE ZUKUNFT

EINIGE DER VIERZEILER waren schwierig zu datieren, doch schienen sie Ereignisse zu betreffen, die sich bald oder in nicht allzu ferner Zukunft ereignen sollten. Ich habe sie in dieses Kapitel aufgenommen.

CENTURIE II-53

La grande peste de cité maritime, *Ne cessera que mort ne soit vengée* *Du juste sang par pris damné sans crime,* *De la grand dame par feincte n'outragée.*	Die große Seuche in der maritimen Stadt/Wird nicht enden, bis der Tod gerächt ist /Durch das Blut eines gerechten Mannes, verurteilt ohne jegliches Verbrechen,/Die große Dame ist über die Täuschung empört.

B: Er sagt, dass sich dies auf zwei verschiedene Ereignisse beziehe. Er sah aus seiner Sicht, von seiner Zeit aus in der Zukunft, dass es in London einen weiteren Ausbruch der Schwarzen Pest geben werde. Aber er sagt, dass dies für uns bereits weit in der Vergangenheit liege, so dass er zu diesem Zeitpunkt nicht darauf eingehen werde. Auch das andere Ereignis bezieht sich auf eine große Seuche. Er sagt, wann immer er den Ausdruck „maritime Stadt" verwendet, beziehe er sich manchmal auf London und manchmal auf New York. Denn beide sind, jedenfalls in eurer Zeit, zwei der größten Städte der Welt, und sie sind Häfen. Er nennt sie maritime Städte, weil sie sowohl Häfen als auch Großstädte sind. Er sagt, worauf wir aufpassen müssten sei, dass vor und während der Zeit der Unruhen viele Krankheiten herumgehen und viele Epidemien und Plagen auftreten werden. Vor allem diejenige, welche, ihr „AIDS" genannt habt. Er sagt, sie werde sich von den Städten aus ausbreiten und wie ein Lauffeuer über das ganze Land verbreiten, und sie werde einen guten Teil der Bevölkerung befallen.

D: Es heißt: „Die Seuche wird nicht enden, bis der Tod gerächt ist durch das Blut eines gerechten Mannes, verurteilt ohne jegliches Verbrechen." Kann er diesen Teil klären?

B: Er sagt, wenn er versuchen würde, diesen Teil zu erklären, würde es wirklich keinen Sinn ergeben, aber es wird zu rechten Zeit klar werden. Er entschuldigt sich dafür, dass er bei diesem Teil so vage geblieben ist.

D: Wird es etwas mit einem Heilmittel oder etwas Ähnlichem zu tun haben?

B: Er sagt, dass es für diese Seuche kein rechtzeitiges Heilmittel geben wird. Der Tod wird einfach seinen Lauf nehmen müssen.

D: Die Übersetzer haben dies als die Große Pest von London identifiziert.

ANMERKUNG: Dieser Vierzeiler wird in Band Zwei näher erläutert.

CENTURIE II-35

Dans deux logis de nuict le feu prendra,
Plusieurs dedans estouffes & rostis:
Pres de deux fleuves pour seul il adviendra:
Sol, l'Arq & Caper tous seront amortis.

In zwei Häusern wird des nachts Feuer ausbrechen,/Darin mehrere Menschen ersticken oder verbrennen./Es wird sicherlich in der Nähe zweier Flüsse geschehen,/Wenn Sonne, Schütze und Steinbock geschwächt sind.

B: Er sagt, dieser Vierzeiler enthalte in der letzten Zeile ein Datum. Das Feuer, das in zwei Häusern ausbricht, deute auf einen Zusammenbruch der Kommunikation zwischen zwei Großmächten hin, was sich in diesem Fall insbesondere auf die Vereinigten Staaten und Russland beziehe. Das Feuer, das in zwei Häusern ausbricht, werde das Aufflammen starker Emotionen aufgrund eines Missverständnisses in den beiden Kapitolgebäuden sein, dem Kreml und dem Weißen Haus. Dass Menschen ersticken oder verbrennen, deutet darauf hin, dass es an beiden Orten Menschen geben wird, die verhindern wollen, dass die Gefühle hochkochen, um zu versuchen, die Dinge im Gleichgewicht zu halten oder die Dinge auszusprechen. Und einige werden einfach in eine Lage versetzt werden, in der ihnen niemand zuhört, so dass sie sozusagen erstickt werden. Andere werden ungehindert das Wort ergreifen, und ihre Karrieren werden dadurch ruiniert. Sie werden ihre Karrieren riskieren, indem sie versuchen, eine Verschlimmerung der Situation zu verhindern, und so werden sie sozusagen verbrannt.

D: Hier steht: „Es wird sicherlich in der Nähe von zwei Flüssen geschehen."

B: Er sagt, dass der Potomac einer der Flüsse sei, und der andere Fluss sei einer in Russland, von ähnlicher Symbolkraft in der russischen Geschichte.

D: „Wenn Sonne, Schütze und Steinbock geschwächt sind." Kannst du mir dazu ein paar Informationen geben?

B: Er sagt, dies finde statt zu einer Zeit, in der diese drei Tierkreiszeichenkräfte nicht in ihren Häusern stehen und somit keinen Einfluss auf die Belange der Menschen ausüben. Jedes der Tierkreiszeichen übt einen mehr oder weniger starken Einfluss aus, je nach seiner Beziehung zu den anderen Tierkreiszeichen. Zu diesem Zeitpunkt üben andere Zeichen mehr Macht und Einfluss aus, während diese drei Zeichen weniger Einfluss ausüben. Daher werden die Einflüsse, die sie auf die Situation haben würden, geschwächt. Er sagt, dass wenn du ein Horoskop für die Welt im Allgemeinen entwirfst, und du einen Zeitpunkt in diesem Horoskop findest, an dem der Einfluss dieser drei Zeichen an einem Tiefpunkt ist, dir das eine Vorstellung davon geben sollte, wann dies ungefähr geschehen wird. Insbesondere im

Hinblick auf die Horoskope für die beiden Länder, die hier betroffen sind.

D: Russland und die Vereinigten Staaten? Ich dachte, es müsste ziemlich schwierig sein, ein Horoskop für die ganze Welt zu erstellen.

B: Er sagt, es sei möglich, aber es sei sehr kompliziert. Man bräuchte seinen Spiegel, um es erstellen zu können.

D: (Lachen) John, der Astrologe, könnte das nicht tun, aber er könnte eins für Russland erstellen und eins für die Vereinigten Staaten.

B: Er sagt, er solle ein vergleichendes Horoskop zwischen den beiden Ländern erstellen und dabei das Datum der Gründung der jeweiligen gegenwärtigen politischen Systeme verwenden. Das ist für die Vereinigten Staaten der 2. Juli 1776 und für Russland das entsprechende Datum, kurz vor dem Beginn dieses Jahrhunderts. Er sagt, es werde eine tolle Aufgabe für ihn sein, denn er werde es gerne tun.

John führte eine vergleichende Analyse der Horoskope der Vereinigten Staaten und Russlands nach den Anweisungen von Nostradamus durch. Im Folgenden beschreibt er selbst, was er gefunden hat:

Das am weitesten verbreitete Horoskop für die Vereinigten Staaten hat Zwillinge im Aszendenten, den Mond im Zeichen des Wassermanns und die Sonne im Zeichen des Krebs. Zwillinge im Aszendenten zeigt, dass wir ein Volk sind, das Spaß an Neuem, an Modeerscheinungen, Wissen und Kommunikation hat. Mars im Zeichen Zwillinge bedeutet, dass wir der Welt unseren Dualismus in vielen Dingen auf energische Weise zeigen können. Venus im Krebs im gleichen Quadranten zeigt unsere Liebe zur Mutterschaft, zu Kindern, Glamour und Nostalgie an. Dies offenbart auch unsere nährende und schützende Natur gegenüber dem Rest der Welt. Jupiter, Sonne und Merkur stehen alle im Zeichen Krebs im 2. Haus des Geldes und der Werte. Unser Schwerpunkt liegt auf materiellem Wohlstand und der Anhäufung von Besitztümern. Mit Jupiter in diesem Haus macht es uns das sehr leicht. Merkur, unser Intellekt, ist auf wissenschaftliche Fortschritte ausgerichtet, solange er als Resultat eine materielle Belohnung gibt. Da wir den nördlichen Knoten im Zeichen des Löwen im 3. Haus haben, sollten wir uns eher auf unsere

Probleme konzentrieren, anstatt uns in die Angelegenheiten anderer Länder zu verstricken. Dies hat zu unserem Umsturz (Vietnam) geführt und könnte unsere letzte Katastrophe sein. Neptun und Saturn stehen im 5. Haus. Neptun in der Jungfrau weist auf die enormen Fortschritte hin, die wir in der medizinischen Versorgung, der Nahrungsmittelkonservierung und der Elektronikindustrie gemacht haben. Saturn in der Waage beeinflusst unser Justizsystem, das im Vergleich zu anderen Ländern sehr milde ist. Diese Planeten zeigen auch unsere Fixierung auf alle Formen des Sports und der Unterhaltung. Pluto in Steinbock im 9. Haus warnt uns davor, uns mit anderen Ländern zu verstricken. Es könnte zu unserer Zerstörung führen. Der Mond im Wassermann im 10. Haus beeinflusst unsere schillernde Popularisierung von Prominenten. Wir sind eine leicht beeinflussbare Nation, und unsere Medien nutzen diese Tatsache aus. Uranus in Zwillinge im 12. Haus ist unser verborgenes Talent, unser Genie für das Hervorbringen wunderbarer neuer Erfindungen, die die Welt revolutioniert haben. Im Vergleich zu Russlands Horoskop sind wir anpassungsfähiger und nicht so stark ideologisch fixiert.

Das Horoskop für die Sowjetunion (7. November 1917) zeigt die Sonne im Zeichen Skorpion mit dem Mond im Löwen sowie den Löwen als Aszendenten, alles sehr standfeste Zeichen, die entschlossen sind, ihren eigenen Weg zu gehen. Saturn im Aszendenten Löwe deutet darauf hin, dass die Geburt des Sowjetstaates schwierig und voller Spannungen war. Saturn zeigt hier einen unruhigen Anfang, gefolgt von einer Reife, bei der die Spannung nachlässt. Der Mond im Löwe mit Mars in der Jungfrau im 2. Haus zeigt, dass die Menschen an der Macht an der finanziellen Kontrolle der Nation festhalten werden. So wie das Geld hereinfließt, wird es auch wieder ausgegeben, wobei Mars hierbei vielleicht da ist, um mit den neuesten Innovationen Schritt zu halten. Die Sonne und Merkur stehen im Skorpion im 4. Haus, was auf den üppigen Reichtum hinweist, den dieses größte Land unter seiner riesigen Tundra verborgen hält. Dieser große Reichtum könnte für diese Nation die Hoffnung der Zukunft sein. Venus und der nördliche Knoten befinden sich im 5. Sektor, was darauf hindeutet, dass die Unterhaltung des Volkes sehr ernst und konservativ ist. Die Hoffnung für dieses Land liegt in der Kreativität und dem Einfallsreichtum seines Volkes. Mit Uranus im Wassermann im 7. Haus sagt dies ungewöhnliche und zuweilen feindselige Beziehungen zu anderen Ländern voraus. Jupiter in den Zwillingen und Pluto im Krebs im 11. Haus warnen davor, dass die Beziehungen zu anderen befreundeten Ländern zu einem „Dolchstoß in den Rücken" werden könnten. Neptun im Löwen im 12. Haus zeigt, dass die Führer die starke spirituelle Natur des Volkes nicht verleugnen sollten. Mystizismus und Spiritualismus sowie Ineffizienz werden von Neptun in seiner herrschenden Position gezeigt.

Zwischen den beiden Horoskopen dieser Weltmächte gibt es positive und negative Aspekte, aber durch Zusammenarbeit und besseres Verständnis können wir vielleicht gemeinsam eine bessere Zukunft aufbauen.

CENTURIE I-21

Profonde argille blanche nourrit rochier, *Qui d'un abisme istra lactineuse:* *En vain troublez ne l'oseront toucher,* *Ignorans estre au fond terre argilleuse.*	Der Fels hält in seiner Tiefe weißen Lehm,/Der milchweiß aus einer Spalte hervortreten wird./Unnötig beunruhigte Menschen werden nicht wagen, ihn zu berühren,/Nicht wissend, dass das Fundament der Erde aus Lehm besteht.

B: Er sagt, dass sich dies auf ein Ereignis beziehe. Irgendwo im westlichen Nordamerika wird es einige Bergleute geben, die nach Erzen graben. Und dieses Erz, das sie finden, wird ein anderes Erz sein als das, nach dem sie gesucht haben. Sie werden befürchten, dass es sich um eine Art radioaktives Material handelt, das vor Jahrhunderten von einem Meteoriten eingebracht oder eingeschleppt wurde. Aber er sagt, es bestehe kein Grund zur Beunruhigung, weil dieses Material, auch wenn es sich am Ende als ein neues, ins Periodensystem aufzunehmendes Element herausstellen wird, für die Menschheit nicht schädlich sein wird und gut genutzt werden kann.

D: Wurde es denn von einem Meteoriten eingeschleppt?

B: Das hat er gesagt.

D: Die Übersetzer fragten sich, ob dieser Vierzeiler alchemistisch sein könnte.

B: Er sagt, man könnte es so sehen. Aber da die allgemeine Leserschaft seine Alchemie-Theorien nicht verstehen würde, sagt er, dass er sie euch zum jetzigen Zeitpunkt nicht geben werde.

CENTURIE X-49

Jardin du monde au pres du cité neufve,
Dans le chemin des montaignes cavees,
Sera saisi & plongé dans la Cuve,
Beuvant par force eaux soulfre envenimees.

Der Garten der Welt liegt in der Nähe der neuen Stadt,/Auf der Straße der ausgehöhlten Berge./Er wird festgenommen und in den Tank getaucht,/Gezwungen, mit Schwefel vergiftetes Wasser zu trinken.

B: Er sagt, mit „Garten der Welt" beziehe er sich auf die Neue Welt, da dort so viele Lebensmittel wachsen und wir so viel Überschuss haben, dass wir die ganze Welt ernähren könnten. Er zeigt mir ein Bild von den Vereinigten Staaten. In den Rocky Mountains ist im Rahmen eines Regierungsprojekts vor kurzem eine Stadt gebaut worden oder wird gebaut werden. Es wird eine komplette Stadt sein mit allen für die dort lebenden Menschen erforderlichen Dienstleistungen. Sie wird an ausgedehnte unterirdische Kammern angrenzen, die in die Berge gesprengt wurden, um geheime Unterlagen und dergleichen zu lagern. Was passieren wird, ist, dass ... okay, die Bilder, die er mir gerade zeigt, sind von einem Kernreaktor. Anscheinend wird es eine Art Kernschmelze geben. Er sagt, dass das Wasser, das in den Reaktor gepumpt werde, um ihn zu kühlen, nicht vollständig gereinigt werden würde. Es werde ein Fehler gemacht werden, und ein Element im Wasser werde mit den radioaktiven Elementen des Reaktors reagieren und einen Unfall verursachen. Der Giftanteil, auf den er sich in dem Vierzeiler bezieht, bezieht sich auf radioaktives Gift und nicht auf konventionelles Gift.

D: Nennt er es einen Kernreaktor?

B: Er nennt es gar nichts. Er hat kein Wort dafür. Aber er gibt mir ein Bild von dem, was er sieht. Er zeigt es in Stufen. Zuerst zeigt er ein Bild von einem stilisierten Atom. Dann zeigt er das Bild eines Erzklumpens, der nachts leuchtet. Und dann zeigt er eine Menge Apparaturen um diesen Erzklumpen herum und das Ganze in blaues Licht getaucht. Er zeigt all dies eingelassen in einen riesigen Wassertank.

D: Dann befindet sich dieser Kernreaktor in diesem ausgehöhlten Berg, oder sagtest du, das sei eine Stadt?

B: Er sagt, der Reaktor befinde sich innerhalb des ausgehöhlten Berges, aber da die Stadt direkt daran angrenzt, könnte er eine Gefahr für die Bewohner der Stadt darstellen. Die Stadt befindet sich dort wegen des Reaktors, mit den Technikern und so weiter.

D: Das ist es also, was er mit der Neuen Stadt meint. Sie haben die New City als New York interpretiert, und die ausgehöhlten Berge seien die hohen Gebäude in New York.

B: An diesem Punkt kichert er. Nur weil ein Ort „neu" genannt wird, wie bei New York, ist er noch lange nicht neu. Er sagt, dass ihm durch das, was er durch seinen Spiegel gesehen habe, zu verstehen gegeben werde, dass zu eurer Zeit New York eine ziemlich alte Stadt sei. Er sagt, dass er einige Visionen bezüglich New York gehabt habe und dass diese Stadt von Katastrophen heimgesucht werde. Aber dieser spezielle Vierzeiler bezieht sich nicht auf diese Visionen.

Ich hatte noch nie von einer Stadt dieser Art gehört, was nicht ungewöhnlich wäre, falls es sich tatsächlich um ein geheimes Regierungsprojekt handelte. Inzwischen wurde angedeutet, dass er auf die NORAD-Einrichtungen in den Rocky Mountains von Colorado anspielen könnte. Dann entdeckte ich, dass William Poundstone in seinem Buch Bigger Secrets (zu Dt.: Größere Geheimnisse, *Anm. d. Übersetzers) die geheime Stadt erwähnt, in der im Falle eines Atomangriffs die höchsten Regierungsbeamten untergebracht werden sollen. Sie befindet sich innerhalb des ausgehöhlten Mount Weather, 72 Kilometer westlich von Washington, D.C. Es ist eine echte unterirdische Stadt, die aus Bürogebäuden, Cafeterias und Krankenhäusern besteht. Sie ist völlig eigenständig und verfügt über ein eigenes Wasserwerk, ein Lebensmittellager und ein eigenes

Kraftwerk. Gegenwärtig ist sie mit Hunderten von Regierungs- und Wartungsarbeitern besetzt. Es gibt sogar einen unterirdischen, von einer Quelle gespeisten künstlichen See. Das klingt alles allzu sehr nach Nostradamus' Beschreibung, als dass es ein Zufall sein könnte. Ich frage mich, ob dies die Stadt sein könnte, die er gesehen hat? Brenda erwähnte zwar die Rocky Mountains, aber es könnte schließlich mehr als eine dieser geheimen unterirdischen Regierungsstädte geben, über die wir nichts wissen.

CENTURIE III-21

Au Crustamin par mer Hadriatique
Apparoistra un horrible poisson.
De face humaine & la fin aquatique,
Qui se prendra dehors de l'amacon.

In der Nähe des Flusses Conca an der Adria/Wird ein schrecklicher Fisch auftauchen./Mit menschlichen Zügen und einem fischartigen Ende,/Wird er ohne Haken gefangen werden.

B: Er sagt, dies beziehe sich auf einen Skandal, der sich rund um militärische Geheimnisse abspielen werde. Die Sowjets haben zu experimentellen Zwecken eine Unterwasserkuppel und eine Unterwasser-U-Boot-Basis in der Adria gebaut. Er sagt, dass sie diesen unterirdischen Ort nutzen würden, um ihre U-Boote zu subversiven Zwecken auszusenden. Wenn dies entdeckt wird, wird all dies durch den Druck von Staatsmännern, Diplomaten und Politikern an die Oberfläche gebracht werden. Und die U-Boote werden sozusagen ohne den Einsatz des Hakens von dort weggebracht werden. Denn anstatt die U-Boote wegzubringen, indem sie sie mit Waffen zerstören, werden sie die U-Boote durch politische Manöver wegschaffen.

D: „Der schreckliche Fisch mit menschlichen Zügen“, bedeutet das die beteiligten Personen?

B: Ja. Er sagt, das beziehe sich sowohl auf die Basis als auch auf die Tatsache, dass U-Boote beteiligt sind. Sie brauchen Menschen, um beides zu betreiben.

D: Deren Übersetzung stört mich wirklich. Sie glauben, dass er sich vielleicht auf eine echte Kreatur bezieht, etwas Ähnliches wie eine Meerjungfrau oder etwas in dieser Art.

B: Er hat sich die Zeigefinger in die Ohren gesteckt. Und er prustet und schnauft, was seinen Bart hin- und her wedeln lässt. Er sagt: „Das werde ich mir nicht weiter anhören! Ich bin nicht hergekommen, um mir das anzuhören!" (Lachen) Er sagt, wenn sie glauben, dass er von einer Meerjungfrau spricht, dann wird er ihnen ein echtes Modell der flachen Erde zeigen. Er sagt, jeder Mann mit Bildung wisse, dass die Erde rund ist. Wenn sie also glauben, dass er eindeutig von einer Meerjungfrau spricht, dann ist er sich sicher, dass sie sich freuen werden, von ihm auch ein Modell der flachen Erde zu erhalten, weil sie wohl wahrscheinlich auch daran glauben.

D: Ja, das erscheint mir auch lächerlich. Sie denken, es könnte eine Kreatur gewesen sein, die wie eine Meerjungfrau aussieht. Sie sagten, es gebe einige Wasserkreaturen, die bis zu einem gewissen Grad einer Meerjungfrau ähneln. Etwas wie ein Seehund. (Eigentlich beziehen sie sich auf eine Seekuh oder einen Dugong. Ich dachte nicht, dass er diese Worte kennen würde.) Sie glauben, er meint etwas in dieser Richtung.

B: Er sagt, er hätte sie damals nicht als schrecklich beschrieben, weil natürliche Geschöpfe schön anzusehen sind.

D: (Lachen) Er verleiht dem mehr Sinn als sie.

B: Er sagt: „Natürlich!"

D: Es ist komisch, dass die einzigen Erklärungen, die ihnen einfallen, meist so etwas Wörtliches sind.

B: Er sagt, sie würden sich einfach weigern zu glauben, dass er einige der Dinge, die er sieht, auch wirklich sieht, und sie vertrauen nicht auf die Kräfte, mit denen er arbeitet.

D: Sie glauben, er sei an seine eigene Zeit gebunden.

Ce que vivra & n'ayant ancien sens,
Viendra leser à mort son artifice:
Austun, Chalan, Langres & les deux Sens:
La gresle & glace fera grand malefice.

Ein Ding, das ohne jegliche Sinne existiert,/Wird sein eigenes Ende durch einen Kunstgriff herbeiführen./Bei Autun, Chalan, Langres und den beiden Sens/Wird es große Schäden durch Hagel und Eis geben.

D: Die Übersetzer meinen, weil er Arzt sei, spreche er hier von etwas Medizinischem.

B: Nein. Er sagt, dies sei ein Ereignis in der Zukunft. Dass die Menschheit einige Geräte entwickelt haben wird, um das Wetter zu mildern und in der Lage sein werde, mitzubestimmen, wie das Wetter sein wird. Die Maschinen, die für diese Berechnungen und Kalkulationen zuständig sind, werden zu schlau für ihr eigenes Wohl werden, denn sie werden keinen gesunden Menschenverstand haben. Gesunder Menschenverstand ist das, was durch Lebenserfahrung gewonnen wird. Folglich werden sie durch den Fehler in ihrer Programmierung, der erst zu spät erkannt werden wird, versehentlich das Wetter durcheinander bringen, so dass sie durch jahreszeitenuntypisches Eis und Hagel großen Schaden anrichten. Die Männer, die dies durchführen, werden nicht erkennen, dass, wenn man versucht, das Wetter zu lange zu einer Sache zu zwingen, das natürliche Muster die Störung schließlich überwinden und eventuell ein jahreszeitenuntypisches Wetter verursachen wird, mit dem es versucht, die Dinge wieder ins Gleichgewicht zu bringen. Infolgedessen werden bei diesen Computern als Resultat sozusagen die Sicherungen durchbrennen und sie bis zur Unbrauchbarkeit beschädigt werden, während sie versuchen, die natürlichen Kräfte zu überwinden, welche die Dinge wieder ins Gleichgewicht bringen wollen.

D: Was bedeuten diese Namen?

B: Er nannte gerade Orte, die durch das jahreszeitenuntypische Wetter größten Schaden erleiden werden.

D: Das ist einer, den die Übersetzer überhaupt nicht verstehen konnten.

B: Er sagt, er habe es recht deutlich niedergeschrieben, weil er wusste, dass die Begriffe, um die es dabei ging, bereits so unklar waren, dass zu seiner Zeit niemand in der Lage sein würde, sie zu verstehen.

D: Sie dachten überhaupt nicht an Maschinen. Sie dachten, weil er Arzt ist, beziehe sich dies auf etwas Medizinisches, wie einen erstarrten Embryo, der aus der Gebärmutter einer Frau entnommen würde. Das wäre ein Ding, das ohne jegliche Sinne existiert.

B: Er sagt, dies sei wahr. Das wäre ein Ding ohne Sinne. Er sagt jedoch, dass die menschengemachten Geräte, wie Computer und dergleichen, auch keine Sinne hätten. Er zuckt nur die Achseln und sagt: „Nun, wenn Menschen darauf bestehen, engstirnig zu sein, dann ist das ihre Entscheidung."

CENTURIE II-2

La teste bleu fera la tete blanche
Autant de mal que France a faict leur bien,
Mort à l'anthene grand pendu sus la branche,
Quand prins des siens le Roy dira combien.

Der blaue Führer wird dem weißen Führer zufügen/So viel Schaden, wie Frankreich ihnen Gutes getan hat./Der Tod von der großen Antenne hängt vom Zweig herab,/Wenn der König fragt, wie viele der Seinen gefangen genommen wurden.

B: Er sagt, dies beziehe sich auf Ereignisse, die sich in der Zeit der Unruhen abspielen würden. Es wird einen Unfall geben, eine große Tragödie. Es wird mit Plänen für ein Kriegsspiel beginnen, mit Plänen für „im Falle eines Falles". Wie: „Für den Fall, dass dies und jenes geschieht, sind dies die Abwehrmaßnahmen, die wir ergreifen werden". In diesem speziellen Kriegsspiel werden die Mannschaften als weißes und blaues Team mit einem weißen und einem blauen Anführer gekennzeichnet, wie es auch mit militärischer Strategie und Planung geschieht. Die verschiedenen Seiten werden mit Farben gekennzeichnet, so dass es eine allgemeine Situation ergibt. Er sagt immer wieder, dass Großbritannien daran beteiligt sein werde, und dass die Führer dieses Kriegsspiel auf Computern ausführen würden. Es wird einen fehlerhaften Schaltkreis im Computer geben, der derart fehlzünden wird, dass der Computer denken wird, es handele sich um eine reale Situation und nicht um ein Kriegsspiel. Daher wird der Computer die Verteidigungssysteme und die betroffenen Waffen auslösen und anfangen, echte Bomben auf die betroffenen Gebiete abzuwerfen und einen tragischen internationalen Vorfall auslösen. Er sagt, dass dieser spezielle Vorfall Europa ins Chaos stürzen werde, wenn man versuche herauszufinden, was passiert sei und warum.

D: *Wird dies sowohl US-Truppen als auch europäische Truppen betreffen?*

B: Nein. Er sagt, es würden im Wesentlichen europäische Truppen sein. Die einzigen US-Truppen, die daran beteiligt sein werden, werden diejenigen sein, die zu diesem Zeitpunkt in diesem Teil der Welt stationiert sind. Zusätzliche US-Truppen werden zu diesem Zeitpunkt nicht hinzugezogen. Da der Prozess, der sich da abspielt, so sinnlos und bizarr ist, wird es offensichtlich sein, dass entweder ein Verrückter mit den Waffen durchgegangen ist oder dass es ein außergewöhnlicher Unfall war. Und es gibt keinen Grund, zusätzliche Truppen zu Kampfzwecken heranzuziehen. Er sagt, nachdem sich der Staub sozusagen gelegt habe, könnten einige friedenserhaltende Truppen hinzugezogen werden, um bei der Wiederherstellung der zivilen Ordnung zu helfen.

D: *„Der Tod von der großen Antenne hängt vom Ast herab." Diesen Teil wollte ich klarstellen.*

B: Er sagt, das habe mehrere Bedeutungen. Einerseits bezieht es sich auf einen neuen Waffentyp, der entwickelt werden soll. Eine Art von Radiowelle, die bei bestimmten Frequenzen und Intensitäten tödlich sein kann. Sie kann starke Schmerzen an den Nervenenden verursachen und bestimmte Teile des Gehirns zerstören. Er sagt, gleichzeitig bezieht es sich auch darauf, dass ihre Befehle per Funk vom Computer aus gesendet werden. Der „Zweig" bezieht sich auf den Teil des Computers, der nicht richtig funktioniert und in eine andere Richtung abzweigt, als er sollte. Er sagt, dass die beiden hauptsächlich betroffenen Länder Grossbritannien und

Frankreich sein werden. Großbritannien wird sich ohne ersichtlichen Grund aggressiv gegenüber Frankreich verhalten, und Frankreich wird dadurch sehr schwer geschädigt werden, sowohl physisch als auch wirtschaftlich und politisch. Die Beziehungen zwischen Frankreich und Großbritannien werden sehr angespannt sein, bis geklärt ist, was schief gelaufen ist.

CENTURIE II-14

A Tours, Gien, gardé seront yeux penetrans, *Descouvriront de loing la grand seraine:* *Elle & sa suitte au port seront entrans.* *Combat, poussez, puissance souveraine.*	In Tours und Gien werden wachsame Augen bewacht,/Sie werden weit vor der gelassenen Hoheit spionieren./Sie und ihr Gefolge werden in den Hafen einlaufen,/Im Kampf vereint, mit souveräner Macht.

B: Er sagt, dies beziehe sich auf ein Ereignis, das in naher Zukunft, spätestens 1991, stattfinden solle. Es bezieht sich auf einen Zwischenfall zwischen der britischen Marine und einer nordafrikanischen, nahöstlichen Macht. Ich glaube, er bezieht sich möglicherweise auf Libyen. Er zeigt mir eine Karte, und er konzentriert sich auf den Teil, der auf euren Karten als Libyen markiert ist. Auch wenn auf dieser Karte, die er mir zeigt, keine Länder eingezeichnet sind, ist der Teil Afrikas, auf den sich sein Blick konzentriert, auf Karten des 20. Jahrhunderts als „Libyen" gekennzeichnet. Er sagt, dass die Menschen in diesen Häfen Frankreichs mit ihrem Radar ein Bild der Situation sehen und beobachten werden, wie diese sich entwickelt und entfaltet. Ein Flaggschiff der Marine, eines der Hauptschiffe der Linie, wird als „sie" bezeichnet, da Schiffe als weiblich bezeichnet werden. Da sie das Flaggschiff dieser bestimmten Flotte ist, ist sie die Königin dieser Schiffsflotte. Er sagt, dieses Flaggschiff werde auf einige Schiffe einer fremden Macht treffen und es werde zu einer Konfrontation kommen. Dies wird im nordwestlichen Teil des Mittelmeers geschehen. Es wird eine kleinere Konfrontation sein, was die Kämpfe betrifft, denn es wird niemand getötet werden. Es werden hauptsächlich Granaten und Torpedos sein, die hin und her gefeuert werden, aber es wird von der Presse und der diplomatischen Welt zu einem internationalen Zwischenfall hochgespielt werden. Bei diesem besonderen Vorfall wird Großbritannien als Anführer, sozusagen als Sieger aus der Situation hervorgehen.

Dies scheint sehr gut möglich, da die Probleme mit Marineschiffen im Persischen Golf 1988 begannen.

UPDATE: Es wurde angedeutet, dass sich dieser Vierzeiler auf die britische Beteiligung am Persischen Golfkrieg von 1990 und 1991 beziehe. Brenda dachte, er beziehe sich auf Libyen, aber sie vermutete es nur deshalb, weil Nostradamus ihr eine Karte ohne eingezeichnete Länder zeigte. Der Vierzeiler könnte sich auch auf einen künftigen Vorfall beziehen, an dem Libyen beteiligt ist und der durch die zunehmenden Spannungen im Nahen Osten verursacht wird.

KAPITEL 13

DIE ZEIT DER UMWÄLZUNGEN

NOSTRADAMUS SAH eine Zeit dramatischer und gewalttätiger Erdveränderungen voraus, die er „die Zeit der Umwälzungen" nannte. Einige von ihnen waren schwierig zu datieren, weil er auch eine ungleich schrecklichere Zeit in ferner Zukunft voraussah, in der die Veränderungen auf der Erde sehr drastisch sein würden. Manchmal konnte ich nicht unterscheiden, von welcher Zeitperiode er sprach. Ich habe versucht, sie nach bestem Wissen und Gewissen einzustufen.

CENTURIE VIII-29

Au quart pillier l'on sacre à Saturne.
Par tremblant terre & deluge fendu
Soubz l'edifice Saturnin trouvee urne,
D'or Capion ravi & puis rendu.

An der vierten Säule, die sie Saturn weihen,/Gespalten durch Erdbeben und Überschwemmung,/Wird unter dem Gebäude des Saturn eine Urne gefunden,/Gefüllt mit Gold, von Caepio fortgetragen und dann zurückgebracht.

B: Er sagt, dieser Vierzeiler beziehe sich auf zwei verschiedene Ereignisse. Er hat nicht deutlich gemacht, ob diese beiden Ereignisse miteinander zu tun haben oder nicht. Die vier Säulen repräsentieren vier große Nationen. Jede Nation ist auf ihre Weise eine Säule der Kultur, die diese Nationen im Allgemeinen teilen. Eine dieser Nationen, nämlich diejenige, die unter der

Schirmherrschaft von Saturn steht, wird einige große Naturkatastrophen erleben, wie im Vierzeiler erwähnt, Erdbeben und Überschwemmungen. Sie wird die Nation von einem Ende zum anderen zerreißen, und es wird einen großen Aufschrei geben. Auch wird es einen Zusammenbruch des allgemeinen Betriebs geben, der große Zwietracht und Schmerz auslösen wird. Die große Urne, gefüllt mit Gold, das weggenommen und dann wiedergebracht wurde, diese Zeile habe, wie er sagt, eine doppelte Bedeutung. Eine Bedeutung ist die Nation, die durch das Erdbeben und die Überschwemmungen auseinandergerissen wird. Es ist ein reiches Land, aber diese Naturkatastrophen werden seinen Staatssäckel leeren, während es versucht, mit diesen Naturkatastrophen fertig zu werden. Wenn sie dann ihre eigenen Ressourcen ausgeschöpft hat, wird sie sich an andere Nationen wenden, und um Hilfe bitten. Und die anderen drei Säulen werden Hilfe zur Wiederherstellung der Staatskassen schicken, damit die Menschen überleben können.

UPDATE: Dies hat sicherlich bereits begonnen, einzutreten. Ende der 1980er und Anfang der 1990er Jahre gab es auf der ganzen Welt einen Ausbruch von schrecklichen, verheerenden Erdbeben, aber auch das Erwachen lang schlafender Vulkane. Diese haben sicherlich „die Staatssäckel dieser Nationen geleert". Nostradamus sagte, es bedürfe keines Krieges, um die Wirtschaft zu erschöpfen; dies könne sehr leicht auch durch diese Naturkatastrophen geschehen.

B: Eine andere Bedeutung für diese letzte Zeile bezieht sich auf das Gold, das während der Zeit der Kolonialisierung von bestimmten europäischen Ländern in Mittelamerika geplündert wurde. Ein Teil davon wurde nach Europa gebracht und ein anderer Teil sank auf den Meeresgrund. Er sagt, in dem Maße, wie die Technologie voranschreitet, werde es in der Zukunft größere Erfolge beim Auffinden dieser Schätze geben, die auf den Meeresgrund gesunken sind. Diese Schätze und Artefakte werden den Ländern zurückgegeben werden, von denen sie gestohlen wurden.

D: Sprichst du von der Zeit von Cortez und den Conquistadores?

B: Ja. Er sprach speziell von Spanien und seinen Vergewaltigungen sowie seines Abziehens der Gold- und Silberschätze aus Mittel- und Südamerika.

Es gibt eine erstaunliche Parallele zwischen dieser Definition und der Symbolik, die in dem Vierzeiler verwendet wird. „Gold, das von Caepio fortgetragen und dann wiedergebracht wurde." Laut Erika Cheetham war Caepio ein römischer Konsul, der 106 v. Chr. Toulouse plünderte. Der Schatz erreichte allerdings niemals Rom, und Caepio wurde des Amtes enthoben und aus dem Senat ausgeschlossen. Es wird deutlich, dass Nostradamus abermals eine Symbolik verwendet hat, die auf einem Ereignis in der römischen Geschichte basiert. Er hat erklärt, dass er dies oft tat, um die Inquisition zu verwirren.

D: Dann hat es eine doppelte Bedeutung. Ist er in der Lage, mir zu sagen, welche vier Länder durch die vier Säulen repräsentiert werden?

B: Er sagt, das sei schwierig zu sagen, weil in der Zeit von der Gegenwart bis zu dem Zeitpunkt, an dem das Ereignis eintreten wird, einige der Länder ihre Namen geändert haben werden, auch wenn die Nationalität die gleiche bleibt. Aber er sagt, dass die vier Säulen mit der westlichen Kultur zu tun hätten.

CENTURIE IX-31

Le tremblement de terre à Montara,
Cassich saint George à demi perfondrez,
Paix assoupie, la guerre esveillera,
Dans temple à Pasques abismes enfondrez.

Das Zittern der Erde bei Montara,/Der halb versunkenen Zinninsel Zum Heiligen Georg;/Schlaftrunken vor Frieden wird Krieg aufkommen,/Zu Ostern werden sich in den Tempeln Abgründe auftun.

B: Er sagt, dass die Erde nach einer Periode des Friedens, wie in der Zeile „schlaftrunken vor Frieden" angedeutet, eine große Naturkatastrophe erleiden werde. Die Erde wird einige besonders schwere Erdbeben erleiden. So schwer, dass die Erdkruste bis zum Erdmantel aufreißt und die heiße Lava ausgespuckt wird. Dieses besondere Erdbeben wird so verheerend sein, dass es überall dort, wo Erdbeben auftreten können, Erdbeben auslösen wird. Diese Erdbeben werden so groß und gefährlich sein, dass sie alles in ihrem Umfeld zerstören werden. Er sagt, die Hälfte der Britischen Inseln würde fortgerissen und im Meer begraben werden. Als Folge dieser ganzen Katastrophe wird beinahe unverzüglich eine Hungersnot ausbrechen und die Menschen werden anfangen zu kämpfen. Der Krieg wird um die wenigen Ressourcen der Erde geführt werden, die nach dieser Katastrophe übrig bleiben werden. Es wird nicht genug Nahrung für alle geben, und Menschen aus Hunger leidenden Ländern werden bei den Menschen derjenigen Länder aufmarschieren, die Nahrungsmittelüberschüsse haben. Er sagt, dass das Land, in dem du lebst, insofern Glück haben wird, als es durch Ozeane geschützt ist. Aber selbst vor diesem Hintergrund wird das Land nur knapp überleben, weil es eines der am stärksten von den Erdbeben betroffenen Länder sein wird. Da es einen Überschuss an Nahrungsmitteln hat, wird es von der Hungersnot nicht betroffen sein. Es wird nur ein Verteilungsproblem sein. Andere Länder, wie Indien und China, werden ebenfalls von Erdbeben erschüttert werden, aber sie haben zu viele Menschen und nicht genügend Nahrungsmittel. Und sie werden sich umdrehen und nach Russland und Osteuropa marschieren, wo die Mais- und Weizenfelder liegen.

D: Sind diese Begriffe (Montara und Cassich) Namen oder Anagramme von Ländern?

B: Er sagt, es seien Anagramme für etwas, das ihm damals höchst verwirrend erschien. Aber wenn er es in Verbindung bringe mit einer Person des 20. Jahrhunderts, beginne er zu verstehen. Er sagt, dass es Orte auf der Erde zu geben scheine, an die Namen geknüpft waren, aber er könne nicht erkennen, ob es sich dabei um ein Land oder etwas anderes handle. Und nun stellt er aufgrund der Arbeit von Wissenschaftlern nach seiner Zeit fest, dass es Orte auf der Erde gibt, die Namen haben, anhand derer sie zu identifizieren sind, nicht weil sie Länder sind, sondern weil sie ein geologisches Merkmal sind. Die (seltsam ausgesprochen) San-

Andreas-Verwerfung zum Beispiel hat einen eigenen Namen, aber sie ist kein Land. Er sagt, diese Namen seien Anagramme, die sich auf die großen Verwerfungslinien bezögen, die bei diesem Ereignis eine wesentliche Rolle spielen würden.

D: Sie haben St. Georg als auf England bezogen identifiziert.

B: Ja, das ist eine klare Bezugnahme, da es sich um eine Naturkatastrophe und nicht um eine von Menschen verursachte Katastrophe handelt. Er wollte sie nur ausreichend verschleiern, um die Inquisition zu überlisten, und nicht, um sie für künftige Generationen zu rätselhaft zu machen.

D: „Zu Ostern werden sich in den Tempeln Abgründe auftun." Beschreibt das, wann es geschehen wird?

B: Er sagt, das sei eine Allegorie. Aufgrund dieser großen Katastrophe, bei der die Kommunikation und dergleichen zusammenbricht und die Menschen in andere Länder einmarschieren, um zu kämpfen und dergleichen, bezieht sich der Abgrund, der sich zu Ostern in den Tempeln öffnet, auf die Tatsache, dass die Priester nicht in der Lage sind, vor dem Volk eine tröstliche Erklärung für diese Dinge zu finden und deshalb das Ansehen beim Volk verlieren, und so werden sich Abgründe im Fundament der Religion auftun. Er sagt, das Christentum werde an den Scherben seines eigenen Fundaments ins Wanken geraten.

CENTURIE IV-67

L'an que Saturne & Mars esgaux combuste,
L'air fort seiché longue trajection:
Par feux secrets, d'ardeur grand lieu adust,
Peu pluie, vent chault, guerres, incursions.

In dem Jahr, in dem Saturn und Mars gleich feurig sind,/Ist die Luft sehr trocken, ein langer Meteor./Durch versteckte Feuer brennt ein großer Ort durch Hitze,/Trockenheit, ein heißer Wind, Kriege und Überfälle.

B: Er sagt, dass er persönlich dies als den trockenen Vierzeiler bezeichne. (Sie lachte.) Ich glaube, er versucht, humorvoll zu sein. Er sagt, in diesem Jahr spreche er von ... er wird dir die Umstände dazu nennen und vielleicht kann John das betreffende Jahr herausfinden. Er sagt, es liege in nicht allzu ferner Zukunft. Wenn Saturn in einem Feuerzeichen steht und gleichzeitig die Sonne in ein Feuerzeichen wandert, wird es einen Kometen geben. Es wird ein sehr heller, leicht zu erkennender Komet sein. Aber er wird vielleicht bis dahin unbekannt geblieben sein. Dies fällt mit der Zeit der großen geologischen Probleme zusammen. Es wird Erdbeben geben und Vulkanausbrüche, und das wird die Wettersysteme durcheinanderbringen, so dass es große Hungersnot und Dürreperioden geben wird. Er sagt, dies werde soziale Unruhen an unerwarteten Orten auslösen. Nationen, die als wohlhabend und mächtig gelten, insbesondere westliche Nationen, werden sich als gar nicht so wohlhabend zu erkennen geben, wie alle gedacht hatten. Und sie werden von bürgerlichem Unfrieden und Aufständen zerrissen werden, wenn die Menschen versuchen, aus den Dürregebieten weg und in Gebiete zu ziehen, die noch über etwas Wasser verfügen und in denen sie Nahrung anbauen können. Er sagt, darauf sei schon einmal hingewiesen worden, und dies werde eine sehr traumatische Zeit sein. Dies wird in verschiedenen Teilen der Welt zu Unruhen führen, weil dies ein weit verbreiteter Zustand sein wird. Die dadurch verursachten sozialen Unruhen werden dem Antichristen helfen, in bestimmten Gebieten der Welt an Macht zu gewinnen. Sie werden einer der Faktoren sein, die dazu beitragen, dass die Dinge geschwächt und für die Machtübernahme durch den Antichristen bereit sind.

J: (Er hatte diese Zeichen gerade nachgeschlagen.) *Mars und Saturn werden in Kürze eine Konjunktion im Schütze bilden, irgendwann im ... Februar 1988.*

D: Aber warum, das ist ja nur noch ein paar Jahre von heute entfernt!

B: Er sagt, nach dem, was er sehen kann, scheine das sehr nahe an der Zeit zu liegen, die er sieht. Es wird eine sehr feurige Zeit sein, sehr trocken und astrologisch betrachtet sehr heiß und feurig. Und er sagt, dass sich die gewöhnlichen, alltäglichen Menschen geistig und seelisch angeschlagen fühlen werden, weil all diese kosmologischen Katastrophen direkt eine nach der anderen aus allen Richtungen kommen und auf sie hernieder prasseln.

Dies klang dem „Regenbogen-Vierzeiler“ (CENTURIE I-17) sehr ähnlich, der in Kapitel 25, „Die ferne Zukunft“, S. 307, behandelt wird. Nostradamus wies darauf hin, dass eines der Anzeichen dafür, dass der Antichrist komme, ein ganzes Jahr ohne Regenbogen sein werde. Dies klang eher symbolisch als tatsächlich. Nostradamus sagte, dass es bis zu diesem dramatischen Jahr ohne Regenbogen Dürreperioden mit wenig Regen geben werde, was auf extreme Trockenheit hindeutete. Jenes Jahr sei das Zeichen dafür, dass der Antichrist gekommen sei und die Vorhersagen über ihn sich zu erfüllen beginnen würden. Diese beiden Vierzeiler sind auf diese symbolische Weise miteinander verbunden.

J: Eine Konjunktion von Mars und Saturn im Schützen würde uns auch irgendeine Art von religiösem Streit oder von religiösem Eifer oder Fanatismus zeigen, der für andere sehr schädlich sein könnte. Bezieht sich dieser Vierzeiler auch darauf?

B: Ja, er sagt, dass es eine der gesellschaftlichen Umwälzungen sei, die dazu beitragen werde, den Weg für die Machtübernahme des Antichristen zu ebnen. Bestimmte Länder, ihre soziale und politische Struktur werden völlig auf den Kopf gestellt werden. Und dass es religiöse Fanatiker geben werde -- er sagt, er meine damit nicht spirituelle Menschen, sondern religiöse Fanatiker. Er macht die Unterscheidung: entgegengesetzte Pole, das ist sehr deutlich und klar. Er sagt, religiöse Fanatiker würden an die Macht kommen und glauben, dass sie das Richtige tun. Es gab schon andere Gruppen, die in dem Glauben an die Macht kamen, dass sie das Richtige tun, auch wenn dazu drastische Mittel erforderlich sind, und es hat immer ein übles Ende genommen. Er sagt, dieser religiöse Eifer wirke sich auch auf die Antichrist-Seite der Dinge aus. Sie helfe ihm, an die Macht zu kommen, denn er hat eine sehr arglistige Zunge. Und die Menschen, die er beeinflusst, werden ihn auch als religiöse Figur verehren.

D: Es ist interessant, dass er dies seinen trockenen Vierzeiler nennt.

B: Er sagt, dass die Welt sehr durstig sein werde. Es wird sie nach Wasser dürsten, und es wird sie nach Trost dürsten -- nach spirituellem Trost. Denn die religiösen Fanatiker werden keinen spirituellen Trost bieten, sondern lediglich Machtspiele.

Das Datum, Februar 1988, kam, während dieses Buch beim Verlag war, und wir konnten miterleben, wie sich ein weiterer Vierzeiler von Nostradamus bewahrheitete. Ich glaube nicht, dass er damit meinte, dass alle Teile seiner Erklärung in diesem Monat oder gar in diesem Jahr eintreffen würden. Ich glaube, er gab die astrologischen Zeichen an, um den Beginn seiner Vision zu datieren. Der Winter 1987 und 1988 wurde zu einem der seltsamsten in den letzten 100 Jahren erklärt. Der Sommer 1988 wurde als der trockenste seit 50 Jahren bezeichnet. Wir befanden uns inmitten einer schrecklichen Dürre, die das Ausmaß der Dürre der Depressionsära erreichte, wenn nicht sogar noch übertraf. Zum ersten Mal in der Schifffahrtsgeschichte konnten Lastkähne den Mississippi nicht befahren, sondern strandeten, als der Fluss auf den niedrigsten Stand der Aufzeichnungen abfiel. Im Arkansas River kamen so 100 Jahre alte Schiffswracks ans Tageslicht, und Archäologen konnten sie untersuchen. War all dies Zufall? Oder ist dies der Beginn der Zeit, die zu einem Jahr ohne Regenbogen führt?

Auch kann niemand bestreiten, dass das Jahr 1988 von religiösen Unruhen und Umwälzungen geprägt war, die durch die Bakker- und Swaggart-Skandale ausgelöst wurden. In der Kirchengemeinde machte sich ein allgemeines Gefühl des Misstrauens breit.

CENTURIE III-3

Mars and Mercure & l'argent joint ensemble,
Vers le midi extreme siccité:
Au fond d'Asie on dira terre tremble,
Corinthe, Esphese lors en perplexité.

Mars, Merkur und Mond stehen in Konjunktion,/Nach Süden hin wird es eine große Dürre geben./Aus den Tiefen Asiens wird ein Erdbeben gemeldet werden,/Sowohl Korinth als auch Ephesus befinden sich in Turbulenzen.

B: Er sagt, dass sich diese Ereignisse auf das bezögen, was ihr als den gegenwärtigen Zustand der Welt betrachten würdet. Wenn du ein Datum dazu haben möchtest, dann schlage diese spezielle Planetenverbindung nach.

John wollte wissen, in welchem Zeichen diese Konjunktion stehen würde.

B: Einen Moment bitte. (Pause) Er gibt mir zwei Zeichen. Er sagt Krebs und Löwe. (John war damit beschäftigt, seine Ephemeriden durchzusehen.) Er beklagt sich über mein Unterbewusstsein. Er schüttelt den Kopf vor Ratlosigkeit. (Lachen) Es könnte sich um zwei verschiedene Daten handeln, aber er sagt, dass diese Ereignisse in sehr naher Zukunft stattfinden würden.

D: Der Vierzeiler lautet: „Nach Süden hin wird es eine große Dürre geben" in jener Zeit.

B: Er sagt, dies beziehe sich auf die Dürre in Afrika.

D: „Aus den Tiefen Asiens wird ein Erdbeben gemeldet werden".

B: Ja. Er sagt, dass die großen Erdbeben aus China kämen und viele Menschen töten würden.

D: „Sowohl Korinth als auch Ephesus befinden sich in Turbulenzen."

B: (Er korrigierte meine Aussprache.) Er sagt, dies beziehe sich auf die Tatsache, dass es im östlichen Mittelmeerraum, in jenem Teil der Welt, immer wieder Unruhen gebe. Dieser Teil werde sehr anfällig dafür sein, dass der Antichrist seine Muskeln in diese Richtung spielen lässt.

Diese Städte verweisen auf das östliche Ende des Mittelmeers. Korinth liegt in Griechenland und Ephesus ist Teil der heutigen Türkei; seine Ruinen befinden sich in der Nähe von Izmir. In den folgenden Kapiteln wird der Antichrist immer wieder mit diesen beiden Ländern in Verbindung gebracht.

J: (Aufgeregt) Ich habe jetzt das Datum. 13. Juli 1991 im Löwen.

B: Er sagt, das sei nur noch fünf Jahre von eurer Zeit entfernt. Und aus seiner Sicht scheine das fast gleichzeitig zu sein.

D: Es klingt, als würde der Antichrist an die Macht kommen, wenn all diese Erdumwälzungen gerade geschehen.

B: Er sagt, ja, es werde ringsherum eine sehr traumatische Zeit sein.

UPDATE: Zu Beginn der 1990er Jahre gab es in ganz Asien viele Berichte über eine verstärkte heftige Erdbebenaktivität. Begriffe wie „das Stärkste, das Schlimmste" waren gängige Beschreibungen. Im

Sommer 1991 gab es schreckliche Überschwemmungen, die in China massive Schlammlawinen auslösten, bei denen Tausende ums Leben kamen und Millionen von Menschen obdachlos wurden. Ich würde Schlammlawinen sicherlich in die gleiche Kategorie wie Erdbeben einordnen, denn die Erde hat sich buchstäblich bewegt.

Später, als der Astrologe Zeit hatte, diese Planetenstellungen gründlich zu untersuchen, sagte er, dass diese Kombination zu weiteren Zeitpunkten in den 90er Jahren auftreten werde. Das einzige andere Datum im Löwen sei der 21. August 1998. Es könnte hilfreich sein, die anderen Möglichkeiten aufzulisten, da Brenda solche Schwierigkeiten mit astrologischen Informationen hatte und Nostradamus ihr anscheinend mehr als nur ein Datum gab. Für die astrologisch Interessierten: Der 3. Januar 1992, der 16. Oktober 1993, der 11. Januar 1994, der 8. April 1994, der 22. Dezember 1995, der 16. Mai 1996, der 12. Juni 1996, der 3. Dezember 1997, der 27. Februar 1998 und der 28. März 1998 sind gleichfalls Möglichkeiten gemäß den in diesem Vierzeiler angegebenen astrologischen Zeichen. Der Astrologe selbst hielt den 22. Dezember 1995 für die beste Wahl, weil er die engsten Konjunktionsgrade aufweist. Dieses Datum würde auch eher mit der Erfüllung der „Zeit der Unruhen" übereinstimmen.

CENTURIE III-12

Par la tumeur de Heb, Po, Tag, Timbre & Rome *Et par l'estang leman & Arentin* *Les deux grands chefs & citez de Garonne,* *Prins mors noyez. Partir humain butin.*	Wegen des Überlaufens von Ebro, Po, Tejo, Tiber und Rhône/Und durch die Seen von Genf und Arezzo/Sind die beiden großen und wichtigsten Städte der Garonne/eingenommen, tot, überschwemmt. Die menschliche Beute geteilt.

B: Er sagt, dies beziehe sich auf die bevorstehenden Veränderungen der Erde, die der Antichrist im Prozess seiner Welteroberung ausnutzen werde. In Mitteleuropa, Südeuropa und im Nahen Osten, insbesondere am östlichen Ende des Mittelmeers, wird es mehrere schwere Überschwemmungen geben. Infolge des

Zerbrechens von lokalen Regierungen und aufgrund von Naturkatastrophen wird der Antichrist seine Truppen unter dem Deckmantel einrücken lassen, den Menschen bei der Wiederherstellung der zivilen Ordnung im Kielwasser dieser Katastrophen zu helfen. Er wird dies als Instrument benutzen, um die Länder zu übernehmen und die Bevölkerung wie Sklaven und dergleichen zu missbrauchen. Deshalb werden sie als menschliche Beute bezeichnet. Er sagt, dass dies auch eine Zeit wirtschaftlicher Probleme sein wird, und dies wird eines der Dinge sein, die zu der Zeit der Unruhen beitragen. Wenn sich die Dinge in großen Umwälzungen befinden, wenn die Dinge nicht richtig funktionieren und überall versagen, wird dies die Leichtigkeit fördern, mit welcher der Antichrist an die Macht gelangt. Er sagt, es werde eine Zeit sein, in der dynamische junge Männer die Bevölkerung mit goldener Zunge mit ihrer Denkweise beeinflussen können, weil die Bevölkerung etwas sucht, worauf sie hoffen kann.

D: Das klingt, als würde zu diesem Zeitpunkt alles auseinanderfallen.

B: Er sagt, es werde eine sehr traumatische Zeit sein. Die Seelen, die zu dieser Zeit auf der Erde sind, seien sich dieser Folgen bewusst gewesen, bevor sie in dieses Leben traten. Das sei der Grund, weshalb heute mehr alte Seelen im Verhältnis zu jungen Seelen leben als zu irgendeiner anderen Zeit in der Geschichte. Die Menschen werden Standfestigkeit brauchen, um diese Zeiten zu überstehen.

D: Ich habe einige Fragen, die ich ihm gerne stellen möchte. Ich möchte einige der Vierzeiler klären, die wir bereits durchgegangen sind.

B: Er sagt, das sei der Zweck des Ganzen, Dinge zu klären.

D: Die meisten von ihnen drehen sich um Vorhersagen über Erdbeben. Ich möchte nur wissen, ob diese sich vor dem Antichristen oder während der Zeit des Antichristen ereignen werden.

B: Er sagt, die Erdumwälzungen bezögen sich auf die Erdbeben und die Vulkane, die Veränderungen des Meeresspiegels und die abweichenden Mengen an Gletschern und dergleichen. Dies wird in den späten 1980er und frühen 1990er Jahren stattfinden. Er sagt, diese Ereignisse seien voneinander getrennt. Sie sind Werke

Gottes, sie haben nichts mit dem Antichristen zu tun. Aber der Antichrist wird sie zu seinem Vorteil nutzen, weil mehrere Länder aufgrund der Schwere der Naturkatastrophen unorganisiert sein werden. Dies wird es dem Antichristen leichter machen, Spione einzuschleusen und Leute von innen heraus zur Mitarbeit zu bewegen, um ihm dann später beim Umsturz dieses Landes zu helfen. Zu dem Zeitpunkt, zu dem diese Ereignisse eintreten, wird der Antichrist bereits mit dem Aufbau seiner Machtbasis in seinem Teil der Welt begonnen haben. Aber diese Naturkatastrophen werden sich überall auf der Welt ereignen, und in einigen Fällen werden sie dem Antichristen helfen, den Grundstein dafür zu legen, bestimmte Länder dann später in seiner Laufbahn zu übernehmen, wie Mitte und Ende der 1990er Jahre.

Als dies veröffentlicht wurde, wurde Armenien im Dezember 1988 gerade von einem katastrophalen Erdbeben heimgesucht. Die Zahl der Todesopfer und der entstandene Schaden waren unfassbar. Ganze Städte wurden ausgelöscht. Die geschätzte Zahl der Todesopfer lag bei 55.000, und die Überlebenden verstarben an der schrecklichen Kälte. Länder auf der ganzen Welt schickten Nahrungsmittellieferungen, und zum ersten Mal nahmen die Sowjets die angebotene Hilfe an. Ist dies der Beginn der Erfüllung von Nostradamus' schrecklichen Prophezeiungen über Naturkatastrophen?

D: Zu Beginn unserer Arbeit hatten wir Vierzeiler, die sich auf die Erdbeben bezogen, die die Vereinigten Staaten treffen sollten. Er hatte uns dies durch Dyonisus erzählt. Es hatte etwas mit einem Dreieck zu tun. Es gäbe drei Städte an der Westküste, die ein Dreieck bildeten, und sie würden von Erdbeben heimgesucht werden. Könnt ihr uns dazu irgendwelche Informationen geben?

B: Er sagt, wie du sehr leicht feststellen kannst, liegen zwei der Punkte des Dreiecks an dem Ort, der „Kalifornien“ genannt wird. Der dritte -- er sagt, es sei für ihn sehr ungewohnt, Ortsnamen für diesen Teil der Welt zu finden, da es sich um die Neue Welt handelt, aber du werdest es selbst tun können. Er meint, du sollest dir einen nicht allzu weit östlich gelegenen Ort suchen, der in der Vergangenheit ebenso erdbebengefährdet war.

D: Okay. Das ist das, was er zuvor gesagt hat, dass sie ein Dreieck bilden. Er erwähnte ebenso, dass es auch in New York City Erdbeben geben werde.

B: Er sagt, dass dies Teil der tiefgreifenden Erdumwälzungen sein werde, die später stattfinden würden.

D: Werden diejenigen in Kalifornien zuerst stattfinden?

B: Ja. Sie werden näher an dem natürlicheren Ablauf der Dinge liegen, weil dieser Ort ohnehin anfällig für Erdbeben ist. Also werden die Orte, die anfällig für Erdbeben sind oder sich in Gebieten befinden, in denen es sporadische, aber sehr heftige Erdbeben gibt, diese zuerst erleiden. Und danach werden die Orte, die eigentlich keine Erdbeben haben sollten, auch von ihnen heimgesucht werden.

D: Es gibt viele Theorien, dass die Erdachse um die gleiche Zeit kippen wird. Sieht er etwas davon?

B: Er sagt, das sei schwer zu sagen. Viele Dinge sind zur Zeit sehr verschwommen, aber er wäre nicht überrascht, falls es passieren sollte. Diese Verlagerung der Erdachse ist keine allmählich voranschreitende Sache, wie manche sagen würden. Er sagt, es geschehe plötzlich. Und wenn es geschieht, könnte es äußerst katastrophal sein.

D: Aber er glaubt, dass diese Ereignisse mit dem Antichristen auf den Zeitachsen so vorherrschend seien, dass sie auf jeden Fall geschehen würden, unabhängig von den Erdveränderungen oder von einer Polverlagerung?

B: Das ist wahr. Er sagt, dass in dem Teil der Erde, in dem sich der Antichrist befinde, weniger Schaden erlitten werde als in anderen Teilen der Erde. Diese Veränderungen werden sich auf sein Land auswirken, aber sie werden es nicht verwüsten, wie es bei einigen Ländern der Fall sein wird. Er wird also in der Lage sein, dies zu seinem Vorteil zu nutzen. Zu einem etwas späteren Zeitpunkt, wenn andere Länder immer noch versuchen, sich zu erholen, bietet er Hilfe an. Und sobald sie die Hilfe annehmen, ist es für sie zu spät, denn am Ende wird er ihnen in den Rücken fallen.

D: Das dachte ich mir. Wenn die Länder alle von Erdbeben und dergleichen heimgesucht würden, müsste das auch bei ihm der Fall sein. Und er wäre nicht in der Lage, an Eroberung zu denken.

B: Auch sein Land wird seine Probleme haben, aber es wird sich in einem Zustand starken Kriegsrechts befinden, somit werden sie bereits organisiert sein und an einem Strang ziehen können, während andere Länder zum Zeitpunkt der Erdbeben noch unter Zivilrecht stehen werden. Nach der Katastrophe wird das Kriegsrecht ausgerufen, um Ordnung auf den Straßen zu schaffen und die Plünderungen zu stoppen.

Ich glaube, diese Aussagen widersprechen nicht wirklich dem, was Dyonisus mir durch Elena mitgeteilt hatte. Ich denke, es zeigt lediglich, dass er nicht ganz verstanden hatte, was er sah, und er hat vielleicht die Zeitabfolgen zwischen diesen ersten Ereignissen und den tiefgreifenden Erdveränderungen durcheinandergebracht, die Nostradamus in ferner Zukunft sah (über die in diesem Kapitel 25 berichtet wird).

Ich glaube, so viele schreckliche Vorhersagen von einem grauenvollen Ereignis nach dem anderen zu hören, hätte mich wirklich aufgeregt, wenn ich mich nicht schon in jener Nacht, nachdem ich Elenas Haus verlassen hatte, damit abgefunden hätte. Als Nostradamus anfing, mir von diesen überwältigenden Visionen zu erzählen, die unsere Zukunft zu füllen scheinen, war meine menschliche Seite natürlich abgestoßen. Aber jetzt, da ich meine Rolle bei etwas akzeptiert habe, das ich ohnehin nicht ändern kann, kann ich als objektiver Reporter agieren, so unschön die Aufgabe auch sein mag.

KAPITEL 14

DAS KOMMEN DES ANTICHRISTEN

WÄHREND DER SITZUNGEN wurden nur kleine Stückchen über diese als Antichrist bekannte Persönlichkeit offenbart. Er schien eine geheimnisvolle Gestalt zu sein, die sogar für Nostradamus selbst nebulös war. Ich habe versucht, in dieses Kapitel sämtliche Einzelheiten aufzunehmen, die wir über ihn herausfinden konnten, um zu versuchen, diese Person zu verstehen, welche ausersehen ist, eine so große Rolle für die Zukunft der Menschheit zu spielen.

D: Wenn sich die Übersetzer auf den Antichristen beziehen, über den wir so viel gesprochen haben, sagen sie, dass Nostradamus ihn den dritten Antichristen nannte. Ist das richtig?

B: Er sagt, es hänge von eurem Standpunkt ab, ob er der zweite oder der dritte Antichrist ist. Aus europäischer Sicht würde er als der dritte Antichrist betrachtet werden. Aus dem anderen Blickwinkel gebe es nur zwei Antichristen anstatt drei.

D: Und wessen Sichtweise wäre das?

B: Er sagt, die Sichtweise aller Nicht-Europäer. Asiaten, Länder der Dritten Welt, Nord-, Mittel- und Südamerika.

D: Ich dachte, er habe in seinen Vierzeilern vielleicht etwas gesagt, das sie zu der Annahme veranlasst, dass es drei gebe.

B: Er sagt, es gebe Vierzeiler, die sich auf den dritten Antichrist bezögen. Er sagt, er zähle sie nicht ausdrücklich auf, aber es gab Vierzeiler, die eingetreten sind, und die Leute haben erkannt, dass der Vierzeiler sich auf ein bestimmtes Ereignis bezog, und sie konnten herauslesen, dass er von drei verschiedenen Männern sprach, wenn er vom Antichristen redete.

D: Wer waren seinen Definitionen nach die anderen Antichristen?

B: Er sagt, Napoleon sei einer gewesen, aber das ist streng genommen aus europäischer Sicht. Denn Napoleon beeinflusste vor allem Europa, und das war es schon, obwohl es verheerend genug war. Und so würden nur die Europäer Napoleon als Antichrist betrachten. Aber unabhängig von eurem Standpunkt ist der andere Antichrist ganz klar. Er sagt, das sei Adolf Hitler. Was Hitler getan hat und was der kommende Antichrist tun wird, wird sich auf die ganze Welt auswirken und nicht nur auf Europa.

D: Und er betrachtet dennoch den kommenden Antichrist als den dritten.

B: Ja, und er sagt, er sei noch schlimmer als Adolf Hitler war.

D: Gibt es irgendeine Information, die wir über den Antichristen haben dürften?

B: Wie meinst du das? Welche Art von Informationen?

D: Vielleicht können wir herausfinden, wo er sich zu diesem Zeitpunkt in unserer Welt aufhalten könnte, und vielleicht auch sein Alter.

B: Er sagt, es sei aufgrund der Turbulenzen in den Zeitlinien schwer für ihn, den Ort zu erkennen. Da wir kurz vor den eintretenden Ereignissen stehen, verursacht dies einen Effekt, der einem Gewittersturm in den Zeitlinien gleichkommt. Er weiß, dass sich der Antichrist irgendwo im Nahen Osten befindet. Er kann ihn nicht genau ausmachen, wegen all der Gewalt und der negativen Ereignisse in jenem Teil der Welt, die seinen Blick etwas trüben. Er sagt, dass dieser Antichrist gegenwärtig ein junger Mann in einer sehr entscheidenden Phase seines Lebens sei. Jegliche tiefe Eindrücke, die er zu dieser Zeit bekommt, werden einen Einfluss auf seinen zukünftigen Lebensweg haben. Und dort, wo er sich jetzt im Nahen Osten aufhält, gibt es viele politische Manöver, Gewalt und Korruption. Aufgrund der Atmosphäre in dieser entscheidenden Zeit seines Lebens hat dies einen Einfluss auf ihn, und er wird sich seines Schicksals bewusst.

D: Aber du sagtest, er sei eine so bedeutende Persönlichkeit, dass es ziemlich schwer sei, ihn daran zu hindern, an die Macht zu kommen.

B: Das ist wahr. Die Ereignisse, die zu seiner Machtübernahme führen, wurden bereits Jahrhunderte zuvor in Gang gesetzt, schon vor der ersten Formulierung und Gründung des Osmanischen Reiches.

CENTURIE I-76

D'un nom farouche tel proferé sera,
Que les trois soeurs auront fato le nom:
Puis grand peuple par langue & faict dira
Plus que nul autre bruit & renom.

Dieser Mann wird einen unzivilisierten Namen tragen,/Den die drei Schwestern vom Schicksal erhalten werden./Er wird dann mit Wort und Tat zu einem großen Volke sprechen,/Und wird mehr Ruhm und Ansehen haben als jeder andere Mann.

B: Er sagt, dies beziehe sich auf den Antichristen. Die drei Schwestern bezieht sich auf die drei Parzen: die eine, welche die Linie des Lebens spannt, die andere, welche die Länge des Lebens misst, und die dritte, welche es in der richtigen Länge abschneidet. Er sagt, dieser Mann sei dazu bestimmt, ein Weltführer zu werden, wenngleich er diese Macht missbrauchen werde. Sein Name wird, nach Brauch einiger Länder, etwas lang sein. Und wenn man ihre Namenswurzel nachschlägt, werden einige der Namen, die er trägt, Hinweise darauf geben, wozu er bestimmt ist. Er sagt, dass verschiedene Namen verschiedene Dinge bedeuten: Zum Beispiel beziehen sich Namen wie Leonard und Leo auf löwenähnliche Eigenschaften, königliche Qualitäten und dergleichen. Auch wenn er für europäische Ohren etwas unzivilisiert klingen mag, wird der Name dieses Mannes ebenfalls Namenswurzeln haben, die einige Hinweise darauf geben, zu welchen Errungenschaften er fähig sein wird. Ob er sich nun dem Guten oder dem Schlechten zuwendet, er wird in beiden Fällen viel erreichen können. Es geht einfach nur darum, ob er sich dafür entscheidet, in eine positive oder in eine negative Richtung zu gehen.

D: Dann sollten wir dann, wenn wir von diesen Menschen zu hören beginnen, ihre vollständigen Namen nachschlagen und sehen, ob wir dort Hinweise finden können.

B: Auf jeden Fall. Er sagt, dass dieser Mann von bestimmten alten Bräuchen beeinflusst sein werde, die etwas in Vergessenheit geraten seien. Sie sind in der Literatur immer noch bekannt, aber sie werden nicht mehr befolgt. Konkreter kann er aber nicht werden.

D: Die Übersetzer sagen, dieser Vierzeiler beziehe sich auf Napoleon. Sie sagen, dass sein Name von einem griechischen Wort abgeleitet sei, welches „Zerstörer" oder „Terminator" bedeute.

B: Er sagt, das veranschauliche, was er mit dem Antichrist meint.

CENTURIE I-50

De l'aquatique triplicité naistra.
D'un qui fera le jeudi pour sa feste:
Son bruit, loz, regne, sa puissance croistra,
Par terre & mer aux Oriens tempeste.

Aus den drei Wasserzeichen wird geboren/Ein Mann, der den Donnerstag zu seinem Feiertag macht./Er wird an Ansehen, Lob, Herrschaft und Macht gewinnen/An Land und auf See, was dem Osten Unruhen bringt.

D: „Aus den drei Wasserzeichen", heißt das, dies werden die Zeichen in seinem Horoskop sein?

B: Er sagt, das habe eine mehrfache Bedeutung. Diese Zeichen werden in seinem Horoskop vorherrschend sein, aber er benutze sie auch, um anzuzeigen, aus welchem Teil der Welt der Antichrist kommen würde. Denn es wird drei große Gewässer in der Nähe geben -- hauptsächlich das Mittelmeer, das Rote Meer und das Arabische Meer.

D: Ich kann jetzt erkennen, dass er versucht, so viel wie möglich in diese Vierzeiler zu stecken. Er presst eine Menge Informationen in nur wenige Zeilen. Das muss für ihn sehr schwierig sein.

B: Er sagt, dass man nach einer Weile ein Talent dafür entwickle. Die Inquisition tut wundersame Dinge, um einen dazu zu bringen, ein Talent für gewisse Dinge zu entwickeln. Dieser Vierzeiler bezieht sich auf diesen Mann und darauf, wie es ihm gelingen wird, einen immensen Umfang an weltweiter Macht zu erlangen. Er sagt, wie in seinen Vierzeilern angedeutet, werde der Donnerstag für ihn und seine Anhänger ein wichtiger Tag sein. Er wird für alle eine Bedrohung sein, besonders aber für den Osten, weil es ihm gelingen wird, sowohl China als auch Russland zu erobern und somit den gesamten asiatischen Kontinent unter seiner Kontrolle zu haben. Er sagt, dies werde das erste und einzige Mal sein, dass der gesamte Kontinent jemals unter einem einzigen Führer steht.

Ich brachte diesen Vierzeiler zu John, dem Astrologen, und fragte ihn, ob er daraus irgendwelche Informationen gewinnen könne. Er meinte, die drei Wasserzeichen könnten sich auf ein großes Trigon beziehen. Er sagte, es hätte einen beträchtlichen Einfluss, wenn sie in einem Horoskop ausfindig gemacht würden. Beim Durchsuchen seiner Ephemeriden fand er heraus, dass ein großes Trigon von Wasserzeichen am 1. Juli 1994 auftreten wird. John glaubt, dass dies das Datum sein könnte, an dem der Antichrist seine volle Macht erlangt.

D: *Wir haben viel über den kommenden Antichristen gesprochen und versucht, seine Geschichte zusammenzufügen. Es wurde die Frage gestellt, ob der Antichrist irgendeine Verbindung zur Stadt Damaskus hat.*

B: Einen Moment bitte. Er sagt, er müsse in den Nebel der Zeit blicken, um es dir zu sagen. (Pause) Er sagt, er sei in Damaskus gewesen, aber er komme ursprünglich nicht von dort. Er kommt von einem anderen Ort. Aus Sicherheitsgründen wird er seine Herkunft im Dunkeln lassen. Er wird sie als Teil seines geheimnisvollen Nimbus benutzen. Aber er wird Verbindungen zu Libyen und zu Syrien haben. Er wird viele Kanäle nutzen, um an die Macht zu kommen. Welche Kanäle ihm auch immer zur Verfügung stehen, er wird sie zu seinem Vorteil nutzen. Und falls es in Damaskus irgendwelche Kanäle gibt, die er nutzen kann, dann kannst du sicher sein, dass er auch diese nutzen wird.

D: *Aber das schließt die Möglichkeit des Aufspürens seines momentanen Aufenthaltsortes aus.*

B: Er hat sein ganzes Leben in dem als Nahen Osten bekannten Kulturraum verbracht. Er war verschiedenen politischen Systemen ausgesetzt, und ein politisches System, das ihn besonders beeinflusst hat, ist das von Libyen. Es fügt sich in seine Studien über Adolph Hitler ein. Er ist in seiner Sichtweise sehr diktatorisch. (Pause) Zurzeit befindet er sich in Ägypten.

Dies war eine wirkliche Überraschung, denn vorhin sagte er, er könne nicht sehen, wo er sich befinde.

D: Er lebt zurzeit in Ägypten?

B: Ja. Diesen Lebensabschnitt verbringt er in Ägypten mit Lernen, weil Ägypten, was die arabische Welt betrifft, an einem guten Standort liegt. Er hat von Ägypten aus gleichermaßen Zugang zum Nahen Osten wie auch zu Nordafrika sowie zu der Kultur, die in Ägypten vorhanden ist. Ägypten ist auch stark genug, um sich vor den anderen Ländern zu schützen, so dass es nicht dazu neigt, von Armeen überrannt zu werden.

D: Dann ist er kein gebürtiger Ägypter, er studiert dort nur. Ich nehme an, wenn die Zeit für ihn gekommen ist, an die Macht zu gelangen, wird er in sein eigenes Land zurückkehren. Ich meine nur.

B: Nein. Wenn die Zeit für ihn kommt, an die Macht zu gelangen, wird er an den Ort gehen, wo er Risse im Lack sieht. Er wird an einen Ort gehen, an dem er das politische System so ausnutzen kann, dass er anfangen kann, die Macht an sich zu reißen. Er wird sich keine Sorgen darüber machen, ob er ein Einheimischer dieses Landes ist oder nicht. Er wird Wege finden, Länder zu übernehmen und die Schlupflöcher in ihrem System auszunutzen und ihre Macht zu seinen eigenen Gunsten zu verdrehen.

D: Ich dachte mir, dass es für einen gewöhnlichen Menschen schwer sein würde, dies zu tun. Er müsste sich bereits in irgendeiner Art Machtposition befinden -- durch seine Familie etwa.

B: Er wird es verstehen, Positionen zu erfinden.

D: Wird der Antichrist für ein Familienmitglied einspringen, das stirbt, wodurch er dann an die Macht kommt?

B: Er sagt, dass der Antichrist mehrere Wege zur Auswahl haben werde, um an die Macht zu kommen. Dieser Weg wäre für ihn der einfachste Weg, um an die Macht zu kommen, und es ist am wahrscheinlichsten, dass er diese Methode anwendet. Dort, wo er ist, liegt der Schlüssel darin, dass es gesellschaftlich akzeptabel sein wird, auf diese Weise an die Macht zu kommen, nämlich, indem man den Platz eines toten Familienmitglieds einnimmt.

D: Eine Erbfolge?

B: Nicht unbedingt eine Erbfolge. Er sagt, man solle keine voreiligen Schlüsse ziehen. Dies ist eine Militärdiktatur. Es könnte sich um einen Machtfall handeln, bei dem der Neffe innerhalb der Militärorganisation steht und der Onkel stirbt. Und der Neffe übernimmt durch einen sehr aggressiven und dreisten Schachzug Besitz und Macht des Onkels und schüchtert alle Untergebenen ein.

D: Dann muss es nicht unbedingt ein Sohn sein.

B: Welcher Weg auch immer sich ihm zuerst eröffnet. Wenn es über seinen Vater geht, dann sei's drum. Und wenn es über seinen Onkel geht, dann sei's drum. Oder auch wenn es auf anderem Wege geschieht. Er sagt, der junge Mann sei besessen von der Macht und ihrer Erlangung.

D: Nun, wir haben noch ein paar kleine Stücke der Erkenntnis dazugewonnen. Wir versuchen, seine Persönlichkeit zu verstehen.

B: Das zu tun ist schwierig. Er ist eine komplexe Person.

CENTURIE II-3

Pour la chaleur solaire sus la mer
De Negrepont les poissons demi cuits:
Les habitans les viendront entamer,
Quand Rhod, & Gannes leur faudra le biscuit.

Aufgrund der Sonnenhitze über dem Meer,/Werden die Fische um Negrepont halb gegart./Die Einheimischen werden sie essen, wenn/Es auf Rhodos und in Genua an Lebensmitteln mangelt.

B: Er sagt, dass es in der Zukunft schrecklichste und zugleich erstaunlichste Waffen geben werde. Und ein Waffentyp ist in seiner Intensität und Stärke so, wie wenn man ein Stück der Sonne auf die Erde brächte. Wann immer eine dieser Waffen gezündet wird, breitet sich die Zerstörung kilometerweit aus. Er sagt, dass sich dieser Vierzeiler auf den Umstand der anhaltenden Unruhen im Nahen Osten beziehe. In der Folge werden diese Unruhen zu einem weiteren Krieg dort eskalieren. Einer der Führer wird in der Lage sein, etwas in die Hände zu bekommen ... der moderne Begriff dafür ist eine Atomwaffe. Zuerst zeigt er eine lange graue Zylinderform und dann zeigt er mir das Bild eines Atompilzes.

D: Dann gibt es kaum Zweifel daran, worauf er sich bezieht.

B: Richtig. Deshalb habe ich nicht gezögert, es eine Atomwaffe zu nennen. Er sagt, es gebe in jenem Teil der Erde einen Führer, der machtbesessen sein werde und für die kleinste Sache große Anstrengungen unternehmen werde. Und dieser Führer wird nicht zögern, solch schreckliche Waffen einzusetzen, weil er generell schreckliche Kriegsmethoden anwenden wird. Deshalb werden die Menschen, gegen die er Krieg führt, mit einer Atomwaffe zurückschlagen. Das Land ist genau dort; es hat eine Küste am Mittelmeer. Und wenn dieses Land bombardiert wird, wird eine der Bomben im Mittelmeer statt auf dem Land landen. Wenn sie hochgeht, wird sie fast alle Fische im Mittelmeer vergiften und viele von ihnen durch die Hitze töten. Durch diesen Krieg werden die regulären Handelspassagen unterbrochen, so dass die Menschen an der anderen Mittelmeerküste verzweifelt genug nach Nahrung suchen und den Fisch trotzdem essen werden, obwohl sie wissen, dass sie es nicht tun sollten.

D: Was meint er mit „Negrepont“?

B: Er sagt, dass sich das auf einen charakteristischen Ort dort am Mittelmeer beziehe. Er hat die klare Vorstellung, dass dieser Ort, Negrepont, am östlichen Ende des Mittelmeers liegt. Es gibt dort einen Ort an der Küste, an dem es einige Klippen von dunkler Farbe gibt. Die Einheimischen haben also einen bestimmten Namen für die Klippen: Der dunkle Punkt -- „Negrepont“.

D: Das ist interessant, denn ich dachte mir, Negre bedeutet im Lateinischen für gewöhnlich schwarz oder dunkel.

B: Er sagt, es sei das Wort für dunkel oder schwarz in vielen Sprachen, von denen die meisten irgendwie mit dem Lateinischen verwandt sind. Ich erlaube mir, ihm eine Frage zu stellen. Einfach etwas aus reiner Neugierde meinerseits. Und je nach seiner Antwort ... wenn er mit „Nein“ antwortet, werde ich mir idiotisch vorkommen und nicht wollen, dass du die Frage erfährst.

D: *Oh, nein; fühle dich nicht idiotisch. Kein Wissen ist jemals idiotisch. Du kannst mir sagen, was du ihn gefragt hast.*

Als Brenda später aufwachte, erzählte ich ihr von diesem Vorfall, und sie fand es interessant, dass ihr Unterbewusstsein ebenfalls neugierig war.

B: Als er sagte, der Führer werde sich sehr bemühen, alles zu tun, erinnerte dies an einen Führer in eurer Zeit, von dem bekannt ist, dass er dasselbe tut und der in jenem Teil der Welt lebt. Ich fragte ihn, ob es dieselbe Person sei. Und er sagte, nein, das sei nicht der Fall, aber es sei jemand, der dieser Person sehr ähnlich sei.

D: *An welche Person dachtest du?*

B: An den Führer von Libyen. Gaddafi. Er sagt, er glaube nicht, dass er es sei; das Zeitelement stimme nicht ganz. Aber er sagt, es sei jemand, der ihm sehr ähnlich sei, vielleicht jemand, der mit ihm verwandt sei.

D: *Das war eine gute Frage, denn viele Leute denken, dieser Führer Gaddafi sei verrückt.*

B: Michel de Nostredame sagt, dass er in der Tat verrückt sei. (Lachen) Er sagt, er habe eine Syphilis des Gehirns.

D: *Die Staats- und Regierungschefs der Welt finden, dass es sehr schwierig ist, mit ihm zu kommunizieren und sich mit ihm zu arrangieren.*

B: Er sagt, dass Gaddafi ein Teil der ursprünglichen Ursache des Konflikts sein könnte, aber wenn dieser Punkt erreicht ist, werde es viele Jahre später sein. Er sagt, Gaddafi werde Teil der Grundursache sein. Seine gegenwärtigen Handlungen, die Dinge, die er tut, führen zu diesem Konflikt. Aber im Laufe der Jahre wird er immer verrückter werden, so dass er, wenn der Hauptkonflikt erreicht ist, nicht mehr in der Lage sein wird, irgendetwas zu handhaben oder zu funktionieren. Er wird immer noch denken, er sei an der Macht, aber seine „Duckmäuser" um ihn herum werden ihn in Wirklichkeit vom Rest der Welt abschirmen. Die Art und Weise, wie sie ihn behandeln, wird eine diplomatische Art sein, ihn sozusagen in einer Gummizelle zu halten.

(Der Ayatollah Khomeini starb 1989)

D: *Der darauffolgende Vierzeiler wurde als sich auf dieselbe Sache beziehend interpretiert. Sie glauben, sie gehören zusammen.*

CENTURIE II-4

Depuis Monach jusque aupres de Sicile
Toute la plage demourra desolée:
Il n'y aura fauxbourg, cité ne ville,
Que par Barbares pillé soit & volée.

Von Monaco bis hin nach Sizilien/Wird die gesamte Küste menschenleer bleiben./Es wird keine Vororte, Städte und Ortschaften geben,/Die nicht von Barbaren geplündert und ausgeraubt wurden.

B: Er sagt, es sei derselbe Teil der Welt, oder besser gesagt, es habe auch mit dem Mittelmeer zu tun. Es ist nicht genau dasselbe Ereignis. Er sagt, dass das erste Ereignis, der Abwurf einer Atomwaffe durch eines der Länder des Nahen Ostens, einen weiteren Krieg zusätzlich zu diesem Krieg auslösen wird, und sie werden angreifen und zu ihrer Verteidigung kämpfen. Andere Länder, insbesondere europäische und westliche Nationen, werden das Gefühl haben, sich einmischen zu müssen, um den Krieg um die Kraftstoffversorgung möglichst zu beenden. Wenn also die europäischen Länder versuchen, sich einzumischen, wird derselbe machtbesessene Führer, der zuvor eine Atomwaffe abgeworfen hatte, den Rest seines Arsenals für Europa aufbrauchen. Der größte Teil davon wird Südeuropa treffen, da dies der nahegelegenste Teil Europas ist. Infolgedessen wird die europäische Mittelmeerküste, insbesondere die von Frankreich und Italien, fast unbewohnbar sein, und Italien wird die Hauptlast davon tragen. Er sagt, die Barbaren seien das Volk unter diesem machtbesessenen Führer. Dieser Führer ist nicht der Antichrist. Da dieser Führer machtbesessen ist und seine Waffen unüberlegt einsetzt und die Welt in den Krieg hineinzieht, ist der Zweck, dem dieser Führer dient, der, die großen Nationen zu schwächen, so dass der dritte Antichrist mit wenig oder gar keinem Widerstand an die Macht kommen kann. Er schafft die Voraussetzungen für den dritten Antichristen. Er wird in jenem Teil der Welt an die Macht gelangen, aber niemand wird wirklich wissen, woher er kommt. Er wird eine mysteriöse Gestalt sein, und niemand wird viel über ihn wissen. Alles, was sie wissen werden, ist, dass er große Macht ausübt und dass niemand gegen ihn argumentieren kann.

D: Es scheint, als gäbe es viele Vierzeiler über den Nahen Osten.

B: Er sagt, der Nahe Osten sei ein Ort des Unfriedens. Es scheint ihr Karma oder so etwas zu sein.

CENTURIE III-60

Par toute Asie grande proscription,	In ganz Asien wird es große Ächtung geben,/Ebenso in Mysien, Lyki und Pamphylien./Blut wird fließen wegen der Absolution/Eines jungen dunklen Mannes, erfüllt von bösen Taten.
Mesme en Mysie, Lysie & Pamphylie:	
Sang versera par absolution,	
D'un jeune noir rempli de felonnie.	

D: Verzeihe meine Aussprache, ich gebe mein Bestes.

B: Er merkt, dass das Bildungsniveau in eurer Zeit nicht so hoch ist, wie es sein sollte, daher sind die Menschen nicht mit den Klassikwerken vertraut. Er sagt, dass jene Namen, die du nur unter Schwierigkeiten aussprechen könnest, aus den Klassikwerken stammen würden. Wenn du die Klassiker studiert hättest, wüsstest du, wie man sie ausspricht. Daher weiß er, dass du nicht mit einem hohen Bildungsniveau gesegnet bist.

D: Es ist nicht meine Schuld. Es ist nur so, dass man sie in unserer Zeit nicht lehrt. Man legt keinen Wert auf sie -- sagen wir es mal so. (Lachen) Aus diesem Grunde bedarf es so großer Anstrengungen, diese Prophezeiungen zu verstehen. Er muss sehr belesen sein.

B: Er sagt, es sei keine Frage von Belesenheit. Es gehe nur darum, was man weiß. Der Wissensfundus, den er hat, umfasst ein anderes Wissen als der Wissensfundus, den du hast.

Das war sicherlich richtig, denn für mich waren das nur seltsam klingende Namen.

D: Immerhin weiß er, wovon ich spreche.

B: So ziemlich. (Lachen) Er sagt, diese Namen seien das Äquivalent dazu, wie diese Gegenden des Landes zur Zeit der griechischen Zivilisation genannt wurden. Er benutzte die klassischen Bezeichnungen, so dass die Inquisition dachte, er gebe lediglich einen Kommentar zur Geschichte ab. Er sagt, dass ein Führer aus jenem Teil der Welt hervorgehen werde, den ihr als Länder der Dritten Welt bezeichnet. Das wichtigste Lebensziel dieses Führers wird es sein, die Dritte-Welt- Länder der ganzen Welt, vor allem aber jene der Alten Welt, zu einer ernstzunehmenden Macht zu vereinen, um es mit den so genannten „Supermächten" aufzunehmen. Das Konfliktgebiet wird die Grauzone sein zwischen dem, was als Osteuropa gilt, und dem, was als Naher Osten gilt, insbesondere um die Adria, das Kaspische Meer und das östliche Mittelmeer herum. Er sagt, es werde ein fruchtloser Konflikt sein. Es werde kein endgültiges Ergebnis geben. Es werde weder einen Gewinner noch einen Verlierer geben, nur einen Haufen Streitigkeiten ringsum. Er sagt, dass diese Aufeinanderfolge von Ereignissen, die dort stattfinden, einen gewissen Bezug zu einigen Prophezeiungen in der Bibel haben werde.

D: Auf welche biblischen Prophezeiungen bezieht er sich?

B: Er sagt, einige der Prophezeiungen in der Offenbarung würden zutreffen, aber nicht alle, ebenso wie einige von den kleinen Propheten des Alten Testaments und einige aus Jesaja. Was die Leute nicht begreifen, ist, dass der Heilige Johannes, als er die Offenbarung schrieb, vom gleichen Schlag war wie Michel de Nostredame, da er nicht von einer fortlaufenden Reihe von Ereignissen oder einem großen Ereignis schrieb. Er schrieb von mehreren verschiedenen Dingen, die unabhängig voneinander in der Zukunft geschehen werden. Aus seiner Sicht mag es schwierig gewesen sein oder er war vielleicht nicht gewillt, zwischen ihnen zu unterscheiden. Alles, was er wusste, war, dass sie alle in ferner Zukunft geschehen würden. Er mag also vielleicht nicht das

Bedürfnis verspürt haben, die Tatsache zu differenzieren, dass dieses Ereignis hier stattfinden wird, aber es steht nicht unbedingt in Zusammenhang mit diesem anderen Ereignis, das sich hier drüben abspielen wird.

D: Man hat uns immer gesagt, dass die Offenbarung eine einzige große Vision sei, bei der ein Ereignis auf das andere folge.

B: Das ist wahr. Er hat sie zwar in einer einzigen Vision erhalten, aber es ist keine Abfolge von Ereignissen. Es ist lediglich eine Sicht auf viele Dinge, die in der Zukunft geschehen werden. Er sagt, dass einige der Beschreibungen, die Johannes in der Offenbarung gibt, insbesondere die des Armageddon, auf diesen Vierzeiler, dieses Ereignis im Gebiet Osteuropas und des Nahen Ostens, zutreffen würden. Zum Beispiel in der Art, dass so viel Blut fließen wird, dass es bis an das Zaumzeug der Pferde reichen wird, und solcherlei, denn es wird viel Blutvergießen geben.

D: Ich glaube, die Gelehrten sind der Meinung, dass sich alle Prophezeiungen des Alten Testaments immer auf Israel beziehen. Sie ziehen nie in Betracht, dass sie sich auf etwas anderes beziehen.

B: Israel wird darin verwickelt sein. Die biblischen Prophezeiungen mögen israelbezogen oder israelzentriert gewesen sein, einfach weil sie von hebräischen Propheten stammten. Aber er sagt, das bedeute nicht, dass sie lediglich über Israel prophezeit hätten. Die alttestamentarischen Prophezeiungen hatten mit vielen Dingen zu tun. Er weist darauf hin, dass einige der wundersamen Geräte, die im 20. Jahrhundert und weiter in der Zukunft vorkommen, von Menschen wie Hesekiel und Jesaja und verschiedenen anderen Propheten vorausgesagt wurden.

D: Sie wurden nur nicht als solche erkannt.

B: Nicht von allen.

D: Ist der junge, dunkle Mann in diesem Vierzeiler, der von bösen Taten erfüllt ist, der Antichrist oder ein anderer Führer?

B: Er sagt, es sei ein Führer, der sich erheben werde. In gewissem Sinne könne er als Antichrist bezeichnet werden, da sein Hauptanliegen darin bestehe, das Christentum niederzureißen, denn er werde kein Christ sein. Aber er werde kein Antichrist im Sinne des anderen Führers sein, den er erwähnt hat und den er

Antichrist nennt, weil er gegen die Menschheit im Allgemeinen ist und die Menschheit ist Christus.

D: Wird dieser dunkle junge Mann vor jener Zeit kommen?

B: Er denkt darüber nach. Einen Augenblick noch. (Pause) Dieser dunkle junge Mann wird kurz vor dem Antichrist kommen. Und er ermutigt mich, hier einen umgangssprachlichen Ausdruck zu verwenden. Das Tohuwabohu, das dieser junge Mann auslöst, wird dazu beitragen, die Voraussetzungen dafür zu schaffen, dass der Antichrist die Macht übernimmt.

D: Ich denke an Gaddafi. Er ist nicht so jung, aber er ist dunkel.

B: Er sagt, Gaddafi oder einer wie er sei ein guter Kandidat dafür, aber er wolle keine Namen nennen.

Meine Nachforschungen ergaben, dass Mysien, Lykien und Pamphylien in altgriechischer Zeit an der West- und Südküste der Türkei lagen, wo sie auf das Ägäische Meer und das Mittelmeer treffen. Daher denke ich, dass er sich mit der Nennung dieser Namen auf die moderne Türkei bezieht. Dies ist ein bemerkenswertes Beispiel dafür, wie Nostradamus korrekte Informationen weitergab, die weder mir noch Brenda zur Verfügung standen, da wir sehr wenig Kenntnis von der antiken griechischen Geschichte haben.

UPDATE: Nostradamus sagte, dass dieser dunkle junge Mann ein Führer sein werde, der kurz vor dem Antichristen aufstreben werde. Könnte dies Saddam Hussein sein? Das um das Kaspische Meer und das östliche Mittelmeer herum liegende Konfliktgebiet, welches genannt wurde, war definitiv in den Persischen Golfkrieg verwickelt. Die Grauzonen zwischen Osteuropa und dem Nahen Osten rund um das Adriatische Meer herum legen haargenau Jugoslawien und die Satellitenländer fest. Diese Gebiete befanden sich 1991 in einem Konflikt.

CENTURIE II-98

Celui de sang reperse le visage, *De la victime proche sacrifiée,* *Tonant en Leo augure par presage,* *Mis estra à mort lors pour la fiancée.*	Ihn, dessen Gesicht bespritzt ist mit dem Blut/Eines neu geopferten Lebens,/sagt Jupiter im Löwen durch eine Vorwarnung voraus./Er wird für die Verheißung hingerichtet werden.

B: Er sagt, dies beziehe sich auf den Antichrist. Die Verheißung, auf die Bezug genommen wird, ist zum einen das Versprechen, das er sich selbst gegeben hat, die Welt zu übernehmen. Und andererseits die Verheißung vom großen karmischen Rad, dass seiner Macht für das Böse eine Macht für das Gute gegenübersteht. Wenn man die Wirkung des Jupiters im Löwe mit seinem Horoskop vergleicht, ist das die Vorwarnung mittels Voraussage, die man erhalten kann.

J: (Nachdem er seine Ephemeriden prüfte.) Jupiter ist im Löwen von August 1990 bis September 1991. Ist dies die Zeit, in welcher der Antichrist die Macht übernehmen wird?

B: Er sagt, dass dies der Zeitpunkt sei, zu dem er mit der Verwirklichung seiner Bestrebungen beginnt. Das ist die Zeit, zu der er sozusagen seine politische Karriere starten kann. Er wird auf einer so genannten „lokalen" Ebene beginnen, das heißt in seinem eigenen Land. Von dort aus wird er einfach immer stärker wachsen und immer gieriger werden.

D: Wir beginnen gerade, all diese Daten zusammenzutragen. Wir werden in der Lage sein, sozusagen einen Zeitplan zu erstellen, über jeden einzelnen Schritt, den er tun wird.

B: Er sagt, das sei der Zweck dieses Projekts. Wenn die Menschen vorzeitig herausfinden können, was geschehen soll, können sie vielleicht einige Dinge ändern, um die schlimmsten Auswirkungen abzuwenden. Denn wenn man völlig unvorbereitet ist, hauen die schlimmen Geschehnisse einen einfach um. Aber wenn man im Voraus darauf eingestellt ist, hat man, wie er es ausdrückt, einen Heuhaufen hinter sich, auf den man fallen kann. (Gelächter aus der Gruppe.)

UPDATE: Es ist unbestritten, dass die angegebenen Daten (August 1990 bis September 1991) in bemerkenswerter Weise mit dem Golfkrieg zusammenfallen. Es stellt sich die Frage, wessen „Gesicht bespritzt ist mit dem Blut eines neu geopferten Lebens"? Das von Saddam Hussein oder das von George Bush? Darüber lässt sich spekulieren.

Wir erhielten mehrere Vierzeiler, in denen die Invasionspläne des Antichristen detailliert beschrieben wurden. Diese enthielten mehrere symbolische Verweise auf griechische Namen. Einer dieser Verweise fand sich in CENTURIE V-27. Er sagte, dass das Adriatische Meer mit arabischem Blut bedeckt sein würde, weil überall am östlichen Ende des Mittelmeers, einschließlich der Gebiete an der Adria, am Schwarzen Meer und am Kaspischen Meer, Kämpfe stattfinden würden. Er sagte, dass der Führer aus Persien derjenige sei, der dem Rest der Welt schlussendlich Ärger bereite, aber anfangs werde er nicht ernst genommen, denn er scheint „nur ein weiterer Führer zu sein, der im Schlammhaufen umhertaumelt". Er sagte mir, ich solle die modernen Namen für Trebizond, Pharos und Mytilene nachschlagen, um klarere Ortsangaben zu erhalten.

Meine Nachforschungen ergeben, dass Trebizond ein antiker Name für die Stadt Trabzon an der Nordküste (Schwarzes Meer) der Türkei ist. Pharos ist eine Insel vor Alexandria, Ägypten. Und Mytilene ist eine Stadt auf der griechischen Insel Lesbos vor der Küste der Türkei. Ich würde diese Verweise also so interpretieren, dass der Antichrist aus Persien kommt, um die Türkei zu besetzen, während Ägypten und Griechenland zittern. (Siehe auch CENTURIE II-86.)

Er erklärte, dass er seine Vierzeiler oft auf diese Weise tarnte, damit die Inquisition glaubte, er beziehe sich nur auf die antike Geschichte.

Tant attendu ne reviendra jamais	Lange erwartet wird er doch nie mehr zurückkehren/Nach
Dedans l'Europe, en Asie apparoistra,	Europa, er wird in Asien auftauchen;/Als einer,
Un de la ligue islu du grand Hermes,	hervorgegangen aus der Liga des großen Hermes,/Wird er
Et sur tous rois des orientz croistra.	sich über alle anderen Mächte des Orients erheben.

B: Er sagt, dieser Vierzeiler verbinde die durch den Antichristen verursachten zukünftigen Veränderungen des politischen Gleichgewichts mit der Entwicklung des Kommunismus. Derjenige, der nie mehr nach Europa zurückkehren wird, bezieht sich auf die Philosophie und das Denksystem von Marx und Engels, die die theoretischen Grundlagen des Kommunismus entwickelt haben. Sie hofften, dass sich das System in der industriellen Welt durchsetzen würde, aber seine Hochburg ist der asiatische Kontinent. Er sagt, diese Philosophie habe sich am stärksten in Russland und China entwickelt. Der Antichrist, wenn auch aus dem Nahen Osten kommend, wird sich die Aspekte dieser Philosophie zunutze machen, welche die vollständige Kontrolle über die Bevölkerung ermöglichen. Er wird seinen Vorteil daraus ziehen und ein eigenes, auf dem Kommunismus basierendes Denksystem entwickeln. Aber er wird in der Lage sein, es in einer Weise zu handhaben, dass er an die Macht gelangt und die Kontrolle übernimmt, um den gesamten asiatischen Kontinent zu vereinigen, bevor er dann den Versuch unternimmt, die Macht über den Rest der Welt zu ergreifen.

D: Was bedeutet der Name Hermes? „Einer, hervorgegangen aus der Liga des großen Hermes."

B: Er will damit sagen, dass es viele Menschen gibt, die dem philosophischen System folgen werden, wie es von Marx und Engels erdacht wurde, und sie alle werden glauben, dass sie die wahren Interpretationen dessen haben, was diese Männer in ihrem politischen System als Vision hatten. Sie werden diese beiden Männer als ihre eigenen betrachten, als ihre Propheten, und sie werden an ihr System glauben. Ihre Schriften werden durch sie verbreitet werden -- und sie dadurch zum großen Hermes machen. Der große Hermes bezieht sich auf einen der griechischen Götter, der für das Überbringen von Botschaften zuständig war. Er sagt, dass der Name metaphorisch verwendet werde, um auf die Begründer jener Philosophie zu verweisen, der diese Menschen folgen werden. „Er wird sich über alle anderen Mächte des Orients erheben." Ein Mann unter all diesen vielen (der Antichrist) wird sich über sie erheben und aufgrund seiner eigenen speziellen Manipulationen der verschiedenen politischen Machtinstitutionen an die Macht kommen.

CENTURIE III-95

La loy Moricque on verra deffaillir,
Apres un autre beaucoup plus seductive:
Boristhenes premier viendra faillir,
Par dons & langue une plus attractive.

Das maurische Gesetz wird als gescheitert gelten,/Gefolgt von einem anderen, das gefälliger ist./Der Dnjepr wird der erste sein, der verrät,/Durch Geschenke und Worte an einen anderen, der reizvoller scheint.

B: Dies hat wieder einmal mit dem Beginn der Karriere des Antichristen zu tun. „Das maurische Gesetz wird als gescheitert gelten", deutet darauf hin, dass der Antichrist nicht nur die christliche Religion erschüttern und zu ihrer Zerstörung beitragen wird, sondern auch die islamische Religion erschüttern wird. Die Art zu leben und zu erobern, die dieser Antichrist hat, wird ein Ersatz für die Religion sein, und das wird ihm bei seiner Eroberung helfen. Der Dnjepr repräsentiert Russland, denn er ist ein Fluss in Russland. Russland wird seine erste große asiatische Eroberung sein, und er wird dies nicht mit Gewalt tun, sondern mit List, durch die Geschmeidigkeit seiner Zunge. Er wird die Russen austricksen, damit sie unter seine Macht geraten, und sie werden nichts dagegen tun können. Da er aus dem Nahen Osten kommt, wird dieses Gebiet bereits weitestgehend unter seiner Macht stehen, bevor er Russland in Angriff nimmt. Dann wird er sich China zuwenden und China sowie den Rest des asiatischen Kontinents unter seine Kontrolle bringen. Zu jenem Zeitpunkt weiß er, dass er in der Lage sein wird, den Rest der Welt zu übernehmen.

D: Du sagtest zuvor, dass er Russland und China übernehmen werde und dass es das erste Mal sein werde, dass Asien unter einem einzigen Herrscher steht. Ich habe mich gefragt, wie er das tun sollte, da Russland so mächtig ist.

B: Er wird es mit Tricks und Hinterlist tun. Er wird die Russen so weit hinters Licht führen, dass sie glauben, das zu tun, was sie selbst tun wollen, bis es für sie zu spät ist, sich zu befreien. Aber er weiß, dass das mit den Chinesen nicht funktionieren wird, da die Chinesen selbst Meister der Täuschung sind. Bei den Chinesen wird er eine andere Methode anwenden müssen.

D: Weiß er, welche Methode das sein wird?

B: Das steht in einem anderen Vierzeiler. Er sagt, er werde dir die Informationen rechtzeitig zukommen lassen.

UPDATE: Im Laufe des Jahres 1991 standen Russland und seine Satellitenstaaten am Anfang tiefgreifender Veränderungen. Ist dies eine natürliche Entwicklung oder gibt es eine Macht hinter den Kulissen, welche die Ereignisse mithilfe von „Tricks und Hinterlist“ manipuliert und sie glauben lässt, „das zu tun, was sie selbst tun wollen, bis es für sie zu spät ist, sich zu befreien“?

CENTURIE IV-50

Libra verra regner les Hesperies, *De ciel & terre tenir la monarchie:* *D'Asie forces nul ne verra paries,* *Que sept ne tiennent par rang le hierarchie.*	Die Waage wird im Westen als Herrscherin gesehen,/ und die Regentschaft über Himmel und Erde innehaben./ Niemand wird die Stärke Asiens zerstört sehen,/Solange nicht sieben in Folge die Hierarchie halten.

B: Er sagt, „die Stärke Asiens zerstört sehen“ beziehe sich darauf, dass der Antichrist Asien durch seine hinterlistigen Methoden an sich reißt. Er wird Unterbefehlshaber ernennen, die diese riesigen Landstriche für ihn regieren sollen. Und die Menschen im Allgemeinen werden nicht erkennen, dass sie bloße Marionetten sind, und sie werden nicht erkennen, was vor sich geht, bis sie beobachten, dass sie einer nach dem anderen sozusagen „geheuert und gefeuert" werden.

Es gibt definitiv sieben oder mehr Führer in jener Gegend, die als Marionetten betrachtet werden könnten: Gaddafi, der Ayatollah, Arafat und viele andere. Aber wie weit zurück gehen wir, um mit dem Zählen zu beginnen? Vielleicht bis zum Schah von Iran?

B: „Die Waage wird im Westen als Herrscherin gesehen", bedeutet Fairness und Gerechtigkeit, wie sie in der Verfassung der Vereinigten Staaten verkörpert werden. Zunächst werden sie sich nicht einmischen, weil sie meinen, dass diese Art der Regierung vom Volk frei gewählt wurde und dass es das sei, was das Volk in Asien wolle. Dann werden sie erkennen, dass ihnen dies aufgezwungen wird und dass eine Reihe von Führern als Sprachrohr für diesen Antichristen ernannt werden.

CENTURIE III-34 bezieht sich ebenso darauf, wie der Antichrist viele Jahre still hinter den Kulissen arbeitet, um seine Macht zu festigen. Sobald die Struktur errichtet ist, wird er dann auf der internationalen Bühne erscheinen. Er wird es so gut geplant haben, dass die Länder, gegen die er vorgeht, völlig unvorbereitet sein werden auf diesen Mann mit der goldenen Zunge.

CENTURIE VIII-77

L'antechrist trois bien tost anniehilez,
Vingt & sept ans sang durera sa guerre.
Les heretiques mortz, captifs, exilez.
Sang corps humain eau rougi gresler terre.

Der Antichrist vernichtet sehr bald die Drei,/27 Jahre wird sein Krieg andauern./Die Ungläubigen sind tot, gefangen, verbannt;/Blut, Menschenkörper, Wasser und roter Hagel bedecken die Erde.

B: Dies bezieht sich auf den Antichrist, den einen, die Macht hinter den Mächten in jener Zeit. Er ist zu dieser Zeit nicht an der Macht. Er sagt, er stehe hinter den Mächten und ziehe die Fäden. Er hat noch nicht den Schritt getan, sich zu offenbaren. Er sagt, er sei wie eine Spinne, die auf ihre Zeit wartet. Er wird die Weltlage ausnutzen, um seinen Schritt an die Macht zu tun. Und es wird ihm gelingen. Aber es wird dabei viel schreckliches Blutvergießen und Krieg geben. Überraschenderweise wird sich der Antichrist weigern, Atomwaffen einzusetzen und wird dies durch konventionelle Kriegsführung tun. Er hebt die Atomwaffen für andere unsägliche Taten auf. Deshalb erwähnte er auch all das Blut und die Gewalt in dem Vierzeiler. Es werden so viele Menschen getötet werden, dass die Bestattungsinstitute sie nicht schnell genug abtransportieren können. Er sagt, jeder auf der Welt werde sich an den Anblick von Leichen gewöhnen, und der Anblick des Todes werde die Menschen nicht mehr so zimperlich machen, wie es jetzt der Fall ist. Sie werden abgestumpft sein, weil so viele Tote um sie herum sein werden.

D: Das klingt so schrecklich.

B: Er zuckt die Achseln und sagt: „Das ist Krieg."

D: Wird dieser Krieg auf ihren Teil der Welt begrenzt bleiben?

B: Er sagt, die ganze Welt werde zum einen oder anderen Zeitpunkt damit zu tun haben. Früher oder später wird er den gesamten Globus einbeziehen.

KAPITEL 15

DIE LETZTEN DREI PÄPSTE

OBWOHL der Antichrist aus einem muslimischen Land kommen sollte, sollte die Katholische Kirche seltsamerweise eine wichtige Rolle in seinen hinterhältigen Plänen spielen. Er benutzte die Kirche für seine eigenen Zwecke in der gleichen Weise, wie er andere Länder benutzte, um die von ihm gewünschte Macht zu erlangen. Er schien einen sehr verschlagenen und teuflischen Geist zu haben. Ohne Nostradamus' Warnungen mittels dieser Vorhersagen wäre es meiner Meinung nach unmöglich gewesen, sich vorzustellen, dass ein Mensch zu solch verdrehtem Denken fähig sein könnte. Ich habe versucht, sie in eine chronologische Reihenfolge zu bringen. Das ist eine schwierige Aufgabe, weil sie sich oft auf mehrere Ereignisse beziehen, die zeitlich getrennt sind.

CENTURIE VIII-46

Pol mensolee mourra trois lieus du Rosne
Fuis les deux prochains tarasc destrois:
Car Mars fera le plus horrible trosne,
De coq & d'aigle de France, freres trois.

Paulus, der Zölibatär, wird drei Leugen vor Rom sterben,/Die beiden nächsten fliehen vor dem unterdrückten Ungeheuer./Wenn Mars seinen schrecklichen Thron besteigt,/Der Hahn und der Adler Frankreichs, drei Brüder.

B: Er sagt, dass der jetzige Papst auf einer seiner vielen Reisen sein werde, wenn er stirbt. Er wird fort vom Vatikan sein, auf einer seiner Reisen, wenn sein Leben zu Ende geht. Dies wird zu der Zeit sein, wenn der Antichrist begonnen hat, Unruhe zu stiften und seine Macht zu beugen. Die beiden Kardinäle, die dem Papst am nächsten stehen, werden die Gefahr für ihre Kirche erkennen, und sie werden sich im Vatikan einschließen, um zu versuchen, sich vor dem Bevorstehenden zu schützen.

D: Dann ist das unterdrückte Ungeheuer der Antichrist. Bedeutet das, dass all dies zu Lebzeiten des jetzigen Papstes geschehen wird?

B: Er sagt, diese Ereignisse würden gegen Ende seiner Lebenszeit beginnen. Er wird sterben, wenn dies begonnen hat, sich zu erfüllen. Er sagt, dass deshalb nur noch zwei Päpste übrig seien, die bis zur Zerstörung der Kirche leben werden.

D: (Das war eine Überraschung.) Dann wird der Großteil dieser Prophezeiungen über den Antichrist nach dem Tod des jetzigen Papstes eintreten. Und danach gibt es nur noch zwei weitere Päpste?

B: Er sagt, dass aufgrund der beschwerlichen Zeiten keiner der beiden Päpste sehr lange im Amt bleiben werde. Einen Moment bitte. (Pause) Er sagt, der jetzige Papst werde ermordet werden. Er ist ein guter Mensch, und er strebt aufrichtig nach Weltfrieden. Er steht jedoch nicht derart in Verbindung mit seinem spirituellen Zentrum, wie er es für diese Position sollte. Aber er hegt dennoch den Wunsch nach Weltfrieden, so dass er -- der Welt im Allgemeinen unbekannt -- gegen einige etablierte Machtparteien innerhalb der römischen Kirche arbeitet. Es wird also ein Punkt kommen, an welchem diejenigen in der römischen Kirche, die an ihrem Reichtum und ihrer Macht festhalten wollen, den Papst beraten werden. Sie werden den Papst falsch beraten, so dass er in eine für ihn gefährliche Situation gerät, ohne dass er sich der Gefahr bewusst ist. Aufgrund dieser Ermordung des jetzigen Papstes wird es in Rom viele Unruhen und Ausschreitungen und dergleichen geben. Und er sagt, dass der nächste Papst nicht sehr lange im Amt sein werde.

(Der Rest dieses Vierzeilers wird in Kapitel 22, S. 273, interpretiert.)

CENTURIE II-97

Romain Pontife garde de t'approcher, *De la cité que deux fleuves arrouse,* *Ton sang viendras aupres de là cracher,* *Toi & les tiens quand fleurira la rose.*	Römischer Pontifex, hüte dich, dich zu nähern/Einer von zwei Flüssen bewässerten Stadt./Du wirst Blut spucken an diesem Ort,/Sowohl du als auch die deinen, wenn die Rosen blühen.

B: (Traurig) Er sagt, dass dieser Vierzeiler in Metall eingraviert und an den gegenwärtigen Papst geschickt werden solle. Denn in einer Stadt, die von zwei Flüssen bewässert wird, zur Zeit des Spätfrühlings, wenn die Rosen blühen, das ist der Zeitpunkt und der Ort, an dem er ermordet werden wird. Er und einige seiner Gefolgsleute werden getötet werden.

D: Du sagtest vorhin, er werde ermordet werden, wenn er auf einer seiner Reisen unterwegs sei.

B: Ja. Er sagt: „Finde eine europäische Großstadt, die am Zusammenfluss zweier großer Flüsse liegt und sage dem Papst, er solle sich vor diesem Ort in Acht nehmen." Er sagt, es sei auf jeder ordentlichen Europakarte leicht auszumachen.

D: Aber es gibt viele Städte, die an Flüssen liegen.

B: Er sagt, eine Großstadt am Zusammenfluss zweier Flüsse. Das grenzt sie mehr ein, als du ahnst. Es wird eine Großstadt sein, die dir geradezu ins Auge springt.

D: Das ist alles, was wir tun können, vermute ich, wir können nur versuchen, ihn zu warnen. Der Vierzeiler war ziemlich deutlich. Es ging einzig darum, ihn mit dem richtigen Papst in Verbindung zu bringen.

CENTURIE I-4

Par l'univers sera faict un monarque,
Qu'en paix & vie ne sera longuement,
Lors se perdra la piscature barque
Sera regie en plus grand detriment.

In der Welt wird es einen König geben,/Der wenig Frieden haben wird und eine kurze Lebensdauer./Zu dieser Zeit wird das Schiff des Papsttums verloren gehen,/Hineingesteuert in seinen größten Schaden.

B: Er sagt, dass, obwohl dieser Vierzeiler mehrere Bedeutungen habe, die wichtigste, die man kennen müsse, die sei, dass er sich auf denjenigen Papst beziehe, der zwischen dem jetzigen Papst und dem letzten Papst kommen wird. Dieser wird eine kurze Regierungszeit haben. Er sagt, dass es einige der politischen Fehler und Irrtümer dieses Papstes seien, die es dem letzten Papst leichter machten, ein Werkzeug des Antichristen zu sein. Er sagt, du mögest das, was du von den anderen Vierzeilern gelernt hast, auf diesen Papst anwenden, und du werdest genug daraus gewinnen. Er wollte nur darauf hinweisen, dass die Herrschaft sehr kurz sein und für die Kirche nicht gut sein wird, denn sie wird den endgültigen Untergang herbeiführen.

CENTURIE X-70

L'oeil par object ferra telle excroissance,
Tant & ardente que tumbera la neige,
Champ arrousé viendra en descroissance,
Que le primat succumbera à Rege.

Durch einen Gegenstand schwillt das Auge so stark an,/Und brennt so sehr, dass der Schnee fallen wird./Die bewässerten Felder werden zu schwinden beginnen,/Wenn der Primas in Reggio stirbt.

Er fragte nach der Schreibweise von „Reggio" und ich sagte ihm, dass es im Französischen „Rege" sei.

B: Ja, er sagt, das sei korrekt. Er sagt, dass dies wie üblich eine mehrfache Bedeutung habe. Eine Sache, auf die er sich beziehe, sei der Gegenstand, der das Auge so stark anschwellen und brennen lässt. Es ist eine Art atomares Objekt, nicht ganz eine Bombe, die, wenn sie gezündet wird, das planetarische Klima beeinträchtigt. Dieses Objekt verdrängt eine Luftmasse, die das Gleichgewicht von heiß und kalt durcheinander bringt, so dass ein Treibhauseffekt aus dem Gleichgewicht geraten und ins Extrem verfallen und drastische Auswirkungen auf das Klima haben wird, was sich wiederum auf die Landwirtschaft auswirken wird.

Das klingt nach dem modernen Konzept namens „nuklearer Winter“. Das ist die Theorie, dass im Falle eines massiven Atomkrieges die Staub- und Radioaktivitätswolken die Erde umschließen und das Klima in solchem Ausmaß beeinträchtigen würden, dass ein ewiger Winter entstünde.

B: Er sagt, dies werde zu der Zeit stattfinden, wenn der Papst in Reggio oder Rege stirbt.

D: Ist es das, was er mit „wenn der Primas stirbt“ meint? Ich dachte, er benutze Symbolik, weil ich bei einem Primas oder Primaten an einen Affen denke.

B: Er sagt, das beziehe sich auf den Papst der Katholischen Kirche, weil Primas ein anderes Wort für den Papst sei. Er sagt, wenn du im Wörterbuch nachschlägst, wirst du feststellen, dass ein Primat nicht nur ein Affe ist, sondern, abgewandelt zu Primas, eine andere Definition für den Papst der Katholischen Kirche ist.

D: Ist Reggio denn eine Stadt?

B: Ja, es ist ein Ort in Italien.

Ich nehme an, dass sich dies auf den Tod des zweiten Papstes bezieht, denn er deutete an, dass der jetzige Papst sich auf einer seiner Reisen befinden werde, wenn er ermordet wird.

B: Er sagt, dass die zweite Bedeutung für diesen Vers metaphysischer Art sei. Der Vierzeiler sagt auch voraus, dass ein Verderben die Katholische Kirche heimsuchen werde. Sie werde abermals ehrgeizig werden und versuchen, mehr Macht zu ergreifen, als sie sollte. Ihre Augen werden vor Stolz und Eitelkeit anschwellen in dem Glauben, dass sie mit allem fertig werde, was sie versuchen will, und das werde ihr Untergang sein. Das hell strahlende Licht wird es sein, wonach sie so ehrgeizig strebt. Der Schneefall wird die Abkühlung dieser Ambitionen sein, wenn sie scheitert, und das wird große Umwälzungen in der Struktur der Katholischen Kirche verursachen, bei denen gar ein Papst abgesetzt wird. Er sagt, dass als Folge davon die Mitglieder, die Menschen, die der Katholischen Kirche folgen, in großer Zahl abfallen werden, bis zu dem Punkt, wo der Einfluss der Katholischen Kirche schrumpfen wird. Und ihre sogenannten bewässerten Felder, ihre Einflusssphäre, werden viel weniger werden.

D: Ja, ich kann erkennen, dass dieser Vierzeiler zwei Bedeutungen hat. Glaubt er, dass beide zur gleichen Zeit eintreten werden?

B: Das glaubt er nicht wirklich.

D: Aber er hat sie in denselben Vierzeiler gesetzt, weil sie eine ähnliche Bedeutung haben. Ich glaube, ich fange an, seine Gedankengänge zu verstehen.

Als diese Vierzeiler zum ersten Mal durchkamen, konnte ich mir einfach nicht vorstellen, wie die Kirche in solche Schwierigkeiten geraten sollte. Sie ist eine starke und mächtige Institution. Aber dann begannen die Ereignisse um Jim Bakker und den PTL-Club an die Oberfläche zu kommen, und die Probleme mit Jimmy Swaggart folgten dicht darauf. Dies wurde in Nostradamus' Vierzeiler von der falschen Trompete vorhergesagt. (CENTURIE II-27 und CENTURIE I-40 in Kapitel 11.) Der Aufruhr, den diese Ereignisse innerhalb der Kirche ausgelöst haben, lässt es im Bereich des Möglichen erscheinen, dass Nostradamus mit diesen drastischen Vorhersagen bezüglich der Kirche recht haben könnte.

La terre & l'air gelleront si grand eau,
Lors qu'on viendra pour jeudi venerer,
Ce qui sera jamais ne feut si beau,
Des quatre pars le viendront honnorer.

Die Erde und die Luft werden so viel Wasser gefrieren lassen,/Wenn sie donnerstags zur Verehrung kommen./Er, der kommen wird, wird nie so gerecht sein/Wie die wenigen Partner, die kommen, um ihm Ehre zu erbieten.

B: Er sagt, der erste Teil dieses Vierzeilers sei mit einer der Bedeutungen des anderen Vierzeilers verwandt. Der zweite Teil dieses Vierzeilers ist mit einigen anderen Vierzeilern verwandt, die er bereits für dich übersetzt hat. Er sagt, du werdest wissen, welche, wenn er mit dem Sprechen fertig ist. Das Gefrieren der Erde und der Luft ist ein weiterer Effekt des Atomsprengsatzes, der alles aus dem Gleichgewicht werfen wird, wie in dem vorhergehenden Vierzeiler erwähnt wurde, den er gerade für dich übersetzt hat. Er sagt, dass alle möglichen Lösungen versucht würden, um dem Geschehenen entgegenzuwirken, aber sie werden nicht erfolgreich sein, trotz der schönen Worte der Regierungen an ihre Völker, die versuchen, diese vor Panik zu bewahren. Er sagt, der andere Teil des Vierzeilers, die erwähnte Person, die kommen wird und die nicht so gerecht sein wird wie diejenigen, die Ehre erbieten, beziehe sich auf den aus dem Nahen Osten aufstrebenden Führer, von dem er sprach. Trotz seiner Propagandakräfte, die all die schönen Worte und Unwahrheiten über die großartigen und wundersamen Dinge verbreiten, die er für die Welt tut, wird dies nicht völlig die Tatsache verschleiern, dass der Mann ein Antichrist ist und alle möglichen abscheulichen Dinge tut. Der Mann wird nicht in der Lage sein, dem Bild gerecht zu werden, das seine Anhänger von ihm zu verbreiten versuchen.

D: Wird dieser Mann zur selben Zeit auftauchen wie die Wetterumschwünge?

B: Nein. Er sagt, wenn die Ereignisse zur selben Zeit eintreten, werde er es dich wissen lassen. Falls er nichts sagt, dann kannst du davon ausgehen, dass es sich um zwei verschiedene Zeiten handelt.

CENTURIE II-15

Un peu devant monarque trucidé	Kurz bevor ein König ermordet wird,/Castor und Pollux im Schiff, ein bärtiger Stern./Öffentliche Schätze werden zu Land und zu Wasser entleert,/Pisa, Asti, Ferrara und Turin sind verbotenes Land.
Castor, Pollux en nef, estre crinite	
L'erain public par terre & mer vuidé,	
Pise, Ast, Ferrare, Turin, terre interdicte.	

B: Er sagt, dies beziehe sich auf Ereignisse, die durch das Eingreifen des Antichristen geschehen würden. Castor und Pollux, die astrologischen Zwillinge, repräsentieren hier den Premierminister Großbritanniens und den Präsidenten der Vereinigten Staaten.

D: Es handelt sich also nicht um einen astrologischen Vierzeiler?

B: In diesem Fall nicht. Aber der bärtige Stern bezieht sich auf einen Kometen.

D: Das dachte ich mir. Sie haben auch diesen Teil herausgefunden.

B: Er sagt, es sei ein großer Komet, der deutlich sichtbar sein werde am Himmel der nördlichen Hemisphäre. Er sagt, dass dies eigentlich Zeichen seien, die zur Ermordung des Papstes führen.

D: Ach? Der jetzige Papst?

B: Nein, der darauffolgende.

D: Meinst du damit, der darauffolgende Papst werde ebenfalls ermordet werden?

B: Offensichtlich. Das ist es, was er mir zeigt. Er sagt, dass der jetzige Papst ermordet werde, aber das werde geschehen, bevor der Komet kommt. Dieser jetzige Papst wird ermordet werden, einfach weil er um die menschliche Existenz besorgt ist und weil er so viel reist, dass er in gefährliche Situationen gerät. Der nächste Papst wird ermordet werden, weil er dem Antichristen im Weg steht und seinen Forderungen nicht nachgibt. Der Antichrist lässt ihn also ermorden, um seinen Handlanger ins Amt zu bringen.

D: Du sagtest, er werde eine kurze Herrschaft haben.

B: Das ist der Grund dafür. Zu dem Zeitpunkt, wenn der zweite Papst ermordet wird, wird der Antichrist seinen europäischen Feldzug beginnen. Infolge dieser Ereignisse werden der Premierminister und der Präsident über die Angelegenheit beraten. Sie werden sich auf See treffen, so wie Churchill und Roosevelt es getan haben, für eine erhöhte Sicherheit und Geheimhaltung ihrer Treffen.

D: Jener letzte Teil, „öffentliche Schätze werden entleert und ...“

B: (Unterbrach) Er sagt, das bezieht sich auf die Kriegsführung. Der öffentliche Schatz, der zu Lande und zu Wasser entleert wird, bezieht sich auf all die Waffen, die im Laufe eines Krieges ausgemustert und zerstört werden.

D: Und der Teil, in welchem die Länder als verbotene Länder bezeichnet werden. Es klingt so, als wären das Städte in Italien.

B: Ja, das sind sie. Er hat das bereits interpretiert. Er sagt, das beziehe sich auf den Beginn seines Europafeldzuges.

CENTURIE II-36

Du grand Prophete les lettres seront prinses,
Entre les mains du tyran deviendront:
Frauder son Roy seront ses entreprinses,
Mais ses rapines bien tost le troubleront

Die Briefe des großen Propheten werden gedeutet/Und fallen in die Hände des Tyrannen./Seine Bemühungen werden der Täuschung seines Königs gelten,/Aber schon bald werden ihn seine Diebstähle plagen.

B: Er sagt, dies beziehe sich auf einige Vorfälle, die sich während der Zeit der Unruhen ereignen würden. Bevor der Antichrist ganz an die Macht kommt, während er also noch dabei ist, an Macht zu gewinnen und Ränke zu schmieden, wird es für den Rest der Welt den Anschein haben, dass es noch einige andere Männer über ihm gibt, was die Machtstruktur anbelangt. In Wirklichkeit wird der Antichrist sie sozusagen nur als Trittsteine auf seinem Weg zur Spitze der Macht benutzen. Und während er dies tut, wird er unter anderem einige verräterische Kardinäle in der Tasche haben. Und einer von ihnen wird den Papst ausspionieren.

D: Dies wird nicht der letzte Papst sein?

B: Nein, dies wird der vorletzte Papst sein. Der Kardinal, der den Papst ausspioniert, wird ihm Informationen stehlen, und er wird den Schriftverkehr des Papstes verändern. Jedes Mal, wenn der Papst einen Brief erhält, ändert er den Wortlaut des Briefes ein wenig, damit der Papst denkt, es sage etwas anderes aus als das, was tatsächlich dort steht. Er tut dies, um die Situation zu verschlimmern, so dass der Papst auf die verschiedenen Situationen unangemessen reagieren wird. So werden die Leute denken, er sei ein schlechter Papst, und er laufe Gefahr, nächstens ermordet zu werden oder so etwas. Dieser Kardinal wird beunruhigt sein über das, was er tut, weil es scheinbar Zwietracht in seine geliebte Kirche bringt, aber er tut es, weil er auf der Seite des Antichristen steht.

D: Dann bezieht sich „die Briefe des großen Propheten" auf den Papst. Die Übersetzer dachten, dieser Vierzeiler beziehe sich auf Nostradamus oder einen seiner Dolmetscher. Es heißt: „Es kann genauso gut sein, dass Nostradamus von einer persönlichen Fehde seinerseits spricht."

B: Er sagt, er werde seine Zeit und Mühe nicht damit verschwenden, Vierzeiler über derart unbedeutende Dinge zu schreiben, wenn die gesamte Weltlage Anlass zur Sorge gibt.

D: Sie dachten, er sei der große Prophet, auf den sich dies bezog.

B: Er sagt, es sei schmeichelhaft, dass sie ihn als großen Propheten erkennen, aber wenn er in die Zukunft blickt, dann wird er sich nicht selbst in die Zukunft projizieren. Er schreibt lediglich nieder, was er sieht.

CENTURIE III-65

Quand le sepulcre du grand Romain trouvé,
Le jour apres sera esleu Pontife:
Du Senat gueres il ne sera prouvé,
Empoisonné son sang au sacré scyphe.

Wenn das Grab des großen Römers gefunden wird,/Wird am nächsten Tag ein Papst gewählt./Er wird nicht vom Senat gebilligt werden,/Und sein Blut ist giftig im heiligen Kelch.

B: Er hat diese Zeile über das Grab des großen Römers eingefügt, um gewöhnlichen Sterblichen zu helfen, genau zu erkennen, über welchen Papst er spricht. Das Grab befindet sich in Rom zwischen den vielen Schichten an archäologischen Ruinen, die unter den heutigen Gebäuden liegen.

D: Weiß er, wer der große Römer ist, der dort begraben liegt?

B: Er sagt, er könne es nicht auf den Namen eingrenzen, weil ihm mehrere Namen in den Sinn kommen. Aber dieser Römer war ein berühmter Philosoph, und er hat über alle Dinge theoretisiert. Er ist vor allem bekannt für seine Philosophie und seine Diskurse über die Natur der Dinge. Er hatte einen tiefgreifenden Einfluss auf das westliche Denken, und seine Schriften sind bis heute erhalten geblieben. Folglich werden die Archäologen also wissen, wer er ist und was er getan hat. Deshalb nannte er ihn den großen Römer. Er sagt, wenn das geschieht und unmittelbar danach ein Papst gewählt wird, wird das ein deutliches Zeichen sein. Es wird nicht unbedingt gleich am nächsten Tag geschehen. Das steht als Symbol für eine sehr kurze Zeitspanne nach der Entdeckung dieses Grabes. In weniger als einem Jahr wird ein Papst gewählt werden. Und wann immer dies auch geschieht, werdet ihr wissen, dass dies der letzte Papst ist, welcher die Zerstörung der katholischen Kirche herbeiführen wird. Wenn er gewählt wird, wird man bereits sehen, dass er ein Werkzeug des Antichristen ist. Dies wird der Grund dafür sein, dass die herrschenden Gremien diese Papstwahl nicht billigen werden. Die Tatsache, dass er zum Untergang der katholischen Kirche beitragen wird, ist das, was damit gemeint ist, dass sein Blut im Kelch giftig ist. Der Kelch steht für die Kirche und das giftige Blut für den Schaden, den er dieser Organisation zufügen wird.

L'an que Saturne en eau sera conjoinct,
Avecques Sol, le Roi fort& puissant:
A Reims & Aix sera reçeu& oingt,
Apres conquestes meurtrira innocens.

In dem Jahr, in dem Saturn in Konjunktion mit Wassermann/Sowie mit der Sonne steht, wird der mächtige König/In Reims und Aix empfangen und gesalbt./Nach den Eroberungen wird er unschuldige Menschen ermorden.

B: Er sagt, dies beziehe sich auf den letzten Papst der katholischen Kirche. Dieses Ereignis wird aus eurer Sicht irgendwann im nächsten Jahrzehnt, in den 1990er Jahren, stattfinden. Er sagt, dass ihr eure Sternenkarte benutzen möget, um diese Positionen aufzuzeichnen, um das Datum dieses Ereignisses zu ermitteln und eine Vorstellung davon zu bekommen, was in diesem Machtbereich geschehen werde.

John verlor keine Zeit und hatte sich bereits seinen Ephemeriden zugewandt.

J: Saturn und Sonne stehen am 30. Januar 1992 im Wassermann in Konjunktion.

B: Er sagt, dass der jetzige Papst ermordet werde und der nächste Papst nicht sehr lange überleben werde. Dann müsste der folgende Papst entweder bereits Papst sein oder er wird am oder um das Datum, das ihr gefunden habt, vereidigt werden.

UPDATE: Da sich dieses Datum rasch näherte (1991, als dieses Buch gerade neu aufgelegt wurde) und der amtierende Papst Johannes II. noch sehr lebendig war, schien es unmöglich, dass in so kurzer Zeit so viel geschehen könne. Ich bat den Astrologen, die Ephemeriden noch einmal durchzugehen. Er sagte, dies sei das einzige Datum in den 1990er Jahren, an dem diese Planeten mit Wassermann in Konjunktion treten würden. Dann erinnerte ich mich an ein ähnliches Problem, auf das wir stießen, als wir Band Zwei zu diesem Werk schrieben. Wir hatten entdeckt, dass Erika Cheetham bei der Übersetzung vom Französischen ins Englische einen Fehler gemacht hatte und dieser die Datierung in dramatischer Weise beeinträchtigte. Es bedurfte eines ganzen Kapitels, um dies zu entwirren und zu erklären. (Siehe Band Zwei, Kapitel 29: „Ermittlung des Datums der Verschiebung".) Mir wurde plötzlich klar, dass es sich hier um einen ähnlichen Fall handeln könnte. Als ich den französischen Teil mithilfe eines Wörterbuchs überprüfte, stellte ich zu meinem Erstaunen fest, dass sie tatsächlich den gleichen Fehler gemacht hatte. In beiden Fällen hatte sie „Eau" oder „Wasser" als Bezugnahme auf Wassermann übersetzt. Wassermann ist jedoch kein Wasserzeichen. Er wird zwar der „Wasserträger" genannt, aber er ist ein Luftzeichen. Der Astrologe sagte, dass dies natürlich einen drastischen Unterschied bei der Datierung in diesem bedeutsamen Vierzeiler mache. Bei der Überprüfung der Ephemeriden entdeckte er, dass diese Konjunktion während des restlichen Jahrhunderts nur bei einem einzigen Wasserzeichen vorkommt, nämlich Fische. Sonne und Saturn stehen nur zweimal in Fische in Konjunktion zueinander: Am 5. März 1995 und am 17. März 1996. Ich persönlich favorisiere das Datum im Jahr 1995, weil es mit anderen Vorhersagen übereinstimmt, die besagen, dass der Antichrist bis 1995 von denjenigen erkannt werden könne, die sich dessen bewusst sind. Das lässt auf jeden Fall mehr Zeit für das Eintreten dieser wichtigen päpstlichen Ereignisse. Es ist bedauerlich, dass wir Menschen in unserer Berichterstattung nicht ebenso genau sind wie der Meister selbst. Es zeigt, dass wir sehr wohl in der Lage sind, einen Fehler zu machen; in diesem Fall einen Fehler bei der Übersetzung des französischen Originals.

D: Zuvor sagtest du, dieser letzte Papst werde das Werkzeug des Antichristen sein.

B: Das ist richtig. Er sagt, die römische Kirche sei bereits ein Werkzeug des Antichristen. Sie ist sich dessen vielleicht noch nicht unbedingt bewusst, aber sie trägt dazu bei, eine Weile lang den Weg des Antichristen zu bereiten. Sie sind bereits prädisponiert dafür, dem Antichristen in die Karten zu spielen. Und er sagt, er beziehe sich auf Tarotkarten, nicht auf Pokerkarten.

D: (Das war eine Überraschung.) Oh, ist er mit Tarotkarten vertraut?

B: Ja, er sagt, das sei er. Er sagt, wenn er Bilder sehe, wenn er Visionen vom Antichristen habe, sehe er ihn manchmal ein Blatt Karten halten.

D: Kannst du erkennen, was das für Karten sind?

B: Er sagt, er werde versuchen, mir zu zeigen, was das für welche sind. Eine Karte ist der Gehängte, sie ist umgekehrt. Dann ist da der Bube der Stäbe, er steht aufrecht. Dann gibt es den umgekehrten Herrscher und den umgekehrten Hierophant. Und es gibt die umgekehrte Zehn der Stäbe und die umgekehrte Gerechtigkeit. Und das Rad des Schicksals, es steht aufrecht.

D: Die meisten dieser Karten sind umgekehrt.

B: Das ist wahr.

D: Ich denke, wir können daraus eine Lesart ableiten.

B: Er sagt, zuweilen änderten sich die Karten, aber zu diesem Zeitpunkt, da er gerade mit uns kommuniziert, sehe er ihn dieses Blatt Karten halten. Was ihn beunruhigt, ist, dass die Karten, die er in der Hand hält, meistens Große Arkana sind. Gelegentlich mag es auch ein paar Kleine Arkana geben. Er sagt, dies sei sehr ungewöhnlich. Gewöhnlich besteht ein Kartenblatt aus Kleinen Arkana mit dem Einfluss von ein oder zwei Großen Arkana, die ihr allgemeines Muster anzeigen. Aber der Antichrist, der in diesem Zusammenfluss von Geschichte und Zeit eine so entscheidende Figur ist, sein Kartenblatt besteht hauptsächlich aus Großen Arkana und einigen wenigen Kleinen Arkana, die dabei helfen, ein paar Details zu verdeutlichen.

Das Tarot-Kartenspiel besteht im Grunde aus zwei Kartensätzen in einem. Es zählt 78 Karten und ist in die Großen und die Kleinen Arkana unterteilt. Unser moderner Spielkartensatz mit seinen vier Farben hat sich aus den Kleinen Arkana entwickelt. Die Großen Arkana bestehen aus 22 Bildkarten, und ihr Vorhandensein in einem Layout verleiht dem Kartenlesen mehr Bedeutung und Aussagekraft.

Da Nostradamus anscheinend mit dem Tarot vertraut war, fragte ich mich, ob er, wenn er eine wichtige Figur in seinen Visionen sah, eine Tarot-Lesung über diese Person machte, um mehr Informationen über ihre Persönlichkeit zu erhalten und über die Taten, die sie vollbringen würde. Das war eine Möglichkeit, da das Tarot sehr alt ist und bis in die Antike zurückreicht. Es ist bekannt, dass es bereits seit der ägyptischen Zeit verwendet wird. Aus den Karten, die er erwähnte, ging hervor, dass das Kartenspiel, mit dem er vertraut war, dem unseren in der Neuzeit sehr ähnlich war.

B: Er sagt, das Tarot-Kartenspiel sei ein sehr wertvolles Instrument. Es sei sehr gut für die Entwicklung des psychischen und spirituellen Selbst. Und es sei gut für die Kommunikation. Zu seiner Zeit wurden in der Korrespondenz häufig Symbole aus dem Tarot verwendet, um geheime Botschaften zu übermitteln. Er sagt, das Tarot sei sehr vielseitig und es werde in der Zeit der Unruhen sehr wichtig sein. Diejenigen, die mit dem Tarot überhaupt vertraut sind, werden sehr hilfreich sein, insbesondere bei der Arbeit in Untergrundbewegungen, um die Kommunikation freizuhalten, denn sie werden sowohl auf psychische als auch auf physische Kommunikation angewiesen sein. Bei beiden wird das Tarot eine wichtige Rolle spielen.

D: Wir haben die Karten in unserer Zeit immer noch.

B: Er ist sich dessen bewusst, und er ist sich bewusst, dass die Karten zu mehreren Systemen mit verschiedenen Symbolen verändert wurden, so dass jeder Einzelne eher in der Lage sein wird, diejenigen Symbole zu finden, die ihm auf der psychischen Ebene eindeutig entsprechen. Und dadurch ein klareres Bild von dem bekommt, was er wissen muss.

D: Es wäre in Zukunft sehr gut, wenn er mir sagen könnte, wann er derartige Symbole sieht, denn wir werden dann in der Lage sein, diese Symbole zu verstehen.

B: Ja, er sagt, er sei sich nicht über alles im Klaren, aber je mehr diese Kommunikation weitergehe, desto vertrauter werde er mit dem Medium. Er sagt, dass, während er das Unterbewusstsein dieses Mediums erforschte, ihm bewusst wurde, dass dieses Medium mit den Symbolen des Tarot vertraut sei. Und er erkannte, dass er diese Symbolik auch für den Transport von seinem Ort zu deinem Ort verwenden konnte.

D: Ja, John und ich sind auch mit den Symbolen des Tarot vertraut.

B: Er sagt, das sei gut. Das helfe, die Kommunikation noch klarer zu machen. Auch wenn er als Astrologe und Arzt bekannt ist, ist das nicht alles, was er weiß. Er kennt sich auch mit anderen Wissenssystemen aus. Er erlaubt sich, auf diese anderen

Wissenssysteme zurückzugreifen, wenn sie sich mit dem Wissen, das wir verstehen, vernetzen lassen.

D: Ich nehme an, dass dies zu seiner Zeit gefährliches Wissen war.

B: Er sagt, es sei auch zu eurer Zeit gefährliches Wissen, aber ihr wäret euch dessen noch nicht bewusst. Er sagt, die Zeit der Unterdrückung sei sehr bald, und jedes Wissen, das den Geist erweitert und die Menschen zum Denken veranlasst, werde als gefährlich angesehen. So wie er es ausdrückt, werden Ereignisse in der jüngeren Vergangenheit eures Jahrhunderts, die sehr schrecklich erschienen, wie ein Kinderspiel erscheinen im Vergleich zu dem, was kommen wird.

Ich lachte nervös. Ich mochte mir keinesfalls ausmalen, was er da beschrieb.

B: Er sagt, du habest dich dazu entschieden, zu diesem Zeitpunkt hier zu sein. Es gibt jetzt einen höheren Anteil an alten Seelen in der Welt als je zuvor, weil die alten Seelen gebraucht werden, um der Welt dabei zu helfen, zu überleben. Man wird sie überall finden, selbst an den merkwürdigsten Orten. Die alten Seelen werden in Kommunikation miteinander stehen, und sie sind diejenigen, die dabei helfen werden, zusammenzuhalten und zu überleben.

D: Ich hoffe nur, dass diese Bücher herauskommen können, bevor all dies wirklich geschieht.

B: Er sagt, es sei eine sehr kurz bevorstehende Sache. Deshalb ist er so bestrebt zu versuchen, Informationen zu überbringen, auch wenn er so wie jetzt innehält und von Zeit zu Zeit abschweift, und er hat das Gefühl, dass dies neben der Interpretation der Vierzeiler auch seinen Platz und seine Bedeutung hat.

J: Wird dieser letzte Papst Franzose sein?

B: Er sagt, er habe das starke Gefühl, dass er das sein wird. Der Mann wird von dunkler Hautfarbe sein, und sein Charakter kann mit der Tarotkarte „umgekehrter Hierophant" verglichen werden. Er sagt, dieser Mann sei ein Mann der Geheimnisse der tiefen Wasser. Dieser Mann werde eine Art körperliche Fehlbildung haben. Er ist sich nicht sicher, ob er eine leicht gekrümmte oder gebeugte Schulter oder einen Klumpfuß haben wird, aber es wird eine Missbildung dieser Art sein, entweder der Schulter oder des

Fußes. Es wird ein angeborener Knochendefekt sein. Es wird nicht durch eine Verletzung verursacht, sondern er wird so geboren worden sein. Folglich ist sein Verstand geschädigt worden durch die Grausamkeit und Herzlosigkeit von Menschen gegenüber Menschen, die anders sind. Er sagt, dieser Mann mit der dunkelbraunen Hautfarbe und den blauen Augen sei in jungen Jahren aus Bitterkeit und Verzweiflung in die Kirche eingetreten, weil er wusste, dass er niemals ein Mädchen dazu bringen würde, ihn zu lieben und zu heiraten. Er trat in die Kirche ein, damit er sich nicht damit würde auseinandersetzen müssen. Seine Eltern waren in die Nazi-Bewegung in Frankreich verwickelt. Folglich ist er auch davon gezeichnet. Er sagt, dass er in den Jahren nach dem Zweiten Weltkrieg den Hohn seiner Schulkameraden und anderer ertragen musste, die ihn „Nazifreund" und dergleichen nannten. Er sagt, ohne die Grausamkeit und Herzlosigkeit der Menschen, denen er in seinem Umfeld ausgesetzt war, hätte er sich als ein guter Mensch erweisen können, vielleicht sogar als ein freundlicher. Aber so, wie es war, wurde er durch den Schmerz zur Grausamkeit getrieben, und er will der Welt den Schmerz, den er in seiner Jugend ertragen musste, heimzahlen.

D: Ist es deshalb leichter für ihn, ein Handlanger des Antichristen zu werden?

B: Ja. Das macht ihn dafür sehr empfänglich.

D: Was bedeutet dieser letzte Teil: „Nach den Eroberungen wird er unschuldige Menschen ermorden"? Ich glaube, das bezieht sich nicht auf den Papst, sondern auf den Antichristen. Ist das richtig?

B: Er sagt, dass sich das im übertragenen Sinne auf den Papst beziehe, da der Papst aufgrund dieser Verletzungen in seiner frühen Kindheit es ihnen zeigen will, indem er sagt: „Seht mich an, ich bin mächtig. Ich kann es schaffen. Ich bin besser als ihr." Und „nach den Eroberungen" bedeutet, dass er, nachdem er die gewünschte Macht erlangt hat, für die Ermordung unschuldiger Menschen verantwortlich sein wird, nur weil er der Handlanger des Antichristen ist. Er wird nicht wirklich selbst Menschen ermorden, aber er wird Wege eröffnen, durch die Menschen ermordet werden. Vor allem wird er eine Gelegenheit finden, diejenigen zu schädigen, die ihn in seiner Jugend geschädigt haben. Er sagt, dieser Papst gebe derzeit den Anschein, ein gütiger

Mensch zu sein, denn das sei vorteilhaft für ihn. Aber das Verborgene ist in seiner Aufmachung sehr hervorstechend.

CENTURIE II-57

Avant conflict le grand tombera,
Le grand à mort, mort, trop subite & plainte,
Nay imparfaict: la plus part nagera,
Aupres du fleuve de sang la terre tainte.

Vor der Schlacht wird der große Mann fallen,/Der Priester des Todes, sein Tod wird zu plötzlich beklagt./Unvollkommen geboren, wird er den Großteil des Weges gehen;/In der Nähe vom Fluss des Blutes ist der Boden befleckt.

B: Er sagt, dies beziehe sich auf die letzten drei Päpste der katholischen Kirche. Er sagt, der drittletzte werde durch die Kugel eines Attentäters fallen. Er sagt, dass der vorletzte von den Machenschaften des Antichristen verschlungen werde. Und der letzte sei derjenige, den er zuvor erwähnt habe, der missgestaltet geboren wurde. Der Papst, der für die noch verbleibende Zeit die Kirche leiten wird. Er wird den größten Teil des Weges gehen. Aber auch er wird am Ende fallen, weil er ein Handlanger gewesen ist. Der Antichrist wird ihn so lange benutzen, wie er ihn braucht, bis er ihm im Weg ist, und dann wird er sich seiner entledigen. Und wenn er ihn beseitigt hat, wird er damit im Wesentlichen auch die Kirche beseitigen.

D: Als ich das las: „unvollkommen geboren“, dachte ich, dass es sich vielleicht auf den letzten Papst beziehe, denn er sagte, dass er eine Art körperlichen Defekt habe. Damit sind alle drei in einem einzigen Vierzeiler zusammengefasst.

Foudre en Bourgongne fera cas portenteux,
Que par engin oncques ne pourrait faire,
De leur senat sacriste fait boiteux
Fera scavoir aux ennemis l'affaire.

Blitze in Burgund werden unheilvolle Ereignisse offenbaren./Eine Sache, die durch Gaunerei nie hätte getan werden können./Der lahme Priester wird dem Feind/Angelegenheiten des Senats offenbaren.

Ich war aufgeregt, weil ich spürte, dass sich dies auf den letzten Papst bezog.

B: Er meint, es sei unnötig zu sagen, dass der lahme Priester sich auf den französischen Papst bezieht, der dem als Feind bezeichneten Antichristen dient. Die Taten dieses Mannes werden deshalb vollbracht, weil er freiwillig die inneren Ressourcen an Informationen beisteuert, zu denen er als Papst Zugang hat. Informationen, die der Antichrist allein durch seine Spione in einer Million Jahren nicht erhalten hätte, wenn der Papst der anderen Seite treu geblieben wäre. Er ist der Meinung, dass dieser Vierzeiler zusammen mit den anderen Informationen, die er offenbart hat, recht unkompliziert sein sollte.

D: Ja, sie hängen zusammen. „Blitze in Burgund" ist der Beginn des Krieges. Ist das richtig?

B: Nein. „Blitze in Burgund" bezieht sich auf die Tatsache, dass Verrat schon zuvor aus Burgund gekommen ist und dass dieser besondere Papst seine kirchlichen Wurzeln in Burgund hat. Wenn es nach ihm ginge, würde er es vorziehen, das Papsttum in Frankreich und nicht im Vatikan angesiedelt zu haben.

CENTURIE IX-36

Un grand Roi prins entre les mains d'un Joine,
Non loing de Pasque confusion coup coultre:
Perpet. captifs temps que fouldre en la husne,
Lorsque trois freres se blesseront & meutre.

Ein großer König, gefangen durch die Hände eines jungen Mannes,/Nicht lange vor Ostern, Verwirrung, ein Messerangriff./Immerwährend e Gefangenschaft, Zeiten, da der Blitz an der Spitze ist,/Wenn drei Brüder verwundet und ermordet werden.

B: Er sagt, dieser Vierzeiler beziehe sich zum größten Teil auf Ereignisse, die erst noch kommen werden. Aber er bezieht sich auch auf einige bereits eingetretene Ereignisse, die den Stein sozusagen ins Rollen gebracht haben. Damit begann die Serie von Ereignissen, die zu diesen Geschehnissen führten. Der große König repräsentiert den Papst, und der junge Mann ist der Antichrist. Dies spielt darauf an, inwieweit der letzte Papst ein Handlanger des Antichristen sein wird. Er ist sozusagen in seinem Einfluss gefangen. Es wird eine Zeit großer Unruhen und voller Krieg und Verwüstung sein. Es werden viele schreckliche Dinge geschehen. Er sagt, dass die gesamte zweite Hälfte dieses Jahrhunderts -- d.h., die Zeit, in der du dich befindest -- eine Reihe von katastrophalen Ereignissen war, von denen jedes einzelne die vorherigen übertraf und zu der Zeit der Unruhen führte. In der Zeit der Unruhen wird die Ermordung von Weltpolitikern so weit verbreitet sein, dass sich die Menschen nicht einmal die Mühe machen werden, sich den Namen des gegenwärtigen Führers zu merken. Denn er wird bald ermordet werden und ein neuer Führer an seine Stelle treten. Er sagt, deshalb habe er davon gesprochen, dass die drei Brüder verwundet und dann ermordet würden. Einmal wurde es als sehr schrecklich empfunden, wie zum Beispiel in deinem Fall, als sehr schrecklich, dass ein Präsident ermordet wurde. Wie zum Beispiel euer Präsident Kennedy und andere, die zu dieser Zeit ermordet wurden. Aber er sagt, dass die Menschen gegen Ende dieses Jahrhunderts zurückblicken und denken werden: "Oh Mann, das ist doch gar nichts. Das passiert jetzt andauernd." Und er sagt, „der Blitz an der Spitze" beziehe sich auf die bestehende Kriegsführung und die große Gefahr für jeden mit Führungsambitionen, mit Ausnahme des Antichristen, denn er wird die treibende Kraft hinter den meisten dieser Mordanschläge sein.

D: Der Übersetzer verbindet diesen Vierzeiler mit den Kennedys. Das ist die einzige Verbindung, die sie hergestellt haben.

B: Er sagt, das sei so weit richtig, denn diese eine Zeile beziehe sich tatsächlich auf die Kennedys. Er benutzte das als Beispiel dafür, wie entsetzt die Nation war, als diese Attentate stattfanden.

Es wäre interessant, zu spekulieren, dass Martin Luther King einer der Brüder sein könnte, von denen Nostradamus sagt, dass sie zur gleichen Zeit wie John und Robert Kennedy ermordet werden. Vielleicht hat er das als Metapher verwendet. Dies waren drei Führer und Brüder im Sinne dessen, woran sie glaubten.

D: Bei der Formulierung „der Blitz an der Spitze" kam mir etwas in den Sinn. Es erinnert mich an das Tarot-Symbol „Der Turm".

Der Turm ist eine dramatisch aussehende Karte. Sie zeigt die Spitze eines hohen Turmes, der vom Blitz getroffen wird, und sie symbolisiert Veränderung und Zerstörung.

B: Er sagt, es sei sehr klug von dir, das zu bemerken. Dieses Symbol hängt damit zusammen, denn die gesamte Zeit der Unruhen könnte durch die überragende Macht des Turms dargestellt werden. Es wird auch andere Karten geben, die mit den Mächten, die sie repräsentieren, die Ereignisse beeinflussen, aber es wird eine Zeit dramatischer und traumatischer Veränderungen sein.

D: Was bedeutet die Bezugnahme auf Ostern?

B: Er sagt, dass sich der Ausdruck „nicht lange vor Ostern" auf die religiöse Stellung des Papstes und nicht auf eine bestimmte Zeit beziehe. Er sagt, dass dieser Mann den Geboten der katholischen Kirche sehr nahe zu stehen scheint. Aber innerlich wird er immer noch recht stark an den heidnischen Ideen festhalten, an die die Christen schon früh geglaubt haben. Er sagt, dass Ostern ursprünglich ein heidnisches Fest war, das die Priester christianisierten, um die Bekehrung der Barbaren zur Kirche zu unterstützen. Und dieser Mann wird im Grunde ein Barbar in christlichem Gewand sein.

B: Er sagt, dass der Versuch, astrologische Symbole zu verwenden, bei diesem Medium sehr schwierig sei. Es liegt nicht an Angst auf Seiten des Mediums, sondern an Unwissenheit. Aber wenn man die Art der symbolischen Kommunikation verwendet, mit der dieses Medium vertraut ist, wie zum Beispiel das Tarot, ist es sehr einfach, die Konzepte, die er vermitteln will, auf eine sehr effiziente Weise zu kommunizieren. Denn auch er fühlt sich mit dem Tarot vertraut, und vielleicht wird er sich in Zukunft stärker darauf als auf astrologische Symbole beziehen, um so auf einfachste Weise kommunizieren zu können. Er sagt, dass er dem Medium einige Bilder von Tarotkartenblättern überlassen werde, damit sie sie für alle Beteiligten aus einem Stapel heraussuchen kann, um das Kartenlesen durchzuführen. Nachdem sie erwacht ist, wird sie in der Lage sein, die Tarotkartenblätter für den Antichristen, den Papst und andere wichtige Figuren, herauszusuchen, zu denen du sie befragst. Er sagt, dass dies sehr gut funktionieren werde. Er verhält sich sehr aufgeregt. Er springt auf und ab, und sein Bart flattert beim Springen hin und her. Er sagt, er hätte schon vor langer Zeit darüber nachdenken sollen. Es geht darum, deine Art zu erspüren und den einfachsten Weg der Kommunikation zu finden. Erinnere dich daran, wie lange es allein dauerte, Kontakt aufzunehmen, als wir mit der Kommunikation begannen. Er erspürte sich seinen Weg und erkundete das Unterbewusstsein dieses Mediums, und er sagt, dass er jetzt einige weit offene Wege gefunden hat, sechs Bahnen breit, durch die er kommunizieren kann. Auf diese Weise wird er länger kommunizieren können, weil es für ihn nicht mehr so anstrengend sein wird. Er ist so aufgeregt, dass er sich kaum noch beherrschen kann. Er sagt, er sei darauf vorbereitet, dass du zurückkommst und die Kommunikation sogleich weiterführst.

Ich lachte, denn so lange hatte er noch nie bei uns verweilen können. Vielleicht hatte er einen einfacheren Weg gefunden.

Als Brenda aufwachte, hatte sie lebhafte Bilder in ihrem Kopf. Sie beschrieb die Szene.

B: Ich habe dieses Bild; es ist, als schwebte ich irgendwo im Limbus, wo Zeit und Raum und Ort nicht wirklich existieren. Und an diesem Ort sehe ich diese runde Tischplatte. Ich nenne es Tischplatte, weil es für mich so aussieht, obwohl es keine Beine gibt, um sie hochzuhalten. Der Tisch selbst ist weiß, aber es ist, als wäre er aus Perlen oder Perlmutt gemacht. Und auf diesem Tisch ist ein zentraler Kreis mit nach außen gerichteten Speichen eingraviert.

D: Wie ein Tierkreis?

B: Das könnte man so sagen, aber die Symbole, die ich sehe, sehen aus wie die Symbole, die die Alchemisten benutzen. Jene Art Symbole sind an verschiedenen Stellen auf diesem Tisch eingraviert. Und um diesen Tisch herum sehe ich vier Figuren mit Kapuzen sitzen. Jede dieser Figuren hält ein Blatt mit Tarotkarten, aber jedes Blatt ist individuell und gilt nur für jeden einzeln. Es ist, als hätte jede Figur einen kompletten Kartenstapel, mit dem sie sich auseinandersetzen muss, und dies ist das Blatt, mit dem sie sich jeweils entschieden haben, an diesen Tisch zu kommen. Auf diesem Tisch, um den herum sie sitzen, scheint eine Tarot-Legung im Gange zu sein, die allerdings mehrere Kartensätze umfasst. Ich wäre niemals in der Lage, das nachzubauen, selbst wenn mein Leben davon abhinge. Es ist sehr komplex, und die Karten sind so positioniert, wie sie auf diesem Rad liegen sollten. Ich habe das Gefühl, dass sie irgendein Weltereignis ausspielen. Die einzigen Karten, die ich ziehen kann, sind die, welche die Figuren in ihren Händen halten.

Sofort zog sie die Karten vom Stapel für das erste Blatt, an das sie sich erinnern konnte, und legte sie auf den Tisch, damit John sie interpretieren konnte. Die Legung war seltsam und anders als alle, die ich je zuvor gesehen hatte, aber sie erwies sich als sehr symbolisch. Es war uns klar, dass es sich bei diesen ersten Karten um dieselben Karten handelte, die Nostradamus als charakteristisch für den Antichristen bezeichnet hatte. Brenda sagte, sie habe die Karten auf dieselbe Weise hingelegt, wie die Figur sie in ihrer Hand gehalten habe.

J: Darf ich einen Kommentar abgeben? Diese Kartenlegung ist mir auch fremd. Aber ich habe französische Kartenlegungen gesehen, die traditionelle Art der Zigeuner, der Wahrsager von einst. Das ist so ähnlich, wie sie die Karten auslegen.

D: Könnte es sein, dass dies das Muster war, welches Nostradamus vertraut war?

J: Möglicherweise, ja, denn sie verwenden nicht die komplexen Muster des Tarot, in die wir uns hineinentwickelt haben. Sie verwenden nur Vergangenheit, Gegenwart und Zukunft.

So seltsam es erschien, schien doch die einzige Erklärung zu sein, dass diese Kartenlegungen direkt aus dem Kopf von Nostradamus stammten.

Ich bat Brenda, die Karten für das Tonbandgerät abzulesen.

B: Ich habe ausgelegt einen umgekehrt Gehängten, einen aufrechten Buben der Stäbe, einen umgekehrten Hierophanten, einen umgekehrten Herrscher, der in einer höheren Position zu (oberhalb von) den anderen ist. Eine umgekehrte Zehn der Schwerter, die überschattet wird (unterhalb ist) vom Herrscher. Eine umgekehrte Gerechtigkeit und ein aufrechtes Rad des Schicksals, welches das gesamte Blatt krönt.

Diese wurden wie ein typisches Spielblatt aus Karten abgelegt, außer, dass einige (die genannten) vor oder hinter den anderen lagen. John fuhr mit der Interpretation fort.

J: Ich würde das als die Art interpretieren, wie der Antichrist über uns kommt. (Er zeigte auf die verschiedenen Karten.) Dies ist das, was im Augenblick gegenwärtig ist, und jenes ist das, was im weiteren Verlauf seines Lebens geschehen soll. Und es passt wirklich hinein. Zunächst einmal sehen wir den Gehängten umgekehrt. Wenn ich den Gehängten in seiner aufrechten Position sehe, dann steht er für Umsicht, für Weisheit von oben. Er steht dafür zu lernen, auf den inneren Geist zu vertrauen, der uns alle leitet. In seiner umgekehrten Position steht er für das Vertrauen in den inneren Geist, der eher ein Kampf abwärts als für etwas Positives ist. Dann haben wir den Buben der Stäbe, der einen jungen Mann repräsentiert. Er repräsentiert für mich einen Reisenden im Leben, jemanden, der sich auf die Reise des Lebens begibt. Der Stab repräsentiert den Astschnitt von einem Baum. Man legt ihn (oder die Person) in ein beliebiges Medium und er wächst. Aber er wächst im Sinne einer spirituellen Abwärtsbewegung wegen des umgekehrt Gehängten. Ich betrachte den Gehängten als eine sehr spirituelle Karte, weil er darstellt, dass wir unseren Körper nehmen und ihn opfern, um spiritueller zu werden. Wenn es umgekehrt ist, opfern wir ihn, aber vielleicht aus völlig falschen Gründen. So würde ich mir vorstellen, dass er sein gegenwärtiges Leben lebt. Wenn wir dann zu den nächsten beiden Karten übergehen, stellen diese wahrscheinlich seinen Aufstieg dar. Wir sehen den Hierophanten und den Kaiser, und sie sind beide umgekehrt. Für mich repräsentiert der Hierophant in seiner aufrechten Position die Konformität mit dem, was die Welt will. Aber in seiner umgekehrten Position repräsentiert er den Wunsch, die Welt regieren zu wollen. Der Hierophant war wie ein Symbol für einen Papst oder einen sehr hohen Priester. Der umgekehrte Hierophant repräsentiert also einen Priester, der negative Kräfte einsetzt. So ähnlich wie ein Priester mit einigen höheren Energien, die nicht zur Quelle des Lebens gehören. Und dann steht die umgekehrte Herrscherkarte für große Macht, aber für den Missbrauch großer Macht.

Das war erstaunlich. Aus allen Karten im Stapel hatte Brenda diejenigen gezogen, die wirklich zu dem passten, was Nostradamus uns über die Persönlichkeit des Antichristen erzählt hatte.

J: Dann kommen wir zu der umgekehrten „Zehn der Schwerter". Wenn diese Karte aufrecht ist, steht sie für: „Hey, es sind schlechte Zeiten, es gibt schlechte Nachrichten für dich." Aber in der umgekehrten Stellung steht sie für: „Um dich herum ist der Tod, um dich herum sind Verzweiflung und Trostlosigkeit."

D: Nun, er würde es verursachen; es würde ihn nicht anrühren.

J: Es würde ihn nicht anrühren, weil wir das Rad des Schicksals aufrecht stehen haben, was bedeutet: „Dies ist der Tag; dies ist Teil des Schicksals. Das Rad des Schicksals hat dafür gesorgt, dass dies geschieht.“ Und die umgekehrte Gerechtigkeit bedeutet die Pervertierung der Gerechtigkeit. Zu erschaffen und zu leben nach seinen eigenen Gesetzen. Er wird sich der Gerechtigkeit nicht verpflichtet fühlen; sie kann ihm nichts anhaben. Es passt also wirklich zu dem, worauf sich der Antichrist vermutlich einlässt.

D: Ich frage mich, ob Nostradamus vielleicht selbst eine Lesung durchgeführt hat, um etwas über den Antichristen herauszufinden, und das dies die Lesung war, die dabei herauskam.

J: Das ist eine Möglichkeit.

Sie fuhr fort, indem sie das Kartenblatt auslegte, welches den letzten Papst darstellte.

B: Eine Sache an dieser Karte, die wirklich sehr eingängig und interessant ist, ist, dass man sieht, was hier sichtbar ist. Aber hier hinten (hinter den anderen) ist eine Karte, die von diesen beiden anderen Karten völlig verdeckt wird. Es gibt das umgekehrte Gericht und den aufrechten Magier sowie die aufrechte Zehn der Kelche. Die aufrechte Königin der Münzen wird fast, aber nicht ganz, von der aufrechten Gerechtigkeit verdeckt. Die nächste sichtbare Karte ist die umgekehrte Acht der Stäbe. Und hinter der aufrechten Gerechtigkeit und der umgekehrten Acht der Stäbe haben wir die umgekehrte Hohepriesterin, völlig verdeckt, aber sie beeinflusst diese Karten. Und das Blatt endet mit der umgekehrten Welt.

J: Dies ist eine weitere interessante Legung. Wenn im traditionellen Tarot das Gericht auftaucht, dann steht es für einen erwachenden Bewusstseinswandel, eine neue Art, die Dinge anzugehen. Es repräsentiert ein Bewusstsein, das bereit ist, sich mit dem Universellen zu verbinden. Nun, in seiner umgekehrten Position ist es das Gegenteil davon. Es repräsentiert ein Bewusstsein, das sich nicht mit dem Universellen, sondern mit seiner eigenen Macht verbinden will. Und diese Macht ist die Karte des Magiers. Mit anderen Worten: „Was ich manifestiere, was ich mache, was ich von oben nehme und unten erschaffe". Und dabei sollte man das Glück haben, dass die Zehn der Kelche mit ihr einhergeht. Ich denke, die Zehn der Kelche steht für die Befriedigung der eigenen materiellen Wünsche. Für mich repräsentiert sie große Befriedigung, großes Glück, das auf die Person zukommt. Wenn ich sie in einer Lesung sehe, dann steht sie für die Erfüllung eines Herzenswunsches. Er wird mit dem, was er erreicht hat, zufrieden sein. Und es wird den Einfluss einer Frau mit Geld und Macht in seinem Leben geben. Sie wird wahrscheinlich von dunkler Hautfarbe sein. Sie wird wie ein irdischer Muttertyp sein. Sie wird seine Karriere fördern, oder sie wird eine Art Stütze sein. Ich glaube nicht, dass sie eine heilige Frau ist, aber sie ist eine Frau von Macht, Position und Geld. Sie wird definitiv eine Art von Einfluss in seinem Leben haben. Ich spüre seelisch, dass sie wahrscheinlich eine seiner Seelenverwandten oder eine spirituelle Gefährtin aus einem anderen Leben ist. Sie treffen sich wieder, und sie können keine Liebenden sein, aber sie können Verbündete sein. Sie ist also eher eine Art Mentorin für ihn. Die aufrechte Gerechtigkeit repräsentiert in der Regel ausgewogene Kräfte, weil sie die Waage darstellt und die Dinge im Gleichgewicht und unter Kontrolle hält. Im traditionellen Tarot ist das Schwert zweischneidig, es kann entweder zum Töten, zum Verstümmeln, zum Wehtun oder zum Verletzen im Ruf nach Gerechtigkeit verwendet werden. (Auf der Karte hält eine Frau mit verbundenen Augen in der einen Hand eine Waage und in der anderen ein riesiges Schwert.) Es könnte sein, dass er während seiner Karriere unwissentlich einige wirklich schlechte Urteile fällt. Diese Frau könnte etwas damit zu tun haben, dass er diese schlechten Entscheidungen trifft. Sie ist wie jemand, der im Hintergrund steht. Auch wenn der Vatikan eine ausgesprochene Domäne der Männlichkeit ist, wird sie auf irgendeine Weise sehr eng in sein Leben eingebunden sein. Ich glaube nicht, dass sie seine Mutter ist. Ich spüre, dass es da eine spirituelle karmische Verbindung gibt. Es ist interessant, dass die Hohepriesterin völlig verdeckt ist und sie umgekehrt ist. Für mich repräsentiert sie in einer aufrechten Position geheimes Wissen, das verborgen ist, das nur den Eingeweihten offenbart wird. Und hier werden wir sehen, wie geheimes Wissen für alle offenbart wird.

Die volle Tragweite dieser Interpretation sowie die Art und Weise, in welcher der Antichrist diesen Papst für seine Sache benutzt, wird im nächsten Kapitel „Die Verwüstung der Kirche“ enthüllt.

J: Die Acht der Stäbe steht für Dinge, die eine große Last darstellen. Ich mag die Acht der Stäbe nicht. Sie steht dafür, dass man sich mehr Ärger aufhalst, als man sich zuziehen sollte. Aber sie ist verkehrt herum, also wälzt er möglicherweise die Verantwortung für die Last auf andere ab. Dann steht die umgekehrte Welt für eine Welt im Chaos, anstelle von Erleuchtung. Eine Welt, die völlig verrückt geworden ist. Die Macht des Antichristen wird durch solche Menschen kommen. Ich glaube, dieser Papst wird eine Menge Unheil und Unglück verursachen. Es ist wirklich seltsam, dass die Königin der Münzen dort aufgetaucht ist. Ich sehe die Karte und habe das starke Gefühl, dass es sich um eine geheime Sache handelt, von der niemand etwas weiß, weil sie teilweise verdeckt ist, wobei die Hohepriesterin von allen Karten verdeckt ist. Er möchte nicht, dass irgendjemand weiß, was er vorhat, bis die Zeit gekommen ist. Aber ich habe allmählich das Gefühl, dass Nostradamus vielleicht Kartenlesungen gemacht hat, die ihm bei seinen Visionen helfen sollten.

Das dritte Kartenblatt gehörte zu dem jetzigen Papst. Ich werde die Lesung hier nicht wiederholen, weil ich nicht glaube, dass sie etwas Wesentliches zu den kommenden Schrecken des Antichristen beitrug. Aber es war erneut interessant, dass die Karten sehr passend waren. Sie behandelten hauptsächlich seine Persönlichkeit und seine Reisen. Sie porträtierten ihn treffend als einen guten und gerechten Mann mit den rechten Motiven.

Das vierte Kartenblatt wird in Kapitel 22, „Die Gezeitenwende“, interpretiert, in welchem der Mann dargestellt wird, der den Kampf gegen den Antichristen anführen wird.

Ich habe hier alle Karten eingefügt, damit andere, die mit den Symbolen des Tarot vertraut sind, einen eigenen Einblick in die Persönlichkeiten dieser beiden Hauptcharaktere im Szenario unserer Zukunft gewinnen können.

UPDATE 1999

Die Andeutung, dass ein Papst der katholischen Kirche von einer so extremen Persönlichkeit wie dem Antichristen benutzt und manipuliert werden könnte, wurde glaubhafter, als 1999 ein Buch geschrieben wurde, das darauf hinwies, dass dies schon zuvor geschehen ist. Hitlers Papst: Die Geheime Geschichte von Pius XII. von dem britischen katholischen Gelehrten John Cornwell zeichnet chronologisch die Ereignisse während des Zweiten Weltkriegs auf, als der Papst wissentlich Hitler bei der Verfolgung der Juden unterstützte. Ihre Zusammenarbeit begann 1933, als Hitler Deutschland kontrollierte und Pacelli (Pius) Staatssekretär des Vatikans war. Die Anschuldigungen waren für die moderne katholische Kirche schockierend, wurden jedoch durch das Auffinden einschlägiger Dokumente und Briefe untermauert. Die Erklärung der Kirche: „Pacelli war ein Mann seiner Zeit, der mit den Lehren aus der Zeit vor dem Zweiten Vatikanischen Konzil großgezogen wurde, wonach jeglicher anderer Glaube falsch sei.“ Wird dies auch erklären, warum der nächste Papst in das Netz des dritten Antichristen hineingezogen werden wird? Er wird ebenso „ein Mann seiner Zeit“ sein, der denkt, dass er das Richtige tue. Wenn es einmal geschehen ist, wird es dann wieder geschehen? Ist dies ein weiteres Beispiel dafür, dass sich Nostradamus in ein und demselben Vierzeiler auf zwei ähnliche Ereignisse bezieht? Zwei Päpste, die in unruhigen Zeiten unabsichtlich zwei Antichristen unterstützen.

KAPITEL 16

DIE VERWÜSTUNG DER KIRCHE

DIE SCHRECKLICHEN DINGE, die Nostradamus sah, welche der Antichrist dem Vatikan und den kulturellen Zentren Europas antat, waren fast unglaublich. Ich hätte gehofft, dass der Mensch viel zu zivilisiert für solch schreckliche Taten geworden sei. Aber vielleicht ist es gerade diese Unglaublichkeit, die diesen Dingen das Reich der Möglichkeiten eröffnet, denn sie sind wahrlich das Werk eines verrückten, machthungrigen Wahnsinnigen. Es muss Nostradamus ebenso aus der Fassung gebracht haben wie mich, mitanzusehen, wie das kulturelle Erbe, das Wissen und die Religion, jene Eckpfeiler der Zivilisation, im Namen der Herrschaft mutwillig zerstört wurden. Der Antichrist hatte seine Lektionen gut gelernt. Er wusste, wie er die Moral des Volkes völlig untergraben konnte; er traf den Kern ihres Glaubenssystems.

Ich werde die Ereignisse hier getrennt auflisten, obwohl sie in den folgenden Kapiteln in ihrer zeitlichen Reihenfolge auf die Ereignisse verteilt werden sollten.

Der folgende Vierzeiler wurde in Kapitel 14, S. 189, teilweise interpretiert.

Le prince Arabe Mars, Sol, Venus, Lyon, *Regne d'Eglise par mer succombera:* *Devers la Perse bien pres d'un million,* *Bisance, Egypte, ver. serp invadera.*	Der arabische Prinz, Mars, die Sonne, Venus und Löwe,/Die Herrschaft der Kirche wird dem Meer unterliegen./Richtung Persien werden fast eine Million Menschen/In Byzanz einfallen und Ägypten, der wahren Schlange.

B: Er sagt, dass die Kirche, die dem Meer unterliegt, sich auf einen Unfall bezieht, der sich in Rom ereignen wird. Ich bin nicht in der Lage, klare Bilder darüber zu empfangen, wie dies geschehen wird. Aber irgendwie wird im Verlauf dieses Unglücks die Basis der katholischen Kirche völlig zerstört werden, als ob die Stadt im Meer versinken und nicht mehr existieren würde oder nie existiert hätte. Von dem, was er zeigt, bekomme ich das Gefühl, dass dies ein von den Ereignissen im Nahen Osten getrenntes Ereignis sein wird.

D: Glaubst du, dass die Ereignisse zur selben Zeit stattfinden werden?

B: Nicht zur genau selben Zeit. Er sagt, sie würden ziemlich dicht hintereinander stattfinden, so dass einige Leute die beiden Ereignisse in ihren Köpfen miteinander in Verbindung bringen werden, weil sie denken, die Araber waren ja sowieso schon immer gegen das Christentum. Aber in Wirklichkeit werden die Ursachen voneinander getrennt sein. Die Araber werden schnell darin sein, die Situation auszunutzen, aber sie haben die Situation nicht verursacht. Er sagt, die Beschränkungen des Vatikans würden die Kirchenstruktur zum Zerfall bringen. Auch wenn sie sich vielleicht zusammenschließen mögen, werde dies ein Schlag sein, von dem sich die Kirche nie wieder vollständig erholt. Es wird in zukünftigen Zeitaltern schließlich als der Anfang vom Ende für die Kirche betrachtet werden. Es wird als der Grund dafür angesehen werden, dass die Kirche gescheitert ist, nachdem sie so viele Jahrhunderte erfolgreich überdauert hat.

D: Kann das noch etwas deutlicher gemacht werden? Glaubt er, dass es sich um einen natürlichen oder um einen von Menschen verursachten Unglücksfall handeln wird?

B: (Pause) Er scheint zu glauben, dass es eine Kombination aus beidem sein wird. Eine Art menschengemachter Unfall, der ein natürliches Unglück auslöst oder vice versa. Die Bilder kommen heute nicht klar durch.

D: Aber es hat etwas mit dem Meer zu tun.

B: Ja. Und nicht nur mit dem Meer, sondern auch mit einer Art gewaltigen Kraft, die vom Himmel herabkommt. Ich spreche von einer Energie, nicht von einer Militärmacht, sondern von einer Art Energie, die vom Himmel herabkommt ... und Dinge zersetzt. Man wird dies als Naturkatastrophe bezeichnen, weil es jenseits der technischen Fähigkeiten von irgendjemandem auf der Erde liegt, diese Kraft zu erzeugen. Es muss also als Naturkatastrophe bezeichnet werden, weil man nicht in der Lage sein wird, eine Ursache dafür zu finden.

D: Im französischen Teil des Vierzeilers hat er etwas abgekürzt: „ver. serp.", und man hat dies als „die wahre Schlange" übersetzt. Was meinte er damit?

B: Er meint, wenngleich sich die Menschen zwar hauptsächlich damit beschäftigen werden, was mit der Kirche geschehen ist, und sie versuchen werden, die Ursache dafür herauszufinden, sollten sie doch die Ereignisse im Nahen Osten im Auge behalten. Vor allem diesen Führer, der in Byzanz einfällt. Denn wie er sagt, werden zukünftige Ereignisse zeigen, dass dieser Führer ein sehr gefährlicher Mann ist.

Wenn er von Byzanz spricht, bezieht er sich auf die Türkei. Istanbul (Konstantinopel) wurde auf der Stätte dieser antiken Stadt erbaut. Es wurde immer deutlicher, dass er bei der Erwähnung eines Ortsnamens in seinen Vierzeilern oft nicht diese Stadt per se meinte, sondern das Land, in dem sie sich befand.

Par feu du ciel la cité presque aduste, *L'urne menace encor Ceucalion,* *Vexée Sardaigne par la Punique fuste,* *Apres que Libra lairra son Phaeton.*	Die Stadt beinahe niedergebrannt durch Feuer vom Himmel,/Wasser bedroht erneut Deucalion./Sardinien ist verärgert über die afrikanische Flotte,/Nachdem Waage Löwe verlassen hat.

D: In diesem Vierzeiler vermuten sie einen Rechtschreibfehler im französischen Original.

B: Er sagt, dass dies durchaus möglich sei, da die Drucker manchmal nachlässig seien.

D: Das ihrer Meinung nach falsch geschriebene Wort ist „Deucalion". Die Franzosen hatten es mit „C", „Ceu" geschrieben, anstatt „Deu".

B: Er sagt, ja, da C und D fast gegenseitige Spiegelbilder seien und wenn die Augen des Druckers zu diesem Zeitpunkt müde sein sollten, wäre es einfach, das eine durch das andere zu ersetzen ohne den Fehler zu bemerken. Er sagt, es stimme, dass es ein „D" sein sollte.

D: Diese Namen sind nicht die gleichen Wörter, wie sie im Französischen vorkommen.

B: Wie lauten die Namen im Französischen?

D: Sardinien ist Sardaigne. Ist das dasselbe wie Sardinien?

B: (Er korrigierte meine Aussprache mit einem deutlichen französischen Akzent.) Er sagt, das sei die Aussprache, die er diesem Medium am ehesten vermitteln könne, da das Medium ebenfalls kein Französisch spreche. Sardinien ist die Art und Weise, wie es zu eurer Zeit, in eurer Sprache genannt wird.

D: Sie haben Punique mit afrikanisch übersetzt.

B: (Er korrigierte mich erneut.) Er sagt, das sei korrekt.

D: Sie haben Phaeton mit Löwe übersetzt. (Er korrigierte mich, und ich versuchte es mehrere Male, bis ich es richtig übernahm).

B: Phaeton (Fäton), mit einem „F". Er sagt, das sei die griechische Version, die griechische Vorstellung von dieser besonderen

Entität. Phaeton war für die Sonne und das Feuer zuständig, und das höhere Symbol für Löwe ist die Sonne. Die Übersetzungen sind korrekt. Er sagt, dass zunächst der Antichrist in seinem Einflussbereich, d.h. in Asien, dem Nahen Osten, Macht erlangen werde. Wenn er beginnt, außerhalb seines Bereichs, d.h. in Europa, an Macht zu gewinnen, wird der erste Unruheherd das Mittelmeergebiet sein. Denn es wird für ihn von seiner geographischen Ausrichtung her am besten sein, sich Europa vom Süden her zu nähern. Und aufgrund seines nahöstlichen Erbes wird er bereits das ihm kulturell sympathische Nordafrika mit seinem asiatischen und nahöstlichen Konglomerat vereint haben. Daher befindet er sich in einer starken, sicheren Position, um Europa vom Süden aus anzugreifen, da seine eigenen Militärkräfte hinter ihm stehen. Aufgrund der von ihm eingesetzten Waffen und der Verwüstungen des Krieges weiß der Antichrist, dass eine Art, einen potenziellen Feind unter Kontrolle zu bringen, darin besteht, mit kultureller Zerstörung zu drohen und nicht nur mit bloßer materieller. Denn Kulturgüter haben eine große Bedeutung für eine Kultur, und die Menschen werden große Anstrengungen unternehmen, um bestimmte Orte und Dinge möglichst zu erhalten. Sein Hauptwerkzeug wird die Anwendung terroristischer Taktiken sein, aber in größerem Umfang. Was er tun wird, um Europa in einen ersten Schock zu versetzen, um sich die Machtübernahme zu erleichtern, ist, dass er damit beginnen wird, die Stadt Rom zu zerstören. Er wird damit beginnen, sie mit verschiedenen Arten von Bomben, die aus Flugzeugen abgeworfen werden, systematisch in Schutt und Asche zu legen. Er wird sie in einem solchen Ausmaß zerstören, dass die sieben Hügel Roms dem Erdboden gleichgemacht werden. Das wird sein Wunsch sein, nicht nur die in Rom befindlichen Kulturgüter zu zerstören, sondern auch die Hügel, auf denen Rom gebaut ist, dem Erdboden gleich zu machen, um die Stadt möglichst völlig zu zerstören. Er wird so gute Arbeit leisten, dass Rom durch das Eindringen des Meeres bedroht sein wird, welches all das zerstört, was übrig geblieben ist. Neben dem Versuch, Rom zu zerstören, wird er auch die großen kulturellen Zentren Griechenlands bedrohen, die in dem Vierzeiler durch Deukalion repräsentiert werden. (Deukalion war das Äquivalent zu Noah in der griechischen Mythologie.) Er sagt, er werde auch Orte wie Athen und die großen griechischen Kulturzentren der Bildung und Geschichte zerstören. Die Welt wird von diesen Taten so schockiert sein, dass sie für einen Moment wie gelähmt sein wird. So wird er in der Lage sein, große Fortschritte bei der Übernahme und Erlangung der Macht zu machen, bevor die anderen Regierungen herausfinden, ob und wie drastisch sie darauf wohl reagieren sollen. Er sagt, dieser Mann werde solche Taktiken während des gesamten Konflikts anwenden. Und dass er stets gewagte und schockierende Dinge tun werde, um das zu erreichen, was er will.

D: Und wo kommt Leo ins Spiel? Hier steht: „... nachdem Waage Löwe verlassen hat".

B: Er sagt, dass dies wieder einmal ein vieldeutiger Satz sei. Es ist schwierig, diese Zeile zu erklären, weil die Situationen, um die es hier geht, noch nicht deutlich geworden sind. Er sagt, dass die Zeichen Waage und Löwe sowohl geographische Orte als auch an diesem Konflikt beteiligte politische Kräfte repräsentieren würden. Ein bestimmter Aspekt der Kräfte dieses Mannes wird durch die Waage repräsentiert werden. Und wenn die politischen Kräfte, die durch die Waage repräsentiert werden, getan haben, was sie beschlossen haben, mit den durch Löwe repräsentierten politischen Kräften zu tun, wird er mit seiner Kampagne gegen Europa beginnen. Er sagt, dass zu dem Zeitpunkt, an dem diese Ereignisse Gestalt annehmen, auch die astrologischen Begleiterscheinungen deutlich würden. Aber wenn er diesen Zeitpunkt sieht, dann ist es wie eine Gewitterwolke, die sich auftürmt und Blitze in alle Richtungen wirft. Es ist schwierig, zu beschreiben, was wirklich zu diesem Zeitpunkt geschieht, weil es zu turbulent ist. Die Begriffe, um die es dabei geht, sind nicht klar genug, um ein präzises Vokabular für eine verbale Beschreibung darauf anzuwenden. Das Einzige, was klar ist, ist, dass es in Rom und anderen Großstädten jener Halbinsel, welche Kulturschätze beherbergen, große Zerstörungen geben wird. Denn der Antichrist hat im Sinn, die etablierte Kultur auszulöschen und sie durch seine eigene zu ersetzen, ähnlich wie es die Mauren versucht haben, als sie in Spanien einfielen. Dieser Mann wird versuchen, dies dem ganzen Kontinent anzutun.

CENTURIEN II-93 und III-17 beziehen sich ebenfalls auf diese Zerstörung.

CENTURIE V-86

Par les deux testes, & trois bras separés, *Le cité grande par eaux sera vexee:* *Des grands d'entre eux par exile esgarés,* *Par teste perse Bisance fort pressee.*	Geteilt durch die beiden Köpfe und die drei Arme,/Wird die große Stadt vom Wasser heimgesucht./Einige der großen Männer unter ihnen irren im Exil umher,/Byzanz wird vom Führer Persiens stark bedrängt.

B: Er sagt, dies beziehe sich auf die gleiche Situation, nur aus einem anderen Blickwinkel. Er sagt, die Hilfe, welche die Situation hätte retten können, sei nicht rechtzeitig angekommen. Dies sei auf politische und diplomatische Ränge innerhalb der Westmächte zurückzuführen, welche die Situation sozusagen im Keim hätten ersticken können. Er sagt, dass zwei Länder zusammenarbeiten würden wobei er sich anscheinend auf England und die Vereinigten Staaten bezieht die in Bezug auf ihre militärische Macht gleich stark seien. Aber er sagt, wenn es um eine militärische Operation geht, müsse ein Führer an der Spitze stehen, der die Entscheidungen trifft. Und wenn es zwei Führer gebe, die rivalisieren, könnten sie eventuell nicht rechtzeitig getroffen werden. In diesem Fall wird es sich bei diesem speziellen Militärbündnis zwischen den Vereinigten Staaten und England um ein neu gegründetes Bündnis handeln, das nur im Notfall zum Einsatz kommen soll. Sie werden noch nicht geklärt haben, wer genau die Verantwortung trägt und wer zurücksteht. Sie grübeln also darüber, was sie in dieser Situation tun sollen. Die drei Arme beziehen sich auf die drei grundlegenden Zweige des Militärdienstes: Wasser, Luft und Land. Sie werden nicht in der Lage sein, ihre Strategen zu einer Entscheidung zu bringen, wie mit der Situation am besten umzugehen ist. In der

Zwischenzeit wird der Antichrist in großen Sprüngen (aus seiner Sicht) Fortschritte machen.

D: *„Die große, vom Wasser geplagte Stadt." Er hat schon andere Vierzeiler über das in Rom eindringende Wasser verfasst, wenn er die Stadt zerbombt. Bezieht er sich darauf?*

B: Ja. Er sagt, inmitten der Verwirrung würden einige der Denker, welche den Führern Antworten liefern könnten, um ihnen zu helfen, die Situation zu verstehen, nicht in der Lage sein, sie rechtzeitig zu erreichen, weil die Kommunikation und der Transport und dergleichen zusammenbrächen. Er sagt, dass er hier etwas anmerken möchte. Durch die Zusammenarbeit mit uns sei ihm bewusst geworden, dass wenn er Begriffe wie „die große Stadt" verwendet, die Dolmetscher seiner Vierzeiler oft denken, dass er sich auf New York in den Vereinigten Staaten beziehe. Er sagt, dies sei nicht zwangsläufig so, weil er zu Lebzeiten noch nie davon gehört habe. Oft, wenn er von der großen Stadt spricht, meint er eine Stadt, die großartig ist in Bezug auf ihre Zeit und Errungenschaften, nicht nur in Bezug auf ihre Größe. In diesem Vierzeiler hier bezieht er sich auf Rom.

CENTURIE V-43

La grande ruine des sacrez ne s'esloigne, *Provence, Naples, Sicille, Seez & Ponce:* *En Germanie, au Rhin & la Cologne,* *Vexez à mort par ceux de Magonce.*	Der große Ruin des Klerus ist nicht weit entfernt:/Provence, Neapel, Sizilien, Sées und Pons./In Deutschland am Rhein und bei Köln,/Zu Tode gequält durch die von Mainz.

B: Er hat dir gegenüber bereits erwähnt, wie dieser Mann die kulturellen Zentren Westeuropas zerstören wird, um das Volk einzuschüchtern, und dass er versuchen wird, die sieben Hügel Roms dem Erdboden gleichzumachen. Eine weitere Sache, die er im Zuge all dieser Zerstörung tun wird, ist, den Vatikan völlig zugrunde zu richten und die Bibliothek zu zerstören. Er wird dies hauptsächlich tun, um die Autorität der katholischen Kirche zu untergraben und sie in kleine Stücke zu zerschlagen. Denn das wird ein großes Hindernis in seinen Plänen sein. Eine Art, wie er dies tun wird, besteht darin, all die umstrittenen Dinge zu enthüllen, die in der Vatikanischen Bibliothek versteckt sind. Dinge, welche die Kirche erklärt hat, dass die Menschen sie nicht lesen sollten, da sie ihren Glauben bedrohen würden. Er wird dafür sorgen, dass diese Dinge verbreitet werden. Das wird zu großer Zwietracht mit der Kirche führen. Theologen, Priester und Studenten werden sich gegeneinander wenden, jeder mit seinen eigenen Theorien und Interpretationen zu diesen neuen Informationen. Und alles wird zu Verwirrung führen. Auf diese Weise wird die katholische Kirche nicht mehr das Hindernis darstellen, das sie früher für diesen Mann und seine Pläne war.

Als Nostradamus sagte, dass der Antichrist die Bibliothek des Vatikans plündern und wichtige Dokumente mit Bezug auf die Kirche stehlen werde, fragte ich mich, wie dies möglich sein könnte. Dann fiel mir ein, dass, falls dieser letzte Papst tatsächlich ein Werkzeug des Antichristen wäre, er diesem vielleicht Zugang zu den heiligsten und geheimsten Archiven gewähren würde. Das würde den Verrat erklären, mit dem der Papst den Untergang der Kirche herbeiführen könnte. Dem Vatikan würde erst nach dem schrecklichen Ereignis bewusst werden, dass der Verräter sich mitten unter seinen Leuten und in den höchsten Ämtern befand.

D: Ich fand seltsam, dass er bei all diesen Namen Maine erwähnte.

B: Er sagt, man solle sich nicht zu sehr auf die Arbeit der Übersetzer verlassen. Es ist nicht der Staat in eurem Land, an welchen du dabei denkst. Es ist ein weiterer Ortsname, der zusammen mit den anderen verschiedene wichtige Lernzentren in Europa bezeichnet.

Ich denke, Maine ist ein Druckfehler, wie Nostradamus andeutete. In Erika Cheethams Buch heißt es, dass Magonce zu Mainz oder Mayenze übersetzt wird. Dies ist eine Stadt in Westdeutschland, die Heimatstadt von Johann Gutenberg, dem ersten Drucker beweglicher Lettern und der Bibel. Durch seine Aktivitäten wurde Mainz im späten fünfzehnten Jahrhundert zum Zentrum der Druckerei. In diesem Zusammenhang ergibt es in diesem Vierzeiler als Symbolik für

Bildung und Lernen durchaus Sinn. Wenn Brendas Geist daran beteiligt gewesen wäre, hätte sie den Staat Maine aufgegriffen und nicht eine unbekannte fremde Stadt, weil das die Art war, wie ich es ihr vorlas.

D: Wenn wir gerade von den Übersetzern sprechen, der Dolmetscher nennt dies einen „völlig missratenen Vierzeiler".

B: Uh, oh! Seine Augen blitzen, und meine Analogie ist ... du hast diese Plakate von Uncle Sam gesehen, auf denen er mit seinem Finger auf einen zeigt? (Ich lachte.) Er zeigt in dieser Weise auf das Buch und sagt: „Wer sind sie, dass sie das sagen?" Er sagt immer wieder: „Gebt mir Zeit. Ich brauche mehr Zeit." Er sagt, die Übersetzer, die das gesagt haben, hätten nicht so viele Jahrhunderte, die ihrem Verständnis im Weg stehen, wie er. Ergibt das einen Sinn? Ich habe versucht, ihn daran zu erinnern, dass wir in der Lage waren, zur Quelle gelangen, sie aber nicht.

CENTURIE II-5 bezog sich auf U-Boote, die durch einen Fisch symbolisiert wurden. In einer doppelten Bedeutung bezogen sie sich auf deren Verwendung durch die Deutschen im Zweiten Weltkrieg, aber ebenso durch den Antichristen in seinem Krieg. Er benutzte die U-Boote, um die Papiere des Vatikans an den italienischen Flotten vorbeizuschaffen.

Diejenigen Menschen, welche wahrhaft religiöse Führer sind, werden in CENTURIE III-26 bezeichnet als „ein Opfer, dessen Hörner mit Gold überzogen sind". Sie sind das Gegenteil der „hohlen Priester". „Die Eingeweide werden interpretiert werden" bezieht sich wiederum auf die geheimen Aufzeichnungen der katholischen Kirche, die ans Licht gebracht werden. Er sagt, er benutze diese Symbolik, weil die Priester früher Tiere aufschnitten und ihre Eingeweide dem Tageslicht aussetzten, um so zu versuchen, metaphysische Geheimnisse zu erschließen.

In CENTURIE III-6 werden erneut die Zerstörung Roms und die Plünderung der Vatikanischen Bibliothek erwähnt, welche bezeichnet wird als „Blitzschlag, der das Innere des geschlossenen Tempels trifft".

Le grand parte las que feront les lettres, *Avant le cycle de Latona parfaict:* *Feu grand deluge plus par ignares sceptres,* *Que de long siecle ne se verra refaict.*	Welch großer Verlust für das Lernen wird es sein,/Bevor der Mondzyklus abgeschlossen ist./Feuer, Überschwemmungen, durch unwissende Herrscher,/Welch lange Jahrhunderte, bis all dies wiederhergestellt sein wird.

B: Er sagt, dass dies eine mehrfache Bedeutung habe. Eine Bedeutung ist, dass während der Zeit der Unruhen, während der Umwälzungen auf der Erde, in allen Ländern die fundamentalistischen Sekten der verschiedenen Religionen sehr mächtig werden und behaupten, den Menschen den Trost zu bieten, den sie brauchen, um durch die schweren Zeiten zu kommen. Er sagt, es sei ihm egal, welcher Religion diese Sekten angehören, sei es die muslimische, die christliche oder die Shinto-Religion oder was auch immer. Diese fundamentalistischen Sekten unterdrücken stets Lernen und Bildung, so dass es eine große Zensur von Büchern und Ähnlichem geben wird. Er sagt, das sei eine Bedeutung des Vierzeilers. Eine weitere Bedeutung dieses Vierzeilers bezieht sich auf die Plünderung der Vatikanischen Bibliothek durch den Antichristen. Das wird Informationen, Fakten und Wissen ans Licht bringen, die über mehrere Jahrhunderte unterdrückt wurden. Er sagt, dass ironischerweise der Antichrist in gewisser Art etwas Gutes tun wird, wenn er die Vatikanische Bibliothek plündert, weil später dann dieses jahrhundertelang unterdrückte Wissen der ganzen Welt zugänglich und für jeden nutzbar sein wird. Er sagt, obwohl der Antichrist falsch vorgeht und Gewalt anwendet, um seine Ziele zu erreichen, wird ihm die Tatsache, dass er dieses Wissen der Welt zugänglich macht, helfen, indem er einen neuen Zyklus beginnt, in welchem er dieses Karma abarbeitet und auf eine höhere Ebene von Karma hinarbeitet.

D: Ich nehme an, das ist irgendwie etwas zu seinen Gunsten.

Yeux clos, ouverts d'antique fantasie,
L'habit des seuls seront mis à neant:
Le grand monarque chastiera leur frenaisie,
Ravir des temples le tresor par devant.

Ihre Augen geschlossen, offen für die alte Fantasie,/Wird das Ornat der Priester abgeschafft werden./Der große Monarch wird ihren Wahnsinn bestrafen,/Indem er den Schatz vor den Tempeln stiehlt.

B: Er sagt, dies beziehe sich auf den Antichristen und den Untergang der katholischen Kirche. Die Menschen, die mit der katholischen Kirche zu tun haben, insbesondere die Priester und dergleichen, werden sich des Windes des Wandels nicht bewusst sein und an der alten Ordnung festhalten, auch wenn sie nicht weiter brauchbar und tot ist, was die Fähigkeit anbelangt, im Rahmen der Realität zu funktionieren. Er sagt, „großer Monarch" habe eine doppelte Bedeutung. Es beziehe sich auf den Antichristen und auch auf den Papst, der das Werkzeug des Antichristen ist, denn der Papst ist der große Monarch der Kirche. Sie werden die Kirche sozusagen bis auf die Knochen ausrauben. Denn der Antichrist wird nicht nur den materiellen Besitz der Kirche übernehmen, um seine Armeen zu finanzieren, sondern auch die Bibliothek des Vatikans entweihen und plündern.

D: Ich möchte nicht, dass er wütend wird, aber ich möchte ihn etwas fragen.

B: Er sagt: „Frage nur."

D: Ich weiß, dass er aufgrund der Zeit, in der er lebt, von der Kirche und der Inquisition verfolgt wird. Es wurde angedeutet, dass, wenn er von der völligen Auflösung, der völligen Zerstörung der katholischen Kirche in unserer Zukunft spricht, dies aufgrund der Verfolgung, der er ausgesetzt ist, wohl größtenteils sein Wunschdenken sein könnte.

B: Er sagt, dass er viel Wunschdenken in dieser Richtung geäußert habe; das sei wahr. Er bittet dich jedoch, die grundlegende Natur des Universums zu beachten. Wenn das Pendel in eine Richtung ausschlägt, in eine extreme Richtung, dann muss es in die andere

Richtung zurückschwingen, um es auszubalancieren. Und er sagt, wenn es in die andere Richtung zurückschwingt, wird das dazu führen, dass diese katholische Kirche nicht mehr existiert. Das Pendel, das den Aufstieg und Fall der katholischen Kirche steuert, wird sich über einen längeren Zeitraum hinziehen, aber das Ergebnis wird sich letztlich einstellen. Denn die katholische Kirche wird völlig überflüssig werden, was zu ihrer eigenen Auflösung beitragen wird.

D: Ich dachte, er würde wütend werden, wenn ich andeute, dass er Vierzeiler als Wunschdenken erfinde und nicht als etwas, das er tatsächlich gesehen habe.

B: Nein, er nimmt das sehr gelassen hin. Er sagt, er wisse, wie man auf so etwas kommen könne, da er bereits so viel Ärger mit der katholischen Kirche habe.

KAPITEL 17

DAS MONSTER ERSCHEINT

CENTURIE II-23

Palais, oiseaux, par oiseau deschassé, *Bien tost apres le prince parvenu:* *Combien que hors fleuve ennemi repoulsé,* *Dehors sousi trait d'oiseausoustenu.*	Vögel werden im Palast von Vögeln verjagt,/Sehr bald nach dem Emporkömmling, dem Prinzen./Viele der Feinde werden jenseits des Flusses zurückgetrieben,/Der hochgehaltene Vogel wird von außen durch einen Trick ergriffen.

B: Er sagt, dies beziehe sich auf das Ereignis, wenn der Antichrist den Iran übernimmt. Um das Land übernehmen zu können, muss er den federführenden Ayatollah mit einem Lockvogel austricksen. Die Vögel stehen für die Hofschranzen, die schnatternden Elstern, die Kriecher, diejenigen, welche dem Führer sagen, was er hören will. Der Vogel, der hochgehalten wird, ist der Köder, den der Antichrist benutzt. Wenn er beginnt, den Iran einzunehmen, wird er die internen Unterstützer des Ayatollah vertreiben, indem er einen Bürgerkrieg auslöst. Dann wird er einen Mann als Führer einsetzen. Einen Mann, auf den die dem Ayatollah loyal ergebenen Iraner ihren Hass konzentrieren können. Dieser Mann wird im Zuge der Machtübernahme im Iran schließlich umgebracht werden, und sie werden glauben, es sei ihnen gelungen, den Versuch zu vereiteln, indem sie ihn ermordet haben. Nur um dann herauszufinden, dass er die ganze Zeit ein Lockvogel war und dass sie dem Antichristen direkt in die Hände gespielt haben.

CENTURIE 1-40, die in Kapitel 11, S. 155, interpretiert wurde, beinhaltet einen Teil, der hier zutrifft.

D: „Aus Ägypten wird ein Mann hervorgehen, der will, dass das Edikt zurückgezogen wird." Kannst du zu diesem Satz einen Kommentar abgeben?

B: Er sagt, dass der Antichrist später im Laufe der Ereignisse damit beginnen werde, die Währungen der verschiedenen Länder dieser Welt zu vereinigen, um es einfacher zu machen, sie zu einer politischen Einheit zusammenzufassen. Da es sein Bestreben ist, die Welt zu erobern, wird einer der Wege, auf denen er dies bewerkstelligen wird, der sein, dass er versucht, eine Währung in diesem Gebiet in Umlauf zu bringen und die anderen Währungen aussterben zu lassen. Es wird solche geben, die dagegen protestieren werden. Vor allem ein charismatischer Volksführer aus Ägypten wird sich dagegen sträuben. Er wird wollen, dass dieses spezielle Edikt oder Gesetz zurückgezogen wird, damit alle Länder in dieser Liga arabischer Nationen ihre eigenen Währungen und ihren eigenen Handel und dergleichen behalten können, anstatt sich diesem einen politischen Gebilde unterzuordnen.

UPDATE: In Bezug auf CENTURIE 1-40 gab es in den 1990er Jahren viele Diskussionen, sowohl pro als auch kontra, über die Ersetzung der europäischen Währungen durch eine einzige Währung. Die führenden Politiker der Welt halten dies für unvermeidlich.

CENTURIE I-61

La republique miserable infelice Sera vastee de nouveau magistrat: Leur grand amus de l'exile malefice, Fera Sueve ravir leur grand contracts.	Die erbärmliche, bedauernswerte Republik/Wird abermals von einer neuen Autorität ruiniert./Die im Exil angestaute große Feindseligkeit/Wird die Schweizer dazu bringen, ihr bedeutsames Abkommen zu brechen.

B: Er sagt, dies werde geschehen, wenn der Antichrist dabei ist, Europa einzunehmen. Die zweite erbärmliche Republik bezieht sich auf Deutschland. Er sagt, man nenne es eine erbärmliche Republik, weil das Land mitten durch sein Herz gespalten ist. Er zeigt mir gerade ein Bild von Ost- und Westdeutschland, dem geteilten Deutschland. Er sagt, dass die im Exil Lebenden, bei denen sich heftige Gefühle anstauen, sich auf die Tatsache beziehe, dass der Antichrist die Nazi-Partei in Deutschland für seine eigenen Zwecke wieder an die Macht bringen werde. Die gegenwärtige Bewegung in Deutschland, die Popularität des Nationalsozialismus in der deutschen Jugend, legt den Grundstein dafür. Als Folge davon wird die Schweiz ihre jahrhundertealte Neutralität brechen. Und sie wird ihr langjähriges Abkommen brechen, indem sie sich gegen den Antichristen stellen und aktiv kämpfen wird.

UPDATE: Im Laufe des Jahres 1991 gab es ein erneutes Interesse an der Wiederbelebung der Nazi-Partei in Deutschland, insbesondere unter den jungen Menschen jenes Landes.

CENTURIE II-96

Flambeau ardent au ciel soir sera veu,
Pres de la fin & principe du Rosne:
Famine, glaive: tard le secours pourveu,
La Perse tourne envahir Macedoine.

Eine brennende Fackel wird nachts am Himmel zu sehen sein,/Nahe dem Ende und der Quelle der Rhône./Hungersnot und Waffen; zu spät gebotene Hilfe,/Persien wird sich wenden und in Mazedonien einmarschieren.

B: Er sagt, die Interpretation dieses Vierzeilers sei etwas kompliziert, weil dieser sich auf eine komplizierte Situation in unruhigen Zeiten beziehe, was selbst gewöhnliche Situationen kompliziert mache. Dies bezieht sich auf einige der diplomatischen Schlampereien, die dazu führen, dass der Antichrist an Macht gewinnt. Es geschieht am Anfang, wenn er noch keine breite Machtbasis hat, er aber darauf aufbaut. Die Fackel, die nachts am Himmel zu sehen ist, verweist auf seinen dämonischen Hass und gleichzeitig seine Anziehungskraft. Diese Kombination wird ihm dazu verhelfen, mächtig zu werden. Er sagt, diese Fackel, die man nachts brennen sieht, deute darauf hin, dass die Menschen sähen, dass er Macht hat, und dass sie sich bewusst seien, dass er sie eher für die dunkle Seite als für die Kräfte des Lichts einsetzt. Die Leute an der Macht, die etwas dagegen tun können, werden erkennen, dass etwas getan werden muss, aber sie werden erst zu spät zu einer Entscheidung gelangen. In der Zwischenzeit wird er seinen Feldzug bereits begonnen haben, indem er in Nachbarländer eindringt, sie einnimmt und eine breitere Machtbasis aufbaut, mit der er weitere Länder angreifen kann. Und schließlich wird er den asiatischen Kontinent einnehmen.

D: Warum wird Persien so ausdrücklich erwähnt?

B: Weil dies der Teil der Welt ist, von dem aus er seinen Machtkampf beginnen wird.

D: Er erwähnte in mehreren Vierzeilern das Wort „Perse". John dachte, „Perse" sei vielleicht ein Name oder ein Anagramm, welches sich auf den Antichrist beziehe.

B: Manchmal wird es als Name und manchmal als Allegorie verwendet. In diesem Fall ist es vor allem ein Hinweis auf jenen Teil der Welt, in dem es genug politischen Aufruhr gibt, so dass sich jemand erheben kann, um durch einen Militärputsch und dergleichen rasch die Kontrolle zu übernehmen und von dort aus die Unruhen in den Nachbarländern zu nutzen, um noch mächtiger zu werden.

John war nicht anwesend gewesen, als die sich auf die Zerstörung der Kulturzentren beziehenden Vierzeiler übersetzt wurden. Er bemerkte die Erwähnung Mazedoniens und fragte, ob der Antichrist in Griechenland einfallen werde. In der Antike bestand Mazedonien aus Teilen des heutigen Griechenlands, Bulgariens und Jugoslawiens. Nostradamus erklärte John den Plan des Antichristen, Europa und die westliche Kultur durch die Zerstörung hochverehrter Stätten zu demoralisieren. Er werde auch deshalb zuerst dort einmarschieren, weil er das Gefühl haben werde, mit den in diesem Teil Europas verfügbaren Streitkräften umgehen zu können.

UPDATE: Ist dieser Vierzeiler ein Hinweis darauf, dass der Antichrist auf irgendeine Weise in den internen Konflikt in Jugoslawien verwickelt ist? Dieser gipfelte 1991 in einem Krieg.

B: Michel de Nostredame sagt, dass es ihm nichts ausmache, die Dinge darzulegen, um sie zu klären. Es freut ihn so sehr, mit einem sympathischen Geist auf einer anderen Zeitebene zu kommunizieren, dass es ihm kein Bisschen ausmacht, zur Erläuterung noch einmal über Dinge zu sprechen, die er zuvor bereits erklärt hat.

D: Einmal sagte er, dass er sich nicht gerne wiederhole.

B: Nun, er sagt, wenn er direkt in die Blackbox spricht, sei unnötiges Wiederholen etwas mühsam. Aber wenn er mit einer Person spricht, die nicht mit der ganzen Geschichte vertraut ist, mache es ihm nichts aus, einige Erklärungen dazuzugeben, um der Person zu helfen, sich ein klareres Bild zu machen, damit sie sich besser verständigen können.

J: Hat die brennende Fackel eine astrologische Symbolik?

B: Er sagt, ja. Nur besteht das Hauptproblem darin, zu versuchen, sie zu vermitteln. Möglicherweise muss er sie in eine Allegorie fassen, damit sie für mein hartnäckiges Unterbewusstsein wie eine gewöhnliche Sprache klingt. Und John kann seinen Verstand einsetzen, um sie auf die astrologische Symbolik anzuwenden. Er sagt, wann immer er selbst eine brennende Fackel am Nachthimmel beschreibe, spreche er auch von einem Kometen, der sichtbar ist. In diesem Fall ist er besonders von der nördlichen Hemisphäre aus sichtbar, da sich diese Ereignisse vorwiegend auf der nördlichen Hemisphäre abspielen werden. Er sagt, dass Kometen aus gutem Grunde traditionell als Vorboten des Untergangs benutzt worden seien, und in diesem Fall werde dies besonders zutreffend sein. Er nennt mir immer wieder das Datum 1997. Ich weiß nicht, ob dies auf diesen Vierzeiler zutrifft oder nicht, aber ich sehe immer wieder diese Zahl am Himmel, und ich glaube, sie kommt von Nostradamus. Er sagt, dass der Mars an diesem Punkt sehr rot sei und sehr stark in seine Kraft komme. Dass Mars und der Wagen der Sonne und die Kraft des Feuers an diesem Punkt gemeinsam auf den Untergang hinarbeiten. Er sagt, dass er die astrologischen Informationen möglicherweise in diese Form bringen müsse, um damit die Kommunikation zu erleichtern. Sein Hauptanliegen ist es, dafür zu sorgen, dass die Informationen auf eine Weise vermittelt werden, die für John in astrologischer Hinsicht Sinn macht. Wenn er sie in einer bildlichen Sprache wie dieser ausdrückt, ist es viel einfacher, sie durch mein Unterbewusstsein hindurch zu bekommen, da sie als Medium sich ihrer Unwissenheit in dieser Angelegenheit sehr bewusst ist. Sie ist besorgt darüber, das Ganze unbewusst mit ihrem Wissen aus anderen Bereichen zu beeinflussen.

J: (Er schlug diese Zeichen eifrig in seinen Ephemeriden nach.) Mars findet im Oktober 1997 im Zeichen Schütze statt, und die Sonne befindet sich im Abnehmen im Zeichen Waage. Könnte dies der Zeitpunkt sein, zu dem dies geschieht?

B: Er sagt, das klinge gut.

D: Aber zu diesem Zeitpunkt wird der Antichrist bereits an die Macht gekommen sein.

B: Zumindest in einem Teil der Welt. Er sagt, dass zu diesem Zeitpunkt sehr viel passieren werde. Deine Sorgen sind sehr real, und deine wildesten Vorstellungen über diese Angelegenheiten werden im Vergleich zu dem, was tatsächlich geschehen wird, nicht allzu weit hergeholt sein. Er sagt, es sei sehr wichtig, zu versuchen, die große Menge an Wissen zusammenzutragen und dieses Wissen zu verbreiten, bevor die Unterdrückung eine Chance hat.

CENTURIEN II-29 und V-54 bezogen sich auf die Kriegsstrategie des Antichristen bei seinem Einmarsch in Europa. Nach der Zerstörung in Italien würde er über die Berge gehen, um nach Frankreich zu gelangen, indem er „einen fliegenden Teppich" verwendet, Nostradamus' Wort für ein Flugzeug. Es wäre sehr logisch für ihn, Europa vom Süden aus über das Mittelmeer anzugreifen, denn er hätte den festen Rückhalt der islamischen Welt. Er wird bereits Nordafrika und den Nahen Osten erobert haben. Er wird ein regionales Hauptquartier in Byzanz (Türkei) einrichten, um jenen Teil der Welt zu regieren, während er seine Eroberung fortsetzt. Er wird weiterhin diese regionalen Außenposten an verschiedenen Orten errichten. Seine „blutige Rute" (in beiden Vierzeilern erwähnt) steht für die Härte seiner Herrschaft.

CENTURIE IV-33

Jupiter joinct plus Venus qu'à la Lune,
Apparoissant de plenitude blanche:
Venus cachée souz la blancheur Neptune
De Mars frappée par la gravée branche.

Jupiter, näher bei Venus stehend als beim Mond,/Erscheint in seiner weißen Fülle. /Venus, verborgen unter dem strahlenden Weiß Neptuns,/Wird von Mars mit dem gravierten Zauberstab getroffen.

B: Er sagt, dies beziehe sich auf die Positionen der Planeten mit Bezug auf die astrologischen Zeichen. Mit anderen Worten, dies ist ein astrologischer Vierzeiler. (Seufzer) Ich sehe ein Bild von ihm, wie er mit den Fingern durch seinen Bart fährt und versucht, einen Weg zu finden, die Begriffe zu vermitteln.

John wollte unbedingt eingreifen, aber ich flüsterte ihm zu, er solle warten, bis sie mit ihrer Interpretation fertig ist.

B: Der Einfluss von Venus, d.h. der Liebe und des Verständnisses, wird vorübergehend durch andere Gesichtspunkte, insbesondere durch die Kraft des Mars, d.h. des Krieges, verdunkelt. Er sagt, der gravierte Zauberstab sei ein Symbol für Macht und Waffen. Dieser hat mit einer fortgeschrittenen Technologie zu tun, die derzeit entwickelt wird, aber ihr seid euch dessen nicht bewusst. Er sagt, er habe diese Technologie zuvor schon einmal erwähnt. In der Zeit der Unruhen, zu einem Zeitpunkt, da Venus und Jupiter im Schützen sind - ich glaube, dass er mir das damit sagen will und dass die Venus teilweise von Neptun verdeckt wird. Er hat Schwierigkeiten, dies zu übermitteln. Er sagt, dies lege den Zeitpunkt für das Einsetzen des großen Krieges fest, der Zerstörung und Hungersnot verursachen wird und für die Plagen, die er in mehreren anderen Vierzeilern erwähnt hat. Er sagt, er habe Schwierigkeiten, die Begriffe zu vermitteln und mich das übertragen zu lassen, was er zu sagen versucht, aber der junge Astrologe sei willkommen, Fragen zu stellen, um möglichst Klarheit zu schaffen. Vielleicht helfen seine Fragen Michel de Nostredame, sich Wege auszudenken, wie er das, was er zu sagen versucht, vermitteln kann.

J: Okay. In der traditionellen Astrologie ist Venus verbunden mit Jupiter ein positiver Aspekt, und im Schützen ist sie ein Zeichen von Religion und Philosophie und öffnet mehr spirituelle Kanäle und spirituelle Zentren, wie ich es sehe. Neptun, wie wir ihn in der esoterischen Astrologie beschreiben, ist die höhere Oktave von Venus. Das bedeutet, dass es auf der einen Seite die spirituelle Liebe des Universums ist, aber auf der anderen Seite kann Neptun der große Lüstling oder Betrüger oder der große Zeitverschwender sein. So ist es auch mit Venus, wenn sie sich mit Jupiter im Zeichen der durch Neptun verdunkelten Philosophie verbindet, wie es sich jetzt gegen Ende des Jahrhunderts im Steinbock, dem materialistischsten Zeichen, abspielt. Bedeutet dies, dass ein Hoffnungsschimmer besteht, welcher von einem spirituelleren Wertesystem auf die Menschheit übergeht, um diese große Katastrophe zu verhindern, die sich ereignen soll?

B: Er sagt, der Hoffnungsschimmer bestehe, und seine Absicht, über diese Vierzeiler zu sprechen sei es, möglichst zumindest die schlimmsten Aspekte dieser erwarteten Ereignisse zu verändern, wenn nicht gar zu verhindern. Ob die Ereignisse verändert werden oder nicht, und selbst wenn das Schlimmste eintritt, das passieren kann, wird es dennoch eine große spirituelle Wiedergeburt auf der ganzen Welt geben. Und während der Zeit der Unruhen werden die Menschen individuell Gelegenheit haben, mit sich selbst in Kontakt zu kommen und zu erkennen, dass die materialistischen Werte falsch waren. Wenn die Menschen nach der Zeit der Unruhen wieder anfangen, miteinander zu kommunizieren, werden sie herausfinden, dass auch andere Menschen dies erkennen. Dies wird eine große Wiedergeburt der Philosophie und eine große Verschmelzung der besten Aspekte der östlichen und westlichen Religionen bewirken. Es wird zu einer weltweiten Bewegung des philosophischen Denkens führen, die mit dem übereinstimmt, was die Menschen wissen und als wahr empfinden. Dies wird die besten Aspekte des Wassermannzeitalters hervorbringen. Wenn die Menschen dies vorzeitig erkennen und an diesem Hoffnungsschimmer festhalten, dann könnten sie einige der schlimmsten Aspekte dieser kommenden Zeit der Schwierigkeiten mildern. Er befürchtet jedoch, dass dies aufgrund der materialistischen Werte, die von der Mehrheit der Bevölkerung vertreten werden, in keiner verbreiteten Form geschehen wird.

CENTURIE III-7

Les fugitifs, feu du ciel sus les piques.
Conflict prochain des corbeaux s'esbatans.
De terre on crie aide secours celiques,
Quand pres des murs seront les combatants.

Auf die Waffen der Flüchtlinge fällt Feuer vom Himmel,/Der nächste Konflikt wird der Konflikt der Krähen sein./Sie rufen nach irdischer Hilfe und himmlischer Unterstützung/Wenn sich die Angreifer den Mauern nähern.

B: Er sagt, dies beziehe sich auf die verschiedenen Länder, welche die mächtigeren Länder während dieser Zeit des Antichristen um Hilfe bitten. Sie werden sich insbesondere an Länder wie die Vereinigten Staaten wenden, die sich weiterhin neutral verhalten und sich der Lage nicht verpflichtet fühlen.

D: Was ist die Bedeutung von „Der nächste Konflikt wird der Konflikt der Krähen sein"?

B: Er sagt, dies beziehe sich auf eine Luftschlacht mit nicht gekennzeichneten Flugzeugen. Der Antichrist wird versuchen, einen Teil der Welt mit Flugzeugen zu erobern. Und dabei wird es andere Flugzeuge geben, die aus der Nacht herauskommen und sie abwehren werden. Aber sie werden nicht gekennzeichnet sein, so dass niemand wissen wird, zu wem sie gehören. Man wird den starken Verdacht haben, dass sie von einer großen westlichen Macht stammen, die offiziell weiterhin neutral ist. (Sie lächelte, somit war es offensichtlich, auf wen er sich bezog.) Er sagt, dieses Land, das neutral und namenlos bleiben will, sei berühmt dafür, solche Dinge schon zuvor getan zu haben, Flugzeuge und Gewehre und dergleichen derjenigen Seite zur Verfügung zu stellen, der gegenüber es wohlwollend gestimmt ist, obwohl es offiziell neutral ist. Er sagt, er wolle keine Namen nennen, aber ihre Initialen seien U.S.

D: Das habe ich mir gedacht. Denn er sagte zuvor, sie würden versuchen, so lange neutral zu bleiben, wie möglich.

B: Er sagt, die Vereinigten Staaten seien berühmt dafür, stets diese Politik zu verfolgen, aber gleichzeitig auf jede erdenkliche Weise auszuhelfen.

Während seines gewagten Mittelmeerfeldzuges nimmt er Monaco ein und er weiß, dass er den Prinzen von Monaco loswerden muss, damit er der offizielle Herrscher sein kann. Der Grund, warum Monaco so wichtig ist, liegt in seiner strategischen Lage im Verhältnis zu Italien und Südeuropa. In CENTURIE III-10 bezieht er sich auf „den großen Goldenen, gefangen in einem eisernen Käfig" und sagt, dies sei der Nachfolger von Prinz Rainier (anscheinend einer seiner Söhne), der nach der Machtübernahme inhaftiert werde.

Un peu devant que le soleil s'excuse,
Conflict donné grand peuple dubiteux:
Profliges, port marin ne faict response,
Pont & sepulchre en deuxestranges lieux.

Kurz vor dem Abendrot wird eine Schlacht gekämpft./Eine große Nation ist ungewiss./Der eingenommene Seehafen gibt keine Antwort,/Die Brücke und das Grab liegen beide in der Fremde.

B: Er sagt, dieser Vierzeiler sei einer mit mehreren Bedeutungen, aber eine der Bedeutungen habe etwas mit dem zu tun, was du wissen müssest. Dieser schildert das Hin und Her, das die Vereinigten Staaten durchmachen werden, bevor sie sich auf diesen Konflikt mit dem Antichristen einlassen. Er sagt, „kurz vor dem Abendrot" bedeute, dass in dieser Situation bekannt sei, dass die Vereinigten Staaten nicht mehr auf dem Höhepunkt ihrer Macht stünden, wie sie es Jahre zuvor einmal waren. Sie befinden sich sozusagen an ihrem Sonnenuntergang, was ihre Macht und ihren Einfluss betrifft. Ihr Stern schwindet etwas. Es sind immer noch etwas Macht und Einfluss vorhanden, aber sie erreicht nicht mehr so viel, wie sie in früheren Jahren hätte erreichen können. Er sagt, „die Nation ist ungewiss" beziehe sich auf die Meinungsverschiedenheiten unter den Menschen in den Vereinigten Staaten darüber, ob sie sich auf diesen Konflikt einlassen sollen oder nicht. Der eingenommene Seehafen bezieht sich auf die Tatsache, dass die Schifffahrt und dergleichen in dieser Zeit sehr gefährlich sein wird, weil die „Silberfische" des Antichristen, womit er die U-Boot-Flotte meint, die Meere sehr bedrohlich machen werden. Es befinden sich feindliche Soldaten im Hafen, die die Schiffe kollidieren lassen. Er sagt, dass viele der entscheidenden Schlachten auch Schlachten um die Übernahme von Seehäfen sein werden.

UPDATE: Als dieser Vierzeiler im Jahre 1986 übersetzt wurde, schien es schwer vorstellbar, woher diese Länder des Nahen Ostens ihre Schifffahrt beziehen sollten, insbesondere U-Boote. Eine mögliche Antwort kam 1992 nach dem Zerfall der Sowjetunion. Berichten des US-Geheimdienstes zufolge kaufte der Iran russische U-Boote mit dem offensichtlichen Ziel, die Meerengen zu kontrollieren, die in den Persischen Golf münden. Dies bedeutete, dass sie den gesamten Schiffsverkehr kontrollieren konnten, der in den Golf einlief. Der Iran und andere Länder des Nahen Ostens kauften auch andere Waffen, einschließlich Atomwaffen, und sowjetische Atomwissenschaftler suchten nun nach Arbeitsplätzen beim Meistbietenden. Durch außergewöhnliche und unvorhergesehene Umstände war nun das Undenkbare möglich geworden.

B: In Bezug auf : „… die Brücke und das Grab liegen beide in der Fremde“, sagt er, das Wort (Brücke) beziehe sich auch auf den Papst und wie er sich in einem fremden Land geben werde. Das heißt, er wird die Dinge anders betrachten als die Kirche und er wird der Kirche fremd sein.

D: Ist dies der letzte Papst?

B: Ja. Und er sagt, das Grab in einem fremden Land beziehe sich erstens auf die Tatsache, dass viele Menschen im Laufe des Konflikts weit weg von zu Hause sterben werden. Und zweitens versucht er, sowohl die Kirchenleute seiner Zeit als auch die Kirchenleute der Gegenwart darauf hinzuweisen, dass es auf der anderen Seite des Schleiers ganz anders ist, als sie es darstellen. Es wird also ihren Vorstellungen sehr fremd sein. Er sagt, diese Bedeutung beziehe sich nicht wirklich auf den Rest des Vierzeilers, aber er versuche dennoch, diese Information zu vermitteln.

KAPITEL 18

EUROPA, DAS EWIGE SCHLACHTFELD

D: Er scheint heute ein wenig mürrisch zu sein. Geht es ihm gut?

B: Er sagt, es liege nicht daran, dass er mürrisch sei; es sei nur so, dass er im Gegensatz zu dir den Zeitdruck kennt sowie die Wichtigkeit, diese Arbeit zu Ende zu bringen. Und er sagt, dass ihm die belanglosen Kommentare in die Quere kommen. Er hat nicht die Absicht, gemein zu klingen, aber er sagt, dass der Zeitdruck immer dringender wird, was du nicht erkennen würdest. Er ist um unseretwillen so besorgt, dass er versucht, die Informationen so gut wie möglich zu übermitteln. Er hat einen Überblick über die Situation im Allgemeinen, von der du nicht die leiseste Ahnung hast.

CENTURIE II-84

Entre Campaigne, Sienne, Flora, Tustie,
Six mois neuf jours ne ploura une goutte:
L'estrange langue en terre Dalmatie,
Courira sus: vastant la terre toute.

Zwischen Kampanien, Siena, Florenz und der Toskana/Wird es sechs Monate und neun Tage lang keinen Tropfen regnen./Eine fremde Sprache wird in Dalmatien gesprochen werden,/Die das Land überzieht und Grund und Boden verwüstet.

B: Er sagt, dies beziehe sich recht offensichtlich auf die Zeit der Unruhen. Die Dürre bezieht sich auf die Wetterveränderungen, die im Zusammenhang mit den Erdveränderungen zu jener Zeit stattfinden werden. Die fremde Sprache, die gesprochen wird und das Land überzieht, bezieht sich darauf, dass die Streitkräfte des Antichristen Italien und, wie bereits erwähnt, Griechenland übernehmen, indem sie die Kulturzentren zerstören, um die Moral zu zerstören.

D: Dann sind diese Städtenamen nur repräsentativ für jenen Teil Europas, in dem die Dürre auftreten wird.

B: Repräsentativ für Italien. Er sagt, es sei unnötig zu sagen, dass dies für die Weinindustrie äußerst katastrophal sein wird. Er sagt, er stütze sich auf ein Bild aus dem Gehirn dieses Mediums, und dass man in künftigen Jahrzehnten nicht mehr in ein nettes Restaurant gehen und nach einem Lafite '98 oder so etwas fragen werde. Es wird wegen des schlechten Wetters ein sehr schlechter Jahrgang für den Wein sein.

Ich fand heraus, dass Dalmatien, das heute ein Landstreifen an der Adria ist, einst zum Römischen Reich gehörte. Zu Nostradamus' Zeiten gehörte es zu Venedig und war umzingelt vom Osmanischen Reich. Dies könnte in seiner Art der Symbolik sowohl auf Italien als auch auf die Türkei verweisen.

Kampanien und die Toskana in Italien produzieren Trauben in großen Mengen und sind berühmt für ihre Weinherstellung. Dies sind Beispiele für kleine Details, die unmöglich den Köpfen der Teilnehmer entsprungen sein können.

CENTURIE III-16

Un prince Anglais Mars a son coeur de ciel,
Voudra poursuivre sa fortune prospere:
Des deux duelles l'un percera le fiel,
Hai de lui, bien aimé de sa mere.

Ein englischer Prinz, dessen Herz Mars in den Himmeln hält,/Wird seinem gedeihenden Glück folgen wollen./In zwei Duellen wird einer ihm die Gallenblase durchbohren,/Von ihm gehasst, doch von seiner Mutter sehr geliebt.

B: Er sagt, dies sei ein Ereignis, das sich kurz vor Beginn des durch den Antichristen verursachten Krieges abspielen werde. Dies wird Englands Beteiligung an diesem großen Krieg auslösen. Der englische Prinz, dessen Herz vom Mars hoch oben im Himmel gehalten wird, ist ein junger Mann des englischen Königshauses, der die Truppen eifrig in die Schlacht führen will. Er möchte seine Freunde auf dem Kontinent retten, d.h. das Volk, mit dem England diplomatische Verträge hat. Er wird darauf erpicht sein, zu gehen. Er wird an zwei großen Gefechten teilnehmen, und in einem von ihnen wird er geschlagen werden. Er wird auf dem Feld überlistet werden und sich in Schande zurückziehen müssen. Die Truppen, gegen die er gekämpft hat, werden ihn bespucken und seinen Namen als Schimpfwort benutzen, denn er war ein guter Kämpfer, wenngleich er besiegt wurde. Sein forsches Vorpreschen in die Schlacht bringt einige der sorgfältig ausgearbeiteten Pläne für die Eroberung Europas durcheinander. Und so wird dieser Mann nach England zurückkehren. Doch England, sein Heimatland, wird ihm zujubeln und ihn für seine mutige Leistung nur umso mehr lieben. Für den Versuch zu helfen und dafür, dass er Englands Namen und Ehre strahlend in die Schlacht getragen hat.

D: Der Teil: „... wird einer ihm die Gallenblase durchbohren", ist es das, was er damit meinte, dass er überlistet werde?

B: Ja. Sie werden ihn überlisten und seine Streitkräfte von der Seite durchbohren und ihn damit besiegen.

D: Die Übersetzer haben dies sehr wörtlich als ein echtes Duell interpretiert, und sie sagten, Duelle fänden nicht mehr statt.

CENTURIE II-39

Un an devant le conflict Italique,
Germains, Gaulois, Hespaignols pour le fort:
Cherra l'escolle maison de republique,
Ou, hors mis peu, seront soffoque mors.

Ein Jahr vor dem Krieg in Italien/Werden Deutsche, Franzosen und Spanier für den Starken sein./Das Schulgebäude der Republik wird fallen,/Wo alle bis auf einige wenige ersticken werden.

B: Es wird solche in Deutschland, Frankreich, Spanien und Italien geben, die heimlich für den Antichristen arbeiten und ihm helfen werden, Europa zu übernehmen. Infolge seiner Übernahme Europas und der Zerstörung der Kulturzentren und dergleichen wird Europa derart betroffen sein, dass es aufgrund der Luftangriffe und dergleichen schwierig sein wird, die Kinder weiter zu erziehen, da sie sich im Kriegszustand befinden. Und so werden die Kinder ohne Bildung bleiben müssen, bis die Zeit der Unruhen vorbei ist. Einige von ihnen, die so genannten Erstickenden, sind neugierige Geister, die schlichtweg lesen und lernen müssen, weil sie überdurchschnittlich intelligent sind. Sie werden das Gefühl haben, zu ersticken, wenn sie nicht wie gewohnt einen Zugang zu Literatur und dergleichen haben. Der Ausdruck: „Das Schulgebäude wird fallen" bezieht sich auf die durch die Kriegszustände bedingte Unfähigkeit, die Kinder zu erziehen.

John wurde eine Menge Arbeit bezüglich der Datierung der astrologischen Vierzeiler aufgetragen. Ich bemerkte einmal zu Nostradamus, dass er wahrscheinlich zurückkommen und weitere Fragen stellen müsse. Es war schwierig für ihn, diese so schnell auszuarbeiten.

B: Er sagt, er verstehe das. Man müsse sein Tintenfass griffbereit halten und es vor dem Austrocknen bewahren. Aber manchmal muss man anhalten, um das Tintenfass wieder aufzufüllen, und das braucht Zeit. Oder besser gesagt, das Tintenhorn. Er sagt, er benutze ein Tintenhorn. Ihm wurde klar, dass der Begriff „Tintenfass" in unserer Zeit gebräuchlich ist, aber er zeigte mir das Bild eines Horns, das die Tinte aufnimmt.

D: *(Lachen) Nun, in unserer heutigen Zeit haben wir andere Schreibgeräte. Es ist viel einfacher, sie mit Tinte gefüllt zu halten.*

B: Er sagt, das interessiere ihn nicht. Er könne im Geist des Mediums Beschwerden darüber sehen, dass ihr die Tinte zu oft ausgeht. Er sagt, er habe die gleiche Beschwerde, dass der Federkiel immer zu schnell austrocknet.

Damals verstand ich nicht, was er meinte, denn heute müssen wir uns um unsere Schreibgeräte keine Sorgen mehr machen. Dies schien nur eine altmodisch-humorvolle Bemerkung oder ein Widerspruch zu sein. Aber später erklärte Brenda, dass sie Kalligrafie betreibe und sich gelegentlich darüber beschwert habe, dass den Federkielen die Tinte zu schnell ausgeht. Merkwürdigerweise hat er offenbar dieses Detail aus ihrem Gedächtnis aufgeschnappt, da es mit seinen eigenen Erfahrungen übereinstimmte. Es scheint, dass er sich gedanklich mit Vertrautem verbindet, wann immer er kann.

CENTURIE I-77

Entre deux mers dressera promontaire,
Que plus mourra par le mords du cheval:
Le sien Neptune pliera voile noire,
Par Calpre & classe aupres de Rocheval.

Eine Landzunge liegt zwischen zwei Meeren,/Ein Mann stirbt später durch den Biss eines Pferdes./Neptun macht ein schwarzes Segel für seinen Mann los;/Die Flotte segelt bei Gibraltar und Rocheval.

B: Er sagt, dies beziehe sich auf die Schlüsselrolle, die Gibraltar im Kampf gegen den Antichristen im Mittelmeerraum spielen werde. Er sagt, das Prinzip der Schlüsselkraft bei der Rettung Gibraltars vor den Streitkräften des Antichristen und damit auch bei der Rettung der Iberischen Halbinsel werde später zu seinem Tod führen. Er wird bei einem Autounfall ums Leben kommen. Er sagt, er habe den Ausdruck „Biss eines Pferdes“ verwendet, weil er den Begriff der Automobile noch nicht kannte. Er sagt, dieser Mann sei ein Marineoffizier, aber er werde recht jung sterben. Deshalb sagte er, Neptun habe ein schwarzes Segel für ihn losgemacht.

D: Die Erwähnung von Neptun könnte sich auch auf ihn als Marineoffizier beziehen. Dann wäre die Landzunge der Felsen von Gibraltar.

B: Ja. Und er sagt, dass „die Flotte bei Gibraltar und Rocheval“ sich auf einen der wichtigsten strategischen Orte beziehe, an dem sich die Flotte im Prozess der laufenden Seeschlachten befinden müsse.

D: Sie wussten nicht, was Rocheval bedeutet. Sie dachten, es sei ein Anagramm für „Fels“.

B: Er sagt, Rocheval sei ein Anagramm für einen kleinen obskuren Hafen, der nicht allzu weit vom Felsen von Gibraltar entfernt ist.

CENTURIE II-68

De l'aquilon les efforts seront grands.
Sus l'Occean sera la porte ouverte:
Le regne en l'isle sera reintegrand,
Tremblera Londres par voille descouverte.

Im Norden werden große Anstrengungen unternommen werden,/Auf den Meeren werden die Seewege offen sein./Die Herrschaft auf der Insel wird wieder hergestellt werden./London fürchtet sich vor der Flotte, wenn sie gesichtet wird.

B: Er sagt, dies beziehe sich auf zwei Ereignisse. Auf der einen Seite sagt er, es beziehe sich darauf, wie die Dinge zwischen den Vereinigten Staaten und England während des Zweiten Weltkriegs standen und wie es ihnen gelang, die Schifffahrtswege zwischen den beiden Ländern offen zu halten. Und er sagt, es beziehe sich auch auf die Zeit des Antichristen. Der Antichrist wird während seines europäischen Feldzuges auch versuchen, Großbritannien einzunehmen. Großbritannien kann als eine der wichtigsten Seemächte seine Streitkräfte reichlich fördern. Er wird versuchen, England einzunehmen, dabei aber nicht ganz erfolgreich sein. England wird sich also wieder neue Geltung verschaffen können. Ein Teil der Gründe dafür wird darin liegen, dass die Vereinigten Staaten wieder einmal hinter England stehen werden.

D: Sieht er, dass England vom Antichristen eingenommen wird?

B: Er sagt, es sei schwierig, klar zu sagen, was alles passieren wird, weil es eine verwirrende Zeit sei. Der Antichrist wird einmal versuchen, die Macht zu übernehmen, und beim ersten Mal sicher scheitern. Aber er sagt, was er sagen kann, sei, dass es dem Antichristen gelingen werde, England einzunehmen. Und die hartnäckigeren Unterstützer des Untergrunds werden nach Irland und Schottland fliehen. Es wird ihm nicht gelingen, die gesamte Insel zu übernehmen. Es wird nur ein Teil Englands sein, und er sagt, Sie werden eine Art „Rest" eines Vereinigten Königreichs haben.

D: (Ich verstand diesen Satz nicht.) Einen was?

B: Er sagt, du werdest es verstehen, wenn du dich an eure Geschichte des Zweiten Weltkriegs erinnerst, als die Deutschen einen Teil der Tschechoslowakei einnahmen. Zwei Drittel der Tschechoslowakei waren Teil von Nazi-Deutschland und der Rest der Tschechoslowakei bildete eine Restregierung. Sie wurde „Rest"-Tschechoslowakei genannt, weil sie nur ein Rest des Landes war, der noch frei war.

D: Diesen Begriff habe ich noch nie gehört.

B: Er sagt, du könnest ihn in den Geschichtsbüchern finden. Sie werden also ein Rest-Großbritannien haben. Die Mehrheit Englands wird unter der Macht des Antichristen stehen. Aber Nordengland, Schottland und Irland werden nicht unter seiner Macht stehen. Hoffentlich hat dieses Ereignis, wenn es eintritt, das Potenzial, Irland zu vereinigen. Denn wenn England eingenommen wird, wird es nicht in der Lage sein, etwas gegen Nordirland zu unternehmen, so dass Irland sich so wiedervereinigen kann, wie es das seit Jahrhunderten wollte.

D: Ich kann mir vorstellen, dass Irland bei all dem, was hier vor sich geht, wahrscheinlich seine Kämpfe einstellen würde.

B: Er sagt, der Hauptgrund, warum Irland kämpft, sei, dass ... die Engländer zwar dynamisch sein können, wenn sie sich dafür entscheiden, aber stattdessen entscheiden sie sich öfter dafür, Stockfische zu sein. Und er sagt, dass die Engländer zu eurer Zeit in Bezug auf Irland Stockfische seien. Wenn England vom Antichristen eingenommen wird, werden sie nicht mehr länger irgendein Sagen darüber haben, was in Irland vor sich geht. Und so wird Irland in der Lage sein, seine eigenen Heilmittel für seine Probleme anzuwenden und seine dynamische Energie auf andere Probleme zu richten, wie den Antichristen. Und der irische Geist, so sagt er, sei stark und tapfer, und die schottische Sturheit werde einen guten Dienst dabei erweisen, der Untergrundbewegung zu helfen, die allerschlimmsten Tage zu überstehen und schließlich den Antichristen zu besiegen. Wenn all dies vorbei ist, werden die Schotten und die Iren stolz auf sich sein, denn Irland und Schottland werden eine bedeutende Rolle spielen.

CENTURIE I-89

Tous ceux de Ilerde seront dans la Moselle,
Mettant à mort tous ceux de Loire & Seine:
Le cours marin viendra pres d'haute velle,
Quand Espagnols ouvrira toute veine.

Alle Männer aus Ilerda werden an der Mosel sein,/Und all jene töten, die von der Loire und der Seine kommen./Der Seeweg wird nahe an das Hochtal reichen,/Wenn die Spanier alle Routen öffnen.

B: Er sagt, dies beziehe sich auf einen Teil der Rolle, die die Spanier bei den Ereignissen während der Zeit des Antichristen spielen werden. Sie werden ein wichtiges Bindeglied in der Untergrundorganisation sein, um den zentralen Teil Europas mit der Außenwelt zu verbinden, nachdem die Streitmächte des Antichristen die Macht übernommen haben. Er sagt, dass die Spanier einer Unterstützung der Untergrundbewegung gegenüber sehr offen sein werden. Und die Pyrenäen, die Berge zwischen Frankreich und Spanien, werden eine wichtige Rolle dabei spielen, den Menschen zu helfen, sich an den Fängen des Antichristen vorbeizuschleichen.

D: Hier steht: „... und all jene töten, die von der Loire und der Seine kommen." Ich weiß, dass dies zwei Flüsse in Frankreich sind.

B: Ja. Es wird viel Blutvergießen geben. Er sagt, die Flüsse würden rot sein vom Blut. Er sagt, sobald man einmal die Richtung kenne, in die der Vierzeiler gehen soll, gehe es oft nur noch darum, die Ereignisse in eine logische Aufeinanderfolge zu bringen. Damit sollten sie für einen logischen Verstand leicht zu verstehen sein.

Ich stimmte dem nicht zu. Ich halte seine Symbolik für zu komplex.

In CENTURIE II-83 sagt er, wenn der Antichrist Angriffe auf Europa unternimmt, schlagen die Untergrundkämpfer zurück. Sie werden im Vierzeiler als „Nebel" bezeichnet. Er nennt sie so, weil sie sich zum Schutz in die Gebirgshochburgen zurückziehen und wie Nebel oder Rauch völlig lautlos hervorkommen, wenn sie zum Kampf gegen den Feind antreten. Auf die gleiche Weise können sie auch wieder verschwinden. Dieser Vierzeiler bezieht sich auch darauf, dass die wichtigsten Handelszentren Europas in den Ruin getrieben werden, entweder durch direkte Zerstörung oder durch den Zusammenbruch des Handels.

CENTURIE I-98

Le chef qu'aura conduit peuple infiny
Loing de son ciel, de meurs & langue estrange:
Cinq mil en Crete & Thessalie fini
Le chef fuyant, sauvé en marine grange.

Der Führer wird eine große Zahl von Menschen führen/Fernab ihres Himmels zu fremden Bräuchen und Sprachen./Fünftausend werden auf Kreta und in Thessalien sterben,/während der Führer in einem Versorgungsschiff flieht.

B: Er sagt, dies beziehe sich einerseits auf einige Ereignisse während des Ersten Weltkrieges, aber auch auf Ereignisse, die sich in der Zeit des Antichristen abspielen würden. Er beschreibt eine große Gruppe von Schiffen mit vielen kämpfenden Männern darauf,

Männer, die entweder an Land oder auf See kämpfen können. Er nennt sie eine „Seestreitmacht". Ich glaube, er meint damit Marinesoldaten. Er sagt, es werde eine große Truppe von Marinesoldaten geben, die versuchen werden, einen Angriff abzuwehren. Viele werden in der Nachbarschaft von Kreta und Thessalien getötet werden. Aber er sagt, dass sie keinen Erfolg haben würden. Sie werden sich zurückziehen müssen, wahrscheinlich nach Gibraltar. Das ist auch zu erwarten, denn der Antichrist wird nicht einfach so nach Europa hineinspazieren können. Es wird einen Kampf geben. Die Europäer werden zurückschlagen.

D: Die Übersetzer sagten, dass der Vierzeiler wörtlich übersetzt laute, dass der Führer auf einer seetüchtigen „Scheune" flüchte, und sie haben das als „Versorgungsschiff" interpretiert.

B: Ja. Er sagt, dass sein Kampfschiff versenkt werde und er seine Farben auf ein Versorgungsschiff übertragen müsse, weil es das nächstgelegene Schiff sein werde, das noch seetüchtig und groß genug sei, um seine Männer zu transportieren. Es wird ein sehr erbitterter Kampf sein.

D: Ich nehme an, er beschrieb es als „Scheune", weil er es so sah.

B: Ja. Er sagt, er habe bildlich gesprochen. Ein Stall ist ein Ort, an dem man das Futter für seine Pferde unterbringt. Auf diesem Schiff befinden sich amphibische Gefäße sowie Benzin und dergleichen.

CENTURIE I-55

Soubs l'opposite climat Babylonique,
Grand sera de sang effusion:
Que terre & mer, air, ciel sera inique,
Sectes, faim, regnes, pestes, confusion.

In dem Land mit dem Babylon entgegengesetzten Klima/Wird es großes Blutvergießen geben./Ungerecht erscheint der Himmel, zu Land, zu Wasser als auch in der Luft./Sekten, Hungersnot, Königreiche, Seuchen, Verwirrung.

B: Er sagt, die soziologischen und politischen Auswirkungen des Antichristen würden besonders in den entwickelten Ländern zu spüren sein, die zufällig gleichzeitig nördliche Länder mit kühlerem Klima sind. Besonders verheerend werden die Auswirkungen in den großen Ländern der nördlichen Hemisphäre mit kühlerem Klima sein. Babylon hatte ein warmes Klima. Er sagt, es sei ein Agrarland im Nahen Osten gewesen, als das Land noch fruchtbar war und es Regen gab. Es war dort sehr warm und angenehm. Aufgrund der politischen und soziologischen Turbulenzen werden die Dinge zerrissen und verwirrt sein, und die Menschen werden nicht wissen, wohin sie gehen oder wem sie folgen sollen. Es wird eine Zeit sein, in der sich viele Schwarzmaler erheben und für sich in Anspruch nehmen werden, Propheten zu sein, indem sie behaupten, Offenbarungen und Erlösung für die Menschheit zu haben. Regierungen werden sich erheben und fallen. Er sagt, es werde eine sehr verwirrende Zeit sein.

CENTURIE I-34

L'oiseau de proie volant à la semestre,
Avant conflict faict aux Francois pareure:
L'un bon prendra l'un ambigue sinistre,
La partie foible tiendra par bon augure.

Der Raubvogel wird zur Linken fliegen, / Vor der Schlacht mit den Franzosen trifft er Vorbereitungen./Die einen werden ihn für gut halten, andere für schlecht oder unheilvoll./Die schwächere Partei wird ihn als gutes Omen betrachten.

B: Er sagt, dies beziehe sich einmal mehr auf einige der Taktiken, die der Antichrist anwenden werde. Er wird innerhalb der Länder, die er einnehmen wird, Rebellionen gären lassen. Er lässt die verschiedenen politischen Splittergruppen glauben, dass er ihre Sache und ihren Standpunkt unterstütze. Er lässt sie glauben, dass er ihnen helfen werde, wieder an die Macht zu kommen, obwohl er das ganz offensichtlich nicht tut.

D: Ja, du sagtest, er sei sehr gut darin, seine goldene Zunge einzusetzen, um ihnen Dinge vorzumachen, die nicht wahr sind.

B: Indem er dies tut, trägt er dazu bei, das Land von innen gegen sich selbst zu richten, um es gegen äußere Kräfte zu schwächen.

D: Sie beziehen dies auf Hitler.

B: Er sagt, er wisse, woher sie das haben, doch er sprach hauptsächlich über den Antichristen. Er wird dicht auf Hitler folgen. Er wird bei jedem Arglist anwenden. Er sagt: „Denkt an eure Geschichtsbücher." Aus eurer Sicht ist es Vergangenheit, obwohl es für ihn in der Zukunft liegt. Erinnert euch, wie Hitler sich zu vielen Zugeständnissen durchgerungen hat, von denen niemand sonst im Traum daran gedacht hätte, sie zu fordern.

CENTURIE I-71

La tour marine trois fois prise & reprise,
Par Hespagnols, Barbares, Ligurins:
Marseilles & Aix, Arles par ceux de Pise,
Vast, feu, fer, pill Avignon des Thurins.

Drei Mal wird der Marineturm erobert und zurückerobert/von Spaniern, Barbaren und Liguriern./Marseille und Aix, Arles durch Männer aus Pisa,/Verwüstung, Feuer, Schwert, Plünderung in Avignon durch die Turiner.

B: Er sagt, dies beziehe sich auf Ereignisse sowohl während des spanischen Bürgerkriegs als auch während des Zweiten Weltkriegs und auch auf Ereignisse, die in der Zukunft mit dem Kommen des Antichristen eintreten werden. Er sagt, der Marineturm beziehe sich auf den Felsen von Gibraltar.

D: Die Übersetzer wussten nicht, was das bedeutet.

B: Er sagt, der Felsen von Gibraltar sei ein sehr strategischer Ort und daher ein Stützpfeiler aufgrund seiner strategischen Lage. Außerdem gehört er zu einem Land, das im Grunde genommen eine Seefahrer- oder Seemacht ist, d.h. Großbritannien mit seiner Marine.

KAPITEL 19

EXPERIMENTE

NOSTRADAMUS SAH, dass die Nationen während der Zeit der Unruhen verzweifelt nach einer Lösung suchten, um das Monster aufzuhalten. So wurde dies auch zu einer Zeit des Experimentierens. Wissenschaftler suchten nach neuen und noch drastischeren Waffen sowie anderen Kriegsmethoden, die jede Vorstellungskraft sprengten. Einige von ihnen scheinen die Fantasie der Menschen bis an ihre Grenzen ausgereizt zu haben.

Die erste hat ihre Wurzeln in unserer heutigen Zeit.

CENTURIE IX-83

Sol vingt de Taurus si fort terre trembler.
Le grand theatre rempli ruinera,
L'air ciel & terre obscurcir & troubler
Lors l'infidelle Dieu & sainctz voguera.

Wenn die Sonne zwanzig Grad im Stier steht, wird es starke Erdbeben geben;/Das große, voll besetzte Theater wird zerstört werden./Finsternis und Not in der Luft, am Himmel und auf dem Land,/Wenn der Ungläubige Gott und die Heiligen anruft.

B: Er sagt, dieser Vierzeiler habe eine mehrfache Bedeutung. Solche Vierzeiler sind aufgrund der Katastrophen, die sich in der Erdgeschichte von Zeit zu Zeit ereignen, recht einfach in mehrere Bedeutungen zu deuten. Er sagt, eine der geringfügigeren Auswirkungen dieses Vierzeilers habe sich in der von euch aus betrachteten jüngsten Vergangenheit ereignet, nämlich beim Erdbeben in Mexiko-Stadt (September 1985). Aber er sagt, dies sei nicht der größte Impetus dieses Vierzeilers. Dieser werde ein Erdbeben sein, das durch eine Waffe ausgelöst wird, welche derzeit in geheimen unterirdischen Labors entwickelt werde. Er kann nicht die Bilder übermitteln, wie diese Waffe funktioniert, denn die Begriffe sind in seinem Vokabular noch nicht vorhanden, und sie sind ebensowenig im Vokabular dieses Mediums vorhanden. Sie funktioniert offensichtlich nach einem erst kürzlich entdeckten wissenschaftlichen Prinzip, das noch nicht wirklich entwickelt worden ist. Der Begriff dafür ist also noch nicht allgemein zugänglich.

D: Hat er irgendwelche geistigen Bilder, die uns helfen könnten?

B: Das Einzige, was er klar und deutlich vermittelt, ist der operative Teil dieser Waffe, der Teil, der das Erdbeben eigentlich auslöst. Er ist sich nicht sicher, oder besser gesagt, die Begriffe sind nicht klar, ob es sich um etwas handelt, das abgeworfen wird oder um etwas, das wie ein Laserstrahl projiziert wird, aber was auch immer die tatsächliche Funktionsweise des sogenannten Speers ist, er wird durch die Luft übertragen. Eine gewisse Erweiterung des Geräts wird in einem Flugzeug mitgeführt, und das Flugzeug muss über das Gebiet fliegen, in dem das Erdbeben stattfinden soll oder zumindest über das Gebiet fliegen, in dem das Erdbeben ausgelöst werden muss, unabhängig davon, in welchem Gebiet das Erdbeben letztendlich eintritt. Aber das wird nicht der gesamte Apparat sein. Das wird einfach nur wie die Spitze des Speers sein, nur der operative Teil davon. Die Energie hinter der Waffe und die sich dahinter verbergende Wissenschaft werden sich in einem geheimen unterirdischen Labor an einem anderen Ort befinden. Irgendwie wird die Energie aus dem unterirdischen Labor so mit dem luftgestützten Gerät verbunden sein, dass sie die gewünschte Wirkung eines ausgelösten Erdbebens erzielen kann.

Könnte dies möglicherweise auf eine ausgeklügelte Weise geschehen, indem Schallwellen auf das Ziel gerichtet werden?

B: Das Land, welches dieses Gerät entwickelt, wird in der Lage sein, es wie eine große Bedrohung über die Häupter aller großen

Nationen zu halten. Jede Nation, die in ihrem Land geologische Verwerfungen hat, die erdbebengefährdet sind, kann eingeschüchtert werden. Seiner Meinung nach wird es der Situation unmittelbar nach dem Zweiten Weltkrieg sehr ähneln, als die Vereinigten Staaten als einziges Land im Besitz der Atomkraft waren. Dies hier wird ein ähnlicher Fortschritt in der Waffentechnik sein, und das Land, welches diese entwickelt, wird sie über die Köpfe der anderen Länder halten müssen. Seiner Meinung nach wird das Konzept so ehrfurchtgebietend und beängstigend sein, ähnlich wie es die Kernenergie anfangs für die Welt war, dass alle, auch die Ungläubigen, die Heiligen um Schutz anrufen werden.

D: „Das große, voll besetzte Theater wird zerstört werden."

B: Er sagt, dass aufgrund der Entwicklung dieser Waffe und dem daraus resultierenden Zerfall der diplomatischen Beziehungen die Vereinten Nationen aufgelöst werden. Denn diese Nation wird sich nicht hinsetzen und diese Macht mit den anderen Nationen teilen wollen, so wie es die Vereinigten Staaten mit der Atomkraft getan haben. Obwohl die Vereinigten Staaten es widerwillig taten, wird diese Nation diese Idee nicht im Entferntesten in Erwägung ziehen. Aus den Konzepten, die er vermittelt, gewinnt man den Eindruck, dass es sich um eine Nation wie Russland handeln könnte, oder um eine Nation, die die Macht im Rücken hat, geheime militärische Forschung im großen Stil und in großem Maßstab durchzuführen. Die Haltung, die diese Nation haben wird, lautet: „Die Waffe gehört mir. Ich werde sie für mich behalten." Es ist eine paranoide Nation, und dies wird den Zerfall der Vereinten Nationen verursachen.

D: „Wenn die Sonne zwanzig Grad im Stier steht", ist das der Zeitpunkt, an dem es geschehen soll?

B: Er sagt, das beziehe sich auf den Zeitpunkt, an dem die Waffe allgemein bekannt wird. Sie befindet sich bereits in der Entwicklung, aber sie ist extrem geheim. Wenn sie allgemein bekannt wird, wird es an diesem Datum sein.

D: Die Übersetzer glauben, dies sei der Zeitpunkt, an dem sich die Erdbeben ereignen werden.

B: Es wird ein Erdbeben damit verbunden sein. So werden die Menschen darauf kommen, dass an der Sache etwas faul ist. Denn es wird anfangen, viele Erdbeben zu geben, ohne den damit verbundenen vorherigen Druckanstieg. Er sagt, ein Nebeneffekt dieser Waffe sei, dass sie ausreichend Instabilität erzeugt, um weitere Erdbeben auszulösen, die geeignet seien, ohnehin jederzeit einzutreten. Er beschreibt zwei große Verwerfungssysteme in den Vereinigten Staaten. Eines davon ist besonders instabil. Das andere bleibt stabil, ist dann aber explosiv. Die Verwerfungen von San Andreas und New Madrid. Er sagt, die durch diese Waffe ausgelösten Erdbeben würden die San-Andreas-Verwerfung immer wieder zum Rumoren bringen. Die New-Madrid-Verwerfung war schon immer gefährlich, indem sie Druck aufbaut und dann explosionsartig bebt. Wenn die San-Andreas-Verwerfung also kontinuierlich rumort und vibriert, wird sie bei der New-Madrid-Verwerfung ein großes Erdbeben auslösen. Anfangs, wenn diese Erdbeben einsetzen, werden die Geologen zunächst denken, dass dies auf natürlichen Ursachen beruhe, aber dann werden einige Informationen nicht auf natürliche Ursachen hinweisen, und sie werden anfangen, Misstrauen zu hegen. Je mehr Erdbeben geschehen, desto mehr Informationen sammeln sie durch ihre Wissenschaft und konfrontieren die wissenschaftliche Welt mit den Beweisen, die ihnen dafür vorliegen, dass dies keine natürlichen Erdbeben sind.

In einer weiteren Sitzung wollte ich mehr über diese Maschine herausfinden und ob sie mit dem Antichristen und der Zeit der Unruhen zu tun haben könnte.

D: Ich wollte nach dem Vierzeiler fragen, der mit einem Land zu tun hatte, das eine Erdbebenmaschine entwickeln wollte. Im selben Vierzeiler hieß es auch, dass die Vereinten Nationen aufgrund dessen auseinander fallen würden.

B: Er sagt, er erinnere sich daran, ihn interpretiert zu haben.

D: Geschieht das vor oder während der Zeit des Antichristen?

B: Er sagt, diese Erdbebenmaschine, welche dieses Land hat, um eine bestimmte Art von Energiewellen auf bestimmte Teile der Erdkruste zu fokussieren, um Erdbeben auszulösen, sei bereits in der Entwicklung. Sie wird während der Zeit der Erdveränderungen eingesetzt werden, um viele der Erdbeben auszulösen. Dies wird im Grunde genommen geschehen, bevor der Antichrist an die Macht kommt. Es wird zum Zerfall der Vereinten Nationen beitragen, und das wiederum wird die Dinge für den Antichristen erleichtern. Er sagt, dass diese Nation, welche diese Maschine entwickelt, sie unabhängig vom Aufstieg des Antichristen zur Macht entwickeln werde, er aber später, wenn er ein gewisses Maß an Macht übernehme, in der Lage sein werde, sich solche Dinge anzueignen. Dann wird der Antichrist diese Maschine übernehmen und anfangen, sie für seine eigenen Zwecke zu benutzen.

D: Das war das Verwirrende. Ich dachte, wenn jemand eine Maschine hat, die so mächtig ist, wie kann der Antichrist dann dieses Land einnehmen?

B: Der Antichrist wird sich diese Maschine durch List und Tücke aneignen, durch Spione und Bestechung und alle übrigen schändlichen Mittel, über welche die Menschheit verfügt.

CENTURIE I-6

L'oeil de Ravenne sers destitué,
Quand à ses pieds les ailles failliront:
Les deux de Bresse auront constitué,
Turin, Derseil que Gaulois fouleront.

Das Auge von Ravenna wird verlassen sein,/Wenn seine Flügel zu seinen Füßen scheitern./Für Turin und Vercelli werden die beiden aus Bresse/Eine Verfassung erstellt haben, welche die Franzosen mit Füßen treten.

B: Er sagt, dies beziehe sich auf einige Ereignisse im Zweiten Weltkrieg, aber es beziehe sich auch auf einige Ereignisse, die erst noch kommen werden. Es werden einige Forschungsarbeiten an einer ausgeklügelteren Art Radargerät durchgeführt werden, um es zu einem Sensorengerät zu machen, das dem Bediener detailliertere Informationen liefert. Man wird versuchen, dieses Gerät so zu entwickeln, dass es in Flugsystemen eingesetzt werden kann. Aber die ersten Experimente mit diesem Gerät werden ein Misserfolg sein. Auf irgendeine Weise wird das Gerät die richtige Art von Eigenschwingung auslösen, so dass die

Struktur des Flugzeugs geschwächt und gefährlich wird, da sich die Bindungen zwischen einigen Molekülen im Metall auflösen.

D: Ist es das, was mit „das Auge von Ravenna" gemeint ist? Könnte das ein Anagramm für „Radar" sein?

B: Er sagt, es sei ein Anagramm für eine mythologische Figur, die über große Kräfte verfügte, beinahe übersinnliche Wissens- und Beobachtungsfähigkeiten.

Bei meinen Nachforschungen konnte ich eine mythologische Figur finden, die möglicherweise diejenige sein könnte, auf die hier in der Symbolik Bezug genommen wird. In der indischen Überlieferung gibt es eine Geschichte über Vishnu und den großen Dämon Ravana. Zitat aus Mythologie aller Rassen, Band VI: „Zu der Zeit hatten die Götter Furcht vor dem Dämon Ravana, welchem Brahma die Gabe der Unverwundbarkeit gewährt hatte, und sie suchten nach einem Weg, ihn zu töten … Unter den einzelnen Raksasas (Dämonen) ist der bei weitem größte Ravana … So böse, sie auch sind, sind die Dämonen doch beeindruckende Kämpfer. Sie sind nicht nur unzählig, sondern auch bewandert in Zauberei und allen magischen Künsten, und sie verwandeln sich in alle möglichen Formen, wie diejenige, die Ravana bei der Entführung von Sita benutzte, und sie verbreiten durch ihr entsetzliches Gebrüll weltweiten Schrecken.Dies könnte zweifellos zu Nostradamus' Eignung als eine Symbolfigur aus der Mythologie passen, und Ravenna könnte ein Anagramm für Ravana sein.

D: „Hat der Satz: „Wenn seine Flügel zu seinen Füßen scheitern" mit dem Fluggerät zu tun?

B: Ja. Er sagt, dass die Wissenschaftler zu diesem Zeitpunkt die Forschung an diesem Projekt aufgrund von diplomatischen Pannen, Kriegsgefahr usw. vorübergehend einstellen müssen.

D: Wird dies vor, während oder nach der Zeit des Antichristen geschehen?

B: Er sagt, es werde zur Zeit des Antichristen geschehen, aber bevor der Antichrist die volle Macht erlange. Dies wird zu der Zeit in Europa geschehen, wenn der Antichrist eine Machtbasis im Nahen Osten erlangt, so dass die beiden Ereignisse nicht wirklich miteinander in Zusammenhang gebracht werden. Aber es wird eines der Ereignisse in Europa sein, die dazu führen werden, dass es für den Antichristen leichter wird, Europa zu einzunehmen.

D: Weißt du, ob sie zur jetzigen Zeit mit dieser Art von Radar experimentieren?

B: Er sagt, es werde entwickelt, aber es werde noch nicht damit experimentiert.

D: Es wäre gut, wenn sie wüssten, dass es gefährlich sein könnte.

B: Er sagt, es gebe keine Möglichkeit, sie davor zu warnen, weil sie es als militärisches Geheimnis betreiben. Sie werden früh genug herausfinden, dass es gefährlich ist.

Ravenna wurde auch im folgenden Vierzeiler erwähnt. Könnte sich das Anagramm auf einen Ort beziehen, an dem die Laboratorien versteckt sind und an dem das Experiment durchgeführt wird und gleichermaßen auf den Dämon Ravana?

Gegen Ende des Lebens von Erfinder Nicola Tesla behauptete dieser, in der Lage zu sein, einen Schutzschild in der oberen Atmosphäre zu schaffen, der jedes ankommende Flugzeug zerstören kann. Die Russen entwickelten auf der Grundlage von Teslas Erfindung eine Maschine (genannt „Gyrotron"), die unter Einsatz von Hochenergie-Mikrowellen „die Kampfflugzeuge vom Himmel fegen" sollte. Diese Hochleistungs-Mikrowellenwaffen sollen dem Bediener die gleiche Befähigung zur Vernichtung elektronischer Schaltkreise verleihen, wie sie eine nukleare Explosion bietet. Der Hauptunterschied besteht darin, dass diese neue Technologie kontrollierbar ist und ohne Verletzung von Kernwaffenverträgen eingesetzt werden kann. Tesla beschrieb sein Lichtgeschwindigkeitssystem als in der Lage, Fluggeräte zu schmelzen, die Hunderte von Kilometern entfernt sind. Ein weiterer Vierzeiler, der nach einem „Gyrotron" klingt, ist CENTURIE II-91 auf S. 127. Nostradamus beschreibt geheime Waffenforschung durch die Sowjets. Sie entwickeln Energiefelder, die ihre nördlichen Anflugkorridore bewachen.

Laict, sant grenouilles escoudre en Dalmatie, *Conflict donné, peste pres de Balennes.* *Cri sera grand par toute Esclavonie,* *Lors naistra monstre pres & dedans Ravenne.*	Milch, Blut und Frösche werden in Dalmatien aufbereitet:/Ein Kampf bricht aus, dann die Pest bei Balennes./Wenn ein lauter Schrei in ganz Slawonien erschallt,/Wird ein Monster nahe Ravenna geboren werden.

B: Er sagt, dieser Vierzeiler habe mit dem Einsatz von Atomwaffen zur Zeit des Antichristen zu tun. Die Milch, das Blut und die Frösche, die bereitgestellt werden, beziehen sich sowohl auf die Todesinstrumente selbst, d.h. auf verschiedene Atomwaffen, sowie auf die nahegelegenen Labore, in denen weitere solche Instrumente entwickelt werden. Er sagt, jene letzte Zeile: „ … wird ein Monster bei Ravenna geboren werden", handle davon, wann sie in der Nähe von Ravenna diese ultimative Monstrosität an Waffen entwickeln werden. Die Forschung daran wird bereits in unserer Zeit betrieben. Sie wird in der Zeit der Unruhen ihre Früchte tragen.

D: Weiß er, was für eine Art von Waffe es sein wird?

B: Er kann sehen, wie sie aussieht, aber sie ist so schrecklich und abstrus, dass er das nicht wirklich beschreiben will. Und er hat Schwierigkeiten, die Begriffe im Geist dieses Mediums zu verbinden, weil dieses Medium im Grunde ebenfalls nicht kriegsfreundlich gestimmt ist.

D: Dann handelt es sich also nicht um eine Atomwaffe?

B: Doch, das tut es, aber sie unterscheidet sich völlig von jeder Atomwaffe, die je zuvor erfunden wurde.

D: Ich werde ihn nicht bitten, noch mehr zu beschreiben, wenn er sich nicht wohl dabei fühlt. Aber der Teil mit den Fröschen, die aufbereitet werden, was hat der Teil damit zu tun? Ich kann die Milch und das Blut verstehen, aber was ist die Bedeutung des Wortes „Frösche"?

B: Das deutet darauf hin, dass aufgrund der Kriegsschrecken die Ökologie bis zu einem Maß gestört ist, dass es Plagen verschiedener Kreaturen und Tiere im ganzen Land gibt, weil alles aus dem Gleichgewicht geraten ist.

D: Kann er sagen, welche Seite des Krieges diese Waffen einsetzen wird?

B: Er sagt, dass alle Seiten in diesem bevorstehenden Konflikt ihren gerechten Anteil an schrecklichen Waffen haben würden.

CENTURIE II-6

Aupres des portes & dedans deux cités
Seront deux fléaux & oncques n'apperceu un tel:
Faim, dedans peste, de fer hors gens boutés,
Crier secours au grand Dieu immortel.

In der Nähe der Häfen und in zwei Städten/Wird es zwei Plagen geben, wie man sie noch nie sah./Hunger, Pest im Inneren, Menschen, durch das Schwert verstoßen,/Werden den großen unsterblichen Gott um Hilfe rufen.

B: Er sagt, dieser Vierzeiler habe mehrere Bedeutungen. Außerdem vermutet er, dass die Übersetzung ein wenig daneben liegt. Er sagt, das Wort „Hafen“ bedeute nicht unbedingt einen Hafen im strengen Sinne des Wortes, sondern schlicht ein Gewässer, das zwei große Städte trennt. Eine dieser Städte ist London und die andere Stadt ... Ich glaube, er versucht, mir ein Bild von New York zu vermitteln. Er sagt, er beziehe sich auf einen Begriff aus der Umgangssprache aus dem Zweiten Weltkrieg, in dem der Atlantik als „Teich“ bezeichnet wurde. Und so sind diese beiden Städte durch den Teich getrennt, auch wenn wir nicht wirklich von einem Hafen oder einem Teich sprechen, sondern von einem Ozean. Die Plagen, die diese beiden Städte heimsuchen, sind das Ergebnis geheimer Forschung im Bereich der bakteriologischen Kriegsführung. Irgendein sehr tödlicher Bazillus. Er wollte, dass ich das Wort „Insekt“ verwende, weil er nicht sicher ist, ob es sich dabei um Bakterien oder Viren handelt, aber es wird eine Art von krankheitserregenden Organismen sein. Diese Krankheitserreger werden letztendlich in die Atmosphäre freigesetzt werden, so dass die Bevölkerung von New York sowie die von London davon betroffen sein werden. Aber es wird einige Mutationen in den Organismen geben, so dass sie die beiden Bevölkerungen auf unterschiedliche Weise beeinflussen werden, da unterschiedliche Genpools daran beteiligt sein werden. Da die Organismen voneinander getrennt sind, werden sie einige Spontanmutationen haben und sich in zwei unterschiedliche Richtungen entwickeln. Es wird den Anschein haben, dass es sich um zwei verschiedene Krankheiten handelt, obwohl es vom selben Organismus verursacht wurde. Er sagt, infolge dieser Seuche würden die Dienstleistungssysteme innerhalb dieser großen Metropolen zusammenbrechen. Die Menschen im Umland werden in Panik geraten und sich freiwillig von der Stadt fernhalten und sich in der Tat selbst unter Quarantäne stellen. Sie werden sich weigern, irgendetwas in die Städte zu liefern, so dass die Menschen in den Städten aufgrund von Nahrungsmangel verhungern werden. Nicht, weil es keine Nahrung gibt, sondern weil niemand etwas liefern und Gefahr laufen will, der Seuche ausgesetzt zu werden. Die Dienstleistungen, die die Stadt den Menschen bietet, werden sich also alle auflösen und zerfallen. Die Menschen würden stapelweise sterben, sagt er. Die Menschen werden Läden in der Stadt plündern und ausrauben, um Lebensmittel und Dinge zum Essen zu finden, und es wird Soldaten geben, die sie mit dem Bajonett abstechen.

D: Das erklärt den Hinweis auf das Schwert. Sie wehren sie mit dem Bajonett ab, um sie von den Lebensmittelläden fernzuhalten?

B: Damit sie verteilt werden können. Was an Lebensmittelvorräten in der Stadt noch vorhanden ist, wird die Regierung versuchen wollen, gleichmäßig unter der Bevölkerung zu verteilen, aber Teile der Bevölkerung geraten in Panik und Aufruhr, um zu versuchen, alles für sich zu bekommen. Also werden sie mit dem Bajonett abgewehrt. Und die gesamte Bevölkerung beider Städte ruft ihren Gott um Erlösung von ihrem Elend an.

D: Sagtest du, dass dieser Vierzeiler eine doppelte Bedeutung hat? Weil es dafür noch eine andere Interpretation gibt.

B: Er sagt, dies sei die Hauptbedeutung, mit der wir uns befassen müssten, da es noch nicht eingetreten sei. Aber rein aus Neugierde würde er gerne ihre Interpretation hören.

D: Sie glauben, dass es sich um die Bombardierung von Hiroshima und Nagasaki handle, da diese auch zwei Hafenstädte waren. Dass es sich bei den beiden Plagen um die beiden Bomben handle, und die Seuche, die man noch nie zuvor gesehen hatte, sei die Radioaktivität. Da die Strahlung die Menschen schwarz färbte, dachten sie, dass dies der schwarzen Pest aus der Zeit des Nostradamus ähnele.

B: Er sagt, das sei eine gute Interpretation, aber was er beschrieb, war das verheerende Ergebnis von außer Kontrolle geratenen Viren aus Labors der bakteriologischen Kriegsführung.

CENTURIE I-46

Tout aupres d'Aux, de Lestoure & Mirande,
Grand feu du ciel en trois nuicts tumbera:
Cause adviendra bien stupende & mirande,
Bien peu aupres la terre tremblera.

Ganz in der Nähe von Auch, Lectoure und Mirande/Wird drei Nächte lang ein großes Feuer vom Himmel fallen./Die Ursache wird verblüffend und wunderbar zugleich erscheinen,/Und kurz danach wird es ein Erdbeben geben.

B: Er sagt, dieser Vierzeiler betreffe ein Ereignis, das zunächst durch die Hand des Menschen ausgelöst werde, im Grunde aber eine Naturkatastrophe sei. Er verwendet das Wort „Ärzte", aber ich fragte ihn, und er verweist auf Wissenschaftler, auf jene, die nach Wissen suchen, auf wissenschaftliche Forscher. Und er beeilt sich zu erklären, dass Ärzte seinerzeit beides taten und in alle möglichen Richtungen.

D: In unserer Zeit sind sie spezialisiert.

B: Ja, er sagt, sie seien keine Menschen der Renaissance. Es wird eine Gruppe von Ärzten geben, die über die Kräfte der verschiedenen Erdenergiefelder forschen. Sie werden versuchen, sich diese Kräfte zunutze zu machen und sie für verschiedene Dinge, einschließlich Kriegsführung, einzusetzen. Zu dem Zeitpunkt, wenn sie schließlich mit direkten Experimenten in der physischen Welt beginnen, werden sie versehentlich eines der Erdfelder so zerreißen, dass ein Energiestrahl in den Weltraum hinausschießt und einen Strom von Meteoriten zur Erde zieht. Dies wird rund um die Nordsee geschehen. Durch diese Veränderung der Energiefelder rund um die Erde werden die Meteoriten zur Erde gezogen. Und da sie überall da draußen sind, werden sie weiterhin zur Erde kommen, bis die Wissenschaftler in der Lage sind, die Schäden zu beheben. Ihr Riss im Energiefeld wirft alles aus dem Gleichgewicht. Da ihre Instrumente immer noch in der Testphase sind, sind sie nicht fein genug abgestimmt, um die Dinge wieder ins Gleichgewicht zu bringen. Bei dem Versuch, den Schaden zu reparieren, kommt es also bald darauf zu einem Erdbeben, nachdem sich die Spannung aufgebaut hat.

D: Warum verwendet er diese drei Namen?

B: Er sagt, diese drei Worte seien teilweise Gedächtnisstützen für ihn selbst, zur Erinnerung daran, über welchen Ort er gesprochen habe, und teilweise, damit es ein paar Schlüsselwörter gebe, die im Laufe der Zeit einen Sinn ergeben werden. Da dieses Projekt sehr gefährlich sein wird, wird es ein geheimes Regierungsprojekt sein. Es wird Codewörter enthalten, und er verwendet einige Anagramme der Codenamen des Projekts. Einen der Codenamen hat er anagrammiert -- das ist mein Wort, das ich mir gerade ausgedacht habe. Etwas in Anagramme zu setzen, bedeutet, es zu anagrammieren, ja? Eines der Codewörter, die er zu Mirande anagrammiert hat, war ein Codewort, das mit dem Standort der Hauptinstallation dieses Experiments zu tun hatte. Er sagt, dass die Allgemeinheit von der Verbindung dieser Wörter mit dem Ereignis vielleicht nie erfahren werde, einfach weil die Regierung versuchen werde, das ganze Ereignis unter Verschluss zu halten. Sie werden nicht in der Lage sein, die Meteoriten zu verbergen, die zu jener Zeit wiederholt in die Erdatmosphäre eindringen, aber er sagt, dass es für die Allgemeinheit immer ziemlich rätselhaft sein werde, warum das immer so weitergehe.

D: Dann wird es irgendwo Leute geben, die diese Codewörter erkennen werden.

B: Richtig. Er sagt, es bestehe die Möglichkeit, dass einige von ihnen bereits für verschiedene Regierungskreise erkennbar seien. Diese Codewörter werden nicht unbedingt ins Englische übersetzbar sein, weil es nicht unbedingt englischsprachige Regierungen sein werden, die damit zu tun haben.

D: Sie haben dies übersetzt als eine Aussage über Meteoriten, aber dabei denken sie an ein natürliches Phänomen.

B: Er sagt, dass es der ganzen Welt als ein natürliches Phänomen erscheinen werde. Es wird in künftigen Geschichtstexten so festgehalten werden, weil die Rolle, die die Wissenschaftler dabei spielen, ein so wichtiges Geheimnis für die beteiligten Regierungen ist, dass sie dieses Wissen nicht preisgeben werden.

UPDATE: Weitere Informationen über das geheime HAARP-Programm und seine Verbindung mit diesem Vierzeiler finden sich im Addendum.

CENTURIE X-72

L'an mil neuf cens nonante neuf sept mois,
Du ciel viendra un grand Roi deffraieur.
Resusciter le grand Roi d'Angolmois.
Avant que Mars regner par bonheur.

Im Jahre 1999 und sieben Monate,/Wird ein großer König des Terrors vom Himmel kommen./Er wird den großen König der Mongolen wieder aufleben lassen./Sowohl vor dem Krieg als auch danach regiert er glücklich.

Dies ist einer der wenigen Vierzeiler, bei denen Nostradamus tatsächlich ein Datum angibt.

B: Er sagt, das Datum sei korrekt. In dieser Zeit des Krieges werden viele Experimente durchgeführt und Dinge erforscht, die normalerweise zu schrecklich sind, um sie in Friedenszeiten zu vertiefen. Er sagt, die Experimente hätten mit Eugenik zu tun.

Dies war ein mir unbekanntes Wort. Ich nahm an, es sei etwas, das mit Genetik zu tun habe. Ich fragte ihn, was es bedeute.

B: Er sagt, es sei die Zucht von Menschen, ganz so, wie man Tiere züchtet, um besondere Eigenschaften zu entwickeln.

D: Ist das sein Wort oder deines?

B: Es ist das Wort, das er benutzte. Er sagt, es sei eine Art langfristiges Programm, das seit mehreren Jahrzehnten oder während des Großteils dieses Jahrhunderts im Geheimen ablaufe. Während dieses Krieges werden sie beschließen, einige der Produkte daraus auszuprobieren, um zu sehen, was passiert. Ein Experiment, das sie durchgeführt haben, war der Versuch, einige der früheren, weniger zivilisierten, wilderen Menschentypen, die zwar klug, aber sehr gerissen und stark waren, zurück zu züchten. Er sagt, dass dies in Kriegszeiten hervorgebracht werde und dass diese bedauernswerten Menschen im Kampf eingesetzt würden, um zu sehen, wie viel besser sie sich schlagen als gewöhnliche Soldaten. Sie führen über all dies tabellarische Aufzeichnungen. In dieser Zeit wird es überall auf der Welt Kriege geben, und es werden Zeiten großer Unruhen herrschen. Er sagt, dieses zwanzigste Jahrhundert sei eines der am stärksten vom Krieg gezeichneten Jahrhunderte aller Zeiten.

D: Das glaube ich. Wer sind diejenigen, die dieses Experiment durchführen?

B: (Pause) Er kann es nicht deutlich sehen. Offenbar handelt es sich um eine Art gemeinsamen Kraftakt, insbesondere zwischen den Großmächten. Die Grossmächte hätten das Geld, um in ein solches Projekt zu investieren. Eigentlich, sagte er, die das Gold hätten, um es in ein Projekt wie dieses zu stecken.

D: Glaubt er, dass Amerika daran beteiligt ist?

B: Ja, das tut er. Er glaubt, es sind Amerika, Russland, Japan und einige europäische Länder.

D: Von so etwas haben wir noch nie gehört.

B: Er sagt, es sei ein sehr geheimes Projekt. Es wird nach dem Grundsatz „Informationen nur im nötigen Umfang" durchgeführt.

D: Wen meint er mit dem König des Terrors?

B: Er sagt, dass die für dieses Projekt verantwortliche Person so mächtig sei, dass sie in der Lage sei, politische Entscheidungen in verschiedenen Ländern zu lenken und zu beeinflussen. Er ist so etwas wie die Macht hinter dem Thron, und alle haben Angst vor ihm. Er ist also viel eher der wahre König als die Staatsführer. Er sagt, es bestehe die Möglichkeit, dass ihr seinen Namen in einem anderen Zusammenhang gehört habt, aber es sei höchst unwahrscheinlich. Diese Person ist sehr verschwiegen, und niemand ist sich der Macht bewusst, die sie ausübt.

Bezüglich Eugenik frage ich mich, ob Nostradamus die Möglichkeit genetischer Manipulation oder des Klonens sehen konnte. Beides ist bei Tieren erfolgreich durchgeführt worden. Wissenschaftler haben stets beharrlich geleugnet, dass es mit Menschen durchgeführt würde. Könnte es sich möglicherweise im Geheimen abspielen? Die Züchtung eines bestimmten Menschentyps, der für den Krieg programmiert wird. Nostradamus scheint anzudeuten, dass anstelle der Jugend dieser Welt jene Art von Menschen im Kampf eingesetzt werden könnten. Könnte ein solcher Mensch durch Genmanipulation und anschließendes Klonen erschaffen werden, um eine gebrauchsfertige Armee zu produzieren, deren einziger Gedanke und Wunsch es wäre, zu töten? Würden solche Kreaturen als menschlich betrachtet werden? Ich konnte verstehen, was er damit meinte, dass solche Experimente lediglich in Kriegszeiten durchgeführt werden. Es würde in Friedenszeiten als hochgradig unmoralisch angesehen werden, auch nur daran zu denken, solche Wesen in einem Labor zu schaffen.

Dies könnte sich auch darauf beziehen, was Hitler während des Zweiten Weltkriegs tat, als er versuchte, durch selektive Züchtung eine Superrasse zu erschaffen. Vielleicht ist dies ein weiterer Fall eines Vierzeilers, der sich auf zwei verschiedene, aber ähnliche Umstände bezieht.

Als Brenda meine Erläuterungen las, teilte sie nicht die Meinung, dass es hierbei um das Klonen ging. Sie erinnerte sich an einige der Szenen, die er ihr zeigte, und sie meint, dass er sich sehr klar und positiv darüber geäußert habe, dass es um das selektive Züchten von Menschen gehe. Sie meinte, er beziehe sich auf ein sich über Generationen erstreckendes Projekt, das in den 1930er Jahren begonnen wurde und seither in äußerster Geheimhaltung weitergeführt werde, so dass durch verkürzte Generationen (Eltern im Teenageralter) und selektive Züchtung in der Zeitspanne von etwas über 70 Jahren großer „Fortschritt" erzielt werden konnte. Sie könnte Recht haben. Schließlich war sie diejenige, die die Szenen sah. Die selektive Zucht von Menschen wie bei reinrassigen Tieren ist an sich schon ziemlich schrecklich, aber ich glaube dennoch, dass es solche

Fortschritte in der Genmanipulation gegeben hat, dass dies ebenfalls einen Anteil daran haben könnte. Das wäre wohl so kompliziert zu verstehen gewesen, dass Nostradamus kein klares Bild zeichnen konnte, welches er Brenda vermitteln konnte.

D: Dieser nächste Vierzeiler ist ein seltsamer Vierzeiler, weil darin einige Buchstaben des griechischen Alphabets verwendet werden. Ich hoffe, dass ich sie aussprechen kann, denn ich bin mit den griechischen Buchstaben nicht vertraut.

B: Er sagt, du sollest dir darüber keine Sorgen machen. Gib einfach dein Bestes und unterbrich dich nicht selbst mit Entschuldigungen. Sei auch nicht gekränkt, wenn er dich mit Korrekturen unterbricht.

CENTURIE I-81

D'humain troupeau neuf seront mis à part,
De jugement & conseil separez:
Leur sort sera divis en depart,
Kappa, Theta, Lambda, mors bannis esgarez.

Neun werden von der Menschenherde abgesondert werden,/Getrennt von Urteil und Rat./Ihr Schicksal soll geteilt werden, wenn sie scheiden,/Kappa, Theta, Lambda, tot, verbannt und zerstreut.

B: Er sagt, dieser Vierzeiler habe sich noch nicht verwirklicht, und es gebe mehrere Auslegungsmöglichkeiten. Zum einen bezieht er sich auf das Schicksal der katholischen Kirche und zum anderen auf ein Ereignis, das sich kurz vor dem Ende der Zeit der Unruhen ereignen wird.

Ich werde den Verweis auf die Kirche auslassen, weil ich der Meinung bin, dass er für unsere Geschichte an diesem Punkt irrelevant ist, und er wiederholt zudem auch andere ähnliche Vierzeiler, die sich bereits mit seiner Vision von der Zukunft der Kirche befassen.

B: Die andere Auslegung dieses Vierzeilers besagt, dass kurz vor dem Ende der Zeit der Unruhen ein Gremium von sehr intelligenten

Wissenschaftlern -- und er besteht auf dem Wort „sehr" -- gebildet werde, die auf ihren jeweiligen Gebieten sehr weit entwickelt seien. Sie werden sozusagen als Strategen zusammengebracht werden, um in dieser Zeit der Unruhen Superwaffen zu entwickeln. Das ähnelt sehr dem Gremium von Wissenschaftlern, die während des Zweiten Weltkriegs die Atomwaffen entwickelt haben, aber er sagt, dass dies noch schlimmere Waffen sein würden. Die Wissenschaftler werden isoliert sein, ganz allein für sich selbst arbeiten, und so werden sie sich über die Entwicklung der Kriege oder irgendetwas in dieser Art nicht im Klaren sein. Sie werden diese Waffen entwickeln, aber bis sie damit fertig sind, wird sich das Blatt des Krieges gewendet haben, und sie sind nicht mehr länger auf der Gewinnerseite, sondern auf der Verliererseite. Infolgedessen verliert ihre Seite, und die Gewinnerseite findet heraus, wer sie sind. Ihr Schicksal wird danach bestimmt, welche Rolle sie dabei gespielt haben. Einige von ihnen werden einen sehr schrecklichen Tod erleiden. Er sagt, jeder der hier erwähnten griechischen Buchstaben stehe für eine Initiale, die zusammen für drei dieser Wissenschaftler stünden, deren Schicksale besonders dramatisch sein würden.

D: In anderen Vierzeilern sprach er von Wissenschaftlern, die mit Energiefeldern experimentieren, sogar an der Zeit und solchen Dingen arbeiten, die im Krieg eingesetzt werden könnte. Und dann war da noch die Rede von Eugenik.

B: Ja, das sind die, auf die er sich bezog. Diese Wissenschaftler werden sich vornehmlich mit dem Aspekt der Eugenik befassen, was der Grund sein wird, weshalb die Reaktion der Bevölkerung auf das, was sie getan haben, so extrem sein wird. Es sind zwar viele Wissenschaftler daran beteiligt, aber es gibt neun Wissenschaftler an der Spitze des Projekts. Dieses Projekt wurde ursprünglich in den 1930er Jahren begonnen und über die Jahrzehnte in verschiedenen Ländern im Geheimen weitergeführt. Es wird seinen Höhepunkt in der Zeit der Unruhen erreichen.

Dieses Datum (1930er Jahre) fällt mit Hitlers Programm zusammen, das sich mit der kontrollierten Zucht einer Superrasse befasst. Vielleicht wurde es nach dem Zweiten Weltkrieg nicht beendet, sondern hat sich im Geheimen fortgesetzt und ausgeweitet, ohne dass der Rest der Welt davon wusste.

D: In einem anderen Vierzeiler, glaube ich, war das uns genannte Datum Juli 1999.

B: Er sagt, es liege an dir, die Vierzeiler gemäß dem, was er dir erzählt hat, zusammenzufügen. Er berichtet dir nur die Informationen, die er in diesem Vierzeiler sieht.

D: Dann sind diese Leute diejenigen, die hinter den Kulissen arbeiten, ohne, dass jemand von ihnen weiß.

B: Er sagt, er glaube, dass du hier einen falschen Zusammenhang herstellst. Diese Leute, diese neun Wissenschaftler, werden der ganzen Welt wohl bekannt sein, denn sie sind die Hauptverantwortlichen. In der Zwischenzeit haben jedoch die anderen hinter den Kulissen Zuflucht gefunden bei sympathisierenden Gruppen, die über die ganze Welt verstreut sind. Sympathisierende Unterstützer, Männer von Reichtum und Macht.

D: Dann werden dies Wissenschaftler sein, die wir an diesen Initialen erkennen können. (K, T, L.)

B: Ja. Er sagt, wenn die Zeit komme, würden die Initialen mit den beteiligten Wissenschaftlern in Zusammenhang gebracht werden.

In vielen Vierzeilern bezeichnete Nostradamus den Antichrist als die Welt, da er auf dem Höhepunkt seiner Macht so große Teile von der Welt erobert hatte, dass es niemand wagte, ihm zu trotzen. Ich denke, die Zeile: „Die Welt steht kurz vor ihrer letzten Stunde“ in CENTURIE III-92 bedeutet, dass die in jenem Vierzeiler erwähnten Ereignisse eintreten werden, wenn der Stern des Antichristen zu sinken beginnt.

UPDATE: Im Addendum finden sich weitere Informationen über die Wissenschaft der Nanotechnologie und ihre Verbindung mit CENTURIE X-72 (S. 246-247) sowie dem oben erwähnten Vierzeiler.

KAPITEL 20

DIE ZEIT DER UNRUHEN

ES GAB EINE GROSSE ZAHL AN VIERZEILERN, die wir übersetzt haben und die so allgemein waren, dass sie auf viele Kriege in der Vergangenheit zutrafen und sich auch auf die Zeit der Unruhen beziehen konnten. Nostradamus erklärte, dass Kriege im Allgemeinen einem vorhersehbaren Muster folgen. Ich schließe hier die relevantesten Vierzeiler ein und lasse diejenigen aus, die nicht spezifisch sind.

CENTURIE I-92

Sons un la paix par tout sera clamee
Mais non long temps pillé & rebellion:
Par refus ville, terre, & mer entamee,
Mors & captifs le tiers d un million.

Unter einem Mann wird überall Frieden verkündet,/Doch nicht lange danach wird es Plünderung und Rebellion geben./Aufgrund einer Weigerung werden Stadt, Land und Meer angegriffen./Etwa ein Drittel von einer Million Tote und Gefangene.

B: Er sagt, dies beziehe sich auf einige der Bedingungen, die während der Zeit des Antichristen herrschen werden. Innerhalb der Reichweite seines Reiches wird es keine Kämpfe geben, einfach aus dem Grund, weil er jeden unter seiner Kontrolle hat. Aber das wird nicht von Dauer sein, denn Menschen, die bereits einen Vorgeschmack von Freiheit bekommen haben, werden ihre Grenzen dabei haben, was sie an Unterdrückung ertragen können.

D: Ein Drittel von einer Million; das sind viele Menschen, die tot oder gefangen sein werden.

B: Er sagt, es werde sehr viele Tote geben. Es werde viele Kämpfe und viele Menschen geben, die für die Sache sterben werden, ganz gleich, auf welcher Seite sie stehen und an welche Seite sie glauben. Er sagt, dass die Beschreibungen aus der Offenbarung, dass Blut bis zum Pferdegeschirr reichen werde und die Flüsse voller Blut flößen, sehr genau zuträfen. Es wird sehr viel Blutvergießen geben. Es wird sehr gewalttätig und sehr traumatisch zugehen.

CENTURIE VI-97

Cinq & quarante degrés ciel bruslera,
Feu approcher de la grand cité neufve,
Instant grand flamme esparse sautera,
Quand on voudra des Normans faire preuve.

Der Himmel wird bei fünfundvierzig Grad brennen,/Feuer nähert sich der großen Neuen Stadt./Sofort schnellt eine riesige, verstreute Flamme hoch,/Wenn man von den Normannen Beweise fordert.

B: Dies ist ein Ereignis, das in dem kommenden Krieg stattfinden wird. Er sagt, in diesem Krieg werde es verschiedene diplomatische Beziehungen, die derzeit in Kraft sind, dann nicht mehr geben. Es wird eine andere Art von diplomatischen Beziehungen geben, doch eine, die immer noch Bestand haben wird, ist die Freundschaft zwischen dem französischen Volk und dem Volk Amerikas.

D: Das bedeutet, die Normannen?

B: Ja, er sagt, dass in diesem speziellen Fall ein Land, das auf der anderen Seite des Konflikts steht, eine Bombe nach New York City schicken werde. Sie werde am Himmel gesichtet und man wird ihr Eintreffen beobachten. Ich glaube, er meint damit, dass sie auf dem Radar verfolgt werde, aber er sagt, Beobachter würden sie beobachten. Das amerikanische Verteidigungssystem wird sich auf den Versuche konzentrieren, die Bombe umzuleiten oder auszuschalten, und so werden sie nicht in der Lage sein, Vergeltungsmaßnahmen gegen das Land zu ergreifen (das die Bombe abgefeuert hat). Zum Beweis ihrer Freundschaft werden die Franzosen aufgefordert werden, für Amerika Vergeltung zu üben, was sie mit mehreren Bomben und Waffen tun werden.

D: Was bedeutet diese Zeile: „Sofort schnellt eine riesige, verstreute Flamme hoch"?

B: Das sind die verschiedenen Bomben und Waffen der Franzosen, die hochschnellen und in Richtung feindliches Territorium fliegen, weil die Antwort unmittelbar sein wird. Wenn der amerikanische Staatsführer den „Heißen Draht" benutzt, um die Situation und das Problem zu skizzieren, wird der französische Generalleutnant sofort seine Waffenstützpunkte kontaktieren, von denen aus Flugzeuge und Bomben mit Eigenantrieb wie auf Feuerzungen hochschießen und auf den Widersacher zufliegen werden.

D: Du sagtest, die Bombe nähere sich und sie würden sie beobachten. Trifft sie New York?

B: (Pause) Er versucht, es mit Sicherheit zu sehen. Er sagt, dass in diesem speziellen Krieg einige der Bomben New York treffen und einige abgelenkt werden. Manchmal ist es schwierig zu entwirren, was mit welchen Bomben passieren wird. Diese spezielle Bombe, sagt er, wird auf dem Weg dorthin vorzeitig gezündet werden, so dass sie die Stadt nicht zerstört. Aber es wird viele Menschenleben kosten, indem sie die Flugzeuge zerstört, die um sie herumfliegen und versuchen, sie abzulenken oder außer Gefecht zu setzen.

Offenbar werden diese durch die Explosion zerstört, wenn die Bombe gezündet wird.

D: Bezieht sich „45 Grad" auf den Standort?

B: Er sagt, das beziehe sich auf den Winkel vom Horizont aufwärts, wo die Bombe zuerst entdeckt wird, und wo die Flugzeuge dahinter in Stücke zerrissen werden.

CENTURIE V-98

A quarante huict degré climaterique, A fin de Cancer si grande seicheresse: Poisson en mer, fleuve, lac cuit hectique, Bearn, Bigorre par feu ciel en destresse.	Am achtundvierzigsten Grad des Klimakteriums,/ Am Ende von Krebs herrscht eine sehr große Dürre./ Die Fische im Meer, in den Flüssen und Seen im Nu verschmort/Bearn und Bigorre erleiden Not durch das Feuer am Himmel.

Ich hatte Mühe mit der Aussprache der Ortsnamen und auch mit dem Begriff „Klimakterium". Er korrigierte mich beim Lesen.

B: Er sagt, dieses Ereignis beziehe sich auf etwas, das der Antichrist tun werde. Es ist nicht dasselbe Ereignis, das an dem Dunklen Punkt geschah. (CENTURIE II-3, erklärt in Kapitel 14). Es ist ein Ereignis, das weiter hinten auf der Zeitachse liegt, aber durch eine Reihe von Ereignissen dazwischen verbunden ist.

D: Was ist mit Bearn und Bigorre, sind das die Namen von Ländern?

B: Ja, es sind Ortsnamen. Er sagt, es sei schwer zu sagen, von welchen Ländern, weil sich die Weltkarte bis dahin so stark verändern werde. Die Länder, wie wir sie jetzt kennen, werden dann nicht mehr in der gleichen Weise bestehen. Es wird auf dem europäischen Kontinent geschehen.

D: Was meint er mit dem achtundvierzigsten Grad des Klimakteriums?

B: Er sagt, dass der Kreis der Sternbilder in Grade eingeteilt werden könne. Jeder dieser Grade entspricht bestimmten Zeitabschnitten sowie bestimmten Orten auf der Erde

D: Der Übersetzer hat dies so interpretiert, als ob es einen Ort auf der Erde bezeichnen würde.

B: Ja, er sagt, es treffe auf beides zu. Er erwähnte den 48. Grad des Klimakteriums, um auf einen Ort und, im Zusammenhang mit dem Hinweis auf Krebs, auch auf eine Zeit hinzuweisen.

Dies war einer der ersten Vierzeiler, die ich John zum Interpretieren brachte. Er war auch durch das Wort „Klimakterium" verwirrt. Es ist kein Begriff, der in der modernen Astrologie verwendet wird, und er konnte ihn in keinem astrologischen Wörterbuch finden. Er schien sich zu erinnern, ihn in einigen seiner Bücher über altertümliche Astrologie gesehen zu haben, und hier fand er ihn dann auch. Er ist als ein antiker Begriff definiert, der den Höchststand eines wichtigen Aspekts bedeutet. Dies ist wieder einer der erstaunlichen Punkte, die während dieses Experiments immer wieder auftauchen sollten. Es verleiht den Übersetzungen unglaubliche Gültigkeit, wenn ein Begriff wie dieser verwendet wird. Er kann aus keinem unserer modernen Köpfe stammen, sondern ausschließlich von einem Astrologen, der mit der antiken Terminologie vertraut ist. Selbst die Übersetzer konnten den Begriff nicht mit Astrologie in Verbindung bringen, sondern nur mit geografischen Breitengraden.

B: Alle Länder werden darin verwickelt sein, aber Europa wird die Hauptlast der Kämpfe tragen. Er sagt, Europa sei das ewige Schlachtfeld. Die anfänglichen Ereignisse, die dazu führen, werden sich zu euren Lebzeiten abspielen. Die Ereignisse, auf die sich der erste Vierzeiler (CENTURIE II-3) bezieht, der vom kochenden Fisch im Meer um Negrepont spricht, werden sich zu euren Lebzeiten ereignen. Er sagt, es werde eine sehr komplizierte Zeit sein.

CENTURIE II-40

Un pres apares non point longue intervalle	Kurze Zeit später, nach nicht allzu langer Zeit,/Wird an
Par mer & terre sera faict grand tumulte:	Land und auf See ein großer Aufruhr ausgelöst./Die
Beaucoup plus grande sera pugne navalle,	Seeschlachten werden größer sein denn je./Brände,
Feux, animaux, qui feront plus d'insulte.	Kreaturen, die noch mehr Unruhe stiften.

B: Er sagt, dieser Vierzeiler beschreibe die Verhältnisse während der Zeit der Unruhen. Es werden große, unglaubliche Seeschlachten stattfinden, ebenso wie Land- und Luftschlachten. Er sagt, der Teil, der sich auf die Seeschlachten bezieht, beziehe sich auch auf Luftschlachten, denn eine Sache, die er verwirrend fand, ist, dass

Navigationsbegriffe sowohl für die Navigation auf dem Meer als auch für die Navigation in der Luft verwendet werden. Wann immer er also diese Dinge symbolisch aus der Zukunft sieht, bekommt er zuweilen widersprüchliche Bilder, weil sie sich auf beides beziehen, obwohl eine gemeinsame Ausdrucksweise verwendet wird.

D: Was meint er mit „Brände, Kreaturen, die mehr Unruhe stiften"?

B: Das werden einige der fantastischen Waffen sein, die im Moment ultrastreng geheim bis hin zu nur ausgewählten Gruppen zugänglich sind. Wenn sie zum Einsatz im Krieg freigegeben werden, wird jeder verblüfft über sie sein.

CENTURIE II-60

La foy Punicque en Orient rompue *Grand Jud. & Rosne, Loire & Tag changeront* *Quand du mulet la faim sera repue,* *Classe espargie, sang & corps nageront.*	Das Vertrauen in Afrika wird im Osten gebrochen,/Der Große Jordan, Rosne, Loire & Tagus ändern ihren Lauf./Wenn der Hunger des Maultiers gestillt ist,/Wird die Flotte zerstreut und Leichen schwimmen in Blut.

B: Dies bezieht sich auf einige der furchtbaren Kämpfe, die stattfinden werden. „Das Vertrauen in Afrika wird im Osten gebrochen", bezieht sich auf den Nahen Osten und jenen Teil der Welt. Dort wird es eine nukleare Konfrontation geben. Auf diese Weise wird das Vertrauen gebrochen werden, denn sie werden übereinstimmend gesagt haben, dass sie diese Waffen nicht im Krieg einsetzen würden. Aber sie schwenken um und tun es trotzdem. Er sagt, dass er sehr deutlich sehen könne, dass die Großmächte unserer Tage Marineflotten in diesem Gebiet halten, weil es einer der Unruheherde der Welt sei. Die Flotten werden durch die Gewalt der Explosion in Trümmer verstreut. Aufgrund der Verquickung zwischen dem radioaktiven Niederschlag und der Wirkung, die er auf Mensch, Tier und Wetter hat, plus der Auswirkungen irgendwelcher Vulkane, die möglicherweise ausbrechen, wird sich das Wasser jenes Teils des Ozeans in eine schlammige rote Farbe verwandeln. Somit werden die Körper der Getöteten in etwas umhertreiben, das wie Blut aussieht.

D: Was meint er mit: „Wenn der Hunger des Maultiers gestillt ist“?

B: Er sagt, du wirst lachen, wenn du das hörst. Dies wird geschehen, wenn die Vereinigten Staaten einen demokratischen Präsidenten haben. Er hat das gleiche Muster gesehen, das in eurem Land beobachtet wurde, dass republikanische Präsidenten das Land in die Depression stürzen und demokratische Präsidenten es da wieder herausziehen, indem sie es in einen Krieg verwickeln. Er sagt, dass die Vereinigten Staaten zu diesem Zeitpunkt einen demokratischen Präsidenten haben werden und sich in diesen Konflikt einmischen werden, als ein Versuch, die Wirtschaft anzukurbeln.

D: Ich lache nicht, denn das würde einen Sinn ergeben, wenn das Maultier ein Symbol für die Demokraten wäre.

B: Er bezieht sich auf die Namen aller Flüsse, weil durch die Gewalt der Atomexplosion und der Erdveränderungen diese Flüsse ihren Lauf ändern werden. Und die Länder, die einige dieser Flüsse als Grenzlinien benutzen, werden ihre Grenzen auf den Landkarten neu ziehen müssen. Er sagt, dass in jenem Teil der Welt die Wasserversorgung sehr durcheinander geraten werde.

CENTURIE II-74 beschreibt die gewaltigen Völkerwanderungen quer über den europäischen Kontinent. Die meisten Menschen werden von den Orten fliehen, die durch die Militärangriffe zerstört wurden. Auch lange Kolonnen von Soldaten werden sich auf den Schauplatz der Schlacht zubewegen.

CENTURIE III-18

Apres la pluie laict assez longuette
En plusieurs lieux de Reims le ciel touché:
O quel conflict de sang pres d'eux s'appreste,
Peres & fils Rois n'oseront approcher.

Nach dem recht langen Milchregen,/Werden mehrere Orte in Reims von Blitzen getroffen./Oh, welch blutige Schlacht steht ihnen bevor,/Die Königsväter und -söhne werden nicht wagen, sich zu nähern.

B: Er sagt, dies beziehe sich auf ein Ereignis während der Zeit, in der der Antichrist in Europa einmarschiert. Der lange milchige Regen und das Getroffenwerden von Blitzen sind Auswirkungen des Einsatzes von Nuklearwaffen in diesem Krieg. Es werden weitere abstruse Waffen eingesetzt werden, welche auf Konzepten basieren, die derzeit entwickelt werden, von denen du und dieses Medium derzeit keine Vorstellung habt, und sie werden verheerende Folgen haben. Es wird überall Leichen geben. Es werden sehr schwierige Zeiten sein. Aus diesem Grunde wird die Erde selbst in ihrem Schmerz aufschreien. Er hat die Zeitachse derart stark beeinflusst, dass die Propheten ihn schon Tausende von Jahren zuvor sehen konnten.

D: Dann heißt es: „Die Königsväter und -söhne werden nicht wagen, sich zu nähern."

B: Er sagt, dieser Mann werde so schrecklich, so furchtbar und so mächtig sein, dass die Menschen, welche die rechtmäßigen Herrscher der Länder sind, vor Angst eingeschüchtert sein und es nicht wagen werden, irgendetwas zu tun, um die Verwüstungen dieses Mannes zu stoppen. Ganze Dynastien werden ausgelöscht werden.

Könnte dies zeitgleich mit oder nach den Attentaten auf die Führer der Welt geschehen? Wenn ja, würde dies den Widerwillen der Herrschenden erklären, sich ihm zu widersetzen.

D: Die Übersetzer können einen Blutregen und solche Dinge verstehen, aber sie verstehen nicht, was er mit dem Milchregen meint.

B: Er sagt, er benutze den Milchregen, um die schädlichen Auswirkungen darzustellen, die diese abstrusen Atomwaffen auf das Wetter haben werden, einschließlich solcher Dinge wie Strahlungsregen. Diese Waffen werden eine Kombination der schlimmsten Aspekte von Atomwaffen und Laserwaffen verwenden, und einige der Laserwaffen werden, wenn sie auf die Menschen abgeschossen werden, einer weißen Substanz ähneln, die herabregnet.

Der folgende Vierzeiler handelt ebenfalls von einem Milchregen.

CENTURIE III-19

En Luques sant & laict viendra plouvoir, *Un peu devant changement de preteur:* *Grand peste & guerre, faim & soif fera voir* *Loing o mourra leur Prince recteur.*	In Lucca wird es Blut und Milch regnen,/Kurz vor dem Wechsel des Gouverneurs./Seuche und Krieg, Hungersnot und Dürre werden zu sehen sein,/Weit weg von dem Ort, wo der Fürst und Herrscher stirbt.

D: Die Experten denken, dass dies mit dem vorherigen Vierzeiler zusammenhänge.

B: Er sagt, dies beziehe sich tatsächlich auf denselben Krieg. Bevor dieser Antichrist irgendeinen Ort einnimmt, und nicht nur den Ort, den er hier erwähnt, lässt er zuerst Tod und Zerstörung auf sie herniederregnen, damit es für ihn einfacher wird, die Macht zu übernehmen. Dabei wird er sich weit von seiner letzten Ruhestätte entfernen. Einige der eintretenden Ereignisse werden die vergangenen Abscheulichkeiten im Vergleich dazu wie ein Kinderspiel aussehen lassen. Ein weiterer Aspekt der sich spiralförmig bewegenden Geschichte ist, dass einiges davon teilweise von dem Mann namens Hitler vollzogen wurde, als er Europa vereinnahmte. Nur benutzte er eher einen Blutregen als einen Regen aus Blut und Milch, da er nicht über die in diesen Vierzeilern beschriebenen Waffen verfügte. Aber auch er ließ Zerstörung herniederregnen, bevor er einen Ort übernahm. Eines der Dinge, die dieser Antichrist tun wird, ist, herauszufinden, warum Hitler scheiterte. Das ist der Grund, warum er davon ausgeht, Erfolg zu haben, weil er aus Hitlers Fehlern lernen wird.

Ein ernüchternder Gedanke, denn Hitler wäre seine Schreckensherrschaft beinahe gelungen.

B: Er wird Zugang zu Büchern haben, die nicht allgemein erhältlich oder dem allgemeinen Lesepublikum bekannt sind. Es wird ihm möglich sein, geheime Nazi-Dokumente über Hitler zu erhalten. Er wird seine Lektionen gut lernen.

CENTURIE I-64

De nuict soleil penseront avoir veu,
Quand le pourceau demihomme on verra:
Bruict, chant, bataille, au ciel battre aperceu:
Et bestes brutes à parler lon orra.

Sie werden glauben, sie hätten die Sonne bei Nacht gesehen,/Wenn sie stattdessen den halben Schweinemann sehen:/Lärm, Schreie, Schlachten, die am Himmel ausgetragen werden./Und man wird die rohen Tiere sprechen hören.

B: Er sagt, dies beziehe sich sowohl auf einige zukünftige Ereignisse als auch teilweise auf die Gegenwart. Jede Zeile hat fast eine andere Bedeutung. Er wird dir die Bedeutungen nennen, aber nicht unbedingt in der Reihenfolge, in der die Zeilen niedergeschrieben sind. „Und man wird die rohen Tiere sprechen hören.“ Die Tiere werden in der Tat zu den Menschen sprechen und ihnen durch die Forschung, die zur Förderung medizinischer Erkenntnisse durchgeführt wird, Wissen vermitteln. Er sagt, dass dies auch in Zukunft der Fall sein werde. „Sie werden glauben, sie hätten die Sonne bei Nacht gesehen“ bezieht sich auf die Detonation einer atomaren Bombe oder einer Laserwaffe zur Nachtzeit. Er ist nicht ganz klar in der Beschreibung, aber die Waffe erzeugt eine riesige Lichtexplosion. Das wird mit dem Krieg zu tun haben, und die Folgen dieser Waffe werden nicht nur klimatische Veränderungen hervorrufen, sondern auch monströse Geburtsschäden, die zu einem veränderten Aussehen bei Kindern führen, einschließlich einiger, die fast schweineartig aussehen. Wissenschaftler werden wie wahnsinnig versuchen, einen Weg zu finden, die Auswirkungen dieser Waffe zu verändern, soweit es neugeborene Kinder betrifft. Und wenn ein Durchbruch erzielt wird, wird er von einer unvorhergesehenen Quelle im Tierreich kommen.

D: Das bezieht sich wieder auf die letzte Zeile.

B: Ja, sie hat mehrere Bedeutungen. „Lärm, Schreie, Schlachten, die am Himmel ausgetragen werden.“ Er sah, dass eine logische Erweiterung des Reisens am Himmel die Möglichkeit ist, am Himmel zu kämpfen. Die Waffen selbst werden einen schrillen Lärm machen, wenn sie vorbeirauschen. Es wird für die Menschen unten sehr beängstigend sein und sehr tödlich.

D: Der Übersetzer dachte, dies beziehe sich vielleicht auf den Zweiten Weltkrieg.

B: Nein. Obwohl in jenem Krieg viel in der Luft gekämpft wurde, war es im Grunde ein Bodenkrieg. Und obwohl es einige Kämpfe am Boden geben wird, um die Position zu halten, werden in diesem Krieg die entscheidenden Schlachten in der Luft stattfinden.

D: Die naheliegendste Interpretation, die ihnen für den Schweinemann einfiel, waren die Piloten, die während des Zweiten Weltkriegs Helme und Sauerstoffmasken trugen. Sie dachten, das könnte in den Augen von Nostradamus einem Schwein ähneln.

B: Er sagt, das sei eine logische Interpretation, aber sie vergessen ständig, zu bedenken, dass er, wann immer möglich, stets versucht, jeder Zeile mehr als eine Bedeutung zu geben.

Das könnte bedeuten, dass sich diese Zeilen möglicherweise auch auf den Zweiten Weltkrieg beziehen, wie es die Übersetzer dachten, aber Nostradamus war der Meinung, dass die Übersetzung für die Zukunft für unsere Zwecke die wichtigste sei.

CENTURIE I-80

De la sixieme claire splendeur celeste, *Viendra tonner si fort en la Bourgongne:* *Puis naistra monstre de treshideuse beste,* *Mars, Avril, Mai, Juin grand charpin & rongne.*	Vom sechsten hellen Himmelslicht ausgehend/Wird es in Burgund sehr stark donnern./Dann wird ein Ungeheuer geboren von einem sehr abscheulichen Tier:/Im März, April, Mai und Juni große Verwundung und Beunruhigung.

B: Er sagt, das sechste Himmelslicht beziehe sich auf Jupiter.

Das war eine Überraschung, denn im Buch wurde Saturn als der sechste Planet erwähnt.

B: Er sagt, er betone den Bezug zu Jupiter, indem er den Begriff des Donners hinzufügt, weil der Tag des Thor, welcher der Donnerstag ist, der Tag des Antichristen sein werde. Und Thor ist das nordische Äquivalent zum römischen Jupiter. Er sagt, dass während dieser Monate (März, April, Mai und Juni) oder vielmehr während der astrologischen Zeichen, die diese Monate verkörpern, wenn Jupiter also diese Zeichen, von Burgund aus betrachtet, durchquert, es Zeiten großer Unruhen geben werde. Es wird viel Blutvergießen und Kriege geben, und aufgrund der schrecklichen Natur der Waffen werden viele furchtbare Dinge geschehen. Was er mir gerade zeigt, sieht aus wie die Auswirkungen von starker Strahlung.

D: Strahlenverbrennungen?

B: Nein. Grobe Missbildungen, die durch die elterliche Strahlenbelastung entstanden sind. Schreckliche Mutationen in der Natur, bei Pflanzen und Tieren sowie die durch diese Waffen verursachten Narben am Schoß von Mutter Erde. Er sagt, der Antichrist werde die Ursache für all das sein. Er ist das Monster, das hinter diesen Ungeheuerlichkeiten steht, die da kommen.

D: Dann hat „Dann wird ein Ungeheuer geboren von einem sehr abscheulichen Tier" eine doppelte Bedeutung.

J: (Er hatte in seinen Ephemeriden nachgesehen.) Jupiter wird in den Jahren 1997 bis 2001 in diesen Zeichen stehen.

B: An diesem Punkt gestikulierte Michel de Nostredame gerade in einer sehr eindrucksvollen Weise und sagte: „Genau!".

D: Aha! Ist es nicht schön, einen Freund auf dieser Seite zu haben, der dabei helfen kann? - Ich habe da eine Frage. Der Übersetzer sagt, dass Saturn der sechste Planet sei.

B: Er sagt, dass dies ein ganz natürlicher Fehler sei, den man begehen könne. Er hat Quellen, die zu alten Dokumenten führen, welche sehr wahrscheinlich zwischen seiner Zeit und dem, was ihr als Gegenwart betrachtet, zerfallen sind. Er sagt, dass aufgrund eines Krieges am Himmel eines der großen Lichter zerstört worden sei.

Dasjenige, das sich zwischen Mars und Jupiter befand, existiere nicht mehr. Er hat dieses eine beim Zählen der großen Lichter des Himmels mitgezählt, um die Inquisition auf eine falsche Fährte zu führen.

D: Könnte dies das sein, was jetzt der Asteroidengürtel ist?

B: Er sagt, das sei richtig.

D: Das ist sehr clever. Ich glaube nicht, dass die Inquisition oder sonst jemand in der Lage gewesen wäre, das zu erkennen.

B: Er sagt, er müsse manchmal raffiniert sein.

D: Sie dachten, es sei Saturn und daher lagen sie mit der Vorhersage völlig falsch.

B: Er sagt, er ist neugierig. Auf welches Datum sind sie denn gekommen?

D: Sie sagten Frühling 1918.

B: Er sagt, dass er schon andere Visionen bezüglich der Weltkriege gehabt habe, aber dies sei keine von ihnen.

Für mich ist der folgende Vierzeiler ein höchst bemerkenswertes Beispiel für die Arbeitsweise von Nostradamus' Geist und veranschaulicht die Methoden, die er verwendete, um eine symbolische Beschreibung für etwas zu liefern, das er nicht verstehen konnte.

D: Dieser Vierzeiler hat den Übersetzern recht viel Mühe bereitet. Sie sind sich alle uneinig über die Übersetzung einer gewissen Zeile aus dem Französischen ins Englische. Sie sagen, die wörtliche Übersetzung ergebe keinen Sinn.

B: Er sagt, die wörtliche Übersetzung werde in Ordnung sein, da das Medium Englisch versteht und es ihm helfen werde, sich an das zu erinnern, was er im Französischen geschrieben hat.

D: Soll ich es zuerst so lesen, wie sie es übersetzt haben?

B: Er sagt, aus reiner Neugierde, ja.

La voix ouie de l'insolite oiseau,
Sur le carron de respiral estage:
Si hault viendra du froment le boisseau,
Que l'homme de l'homme fera Antropophage.

Der Ruf des unerwünschten Vogels wird/Auf dem Schornstein zu hören sein./Die Scheffel an Weizen werden so hoch steigen,/Dass der Mensch seine eigenen Mitmenschen verschlingt.

Die erste Zeile ist diejenige, die Probleme verursacht hat. Sie ist in anderen Büchern unterschiedlich übersetzt worden. Eines lautet: „Der Klang eines seltenen Vogels wird auf dem Rohr des höchsten Stockwerks zu hören sein", was nicht mehr Sinn macht als der unerwünschte Vogel auf dem Schornstein. Er bat mich, den Vierzeiler noch einmal zu lesen und diesmal die wörtliche Übersetzung für diese Zeile zu ersetzen.

D: „Der Ruf des unerwünschten Vogels wird auf dem Rohr des atmenden Bodens zu hören sein. Scheffel an Weizen werden so hoch steigen, dass der Mensch seinen eigenen Mitmenschen verschlingt.

B: Er sagt, dass er die wörtliche Übersetzung verwenden werde, weil die interpretierende Übersetzung das wundersame Ding, das er in der fernen Zukunft gesehen hat, nicht in Betracht ziehe. Er sagt, dass die Formulierung „das Rohr des atmenden Bodens", wenngleich sie ungelenk sei, dem am nächsten komme, was er von einem zukünftigen Gerät gesehen habe.

D: Dann ist der „Schornstein" falsch.

B: Das ist wahr. Er sagt, es sei eine vernünftige Interpretation angesichts der im Durchschnitt begrenzten Sichtweise der Menschen. Dieses Ereignis wird während einer Zeit des Krieges und großer Unruhen stattfinden. Der Ruf des unerwünschten Vogels wird ein Ereignis sein, bei dem ein Flugzeug auf dem Deck eines Flugzeugträgers zur Landung kommt - wobei das Deck des Flugzeugträgers der atmende Boden ist.

Wie brillant! Eine ausgezeichnete vergleichende Analogie. Ein Träger würde für ihn natürlich wie ein Boden aussehen, wenn er kein Wort dafür hätte.

B: Er nannte es so, weil es sich mit den Wellen bewegt, ähnlich der Bewegung beim Atmen, und auch, weil sich unter ihm lebende Seelen befinden. Dies ist noch eine weitere Bedeutung von „atmender Boden". Er sagt, dass ein Flugzeug an Land kommen werde, aber dieses Flugzeug werde nicht zu jenem Flugzeugträger gehören. Es ist eine sehr komplexe Situation, denn in diesem Krieg ist das Gleichgewicht der politischen Kräfte auf jeder Seite sehr komplex und empfindlich. Und dieses Flugzeug kommt von einer Macht, die der anderen Seite etwas stärker verbunden ist, obwohl sie im Grunde immer noch neutral ist. Aber mit dieser bestimmten Nation in Verbindung zu stehen, hätte weitreichende politische Auswirkungen, was diesen Krieg betrifft. Daher wollen die Leute auf diesem Flugzeugträger nicht wirklich in Verbindung mit diesem Flugzeug stehen. „Der unerwünschte Ruf auf dem Rohr des atmenden Bodens", das ist das Flugzeug, das mit ihnen über die Funkantennen kommuniziert. Er benutzte den Begriff „Rohr", weil es sich um etwas handelte, das Ton und Kommunikation transportierte, und das war das naheliegendste Konzept, das er zur damaligen Zeit in seiner Sprache finden konnte. Das Flugzeug wird auf diesem Flugzeugträger landen wollen, weil sich ein wichtiger Führer, ein General oder jemand in der Art, auf dem Schiff befindet. Und das Flugzeug hat einen wichtigen Abgesandten an Bord, jemanden, der dem Führer dieses Landes nahe steht, der wichtige Dokumente und Nachrichten überbringen muss. Es wird eine sehr komplexe Situation sein.

D: Wird dieser Abgesandte landen dürfen?

B: Er sagt, es sei schwierig zu sehen, weil sich die Zeitlinie dort spaltet und es in beide Richtungen gehen könnte. Und beide Richtungen werden Auswirkungen haben. Zu diesem Zeitpunkt ist er nicht in der Lage zu sehen, welche Zeitlinie wahrscheinlich vorherrschen wird, in welche Richtung das Ereignis wahrscheinlich gehen wird. Dies ist ein besonderes Ereignis in dieser Zeit. Die Gegebenheiten des Weizens sind ein allgemeiner Zustand, der während einer großen Zeitspanne in diesem Krieg anhält. Infolge dieses Krieges wird der normale Handel zwischen allen Ländern zum Erliegen kommen. Einige Länder werden Nahrungsmittelüberschüsse haben, wie z.B. Scheffel Weizen, aber der Preis dafür wird so unverhältnismäßig hoch sein, dass niemand in der Lage sein wird, den Weizen zu kaufen. In Ländern, in denen sie den Weizen nicht bekommen können, werden sie auf Kannibalismus zurückgreifen, nur um am Leben zu bleiben. Und der Weizen wird in der Zwischenzeit in Silos gelagert und verrotten, einfach weil sie ihn nicht loswerden, ihn nicht verkaufen können. Der Preis des Weizens ist auch in Menschenleben gerechnet hoch, während sie versuchen, ihn in die anderen Länder zu bringen. Es wird sehr gefährlich sein, weil die Schifffahrt völlig zum Erliegen gekommen ist, so dass nicht nur der Preis, sondern auch die Gefahr, den Weizen zu transportieren, unverhältnismäßig hoch sein wird. So kann er nicht dorthin gelangen, wo er für die Menschen zum Essen benötigt wird.

D: Sie haben den ganzen Vierzeiler so interpretiert, als bedeute er eine Hungersnot, welche die Menschen zu Kannibalen mache.

B: Er sagt, wenn sie es so interpretiert haben, impliziere dies eine natürliche Hungersnot aufgrund natürlicher Ursachen. Aber das war nicht das, was er gesehen hat. Er sah eine erzwungene Hungersnot, die durch die Hemmnisse des Krieges verursacht wurde, nicht durch einen Mangel an Regen oder was es sonst noch alles gibt.

D: Sie sagen, der unerwünschte Vogel auf dem Schornstein sei eine Eule oder ein anderer Vogel, der böse Omen überbringt, und dieser warne, dass die Hungersnot und die hohen Preise nahen.

B: Er sagt, das sei eine vernünftige Interpretation, da die Übersetzer nicht die detaillierten Bilder kennen, die er sieht. Er sagt, dass er manchmal eine Vision habe, die nur ein kleines Ereignis innerhalb eines größeren Geschehens zeige. Er sieht alles bis ins kleinste Detail und schreibt das nieder. Aber für einen Außenstehenden ist es schwer, das mit dem größeren Bild in Verbindung zu bringen.

Dies war ein perfektes Beispiel für einen unklaren und komplizierten Vierzeiler, der ohne seine Hilfe unmöglich zu entziffern gewesen wäre. Wieder einmal ist es absolut erstaunlich, wie klar es wird, wenn er jeden einzelnen Punkt erklärt. Für mich ist das der

Beweis, dass wir wirklich in Kontakt mit Nostradamus waren, denn in solchen Fällen kann nur der Autor die wahren Bedeutungen kennen, die er zu vermitteln versuchte.

CENTURIE I-67

La grande famine que je sens approcher,
Souvent tourner, puis estre universelle:
Si grand & long qu'un viendra arracher,
Du bois racine & l'enfant de mamelle.

Die große Hungersnot, die ich herannahen spüre,/Wird sich häufig lokal wenden und dann weltumspannend werden./Sie wird so groß und dauerhaft sein, dass sie entreißen/die Wurzeln der Bäume und die Kinder von der Brust.

B: Er sagt, dies habe mit den klimatischen Veränderungen zu tun, die nach der Entladung dieses schrecklichen Geräts stattfinden, das er bereits erwähnt hat. Er sagt, der Ausdruck „die bewässerten Felder schrumpfen“ (der sich auf CENTURIE X-70 bezieht, die in Kapitel 15 behandelt wurde) bedeute, dass die Hungersnot in verstreuten Gebieten beginnen werde. Dann werden sich die Bedingungen weiter verschlechtern und nicht verbessern. Die Hungersnot in den verschiedenen Gebieten wird sich weiter ausbreiten, bis sich die Gebiete zusammenfügen und große Flächen der Landmassen der Erde bedecken, so dass der Großteil der Welt leiden wird. Es wird alle Erdbewohner betreffen, weil die lebensnotwendigen Nahrungsgüter äußerst knapp und schwer zu bekommen sein werden. Die Menschen werden so verzweifelt nach Nahrung suchen, dass sie versuchen werden, alles zu essen, jedes lebende Gewebe, einschließlich, wie er schrieb, Wurzeln von Bäumen, die man normalerweise nicht isst. Und in einigen Teilen der Welt, besonders in den überbevölkerten Ländern wie Indien, werden sie sich auch Neugeborene schnappen.

D: Das klingt ja furchtbar. Das ist abscheulich!

B: Es wird eine sehr düstere Zeit sein.

UPDATE: 1992 wurde bekannt, dass das südliche Afrika von der schlimmsten Dürre dieses Jahrhunderts heimgesucht wurde.

Meteorologen warnten, dass sie sich nach Norden ausbreiten und den gesamten Osten des Kontinents verschlingen könnte. Während Dürre in bestimmten Regionen Afrikas alltäglich ist, sagten Wetter- und Lebensmittelexperten, dass die diesjährige Trockenheit außergewöhnlich sei, da sie über lebensmittelexportierende Länder hinwegfegt, die normalerweise von schwerer Dürre verschont bleiben. Experten verlautbarten, dies sei eine große Dürre vom Kap bis Kairo, und alle diese Länder mussten in diesem Jahr Getreide importieren. Es wurde zu einer äußerst ernsten Angelegenheit erklärt. Das Ausbleiben der Regenfälle, begleitet von für die Anbausaison untypisch heißen Temperaturen, veranlasste Südafrika und Simbabwe zum ersten Mal seit Menschengedenken, große Mengen an Getreide zu importieren. Woher sollten die Nahrungsmittel kommen, jetzt, da auch die ehemalige Sowjetunion enorme Ansprüche an die kostenlose Lebensmittelversorgung des Westens stellte? Ist dies der Anfang der Erfüllung dieses grauenhaften Vierzeilers?

D: Es ist für viele Leute ziemlich deprimierend, dass viele seiner Vierzeiler von Tragödien handeln.

B: Er sagt, dass diese Ereignisse durchlebt werden müssen, wenn wir das Höchste erreichen wollen, auf das wir hinarbeiten werden. Wenn wir all diese schlimmen Ereignisse dann überleben, werden wir danach ein wirklich pazifistisches Volk sein, ein friedvolles Volk. Und unsere Philosophie wird sich ausreichend verändert haben, so dass dieser Teil unseres Weges nun anders sein wird, und wir werden eher einen ganzheitlichen Weg gehen und keinen technologischen Weg mehr.

D: Die Leute sagen, sie mögen seine Vierzeiler nicht lesen, weil sie sehr verstörend seien.

B: Er starrt vor sich hin und sagt: „Sie sollen ja verstörend sein. Ich versuche, sie auf das Schlimmste hinzuweisen, das passieren kann, damit sie vielleicht einen Teil davon verhindern können."

D: Aber ich vermute, die Leute wollen nicht glauben, dass der Mensch zu solchen Dingen fähig ist.

B: Er sagt: „Schau dir die Zahl der Toten des Zweiten Weltkriegs an und sage mir, dass der Mensch zu nichts dergleichen fähig ist.

D: Sie wollen nicht glauben, dass unsere Zukunft solchen Horror birgt.

B: Er schüttelt den Kopf und murmelt etwas über die Dummheit und Kurzsichtigkeit der Menschheit im Allgemeinen.

D: Das ist ein Grund, warum sie zögern, seine Vierzeiler zu lesen. Sie sagen, sie würden lieber nicht über solche Dinge nachdenken. Du weißt schon, die „Vogel Strauß mit dem Kopf im Sand"-Haltung.

B: Ich habe ihm ein Bild von der Analogie beschrieben, und er sagt, es sei eine gute Analogie. Er sagt, er habe in seinem Leben noch nie von Straußen gehört, aber ich habe es ihm dargestellt.

D: Es bedeutet, sich vor etwas zu verstecken, das ....

B: Ohne etwas nüchtern zu betrachten, ja. Ich habe die Analogie für ihn als Mitteilende dargestellt. Er sieht das Bild und er findet es amüsant, aber sehr wahr.

D: Die Leute denken, wenn sie von etwas nichts wissen, werde es ihnen nicht wehtun, es werde verschwinden.

B: Er merkt an, dass ihr wohl ein Sprichwort habt: „Was du nicht weißt, kann dich nicht verletzen." Er sagt, das sei leider nicht wahr.

D: Es scheint, dass viele dieser Vierzeiler sich mit dem Antichristen beschäftigen. Nostradamus muss eine Menge über ihn gesehen haben.

B: Er sagt, dass dieser Mann einige der schrecklichsten Ereignisse in der Geschichte der Menschheit verursache. Du wirst feststellen, dass er auch viel über die Französische Revolution gesehen hat, weil dies eine weitere entscheidende und instabile Zeit war, was sein Land anging. Diese kommenden Ereignisse betreffen die ganze Welt und nicht nur sein Land, also hatte er natürlich viele Visionen diesbezüglich.

D: Ich wollte etwas fragen. Es scheint mir, dass eine Menge dieser Vorhersagen viele verschiedene Ereignisse betreffen. Ich habe mich gefragt, ob er vielleicht verschiedene Möglichkeiten sieht, die eintreten könnten, und dass sie nicht unbedingt alle wahr werden.

B: Er sagt, der Hauptgrund, warum er diese Kommunikation wollte, sei, das Schlimmste von dem zu verhindern, was er gesehen hat. Einige der so genannten „Worst-Case-Szenarien" könnten sehr leicht eintreten, aber mit großer Bestimmtheit und Entschlossenheit könnten sie zum Besseren verändert werden. Unglücklicherweise seien zu diesem Zeitpunkt die schlimmsten

Dinge, die er gesehen hat, die, die am einfachsten eintreten könnten. Und er weiß, dass er sein Bestes geben muss, um die Zerstörung zu mindern.

D: *Er sagte einmal, dass er manchmal einen Nexus, eine Verknüpfung in der Zeit sehe und dass es viele verschiedene Wege und damit viele Möglichkeiten geben könnte.*

B: Das ist richtig. Er sagt an diesem Punkt, da es ein so bedeutender Nexus ist, scheint er doch die meisten dieser Visionen zu enthalten, ganz gleich, welchen Weg wir wählen. Aber es gibt andere Wege, auf denen unterschiedlich viele dieser Visionen vermieden werden könnten. Er sagt, dass die Zeit der Unruhen eine sehr anstrengende und schwierige Zeit sein werde. Die Geister, die zu dieser Zeit auf der Erde sind, sind hier, weil sie gewählt haben, hier zu sein, weil sie wussten, dass jeder Geist, der zu dieser Zeit auf Erden sein wird, große Mengen an bedeutendem Karma abarbeiten wird. Er zeigt mir gerade ein Bild. Er übermittelt mir keine Worte. Es ist ein großes karmisches Rad, das in größere anstatt in kleinere Abschnitte aufgeteilt ist, und es gibt Menschen, die diese größeren Abschnitte abarbeiten, als wären sie die kleineren Abschnitte. Es ist wie das Abarbeiten von konzentriertem Karma. Er sagt, dass die Menge an Karma, welche die Geister, die diese Zeiten durchleben, abarbeiten können, dem Äquivalent von zehn Lebenszeiten zu irgendeiner anderen Zeit der Erdgeschichte entspreche.

D: *Hält er das für den Grund, dass sie sich freiwillig gemeldet haben, um zu dieser Zeit zurückzukommen?*

B: Er sagt, dass viele von ihnen freiwillig gekommen seien, wie z.B. eure älteren und fortgeschritteneren Geister, die hier gebraucht werden, um allen zu helfen, durchzukommen. Es gibt auch einige jüngere Geister hier zu dieser Zeit, die einfach nur abenteuerlustig sind. Es gibt allerdings auch einige Geister, die nicht unbedingt hier sind, weil sie von Herzen kommen wollten, sondern weil sie wussten, dass sie es müssen, oder es wäre für sie das Ende der Fahnenstange, was die spirituelle Entwicklung angeht. Sie sind also nicht völlig freiwillig, sondern sozusagen zwangsweise Freiwillige, weil sie wussten, dass sie keine andere Wahl haben.

D: *Ich denke, diese Art von Menschen wären hier unglücklich.*

B: Er sagt, das seien sie auch, aber einige von ihnen schaffen es, das Beste aus der Situation zu machen, und andere nicht, und diese Entscheidung müssen sie selbst treffen.

CENTURIE IV-28

Lors que Venus du Sol sera couvert, *Soubs l'esplendeur sera forme occulte:* *Mercure au feu les aura descouvert,* *Par bruit bellique sera mis à l'insulte.*	Wenn Venus von der Sonne bedeckt sein wird,/Wird unter dem Glanz eine verborgene Form sein./Merkur wird sie dem Feuer ausgesetzt haben,/durch ein Kriegsgerücht wird der Angriff gestartet werden.

Eine Bedeutung dieses Vierzeilers wurde in Kapitel 11, S. 140, behandelt.

B: Er sagt, dass die andere Interpretation mit einem Ereignis zu tun habe, das von der Art von Unruhen handle, die gegen Ende dieses Jahrtausends kommen werden. In dieser Zeit der Unruhen werden sich viele verwirrende Dinge ereignen. Er sagt, dass in dieser Interpretation der Vierzeiler eine Reihe von astrologischen Bezügen enthalte. Er beklagt sich an dieser Stelle über meine persönliche Unwissenheit. Er hat Schwierigkeiten, die Begriffe so rüberzubringen, dass ich sie verstehen und dir vermitteln kann.

D: Sage ihm, er möge sein Bestes geben.

B: Er sagt, dass er einen ausgezeichneten Job mache, es sei meine Dichte, die im Weg stehe. Leider sind die astrologischen Konnotationen, die er hier verwendet, nicht nützlich für die Datierung, aber darauf wird er gleich noch zu sprechen kommen. Während der Zeit der Unruhen, zu einem Zeitpunkt, wenn die Sonne zwischen der Erde und der Venus steht (und somit von der Erde aus betrachtet die Venus von der Sonne verdeckt zu sein scheint), wird es einen Besuch durch die Wächter geben, diejenigen, die stets die Entwicklung der Menschheit im Auge behalten haben. Sie werden sich aus Richtung Venus nähern, so dass auch sie vorübergehend von der Sonne verdeckt sein werden, aber sie werden durch die Kräfte von Merkur, d.h. durch die Kräfte der Beobachtung und der Kommunikation, sichtbar werden. Die Wissenschaftler, die sich mit Radioteleskopie und ähnlichen Disziplinen beschäftigen, werden eine Anomalie finden, die ihre Aufmerksamkeit erregen wird. Während sie diese untersuchen, werden sie zu der Erkenntnis kommen, dass es sich um einen starken Hinweis auf das handelt, was sie als UFO bezeichnen würden. Dies ist eigentlich das Instrument, das von den Wächtern zur Beobachtung der Menschheit eingesetzt wird. Während sich dieses Gerät der Erde für weitere Beobachtungen nähert, setzen die Wissenschaftler das Gerät dem Feuer aus. Mit anderen Worten, sie setzen es dem Licht der Erkenntnis aus. Wenn dieses Ereignis stattfindet, werden sie mehr darüber herausfinden, was es ist und wer die Wächter sind. Da dies allerdings in der Zeit der Unruhen sein wird, wird dieser eindeutige Beweis, dass es andere da draußen im Universum gibt, in einigen besonders mit Kriegen und dergleichen konfrontierten Ländern große soziale Unruhen und Panik auslösen. Und es wird zu internen Unstimmigkeiten kommen, die von Fundamentalisten ausgelöst werden, deren Weltanschauung nicht andere Wesen im Universum einbeziehen kann, ohne ihre Überzeugungen zutiefst zu erschüttern. Ihm ist klar, dass die Messung der Venus, die sich von der Erde aus betrachtet, auf der anderen Seite der Sonne befindet, für eine Datierung nicht sehr hilfreich ist, da dies ziemlich häufig vorkommt, aber er sagt, er aus seiner Sicht glaube, daß dies entweder 1997 oder 1998 stattfinden werde.

J: Die Sonne wird von der Venus verdeckt. Ich habe die Sonne immer als ein Symbol für den Großen Geist gesehen und die Venus als ein Sinnbild für die Liebe, die persönliche Liebe. Hast du das Gefühl, dies könnte auch die Umsetzung von mehr spiritueller Liebe unter den Menschen zu jener Zeit bedeuten?

B: Ich erhalte das Gefühl großer Freude von Michel de Nostredame. Er sagt, er sei sehr erfreut, dass du auch diesen Aspekt aufgegriffen hast. Er sagt, dass die planetarischen Einflüsse auf der Erde so wirken würden, dass sie versuchen, wie du sagst, mehr spirituelle Liebe unter die Menschen zu bringen. Er sagt, dass dies ein weiterer Grund sei, warum die Wächter sich entschieden hätten, zu dieser Zeit wieder mit der Menschheit in Kontakt zu treten, denn sie versuchen, das spirituelle Wachstum der Menschheit im Allgemeinen zu fördern, durch ihr sanftes Anstupsen sozusagen. Und er sagt, du habest recht, wenn du an die Beteiligung der höheren Aspekte der Einflüsse von beteiligten Planetenkörpern an dieser Situation denkst.

D: Darf ich fragen, ob die Wächter und die Anderen dieselbe Gruppe von Leuten sind?

B: Ja, sagt er, sie sind dieselben. Er bezeichnet sie als die Anderen, weil sie anders sind als wir. Sie sind nicht wir. Sie sind außerhalb. Sie sind die Anderen. Aber er nennt sie auch die Wächter, weil sie uns immer im Auge behalten und unser Wachstum und unsere Entwicklung beobachtet haben. Sie freuen sich darauf, dass wir den Punkt erreichen, dass wir uns ihrer Gemeinschaft anschließen und bei ihrem großen Projekt auf eine Art und Weise mithelfen können, die einzigartig für uns ist.

Es war für mich interessant, dass dies fast die gleiche Formulierung war, um diese Menschen und ihre Absicht zu beschreiben, die mein Proband Phil in meinem Buch Hüter des Gartens verwendete.

Bei vielen anderen Vorfällen sind mir die Begriffe „die Anderen“ und „die Wächter“ begegnet, und sie beziehen sich gewöhnlich auf Außerirdische.

KAPITEL 21

DIE KABALE

CENTURIE II-58

Sans pied ne main dend aigue & forte, *Par Globe au fort de port & lainé nay:* *Pres du portail desloyal transporte,* *Silene luit, petit grand emmené.*	Ohne Fuß und Hand, mit starken und scharfen Zähnen,/Durch die Menge hindurch zur Hafenfestung und dem Älteren./Nahe den Toren, verräterisch geht er hinüber;/Der Mond scheint nur sanft, große Plünderung.

B: Er sagt, dass dies während der Zeit des Antichristen sei. Der Mond, der nur sanft scheint, bezieht sich auf die Tatsache, dass die Menschen, die mit dieser besonderen Situation zu tun haben, keinen Kontakt zu ihrem übersinnlichen und intuitiven Selbst haben, so dass der Mond in ihrem Leben nur sehr wenig scheint. Der Mond repräsentiert den Himmelskörper, der sozusagen für die übersinnlichen Dinge zuständig ist. „Nahe den Toren, verräterisch gehen sie hinüber", bezieht sich auf die Tatsache, dass diese Gruppe so etwas wie eine Militärjunta sein wird, aber nicht direkt. (Ich verstand nicht, was sie meinte.) Er sagt, dass es eine Gruppe von Puppenspielern oder Leuten hinter den Kulissen gebe, die die Fäden der Figuren auf der Bühne ziehen und die Szenerie nach Bedarf verändern. Die Figuren auf der Bühne sind die politischen Figuren in den großen Metropolen der Welt. Die Szenerie ändert sich, wenn man von Hauptstadt zu Hauptstadt geht, aber die

Situation ist die gleiche. Er sagt, dass diese Puppenspieler, die sich hinter den Kulissen bewegen, in einer einzigen Organisation organisiert sind, und sie für ihre eigenen Interessen arbeiten. Aber sie sind sehr geschickt darin, das zu verschleiern. Sie halten Positionen, die relativ unbedeutend erscheinen, wie Berater und Unterstaatssekretäre und so weiter, die aber Schlüsselpositionen für ihre Macht sind. Und während sie in der Hauptstadt selbst arbeiten und ihrer Anstellung verbunden sind, sind sie gute, loyale, vorbildliche Bürger, die für die gleichen Ziele arbeiten, für die ihre Regierung angeblich arbeitet. Aber in dem Moment, in dem sie die Tore zur Außenwelt überschreiten, ändert sich all das, und sie nutzen die Informationen, die sie gewonnen haben, und bündeln sie für ihre Organisation, um für deren eigenen Ziele zu arbeiten, anstatt einer bestimmten Regierung gegenüber loyal zu sein. „Ohne Fuß und Hand, mit starken und scharfen Zähnen" beschreibt diese Menschen weiter, denn sie scheinen keinerlei politische Manövrierfähigkeit zu haben. Sie haben weder Fuß noch Hand, womit sie Leute herumschubsen könnten. Aber sie haben starke, scharfe Zähne, die sie in alles hineingebohrt haben. Und sie haben alles fest im Griff. Sie sind diejenigen, die wirklich die Kontrolle über alles haben. Diese Organisation existiert schon seit mehreren Generationen. Er sagt, einen Hinweis auf ihre Existenz bekommt man, indem man die Familiengeschichten der Bankenmächte und der Geldmächte in der Welt verfolgt. Sie sind sehr geheim und niemand weiß von ihnen, außer den beteiligten Familien. Diese Kabale von Führern hat sehr langsam aber sicher ein weltweites Netzwerk der Macht aufgebaut, weil sie die Macht übernehmen wollen, aber hinter den Kulissen bleiben möchten. Wenn der Antichrist auftaucht, denken sie zunächst, dass er nur ein neuer, dynamischer, jugendlicher Führer aus dem Nahen Osten sei, den sie benutzen können, um diesen Teil der Welt zu vereinen und unter ihre Kontrolle zu bringen. Aber der Antichrist dreht am Ende den Spieß um.

(Dies bezieht sich auf den Vierzeiler CENTURIE II-18, in welchem der Antichrist sie ermorden lässt, ohne zu merken, dass sie ihm eigentlich helfen).

Ich denke, es ist angebracht, auf den Skandal hinzuweisen, der sich im Januar, Februar und März 1987 ereignete, in welchem es um den Verkauf von Waffen an die Contras in Nicaragua ging. Die Unterstellungen lauteten, dass die US-Regierung involviert gewesen sei. Aber die Contras behaupteten, die Finanzierung sei größtenteils durch eine private Gruppe von Personen erfolgt, die nicht aufgespürt werden konnte. Auch wurde in dieser Zeit behauptet, dass riesige Geldbeträge, Millionen von Dollar, die dafür abgezweigt wurden, einfach verschwunden seien. Diese Gelder wurden soweit zurückverfolgt, dass sie auf bestimmten Bankkonten bei vielen verschiedenen Banken auf der ganzen Welt eingezahlt wurden und dann einfach verschwunden sind. Die Ermittler konnten keine Spur oder einen Hinweis darauf finden, wer daran beteiligt war. Dies scheint Nostradamus' Behauptungen über eine geheime Kabale zu bestätigen, die das Weltgeschehen kontrolliert und Kriege für ihre eigenen Zwecke am Laufen hält, indem sie Waffen liefert usw.

In CENTURIE II-89, die in Kapitel 10 übersetzt wurde, wurde eine geheime Gruppe von Leuten erwähnt, die immer noch in Vietnam involviert sind. Eine Organisation, die den Krieg über all die Jahre im Stillen am Laufen gehalten hat, ohne dass dies der allgemeinen amerikanischen Öffentlichkeit bekannt war. Könnte sich dies auf dieselbe Kabale beziehen?

CENTURIE II-88

Le circuit du grand faict ruineux, *Le nom septiesme du cinquiesme sera:* *D'un tiers plus grand l'estrange belliqueux,* *Mouton, Lutece, Aix ne garantira.*	Die Vollendung der großen verhängnisvollen Tat,/Der Name des Siebten wird der des Fünften sein./Der Namen des Dritten ist ein größerer, ausländischer Kriegstreiber,/Paris und Aix werden nicht im Widder gehalten.

B: Er sagt, dies beziehe sich auf die Zeit des Antichristen. Das große verhängnisvolle Ereignis ist die erfolgreiche oder fast erfolgreiche Übernahme Europas durch den Antichristen. Die Namen, die hier genannt werden, sind Hinweise auf sein sogenanntes „Kabinett". So werden es die Menschen äußerlich interpretieren. Aber in Wirklichkeit ist es ein geheimer Hinweis auf die internationalen Finanziers und Bankiers, die hinter den Kulissen entscheiden, was wann und wo durch die Puppenspieler passieren wird.

D: Die Kabale, über die wir schon berichtet haben?

B: Ja. Er sagt, der Hinweis darauf, dass Paris und Aix nicht im Widder stehen, bedeute, dass sie nicht im aktiven Krieg mit dem Antichristen bleiben werden, sondern dass sich die Dinge so einpendeln werden, dass sich die Aufmerksamkeit des Antichristen etwas anderem zuwenden wird. Und dort, in Frankreich, wird der Untergrund beginnen, zu gedeihen.

D: Dann werden sich diese Namen auf die Leute in dieser Geheimorganisation beziehen.

B: Ja. Er sagt, wenn sie bekannt werden, wird die Art und Weise, wie sie hier im Vierzeiler aufgeführt sind, den verschiedenen familiären Beziehungen zwischen ihnen entsprechen.

D: Du sagtest mir zuvor, dass diese Gruppe etwas mit den Generationen von Bankiersfamilien zu tun habe.

B: Ja, und andere mit Rohstoffen handelnde Familien, wie Familien im Gold- und Diamantenminen-Geschäft, Leder, Zinn und dergleichen. Die wichtigen Kolonialbarone, die mit den europäischen Weltreichen verbunden sind und das Vermögen ihrer Familien auf der Ausbeutung der Rohstoffe der Länder der Dritten Welt begründet haben. Ihm ist klar, dass der Versuch, all das aufzuspüren, ein großer Auftrag ist, aber er sagt, dass es mit der Zeit klar werde, wer alles daran beteiligt ist.

D: Es heißt: „Der Name des Siebten wird der des Fünften sein." Das wird sich alles aufklären?

B: Ja. Er sagt, der Siebte und der Fünfte in der Reihe würden nicht nur die gleichen Vornamen haben, sondern ihre Familiennamen werden in einer Weise miteinander verwandt sein, dass der Siebte als ein Teil der Familie des Fünften angesehen werde; deshalb werde sein Name der des Fünften sein. Er sagt, es sei schwer zu erklären, aber es werde klar werden, wenn die Informationen ans Licht kommen.

D: Wir hatten schon mehrere Vierzeiler über diese Geheimorganisation.

B: Aber nicht annähernd genug. Er sagt, dass er leider noch nicht so tief in diesen Aspekt der Zukunft habe eindringen können, wie er es gerne möchte. Er sagt, sie hätten bereits allen Ärger bereitet. Sie manipulieren die Wirtschaft, um die Arbeitslosenquote nach ihrem Gutdünken steigen oder fallen zu lassen. Sie manipulieren die Wirtschaft, um die Inflation nach ihrem Gutdünken steigen oder fallen zu lassen. Er sagt, jedes Mal, wenn man in den Laden geht und einen höheren Preis für einen Laib Brot bezahlen muss, sei es ihretwegen. Sie haben also bereits auch euer Leben beeinflusst.

Das war eine interessante Idee. Man würde nicht meinen, dass es jemanden hinter den Kulissen gibt, der mächtig genug ist, diese Dinge zu tun und auch Kriege für seine eigenen Zwecke am Laufen zu halten.

CENTURIE II-18

Nouvelle & pluie subite impeteuse,
Empechera subit deux exercites:
Pierre ciel, feux faire la mere pierreuse,
La mort de sept terre & marin subites.

Neuigkeiten sowie unerwarteter und schwerer Regen/werden plötzlich zwei Armeen behindern./Steine und Feuer vom Himmel werden ein Meer aus Steinen bilden,/Der Tod der Sieben eilt plötzlich über Land und Meer.

B: Er sagt, dies beziehe sich auf Ereignisse während der Zeit des Antichristen. Wieder einmal wird es während der stattfindenden Erdveränderungen Wetterextreme geben. Er sagt, dass zwei Armeen aufgestellt würden, um in die Schlacht zu ziehen, und dass ein extremer Wetterwechsel sie mit Regen und Hagel überraschen werde. Das wird sie daran hindern, den Kontakt so herzustellen, wie sie es geplant hatten, also werden sie einem alternativen Plan folgen und Flugzeuge oberhalb der Wetterschichten fliegen lassen, um zu versuchen, Bomben auf die gegnerischen Truppen abzuwerfen. Das ist es, was er mit Feuer und Steinen meint, die vom Himmel fallen.

D: Was meint er mit dem „Tod der Sieben"?

B: Er sagt, dass es eine Kabale von Führern geben werde. Das werden keine Militärs im engeren Sinne sein, sondern eher Finanziers und Bankiers, die Mächte hinter dem Militär, welche die Fäden ziehen. Irgendwie werden sie durch die Spionagekräfte des Antichristen entdeckt und zerstört werden, was einerseits dem Antichristen helfen wird, weil es die Organisationen, die er bekämpft, in ein vorübergehendes Durcheinander stürzt und er aus diesem Chaos einen Vorteil ziehen kann. Aber auf der anderen Seite ist es ein bisschen kurzsichtig von ihm, weil es diese Kabale ist, die die Kriege angezettelt hat, die über die Jahrzehnte und Jahrhunderte hinweg stattgefunden haben. Wenn er sie zerstört, ist das in der Tat der Anfang vom Ende für ihn, denn es sind die Aktivitäten dieser Kabale, die das unterstützt haben, was er zu tun versucht. Aber jetzt sind sie beseitigt, so dass die Agitation für den Weltkrieg nicht da ist und die natürliche Neigung für den Weltfrieden sich durchzusetzen beginnen wird, wodurch sie sich des Antichristen entledigen wird.

D: War er sich dessen nicht bewusst?

B: Nein, wenn er das gewusst hätte, hätte er sie stattdessen benutzt. Alles, was er zu der Zeit wusste, war, dass sie diese europäischen Kräfte finanzierten, damit sie weiterhin gegen ihn kämpfen konnten.

An mehreren anderen Stellen in den Vierzeilern werden nebulöse geheime Personen erwähnt. Haben diese auch etwas mit dieser geheimnisvollen Kabale zu tun?

In CENTURIE V-75, die in Kapitel 11, S. 158, übersetzt wird, wird ein Mann in den Vereinigten Staaten erwähnt.

In CENTURIE X-72, übersetzt in Kapitel 19, wird der König des Terrors im Zusammenhang mit dem genetischen Experiment erwähnt.

Zudem wird im selben Kapitel in CENTURIE I-81 eine weitere mysteriöse Machtgruppe erwähnt. Diese bezieht sich ebenfalls auf die genetischen Experimente.

Könnten dies alles unabhängige Hinweise auf dieselbe mysteriöse Kabale sein, die in Wirklichkeit die Angelegenheiten der Welt kontrolliert?

KAPITEL 22

DIE GEZEITENWENDE

CENTURIE VI-33

Sa main derniere par Alus sanguinaire
Ne se pourra par la mer guarantir:
Entre deux fleuves craindre main militaire,
Le noir l'ireux le fera repentir.

Seine Hand fährt schließlich durch den blutigen Alus,/Er wird sich auf dem Meer nicht schützen können./Zwischen zwei Flüssen wird er die militärische Hand fürchten,/Der Schwarze und Zornige wird ihn Buße tun lassen.

B: Er meint, dies beziehe sich auf den Untergang des Oberbefehlshabers des Antichristen. Er wird eine folgenschwere Fehlbeurteilung auf dem Schlachtfeld machen, so dass der Großteil seiner Militärkräfte gefangen genommen oder getötet werden wird. Die Schlacht, um die es geht, wird eine extrem strategische Schlacht sein. Der Schwarze und Wütende bezieht sich auf den Antichristen und seine Reaktion auf die Situation.

D: Man sagt, das Wort „Alus“ sei ein ungelöstes Rätsel. Ist es ein Anagramm?

B: Er sagt, es beziehe sich auf den Missbrauch einer Technologie, die noch nicht entwickelt worden sei. Wenn dieser Oberbefehlshaber diesen großen Beurteilungsfehler macht, ist ein Teil dieses Fehlers der Missbrauch dieser Technologie in einer Art, die seinen Untergang verursacht.

D: Sie dachten, er habe vielleicht versucht, uns den Namen des dritten Antichristen in einem Anagramm zu nennen.

B: Nein, das ist nicht so. Er sagt, dass dies etwas mit dem anderen Vierzeiler über seine Wahl dieses Oberbefehlshabers zu tun habe.

CENTURIE VI-21

Quant ceux du polle artiq unis ensemble,
En Orient grand effrayeur & crainte:
Esleu nouveau, soustenu le grand tremble,
Rhodes, Bisance de sang Barbare taincte.

Wenn sich die Menschen des Nordpols vereinigen,/Werden im Osten große Angst und Schrecken herrschen./Ein neuer Gewählter, unterstützt von dem großen Zitternden,/Sowohl Rhodos als auch Byzanz werden mit Barbarenblut befleckt sein.

B: Solange die Dinge völlig hoffnungslos wirken, wird der Antichrist gänzlich allmächtig und alles bezwingend erscheinen. Aber das ist dann die Zeit, wenn sein Stern sinkt und seine Macht an bestimmten entscheidenden Stellen zu schwinden beginnt. Damit ist gemeint, wenn es den Menschen des Nordpols, also insbesondere den Vereinigten Staaten, Kanada und Russland sowie später auch Nordeuropa, gelingt, sich zusammenzuschließen. Obwohl der Antichrist ganz Asien übernommen hat, ist er nach einer gewissen Zeit nicht mehr in der Lage, Russland zu kontrollieren. Russland löst sich los und vereinigt sich mit den Ländern, die noch nicht erobert worden sind. Diese Vereinigung, insbesondere der Vereinigten Staaten, Kanadas und Russlands, jagt dem Antichristen Angst ein, weil er den Anfang vom Ende sehen kann, an dem er in diesem Augenblick scheitern könnte. Also wählt er einen anderen Feldherrn, der den Feldzug fortsetzen soll, aber dieser Versuch wird scheitern. Rhodos und Byzanz werden als wichtige regionale Hauptquartiere einige der blutigsten Kämpfe sehen. In ihrem Bemühen, seine Befehlskette und seine Kommunikation zu unterbrechen, wird die Nordpol-Allianz versuchen, den Rest der

Welt seinem Zugriff zu entreißen und damit seine Macht zu demontieren.

D: Sie interpretieren diesen Vierzeiler als eine Allianz mit den USA und Russland, aber sie glauben, das geschehe am Anfang eines Krieges.

B: Er sagt, es werde der Wendepunkt in diesem großen Konflikt sein, an dem es zum ersten Mal so aussehen wird, dass die Guten zuletzt vielleicht doch noch die Oberhand gewinnen.

CENTURIE VIII-17

Les bien aisez subit seront desmis
Par les trois freres le monde mis en trouble,
Cité marine saisiront ennemis,
Faim, feu, sang, peste & de tous maux le double.

Die in Wohlstand Lebenden werden plötzlich gestürzt,/Die Welt wird durch drei Brüder ins Unglück gestürzt;/Ihre Feinde werden sich der Seestadt bemächtigen,/Hunger, Feuer, Blut, Pest, alles Übel verdoppelt sich.

B: Irgendwann werden die Siege so oft und so schnell kommen, dass sie selbstgefällig werden. Sie fangen an, ihre Siege für selbstverständlich zu halten und werden allzu selbstsicher. Als Ergebnis verlieren sie mehr und mehr Schlachten, so dass sie zu erkennen beginnen, dass ihre Macht nicht ewig währt. Er sagt, dass der Hunger, das Feuer und die Plagen und dergleichen sich alle verdoppeln, beziehe sich auf die Tatsache, dass der Antichrist nicht zögern werde, sowohl bakteriologische als auch konventionelle Kriegsführung zu nutzen. Die normale Auswirkung dieser Dinge wird viel schlimmer sein als üblich, da die sie verursachenden Organismen zu einer viel tödlicheren Variante entwickelt worden sein werden. Er sagt, dass der Antichrist zu diesem Zeitpunkt auf dem Höhepunkt seiner Macht sein werde, einen großen Teil der Welt übernommen haben werde und dadurch selbstgefällig werde. Die drei Brüder, die die Welt erzittern lassen werden, bezieht sich auf die Allianz zwischen Nordamerika, Nordeuropa und Russland. (Auf „Das Bündnis des

Pols" wird in CENTURIE VI-21 Bezug genommen. Siehe S. 270 ff.) Er verwendet den Ausdruck, dass sie die Welt erzittern lassen werden, weil dieses Bündnis den Antichristen beunruhigen wird. Und an diesem Punkt ist er in der Tat die Welt, weil er so große Teile von ihr eingenommen hat.

D: Sie interpretieren diese drei Brüder als die Kennedy-Brüder.

B: Er sagt, dass die Kennedy-Brüder, auch wenn sie in die Politik verwickelt waren, nichts getan haben, um die Welt aus dem Gleichgewicht zu bringen. Sie haben einfach gute Arbeit geleistet, indem sie sich umbringen ließen. Nur weil es zufällig drei Brüder gibt, die politisch berühmt sind, bedeutet das nicht, dass sich der Vierzeiler auf sie bezieht.

D: Ich schätze, sie nehmen es sehr wörtlich, wenn er „Brüder" sagt. Ein anderes Mal erwähntest du zwei Brüder und sie dachten, du habest auch da von den Kennedy-Brüdern gesprochen. Aber in jenem Fall waren es Amerika und England. Jetzt erkenne ich also, dass er, wenn er „Brüder" sagt, manchmal eine Allianz meint.

B: Häufig, ja.

Von drei Brüdern ist auch in CENTURIE VIII-46 die Rede, die in Kapitel 15 gedeutet wurde. „Wenn Mars seinen furchtbaren Thron besteigt, der Hahn und der Adler, Frankreich und die drei Brüder".

B: Wieder einmal erwähnt er die Hoffnung der Welt, wie er es nennt, das Bündnis zwischen Nordamerika, Nordeuropa und Russland. Und hier kommt sein Patriotismus zum Vorschein. Er sagt, dass Frankreich ebenfalls im Geiste mit ihnen verbündet sein werde, wenn auch nicht in einer tatsächlichen physischen Allianz. Frankreich wird durch die Erniedrigungen des Antichristen so geschwächt sein, dass es nicht unbedingt eine große Hilfe sein wird, aber es wird in seinen Gedanken und seinem Herzen mit ihnen verbündet sein.

Es schien unvermeidlich zu sein, dass in dieser Zeit des Terrors eine weitere Hauptfigur in der Welt auftauchen würde, um dem Antichristen entgegenzutreten. Bislang war noch niemand prophezeit worden, bis wir zu diesem Vierzeiler kamen und wir einem Mann vorgestellt wurden, der eine Hauptfigur in unserem seltsamen Szenario werden sollte.

D: Dieser Vierzeiler nennt am Anfang einen sehr seltsamen Namen. Es könnte schwierig für mich sein, ihn auszusprechen. Es ist „Ogmios" auf Englisch und „Logmion" auf Französisch. Kennt er das Wort?

CENTURIE V-80

Logmion grande Bisance approchera,	Ogmios wird sich dem großen Byzanz nähern,/Die barbarische Liga wird vertrieben werden./Von den beiden Gesetzen wird das heidnische scheitern,/Barbar und Ehrenbürger im ewigen Kampf.
Chasse sera la barbarique ligne:	
Des deux loix l'une l'estinique lachera,	
Barbare & franche en perpetuelle brigue.	

B: Er meint, er kenne den Namen, den du auszusprechen versuchst. Er sagt, dass dieser spezielle Vierzeiler eine mehrfache Bedeutung habe, teilweise allegorisch oder figürlich, und teilweise als Vorbereitung oder Warnung. Er bezieht sich hauptsächlich auf den Ausgang der Zeit der Unruhen, den letztendlichen Untergang des Antichristen. Er sagt, dass der springende Punkt des Kampfes in dieser Grauzone des Kontinents liegen werde, bei der man wirklich nicht sicher ist, ob es Asien oder Europa ist. Was den Ausgang betrifft, er wird für eine Weile sehr fraglich erscheinen. Denn die ganze Zeit über, in der der Antichrist an der Macht ist, wird er versuchen, mehr Macht zu erlangen, und es wird einen ständigen Kampf geben zwischen seinen Streitkräften, die Michel de Nostredame als barbarisch bezeichnet, und den Menschen, die noch frei sind von seiner tyrannischen Herrschaft. Er bezeichnet sein Gesetz als heidnisch, da es sich gegen die zentrale Quelle der spirituellen Kraft richtet, ganz gleich, welchen Namen man dieser Quelle geben möchte. Es ist ohnehin hauptsächlich eine Frage der Semantik. Er sagt, dass diejenigen, die gegen die zentrale spirituelle Kraft kämpfen, automatisch früher oder später zum

Scheitern verurteilt seien, weil sie gegen die Struktur des gesamten Universums arbeiten. Es ist nur eine Frage dessen, wie weit sie gehen, bevor sie scheitern, und welche Auswirkungen sie auf das Leben um sie herum haben.

D: Ist es nur das Streben nach immer mehr Macht, das zum Scheitern führen wird?

B: Er sagt, das sei üblicherweise der letztendliche Untergang vieler Tyrannen. Da er machthungrig ist, werden seine Unterbefehlshaber ebenfalls machthungrig sein und sein Reich wird um ihn herum zersplittern. Infolgedessen wird sich die politische Karte der Welt verändern. Er sagt, die geografische Karte werde zwar ähnlich aussehen und die Kontinente würden immer noch die gleiche Form haben, aber die Linien, die man auf ihnen ziehe, um sie in Länder aufzuteilen, würden infolge dieser Zeit der Unruhen danach anders aussehen.

D: Was meint er mit dem Wort „Ogmios"?

B: Er bezieht sich auf die Klassiker. Er sagt, gehe zurück und lies deine Klassiker noch einmal, wenn du die Antwort auf diese Frage haben willst. Die Bildung wird in eurer Zeit in diesem Bereich generell vernachlässigt und er versucht, dich dazu zu bringen, deinen Horizont zu erweitern.

D: Ich bin bereit, meine Nachforschungen anzustellen.

J: Für mich bedeutet Ogmios ein großer Anführer oder ein großer Held.

B: Richtig.

J: Bedeutet das, dass es einen großen Staatsführer geben wird, der den Antichristen bekämpft?

B: Er sagt, ja, den werde es geben. Jedes Mal, wenn sich ein großer Tyrann erhebt, ist es eine Frage des kosmischen Gleichgewichts, dass sich ein großer Held erhebt, um dies auszugleichen. Dieser wird helfen, den Tyrannen zu Fall zu bringen und das Gleichgewicht des Universums in einer Weise wiederherzustellen, die mit der zentralen Quelle des Spirituellen harmoniert.

D: Wird dies ein Führer eines anderen Landes sein?

B: Nein, nicht eines anderen Landes. Es wird sich ein Führer erheben, der von vielen Ländern, die nicht unter der Herrschaft des Antichristen stehen, sondern gegen den Antichristen kämpfen, allgemein gepriesen und anerkannt werden wird. Dieser Führer wird wahrscheinlich aus der Untergrundbewegung aufsteigen. Es gibt immer eine oder mehrere Untergrundbewegungen, die helfen, Tyrannen von innen heraus zu bekämpfen. In einem der Länder, die er erobert, werden sie eine sehr straff organisierte Untergrundbewegung haben. Und dieser Führer wird aus dieser Untergrundorganisation hervorgehen. Er sagt, wenn sich der Konflikt dem Ende neigt und „Ogmios", der große Anführer von den Kräften des Guten, dem Antichristen gegenübersteht, werde das in jenem Gebiet Eurasiens in der Nähe von Konstantinopel sein. Wie er sagte, in jenem Gebiet, wo man auf eine Art in Europa ist, aber auch irgendwie in Asien. Er sagt, dieser Anführer werde ursprünglich von irgendwo in Mitteleuropa her kommen. Dieser Mann ist spirituell sehr gut darauf vorbereitet, diese Aufgabe zu übernehmen, zumal sein Gegner sehr mächtig sein wird und mit negativen spirituellen Kräften um ihn herum. Und Ogmios wird gut für den Kampf gewappnet sein müssen, auf allen Ebenen.

J: Wird er von religiöser oder von wissenschaftlicher Gesinnung sein?

B: Er wird einer aus dem Volk sein. Er ist ein Mann, der sich sozusagen von unten nach oben gearbeitet haben wird. Er kommt aus einfachen Verhältnissen und was er erreicht hat, hat er durch ehrliche Arbeit erreicht. Er hat eine technische Ausbildung. Die Hauptfähigkeit, auf die er sich verlässt, ist seine Sachlichkeit. Er ist in der Lage, den Kern der Dinge zu sehen. Er ist eine alte Seele und setzt seine Prioritäten richtig. Er weiß, was für das Endresultat wichtig ist und was nicht. Und er ist einer derjenigen, die helfen werden, den Weg für den großen Genius zu ebnen, der nach dem Antichristen kommen wird. Denn dieser Mann erkennt, dass er nicht derjenige ist, der die Welt zum letztendlichen Frieden führen wird. Aber er ist derjenige, der helfen wird, denjenigen zu Fall zu bringen, der die Welt zerstören würde, um Platz für denjenigen zu schaffen, der die Welt zum endgültigen Frieden führen wird.

Nachforschungen ergaben, dass Ogmios das keltische Pendant zu Herkules ist. Zitiert aus Mythology of All Races (zu Dt.: Mythologie aller Rassen, *Anm. d. Übersetzers), Band 3: „Ein gallischer Gott namens Ogmios wird als alter Mann dargestellt, kahlköpfig und mit faltiger und sonnenverbrannter Haut, der allerdings die Eigenschaften von Herkules besitzt. Er zieht eine Schar von Menschen an schönen Ketten aus Gold und Bernstein mit sich, die an ihren Ohren befestigt sind, und sie folgen ihm mit Freude. Das andere Ende der Ketten ist an seiner Zunge befestigt, und er wendet seinen Gefangenen ein lächelndes Antlitz zu. Dieser einheimische Gott der Beredsamkeit wurde als Herkules angesehen, weil er seine Großtaten durch Beredsamkeit vollbracht hatte; er war alt, denn die Rede zeigt sich am besten im hohen Alter; die Ketten zeigten die Verbindung zwischen der Zunge des Redners und den Ohren der verzückten Zuhörer an." Die Kelten glaubten, dass Beredsamkeit mächtiger sei als körperliche Stärke.

Das könnte eine zutreffende Beschreibung sein. Wenn der Antichrist eine solche goldene Zunge hat, dass er Länder kampflos erobern kann, dann müsste sein Gegner ähnlich begabt sein. Beredsamkeit wäre eine Hauptvoraussetzung. Wie sonst sollte Ogmios in der Lage sein, Anhänger zu gewinnen?

Als Brenda die Tarotkarten für drei der vermummten Gestalten legte, die um den Perlentisch saßen, blieb noch eine übrig, die interpretiert werden musste. Dies war das Blatt für Ogmios, den Erzfeind des Antichristen.

B: (Sie legte die Karten aus.) Beginnend mit dem aufrechten Narren, der teilweise ein aufrechtes Ass der Stäbe verdeckt, ist die nächste Karte ein aufrechter Ritter der Kelche, der teilweise von einem aufrechten Gericht verdeckt wird. Dann ein voll freiliegendes aufrechtes Rad des Schicksals und schließlich eine voll freiliegende aufrechte Sonne.

D: (Lachen) Ich bekam gerade eine Inspiration, als du den Narren nanntest. Er müsste schon ein Narr sein, um gegen den Antichristen anzutreten.

B: (Lachen) Der ewige Optimist.

J: Ich sehe den Narren nicht auf dieses Weise. (Die Karte zeigt einen Mann, der bereit ist, vom Rand einer Klippe zu springen.) Hier sehen wir zwei Wege, und es liegt an uns, sicherzustellen, dass wir den richtigen nehmen. Denn wenn wir den falschen Weg nehmen, fällt der letzte Vorhang.

D: Man könnte von der Klippe fallen.

J: Ja, und wir müssen Vertrauen haben und auf unser inneres spirituelles Wesen bauen. Das Ass der Stäbe steht für die Geburt neuer Unternehmungen. Es ist ein Blütenstab, und ich betrachte Stäbe und Zauberstäbe immer als blühende Stecklinge, wie von einer Pflanze. Man setzt sie in den richtigen Nährboden und sie blühen auf. Hier zeigt sich, dass, wenn man diesen Menschen in den richtigen Nährboden setzt, er wirklich blühen und zu einer Eiche von großer Stärke heranwachsen wird.

D: Dann wird er den rechten Weg einschlagen, wenn das Ass der Stäbe über dem Narren liegt.

J: Der Ritter der Kelche ist eine Karte, die einen Romantiker oder einen Idealisten darstellt. Jemanden, der stets versucht, das Beste in anderen Menschen zu sehen. Es ist eine gute Karte. Ich mag den Ritter der Kelche. Das Einzige, was sie tun müssen, ist, sich wirklich aufzuraffen. Sie müssen angetrieben werden. Die nächste Karte ist das aufrechte Gericht. Das steht für ein Erwachen, einen Bewusstseinswandel, ein neues spirituelles Gefühl. Er wird sich so fühlen müssen, wenn er gegen den Antichristen antreten will.

B: Es verdeckt teilweise den Ritter der Kelche.

J: Nun, der Ritter der Kelche repräsentiert, dass man alles erreichen kann, was man will, wenn man auf seine geistigen Werte und Ziele vertraut. Und die Sonne segnet das alles. Es ist wunderbar, die Sonne als Karte in einer Deutung zu haben, weil sie dafür steht, die Vergangenheit hinter sich zu lassen, sich an die guten Dinge aus der Vergangenheit zu erinnern, aber wirklich begeistert zu sein von dem schönen neuen Leben, das man in der Zukunft führt. Und dann steht das aufrechte Rad des Schicksals dafür, dass es vom Schicksal bestimmt ist. Ich betrachte das Rad des Schicksals immer als Schicksal. Wenn ich Große Arkana-Karten in einer Lesung sehe, sage ich immer, dass diese Werke nicht so sehr vom Individuum selbst verursacht werden, sondern vom Schicksal oder Karma. Seine Lesung sieht gut aus. Er wird sich aufraffen müssen. Das wird nicht leicht sein. Er ist jetzt wahrscheinlich genau in der Phase des Ritters der Kelche in seinem Leben.

B: Ich finde es interessant, dass von allen Karten, die ich heute Abend ausgelegt habe, dies das einzige Blatt ist, in dem die Karten alle aufrecht liegen. Die anderen hatten eine Menge umgedrehter Karten.

Noch einmal: Das alles ist ziemlich erstaunlich. Es war unmöglich, dass irgendjemand all das aus dem Stegreif zusammengefügt hat und dass es so perfekt passt.

CENTURIE V-24

Le regne & lois souz Venus eslevé, *Saturne aura sus Jupiter empire:* *La loi & regne par le Soleil levé,* *Par Saturnins endurera le pire.*	Das Königreich und die Gesetze, unter Venus erhoben,/Saturn wird Jupiter beherrschen./Gesetz und Reich, erhöht von der Sonne,/werden das Schlimmste durch diejenigen von Saturn erleiden.

B: Er sagt, dies beziehe sich auf die Organisation, die von demjenigen geführt wird, den er als „Ogmios“ bezeichnet hat. Diese Organisation wird das Schlimmste der Zeit der Unruhen überstehen und als Basis für zukünftige Regierungen dienen, nachdem der Antichrist abgesetzt sein wird. Er sagt, die Herrlichkeit und die positive Natur der Sonne würden hinter Ogmios stehen und ihm helfen, das Schlimmste durchzustehen. Ogmios ist ein Mann von großer Statur. Er wird eine sehr direkte Person von schroffer Natur sein. Dieser Mann ist das, was man als guten Freund bezeichnet, aber er sagt, als Feind möchte man ihn lieber nicht haben. Deshalb ist er ein so guter Widersacher für den Antichristen. Er wird ein aufrechter Mann mit starken Prinzipien und starker Moral sein. Die Prinzipien sind seine eigenen und nicht von den Kirchengeistlichen beeinflusst. Deshalb ist er derjenige, der den Untergang des Antichristen herbeiführen wird, denn dieser Mann ist ein Führer und wird eine Organisation unter sich haben, die ihm bei seinem Bestreben hilft. Aber er sagt, er werde keinen Ring in seiner Nase haben wollen.

CENTURIE II-85

Le vieux plain barbe soubs le statut severe,
A Lyon faict dessus l'Aigle Celtique:
Le petit grand trop autre persevere,
Bruit d'arme au ciel: mer rouge Ligustique.

Unter der strengen Autorität des Alten mit dem wallenden Bart,/Wird er in Lyon über den keltischen Adler gestellt./Der kleine Große beharrt zu stark;/Waffenlärm am Himmel, das Ligurische Meer ist rot.

B: Er sagt, der kleine Große beziehe sich auf Ogmios, weil er klein ist, insofern, als seine Kräfte klein sein werden und seine Ressourcen ebenso. Er wird Teil des Untergrunds sein und wird zusammenkratzen, was er nur kann. Aber er ist der Große, weil er den Sieg davontragen und schließlich den Antichristen besiegen wird.

D: Wer ist „der Alte mit dem wallenden Bart“?

B: Er sagt, der alte Mann mit dem wallenden Bart, der über dem keltischen Adler steht, repräsentiere die Verzerrung der Werte, die sich in dieser Zeit zuspitzen werde. Der alte Mann mit dem wallenden Bart ist ein Symbol für eine verzerrte Religion. Eine Religion, die im Grunde genommen, wie ihr es ausdrückt, fundamentalistisch ist. Sie ist wie ein strenger alter Mann, der einen dicken Eichenstock über seine Anhänger hält, um sicherzustellen, dass sie nicht aus der Reihe tanzen. Und der keltische Adler steht für Ehre, Tapferkeit und Loyalität gegenüber dem eigenen Land, Dinge dieser Art. Die größten Probleme dieser Zeit werden jene sein, die durch Menschen mit verzerrten Weltbildern verursacht wurden, die Anhänger der verschiedenen fundamentalistischen Religionen, nicht nur der christlichen Religionen, sondern auch der muslimischen.

D: Ich hoffe, wir kommen irgendwann zu einem Vierzeiler, der sagt, was zwischen Ogmios und dem Antichristen passiert.

B: Er sagt, es werde eine lange, allmähliche, harte Angelegenheit sein.

D: Du meinst die Schlacht, oder wie?

B: Den Krieg.

D: Aber irgendwo in diesen Vierzeilern liegt der Höhepunkt dessen, was wirklich zwischen den beiden passiert?

B: Er fragt, wie du darauf kommst, dass sich die beiden jemals persönlich begegnen werden?

D: Ich bin davon ausgegangen.

B: Er sagt, Annahmen seien gefährlich.

D: Wir nennen Ogmios den Erzfeind des Antichristen. Ist das richtig?

B: Nahe dran.

CENTURIE IX-73

Dans Foix entrez Roi ceiulee Turban,
Et regnera moins revolu Saturne,
Roi Turban blanc Bisance coeur ban,
Sol, Mars, Mercure pres de la hurne.

Der König betritt Foix mit einem blauen Turban,/Er wird weniger als eine Saturnumdrehung lang regieren./Der König mit dem weißen Turban, dessen Herz verbannt nach Byzanz,/Sonne, Mars und Merkur stehen in der Nähe von Wassermann.

B: Er sagt, der Antichrist werde Europa einnehmen und werde beginnen, die Welt zu übernehmen, mit der Idee, eine Art von Dynastie zu errichten. Dieser Mensch ist sich aufgrund seines kulturellen Hintergrunds des stärkeren Einflusses von Familien im Vergleich zu dem Einfluss bestimmter Einzelpersonen sehr bewusst. Dass eine Familie, die mächtig aufgestellt ist, einen großen Einfluss auf den Verlauf der Geschichte haben kann. Da er das Spiel mit der Macht liebt und von der Macht besessen ist, ist es für ihn eines der ultimativen Machtspiele, durch den Einfluss seiner Ahnenlinie die Macht über eine lange Zeitspanne hinweg manipulieren zu können. Allerdings soll das nicht eintreten, denn er wird von Ogmios gestürzt werden und dann wird der große Genius kommen, um die Kräfte, die Energien auszugleichen und die Erde zu heilen.

D: Welcher ist der Antichrist, der blaue Turban oder der weiße Turban?

B: Der blaue. Der weiße Turban bezieht sich auf den großen Genius.

D: Es heißt, der mit dem blauen Turban werde weniger als eine Saturnumdrehung lang regieren.

B: Er sagt, das sei ganz klar, warum bist du verwirrt? Er ist gerade damit fertig geworden, zu erklären, dass der Antichrist eine Machtherrschaft für eine lange Zeitspanne errichten will, aber sie wird nicht annähernd so lange dauern, wie er es sich wünscht. Sie wird sehr kurzzeitig sein. Er sagt, es sei, wie wenn man ein Feuer mit Gras mache -- es verbrennt sehr schnell.

D: Nun, man sagt, dass eine Umdrehung des Saturns 29,5 Jahre seien.

B: Das ist wahr.

D: Ich glaube, in einem anderen Vierzeiler erwähnte er, dass der Krieg des Antichristen 27 Jahre dauern wird. (CENTURIE VIII-77, Kapitel 14, S. 192.)

B: Er sagt, dieser Mann werde einen Einfluss auf die Geschichte der Erde haben und für weniger als diese Zeitspanne sozusagen im Rampenlicht stehen. Und nicht für die lange Zeitspanne, die er anstrebt.

D: Dann werden diese astrologischen Zeichen in der Lage sein, uns die Daten zu geben?

B: Er sagt, wenn man die Horoskope für das nächste Jahrtausend hat, dann könne man erahnen, wann der Konflikt schließlich zu Ende sei und die Errichtung einer neuen Weltordnung beginne, so dass der große Genius in Erscheinung treten könne.

Ein weiterer Hinweis auf die Zeitspanne, in der der Antichrist sozusagen regieren wird, wurde in CENTURIE II-10 gegeben.

B: Das ausgesprochen üble Jahrhundert (wie im Vierzeiler erwähnt) ist die Zeit, die kommt, und es schließt die ihr vorausgehende Zeit ein. Das ganze 20. Jahrhundert im Besonderen, aber vor allem die Zeit seit dem Zweiten Weltkrieg, ist nicht besonders friedlich gewesen. Er bezeichnet es also als übel. Und die Zeit seit dem Zweiten Weltkrieg bis zum Ende der Zeit der Unruhen wird fast ein ganzes Jahrhundert umspannen.

Ich glaube, da der Zweite Weltkrieg in den späten 1930er und frühen 1940er Jahren stattfand, bedeutet dies, dass das Ende der Zeit der Unruhen mehr oder weniger in den 2030er oder 2040er Jahren stattfinden wird.

B: Er betont noch einmal, wie wichtig es ist, diese Vierzeiler zu übersetzen. Er sagt, sie müssten übersetzt werden. Die Information muss in dieser Zeitlinie vorhanden sein, auch wenn sie nur in Manuskriptform vorliegt. Solange sie in irgendeiner Form vorhanden ist, es ist sehr wichtig. Er kann das zu diesem Zeitpunkt nicht deutlicher erklären.

KAPITEL 23

DIE NACHWIRKUNGEN DES DRITTEN WELTKRIEGES

CENTURIE II-44

L'aigle pousée entour de pavillions,
Par autres oiseaux d'entour sera chassée:
Quand bruit des cymbees, tubes sonaillons,
Rendront le sens de la dame insensée.

Der Adler, zurückgetrieben um die Häuser herum,/Wird von anderen Vögeln um ihn herum gejagt werden./Wenn der Klang von Zimbeln, Trompeten und Glocken/Der besinnungslosen Frau die Sinne wiedergeben.

B: Er sagt, dies beziehe sich auf einige der Niederlagen, die die Vereinigten Staaten im Kampf gegen den Antichristen erleiden werden. Er sagt, es beziehe sich auch auf die Verschlechterung der politischen Situation innerhalb der Vereinigten Staaten, sowohl vor als auch während der Zeit der Unruhen. Aber nachdem die Zeit der Unruhen vorbei ist, feiern die Menschen ihren Sieg und ihre Freiheit. Diese Feier wird in den Vereinigten Staaten das durch die Freiheitsstatue verkörperte Leitbild wiedererwecken. Das Leitbild der Freiheit und der Rechte, die aufgrund der Kriegslage und aufgrund des Antichristen tot waren. Sie werden wieder lebendig werden; die Menschen werden wieder ihre Rechte haben und die Dinge werden besser sein als zuvor.

Mars & le sceptre se trouvera conjoinct,	Mars und das Zepter werden in Konjunktion stehen,/Ein
Dessoubz Cancer calamiteuse guerre:	verhängnisvoller Krieg findet statt unter Krebs./Kurze Zeit
Un peu apres sera nouveau Roi oingt,	danach wird ein neuer König gesalbt,/Der für lange Zeit
Qui par long temps pacifiera la terre.	Frieden auf der Erde bringen wird.

B: Er sagt, dass er einige dieser astrologischen Zeichen hier als Allegorie und nicht als spezifische Hinweise auf die Zeiträume verwende. Mars und das Zepter in Konjunktion beziehen sich auf einen Führer -- er denkt an einen amerikanischen Präsidenten -- der besonders kriegslüstern ist. Das Zeichen Krebs bezieht sich in mehrfacher Hinsicht darauf, wie sich die Ereignisse verwickeln, bis sie kriegsreif sind. Er sagt, dass jemand unter starkem Krebseinfluss der Dreh- und Angelpunkt sein werde, welcher die Weichen dafür stellt, dass sich die Ereignisse für einen Krieg zusammenfügen. Einer der Anführer wird einen starken Krebseinfluss in seinem Horoskop haben.

D: Der amerikanische Führer?

B: Nein, nicht unbedingt. Einige der wichtigsten Ereignisse in diesem Krieg werden stattfinden, während die Sonne im Haus des Krebs regiert. Er sagt, dass die Menschen nach diesem Krieg kriegsmüde sein würden und einen anderen Präsidenten wählen würden. Ein neuer König wird gesalbt werden, der Frieden will und dafür arbeiten wird. Und danach wird es für eine gewisse Zeit danach Frieden geben. Es gibt einen Weg, die Planeten und die Häuser der Planeten mit den anderen Sternbildern in Beziehung zu setzen, welche nicht unbedingt zum Tierkreis gehörige Sternbilder sind. Er sagt, wenn du einen Zeitraum eingrenzen willst, halte Ausschau nach einer Konjunktion von Mars mit einer günstigen Beziehung zu Kassiopeia und mit Merkur in günstigem Aspekt zu Zwillinge und Krebs. Er sagt, dies könne dem Astrologen helfen oder aber es könne ihn verwirren. Aber er muss einen offenen und flexiblen Geist behalten und bereit sein, zu experimentieren. Er muss seiner inneren Stimme folgen, und wenn ihm eine Idee kommt, die absurd erscheint, soll er sie trotzdem ausprobieren.

Kassiopeia gehört nicht zu den Sternbildern des Tierkreises. Sie befindet sich in der Nähe von Polaris, dem Nordstern. Es klang, als ob Nostradamus John testete, um zu sehen, ob er in der Lage sein würde, seine Intuition zu benutzen, um die seltsamen Bedeutungen der Symbole in den Vierzeilern zu entschlüsseln. Vielleicht dachte er, wenn John in der Lage wäre, dies zu verstehen, dann wäre er derjenige, der mit mir arbeiten sollte. Natürlich ergab das alles keinen Sinn für mich.

D: Sie übersetzten das Zepter als Jupiter und sagten, dass Mars und Jupiter in Konjunktion stehen würden, und daraus errechneten sie ein Datum.

B: Welches Datum haben sie gefunden?

D: Sie sagten, es sei am Ende von Krebs, das wäre ungefähr der 21. Juni 2002.

B: (Pause) Er sagt, das könnte knapp sein. Es wird noch während der Dauer der amerikanischen Union sein. Die Stärke des amerikanischen Bundes wird in der Zukunft abnehmen, aber das wird vor dieser Zeit stattfinden.

Als ich diesen Vierzeiler später John zum Entziffern brachte, sagte er, dass er den Hinweis auf Kassiopeia verstehe. Das Folgende ist seine Interpretation:

Kassiopeia ist ein prominentes zirkumpolares Sternbild, wenn man es von den mittleren Breiten der Erde aus betrachtet. Für die Alten stellte Kassiopeia eine Königin auf ihrem Thron dar. Astrologisch gesehen liegt dieses Sternbild in der Nähe der ersten Grade des Sternzeichens Stier. Seine Bedeutungen sind: Liebeskummer, äußerlich ernst, aber lebenshungrig, mystische Vorlieben, positive Negativität, Ruhm durch die Hilfe von Vorgesetzten, und zuletzt (aber vielleicht wichtig für den Vierzeiler) dämonische Kräfte. In Konjunktion mit Mars steht es für eine angeborene Fähigkeit, zu Einfluss aufzusteigen. Entschlossene, aber unvorhergesehene Widersacher könnten diesen Aufstieg vereiteln. Rechtliche Schwierigkeiten und mögliche Selbstzerstörung werden hierbei angedeutet, da Kassiopeia gegenüber dem himmlischen Nordpol des Ursa Major (Großer Bär, *Anm. d. Übersetzers) liegt, was in Nostradamus' Vorhersage auch eingerechnet worden sein könnte. Der Hauptstern des Ursa Major, TsiehKung, beeinflusst als eifriger, einfallsreicher, konservativer, lernbegieriger und ängstlicher Geist. Vielleicht beschreiben diese Attribute die Natur der Teilnehmer des Vierzeilers. Mars steht mindestens einmal alle 2 bis 3 Jahre in Konjunktion mit Kassiopeia. Um in einem guten Aspekt mit Zwillinge und Krebs zu stehen, müsste er sich in den ersten 3 Graden von Stier befinden. Dies würde ein Semisextil zu Planeten in Zwillingen und ein Sextil zu Planeten im Krebs bilden. Mars und Jupiter müssen nicht unbedingt eine Konjunktion im Krebs bilden. Stattdessen könnten Mars und Jupiter im ersten Grad von Stier in Konjunktion mit Kassiopeia stehen und Sextile oder einen günstigen Kontakt mit Planeten in Krebs und Zwillingen bilden. Mars und Jupiter werden vom 24. März 2000 bis zum 16. April 2000 in Konjunktion im Stier stehen. Könnte dies die Zeit sein, auf die sich Nostradamus bezog?

CENTURIE IV-29

Le Sol caché eclipse par Mercure,
Ne sera mis que pour le ciel second:
De Vulcan Hermes sera faicte pasture,
Sol sera veu pur, rutilant & blond.

Die verborgene Sonne, von Merkur verfinstert,/Wird nur an zweiter Stelle am Himmel stehen./Hermes wird zur Nahrung von Vulkan gemacht,/Die Sonne wird rein, glänzend und golden gesehen.

B: Er sagt, in diesem Vierzeiler verwende er die Sonne und Merkur/Hermes sowie Vulkan (Römischer Gott des Feuers, *Anm. d. Übersetzers) als Symbole für höhere Aspekte, um zu versuchen, den großen Entwurf zu illustrieren, der während der Zeit der Unruhen und der Zeit der Heilung danach vom Zentrum des Rades ausgeht. Ich benutze den Begriff „das Zentrum des Rades“ wegen der Illustration, die er mir zu zeigen versucht und die ich gleich erklären werde. Er benutzt die Sonne, um die Gesamtkraft des Universums darzustellen, aus der alles entstanden ist. Er benutzt Merkur, um die materialistischen Aspekte der Technologie zu repräsentieren. Er benutzt Hermes in Verbindung mit Merkur, um gleichermaßen die moderne Technologie darzustellen, wie sie in der Kommunikation eingesetzt wird. Und er benutzt Vulkan, also den, der für das Feuer zuständig ist, der in diesem Fall die Kriegsführung darstellen soll, oder diejenigen, die mit den Waffen der Kriegsführung und damit mit dem Feuer zu tun haben. Er benutzt diesen Ausdruck: „Die verborgene Sonne", um die Tatsache klarzumachen, dass die Welt den Kontakt zu ihrer Quelle verloren hat. Die Menschen sind sich der Quelle, aus der sie entsprungen sind, nicht bewusst und suchen deshalb in anderen Bereichen nach Erfüllung und Glück und haben damit keinen Erfolg. Sie glauben, es in der modernen Technik zu finden. Dabei gab er an, dass die „Sonne von Merkur verfinstert wird". Er sagt, dass sie nur an zweiter Stelle stehen werde, was bedeutet, dass das, was für sie an erster Stelle steht, persönliches Vergnügen und Glück sei. Und sie versuchen, das Glück durch die Technologie zu finden und spalten sich dadurch von der zentralen Quelle des Universums ab. Doch während der Zeit der Unruhen werden die Schrecken des Krieges und das Blutvergießen, mit anderen Worten also die Macht von Vulkan, sie erkennen lassen, dass die Technologie nicht die Antwort auf das Glück enthält, was er durch die Vertilgung Merkurs durch Vulkan darstellt. Am Ende dieser Zeit der Unruhen, wenn die Zeit der Heilung kommt, werden die Menschen zur Quelle zurückgebracht werden. Sie werden erkennen, woraus sie entsprangen und wohin sie gehen. Dies ist die Zeit, da die Heilung stattfinden wird. Die Menschen werden spirituell reifer werden und in der Lage sein, sich selbst sowie die Welt zu heilen, und sie werden noch viel weiter gehen, indem sie sich darauf vorbereiten, der Gemeinschaft der Wächter beizutreten.

D: Was war die Symbolik des Bildes von dem Rad?

B: Das Bild, das er mir zeigte, ist wie ein Rad mit einer zentralen Nabe und den Speichen, die strahlenförmig nach außen gehen. Ich bin mir nicht sicher, aber es scheint, dass die Nabe des Rades die Quelle darstellt, aus der alles gekommen ist, und dass die strahlenförmig nach außen gehenden Speichen die Kraftkanäle anzeigen. Jeder Raum zwischen den Speichen erscheint anders.

Weißt du, wenn man auf der physischen Ebene zwischen die Speichen eines Rades schaut, dann sieht man den Hintergrund, der sich hinter dem Rad befindet, aber bei diesem Rad ist der Hintergrund zwischen jedem Speichenpaar anders. Dies scheint die verschiedenen Einflüsse darzustellen, welche die unterschiedlichen Aspekte auf die Situation haben, und die verschiedenen möglichen Wirkungen als Resultat der stärkeren oder geringeren Einflüsse dieser verschiedenen Kräfte.

D: Ich kann mir vorstellen, wie schwierig es ist, ein solches Konzept zu übersetzen. Es klingt sehr kompliziert.

B: Für mich ist es verwirrend. Und ich bin mir nicht sicher, was der Rand des Rades in dieser Symbolik darstellt.

J: Es klingt fast wie ein Bild von einem Horoskoprad. Die Sonne würde, wie du sagtest, die Quelle darstellen. Wobei aber jedes der Häuser eine andere Abteilung oder einen anderen Lebensbereich repräsentiert. Vielleicht ist das ein Spiegelbild von etwas Ähnlichem im spirituellen Bereich oder in den höheren Ebenen.

B: Ich habe das Gefühl, du könntest recht haben. Was du sagst, fühlt sich richtig an. Michel de Nostredame nickt gerade. Er sagt, diese Vorstellung sei richtig. Es geht darum, das Konzept des Horoskoprads oder wie auch immer es genannt wird, auf die höheren Ebenen anzuwenden, die spirituelle Seite der Situation, die da aufkommt.

CENTURIE II-87

Apres viendra des extremes contreés,
Prince Germain, dessus de throsne doré:
La servitude & eaux rencontrées,
La dame serve, son temps plus n'adore.

Danach kommt aus einem fernen Land/Ein deutscher Fürst auf den goldenen Thron./Knechtschaft trifft von jenseits der Meere ein./Die Dame wird unterworfen und zu der Zeit nicht mehr verehrt.

B: Er sagt, dies beziehe sich auf zwei unterschiedliche Ereignisse. Eines ist ein Ereignis, das vor etwa 350, 400 Jahren stattgefunden hat. Die andere Interpretation dieses Vierzeilers ist eine Aussage über die Gesellschaft im Allgemeinen, sowohl zu seiner Zeit als auch eurer Zeit. Er sagt: „Die Dame wird nicht mehr verehrt" beziehe sich auf die Tatsache, dass der weibliche Aspekt der Göttlichkeit vernachlässigt, geschmäht und ignoriert werde. Und wenn nach dem Antichristen die Zeit des Friedens kommt, wird dieser Mangel wieder gutgemacht werden. Denn in früheren Zeiten wurde der weibliche Aspekt der Göttlichkeit verehrt. Der männliche Aspekt wurde auch verehrt, aber dem weiblichen Aspekt der Göttlichkeit untergeordnet. Dann entstand die patriarchalische Epoche und der männliche Aspekt der Gottheit wurde verehrt, während der weibliche Aspekt der Gottheit völlig ignoriert, geschmäht und heruntergedrückt wurde. Womit die Gesellschaft fertigwerden und umgehen können muss, ist, dass die Göttlichkeit sowohl männlich als auch weiblich ist, und dabei weder männlich noch weiblich. Sie müssen in der Lage sein, mit all diesen Aspekten der Göttlichkeit in einer ausgewogenen Weise umzugehen, um eine ausgewogenere universelle Sichtweise zu entwickeln.

D: Ich dachte, dass es zu seiner Zeit mit der Dominanz der katholischen Kirche eine männliche Gottheit war. Aber er bezieht sich gerade auf die Art und Weise, wie das alles begann?

B: Er sagt, du sollest deine Ohren spitzen. Wenn du auf ihn hören willst, sagt er, dass es zu seiner Zeit sowie auch zu eurer Zeit eine männliche Gottheit sei. Aber er sagt, dass es in frühen Zeiten, in der Frühgeschichte, eine weibliche Gottheit gewesen sei. Er sagt, er sei entsetzt über deinen Mangel an Bildung, aber vielleicht werden die Nachforschungen, die du in Bezug auf dieses Buch betreibst, helfen, den Mangel auszugleichen. Er ist überrascht, dass die Klassiker nicht in eurem Bildungssystem behandelt werden. Er erachtet das als einen großen Verlust.

D: Nun, es ist 1500 Jahre her ... entschuldige, 400 Jahre seit seiner Zeit.

B: Er sagt, ja, es seien 1500 Jahre oder mehr von der Antike bis zu eurer Zeit, aber nur eine Generation vor dir wurden die Klassischen Werke in der Bildung behandelt, wurden dann aber im Anschluss an den Ersten Weltkrieg vernachlässigt. Er sagt, es sei ein großer Verlust für die westliche Zivilisation im Ganzen.

Dies schien ein ständiger Zankapfel zwischen Nostradamus und mir zu sein und sollte sich durch meine ganze Arbeit mit ihm durchziehen. Er konnte die Vernachlässigung unserer Schulen, diese Dinge zu lehren, nicht verstehen, denn zu seiner Zeit galt dies als das Zeichen höherer Bildung. Er konnte nicht wissen, wie sehr sich der Fokus von dem, was wirklich „alte“ Geschichte ist, wegbewegt hat.

Das erklärt vielleicht auch die Probleme der Übersetzer dabei, seine Vierzeiler zu verstehen. Wir alle betrachten sie mit unserer modernen Gemütsverfassung und unserer Bildung; daher können wir die Feinheiten seiner Schulbildung nicht sehen, die definitiv die Symbolik färbten, die er in seine Rätsel einbaute.

CENTURIE I-29

Quand la poisson terrestre & aquatique,
Par forte vague au gravier sera mis:
Sa forme estrange sauve & horrifique,
Par mer aux mure bien tost les ennemis.

Wenn der Fisch, der über Land und Meer reist,/Von einer großen Welle ans Ufer geworfen wird:/Seine Form ist sonderbar, glatt und furchterregend./Vom Meer aus erreichen die Feinde bald die Mauern.

B: Er sagt, die Deutung dieses Vierzeilers werde von vielen, die sie sehen, nicht ernst genommen werden. Der Fisch, der über Land und Meer reist bedeutet, dass das, was er im Geist dieses Mediums vorfindet und das zu dem passt, was er gesehen hat, dieses Konzept ist, das als UFOs bekannt ist. Nach der Zeit des Konflikts wird es einen viel engeren Kontakt mit den Mächten hinter diesen Fluggeräten geben. Eines von ihnen wird auf eine von ihnen errichtete Unterwasserbasis zusteuern, eine Fehlfunktion haben und an die Küste gespült werden.

D: Haben sie Basen unter dem Meer?

B: Das hat er gesagt. Auf dem Meeresgrund.

D: „Vom Meer aus erreichen die Feinde bald die Mauern.“ Meint er damit, dass die Menschen in den UFOs der Feind sind?

B: Ja, die Menschen werden sie so wahrnehmen, weil sie Angst haben.

D: Aber sie sind nicht wirklich Feinde, oder?

B: Manche sind es, und manche nicht.

D: Du hast mit mir vorher über die Anderen und die Wächter gesprochen. Ist das eine andere Art?

B: Er sagt, es gebe mehr als eine Gruppe von Wächtern da draußen. Einige meinen es gut mit der Menschheit und andere haben eher egoistische Motive im Sinn.

CENTURIE II-19

Nouveau venus lieu basti sans defence.
Occuper la place par lors inhabitable:
Pres, maisons, champs,villes prendre à plaisance,
Faim, Peste, guerre arpen long labourable.

Neuankömmlinge bauen einen Ort ohne Verteidigungsanlagen,/Und besetzen einen bis dahin bewohnbaren Ort./Wiesen, Häuser, Felder, Städte werden mit Vergnügen eingenommen./Hungersnot, Pest, Krieg, ausgedehntes Ackerland.

B: Dies bezieht sich auf ein Ereignis, das er eine „grüne“ Revolution nennt. Er sagt, nach dem Antichristen würden sich die Menschen dem Frieden zuwenden wollen. Sie werden sich wieder der Erde zuwenden wollen, mit dem Wesentlichen im Leben in Berührung kommen wollen, und es würden neue Lebensstile entwickelt und erforscht werden. Er sagt, dass es eine Andeutung dessen in der amerikanischen Sozialrevolution der frühen 1970er Jahre gegeben habe. Die Menschen werden Großfamilienverbände zur Unterstützung entwickeln, denn es wird eine größere Gruppe von Menschen als nur die Kernfamilie brauchen, um neue Gemeinschaften, neue Orte aufzubauen. Und sie werden sie so bauen, dass jeder sehr stark mit der Erde in Kontakt sein kann. Sie werden sehr stark ökologisch bewusst sein. Sie werden tun, was sie können, um die Erde zu heilen und das neue Zeitalter einzuläuten, das nach dem Antichristen kommen wird. Sie werden Land zurückgewinnen und es für den Ackerbau nutzbar machen. Land, das entweder verschwendet wurde, missbraucht oder über all diese vielen Jahre nicht genutzt werden konnte. Und da sich alle dem Frieden zuwenden, ist der Bau von Verteidigungsanlagen nicht notwendig.

D: *Da ist eine Sache, die mich verwirrt. In der letzten Zeile steht: „Hungersnot, Pest, Krieg, ausgedehntes Ackerland." Bezieht sich das auf den Krieg, der bereits vorbei ist?*

B: Ja. Und „ausgedehntes Ackerland" bezieht sich auf den Wiederaufbau, den sie machen werden. Sie werden Städte abreißen, um mehr Platz für die Landwirtschaft zu schaffen. Er sagt, es werde die Umkehrung des Trends aus dem 20. Jahrhundert sein, der darin bestand, Ackerland für Städte zuzubetonieren. Im 21. Jahrhundert wird der Trend in die andere Richtung gehen, das Abreißen von Städten, um wieder mehr Anbauflächen dem Sonnenlicht auszusetzen.

D: *Ich dachte, das bedeute vielleicht, dass sie sich untereinander um das Land bekriegen werden.*

B: Nein, weil so viele während der Zeit des Antichristen getötet worden sein werden, wird es nicht mehr so viel Bevölkerung auf der Erde geben. Es wird genug Land für alle da sein. Die Menschen werden des Krieges so überdrüssig sein, dass sie, wenn sie an einen Ort kommen, an dem Land knapp ist, sie anstatt um das vorhandene Land zu kämpfen, mehr Land schaffen -- damit alle in Fülle leben.

Die erste Zeile des Vierzeilers schien dieser Interpretation zu widersprechen. „Neuankömmlinge bauen einen Ort ohne Verteidigungsanlagen und besetzen einen bis dahin bewohnbaren Ort." Aber ich glaube, das ist ein unschuldiger Übersetzungsfehler oder vielleicht ein Druckfehler. Ich zog ein französisches Wörterbuch zu Rate und stellte fest, dass „inhabitable" im Original mit „unbewohnbar" im Englischen übersetzt wird. Das Interessante dabei ist, dass ich Brenda die englische Übersetzung vorgelesen hatte, aber Nostradamus hat den Fehler ignoriert, weil er die richtige Bedeutung dessen, was er sah, kannte. Ein weiteres Beispiel dafür, dass wir tatsächlich mit dem Autor dieser Prophezeiungen in Kontakt sind.

KAPITEL 24

DER GROSSE GENIUS

CENTURIE IV-31

La Lune au plain de nuict sur le haut mont,
Le nouveau sophe d'un seul cerveau l'a veu:
Par ses disciples estre immortel semond,
Yeux au midi, en seins mains, corps au feu.

Der Mond steht mitten in der Nacht über dem hohen Berg,/Der junge Weise hat ihn allein mit seinem Gehirn gesehen./Aufgefordert von seinen Schülern, unsterblich zu werden,/Die Augen gen Süden, seine Hände auf seiner Brust, sein Körper im Feuer.

B: Er wird dies in Prosa erklären, was bedeutet, dass die Erklärung der Zeilen nicht zwangsläufig in der gleichen Reihenfolge sein wird, wie sie niedergeschrieben wurden. Er sagt, dass es in der Zukunft diesen Mann geben werde, der eines der höchsten, am weitesten entwickelten Genies sein werde, das jemals in unserer gegenwärtigen Menschheitsgeschichte erschienen sei. Er sagt, dieser sanftmütige Mann habe den Entschluss gefasst, sein Genie zu nutzen, um der Menschheit zu helfen, anstatt ihr zu schaden, und so wird er ständig Dinge erfinden und zur Vision haben, die der Menschheit helfen werden. Da er ein solches Genie ist, gibt es viele Menschen, die unter ihm studieren, um zu versuchen, die immense Fülle an Ideen zu begreifen, die von ihm ausgehen. Eines der Dinge, die er zur Vision hat, um das Elend der Menschheit auf der Erde zu lindern, sind in sich geschlossene, sich selbst versorgende Raumstationen. Sie werden wie Weltraumkolonien sein und so groß, dass man sie von der Erde aus als kleine Monde wahrnehmen kann. Er hat diese Vision, um die Armut, die Überbevölkerung und Dinge dieser Art abzubauen, die gemindert werden könnten, wenn es mehr Raum und billigere Energieressourcen für die Menschheit im Allgemeinen gäbe. Diese Stationen, die er visualisiert, werden praktisch umsetzbar sein. Er visualisiert sie so, dass die Technologie der entsprechenden Zeit leicht in der Lage ist, sie zu bauen. Und so wie er die Ideen präsentiert, sind sie sowohl für die Politiker als auch für die Wissenschaftler attraktiv, so dass er erfolgreich darin ist, diese Dinge durchzusetzen. Eine Begleiterscheinung dieser Entwicklung, eine andere Sache, die ihm vorschwebt, ist eine Methode, etwas von seinem Genie und seinem Wissen in eine Art organischen Computer zu transplantieren, so dass dieses immer noch verfügbar sein wird, um der Menschheit zu dienen, nachdem sein Körper gealtert und gestorben ist. Er entwickelt dies bis zum höchstmöglichen Punkt, um sein Genie zu übertragen, oder besser gesagt, sein Genie und sein Wissen zu duplizieren, so dass er es immer noch besitzt, es aber auch in diesem organischen Computer ist. Das ist die Bedeutung der Zeilen „ Die Augen gen Süden, seine Hände auf der Brust, sein Körper im Feuer." Für einen Teil des Prozesses muss er sich in eine besondere medizinische Maschinerie begeben, die Energie entlang all seiner Nervenbahnen schickt, um das Gehirn so zu stimulieren, dass es die wesentlichen Teile der Psyche projizieren kann, die für diesen organischen Computer benötigt werden. Und es wird sich anfühlen, als ob der Körper in Flammen steht.

D: Das ist eine sehr sonderbare Übersetzung. Hat er dir irgendwelche mentalen Bilder davon gezeigt, wie dieser organische Computer aussehen würde?

B: Ich kann nichts sehen. Ich glaube, wir haben die Begriffe noch nicht. Die einzige klare Idee, die durchkommt, ist, dass dieser organische Computer für den Betrieb der Weltraumkolonien wesentlich sein wird. Irgendwie wird er ihnen helfen, auf höchstem Niveau zu funktionieren, aber ich kann keine Bilder davon bekommen, wie er aussieht.

D: Ich schätze, ich denke automatisch, dass wenn etwas organisch ist, es gehegt und gepflegt werden muss und ...

B: Ja, die Funktionsbausteine dieses Computers müssen im Labor gezüchtet und entwickelt werden. Du kennst das Kinderexperiment, bei dem man Kristalle in einem versiegelten Glas an Fäden wachsen lässt -- es ist etwas Ähnliches, aber unter Verwendung bestimmter Arten von Flüssigkeiten mit bestimmten chemischen Bausteinen darin, wodurch dieser Computer entlang bestimmter biologischer Formationen wächst und sich entwickelt. Beinahe wie Proteinketten, aber so gemacht, dass es in bestimmte Computerschaltungen integriert werden kann.

D: Ich dachte mir, wenn etwas organisch ist, dann kann es sozusagen sterben.

B: Das ist wahr. Aber so, wie dies durch das Genie dieses Mannes entwickelt wird, ist es selbsterneuernd, wie die Zellen eures Körpers. Einige der organischen Teile werden sich schlussendlich abnutzen und alt werden. Aber in der Zwischenzeit werden sie sich selbst repliziert haben, so dass es organische Teile geben wird, die sich von diesem Gerät ablösen, aber es wird keinen Wissensverlust geben, weil dieses sich ständig selbst erneuert. Er sagt, dass die Programme dieses Computers immer breitere Anwendung finden werden, bis dies die Technologie der Menschheit völlig verändern wird.

UPDATE: Als dieser Vierzeiler 1986 übersetzt wurde, lag die Idee eines organischen Computers völlig außerhalb meines Begriffsvermögens. Eine Entdeckung im Jahr 1991 rückte das Konzept jedoch in den Bereich der Plausibilität. Das Problem mit den traditionellen Computerchips, den mikroskopisch kleinen Bauteilen, die Computer zum Laufen zu bringen, ist, dass es eine Grenze dafür gibt, wie klein sie gemacht werden können. Eine Gruppe von Forschern an der Syracuse University berichtete, dass sie nun in der Lage seien, Informationen in einem winzigen Block aus dem Protein „Bakteriorhydapsin" zu speichern und abzurufen. Dies ist eine Substanz, die von einem Bakterium stammt, das in Salzsümpfen vorkommt. Sie sagen, dass sechs kleine Würfel aus diesem Material, jeder davon mit einer bloßen Seitenlänge von einem Zentimeter, die gesamte Kongressbibliothek speichern könnten. Es wird wahrscheinlich noch viele Jahre dauern, bis die Computerindustrie diese Entdeckung nützlich einsetzen kann, aber es ist definitiv organisch, wenn es von Bakterien stammt. Dies könnte die Substanz sein, oder etwas Ähnliches und ebenso Fantastisches, das in den Computern zur Zeit des Großen Genies verwendet werden wird.

D: Dann wird das anscheinend etwas sein, was in der fernen Zukunft passieren wird.

B: Er sieht das im einundzwanzigsten Jahrhundert, vielleicht im zweiundzwanzigsten. Er sagt, auch wenn es uns sehr fantastisch erscheint, werde es nicht so weit in der Zukunft liegen, wie man meinen sollte. Aufgrund des Genies dieses Mannes wird er den Prozess der Entwicklung von Dingen, die uns jetzt sehr fantastisch erscheinen, immens beschleunigen. Es war sehr einfach für ihn, diesen Mann entlang der Verknüpfung der Zeitpfade ausfindig zu machen, weil er einen so großen Effekt erzeugt. Er befindet sich an einer Verknüpfung der Zeitlinien, aber alles, was er tut, wirkt sich auf die verschiedenen Zukünfte aus, durch welche die Erde reisen könnte. Er war also ein herausragendes Licht -- so beschreibt er es -- er war ein herausragendes Licht am Horizont der Zeiten. Er sagt, er sei ein sehr wissbegieriger Mensch, und er entschied sich, seine Außergewöhnlichkeit lieber in der Wissenschaft als in der Philosophie einzusetzen, damit er der Menschheit eher materiell als lediglich geistig helfen könne. Er sagt, dieser Mann sei eine der Hauptkräfte, die der Erde helfen werden, sich von den Narben des Krieges zu erholen, den sie durchgemacht haben wird. Er wird helfen, die Erde zu heilen, damit die Menschheit als Ganzes wieder ganz und glücklich sein sowie gut leben kann. Er wird nach dem Antichristen erscheinen. Dieser Mann wird in der Lage sein zu sehen, wie sehr die Erde vernarbt ist und wie sie geheilt werden kann, und er beschließt, sein Leben dafür einzusetzen. Er ist das Hauptgegengift gegen den Antichristen.

D: Das ist gut, denn der Antichrist klang so endgültig. Das zeigt, dass wir doch noch etwas Hoffnung für die Zukunft haben.

B: Er sagt, ja, das Universum müsse die Dinge im Gleichgewicht halten. Man kann die Waage nicht ganz in eine Richtung kippen, ohne dass sie in die andere Richtung zurückschwingt. Und dieser

Mann bewirkt aufgrund der Natur seines Genies, dass die Waage in Richtung eines guten Ereignisses zurückschwingt. Er wird sich auf eine Weise einsetzen, dass sich die Dinge ausgleichen und rundherum besser werden.

D: Die Waage hat sich in eine Richtung zum Bösen hin bewegt und kann nun zum Guten zurückkehren. Ich bin froh, das zu hören. Es war sehr deprimierend.

B: Er sagt, wenn sie in Richtung des Bösen gehen und dort verharren würden, wären sie aus dem Gleichgewicht und es würde diesen Teil des Gefüges des Universums zerreißen. Also darf es nicht sein. An diesem Punkt kichert er. Er sagt: „Siehst du, ich bin nicht immer ein Schwarzseher."

D: Ja, das habe ich ihm vorgeworfen, nicht wahr? (Lachen) Nun, das gibt mir ein wenig Hoffnung, dass vielleicht nicht alle seine Vierzeiler tiefste Finsternis sein werden.

B: Er hat so viel über die tiefste Finsternis gesagt, weil er sich keine Sorgen macht, dass die Menschheit die guten Zeiten überlebt. Es geht darum, ob sie die finsteren Zeiten überleben wird oder nicht. Und er versucht, die Menschen davor zu warnen, damit sie gewappnet sind, sie zu überleben. Dann werden sie da sein, um die guten Zeiten danach zu genießen.

CENTURIE I-56

Vous verrez tost & tard taire grand change,
Horreurs extremes, & vindications:
Que si la lune conduicte par son ange,
Le ciel s'approche des inclinations.

Früher und später werdet ihr große Veränderungen sehen,/Furchtbare Schrecken und Rachetaten./Denn so, wie der Mond von seinem Engel geführt wird,/So nähert sich der Himmel dem Gleichgewicht.

B: Er sagt, dies beziehe sich auf den früheren Reim über den Mann, der ein Genie ist. Er hat bereits erwähnt, dass nach den Schrecken des Antichristen und dergleichen die Waage in die andere Richtung zurückschwingen muss, um die Dinge auszugleichen. Der „Mond von seinem Engel geführt", sind die von diesem Genie entwickelten Weltraumkolonien. Die Art und Weise, wie ihre Computer organisiert und hin zu organischen Computern entwickelt werden, wird von ihm, dem Erfinder und Forschungsleiter, dabei gelenkt und geleitet. Durch seine Bemühungen werden die Dinge wieder ins Gleichgewicht gebracht und zur Normalität zurückgeführt werden.

D: Dann bezieht er sich oft, wenn er von einem Mond spricht, eigentlich auf diese Weltraumkolonien.

B: Er sagt, mit den Begriffen, die er im Kopf habe und den Worten, die er kenne, sei dies das einzige Wort, das ihm einfalle. Wenn er so mit dir kommuniziert, durch den Geist dieses Mediums mit seinen fortgeschritteneren technologischen Begriffen, kann er sehen, dass es Raumkolonien und Raumstationen waren, die er dabei sah.

D: Im ersten Teil heißt es: „ ... große Veränderungen, furchtbare Schrecken und Rachetaten". Werden diese zuvor geschehen?

B: Ja, er sagt, die großen Veränderungen und die Schrecken und Rachetaten werden vom Antichristen kommen und vom Aufstieg und Fall der Regierungen, den Sekten und solcherlei.

Als ich mit Elena arbeitete, sagte Nostradamus, eine Möglichkeit, wie ich sicher sein könne, dass ich wirklich wieder mit ihm kommuniziere, sei, sozusagen einen Test durchzuführen. Indem ich ihn einen Vierzeiler durch jemand anderen interpretieren lasse, den er bereits durch Elena interpretiert hatte. Er sagte, wenn er es mit ähnlichen Worten interpretiere -- es müsse nicht Wort für Wort sein, aber ähnlich genug, so dass es die gleiche Bedeutung habe -- dann werde ich wissen, dass ich wirklich wieder in Kontakt mit ihm sei.

Ich brauchte nicht wirklich Beweise. Er hatte mich bereits mit mehr als genug Informationen und Ähnlichkeiten versorgt, dass ich wusste, es konnte kein Zufall sein. Aber ich wusste, dass ich meinen Lesern und eventuellen Skeptikern zuliebe den Test wahrscheinlich durchführen sollte. Ich hatte absichtlich gezögert, bis wir mehrere Wochen lang an diesem Material gearbeitet und über 60 Vierzeiler übersetzt hatten. Ich nehme an, die menschliche Seite in mir hat es immer wieder aufgeschoben. Was, wenn die Interpretationen nicht übereinstimmten? Vielleicht würde mein Glaube an dieses Projekt erschüttert werden. Die Beweise waren in meinen Augen überwältigend. Aber was, wenn er den Test nicht bestehen würde? Würde das einen Schatten auf das ganze Experiment werfen? Ich wusste, ich würde das Risiko eingehen müssen. Schließlich beschloss ich, dass es an der Zeit war, mich auf dünnes Eis zu begeben und um eine Interpretation eines Vierzeilers zu bitten, den Elena zuvor durch Dyonisus gedeutet hatte. Ich wählte den ersten, den sie selbst gefunden hatte, den über die verborgenen biblischen Entdeckungen. Natürlich wusste Brenda nichts von dem, was ich zu tun beabsichtigte. Als sie in Trance war, erklärte ich Nostradamus gegenüber in aller Bescheidenheit die Situation.

D: Ich hoffe, er nimmt mir das nicht übel. Ich werde einen Test durchführen. Weiß er, dass ich mit der anderen Frau arbeitete, bevor sie weggezogen ist?

B: Ja. Er sagt, es sei eine höchst eigenartige und wundersame Kommunikation durch einen seiner ausländischen Studenten, den Griechen gewesen.

D: Ja. Und es war schwierig, weil der Student vieles von dem, was er mir mitteilte, scheinbar nicht verstand.

B: Er schüttelt an dieser Stelle den Kopf und sagt: „Diese Griechen können stur sein, und manchmal kommt einem das in die Quere."

D: (Lachen) Bevor die andere Frau fortzog, gab mir Nostradamus einige Anweisungen, und dies war eine davon. Er sagte mir, ich solle sozusagen einen Test machen, wenn ich ein anderes Medium finde. Ich möchte also nicht, dass er beleidigt ist.

B: Er sagt, nein, es sei notwendig, diese Wahrheiten zu präsentieren, um zu beweisen, dass es sich um eine wahre und klare Kommunikation handelt und nicht um einen Scherz. Es ist wichtig, dass diese Information hervorgebracht wird und dass sie als authentisch akzeptiert wird. Wenn sie das nicht wird, dann war das alles umsonst.

D: Ja, das stimmt. Für mich gab es zu viele so genannte „Zufälle". So gut wie die ganze Sache zwischen den beiden verschiedenen Medien zusammengepasst hat, kann ich es nicht als Scherz betrachten. Aber es beunruhigt mich auch. Ich glaube so sehr daran, dass ich Angst habe, es könnte vielleicht widerlegt werden, wenn ich einen Test mache.

B: Er sagt, das wäre ein großer Schock für dein Glaubenssystem.

D: Es gab einen Vierzeiler, den Elena durch Dyonisus interpretiert hatte, und damals sagte Nostradamus, er werde mir später mehr Informationen dazu geben. Er sagte mir, wenn ich diesen Vierzeiler noch einmal zur Sprache bringen würde und er dasselbe sagen würde -- ähnlich, aber nicht mit genau denselben Worten -- würde ich wissen, dass ich tatsächlich mit ihm in Kontakt stehe.

B: Er sagt, das sei wahr. Die Wörter werden ähnlich sein, aber er wird in der Lage sein, das Thema weiter auszuführen, indem er das breite Vokabular nutzt, das durch dieses Medium verfügbar ist. Er bittet dich, fortzufahren.

D: Zu dieser Zeit wurde ihr gesagt, sie solle meditieren und versuchen, die Übersetzungen zu verstehen, dann würde er sie korrigieren. Seitdem haben sich die Anweisungen geändert.

B: Er erteilte verschiedene Anweisungen, um sich den verschiedenen Medien anzupassen.

D: Ja. Jetzt tue ich es stattdessen. Ich frage mich, ob ich ihre Interpretation lesen sollte? Damals sagte er, sie sei nicht völlig korrekt und er habe sie erweitert.

B: Er sagt, für den Zweck dieses Tests wäre es vielleicht besser, wenn du nur die Übersetzung im Buch läsest und sie dann von ihm ausführlich erklären ließest, wie er es bei den anderen getan habe. Auf diese Weise könnten die Leute nicht sagen, dass das Medium gehört habe, was der andere dazu zu sagen hatte. Und damit du die Parallelen siehst, wenn sie also tatsächlich zusammenpassen, wird das beweisen, dass es eine echte Kommunikation ist.

D: In Ordnung. Dann bin ich auch bereit, den Test zu machen, wenn du weißt, was ich meine. Dieser Vierzeiler war in dem Buch, das sie hatte, anders formuliert.

Faux esposer viendra topographie, *Seront les cruches des monuments ouvertes:* *Pulluler secte saincte philosophie,* *Pour blanches, noirs, & pour antiques verts.*	Er wird kommen, die falsche Topographie zu entlarven,/Die Graburnen werden geöffnet werden./Sekten und heilige Philosophie werden gedeihen,/Schwarz für Weiß und das Neue für das Alte.

Ich holte tief Luft und drückte die Daumen, in der Hoffnung, dass er die Prüfung, die er sich selbst auferlegt hatte, bestehen werde.

B: Er sagt, dies sei ein weiterer Vierzeiler, der mehr als eine Interpretation hat, da er sich auf mehr als ein Ereignis beziehe. Eine Interpretation bezieht sich auf den Mann, der als Gegengift zum Antichristen aufsteigen wird. Dieser Genius, der bereits erwähnt wurde. Die Formulierung „er wird kommen, um die falsche Topographie zu entlarven" bedeutet, dass er zeigen wird, dass so, wie die Dinge betrachtet werden, sie einen falschen Anschein haben. Dass die Philosophien und Wissenschaften auf falschen Voraussetzungen aufgebaut sind und dadurch ein verfehltes Bild vom Universum erschaffen haben. Was er entdeckt und was er entwickelt, wird den Menschen helfen, dem wahren Erscheinungsbild des Universums näher zu kommen, wie es in Bezug auf die alles durchdringende Lebenskraft wirklich ist. Er sagt, vieles von diesem Wissen werde die Philosophien in den Religionen beeinflussen, aber es werde auch helfen, Entdeckungen von alten Dokumenten zu erklären, die aufgrund der Sichtweise der Menschen beiseite geschoben wurden. Er sagt, verschiedene Dokumente, wie diejenigen, welche in einigen der Gräber von Ägypten und in Qumran gefunden wurden, und verschiedene weitere Dokumente, die noch gefunden werden, seien Beispiele dafür. Sie werden in einer zusammenhängenden Weise miteinander verbunden sein, wodurch sie frühere Versionen der großen Religionen erklären, die im Vergleich zu der Art und Weise, wie sie im Laufe der Jahre interpretiert wurden, völlig auf den Kopf gestellt erscheinen werden, wodurch sie als Schwarz für Weiß erscheinen. Er sagt, dass die neuen Interpretationen dieser Dokumente, basierend auf dem neuen Verständnis der alten, zuvor obskur erscheinenden Schriften, für die Menschen so viel mehr Sinn ergeben würden, dass sie die alte, die engstirnige Art und Weise, die Dinge zu betrachten, ersetzen würden. Er sagt, dass dies eine tiefgreifende Veränderung in der Welt bewirken werde, besonders in Fragen der Religion und der Philosophie. Denn diese Entdeckung, welche zunächst als eine Entdeckung der Wissenschaft dargestellt wird, wird metaphysischer sein, als man zunächst annimmt. Und sie wird die Verbindungen zwischen dem physikalischen Universum und dem metaphysischen Universum deutlich machen, wie sie von den Religionen behandelt wird. Er sagt, ein unwesentliches Ereignis, auf das sich dieser Vierzeiler ebenfalls bezieht, sei ein Ereignis, das bereits stattgefunden habe. Im frühen 19. Jahrhundert gab es einen Mann, der in den Besitz einiger ägyptischer Dokumente aus der Antike gelangte, die in ein paar Gräbern entdeckt wurden. Und dieser Mann hatte einen Ansatz von übersinnlichen Fähigkeiten. Dadurch übermittelte er eine Interpretation dieser Dokumente, die teilweise richtig und teilweise falsch war. Aber er benutzte diese Interpretation dieser Dokumente zur Gründung einer neuen christlichen Sekte. Einige der Überzeugungen dieser Sekte stimmten nicht mit den damals vorherrschenden Überzeugungen überein und machten die Anhänger dieser Sekte sehr suspekt. Denn sie schienen einige Dinge umgekehrt zu dem zu sehen, was die Theologen zur damaligen Zeit auf der Grundlage der Bibel annahmen, da diese Anhänger auch nach den Informationen gingen, die sie aus diesen ägyptischen Dokumenten erhielten. Er erwähnte dies einfach als ein unwesentliches Ereignis, welches dieser Vierzeiler ebenfalls beschrieb. Geschichte bewegt sich in Spiralen.

Wochen später kam mir ein Gedanke, von wem er gesprochen haben könnte. Ich glaube, er sah Joseph Smith und die Anfänge der Mormonenkirche im neunzehnten Jahrhundert. Diese Sekte basiert angeblich auf der Entdeckung alter Schriften.

B: Aber das bedeutendere Ereignis, das er für das Wohlergehen der Menschheit für wichtig hielt, war das Ereignis, das er am ausführlichsten erklärte -- das erste Ereignis, welches aus eurer zeitlichen Sicht noch nicht stattgefunden hat, dieses Genie, das Gegengift zum Antichristen. Die Entwicklungen, die er macht, und die Auswirkungen, die diese auf die Welt und die Bevölkerung als Ganzes haben wird, werden jene sein, die von Menschen vorhergesagt werden, die das Wassermannzeitalter voraussahen. Er sagt, dass infolge dessen weltweiter Frieden bevorstehen werde. Die Menschen werden in der Lage sein, ihr inneres Selbst zu befreien und sich den höheren Kräften und den höheren Ebenen des Universums zu öffnen. In der Tat wird dies jeden Menschen zu einem Philosophen machen, da er für diese Dinge offen sein wird, wohingegen zuvor nur Philosophen dafür offen waren. Infolgedessen werden die Sekten und Religionen, welche diese neu entdeckten wahren Prinzipien begrüßen, sehr weit verbreitet sein, da die Menschen zusammenkommen und ihre Erfahrungen beim Erforschen dieser oberen Bereiche teilen wollen.

Er sagt, er wolle sicherstellen, dass klar sei, dass er nicht andeuten wolle, dass das Genie selbst die Dokumente entdecken werde. Die Dokumente werden von anderen entdeckt worden sein. Aber durch die Entdeckungen, die dieser Mann in Bezug auf die Grundstruktur des Universums und die Natur Gottes macht, ist er in der Lage, den Sinn in vielen Dingen zu finden, die vorher keinen Sinn ergaben. Und die Dinge werden sich zu einem großen Ganzen zusammenfügen.

Ich hielt es für höchst bemerkenswert, dass er unter allen Vierzeilern in dem Buch ebenfalls diesen mit der Entdeckung von alten Dokumenten in Verbindung brachte. Auch wenn der Wortlaut anders war, denke ich, dass es thematisch so ähnlich war, dass ich sagen kann, er hat den Test bestanden.

B: Er sagt, dass du diejenige sein sollest, die beurteilt, ob die Interpretation ähnlich genug ist, um als wahre Kommunikation zu gelten. Wenn man zwei verschiedene Medien benutzt, hat jedes Medium seine eigenen Wahrnehmungen der Welt und seine eigenen Begriffe bezüglich Kommunikation und Philosophie. So können einige der Begriffe anders formuliert sein oder nur ähnlich erscheinen, anstatt gleich. Aber er sagt, dass es Teil des Tests sei, dass du beurteilst, ob es eine echte Kommunikation sei, und er werde akzeptieren, was du entscheidest.

D: Wir hatten auch eine dritte Partei, die mit Dyonisus zu tun hatte. Durch die andere Frau sagte er, der Vierzeiler handele von einer Entdeckung von etwas, das den Schriftrollen vom Toten Meer ähnele. Sie wurden vor etwa 40 Jahren entdeckt und haben aufgrund der Philosophie, die sie enthielten, das Denken der Menschen revolutioniert. Dyonisus sagte, es werde eine Entdeckung von etwas Neuem sein, das mit der Bibel zu tun habe oder in diese Richtung gehe.

B: Er sagt, wenn du dein Gerät noch einmal abhörst, wirst du feststellen, dass er tatsächlich ägyptische Dokumente und Dokumente in Qumran erwähnte sowie andere, die noch nicht entdeckt worden sind, und auch ähnliche Dokumente im Nahen Osten.

D: Dyonisus sagte, er dachte vor allem an solche, die in Kürze entdeckt werden würden. Er war gerade dabei, mir zu sagen, wo sie entdeckt werden würden, und wollte eine Karte des Ortes zeichnen, aber dann befand er, dass andere Leute dies für einen finanziellen Vorteil nutzen könnten.

B: Ja, er sagt, das müsse verhindert werden. Auch wenn er diese Kommunikation nutze, um die Vierzeiler zu klären, sei in den heiklen Bereichen manchmal noch etwas Geheimhaltung nötig.

D: Dyonisus gab mir nicht so viele Details oder eine so klare Kommunikation aufgrund der Zeitperiode, aus der heraus er sprach. Das waren unsere stolpernden Anfänge. Durch dieses Medium bekommen wir eine viel klarere Kommunikation und viel mehr Details als zuvor.

B: Er sagt, er sei froh darüber.

D: Aber beide Interpretationen haben mit den Entdeckungen der antiken Dokumente zu tun. Was also den Test angeht, denke ich, dass sie ziemlich nah beieinander liegen.

B: Er sagt, er überlasse es dir. Er sagt, er wisse, dass er wirklich derjenige sei, der er ist, und er wisse, dass die Kommunikationsverbindung eingerichtet worden sei. Aber der

Test wurde hauptsächlich eingerichtet, um dich rückzuversichern, und auch für alle Schwarzseher und Kritiker, auf die du möglicherweise bei deiner Arbeit stoßen wirst.

D: *Und davon wird es viele geben.*

B: Er sagt, ja, die werde es geben.

CENTURIE III-2

Le divin verbe donrra à la substance, *Comprins ciel, terre, or occult au laict mystique:* *Corps, ame esprit ayant toute puissance* *Tant soubs ses pieds comme au siege Celique.*	Das göttliche Wort wird dem Stofflichen geben,/Was Himmel und Erde oder okkultes Gold in mystischer Tat enthält./Körper, Seele und Geist sind alle mächtig./Alles ist unter seinen Füßen, wie auch am Sitz des Himmels.

D: *Diesen hier haben sie als einen „alchemistischen" Vierzeiler aufgeführt.*

B: Er ist mit dem Wort vertraut. Er sagt, der Ausdruck „alchemistischer" Vierzeiler sei zutreffend, weil dieser Vierzeiler sich noch einmal auf das Genie bezieht, welches der Retter der Menschheit sein wird, nachdem der Antichrist gewütet hat und gegangen ist. Was als fantastische Behauptungen der Alchemie erscheint, wird aufgrund der Entdeckungen, die dieser Genius macht, und der Konzepte, die er erkennt, realistisch und möglich werden. Die neue Philosophie, die durch die Entdeckungen dieses Mannes erzeugt wird, wird die Entwicklung der mentalen Kräfte fördern und alles wird möglich erscheinen, weil es eine größere Einheit von Geist, Seele, Körper und Emotionen geben wird, als es jemals zuvor der Fall war. So werden die Menschen in der Lage sein, die grundlegenden Kräfte des Universums in einer Weise zu manipulieren, die denen, die sich nicht mit dem Okkulten beschäftigen, völlig fantastisch erscheinen wird. Er sagt, dass solche Manipulationen bis zu diesem Zeitpunkt von Menschen durchgeführt wurden, die eng mit okkulten und übersinnlichen Dingen zu tun haben, wenngleich sie nicht ganz verstehen, womit sie es zu tun haben. Aber in dieser zukünftigen Zeit wird auch das

Verständnis da sein, was die Handlungen sehr viel effektiver machen wird. Somit werden viele erstaunliche und wundersame Dinge in einer alltäglichen Art und Weise vollbracht werden.

D: Ich glaube, wenn ich die Interpretation des Übersetzers lese, wird er vielleicht wieder wütend werden.

B: Ich habe ihn gewarnt. Er sagt, er sei darauf gefasst.

D: Sie sagt: „Alchemistischer Vierzeiler. Obwohl viele Kommentatoren diesen Vers abtun, halte ich ihn für eine seltene und wichtige Beschreibung von Nostradamus' Überzeugungen und Erfahrungen. Das 'göttliche Wort, das Substanz annimmt' heißt entweder, dass Nostradamus buchstäblich den Geist herbeiruft, der ihn zum Prophezeien inspiriert, oder eine Beschwörung, die ihm göttliche Kräfte verleiht. 'Das okkulte Gold und die mystische Tat'. Er hat das Gefühl, dass sein Körper von großen Kräften besessen ist, und möglicherweise deutet die letzte Zeile darauf hin, dass er sich während seiner prophetischen Sitzungen „entkörperlicht" fühlte. Dass seine Seele außerhalb seines Körpers war und auf sich selbst am Fuße des himmlischen Sitzes herabschaute. Dies ist eine häufige tranceartige Erfahrung. Alternativ könnte Nostradamus meinen, dass der Geist der Inspiration zu ihm herabkam und unter seinen Füßen und damit unter seiner Kontrolle ebenso präsent ist wie er es an seiner himmlischen Quelle ist."

B: Er sagt, diese Person sei eine sehr verwirrte Person. Einige Aspekte von dem, was sie sagt, seien total lächerlich, aber ein oder zwei Sätze seien brauchbar. Er sagt zum Beispiel, dass in diesem Moment, sogar während er spricht, sein Geist von seinem Körper getrennt sei, aber er schaut nicht auf sich selbst herab. Auch wenn es eine lächerliche Interpretation ist, kann er sehen, woher sie das hat. Aber so ist das eben manchmal. Es sind genau solche Interpretationen, die dieses Projekt notwendig gemacht haben.

De cinq cent ans plus compte l'on tiendra *Celui qu'estoit l'adornement de son temps:* *Puis à un coup grand clarté donra,* *Que par ce siecle les rendra tres contens.*	Noch weitere fünfhundert Jahre lang werden sie Notiz nehmen/Von ihm, der die Zierde seiner Zeit war./Dann wird plötzlich eine große Offenbarung gemacht werden,/Welche die Menschen jenes Jahrhunderts hoch erfreuen wird.

B: Er sagt, dies habe eine doppelte Bedeutung. Die Hauptbedeutung, die er den Menschen vermitteln wollte, ist, dass der Mann, auf den hier Bezug genommen wird, das Genie ist, das bereits zuvor erwähnt wurde. Was er entdeckt und was er schafft, wird positive und weitreichende Veränderungen für die Menschheit im Allgemeinen haben, und es wird Bestand haben. In den folgenden Jahrhunderten werden die Menschen im Licht seiner Entdeckungen aufwachsen und leben und sich selbst weiter entwickeln. Dann, nach Ablauf der vorgesehenen Zeit, wird eine weitere Entdeckung gemacht werden, die genauso Ehrfurcht gebietend und weitreichend sein wird wie die Entdeckung des Genies. Sie wird so gut ineinandergreifen, dass die Menschen in der Lage sein werden, alle physischen Grenzen zu sprengen und es wird keine Grenze für ihre positive Entwicklung geben. Er sagt, das sei die Hauptinterpretation dieses Vierzeilers. Um noch einmal zu zeigen, wie sich die Geschichte in Spiralen bewegen wird, gab es in der Vergangenheit einen anderen Mann, Leonardo da Vinci, der als strahlendes Licht seiner Zeit galt und auch in den folgenden Jahrhunderten hoch angesehen war. Einige der Dinge, die dieses Genie entdecken wird, werden die Geistesgröße, die Leonardo da Vinci war, sogar noch mehr ans Licht bringen. Er sagt, es sei höchst interessant, wie alles auf diese Weise miteinander verknüpft ist.

D: Man sagt, dass Leonardo da Vinci eine Menge Dinge erfunden habe, die seiner Zeit voraus gewesen seien.

B: Er sagt, dass die interessantesten und erstaunlichsten Entdeckungen und Erfindungen von Leonardo di Vinci wegen der Inquisition und der Unwissenheit der Menschen um ihn herum versteckt oder zerstört werden mussten.

D: Oh, er hatte das gleiche Problem. Wir haben eine Menge von seinen Papieren und Notizen, die uns überliefert wurden.

B: Er sagt, es gebe dabei eine Menge Schriften, die in der Vatikanischen Bibliothek weggeschlossen worden seien.

D: Weiß er, warum sie als umstritten angesehen wurden?

B: Er sagt, sie waren nicht nur umstritten, sie waren geradezu ketzerisch.

D: Von welchen Themen handelten sie?

B: Von jedem erdenklichen Thema. Er sagt, so sei Leonardo da Vinci eben gewesen. Er konnte sich alles vorstellen. Dadurch, dass da Vinci über seine eigenen Entdeckungen schrieb und logische Hochrechnungen auf der Grundlage seiner Erfindungen und Entdeckungen machte, war er in der Lage, einige der Geschehnisse in der Bibel so zu erklären, dass sie auf die Technologie des Menschen zurückzuführen waren und nicht auf Wunder von Gott. Und dies wurde als sehr ketzerisch angesehen. Es war eine Schmälerung der Herrlichkeit Gottes. Sie machten sich nichts aus seiner Interpretation verschiedener Propheten des Alten Testaments wie Elias und Hesekiel und einiger Schriften von Jesaja. Sie beschrieben die eher fantastischen Dinge, die sich die Menschen nicht erklären konnten. Sie warfen sie einfach in einen Topf mit der allgemeinen Kategorie der Herrlichkeit Gottes. Leonardo erklärte ausführlich und zeigte Gründe auf, warum jene Propheten von Dingen sprachen, die der Mensch tatsächlich tun konnte, und nicht nur von der Herrlichkeit Gottes.

Dies mag ein weiterer Grund dafür gewesen sein, dass Nostradamus in seinen Schriften so unklar war. Er hatte bereits gesehen, was passierte, wenn jemand über diese Dinge schrieb und dabei nicht besonnen war. Er hatte bereits ein Beispiel für die Konsequenzen, wenn man Dinge im Klartext aufschreibt.

D: Haben sie diese Papiere nach da Vincis Tod oder zu seinen Lebzeiten eingenommen?

B: Sowohl als auch.

D: Wir haben eine Menge Papiere, die einige seiner Erfindungen beschreiben sowie verschiedene Bücher über Anatomie, die er geschrieben hat und dergleichen. Es klingt, als wäre er zudem ein großer Philosoph gewesen.

B: Oh, ja.

D: Aber es ist schon so viele Jahre her, dass man meinen könnte, der Vatikan würde einige dieser Dokumente freigeben.

B: Der Vatikan würde viele von ihnen noch immer nicht freigeben wollen. Aber die meisten von ihnen wurden verstaut und verstauben und sind größtenteils vergessen worden.

D: Das ist es wahrscheinlich, was mit vielen Dingen im Laufe der Geschichte passiert ist. Ich lese ihm hin und wieder die Interpretationen der Übersetzer vor, weil ich es mag, zu hören, was er dazu sagt.

B: Und zudem auf und ab zu springen und an seinem Bart zu ziehen.

D: (Lachen) Sie haben diesen Vierzeiler so interpretiert, als beziehe er sich auf Nostradamus. Dass er dieser große Mann sei. Sie sagen: „Fast alle Interpreten von Nostradamus' Vierzeilern haben diesen als Garantie für die inspirierte Natur ihrer Werke benutzt.“ Sie behaupten, dies gebe ihnen sozusagen die Autorität, zu interpretieren.

B: Er sagt, das sei ein Missbrauch dieses Vierzeilers. Wenn du ihn so anwenden wolltest, dann wäre er speziell auf diesen Fall anwendbar, da dies ein nie zuvor benutzter Kommunikationskanal mit ihm ist. Das sollte andere Nostradamus-Studenten zu deiner Zeit erfreuen. Aber er sagt, dass dies nicht das sei, was er im Sinn hatte.

D: Darüber habe ich mir auch Gedanken gemacht. Hat er so nie mit jemand anderem gesprochen? Dann wird es den Leuten vielleicht die Wichtigkeit unserer Übersetzungen dieser Vierzeiler einprägen, wenn das noch nie zuvor getan wurde.

Dedans le coing de luna viendra rendre,
Ou sera prins & mis en terre estrange,
Les fruitz immeurs seront à la grand esclandre
Grand vitupere à l'un grande louange.

Er wird kommen, um sich selbst in die Ecke von Luna zu bringen,/Wo er genommen und auf fremdes Land gesetzt wird./Die unreife Frucht wird Gegenstand eines großen Skandals,/Für die einen großer Tadel, großes Lob für die anderen.

B: Er sagt, dies beziehe sich auf die Periode, wenn die Zeit der Unruhen vorbei sei, das Weltraumprogramm wieder aufgenommen und die Weltraumforschung ernsthaft in Betracht gezogen werde. Dies hat mit der Errichtung von L-fünf-Kolonien von Raumstationen zu tun. (Ich verstand nicht.) L-fünf, L Strich fünf (L-5). Raumstationen für den Versuch der Herstellung von Dingen im Weltraum hinsichtlich Haltbarkeit und vor allem für die mögliche Errichtung einer wissenschaftlichen Basis, vielleicht auf dem Mars. Er sagt, dass zu diesem Zeitpunkt bereits eine Kommunikations- und Wissenschaftsbasis auf dem Mond eingerichtet sein werde. Das ist erst in der Zukunft, wenn eine anständige Finanzierung für solch ein großes Unterfangen zur Verfügung gestellt wurde. Er sagt, dass der Kommandant der Mondbasis so etwas wie der Oberaufseher des Projekts sein werde, da er dort draußen ist und in jenem Teil der Welt. (Wir lachten alle über diese Bemerkung. Er meinte sie offensichtlich als Scherz.) Er ist vor Ort, um die Dinge im Auge zu behalten, und er wird überängstlich werden, was die Zeitpläne und die Fristen angeht, und er wird anfangen, die Bauarbeiter unter Druck zu setzen, damit diese besondere Solarenergiegeneratorstation vorzeitig für eine Inspektion durch eine wichtige Person von der Erde fertiggestellt wird. Sie schaffen es, das Kraftwerk rechtzeitig fertig zu stellen, aber nur auf Kosten der Konstruktionsqualität, was das Kraftwerk gefährlich macht. Ein Mann wird mutig genug sein, seine Karriere zu riskieren und hervorzutreten, um aufzudecken, was vor sich geht. Es wird sich herausstellen, dass er recht hatte und er wird gelobt werden, weil er den Mut hatte, es zu tun. Allerdings wird dieser Mondaufseher große Schuld auf sich laden, denn die unreife Frucht ist die Station, die nicht korrekt fertiggestellt wurde. Es wird sein Fehler sein und einen großen Skandal geben. Eine Menge politischer Verschiebungen werden auftreten aufgrund verschiedener Leute, die gebeten werden, von ihren Posten zurückzutreten, usw.

D: Dann, wenn es heißt: „Wo er genommen und auf fremdes Land gesetzt werden wird", ist die Basis auf dem Mars gemeint. (Jemand reichte mir einen Zettel.) Du sprachst von der Solarenergiestation. Werden sie dabei in irgendeiner Weise Kristalle oder Kristallenergie verwenden?

B: Die Solarenergie wird zuerst zu den Raumstationen geschickt. Deren Hauptgrund für ihre Existenz wird sein, Solarenergie und Solarstrom zu sammeln und diese auf die Erde zu übertragen als eine Form von sauberer, praktisch kostenloser Energie, die die Menschen nutzen können, um zu leben und zu wachsen, ohne dabei der Erde grausame Dinge anzutun. Er sagt, die Technologie werde sehr weit entwickelt sein. Es werden vielleicht ein paar Kristalle im Spiel sein, aber die Solarzellen, mit denen ihr heute vertraut seid, werden zu diesem Zeitpunkt als veraltet gelten. Es wird neue Wege geben, die Sonnenenergie zu sammeln und dorthin zu leiten, wo sie gebraucht wird.

D: Wird dies während der Zeit des Genies geschehen?

B: Ja, das Genie wird einen so tiefgreifenden Einfluss auf die Entwicklung der Menschheit haben, dass er fast vergöttert wird. Es werden ihm großer Respekt und große Ehre zuteil.

D: John wollte ein Datum für das Genie haben. Ich meine, du sagtest, vielleicht im 21. oder vielleicht im 22. Jahrhundert. Ist das richtig?

B: Nein, das ist deinerseits nicht richtig. Er sagt, das Genie wird in der zweiten Generation nach dem Antichristen kommen, in der Mitte des 21. Jahrhunderts. Wenn ihr eure Geschichte beobachtet, dann haben die Entwicklung unserer Zivilisation und die Entwicklung der Technologie immer mehr zugenommen und sich in einem immer schnelleren Tempo vollzogen. Es ist, wie eine Pyramide hinaufzusteigen. Je höher man die Pyramide hinaufsteigt, desto schneller kommen die Dinge und die neuen Erfindungen. Und dieser Trend wird sich fortsetzen. Die Dinge werden sich so stark verändern, dass sich die Technologie in einem ständigen Wandel befinden wird. Er sagt, du dächtest scheinbar, dass dies weit in der Zukunft liege, und du würdest vergessen, dass ihr jetzt am Ende des 20. Jahrhundert lebt. Ihr werdet im 21. Jahrhundert leben. Das ist gar nicht so weit hin. Er sagt, dass für die Menschen in diesem Raum, die im gebärfähigen Alter sind, die Zeit des Genies zu der Zeit ihrer Enkelkinder kommen werde.

D: Das wird uns eine ungefähre Vorstellung von einer zeitlichen Abfolge geben.

Sie haben das zwar so interpretiert, als ob es etwas mit dem Weltraum zu tun hat, wegen der Erwähnung von Luna, aber sie dachten an einen Weltraumwettlauf zwischen Amerika und Russland.

B: Sie seien abermals egozentrisch, sagt er. Er mag es nicht, wie sie immer wieder versuchen, das, was er sieht, einzuschränken und zu begrenzen. Am meisten ärgert ihn, dass er den Eindruck gewonnen hat, sie nähmen an, er sehe nur für Frankreich und nicht für die Welt. Er sagt: „Glaubt ihr nicht, dass ich mir Sorgen um die ganze Welt mache? Frankreich ist nicht der einzige Ort auf der Welt mit Menschen.“ An dieser Stelle macht er eine unhöfliche Geste und ein unhöfliches Geräusch. Er sagt: „Das sind Dummköpfe. Wir müssen versuchen, zu verstehen.“

UPDATE: Im Anhang finden sich weitere Informationen über die Wissenschaft der Nanotechnologie und ihre mögliche Verbindung zwischen dem Großen Genius und organischen Computern.

KAPITEL 25

DIE FERNE ZUKUNFT

CENTURIE II-13

Le corps sans ame plus n'estre en sacrifice.
Jour de la mort mis en nativité:
L'esprit divin fera l'ame felice,
Voyant le verbe en son eternité.

Der Körper ohne Seele zählt nicht mehr zur Opferung,/Am Tag des Todes wird er zur Wiedergeburt gebracht./Der göttliche Geist wird die Seele frohlocken lassen,/Wenn sie die Ewigkeit des Wortes sieht.

B: Er sagt, dies beziehe sich auf eine Reihe von weit in der Zukunft liegenden Umständen. Das 20. Jahrhundert arbeitet darauf hin, und sie sind in Sicht, aber es ist noch ein weiter Weg bis dahin. Eine Sache, die er voraussah, waren die großen Fortschritte in der Medizin. Er sagt, dass in eurer Zeit das erste Aufflackern davon zu sehen sei, wie der Chirurg im Operationssaal Menschen zurückbringen könne, die klinisch tot seien. Sie werden sie soweit ins Leben zurückbringen, dass sie noch Jahre danach weiterleben können. Er sagt, die Medizin werde sich weiter entwickeln, so dass der Mensch scheinbar ewig leben werde, denn er sagt, der Körper sei zu erstaunlich geschaffen, um so schnell zu sterben. Er bezieht sich dabei auf die durchschnittliche Lebenserwartung zu seiner Zeit. Und er sah eine Zeit in der Zukunft, in der Menschen, die gestorben waren, auf viele wundersame Weisen ins Leben zurückgebracht werden können, entweder indem der Geist wieder in den Körper eingehaucht wird, bevor dieser beginnt zu zerfallen, oder indem ein dem alten ähnlicher neuer Körper gemacht wird und der Geist dort eingehaucht wird. Er sagt, es gebe viele wundersame Dinge, die er in Bezug auf diese Technologie gesehen habe. Bevor diese entwickelt wird, wird es einen Durchbruch in der Wissenschaft geben, der die Theorien aller Wissenschaften erschüttern wird, und der Mensch wird sozusagen endlich Gott berühren. Der geistige Kern des Universums, der alle Dinge durch die Kraft des Lebens miteinander verbindet, wird endlich entdeckt werden, und die zentrale Quelle dafür ist der göttliche Geist. Er sagt, wenn diese Quelle entdeckt sei, werde es möglich sein, den Körpern wieder Leben einzuhauchen, indem man etwas von diesem alles durchdringenden Lebensgeist nutzt.

D: Das müsste aber noch sehr weit in der Zukunft liegen.

B: Ja. Aber er sagt, dass es für einen durchschnittlichen Menschen eurer Zeit einfacher sei, sich das vorzustellen, als für einen Menschen seiner Zeit.

D: Ich kann mir vorstellen, dass es für Menschen seiner Zeit völlig unmöglich war, das zu verstehen. Wir haben viele Fortschritte gemacht, die es so aussehen lassen, als ob es möglich sein könnte. Als ich diesen Vierzeiler zum ersten Mal las, dachte ich, er habe etwas mit dem Tod der Welt zu tun.

B: Er sagt, nicht in diesem Fall. Allerdings wird die Entdeckung dieses zentralen Geistes, dieser Lebenskraft, eine so tiefgreifende Veränderung in allem sein, dass es fast wie eine Wiedergeburt der Welt erscheinen wird. Er sagt, alles, was mit der Art und Weise zu tun hat, wie der Mensch denkt, seine Philosophie, seine Medizin, seine Wissenschaft, alles werde völlig verändert und auf den Kopf gestellt werden. Was einst für unmöglich gehalten wurde, werde möglich sein. Und er sagt, dass viele wundersame Dinge geschehen würden. Es ist unmöglich, das alles zu beschreiben.

D: Die Übersetzerin glaubt, dieser Vierzeiler beziehe sich auf Nostradamus' religiöse Überzeugungen.

B: Er sagt, das sei keine schlechte Vermutung für jemanden, der nicht weiß, was man damit anstellt. Diese Entdeckung wird sich auch auf die Philosophie auswirken und es wird eine weitreichende Veränderung geben. In gewisser Weise werden die Folgen daraus also die religiösen Überzeugungen aller beeinflussen und er kann verstehen, warum die Übersetzerin dabei eine religiöse Stimmung bekam.

D: Sie schreibt: „Wenn es irgendeine okkulte Bedeutung in diesem Vierzeiler gibt, dann ist sie sehr bewusst versteckt."

B: Er sagt: „Natürlich! Was bedeutet ‚okkult'?!"

D: (Gelächter) Sie hätten diese Deutung erst gar nicht daraus erstellen können.

CENTURIE I-69

La grand montaigne ronde de sept stades,
Apres paix, guerre, faim, innondation:
Roulera loin abismant grands contrades,
Mesmes antiques, & grand fondation.

Der große Berg mit sieben Stadien ringsum,/Nach Frieden kommen Krieg, Hungersnot, Überschwemmung./Es wird sich weit ausbreiten und große Länder überschwemmen,/Sogar Altertümer und ihre mächtigen Fundamente.

B: Er sagt, er spreche hier allegorisch und sehr symbolisch. Der Berg, von dem er spricht, wird die Entwicklung einer neuen Philosophie sein, die besser mit der Realität der höheren Ebenen und auch mit dem Leben hier auf der Erde vereinbar sein wird. Dieser Berg und diese Philosophie werden sieben Grundkonzepte haben, die an der Oberfläche wohl einfach erscheinen, aber in Wirklichkeit sehr tief sind. Die „sieben Arenen ringsherum" stehen symbolisch für die sieben Grundprinzipien dieser Philosophie, aus denen alle anderen, fortgeschritteneren Ideen erwachsen werden. Die Art und Weise, wie die Erde für diese Philosophie bereit sein wird, ist, dass die Menschen nach einer Periode des Friedens lasch werden und sich nicht um die höheren Aspekte der Dinge kümmern, weil sie es in jeder Hinsicht leicht haben. Nachdem sie eine Periode des Krieges, der Hungersnot, der Entbehrungen und dergleichen durchgemacht haben – solche, die den Verstand auf höhere Dinge lenken, indem sie denken, dass es etwas Besseres geben müsse als das, was hier ist -- werden sie bereit sein, diese Philosophie zu akzeptieren. Sie wird die Widersprüche aufheben, mit denen die Menschen in ihrer momentanen Philosophie zu kämpfen haben. Diese neue Denkweise wird sich über die Erde verbreiten und die Menschen werden sie akzeptabel finden. Infolge dessen wird sie die älteren, etablierten Religionen stürzen. Und somit wird sie soziologische Auswirkungen haben und auch die Gesetze des Landes beeinflussen, da die Gesetze auf religiösen und sozialen Prinzipien beruhen. Er sagt, diese Philosophie werde ihre Wurzeln in den Denkmustern des Wassermannzeitalters haben.

D: Die Übersetzer sagten: „Sie wird sich weit ausbreiten und große Länder überschwemmen", beziehe sich auf eine große Flut.. Ich habe festgestellt, dass sich mehrere seiner Vierzeiler auf Religionen und Philosophien und Dinge in der Richtung beziehen.

B: Er sagt, dass die Art und Weise, wie sich Religionen und Philosophien entwickeln, die Menschheit im Allgemeinen beeinflusse, so dass sich dies zeige, wann immer er in die Zukunft blicke. Das ist ein sehr wichtiger Teil des Lebens und der Welt.

D: Dieser nächste Vierzeiler enthält ein Anagramm, das sie interpretiert haben. Ich muss dir vielleicht das Originalwort auf Französisch vorlesen, weil sie die Buchstaben verdreht haben.

B: Er sagt, du sollest es zuerst mit der Interpretation versuchen und dann werde er wahrscheinlich nach dem Originalwort auf Französisch fragen. Aber wir sollen weitermachen.

CENTURIE II-22

Le camp Ascap d'Europe partira,
S'adjoignant proche de l'isle submergée:
D'Arton classe phalange pliera,
Nombril du monde plus grand voix subrogée.

Die ziellose Armee wird von Europa aus starten/Und sich in der Nähe der versunkenen Insel einfinden./Die NATO-Flotte klappt ihre Standarte ein,/Der Nabel der Welt steht anstelle einer größeren Stimme.

D: Das Wort NATO ist das, was sie aus seinem Anagramm gemacht haben.

B: Er fragt: „Und was ist das Anagramm?"

D: Im Französischen heißt es ARTON, und sie haben es zu NATO umgeändert.

B: Er sagt, ich solle es noch einmal lesen und NATO durch ARTON ersetzen. (Das tat ich.) Er sagt, dies sei eine Kombination aus mehreren Dingen, wie üblich. In der Zukunft, nach den katastrophalen Ereignissen Ende des 20. Jahrhunderts, werden sich die gegenwärtigen Organisationen und die Allianzen zwischen den verschiedenen Ländern, insbesondere den westlichen Ländern, auflösen und neue Allianzen gebildet werden. Nachdem sich die alten Allianzen aufgelöst haben und während sich die neuen Allianzen im Entstehungsprozess befinden, werden die Leute, die mit der Friedenssicherung unter dem System der alten Allianzen beschäftigt waren, sozusagen auf verlorenem Posten stehen. Er sagt, dass es eine geheime Marinebasis oder Geheimdienstbasis gebe, die auf dem amerikanischen Kontinentalschelf am Meeresgrund errichtet wurde, damit sie geheim bleibt. Die Stabschefs werden sich dort treffen, um zu entscheiden, welche Maßnahmen in Bezug auf die sich neu bildenden Allianzen ergriffen werden sollen. Die Idee, diese Geheimdienstbasis am Meeresboden zu haben, wird von den Legenden über Atlantis herrühren. Er sagt gewissermaßen in Klammern, er habe auch den Teil über die versunkene Insel eingefügt, als einen Hinweis auf die Tatsache, dass es eines Tages in der Zukunft Entdeckungen von versunkenen Überresten dieser großen Zivilisation geben werde, die zu der Legende von Atlantis geführt habe.

D: Das war es, worauf ich dachte, dass er vielleicht anspielt, also sind wir auf der richtigen Spur.

B: Ja. Er sagt, er habe mehrere Bedeutungen in diesen Vierzeiler integriert. Deshalb beziehe sich diese Zeile in indirekter Weise auf Atlantis. Er sagt, dass die Interpretation von ARTON zu NATO im Wesentlichen hinsichtlich ihrer allgemeinen Bedeutung richtig sei, aber nicht in ihren Details. Wenn dies geschieht, wird die NATO nicht mehr unter diesem Namen bekannt sein, sondern eine ähnliche Organisation sein, die sich aus der NATO entwickelt hat. Wenn sich diese auflöst und neue Allianzen gebildet werden, wird dies als Reaktion auf und als Ergebnis der Kriegsbelastungen geschehen, die diese Länder durchgemacht haben werden. Er sagt, dass die Zeile: „der Nabel der Welt steht anstelle einer größeren Stimme“ bedeute, dass zu dem Zeitpunkt, wenn dies geschieht, die militärischen Wissenschaftler -- und mit diesem Satz meint er nicht diejenigen, die die Kunst der Kriegsführung studieren, sondern diejenigen, die für das Militär forschen -- eine neue ... Kraft entdecken werden. Zum Beispiel Magnetismus, Schwerkraft und Elektrizität, Kräfte wie diese. Er sagt, sie würden eine neue Kraft entdecken, und das werde einige der östlichen Philosophien über die Natur des Universums beweiskräftig unterstützen. Infolgedessen werden sich die Länder in jenem Teil der Welt, insbesondere Indien, nach innen wenden, um diese Entdeckung zu betrachten, damit sie in größerer Herrlichkeit aufsteigen können, anstatt sich nach außen zu wenden und mit dem ganzen Netzwerk von Nationen in Verbindung zu bleiben. Er sagt, es sei nicht wirklich eine Entdeckung, sondern eine Erkenntnis. Der Beweis für diese Kraft lag vor uns und war schon immer da, aber die Fakten wurden falsch interpretiert und falsch assoziiert.

D: Ich nehme an, sie finden andere Verwendungen dafür?

B: Ja, für die Fakten, die vorhanden sind. Fakt Nummer eins ist mit etwas ganz anderem verknüpft. Fakt Nummer zwei ist mit etwas anderem verknüpft. Und Fakt Nummer drei wird beispielsweise einfach als statistische Abweichung betrachtet. Dann wird plötzlich irgendein Genie eine Idee haben und diese drei vermeintlich unverbundenen Fakten miteinander verknüpfen und dadurch entdecken, dass es eine weitere Kraft gibt, die an der Funktionsweise des Universums beteiligt ist. Diese Kraft wird viele Dinge aus den östlichen Traditionen erklären, wie z.B. Teleportation und verschiedene weitere wundersame Geschehnisse wie dieses.

D: Könnte er mir mehr über den Fund von Beweisen für Atlantis erzählen?

B: Er sagt, dass es Atlantis wirklich gegeben habe, aber nicht in der allgemein angenommenen Form. Viele stellen es sich als eine Art griechische Zivilisation mit Säulentempeln und dergleichen vor. Er sagt, in Wahrheit war es überhaupt nicht so. Eine Sache, die die Wissenschaftler über Atlantis erkennen müssen, ist, dass sie Stein so verwendeten, wie das 20. Jahrhundert Metall verwendet.

Sie hatten Methoden, Stein zu bearbeiten, ihn verformbar zu machen wie Ton und ihn dann wieder zu Stein härten zu lassen. Sie arbeiteten mit Kräften und Energien, die so durch Stein geleitet werden konnten, wie Elektrizität durch Metall geleitet wird. Er sagt, es sei eine Zivilisation gewesen, die auf einem völlig anderen Weltbild basierte. Daher wird es für die Archäologen, wenn sie sie entdecken, schwierig sein, zu verstehen, was sie da finden.

D: Weißt du, wo sie diese Beweise oder diese Überreste finden werden?

B: Ich werde ihn fragen. Er sagt, es würden Überreste in verschiedenen Teilen der Welt gefunden werden, weil die Zivilisation von Atlantis eine weltweite Zivilisation gewesen sei. Es wurden bereits ein paar kleine Krümel von Beweisen gefunden, aber die Wissenschaftler haben sozusagen zwei und zwei nicht zusammengezählt. Es gibt eine Großstadt dieser Zivilisation auf dem amerikanischen östlichen Kontinentalschelf. Und es gibt eine dort, wo jetzt das Japanische Meer ist. Es gibt ein weiteres großes Zentrum unter dem Eis der Antarktis. Es gibt Beweise für diese Zivilisation in Mittel- und Südamerika. Und er sagt, es gebe weitere Beweise an verschiedenen Orten. Einige dieser Beweise wurden bereits gefunden und andere nicht. Er sagt, dass einige der megalithischen Strukturen auf der Welt auch mit dieser Zivilisation in Verbindung stünden, insbesondere Strukturen mit mathematischer Präzision, wie jene in Großbritannien. Er sagt, es sei eine höchst wundersame Zivilisation gewesen, und wenn die Wissenschaftler endlich etwas darüber herausfinden, wenn sie anfangen, diese Ruinen und all das zu entdecken, werde das ihr Bild der Frühgeschichte revidieren.

D: Wir haben die Vorstellung, dass es sich auf einer versunkenen Insel irgendwo mitten im Atlantik befand.

B: Er sagt, dass ein Teil davon einst auf einer Insel gelegen habe, einfach wegen des Wasserstandes des Ozeans. Jetzt sei es Teil eines Kontinentalschelfs, weil das Wasser des Ozeans genug gestiegen sei, um diese Insel zu überdecken. Aber das war weder das Zentrum der Zivilisation noch war es der einzige Ort, an dem diese Zivilisation existierte. Es gab all diese anderen Orte, und sie standen miteinander in Kommunikation, denn sie bildeten eine einzige Zivilisation.

D: Hat er diese Informationen über Atlantis durch Lesen oder durch seine Visionen erlangt?

B: Er sagt, er habe sie durch den Spiegel gesehen und durch ein anderes Gerät, das er hat. Er zeigt mir ein Bild davon. Es ist wie ein gebogenes Stück Metall, wie eine sehr flache Metallschale mit einem Dreibein, auf dem es balanciert wird. Und an dem Dreibein ist ein Kristall aufgehängt. Aber ich weiß nicht, wie es funktioniert oder bedient wird.

Vielleicht hatte das etwas mit der Fokussierung der Flamme durch die Kristalle zu tun, die sie zuvor erwähnt hatte. Vielleicht reflektierte das irgendwie das Licht auf die Oberfläche der Schale. Jede reflektierende Oberfläche könnte als Brennpunkt für das starre Blicken und die Konzentration genutzt werden.

D: Uns wurde gesagt, dass Atlantis in einer großen Katastrophe untergegangen sei. Weiß er, was passiert ist?

B: Er sagt, er könne einige der Ereignisse beschreiben, aber er sei sich nicht sicher über die Ursache. Er kann uns seine Vermutungen mitteilen, falls wir unbegründete Fakten hören wollen.

D: Das ist in Ordnung, denn es war schon immer ein Mysterium und die Leute stellen ohnehin Theorien darüber auf.

B: Er sagt, dass die Menschheit sehr fortschrittlich geworden sei. Ihre Zivilisation war in der Richtung, in die sie sich entwickelt hatte, sehr fortgeschritten. Sie hatte nicht die wundersamen Maschinen, die eure Zivilisation hat, einfach weil diese Zivilisation sich in eine andere Richtung entwickelt hatte. Der Mensch verließ sich mehr auf den PSI-Teil der Fähigkeiten des Geistes, um Dinge zu erreichen, anstatt sich auf die Gewandtheit der Finger zu verlassen. Folglich hatte die Zivilisation ein völlig anderes Muster, und mit dieser Nutzung wurden ihre Fähigkeiten recht alltäglich. Als die Zivilisation an dem Punkt zu sein schien, sich wirklich zu entfalten und in ihre eigene Erfüllung zu kommen, ist er sich nicht sicher, ob eine außerirdische Zivilisation eingriff oder ob einfach ein natürlicher Zufall geschah. Er sagt, wenn ein natürlicher Zufall passiert sei, dann scheine es so, als ob die Erde und das Sonnensystem irgendwie durch einen Asteroidenhaufen und dergleichen gegangen wären. Aber wenn es kein Unfall war, sondern Absicht, dann hat irgendeine außerirdische Zivilisation diese Asteroiden angesammelt, und die Erde wanderte durch sie hindurch. Und diese riesigen Gesteinsbrocken, die durch die Atmosphäre rasten und auf dem Boden aufschlugen, brachten das Klima durcheinander und verursachten Schockwellen. Ein paar von ihnen landeten auf einigen Städten und zerstörten sie völlig. Es geschah auf eine Weise, dass die Menschheit jede Spur von Zivilisation verlor, die sie jemals hatte, und wieder ganz von vorne anfangen musste. Er sagt, dass einige Beweise dieser riesigen Gesteinsbrocken, die auf der Erde einschlugen, zu sehen seien. Obwohl einige von ihnen unregelmäßig geformt waren, haben diese Gesteinsbrocken im Grunde runde Einschlagstellen hinterlassen. Er sagt, man könne das leicht sehen, wenn man sich eine gute Karte von einem Kartenzeichner mit ruhiger Hand zeichnen lasse. Ihr werdet feststellen, dass es einige Gewässer gibt, die im Grunde rund sind. Er sagt, dass das Japanische Meer, das Karibische Meer, der Golf von Mexiko und andere auf der ganzen Welt einige der Orte markieren, an denen diese riesigen Felsen auf der Erde aufschlugen und das Meerwasser hereinflutete und alle Überlebenden vernichtete.

D: Das ist eine sehr interessante Theorie. Eine der Theorien, die die Leute in unserer Zeit haben, ist, dass sie eine Art geheimnisvolle Kraft hatten und diese missbrauchten.

B: Er sagt, sie hätten sie nicht missbraucht. Sie hatten tatsächlich eine geheimnisvolle Kraft, aber sie waren darin so weit fortgeschritten, dass er dieses starke Gefühl hat, dass sie eine Bedrohung für jemand anderen waren, nicht aufgrund von Kriegslust, sondern einfach dadurch, dass sie fortgeschritten waren.

D: Eine der Theorien besagt, dass sie, da sie Menschen sind, zu weit gegangen seien und die Kraft aus den falschen Gründen missbraucht hätten, wodurch eine Art Unfall entstanden sei. Aber es gibt viele Theorien. Das ist wirklich alles, was wir haben.

B: Ja. Er sagt, eines Tages würden einige der Geheimnisse herausgefunden werden, aber es werde eine Weile dauern. Das, was die Menschheit vor ein Rätsel stellt, hält ihre

Aufmerksamkeit am längsten aufrecht. An dieser Stelle kichert er irgendwie. Er sagt: „Zwei Beispiele sind Atlantis und ich selbst."

D: (Lachen) Sehr wahr. Ich glaube wirklich, dass seine Vierzeiler nicht bis in unsere Zeit überlebt hätten, wenn er sie einfach gestaltet hätte.

B: Da stimmt er dir zu.

D: Er ließ die Menschheit all die Jahre darüber rätseln, was er mit ihnen sagen wollte. Ich glaube wirklich, wenn er sie in klarem Englisch niedergeschrieben hätte, wären sie zerstört worden.

B: (Vorgetäuschte Verärgerung.) Er sagt: „In klarem Französisch, wenn ich dich bitten darf."

D: (Lachen) Also gut. Wenn er sie in klarer Sprache niedergeschrieben hätte, wären sie, glaube ich, schon längst vernichtet worden. Sie hätten nicht als Rätsel überlebt.

B: Er sagt, sie wären bei seinem Tod vernichtet worden. Er sagt, dass unabhängig davon, ob er auf natürliche Weise stirbt oder durch die Inquisition getötet wird, alle seine Schriften an Ort und Stelle verbrannt würden, wenn sie in der Lage wären, sie zu verstehen.

CENTURIE IV-25

Corps sublimes fin à l'oeil visibles:
Obnubiler viendront par ses raisons:
Corps, front comprins, sens chief & invisibles.
Diminuant les sacrees oraisons.

Die Himmelskörper, für das Auge unendlich sichtbar,/Trüben den Intellekt aus ihren eigenen Gründen./Der Körper mit der Stirn, Sinne und Kopf alle unsichtbar,/Während die heiligen Gebete schwinden.

D: Sie haben keine Erklärung für diesen hier. Sie verstehen ihn überhaupt nicht. Sie stempeln ihn ab als einen okkulten Vierzeiler. Okkult bedeutet normalerweise ...

B: (Unterbrach) Verborgen. Er sagt, dies habe mehrere Bedeutungen. Es hat sowohl eine metaphysische Bedeutung als auch eine physische Bedeutung. Die metaphysische Bedeutung ist, dass die Menschheit im Allgemeinen beginnen wird, sich spirituell zu entwickeln. Das Wissen, das die Menschen für diese Entwicklung brauchen, liegt schon die ganze Zeit vor ihnen, aber sie haben es nicht gesehen. Und wenn sie anfangen zu erkennen, was da ist, wird es sie verwirren. Er sagt, die andere Interpretation davon sei, dass es irgendwann in ferner Zukunft interstellare Raumfahrt geben werde. „Die Himmelskörper, für das Auge unendlich sichtbar" bezieht sich auf die Sterne, die einfach immer weiter- und weiterziehen. Und diese Schiffe, in denen sie reisen werden, werden nicht durch mechanische Handhabung, sondern durch Ausströmungen des Geistes und durch PSI-Kraft gesteuert.

D: Das würde auch den letzten Teil erklären. „Sinne und Kopf alle unsichtbar."

Vielleicht interessiert es ihn, was die Übersetzer in ihrer Interpretation sagen. „Die Gebete der letzten Zeile sind die von Nostradamus durchgeführten Geisteranrufungen. Sowie sie enden, ist er besessen.

B: Er schnaubte bei dieser Bemerkung angewidert und sagte: „Zerreißt es und werft es weg."

D: Sie denken, dass dies seine „Empfindung der Körperlosigkeit beschreibt, die er erlebt, wenn er sich in einer vorhersagenden Trance befindet, wenn sein Geist und Intellekt von den himmlischen Wesen für ihre eigenen Zwecke benutzt werden."

B: Ich stelle fest, dass er einen gewissen Sinn für Humor hat, denn an dieser Stelle ahmte er für einen Moment die körperlichen Reaktionen eines Epileptikers während eines Anfalls nach. (Sie begann mit ihren Armen und Beinen zu zucken, in Nachahmung dessen, was sie sah.)

D: Meint er das Gestrampel?

B: Das Zittern. Er macht sich lustig. Und als er damit aufhörte, bemerkte er: „Das passiert nie, wenn ich das tue. Ich bin nicht besessen."

D: Oh, er denkt, so sehen Menschen aus, wenn sie besessen sind?

B: Na ja, er sagt, dass Menschen, die epileptisch seien, Menschen seien, die besessen seien, so weit man das zu seiner Zeit wisse. Er schüttelt den Kopf und sagt, es sei Zeit für ihn zu gehen, wenn man solche Lächerlichkeiten ertragen müsse. Er sagt, er sei nie besessen gewesen. Er wisse jederzeit genau, was er tue. Er sagt, es sei gut, dass er sich mit uns in Verbindung setzen konnte, um die Dinge zu klären.

Nostradamus war also nicht völlig aufgeklärt. Es gab immer noch einige Dinge, von denen er nichts wusste. Er akzeptierte offenbar diese Erklärung von der Kirche oder aus dem medizinischen Wissen seiner Zeit, dass, wenn jemand Anfälle hat, er von bösen Geistern besessen sei.

CENTURIE I-17

Par quarante ans l'Iris n'apparoistra,
Par quarante ans tous les jours sera veu:
La terre aride en siccité croistra,
Et grans deluges quand sera aperceu.

Vierzig Jahre lang wird der Regenbogen nicht zu sehen sein./Vierzig Jahre lang wird er jeden Tag zu sehen sein./Die trockene Erde wird noch dürrer werden,/Und es wird große Fluten geben, wenn er gesehen wird.

B: Er sagt, dass dies mit einigen der Unruhen zu tun habe, welche die Erde durchmachen müsse. Dies hat nichts mit dem Antichristen zu tun, sondern mit zukünftigen Unruhen in der fernen Zukunft. Er sagt, ja, es werde eine Menge Überschwemmungen und Dürren zur Zeit des Antichristen geben, aber dieser spezielle Vierzeiler sei ein weiteres Beispiel dafür, dass die Waage einmal in die eine und dann in die andere Richtung schwinge. Dies ist, wenn es wieder Unruhen für die Erde gibt, wenn der Regenbogen 40 Jahre lang nicht erscheint. Er sagt, dies werde eine 40-jährige Dürre verursachen. Der einzige Weg, wie die Menschen überleben werden, wird sein, das Eis an den Polen zu schmelzen oder reines Wasser aus dem Meer zu gewinnen. Das ist der einzige Weg, wie sie Wasser für den Anbau von Feldfrüchten und dergleichen gewinnen werden. Um dies auszugleichen, werde die Waage in die andere Richtung ausschlagen und es wird jeden Tag einen Regenbogen geben, der reichlich Regen und viele Überschwemmungen auslöst. Das Zeitelement ist jedoch nicht unbedingt 40 Jahre. Er hat das als Begriff für 40 Zyklen verwendet. Er sagt, er habe von größeren Zyklen gesprochen. Das Wichtigste, worauf dies hindeutet, ist, dass die Menschheit irgendwie etwas tun wird, um die Umwelt der Erde aus dem Gleichgewicht, aus dem Lot zu bringen, was eine Eiszeit auslöst. Und zwar von der Art, dass das Wasser an den Polen im Eis festgefroren wird, so dass es für eine gewisse Zeit kein Wasser für Regen gibt. Dann wird es in die andere Richtung kippen, wenn die Eiszeit endet und es überall zu viel Wasser gibt. Denn die Pole werden in reichlichem Maße schmelzen und es wird eine Menge Regen und Überschwemmungen geben und der Meeresspiegel wird wieder ansteigen. Er sagt, das sei ein natürlicher Teil der Erdgeschichte. Es geschah in der Vergangenheit und es wird auch in der Zukunft wieder geschehen. Und wieder einmal, wie beim letzten Mal, wird diese Eiszeit den Untergang dieser Zivilisation verursachen. Sie wird alle Spuren dieser Zivilisation ausradieren, so dass danach eine andere Zivilisation aufsteigen muss, so wie es dieses Mal geschehen ist. Er sagt, dies scheine ein natürlicher Zyklus während der Lebensdauer der Erde zu sein.

D: Könnten diese Zyklen länger oder kürzer als 40 Jahre sein?

B: Er sagt, definitiv länger. Wenn er über die Weiten der Zeit blickt, ist es manchmal schwierig, die genaue Anzahl an Jahren zu bestimmen, aber man kann allgemeine Zyklen erkennen. In diesem Fall sagt er zum Beispiel, dass es wahrscheinlich 4000 Jahre in die eine Richtung und 4000 Jahre in die andere Richtung sein werden. Es sind Zyklen von Jahrtausenden.

D: Als ich das las, dachte ich, er beziehe sich vielleicht auf ein Kippen oder Verlagern der Erdachse.

B: Er sagt, dass das auch damit verbunden sei. Du hast recht. Die Menschheit wird am Rande dieser Klippe wandeln, weil irgendein Aspekt ihrer Technologie das empfindliche Gleichgewicht des Ökosystems gefährden wird. Und die Verschiebung der Erdachse wird dieses Gleichgewicht stark genug zerstören, um diese Eiszeit auszulösen.

D: Dieser Vierzeiler ist definitiv ein Untergangsszenario, aber es wird noch lange dauern, bis das eintritt.

B: Er sagt, es sei ein natürlicher Zyklus. Lass dich davon nicht beunruhigen, denn die Menschheit hat solche Zyklen schon früher überlebt.

D: Aber das Problem ist, dass die Menschheit immer wieder von vorne anfangen muss.

B: Er sagt, sie müssten nicht unbedingt wieder von vorne anfangen, wenn es eine Möglichkeit gäbe, das Wissen zu bewahren. Aber normalerweise begrenzen sich die Sorgen der Menschen darauf, einfach nur zu überleben. Sie machen sich keine Gedanken darüber, das Wissen zu bewahren.

D: Nun, vielleicht hat dieses große Genie, von dem er sprach, etwas damit zu tun.

B: Er sagt, das sei eine Möglichkeit, obwohl die beiden Ereignisse zeitlich weit auseinander liegen. Er sagt, wir müssten einfach abwarten und sehen.

CENTURIE II-95

Les lieux peuplez seront inhabitables:
Pour champs avoir grand division:
Regnes livrez à prudents incapables,
Lors les grands freres mort & dissention.

Die besiedelten Länder werden unbewohnbar,/Es herrscht große Uneinigkeit, um Land zu erhalten./Königreiche werden Männern übergeben, die unfähig zu Klugheit sind./Dann kommen für die großen Brüder Tod und Zwietracht.

B: Dies ist eines jener Ereignisse, die nicht eintreten müssen. Es kann verhindert werden. Er sagt, in früheren Vierzeilern, die wir übersetzt haben, habe er sich auf ein Ereignis bezogen, bei dem der Mensch das Gleichgewicht der Erde beseitigt und große Veränderungen des Klimas und der Jahreszeiten verursacht, was viel Elend und Hungersnot verursacht. Als Folge davon werden viele Länder, die heute wichtige landwirtschaftliche Gebiete sind und viel Getreide und Nahrung für einen Großteil der Welt produzieren, gefroren sein und keine Lebensmittel mehr anbauen. Und die Menschen, die dort leben und die dort Nahrung angebaut haben, werden diese Länder verlassen, wie die Ratten das sinkende Schiff. Sie werden in Länder flüchten, die noch bewohnbar sind und in denen noch Nahrung angebaut werden kann. Es wird eine Menge Streit und Kämpfe geben, da die Länder immer überfüllter werden und jeder versucht, den anderen zu verdrängen. Er sagt, als Folge der Panik werden einige dumme Entscheidungen getroffen werden. Die „Königreiche“ beziehen sich eher auf Machtbereiche als auf Bereiche des Landes. Und Menschen, denen in bestimmten Bereichen Verantwortung übertragen wird, werden schwache Entscheidungen treffen, die sich zu großen Katastrophen ausweiten werden, weil sie unter dem durch diese horrende Klimaveränderung entstandenen Druck nicht klar denken können. Die beiden Brüder, die Zwietracht und Zerstörung erleben werden, bezieht sich auf die Vereinigten Staaten und das Vereinigte Königreich.

Die Vereinigten Staaten und England wurden schon in mehreren anderen Vierzeilern als Brüder bezeichnet.

D: Sie haben das so übersetzt, als würde es sich auf die Kennedy-Brüder beziehen.

B: Er sagt, es gebe andere Vierzeiler, die sich auf die Kennedy-Brüder beziehen. Dies sei keiner davon.

CENTURIE X-74

Au revolu du grand nombre septiesme
Apparoistra au temps Jeux d'Hecatombe,
Non esloigné du grand eage milliesme
Que les entres sortiront de leur tombe.

Wenn das Jahr der großen siebten Zahl vollendet wird,/Wird es zur Zeit der Spiele des Schlachtens erscheinen,/Nicht lange vor der Zeit des großen Jahrtausends,/Wenn die Toten aus ihren Gräbern steigen werden.

B: Er sagt, dies beziehe sich auf die Zeit, wenn das Ende der Welt naht. Er sagt, dass das gesamte Zeitalter der Welt in sieben große Abschnitte unterteilt werden könne. Die ersten sechs davon seien erlebt und erfüllt worden, und wir befänden uns jetzt im siebten Teil. Er sagt, der siebte Teil dieser Zeitalter habe mit dem Menschen und seinen Taten zu tun. Am Ende dieses Zeitalters wird das Ende des Zeitalters der Menschheit kommen, nachdem dieses siebte Zeitalter vollendet sein wird. Obwohl die Erde noch einige Zeitalter danach weiter existieren wird, wird der Mensch seinen Zweck erfüllt und das vollbracht haben, was er hier auf der Erde zu tun hatte. Er wird stattdessen anderswo sein, und das Rad des Karmas wird die Menschen nicht mehr auf die Erde schicken, sondern an andere Orte.

Das klang sehr dem ähnlich, was Phil in meinem Buch Die Hüter des Gartens über die Zukunft des Menschen sagte.

D: Aber das wird noch nicht bald passieren, oder?

B: Er sagt, nein. Wenn man Vierzeiler über karmische Angelegenheiten schreibt, müsse man das große Rad des Universums und die Langsamkeit, mit der es sich bewegt, in Betracht ziehen. Soweit es das Universum betrifft, mag es den Anschein haben, dass es bald geschehen werde. Aber das ist nur in Bezug auf das große Alter des Universums so. Wenn es um die kurze Zeitspanne des menschlichen Lebens geht, wird es scheinbar in der fernen Zukunft liegen.

D: Das ist eine Erleichterung. Was meint er mit: „Es wird zur Zeit der Spiele des Schlachtens erscheinen"?

B: Er sagt, dass die Zivilisation bis dahin mehrmals untergegangen und wieder aufgebaut sein werde. Einige der Traditionen und Regeln der früheren Zivilisationen werden überleben und überliefert werden, aber jedes Mal, wenn dies geschieht, werden sie ein wenig mehr pervertiert werden. Er sagt, die Schlachtspiele jener Zeit stammen direkt von den Olympischen Spielen eurer Zeit ab. Dieses regelmäßige Treffen aller Nationen alle vier Jahre, um diese Sportveranstaltungen durchzuführen, wird allmählich -- durch die Aufeinanderfolge von Zivilisationen mit dazwischenliegenden Perioden des Barbarismus -- zu etwas pervertiert werden, das den Gladiatorenspielen des alten Rom ähnelt. Er sagt, es sei einfach ein weiteres natürliches Beispiel für den Kreislauf der Zeit. Die Spiele begannen in athletischer Form im antiken Griechenland, wurden in Rom zur Gewalt pervertiert, und als die Spiele wieder eingeführt wurden, waren sie wieder sportlich orientiert. Aber einmal mehr in ferner Zukunft werden sie zu Gewalt und Blutvergießen pervertiert werden.

D: Vielleicht fange ich an, ein bisschen zu denken wie er, weil ich die Verbindung zu den Gladiatorenspielen aufgeschnappt habe. Und mit „die Toten werden aus ihren Gräbern steigen" bezieht er sich auf den Übergang ihrer Seelen von diesem Planeten an einen anderen Ort.

CENTURIE I-48

Vingt ans du regne de la lune passez,
Sept mil and autre tiendra sa monarchie:
Quand le soleil prendra ses jours lassez,
Lors accomplit & mine ma prophetie.

Wenn zwanzig Jahre der Herrschaft des Mondes vergangen,/Wird ein anderer seine Herrschaft für siebentausend Jahre antreten./Wenn die erschöpfte Sonne ihren Zyklus aufnimmt,/Dann werden meine Prophezeiung und Drohungen erfüllt sein.

B: Er sagt, er habe diesen Vierzeiler als Antwort auf eine Frage geschrieben, die ihm einmal gestellt wurde. Man hatte bemerkt, dass seine Prophezeiungen eintraten, und jemand äußerte: „Du hast so viele von ihnen geschrieben, und du schreibst immer noch mehr. Wie lange wird es dauern, bis sie alle in Erfüllung gehen?" Also schrieb er diesen Vierzeiler als Antwort und wies sie darauf hin, dass die Anzahl der Jahre, die er in die Zukunft sah, keine Grenze habe. Er könne, sagte er, nicht bis zum Ende der Zeit sehen, sondern bis zum Ende der Erde.

D: Ist es das, was er mit der erschöpften Sonne meinte? Das würde bedeuten, wann immer die Sonne erloschen ist?

B: Er sagt, wann immer das passiere, werde die Erde schon lange tot sein. Aber er hat gesehen, wie die Sonne in einer großen Explosion einen letzten Energiestoß abgibt und dann im Nichts versinkt. Dieser Teil des Vierzeilers hat mit der Tatsache zu tun, dass er bis zum Ende der Zeit der Erde sehen konnte, wenn die Sonne explodiert und den Planeten völlig einäschert. Er sagt jedoch, dass das extrem weit in der Zukunft liege und keinerlei Einfluss auf eure Zeit habe.

D: Aber meint er damit, dass das alles innerhalb von siebentausend Jahren passieren werde, oder hat das eine andere Bedeutung?

B: Er sagt die Zeilen: „Wenn zwanzig Jahre der Herrschaft des Mondes vergangen, wird ein anderer die Herrschaft für siebentausend Jahre antreten“ habe er wegen der Inquisition in diesen Vierzeiler gesetzt. Das weist darauf hin, dass, wenn wir in der Lage sind, diese Kriege zu überleben, die er sah … Er versucht, diese Kriege abzuwenden, weil er viele Visionen von dem sah, was passieren könnte, wenn wir uns nicht vorher durch Kriege umbringen. Eines der Dinge, die er sah, war ein umfangreiches und friedliches Weltraum-Expansions- und Erkundungsprogramm, Menschen, die sich ausbreiten und in fremden Umgebungen leben, denen es gut geht und die wachsen. Er sagt, es werde eine Basis auf dem Mond errichtet werden. Sie werde ein wichtigesZentrum für Kommunikation und wissenschaftliche Forschung sein. Während dieser Zeit wird der Hauptzweck dieser Basis die Entwicklung von -- er nennt sie „freistehende Raumstationen“, was bedeutet, dass sie unabhängig von allem und jedem anderen sind. Ich denke, er meint selbstversorgend, also ersetze ich es durch diesen moderneren Begriff.

D: Hat er sie Raumstationen genannt oder ist das deine Interpretation?

B: Na ja, er hat sie gar nicht genannt, er hat sie abgebildet. Sie haben verschiedene Formen: Einige sind zylindrisch, einige sind konisch und einige kugelförmig. An allen sind große Sonnensegel angebracht, um sie mit der nötigen Energie zu versorgen. Er sagt, die Mondbasis werde diese Raumstationen entwickeln und bauen. Nach einer gewissen Zeit, in der dies geschieht, wird sich der hauptsächliche Wachstumsimpuls auf die Raumstationen verlagern. Dort werden die wichtigsten zentralen Arbeiten für den Handel und die Industrien stattfinden, so dass der Mond nicht mehr einen so großen Platz in dem Vorhaben haben wird. Er wird der Verbindungspunkt der Kommunikation bleiben, aber die wissenschaftliche Forschung und die Industrie und dergleichen werden sich auf die Raumstationen verlagern. Und die Erde wird in eine große Periode des Wohlstands und des Wachstums eintreten, weil es Raum zum Wachsen und genug für alle geben wird. Die Dinge werden grundsätzlich friedlich sein, wenn die Erde es schafft, bestimmte Fehlentscheidungen zu vermeiden, die zu einem Krieg führen könnten, und wenn die Erde ihre Zivilgesetze aktualisiert, so dass es nicht so viele Unruhen an der Basis geben wird. Er sagt, diese Periode der Erforschung des Weltraums und des Lebens ... er kichert und sagt, es sei ähnlich wie die spekulative Literatur, die dieses Medium gerne liest. (Science Fiction.) Diese Periode wird sehr lange andauern, mit Leichtigkeit siebentausend Jahre, wenn nicht mehr. Er sagt, wieder einmal habe er zwei Prophezeiungen in einem Vierzeiler zusammenfassen müssen.

D: Sie haben das so interpretiert, als hätte es mit dem Datum der Veröffentlichung seiner Vierzeiler und der Vollendung seiner Prophezeiungen zu tun. Sie dachten, er meinte, es werde siebentausend Jahre bis zum Ende der Welt dauern. Der Übersetzer sagt: „Es war eine weit verbreitete Theorie im Mittelalter, dass die Welt am Anfang des siebten Jahrtausends untergehen werde. Diese Information entspringt dem Buch Henoch, das im ersten und zweiten Jahrhundert allgemeine Lektüre war, aber von der Kirche aus der heiligen Schrift entfernt wurde." Hat er irgendeine Anmerkung hierzu?

B: Er zieht an dieser Stelle irgendwie die Augenbraue hoch und meint, das sei eine vernünftige Annahme. Aber er sagt: „Das Werkzeug, das ich benutze, ist nicht immer vernünftig." Und an diesem Punkt zeigt er mir ein Bild von diesem Spiegel.

KAPITEL 26

DAS ENDE UND DER ANFANG

GELEGENTLICH GAB ES ZEITEN, in denen Nostradamus die Sitzungen unterbrach, wenn er spürte, dass das Medium (Brenda) sich nicht wohlfühlte. Er war ihr gegenüber sehr beschützend und gab ihr oft als Arzt Ratschläge, wie sie sich selbst helfen konnte. Ein paar Mal unterbrach er die Sitzung, um zu versuchen, sie zu heilen, indem er Energie auf verschiedene Teile ihres Körpers lenkte. Er sagte, das sei wegen der zeitlichen Distanz schwierig, aber es gelang ihm oft, die Beschwerden lange genug zu lindern, so dass wir eine Sitzung abschließen konnten. Da sie keinerlei körperliche Symptome zeigte, während ich sie überwachte, hatte ich keine Möglichkeit zu erkennen, dass etwas nicht stimmte, bis sie aufwachte und beschrieb, was ihr zu schaffen machte.

Nostradamus sagte mehrmals, dass das Projekt dringend sei, und er war zutiefst besorgt darüber, die Informationen rechtzeitig zu uns durchzubekommen, weil ihm die Ereignisse gefährlich nahe erschienen. Wir erreichten den Punkt, an dem er während einer einstündigen Sitzung in einem Höllentempo durch 30 Vierzeiler huschte. Wir hatten den bestimmten Eindruck, dass er versuchte, so viel wie möglich hineinzupacken und nur dann aufzuhören, wenn er unbedingt musste. Er sagte, es sei möglich, alle Informationen auf einmal durchzupeitschen, aber er wollte das Medium nicht bis zur Erschöpfung arbeiten lassen. Er wusste, dass gute Medien schwer zu finden waren, und er hielt das Projekt nicht für dringend genug, um ihr Leid zuzufügen. Er wollte sich um sie kümmern, also versicherte er sich, dass die Informationen durchkamen, auch wenn es länger dauerte, als er erwartet hatte. Natürlich war Brenda froh, dass er so um ihr Wohlergehen besorgt war. Er fühlte sich wohl dabei, durch sie zu arbeiten, weil ihre Bildung einen guten Wortschatz und eine breite Basis für das Erfassen von Konzepten bot, aber er warnte uns, dass außerhalb unserer Kontrolle liegende Umstände das Projekt unterbrechen könnten. Ich konnte keine Gründe für eine mutmaßliche Verzögerung vorhersehen, aber andererseits hatte ich eigentlich ja nichts von dem vorhergesehen, was mit diesem Projekt zu tun hatte.

Als Nostradamus seine Vierzeiler schrieb, passten sie mit Leichtigkeit in ein großes Buch, zumal sie keine Interpretationen enthielten. Mir wurde bewusst, dass die Menge an Informationen, die da durchkam, unmöglich in ein einziges Buch gefasst werden konnte. Er stimmte zu, dass die Prosa-Erklärungen, die er gab, die Vierzeiler stark in die Länge zogen. Aber er sagte, dass es mir überlassen sei, wie ich sie zusammenstellen wolle, solange die wichtigen Teile, die sich mit unserer Gegenwart und unmittelbaren Zukunft beschäftigen, nicht ausgelassen würden. Er war erfreut, dass der Kommunikationskanal in unserer Zeit klarer war, mit viel mehr Material, das aufgrund der höheren Alphabetisierungsquote gedruckt und verbreitet wurde, aber es beunruhigte ihn, dass der Prozess, ein Buch drucken zu lassen, komplizierter war. Er hatte diese Dinge nicht bedacht, als er mir aufgetragen hatte, das Buch so schnell wie möglich in Druck zu geben. Zu seiner Zeit war es viel einfacher gewesen, weil es nicht so viele Bücher gab oder Leute, die die Fähigkeit hatten, sie zu schreiben. Er war jedoch zuversichtlich, dass die Bücher rechtzeitig gedruckt werden würden, weil er dies vorhersehen konnte. In meinen Momenten des Zweifels brauchte ich seine Rückversicherung sehr.

D: Ich habe mich gefragt, warum er ausgerechnet mich auswählte, um das zu tun. Hatte ich in einem früheren Leben irgendeine Art von Verbindung zu ihm?

B: Er sagt, der Grund, warum er dich ausgewählt hat, sei nicht wegen irgendwelcher vergangener karmischer Verbindungen. Unter den verschiedenen Personen, die er in zukünftigen Zeiten sehen konnte, die diese Art von Verbindung mit dieser Ebene hinsichtlich der verschiedenen Bahnen und Dimensionen der Zeit sowie ihrer Art zu interagieren hatten, warst du die am strategischsten aufgestellte. Andere sind ebenfalls gut aufgestellt, aber er wusste, dass er seine Kommunikation am besten gegenüber einer Person oder durch eine Person darstellen lassen sollte. So konnte er seine Energie darauf konzentrieren, die Informationen zu übermitteln, anstatt seine Energie bei dem Versuch zu zerstreuen, die Kommunikation herzustellen. Er sagt, so wie du aufgestellt seist, würdest du dich in dieser Arbeit engagieren, plus du bist in Kontakt mit Seelen, die die Art von Mentalität besitzen, welche mit den Informationen umgehen und sie klar kommunizieren könnten, so dass sie der Welt zugänglich gemacht werden, damit andere daraus lernen können.

D: Am Anfang hat er mich wirklich überrascht, als ich mit seinem Schüler, Dyonisus, sprach, und er durchkam.

B: Ja. Er sagt, dass dies aufgrund der Natur deiner Arbeit notwendig gewesen sei, um den ersten Kontakt mit dir herzustellen. Er wusste, dass du niemals geahnt hättest, dass dieses Medium für diese Art von Kommunikation verwendet werden könnte, wenn er nicht über die etablierten Kanäle mit dir in Kontakt getreten wäre, an die du gewöhnt warst.

D: Es schien eine so seltsame Art und Weise zu sein, dies zu tun, dass die Chancen gegen einen Erfolg sprachen.

B: Er sagt, nur wenn du rational an die Sache herangehst. Wenn du dich auf deine Intuition verlassen kannst und die Bahnen der Zeit so siehst, wie er sie sieht, sagt er, dass es genau richtig funktioniert, genau so, wie er es vorausgesehen hatte.

D: Hat er jemals versucht, mit Menschen in anderen Zeitperioden in Kontakt zu treten und ihnen diese Botschaften zu übermitteln? Mir kam der Gedanke, dass er vielleicht in jeder Zeitperiode, in der er ein Ereignis sah, jemanden kontaktiert hat.

B: Er sagt, dies sei der Hauptkontakt für diesen Planeten. Er habe andere Menschen in zukünftigen Zeitperioden kontaktiert, nicht weil dies fehlgeschlagen sei, sondern weil diese anderen Menschen in diesen anderen Zeitperioden auf anderen Planeten seien. Er wollte versuchen, die Informationen an diese Menschen zu verteilen, die ebenso Kenntnis von seinen Schriften haben, um auch dort die Informationen zu erklären. Er sagt, dass er mit den Anderen in Kontakt gestanden habe, und sie seien an seinen Schriften und seinen Visionen interessiert, weil er auch für sie Dinge sah. Und er schickte ihnen Vierzeiler, von denen wir hier nichts wissen, denn sie haben nicht mit dieser Welt zu tun, sondern mit deren Planeten.

D: *Dann war er nicht nur mit unserer Welt beschäftigt.*

Ich weiß, wenn diese Information herausgebracht wird, wird es viele Nachahmer geben und viele Leute, die sagen werden, dass sie ebenfalls in Kontakt mit Nostradamus stünden. Aber er sagte, dass er mit niemand sonst Kontakt aufgenommen habe?

B: Das ist richtig. Er sagt, dass eine Kontaktaufnahme über mehrere Kanäle seine Energien zerstreuen würde, so dass die Kommunikation nicht so klar wäre und es zu widersprüchlichen Ergebnissen käme. Er wollte nur einen klaren Kanal, um zu kommunizieren. Anfangs versuchte er in ähnliche Richtungen, einen weiteren Kanal zu etablieren. Aber sobald dieser Kanal hier etabliert war, gab er die anderen Bemühungen auf, weil sie überflüssig waren.

D: *Da ich die menschliche Natur kenne, sage ich, es werden weitere Menschen auftauchen und sagen, dass sie auch mit ihm in Kontakt stünden.*

B: Es werden sich andere melden und sagen: „Oh, aber das hat mir Nostradamus offenbart.“ Und er sagt, diese Leute würden nach ihren eigenen Wahnvorstellungen handeln, und die meisten von ihnen werden religiöse Fanatiker verschiedener Art sein.

D: *Ich glaube, wir haben schon mehr als genug Beweise dafür, dass wir wirklich in Kontakt mit ihm sind.*

B: Er sagt, dass es so etwas wie ausreichende Beweise nicht gebe, wenn man es mit einem echten Skeptiker zu tun hat. Er sagt, die Bücher würden veröffentlicht werden. Es sei ihm wirklich egal, ob die Skeptiker glauben oder nicht, denn sein Hauptanliegen sei es, diejenigen, die aufgeschlossen seien, dazu zu bringen, über die kommenden Ereignisse nachzudenken und sie auf eine andere Weise zu betrachten. Er sagt, dass einer oder mehrere dieser Denker in der Lage sein würden, etwas dagegen zu unternehmen. Und einige der Entscheidungen, die sie treffen, würden durch das gefärbt sein, was sie in deinem Buch gelesen haben. Er sagt, dass dies ausreichen werde, um die Ereignisse in Richtung vorteilhafter Ergebnisse zu verändern.

Dies war mit Abstand der erstaunlichste Fall, den ich je begleitet hatte. Wären da nicht die Tonbandaufnahmen und die Zeugen gewesen, wäre es selbst für mich schwer zu glauben gewesen. Oberflächlich betrachtet, war für jeden vernünftigen Menschen jeder Aspekt davon absolut unmöglich. Ich rechne fest damit, dass man mich und meine Probanden beschuldigen wird, einen gigantischen Schwindel verübt zu haben. Aber selbst wenn das möglich wäre, könnte es niemals die Informationen erklären, die dabei herauskamen. Ich werde es den Skeptikern überlassen, das zu diskutieren. Für mich scheint es immer noch unglaublich, dass all dies in nur ein paar wenigen kurzen Monaten passiert ist. Als ich begann, mit Elena zu arbeiten, wusste ich nicht einmal, was ein Vierzeiler ist. Obwohl ich Schriftstellerin bin, bin ich keine Dichterin und hatte keine Erfahrung auf diesem Gebiet. Und die einzige Definition, die ich für das Wort „Centurie“ kannte, war die traditionelle. Wie also kann die normale Logik erklären, wie wir innerhalb weniger Monate zu scheinbaren Experten für die Schriften von Nostradamus wurden? Wie waren wir in der Lage, die Rätsel, welche die Menschheit seit 400 Jahren verwirren, zu entwirren und logisch zu erklären? Nein, es ist ganz offensichtlich, dass dies nicht aufgrund eines überlegenen Intellekts seitens Brenda, Elena oder mir geschehen ist. Hier war etwas anderes am Werk, eine äußere Instanz. Das ist die einzige Erklärung, die einen Sinn ergibt. Irgendwie, durch Methoden, die nur dem großen Meister selbst bekannt waren, war Nostradamus in der Lage zu erkennen, dass er seine Vierzeiler -- um sie vor dem Feuer der Inquisition zu schützen -- auch für zukünftige Generationen völlig unentzifferbar gemacht hatte, eben jene Generationen, die zu warnen er gehofft hatte. Er beschloss offenbar den Versuch, jemanden zu erreichen, der in der Zeit lebte, in der er die schwersten Tumulte sah, jemanden, der in einer Zeit lebte, in der die Menschen aufgeklärter und bereiter waren, seine Vorhersagen zu akzeptieren. Er hoffte, dass, wenn er uns die wahren Visionen vermitteln könnte, es vielleicht noch nicht zu spät wäre, ihr Eintreten zu verhindern. Er muss tief betrübt gewesen sein, als er sah, dass die Menschen der Zukunft nicht verstehen konnten, was er ihnen so verzweifelt zu sagen versuchte. Er riskierte sein Leben, um dies für die Nachwelt niederzuschreiben, und er verbrachte Jahre damit, sich damit abzumühen. Er hätte einfach mit den Schultern zucken und sagen können: „Nun, ich habe es wenigstens versucht. Ich habe mein

Bestes gegeben. Wenn sie es nicht verstehen, dann ist es ihre Schuld. Sollen sie ruhig die Konsequenzen tragen.“

Jetzt, da ich Nostradamus' Persönlichkeit zeigen kann, weiß ich, dass seine Liebe zur Menschheit ihm das nicht erlauben würde. Nur die Zukunft zu sehen, war nicht mehr genug. Er spürte, dass er mit der Zukunft sprechen musste. Ich frage mich, wie lange er da saß, seinen magischen Spiegel absuchte und einen Weg abklopfte, um Kontakt aufzunehmen? Ich frage mich, wie viele Pläne und Möglichkeiten ihm durch den Kopf gingen, bis er auf den einen stieß, der erfolgreich war? Ich weiß, dass ich nicht auserwählt worden wäre und dass ich niemals kontaktiert worden wäre, wenn ich nicht bereits mit Zeit und Raum gearbeitet hätte, indem ich regressive Hypnose benutzte. Ich kann jetzt sehen, dass Elena die Brücke war. Die Chancen standen schlecht, dass ich jemanden finden würde, der in einem früheren Leben einer seiner Schüler gewesen war. Konnte er diese zukünftige Verbindung seines Schülers, Dyonisus, durch seinen Spiegel sehen? War er in der Lage, auf irgendeine Art und Weise mit Elenas Führer Andy Kontakt aufzunehmen, um uns beim Aufbau dieser ganzen Sache zu helfen? Hoffte er, dass meine Neugierde geweckt werden würde und ich mich gezwungen fühlen würde, weiter zu suchen, bis ich eine andere Verbindung gefunden haben würde?

Viele Fragen, deren Antworten wahrscheinlich nie jemand erfahren wird. Ich weiß, dass ich nur ein Instrument in diesem bemerkenswerten Abenteuer war. Ich glaube zweifellos, dass Nostradamus selbst dieses Projekt initiiert hat. Von Juli 1986 bis Februar 1987 übersetzten wir über 300 der Vierzeiler. Es ist fast unmöglich zu glauben, dass so viel in so kurzer Zeit erreicht wurde. Ich habe wegen der Länge nur einige der Vierzeiler in dieses Buch aufgenommen. Ich habe bewusst diejenigen ausgewählt, von denen Experten sagen, dass sie unerklärlich seien sowie die, von denen sie glauben, dass sie sich auf die Zukunft bezögen. Es ist erstaunlich, welche Weisheit in diesem kleinen Querschnitt enthalten ist. Ich glaube, er hat den Menschen in den verbleibenden Vierzeilern noch viel, viel mehr zu sagen. Daher beabsichtige ich, bei diesem Projekt zu bleiben, bis sie alle übersetzt sind und letztendlich der Welt das Wunder von Nostradamus offenbart wird.

Ich empfehle das Buch von Erika Cheetham als Querverweis wegen ihrer Übersetzung und ihrer Erklärung unklarer und fremder

Wörter (d.h. Latein, Griechisch und Altfranzösisch), die in die Vierzeiler eingestreut sind.

Wie Brenda einmal sagte: „Er hat seine Ehrerbietung getan und ist gegangen.“ Aber er ist nicht für alle Zeiten gegangen. In den Fortsetzungen zu diesem Buch wird er uns weiterhin mit seiner bemerkenswerten Vorausschau verblüffen. Wird es ihm gelingen, uns zu warnen? Bleibt noch Zeit, unsere Zukunft zu ändern? Können wir es uns leisten, es zu riskieren, dass er sich irrt? Wird die Menschheit zuhören? Ich bete, dass wir zuhören werden. Denn die Dinge, die Nostradamus für unsere Welt voraussah, sind zu schrecklich, als dass wir sie ignorieren können. Und schließlich ist es die einzige Welt, die wir haben.

ENDE VON BAND EINS.

Nachtrag

(hinzugefügt im Jahr 1996 für alle drei Bände.)

Nachtrag

BAND I von Gespräche mit Nostradamus wurde erstmals im Jahr 1989 gedruckt, Band II folgte 1990. Als die Bücher 1992 neu aufgelegt wurden, stellte man fest, dass einige der Prophezeiungen bereits in Erfüllung gegangen waren. Es wurde daraufhin beschlossen, die beiden Bücher zu überarbeiten, indem Updates zu Ereignissen hinzugefügt wurden; so entstanden die überarbeiteten Ausgaben. Band III wurde erstmals 1992 gedruckt. Die Bücher wurden zu einer lebendigen und sich entwickelnden Gesamtheit, die jedes Mal Updates erforderte, wenn die Bücher nachgedruckt wurden. Es ist beinahe unmöglich geworden, die Bücher auf dem neuesten Stand zu halten. Ich erhalte Anrufe und Briefe von meinen Lesern, die sagen, dass sie gerade die Bücher lesen und gleichzeitig die beschriebenen Ereignisse im Fernsehen verfolgen. Die Informationen sind für unsere momentane Zeitperiode also aktuell.

Dies ist die vierte Auflage von Band I im Jahr 1996, und es sind so viele neue Informationen aufgetaucht, dass beschlossen wurde, diesen Nachtrag hinzuzufügen, anstatt die gesamte Trilogie zu überarbeiten. Ich hoffe, es wird für diejenigen, die lediglich Band I gelesen haben, nicht verwirrend sein, denn ich werde auf neue Informationen verweisen, die alle drei Bände betreffen. Mit der Explosion der Internet-Kommunikation haben viele meiner Leser Details zusammengetragen, die zu bekommen unmöglich gewesen wäre, wenn ich mich auf meine eigenen Recherchen verlassen hätte. Ich bin dankbar für ihre Unterstützung und für die vielen Zeitschriften- und Zeitungsartikel, die mir zugeleitet wurden. Ihr Fleiß erleichtert mir die Recherchearbeit sehr.

CENTURIE II-60 (Bd. I, S. 253) scheint sich mit der Wahl von Präsident Bill Clinton im Jahr 1992 erfüllt zu haben. Der Vierzeiler sagte voraus, dass die Vereinigten Staaten während der Zeit der

Unruhen einen demokratischen Präsidenten haben würden. Als diese Erklärung in den späten 1980er Jahren abgegeben wurde, hielt ich sie für zweifelhaft, weil Präsident George Bush fest in Washington verwurzelt zu sein schien. Aber zur Überraschung vieler wurde Clinton gewählt. Während seiner gesamten ersten Amtszeit wartete ich darauf, dass sich der Rest der Prophezeiung bewahrheiten würde -- dass er die Vereinigten Staaten in einen Konflikt führen würde, um die Wirtschaft anzukurbeln. In einem anderen Vierzeiler sagte Nostradamus, dass das Jahr 1995 ein Wendepunkt sein werde, ein Entscheidungsjahr. Er sagte, dass die Welt in jenem Jahr entscheiden werde, ob sie den Weg zum Dritten Weltkrieg einschlagen oder den Weg, den wir derzeit gehen (den am wenigsten schädlichen Weg), weitergehen wird. Es störte mich, daß Präsident Clinton gegen Ende 1995 unsere Truppen in den Konflikt in Bosnien entsandte. Dies war eine Erfüllung des Vierzeilers und richtete sich auch gegen andere Warnungen von Nostradamus. Er hatte uns das Szenario der Ereignisse gezeigt, die zum Dritten Weltkrieg führen würden. Eines davon war, dass wir nach einer Reihe kleiner Kriege im Nahen Osten in der Grauzone Europas in den Krieg ziehen würden. Er nannte es die „Grauzone", weil er sagte, man wisse nicht, ob man in Europa oder in Asien sei, und er erwähnte Mazedonien und Albanien, weil er zu seiner Zeit noch keinen Namen für Jugoslawien hatte. In Band III sagte er, wir sollten uns nicht in diesem Gebiet engagieren, denn wenn die Sektoren auseinanderbrächen, würde das Land anfälliger werden für eine Machtergreifung. Ich habe aus den Prophezeiungen den Eindruck gewonnen, dass unser Engagement in jenem Bereich der Welt eskalieren wird und wir große Schwierigkeiten haben werden, unsere Truppen abzuziehen.

NOSTRADAMUS BESTAND DARAUF, dass wir die unterirdischen Explosionen von Atomwaffen beenden müssen (Band I). Man hoffte, dass seine Warnung erhört worden war, als die Vereinigten Staaten ihre Tests einstellten. 1992 trat ein vorübergehendes nationales Moratorium für Atomtests in Kraft. 1993 erwog Präsident Clinton die Wiederaufnahme der unterirdischen Atomtests in Nevada, da einige Experten die Sicherheit und Zuverlässigkeit der bestehenden Waffen verbessern wollten. Die Vereinigten Staaten entschieden sich in weiser Voraussicht, die Tests einzustellen, aber andere Länder (wie China, Nordkorea und Frankreich) waren nicht so kooperativ.

Die Bedrohung wurde wiedererweckt, als Frankreich darauf bestand, 1995 und Anfang 1996 acht Testraketen in der Nähe einer Pazifikinsel abzufeuern. Die ganze Welt war entsetzt und es gab große Proteste, auch in Frankreich. Die Einwände wurden völlig ignoriert, als Frankreich einen Test nach dem anderen durchführte und darauf beharrte, dass kein Schaden angerichtet werde. Natürlich lagen sie falsch, und es wurde allmählich klar, dass Nostradamus wusste, wovor er warnte, als er sagte, dass die Schockwellen der Explosionen durch die tektonischen Platten der Erde nachhallen würden. Innerhalb weniger Tage traten nach jedem Test schwere Erdbeben und Vulkanausbrüche auf. Es hätte jedem klar sein müssen, dass dies kein Zufall war. Sie standen in direktem Zusammenhang mit den Explosionen. Innerhalb von zwei Tagen nach einem Test im Oktober 1995 erschütterte ein Erdbeben Japan, dann Indonesien, dann brach ein Vulkan in Neuseeland aus. All dies ereignete sich innerhalb eines Tages und schien einem Verlaufsmuster um den Pazifik Raum herum zu folgen. Nach einem weiteren Test ereigneten sich innerhalb desselben Tages ein Erdbeben in Mexiko und ein Vulkanausbruch in Nicaragua. Anschließend an einen Test während der Erntedankfest-Feiertage im November 1995 gab es ein Erdbeben in Ägypten, das stark genug war, um Risse in der Chephren-Pyramide, der zweitgrößten der drei großen Pyramiden, zu erzeugen.

Es schien, dass der französische Präsident Anfang 1996 widerwillig die Wahrheit erkannte. Er traf sich mit Präsident Clinton in Washington und sie vereinbarten, keine weiteren Tests durchzuführen. Frankreich stellte sie nach sechs der geplanten acht Detonationen ein. Haben sie sie rechtzeitig eingestellt, oder ist bereits ein irreparabler Schaden entstanden?

Im Sommer 1996 führte Amerika den wachsenden globalen Konsens für einen Atomteststopp-Vertrag an. Aber sie hatten Schwierigkeiten, die Kooperation von zweien der anderen Mächte zu gewinnen: China und Indien (das zwar über ein nukleares Potential verfügt, aber noch kein Atomwaffenarsenal hat). Indien lehnte die Teilnahme unverblümt ab und beschwerte sich, dass der Vertrag die fünf deklarierten Atommächte begünstige: Großbritannien, Frankreich, Russland, China und die Vereinigten Staaten. China hilft

Indiens Widersacher Pakistan dabei, nukleare Fähigkeiten und Raketenfabriken zu erlangen. Es wird angenommen, dass Pakistan diese Fähigkeiten innerhalb von zwei Jahren haben wird. Kein Wunder, dass Indien besorgt ist. Der Vertrag verbietet nur Testexplosionen von Atomwaffen, was es für weniger fortgeschrittene Nationen (wie Indien) schwierig macht, Nukleartechnologie zu entwickeln. Bestehende Atommächte dürfen ihre eigenen Waffen weiterhin mit Computern und anderen Technologien weiterentwickeln. Die Vereinigten Staaten haben kürzlich Pläne für einen Supercomputer angekündigt, der in der Lage ist, Nuklearexplosionen zu simulieren. Der Vertrag, so wie er geschrieben ist, würde Indien dazu zwingen, eine wichtige Verteidigungsoption aufzugeben. Indien möchte, dass sich die Atommächte dazu verpflichten, ihre Atomwaffenarsenale im Laufe der Zeit abzuschaffen. [Am 22. August 1996 legte Indien in Genf, Schweiz, sein Veto gegen den Vorschlag zum Atomteststopp-Vertrag ein. Die USA und andere Länder halten jedoch an dem Atomteststopp-Vertrag und der jahrelangen Arbeit fest, die sie geleistet haben. Trotz der Einwände hat die U.N. im September 1996 den globalen Vertrag mit überwältigender Mehrheit gebilligt]. Die USA sagten, dass der Iran nur noch 10 Jahre davon entfernt sei, selbst eine Atommacht zu werden. Die russische Unterstützung für den Iran bei der Entwicklung ziviler Atomreaktoren werde dem Iran letztendlich helfen, Atomwaffen zu entwickeln.

Im Juli 1996, nur 11 Stunden bevor sich die internationalen Verhandlungsführer zusammensetzten, um den weltweiten Atomteststopp durchzusetzen, zündete China das, was es als seine letzte Nukleartestexplosion bezeichnete, von der angenommen wird, dass es die 45. ist. China lehnte den Vertrag ab, weil es die Anordnung von Inspektionen erschweren will, falls man eine Nation verdächtigt, einen Test durchgeführt zu haben.

Außerdem ereigneten sich im Sommer 1996 in einem ukrainischen Atomkraftwerk zwei Unfälle, bei denen ein Arbeiter starb und Strahlung freigesetzt wurde. Im Verlauf von 16 Wochen ereignete sich im Jahr 1996 in jedem der fünf Atomkraftwerke der Ukraine eine Panne, bei der Strahlung austrat oder ein Reaktor heruntergefahren wurde. Die Unfälle unterstrichen die internationalen Befürchtungen über die Sicherheit der von den Sowjets unter

Geldmangel erbauten ukrainischen Atomkraftwerke. Die ukrainischen Atomkraftwerke sind so knapp bei Kasse, dass sie kaum Brennstoff kaufen können. Routinemäßige Wartungsarbeiten und Sicherheitsverbesserungen werden aufgeschoben. Selbst kleine Pannen in Atomkraftwerken sind politisch heikel, aufgrund von offiziellen sowjetischen Bemühungen 10 Jahre zuvor, die Explosion eines Reaktors in Tschernobyl zu vertuschen, die zur schlimmsten Atomkatastrophe der Welt führte. [Es war Schweden, das der Welt von dem Malheur erzählte.]

Westliche Nationen haben die Ukraine gedrängt, die Anlage in Tschernobyl abzuschalten. Zwei neue Reaktoren sollen innerhalb von zwei Jahren fertiggestellt werden, um die Abschaltung zu kompensieren. Die USA und ihre engsten Verbündeten haben mehr als 3 Milliarden Dollar versprochen, um die Anlagen fertigzustellen und den ukrainischen Energiesektor zu sanieren; aber ukrainische Beamte haben sich beschwert, dass das Geld zu langsam freigegeben werde.

1995 wurde bekanntgegeben, dass das neue Atomkraftwerk in Japan direkt über einer aktiven Erdbebenverwerfungslinie gebaut werden würde [wie die nördlich von San Diego]. Japan sagte, es sei sich der Gefahr bewusst, es gebe aber keinen anderen Ort, um es zu bauen.

In einem Zeitungsartikel vom Juli 1996 fügte der investigative Journalist Dale Van Atta dem anhaltenden nuklearen Alptraum einen weiteren Aspekt hinzu. Er sagte bei einem Vortrag, dass die Bedrohung durch einen nuklearen Angriff auf amerikanischen Boden so real sei wie immer. Er sah ihn als unvermeidlich an und sagte, dass er innerhalb der nächsten 10 Jahre, möglicherweise sogar innerhalb der nächsten fünf Jahre, stattfinden könnte, mit New York als möglichem Ziel. Seine Informationen basierten auf Quellen des US-Geheimdienstes. Er sagte, die Bedrohung Nummer eins sei immer noch Russland wegen der tausenden von Atombomben, die in der riesigen Nation verblieben und viele von denen ungesichert seien. Er sagte, die Russen seien so arm, dass sie bereit sein würden, die Waffen und anderes hochwertiges Uran zu verkaufen, um eine harte Währung für die Zukunft zu garantieren.

* * *

EINE GROSSE MENGE der neuen Informationen, die ich erhielt, betraf die Entdeckung von zwei neuen Kometen: Hyakutake und Hale-Bopp. In vielen Vierzeilern erwähnte Nostradamus Kometen in verschiedener Symbolik, und diese waren direkt mit Ereignissen verbunden, die während der Zeit der Unruhen auftreten würden.

CENTURIE II-46 (Bd. I, S. 54): „Am Himmel wird ein Feuer zu sehen sein, das eine Spur von Funken nach sich zieht. (Der Vierzeiler bezieht sich auf die Hungersnot in Afrika.)

CENTURIE II-62 (Bd. I, S. 124): „... wenn der Komet vorbeizieht." (Bezieht sich auf die Zeit der Unruhen, insbesondere auf Mabus [Saddam Hussein].) Im Herbst 1996 erhob er sein Haupt wieder, also ist diese Prophezeiung noch im Begriff, sich zu erfüllen.

CENTURIE IV-67 (Bd. I, S. 173): „... ein langer Meteor." (Der trockene Vierzeiler. Große geologische Unruhen. Erdbeben und Vulkane beeinflussen das Wetter. Ein sehr heller, leicht sichtbarer Komet, bisher unbekannt.)

CENTURIE II-15 (Bd. I, S. 198): „Ein bärtiger Stern." (Ein großer Komet, der am Himmel der nördlichen Hemisphäre deutlich sichtbar ist. Anzeichen, die auf die Ermordung des gegenwärtigen Papstes hinweisen.)

CENTURIE II-96 (Bd. I, S. 223): „Eine brennende Fackel wird in der Nacht am Himmel zu sehen sein." (Ereignisse, bevor der Antichrist zur vollen Macht gelangt.)

CENTURIE VI-6 (Bd. III, S. 163): „Ein bärtiger Stern." (Ereignisse im Zusammenhang mit der Aufeinanderfolge der letzten Päpste. Bezieht sich auch auf den Aufstieg des Antichristen.)

Zu der Zeit, als die Bücher ursprünglich geschrieben wurden, war der Hauptkomet, der zu dieser Zeit an unserem Himmel erwartet wurde, der Halley-Komet. Doch in einigen der Vierzeiler beschrieb Nostradamus einen neuen Kometen, von dem die Wissenschaftler nichts wussten. Dies passte definitiv auf die Hyakutake- und Hale-Bopp-Kometen. Sie waren bis zu ihrer kürzlichen Entdeckung in den Jahren 1995 und 1996 unbekannt und stimmen überein mit anderen astrologischen Zeichen, die in den Vierzeilern erwähnt werden.

Informationen von Goro Adachi aus dem Internet:

CENTURIE VI-97 (Bd. I, S. 251): „Bei 45 Grad wird der Himmel brennen."

Zum Zeitpunkt des Perihel (größte Sonnennähe - April 1997) wird der Winkelabstand (Elongation) des Kometen Hale-Bopp am Himmel zur Sonne etwa 45 Grad betragen. Und er wird sich am nördlichen Himmel bei einer Deklination von +45 Grad befinden (was bedeutet, dass der Komet genau über dem geographischen Breitengrad von 45 Grad stehen wird). Seine größte Annäherung an die Erde wird er am 23. März 1997 haben.

Einige der Orte, die auf 45 Grad geographischer Breite liegen: Lyon, Frankreich; Belgrad, Serbien (und die gesamte Region des ehemaligen Jugoslawiens); Tuzla, Bosnien. Auf dem 45. Längengrad: Bagdad, Irak. Frankreichs Atomtests begannen mit der Entdeckung von Hale-Bopp. Die NATO/USA traten in den bosnischen Bürgerkrieg ein, mit einem US-Hauptquartier in der Stadt Tuzla. Die Verbindung mit dem Irak und Saddam Hussein ist offensichtlich.

Der Komet Hale-Bopp hat eine Umlaufbahn von über 3000 Jahren. Die Umlaufbahn ist eine sehr lange, gestreckte Ellipse. Diese Bemerkung über die elliptische Umlaufbahn klang sehr ähnlich wie Nostradamus' Hinweis auf einen neuen Stern, der entdeckt werden würde. In Band II (S. 112 und 113) offenbarte er: „Wir werden zwei weitere Planeten entdecken, und sie werden enorme Aufregung verursachen. Die beiden Planeten sind ein Teil eines anderen Sonnensystems, das einen Doppelstern (zwei Sterne oder zwei Sonnen) hatte. Es gab zwei Sterne, die explodierten, und diese Planeten wurden in unseren Orbit geworfen. Unser Sonnensystem und dieses Sonnensystem überlagern sich jetzt. Uranus, Neptun, Pluto und diese beiden neuen Planeten waren zuvor Teil dieses anderen Sonnensystems. Sie liegen nicht in einer exakten Umlaufbahn, sondern werden wie Pluto von der Sonne angezogen. Sie haben einen größeren Bogengrad. Der Doppelstern war ein älteres System und er ist explodiert und hat sich selbst ausgebrannt."

Außerdem wussten auch die Essener, wie in meinem Buch Jesus und die Essener erwähnt, von einem anderen Stern. Sie hatten ein Modell des Sonnensystems, das sich wie in einem Perpetuum Mobile bewegte. Das Modell enthielt zehn Planeten, und der eine, der uns unbekannt ist, hatte eine gestreckte, elliptische Umlaufbahn.

Diese beiden separaten Hinweise in meinen Büchern beziehen sich wahrscheinlich eher auf tatsächliche Planeten als auf Kometen, dennoch ist es interessant, dass in beiden Fällen eine elliptische Umlaufbahn erwähnt wird.

Goro Adachi fand in CENTURIE IV-67 (Bd. 1, S. 173) einige verblüffende zusätzliche Informationen, die die Arbeit in diesem Buch sehr bereichern.

„In dem Jahr, in welchem Saturn und Mars gleichermaßen feurig sind, wird die Luft sehr trocken sein, ein langer Meteor. Durch verborgene Feuer brennt ein großer Ort mit starker Hitze, wenig Regen, ein heißer Wind, Kriege und Überfälle."

„Das Jahr, in welchem Saturn und Mars gleichermaßen feurig sind." Goro dachte, diese Zeile könnte bedeuten, dass Saturn und Mars beide im selben Feuerzeichen stünden. Er fand heraus, dass während des Zeitraums von 1996 bis 1998 Saturn durchgehend im Widder bleiben wird und Mars zweimal im Widder stehen wird, was zwei Fenster darstellt: Mars im Widder: 7. April - 3. Mai 1996 und 5. März - 15. April 1998.

In der Transkription sagte Brenda: „Wenn Saturn in einem Feuerzeichen steht und die Sonne in ein Feuerzeichen wandert, wird es einen Kometen geben. Dies wird ein sehr heller, leicht sichtbarer Komet sein. Aber es wird vielleicht ein bisher unbekannter sein. Dies fällt mit der Zeit der großen geologischen Umwälzungen zusammen."

Interessanterweise erwähnt Brenda Mars nicht, sondern verweist stattdessen auf die Position der Sonne. Unglaublicherweise macht die Erwähnung der Sonne (die in dem Vierzeiler nicht erwähnt wird) deutlich, dass es sich bei dem Kometen um Hale-Bopp handelt. Hale-Bopp wurde am 23. Juli 1995 entdeckt und die Sonne stand vom 24. Juli bis 24. August 1995 im Sternbild Löwe (ein Feuerzeichen). Außerdem ist das Perihel von Hale-Bopp um den 30. März 1997, wenn die Sonne vom 21. März bis 21. April 1997 im Widder (einem Feuerzeichen) steht.

Als Goro diese Information ins Internet stellte, teilte ihm ein Leser mit, dass „Saturne & Mars esgaux combuste" ein alter astrologischer Begriff ist, der eigentlich brennend bedeutet oder „mit der Sonne verbunden". Es wird immer offensichtlicher, dass diese Information nicht von Brenda stammen konnte, da sie keine Ahnung von Astrologie hatte. Der Verweis auf die Position der Sonne musste direkt von Nostradamus stammen. Wir können sehen, dass die Information tatsächlich mit dem ursprünglichen französischen Vierzeiler übereinstimmt.

Als später der Komet Hyakutake entdeckt wurde, wurde Goro gefragt, wie sich dies auf die Prophezeiungen auswirke. Er kam zu dem Schluss, dass es die Aussagekraft der Informationen nicht widerlegt, sondern eher ergänzt. Die Vierzeiler, in denen Kometen während der Zeit der Unruhen erwähnt werden, könnten sich auf beides beziehen, da Nostradamus Kometen als Omen, als „Vorboten drohenden Unheils" betrachtete. Im Januar 1996 wurde Hyakutake entdeckt und er kam am 25. März 1996 der Erde sehr nahe. Er war von März bis Mai hell am Himmel zu sehen. Das Perihel (die größte Annäherung an die Sonne) war am 1. Mai. Die Deklination von Hyakutake lag am 6. April bei +45 Grad (Widder, Feuerzeichen), und seine Elongation betrug am 7. April 45 Grad. Zufall? Goro fand, dass beide Kometen (Hyakutake und Hale-Bopp) perfekt auf CENTURIE IV-67 passen, und er könnte richtig liegen, wenn man die Tiefe bedenkt, die Nostradamus in seinen Vierzeilern anwandte. Sie beziehen sich oft auf mehr als ein Ereignis, und er war ein absolutes Genie darin, eine unglaubliche Menge an Informationen in die trügerischen bloßen vier Zeilen eines Vierzeilers zu zwängen. Goro glaubt, dass die Bedeutung all dieser astrologischen und astronomischen Bestätigung darin liege, dass sie uns sagen wolle: ES IST ZEIT! Neunzehn sechsundneunzig ist der „offizielle" Beginn der Erfüllung vieler der Prophezeiungen, die für die Zeit der Unruhen vorhergesagt wurden.

Auch zu CENTURIE V-92 hatte Goro interessante Zusatzinformationen. „Nachdem der Heilige Stuhl 17 Jahre am Stück bekleidet wurde, werden fünf innerhalb derselben Zeitspanne aufeinanderfolgen. Dann wird zur selben Zeit einer gewählt werden, der den Römern nicht allzu gefällig sein wird."

Während meiner Arbeit mit Nostradamus deuteten wir alle bekannten Vierzeiler, aber es waren viel zu viele, um sie alle in die Bücher aufzunehmen (obwohl es drei Bände waren). Mir wurde gesagt, ich solle mich auf die Ereignisse konzentrieren, die in den nächsten 20 Jahren (ab 1989) eintreten würden. Im Zuge des Eliminierungsprozesses wurde nur etwa die Hälfte unserer Interpretationen in die Bücher aufgenommen. Viele der ausgeschlossenen Vierzeiler handelten von der Vergangenheit, und viele wiederholten Inhalte oder fügten keine neuen Informationen zu dem Szenario hinzu, das ich zu zeigen versuchte. Ich werde oft gefragt, ob es ein viertes Buch geben wird, das die Vierzeiler enthält, die ausgeschlossen wurden. Ich denke nicht, weil ich der Meinung bin, dass sie nicht viele zusätzliche Informationen enthalten. Ich glaube, ein solcher vierter Band wäre eher abträglich.

CENTURIE V-92 war eine von denen, die es nicht in die endgültigen Ausgaben geschafft hat. Ich erinnerte mich an den Vierzeiler und nachdem ich Goros Hinweis im Internet gesehen hatte, durchsuchte ich Hunderte von Seiten des Transkripts, um ihn zu finden. Nach meinen Aufzeichnungen wurde er von Brenda im Juli 1989 interpretiert. Dieser Teil des Transkripts war kurz, deshalb werde ich ihn hier einfügen, damit er mit Goro Adachis Schlussfolgerungen verglichen werden kann. Es ist interessant, die Ähnlichkeit zu bemerken, weil bis jetzt niemand sonst unsere Interpretation gesehen hat.

B: Er sagt, dass dieser Vierzeiler gerade dabei sei, sich zu erfüllen. Er bezieht sich auf die Wahlen der Päpste zum Oberhaupt der römisch-katholischen Kirche. Er sagt, wir seien dabei, die fünf zu durchlaufen, die in der gleichen Zeitspanne gewählt würden -- der mittlere Teil des Vierzeilers.

D: Du meinst, die anderen lagen in der Vergangenheit?

B: Ja. Er sagt, die erste Zeile beziehe sich auf einen Papst, der 17 Jahre lang Papst war, eine ziemlich lange Zeitspanne. Dann besagt die nächste Zeile, dass fünf in der gleichen Zeitspanne gewählt würden. Er sagt, das bedeute, dass es in den folgenden 17 Jahren fünf Päpste geben werde. Dann wird einer gewählt werden, der den Römern nicht sehr genehm sein wird. Er sagt, das beziehe sich auf den Papst, der nach diesen fünf kommt. Er werde sehr unpopulär sein.

D: Das ist der letzte Papst? (Ja.) Ich denke, das wird ein Grund sein, warum er unpopulär sein wird. Er ist der letzte Papst der katholischen Kirche.

Einer der Gründe, warum ich diesen Vierzeiler nicht in die Bücher aufgenommen habe, war, weil ich dachte, dass die gleichen

Informationen bereits behandelt worden seien. Ein anderer Grund war, dass ich bei meinen Nachforschungen die Zahlenfolge anscheinend nicht richtig herausbekommen konnte. Goro Adachi scheint in der Lage gewesen zu sein, das zu tun, was ich nicht konnte, obwohl er unsere Interpretation nie gesehen hat.

Goro's Fundstück aus dem Internet: Papst Johannes Paul II. hatte den Heiligen Stuhl am 17. Oktober 1995 17 Jahre lang inne. Wenn sich der obige Vierzeiler auf JPII. beziehen würde, dürfte er nicht mehr am Leben sein. Es scheint nicht auf ihn zuzutreffen, wenn man die zweite Zeile: „Fünf Päpste werden aufeinander folgen" betrachtet, denn Nostradamus deutete in mehreren Vierzeilern an, dass nur zwei Päpste auf den jetzigen folgen werden. Dies wird auch durch die Vorhersagen des Heiligen Malachias bestätigt (siehe Band II). Goro fand heraus, dass es einen Papst gab, der den Heiligen Stuhl für genau 17 Jahre innehatte: Pius XI. (Februar 1922-Februar 1939). Die fünf Päpste, die ihm folgten, waren: Pius XII., Johannes XXIII., Paul VI., Johannes-Paul I. und unser jetziger, Johannes-Paul II.

Goro macht nur einen kleinen Fehler bezüglich der letzten Zeile, und darüber lässt sich diskutieren, denn seine Interpretation würde ebenso passen. Er will den Wortlaut ändern von „Dann wird einer zur gleichen Zeit gewählt …" in „Dann wird einer von gleicher Dauer gewählt werden …" ändern. Laut meinem französischen Wörterbuch kann „temps" mit „Zeit" oder „Dauer" übersetzt werden, so dass dies Sinn ergeben würde. Damit meinte er, dass beide Päpste (Pius XI. und JPII.) gleich lange im Amt sein würden, und dass JPII. sich von anderen Päpsten unterscheiden würde. „Einer, der den Römern nicht sehr genehm sein wird", was bedeutet, dass JPII der erste nicht-italienische Papst seit Adrian VI. (1522-1523) sein wird.

In unserer Interpretation bezog sich Nostradamus auf den letzten Papst, den Papst des Antichristen, der Italien unliebsam sein wird, weil er der katholischen Kirche Schaden zufügen wird. Ich denke, es ist möglich, dass Goros Interpretation auch akzeptabel ist. Ich habe so lange mit Nostradamus gearbeitet, dass ich gelernt habe, wie er denkt. Goro scheint die erste Person zu sein, welche mit mir korrespondiert hat, die in der Lage ist, auf die gleiche Weise in den Geist von Nostradamus einzudringen und das Genie des großen Mannes zu würdigen.

Durch seine Folgerungen ist Goro auf zwei Orte (Lyon, Frankreich und Belgrad, Jugoslawien) als mögliche Attentatsorte für den derzeitigen Papst gekommen. Ich habe von einem meiner Leser Informationen über Astro-Kartographie erhalten. Das ist ein kompliziertes astrologisches Verfahren, bei dem das Horoskop über eine Weltkarte gelegt wird und viele Feststellungen getroffen werden können, einschließlich des Todesortes. Das resultierende Schaubild sieht einer Biorhythmus-Karte sehr ähnlich. Der Leser demonstrierte, wie ein solches Schaubild korrekt darstellte, dass Präsident John F. Kennedy in Dallas und Martin Luther King, Jr. in Memphis sterben würde. Nach der Astrokartographie-Karte des jetzigen Papstes wird er in Belgrad sterben. Diese Information wurde mir 1991 gegeben, und seit dieser Zeit durfte der Papst nicht mehr nach Jugoslawien einreisen. Vielleicht ist das der Grund, warum das Attentat noch nicht stattgefunden hat. Vielleicht kann Geschichte geändert und diese Vorhersage abgewendet werden, wenn er sich von diesem Land fernhält.

Centurie V-15 (Bd. III, S. 161): „Der derzeitige Papst reist hin und her zu verschiedenen Orten auf der Erde, um Teile der katholischen Kirche zu besuchen. Dies bringt ihn in Gefahr, weil er nicht so gut beschützt werden kann, aber sie können nichts dagegen tun, weil der Papst darauf besteht. Nostradamus sagt, dass er sehe, dass jemand den Papst an einem Ort ermorden wird, an dem es Unruhen gegeben hat." Bezieht sich das auch auf Belgrad, weil es in Frankreich keine vergleichbaren Unruhen gegeben hat?

Zu der Zeit, als ich diese Bücher schrieb, konnte ich nicht verstehen, welchem Zweck die Ermordung eines religiösen Führers dienen sollte. Aber jetzt in den späten 1990er Jahren ist es offensichtlich, dass es zum Terrorismus passt. Nostradamus sagte, dass es während der Zeit der Unruhen einen Anstieg an Terrorismus geben werde, weil eine Möglichkeit, einen Krieg zu führen, darin bestehe, den Feind zu demoralisieren. Die Logik sei, das anzugreifen, was dem Land lieb und teuer ist -- sein kulturelles und religiöses Erbe. Terroristen versuchen, Angst zu erzeugen, indem sie aus dem Schatten heraus kämpfen. Nostradamus sagte auch, dass während der Zeit der Unruhen Attentate auf die Führer der Welt zunehmen würden. Es werde so alltäglich werden, dass sich niemand etwas dabei denken werde. Diese Vorhersage hat sich mit Sicherheit bewahrheitet.

CENTURIE IV-67 geht weiter: In diesem Vierzeiler werden Dürren erwähnt. Nostradamus nannte ihn seinen „trockenen Vierzeiler". Im Jahr 1996 wurden die Great Plains/Wheat Belt (der zentrale Teil der USA), wo der Großteil des Weizens des Landes angebaut wird, von einer GROSSEN Dürre getroffen. Es war wahrscheinlich die schlimmste Dürre seit einem halben Jahrhundert. Einige Experten bezeichneten die Bedingungen als die schlimmsten seit den Staubschüssel-Tagen in den 1930er Jahren. Die Weizenvorräte fielen auf den niedrigsten Stand seit einem halben Jahrhundert, und die Maisvorräte erreichten ein 20-Jahres-Tief. Die Dürre hatte sogar Auswirkungen auf die Viehwirtschaft (einschließlich Milchvieh). Das Weideland war zu trocken zum Grasen für das Vieh und die hohen Getreidepreise machten es vielen Farmern unmöglich, sich Viehfutter leisten zu können. Von Kansas südlich bis nach Texas trieb eine der schlimmsten Dürren aller Zeiten Tausende von Farmern in den Great Plains an den Rand des finanziellen Ruins und kurbelte in einigen Gebieten Panikverkäufe von Rindern an. Es hieß, dass es das erste Mal gewesen sei, dass Farmer trächtige Rinder zur Schlachtung verkauften. Es wurde erwartet, dass dies sowohl Auswirkungen auf die Milchprodukte als auch auf Fleischprodukte haben würde.

CENTURIE III-42 (Bd. III, S. 170) scheint sich auf denselben „trockenen Vierzeiler" zu beziehen. „Dies stellt eine weltweite Hungersnot dar. Ich sehe viele Bauernhöfe, Weinberge und Obstgärten, aber alles ist trocken gebleicht. Die Felder scheinen von der Sonne verbrannt zu sein." Auf die Frage, wann dies eintreten werde, antwortete Nostradamus: „Noch zu euren Lebzeiten." Und er deutete an, dass es sein werde, bevor der Antichrist an die Macht kommt, und er werde dies als eines seiner Werkzeuge benutzen.

Für detailliertere Informationen über die Erkenntnisse von Goro Adachi können Sie ihn im Internet kontaktieren (E-Mail-Adresse: <adachi@cris.com>). Seine Website lautet http://www.concentric.net/~adachi/prophecy/prophecy.html

* * *

Ich erlebte einige sehr seltsame Überraschungen, als ich in den frühen 1990er Jahren begann, Vorträge über das Nostradamus-

Material zu halten. Als ich die ersten beiden Bücher schrieb, hatte ich noch keine Recherchen über die komplizierten wissenschaftlichen Konzepte angestellt. Ich war wie ein leeres Blatt Papier ohne jegliche vorgefasste Meinungen. Mir wurde auch gesagt, ich solle nichts von dem Material zensieren, sondern es genau so darstellen, wie es übermittelt wurde. Das war schwierig umzusetzen, weil manches davon von sehr ernstem Charakter war. Es gab viele Fälle, in denen ich es ändern oder abschwächen wollte, aus Angst, Ärger mit Behörden oder Experten zu bekommen. Stattdessen habe ich folgsam gehorcht und das Material so präsentiert, wie es mir gegeben wurde, wobei ich nur als der objektive Reporter fungierte, der sich den Inhalt nicht als eigenes Verdienst anrechnete.

Bei einigen meiner ersten Vorträge begannen Leute im Publikum, mich auf die Ähnlichkeit einiger der Materialien mit anderen schriftlichen Quellen hinzuweisen. Das verwirrte mich nicht, sondern erfüllte mich vielmehr mit einem Gefühl der Ehrfurcht, dass Nostradamus' Visionen tatsächlich auf Tatsachen beruhen könnten, wenn andere ihre Begleiterscheinungen auch erkannten. Außerdem sah ich die erschreckende Möglichkeit, dass die Vorhersagen der Erfüllung nahe sein könnten, wenn meine Leser und Zuhörer Elemente erkennen und identifizieren konnten, die mir fremd und unbekannt waren.

Nachdem ich bei einem Vortrag (Kapitel 19, Band I) über experimentelle Waffen diskutiert hatte, wurde ich auf dem Flur von einem Mann angesprochen, der mir sagte: „Ihre Informationen über Geheimwaffen sind keine Science-Fiction. Ich weiß das, weil ich selbst daran arbeite." Diese Mitteilung jagte mir einen Schauer über den Rücken. Hatte Nostradamus recht, als er sagte, dass ein Großteil der Waffen bereits erfunden war und in geheimen Labors daran gearbeitet wurde? Hatte er recht, als er sagte, dass vieles von dem, was er sah, bereits fertiggestellt war und von unserer Regierung verheimlicht wurde? Während des Zweiten Weltkriegs war das Experiment an der Atombombe das bestgehütete Geheimnis der Welt. Wenn ein Projekt mit solch todbringenden Eigenschaften geheim gehalten werden konnte, an wie vielen anderen futuristischen Konzepten mit jeweils größeren zerstörerischen Möglichkeiten wird dann noch gearbeitet?

In Band Eins haben wir über Erdbebenmaschinen, Wetterkontrollmaschinen und zeitverändernde Experimente gesprochen. Meine Leser und Hörer fragten mich, ob ich mit der Arbeit von Nikola Tesla vertraut sei. Zu der Zeit wusste ich, dass er ein berühmter Wissenschaftler war, der in den 1920er und 30er Jahren seiner Zeit voraus war. Seine wundersamen Erfindungen wurden als Unsinn angesehen und nicht weiterverfolgt. Es hieß, dass Russland mehr Interesse an seinen Konzepten zeigte als die Vereinigten Staaten und dass sie seine Experimente weiterführten. (Siehe CENTURIE I-6, Bd. I, S. 241 und CENTURIE II-91, Bd. I, S. 127 für Vierzeiler, die sich mit russischen Erfindungen beschäftigen, die wie Tesla-Technologie klingen). Es wurde auch gesagt, dass, als Tesla 1943 starb, das FBI seine Wohnung durchsucht habe, und seine wichtigsten Forschungsunterlagen verschwunden seien. Mit dieser Idee im Hinterkopf könnte es möglich sein, dass die Maschinen, die Nostradamus sah, eine Erweiterung von Teslas ursprünglichem Konzept waren. Tesla erfand tatsächlich den AC (Wechselstrom, von Englisch: alternate current, *Anm. d. Übersetzers), der in elektrischen Systemen verwendet wird. Es waren seine mehr radikalen Ideen, die die Investoren seiner Zeit beunruhigten. Er behauptete, einen Weg entdeckt zu haben, die ganze Welt kostenlos mit Elektrizität zu versorgen, ohne den Gebrauch von Drähten. Natürlich stimmten die geldgierigen Profiteure niemals zu, eine solche Erfindung zu sponsern, und die Idee wurde begraben. Tesla demonstrierte ebenso eine Erdbebenmaschine, die Vibrationen nutzte. All dies klingt dem, was Nostradamus sah, zu ähnlich, um Zufall zu sein.

Im Jahr 1996 begannen Informationen über das HAARP-Projekt in Alaska ans Licht zu kommen, welches die ursprünglichen Tesla-Technologien auf das ultimative und katastrophalste Level zu bringen schien. Solche Star Wars Skalar-Technologie stammt direkt aus Teslas Tagen. Die Patente besagen, dass die Arbeit von Nikola Tesla in den frühen 1990er Jahren die Forschungsgrundlage für HAARP bildete.

HAARP: *High-frequency Active Auroral Research Program* (z. Dt. etwa: Hochfrequenz-Aktiv-Polarlicht-Forschungsprogramm, *Anm. d. Übersetzers)

Das HAARP-System ist ein Werkzeug, ein Radiowellen-Hochfrequenz-Sender und Rundfunksystem von immenser Leistung. Wenn es fertiggestellt ist, soll es Strahlen von mindestens 10 Milliarden Watt produzieren, und später hofft man auf 100 Milliarden Watt erzeugte Leistung. Die Militärs beschrieben ihre Begeisterung über die Möglichkeit, die Kontrolle über die Ionosphäre zu „ergreifen" und sie in die Form zu biegen, die ihren Zwecken dient. Ihr erstes Ziel ist der Elektrojet -- ein Elektrizitätsfluss, der Tausende von Kilometern durch den Himmel und hinunter in die Polkappe fließt. Durch dieses Projekt wird der Elektrojet zu einer vibrierenden künstlichen Antenne, die elektromagnetische Strahlung auf die Erde herabregnen lässt. Die Maschine könnte auch eine erddurchdringende Tomographie („Röntgen" der Erde) über den größten Teil der nördlichen Hemisphäre ermöglichen. Eine solche Fähigkeit würde die Erkennung und genaue Lokalisierung von Tunneln und anderen unterirdischen Unterkünften ermöglichen.

Die Manipulation von eingefangenen Elektronen und Ionen über der Erde kann die Steuerungssysteme stören oder vollständig unterbrechen, die sogar von den anspruchsvollsten Flugzeugen und Raketen eingesetzt werden. Die Fähigkeit, elektromagnetische Wellen unterschiedlicher Frequenzen über sehr weite Bereiche zu übertragen, kann alle Kommunikationsarten zu Land, zu Wasser und in der Luft gleichzeitig stören.

Umweltschützer sind besorgt über die Auswirkungen, die dies auf Tiere und Menschen im Bereich der Bodenuntersuchungen haben würde. Es könnte die Migrationsmuster von Wildtieren stören, weil diese sich auf ein störungsfreies Energiefeld verlassen, um ihre Routen zu finden. Die in diesem Experiment verwendete Frequenz ist die gleiche, mit der das menschliche Gehirn arbeitet. Die Auswirkungen auf den Menschen als eine nicht-tödliche Waffe sind nicht unbemerkt geblieben und es wurde bereits damit experimentiert. Nicht-tödliche Technologien werden heute als „Deaktivierungssysteme" bezeichnet. Als nicht-tödliche Waffe könnte sie bei feindlichen Truppen Verwirrung stiften oder sie einfach in Schlaf versetzen.

Experten sagen, eine der Aufgaben der Armee sei es, die amerikanischen Werte umzugestalten, so dass die Leute neue Waffen akzeptieren. Die Idee ist, zu indoktrinieren, indem man gelehrt wird, zu glauben, anstatt alle Fakten zu erhalten, damit eine Person über die Themen nachdenken und durchdachte Entscheidungen treffen kann. Man kann es besser ausdrücken als: „Propaganda kontra Überzeugung durch Vernunft.“

HAARP-Sprecher beschrieben HAARP als rein wissenschaftliche Forschung über die Aurora Borealis (Polarlichter) und Forschungen über die Fähigkeit der Ionosphäre, die Kommunikation zu beeinflussen. Das Militär sagte, es gebe dabei nicht mehr magnetische Störungen als die, die natürlicherweise vorkommen, zum Beispiel Sonnenstürme. Obwohl es von der U.S. Air Force und der Navy finanziert wurde, sagten sie, dass es sich nicht um ein Waffensystem handle. Dass HAARP für eine bessere U-Boot-Kommunikation eingesetzt werden könnte, das Überhorizontradarsystem ersetzen würde und die Kommunikation über ein extrem großes Gebiet auslöschen könnte, während die vom Betreiber gesteuerten Kommunikationssysteme weiterhin funktionieren. Durch seine erddurchdringende Tomographie könnte es als ein Werkzeug für geophysikalische Sondierungen dienen, um Öl-, Gas- und Mineralvorkommen über ein großes geographisches Gebiet zu finden. Es könnte zur Erkennung von ankommenden Tieffliegern und Marschflugkörpern eingesetzt werden.

An der Oberfläche sieht es wie ein harmloses Forschungsprojekt aus. In einer breiteren Perspektive ähnelt es dem geheimen Manhattan-Projekt, das die Atombombe hervorbrachte. Zu jener Zeit, während des Zweiten Weltkrieges, war dies das bestgehütete Geheimnis der Geschichte. Nicht einmal der Kongress wußte, was er da finanzierte, weil das Geld durch verschiedene Kanäle floss, die nur schwer zu verfolgen waren. Das geschieht nach wie vor so und wird „Black Budget“-Projekte genannt. Ich habe viele Nachforschungen über die Entwicklung der Atombombe angestellt. Dies wird in meinem Buch Eine Seele erinnert sich an Hiroshima ausführlicher behandelt. In den 1940er Jahren waren Geheimnisse leichter zu bewahren, weil unsere Gedanken auf den Krieg gerichtet und fokussiert waren und wir durch Zeitungen, Radio und Filmreportagen nur das erfuhren, was nötig war. Jetzt, mit Computern, Fernsehen, Radio und dem Internet, kann Wissen fast augenblicklich verbreitet werden. Kein Wunder, dass die Regierung versucht, das Internet zu regulieren.

Die Finanzierung des HAARP-Programms wurde 1995 vom Senat der Vereinigten Staaten vorläufig eingefroren. Und doch bewegte sich das Projekt vorwärts, finanziert aus unbekannten Quellen.

Meine Informationen über dieses furchterregende Experiment stammen vor allem aus dem Buch Angels Don't Play This HAARP (z. Dt.: Engel spielen diese Harfe nicht; dt. Titel: Löcher im Himmel, * Anm. d. Übersetzers) von Jeanne Manning und Dr. Nick Begich, veröffentlicht im Jahr 1995 von Earthpulse Press, P.O. Box 201393, Anchorage, Alaska 99520. Es ist extrem gut recherchiert und mit umfangreichen Fußnoten dokumentiert, die sich auf Quellenmaterial beziehen.

Keine dieser Informationen ist hier enthalten, nur um irgendjemanden zu erschrecken. Es ist in unser aller Interesse, die Fähigkeiten zu kennen, die gegen uns eingesetzt werden können. Das bedeutet nicht, dass sie eingesetzt werden, aber das Wissen darüber ist die erste Verteidigungslinie.

HAARP ist eine Reihe von Antennenanordnungen und befindet sich in Gakona, Alaska, wo es weniger als zwei Menschen pro Quadratmeile gibt. Es ist ein perfekter Ort für geheime Experimente. VLF (very low frequency, z. Dt.: sehr niedrige Frequenz; elektromagnetische Wellen von 3 bis 30 kHz, *Anm. d. Übersetzers) und ELF (extremely low frequency, z. Dt.: extrem niedrige Frequenz; elektromagnetische Wellen von 3 bis 30 Hz, *Anm. d. Übersetzers) elektromagnetische Wellen werden erzeugt und an das Antennenfeld gesendet. ELF-Wellen können positive oder negative Effekte haben, abhängig von der Absicht des Betreibers. Sie können heilen oder zerstören.

Das HAARP-Projekt wird sich über eine Fläche von 13 Hektar erstrecken, und man plant, 360 Antennen mit einer Höhe von 22 Metern aufzustellen. Es soll bis 2002 abgeschlossen und voll in Betrieb sein. Der Plan ist, Anfang 1997 mit den Experimenten zu beginnen, indem 48 Kilometer breite Löcher direkt über dem Experiment erhitzt oder angereizt werden, ähnlich wie ein riesiger Mikrowellenofen. Das große Antennenfeld soll eine Milliarde Watt elektromagnetischer Leistung -- auf Radiofrequenzen -- hoch in die Atmosphäre strahlen. Es wäre die größte „Fernbedienung" der Welt! Sie werden ein Loch stanzen und die Ergebnisse messen, ein weiteres

Loch stanzen, usw. Man geht davon aus, dass es bei jedem Loch etwa drei Monate dauern wird, bis es sich geschlossen hat, und die Daten werden ihnen Aufschluss darüber geben, wie der spätere virtuelle Spiegel eingestellt werden kann. HAARP wird enorme Energiemengen in die obere Atmosphäre entladen, und man weiß nicht, was passieren wird. Mit Experimenten in dieser Größenordnung könnten in kurzer Zeit irreparable Schäden angerichtet werden.

Wenn HAARP fertiggestellt ist, wird es der größte „Heizkörper" der Welt sein, leistungsfähiger als alles, was es bisher gibt. Die Auswirkungen sind unbekannt, sobald die Energie über bestimmte Schwellenwerte hinaus freigesetzt wird. HAARP ist der Himmelsknacker oder der Super-Heizer genannt worden. Bei diesem System werden keine Satelliten benötigt, um die erzeugte Energie in den Himmel zu strahlen. Die entwickelten Hochfrequenzsignale sind so konzipiert, dass die hauptsächlich aus Stickstoff bestehende Energie in der oberen Atmosphäre ionisiert wird. Diese ausgeklügelte Entwicklung umgeht die Notwendigkeit von Satelliten, indem die Antennen am Boden verwendet werden. In sehr großen Höhen würden sich die Effekte vervielfachen, wenn ein ausreichend hoher Leistungspegel verwendet wird. Es ist ein Prinzip, dass ein kleiner Input einen großen Output erzeugen kann. Die Effekte werden durch Resonanz anstatt durch direktes Zappen erzeugt.

Mit HAARP verbundene Forschungseinrichtungen befinden sich in Arecibo, Puerto Rico und Fairbanks, Alaska. Weitere Anlagen befinden sich in Tromsø, Norwegen; Moskau, Nischni Nowgorod und Apatity in Russland; Charkow, Ukraine und Duschanbe, Tadschikistan. Keines dieser bestehenden Systeme verfügt allerdings über die Kombination aus Frequenzleistungsvermögen und Strahlensteuerungsagilität, die erforderlich sind, um die für HAARP geplanten Experimente durchzuführen. Aber HAARP ist Teil eines globalen kooperativen Unterfangens, an dem die UdSSR, Kanada, Japan, Grönland, Norwegen, Finnland, Neuseeland und andere beteiligt sind. Weitere Sendeanlagen befinden sich in Grönland, im Südpazifik, in Japan und in Europa. Die Experimente können mit all diesen anderen Sendern in Zusammenarbeit ausgeführt werden; so könnte ein viel größerer Effekt erreicht werden.

Wissenschaftler haben die Empfindlichkeiten von lebenden Zellen und Nervensystemen untersucht und stellten fest, dass es keine starken Magnetfelder braucht, um etwas zu bewirken. Bereits Schwankungen von sehr schwachen Feldern können die zelluläre Ebene des Lebens dramatisch beeinflussen.

Die Stratosphäre und die Ionosphäre sind Schutzschichten um die Erde, die schädliche kosmische Strahlung davon abhalten, die Oberfläche zu erreichen. Diese befinden sich bereits in einem empfindlichen und zerbrechlichen Zustand, teilweise aufgrund von Experimenten in der Vergangenheit. Dr. Daniel Winter sagt: „Bestimmte Eigenschaften des Magnetgitters sorgen dafür, dass sich eine Atmosphäre um einen Planeten schmiegt. Der Mars hat seine Atmosphäre verloren und wir sind dabei, die unsere zu verlieren. Der Pol der Erdumlaufbahn macht radikale Abweichungen aus der Neigung heraus -- wobei der Mondorbit destabilisiert wird -- und die Fähigkeit, Atmosphäre und Ozon zu halten, wird schwächer, besonders an den Polen. Der Planet reagiert sehr empfindlich auf das Hinein- und Herausschießen solcher Energie in die Atmosphäre. HAARP steht, um einen riesigen Riss in das Fraktal des magnetischen Alaska zu schneiden. Die Erde wird diese Veränderung in der Ladung spüren, wie eine reißende Wunde, die nicht heilen will.“

Top-Wissenschaftler sagen, HAARP werde keine „Löcher“ in die Ionosphäre brennen. Das ist eine gefährliche Untertreibung dessen, was der gigantische Gigawatt-Strahl von HAARP tun wird. Aufgrund der axialen Drehung der Erde schneidet ein Ladungsimpuls, der länger als ein paar Minuten dauert, wie ein Mikrowellenmesser durch die Ionosphäre. Dabei entsteht kein „Loch“, dafür aber ein langer Riss -- ein Schnitt.

Eine von Nostradamus' Prophezeiungen klingt definitiv nach dem HAARP-Projekt. In CENTURIE I-46 (Bd. I, S. 244): „Dieser Vierzeiler betrifft ein Ereignis, das zunächst durch Menschenhand ausgelöst werden wird, aber im Grunde eine Naturkatastrophe sein wird. Es wird eine Gruppe von Ärzten (Wissenschaftlern) geben, die die Kräfte der verschiedenen Energiefelder der Erde erforschen. Sie werden versuchen, sich diese Kräfte zunutze zu machen und sie für verschiedene Dinge einzusetzen, einschließlich Kriegsführung. Zu dem Zeitpunkt, da sie schließlich damit beginnen, direkte Experimente an der physischen Welt durchzuführen, werden sie versehentlich eines der Energiefelder der Erde so zerreißen, dass ein Energiestrahl ins All hinausschießen und einen Strom von Meteoriten in Richtung Erde ziehen wird. Dies wird um die Nordsee herum geschehen. Die Meteoriten werden aufgrund dieser Veränderung der Energiefelder um die Erde herum in Richtung Erde gezogen. Und da sie überall da draußen sind, werden fortwährend welche nachkommen, bis die Wissenschaftler in der Lage sind, den Schaden zu reparieren. Ihr Riss im Energiefeld wirft alles aus dem Gleichgewicht. Da ihre Geräteausstattung noch experimentell ist, sind die Geräte nicht fein genug abgestimmt, um die Dinge wieder in ein gutes Gleichgewicht zu bringen. Bei dem Versuch, den Schaden zu reparieren, kommt es also zu einem Erdbeben, kurz nachdem die Spannung aufgebaut wurde. Da dieses Projekt sehr gefährlich sein wird, wird es ein geheimes Regierungsprojekt sein. Für die Weltöffentlichkeit wird es wie ein Naturereignis erscheinen. Es wird in zukünftigen Geschichtstexten als solches festgehalten werden, weil die Rolle der Wissenschaftler für die beteiligten Regierungen ein so bedeutendes Geheimnis ist, dass sie dieses Wissen nicht nach außen dringen lassen werden.“

In dem Vierzeiler heißt es, dass die Störung (der Riss) in der Atmosphäre um die Nordsee herum auftritt. Dies könnte der Ort sein, an dem sich einer der Transmitter befindet. Oder es könnte dort sein, wo der Riss auf die Erde prallte, weil die Strahlen zurückgelenkt werden würden, noch dazu könnte die Wirkung des Risses über einem anderen Bereich als dem beabsichtigten auftreten.

In CENTURIE I-22 (Bd. I, S. 166): Dieser Vierzeiler beschreibt eine Wettermanipulationsmaschine, ähnlich dem HAARP-Programm. „Die Menschheit wird Geräte entwickelt haben, die das Wetter mildern können, und wird in der Lage sein, ein gewisses Mitspracherecht dabei auszuüben, wie das Wetter sein wird. Die Maschinen, die für diese Berechnungen und Kalkulationen zuständig sind, werden zu intelligent für ihr eigenes Wohl werden. Infolgedessen werden sie durch einen zu spät erkannten Programmierungsfehler versehentlich eine Fehlfunktion des Wetters verursachen, die zu großen Schäden durch für diese Jahreszeit ungewöhnliches Aufkommen an Eis und Hagel führt. Die mit der Steuerung betrauten Menschen werden nicht erkennen, dass, wenn man zu lange versucht, das Wetter zu zwingen, eine Sache zu tun, das natürliche Muster schließlich die Störung überwindet und vielleicht ein jahreszeitenuntypisches Wetter verursacht, während sie versuchen, die Dinge wieder ins Gleichgewicht zu bringen. Infolgedessen werden diese Computer bei dem Versuch, die natürlichen Kräfte zu überwinden, welche die Dinge wieder ins Gleichgewicht zu bringen versuchen, sozusagen die Sicherung raushauen und bis zur Unbrauchbarkeit beschädigt werden."

Abermals in CENTURIE X-70 (Bd. I, S. 196): Eine der vielen Bedeutungen dieses Vierzeilers bezieht sich auf „eine Art atomares Gerät, aber keine Bombe, das, wenn es gezündet wird, etwas mit dem planetarischen Klima anstellen wird. Es wird Luftmassen verdrängen, was das Gleichgewicht von warm und kalt stören wird, so dass ein Treibhauseffekt aus dem Gleichgewicht gerät und ins Extreme läuft und einschneidende Dinge mit dem Klima anstellt, was wiederum die Landwirtschaft beeinflussen wird.

Auch CENTURIE X-71 (Bd. I, S. 198) bezieht sich auf ebendieses Gerät: „Das Gefrieren der Erde und der Luft ist ein weiterer Effekt des Atomgeräts, der alles aus dem Gleichgewicht bringen wird. Es werden alle Arten von Lösungen versucht werden, um dem Geschehen entgegenzuwirken, aber sie werden trotz der schönen Worte der Regierungen an ihre Völker, um sie von einer Panik abzuhalten, nicht erfolgreich sein."

Maschinen wie HAARP könnten sich auch auf die Winde auswirken und eine atmosphärische Masse in Bewegung setzen, wie diejenige, die mit El Niño verbunden ist. El Niño ist eine regelmäßig wiederkehrende Veränderung der Meeresströmungen, was das Wettergeschehen in der Vergangenheit verändert hat. In CENTURIE IV-I5 (Bd. II, S. 235-237) wird erklärt, wie die Manipulation von El Niño das Wetter der Welt beeinflussen kann.

Könnte sich der Begriff „geheime Feuer" in CENTURIE IV-67 (Bd. I, S. 173) auf HAARP oder andere geheime Militärwaffen beziehen? Eine Art gefährliches Gerät, das vor der Öffentlichkeit verheimlicht wird?

Die Erde und die Lebensformen auf ihr vibrieren und schwingen in Harmonie. Die Strahlungsenergie der Sonne sowie die Materialien und Schwingungen der Erde stützen das Leben. Die vom Menschen geschaffenen Quellen stören diese Harmonie bereits. Ermittler stellten fest, dass die meisten jüngeren Technologien darauf abzielen, die Menschen von der Natur abzuschirmen -- diese zu „erobern" und zu kontrollieren, während sie immer gefährlichere Waffensysteme entwickeln, mit denen sie alles Leben auf dem Planeten noch effizienter auslöschen können. Die Autoren von Löcher im Himmel sagen, die Erfinder des HAARP-Projekts seien selbstmörderisch in ihrer Missachtung der Folgen für unseren gesamten Planeten.

Bewusst herbeigeführte ionosphärische Störungen könnten mit den Materialien in der Erde in Resonanz treten und ein Erdbeben auslösen. Nostradamus beschrieb eine Erdbebenmaschine mit ähnlichen Eigenschaften in CENTURIE IX-83 (Bd. I, S. 238-240). Ein Zeitungsartikel vom März 1993 enthüllte die Realität und Existenz einer solchen unglaublichen Maschine. Ein verkürztes Zitat: „Auf georgischem Territorium (Sowjetunion) gibt es strategische Militäranlagen, wie beispielsweise das tektonische Labor in Eshera in der Nähe der abchasischen Hauptstadt Suchumi. Georgiens Präsident Schewardnadse sagt, dass diese Einrichtung an Experimenten zur gezielten Auslösung von Erdbeben beteiligt sei, um 'die gesamte Region des Nahen Ostens unter Kontrolle zu halten.'" Diese Information kam ans Licht, nachdem sich diese Regionen von der Sowjetunion losgesagt hatten. Sie hatten befürchtet, die Sowjets würden sie wegen dieser strategischen Waffen nicht gehen lassen und könnten versuchen, diese Ländereien zurückzugewinnen.

Eine andere Theorie ist, dass man mit HAARP buchstäblich Genmanipulation machen kann, indem man die Frequenz verwendet, um mit der DNA in Resonanz zu treten und sie dadurch öffnet und schließt. Die Vernichtung von Teilchen (aus dem Teilchenbeschleuniger) setzt ein Muster frei, das die Art und Weise steuert, wie sich die DNA zusammensetzt. Genetische Programmierung lässt auf etwas schließen, das weit über die Aussicht auf biologische Kriegsführung hinausgeht. Es schließt auch die Möglichkeit ein, unsere DNA zu verschlüsseln oder neu anzuordnen. Ein Wissenschaftler sagte, dass, wenn dieses System auf die gesamte Bevölkerung gestrahlt würde, es die menschliche Rasse genetisch zerstören würde.

Ein weiterer beängstigender Aspekt von HAARP ist seine Fähigkeit, das menschliche Gehirn durcheinanderzubringen, indem es seine normale Funktion stört. Durch die Veränderung dieser Frequenzen mit ELF-Wellen kann die Persönlichkeit oder die Stimmung der Menschen verändert werden. Sie können auch in einen Tiefschlaf versetzt werden. Es wird als das größte

Gehirnstimulationsinstrument bezeichnet, das je entwickelt wurde. In den richtigen Händen könnte es von großem Nutzen für die Menschheit sein, wenn es u.a. zur Heilung von Geistes- und Nervenstörungen und zur Heilung von Drogen- und Alkoholabhängigkeit eingesetzt würde. Aber die Kritiker von HAARP sind besorgt über die negativen Auswirkungen der Bewusstseinsmanipulation, die diese Wellen auf große Gruppen von Menschen (sogar ganze Bevölkerungen) haben könnten, zumal das Gerät aus großer Entfernung aktiviert werden kann und faktisch nicht nachweisbar ist. Das Militär könnte verändern, was die Menschen denken und gleichzeitig wissen, was sie denken. All dies klingt wie Science-Fiction, aber es ist definitiv möglich und ist eine wissenschaftliche Tatsache.

Eine ähnliche Waffe sah Nostradamus in CENTURIE II-2 (Bd. I, S. 167) voraus. In diesem Vierzeiler beschreibt Nostradamus eine neue Art von Waffe, die entwickelt werden wird. „Eine Art Radiowelle, die bei bestimmten Frequenzen und Intensitäten tödlich sein kann. Sie kann intensive Schmerzen an den Nervenenden verursachen und bestimmte Teile des Gehirns zerstören.“ Das klingt wie HAARP-Frequenzen, die Gehirnfunktionen manipulieren.

Paul Schaefer sagt: „Wenn wir nicht den Tod unseres Planeten wünschen, müssen wir die Produktion von instabilen Teilchen beenden. Eine erste Priorität, um diese Katastrophe zu verhindern, ist es, alle Atomkraftwerke abzuschalten und die Tests von Atomwaffen, elektronischer Kriegsführung und Star Wars zu beenden.“ Dies sind alles Dinge, vor denen uns Nostradamus gewarnt hat.

In dem Buch Löcher im Himmel sprachen die Wissenschaftler immer wieder über den Geist der Welt und versuchten, ihn zu biegen oder zu verändern, um ihre Bedürfnisse zu befriedigen. Das klingt sehr ähnlich wie Nostradamus' Vorhersage, dass der Antichrist versuchen werde, ebendiesen Geist der Welt zu kontrollieren (Band II). Erlangt der Antichrist die Kontrolle über diese Maschinerie? Es gibt einige Anlagen in Gebieten, zu denen er Zugang hätte (z.B. Ukraine). Die Erdbebenmaschine wird in Band I erwähnt, und es wurde gesagt, dass der Antichrist die Kontrolle über sie erlangen werde. Ist das dieselbe Maschine?

In der Literatur über HAARP wurde der Begriff „geladener Teilchenregen“ erwähnt. Könnte dieser elektronische Regen aus

Teilchenströmen der weiße Regen sein, den Nostradamus gesehen hat (CENTURIEN III-I8, III-I9, Bd. I, S. 254, 255)? Diese beiden Vierzeiler haben Bezüge zum milchigen Regen: „Der lange milchige Regen und das Berührt-Werden von Blitzen sind Auswirkungen des Einsatzes von Atomwaffen in diesem Krieg. Es werden noch weitere abstruse Waffen eingesetzt werden, basierend auf Konzepten, die gegenwärtig entwickelt werden (1986), von denen du und dieses Medium gegenwärtig keine Vorstellung habt, und sie werden verheerende Folgen haben. Er verwendet den Milchregen, um die schädlichen Auswirkungen dieser abstrusen Atomwaffen auf das Wetter darzustellen, einschließlich solcher Dinge wie Strahlungsregen. Die Waffen werden eine Kombination der schlimmsten Aspekte von Atomwaffen- und Laserwaffentechnik verwenden, und einige der Laserwaffen, wenn sie auf die Menschen abgeschossen werden, werden einer weißen Substanz ähneln, die herunterkommt.“

DIES IST nicht das erste Mal, dass Wissenschaftler experimentiert haben, ohne das Ergebnis ihrer Handlungen zu kennen. Als sie die Atombombe entwickelten, wussten sie wirklich nicht, welche Auswirkungen sie auf die Atmosphäre haben würde, als sie gezündet wurde. Eine Theorie war, dass sie alle Wasserstoffatome in einer Kettenreaktion entzünden und die Welt zerstören könnte. In Band II sagte Nostradamus, dass dies in einer anderen Zeitachse tatsächlich geschah. Es war zu jener Zeit in den 1940er Jahren eine höchst gefährliche Situation, aber das Hauptinteresse der Wissenschaftler galt der Entwicklung einer Bombe und der Feststellung der Ergebnisse eines Experiments, das zu weit gegangen war, um es jetzt noch zu stoppen. Das Gleiche geschieht jetzt wieder mit HAARP. Die Experimentatoren geben zu, dass sie nicht wissen, was als Ergebnis dabei herauskommen wird, wenn sie noch nie dagewesene Mengen an Hochfrequenzenergie durch die obere Atmosphäre pumpen, um Teile der unberechenbaren Ionosphäre aufzuheizen.

[Die folgenden Informationen stammen zum Teil aus dem American Legion Magazine, Oktober 1995, aus dem Artikel mit dem Titel: „St. George ist verzichtbar“]

In der Vergangenheit zerstörte die US-Regierung mit ihren geheimen Atomtestprogrammen im Südwesten und im Pazifik das Leben von Tausenden von Amerikanern.

Offiziell ist die Atombombe nur zweimal als Waffe gegen Menschen eingesetzt worden. Der erste Fall war Hiroshima am 6. August 1945 und Nagasaki am 9. August 1945. Aber die Geschichte berücksichtigt nicht die 250.000 GIs (Abkürzung für US-Soldaten, *Anm. d. Übersetzers), die an den Tests nach dem Zweiten Weltkrieg beteiligt waren, oder die Zehntausenden von Zivilisten, die in kleinen Gemeinden in der Umgebung des Testgeländes in Nevada lebten und dem radioaktiven Niederschlag von fast zwei Jahrzehnten Atomtests unter freiem Himmel ausgesetzt waren.

Das Militär experimentierte auch ohne deren Wissen an Zivilisten in Krankenhäusern. Unter dem Vorwand, medizinische Behandlungen durchzuführen, wurden die Menschen hohen Strahlendosen ausgesetzt, um die Auswirkungen auf ihren Körper zu beobachten. Einige dieser Studien wurden erst kürzlich veröffentlicht (oder aufgedeckt).

Unschuldig, wie sie waren, erkannten die Militärs nicht, welche Auswirkungen die Strahlung unter freiem Himmel auf die Menschen haben würde, da zu dieser Zeit nichts über die tödlichen Fernwirkungen solcher Tests bekannt war. Aber sie, als Wissenschaftler, waren entschlossen, es herauszufinden. So wurden viele ihrer Experimente im Geheimen durchgeführt, um einen öffentlichen Aufschrei zu vermeiden.

1946 siedelte die Bundesregierung die gesamte Bevölkerung des Bikini-Atolls in Mikronesien (167 Eingeborene) auf eine andere Insel um, damit das Militär Atomtests durchführen konnte. Insgesamt wurden 23 Bomben auf Bikini und weitere 43 auf dem nahe gelegenen Eniwetok gezündet. Die daraus resultierende Verseuchung hat das Atoll für alle Zeiten unbewohnbar gemacht. Die Eingeborenen durften niemals mehr zurückkehren. Über 42.000 Soldaten und Wissenschaftler waren daran beteiligt, ohne sich der Gefahr bewusst zu sein, der sie sich dabei aussetzten. Und dann, um den radioaktiven Niederschlag noch zu erhöhen, begann Russland 1949 mit seinen eigenen Atomtests.

Während dieser Zeit beschloss das Militär, 1951 mit den Tests auf amerikanischem Boden zu beginnen und bestand darauf, den

Anwohnern der Umgebung zu sagen, dass keine Gefahr bestehe. Über einen Zeitraum von zwölf Jahren wurden trotz der Warnungen von Spitzenwissenschaftlern 126 Atombomben über dem Testgelände in Nevada gezündet. Im März 1953 gab es über drei Monate hinweg im Durchschnitt eine Atomexplosion pro Woche. (Siehe American Ground Zero: The Secret Nuclear War, z. Dt.: Der geheime Atomkrieg, von Carole Gallagher und The Myths of August, z. Dt.: Die Mythen vom August von Stewart Udall, *Anm. d. Übersetzers.) Die Bewohner der benachbarten Städte wurden nicht gewarnt oder ihnen wurde versichert, dass keine Gefahr bestehe. Von Anbeginn des Nevada-Testgeländeprogramms an wurden GIs zu den Atomtests eingezogen, um als Beobachter und Teilnehmer zu dienen -- oder, wie manche später sagten, als Versuchskaninchen.

Die kleine Stadt St. George, Utah, war einer der Orte, die während zwölf Jahre andauernder oberirdischer Atomtests, die 1951 begannen, unwissentlich betroffen waren. Die Stadt liegt 160 Kilometer östlich des Testgeländes in Nevada und befand sich oft im der direkten Spur der Staubwolken, die von den Detonationen in den Himmel gespuckt wurden. In einer 1979 vorgestellten Studie wurde festgestellt, dass die Krebsrate in St. George um 143 Prozent höher liegt als die bundesstaatliche Norm. Allein bei Leukämie im Kindesalter lag die Sterberate im Süden Utahs um 250 Prozent über dem Landesdurchschnitt, und diese Zahlen werden sogar eher als konservativ betrachtet.

Ein Test demonstriert die Nachlässigkeit, die das Testprogramm kennzeichnete, ganz besonders. Am 1. März 1954 wurde eine 15-Megatonnen-Wasserstoffbombe mit dem Codenamen Bravo auf der Bikini-Insel Nam gezündet. Siebenhundertfünfzig Mal stärker als die Bombe, die auf Hiroshima abgeworfen wurde, vaporisierte die Detonation einen Großteil von Nam und zwei kleinere Inseln. Radioaktiver Niederschlag regnete über 18.000 Quadratkilometer des Pazifiks und fiel auf Inseln nieder, die bis zu 500 Kilometer entfernt lagen.

1958 reiste Dr. Edward Teller, bekannt als der „Vater der H-Bombe", nach Alaska mit dem Vorschlag, ein großes Stück Küstenlinie von der Landkarte zu sprengen. Er wollte beweisen, dass Nuklearexplosionen ein Werkzeug für geografisches Engineering sein können (Projekt Chariot). Sein Plan war es, sechs thermonukleare

Bomben unterirdisch am Cape Thompson, Alaska, zu sprengen, um einen Hafen zu graben. Die Philosophie dahinter war, dass, wenn es erfolgreich war, das Verfahren genutzt werden konnte, um einen neuen Panama- oder Suez-Kanal zu schaffen. In diesem Fall stießen sie auf den extremen Widerstand der Eskimos, die im Umkreis von 50 Kilometern um Ground Zero lebten. Drei mutige Wissenschaftler, die sich gegen das Experiment aussprachen, verloren ihre Jobs und wurden ausgeschlossen. Aber zumindest zwischen dem Widerstand der Eskimos und den Wissenschaftlern kam das Experiment nicht zustande. Die Wissenschaftler waren dann in der Lage, ihre Experimente nach Nevada zu verlegen, wo es keine Einwände seitens der Bevölkerung gab, und der Schaden wurde von der Regierung erst Jahrzehnte später offengelegt.

1958, in demselben Jahr, in dem die Van-Allen-Strahlungsgürtel entdeckt wurden, sprengte die US-Marine zudem drei Atombomben in den Gürtel hinein (Projekt Argus). Der Berater des Weißen Hauses sagte, dass das Verteidigungsministerium Möglichkeiten untersuche, Veränderungen von „Erde und Himmel zu manipulieren und so das Wetter zu beeinflussen“, indem man „einen elektronischen Strahl verwende, um die Atmosphäre über einem bestimmten Gebiet zu ionisieren oder zu deionisieren.“ Die Van-Allen-Gürtel sind Zonen geladener Teilchen, die mehr als 3000 Kilometer über der Erde im Erdmagnetfeld gefangen sind. Die Ionosphäre erstreckt sich über bis zu 1000 Kilometer.

Im Jahr 1960 begann eine Reihe von Wetterveränderungen, die viele Wissenschaftler direkt mit den atmosphärischen Atomtests in Verbindung brachten. Indem man diese Geräte abfeuerte, bevor man genug Informationen hatte, um zu wissen, dass dies Probleme verursachen würde, veränderte man die Windmuster für Jahre. In den Jahren 1961-62 sprengten die Sowjets und die USA viele Sprengsätze in die Atmosphäre. Dreihundert Megatonnen Nuklearsprengsätze haben die Ozonschicht um etwa 4 Prozent dezimiert. Dies war der Beginn des Abbaus. Spätere Raketenstarts schädigten ebenfalls die Ozonschicht und die Ionosphäre. Die Klimatologen konnten nicht vorausschauen und erkennen, dass Dürren, Überschwemmungen und abnormale Temperaturen über dieses Jahrzehnt hinaus anhalten würden. Zu dieser Zeit waren die nationalen Regierungen bereits in der Lage, das Wetter für militärische Zwecke zu manipulieren, und dies hat sich bis in die 1990er Jahre fortgesetzt.

Während des Vietnamkriegs verwendete das US-Verteidigungsministerium im Projekt Skyfire und im Projekt Stormfury Methoden zum Wolkenimpfen und zur Manipulation von Blitzen und Hurrikans. Das Militär untersuchte sowohl Laser als auch Chemikalien, die die Ozonschicht über einem Feind beschädigen könnten. In Projekt Prime Argus suchten sie nach Möglichkeiten, Erdbeben sowohl zu verursachen als auch zu entdecken. Wie Nostradamus sagte, werden in Zeiten des Krieges viele Dinge getan, die in Friedenszeiten niemals erlaubt wären, weil es die Menschen mit Abscheu erfüllen würde.

1966 beschrieb der weltweit anerkannte Wissenschaftler Gordon MacDonald den Einsatz von Wettermanipulationen, Klimamodifikation, Schmelzen oder Destabilisierung der Polkappen, Techniken zum Abbau der Ozonschicht, Erdbebentechnik, Kontrolle der Meereswellen und Manipulation der Gehirnströme durch die Nutzung der Energiefelder des Planeten. Er sagte auch, dass diese Arten von Waffen entwickelt werden und, wenn sie eingesetzt werden, von ihren Opfern praktisch unentdeckbar sein werden. (Quelle: Unless Peace Comes, Kapitel: "How to Wreck the Environment." Z. Dt.: Außer, wenn Frieden kommt, Kapitel: „Wie man die Umwelt zerstört", *Anm. d. Übersetzers.)

In den 1970er Jahren wollte die Sowjetunion das Klima verändern, um Russland zu einem lebenswerteren Ort zu machen. Zu den Vorschlägen zählten die Entfernung des arktischen Packeises, das Rückstauen der Beringstraße und das Umleiten sibirischer Flüsse. Viele Länder der Welt dachten, dass sie mit der ihnen zur Verfügung stehenden Atomkraft endlich die Lebensbedingungen der Welt nach ihren Vorstellungen erschaffen könnten, ohne an die langfristigen Folgen zu denken.

Nach Kongressanhörungen in den späten 1970er Jahren wurden die Freilufttests eingestellt, aber die unterirdischen Tests gingen weiter.

Die Forschungen des gemeinnützigen Institute for Advanced Studies zeigten (durch Erdüberwachung mit empfindlichen Instrumenten) einen Zusammenhang zwischen unterirdischen Atomtests und Erdbeben. Nostradamus hat uns in Band I davor gewarnt und bestand darauf, dass die Atomtests gestoppt werden müssen, weil wir uns der Folgen für den gesamten Planeten nicht bewusst seien. Die Schockwellen hallten durch die tektonischen Platten wider und zogen Gebiete auf der Welt in Mitleidenschaft, die weit von den ursprünglichen Testorten entfernt waren.

Die HAARP Super-Heizungs-Wirkung der ELF-Wellen auf den Spiegel, der über der Erde erstellt werden sollte, könnte die Beschleunigung des Schmelzens der Eiskappen verursachen. Der Meeresspiegel könnte sich spielend um 45 Meter anheben und würde die gesamte zivilisierte Welt zerstören. Eine solche Erfindung könnte leicht die Auswirkungen verursachen, die Nostradamus in den Bänden II und III sah, als wir Karten erstellten, die die dürftige Menge Land zeigten, die nach einer solchen Katastrophe übrig bleiben würde. Könnte ein solches Gerät auch eine signifikante Veränderung in der elektrischen Leitung oder im elektrischen Feld eines Planeten verursachen? Könnten Wissenschaftler die Erde unwissentlich kurzschließen und dadurch ein Schwanken verursachen, das die Eiskappen zum Schmelzen bringen und das Kartenszenario aus Band II erzeugen könnte? Viele Experten haben angenommen, es würde eine Achsenverschiebung brauchen, um eine solch große Schmelze zu produzieren, aber wenn dieses Experiment erfolgreich war, könnte HAARP die gleichen verheerenden Auswirkungen hervorbringen.

Bevor die Menschen unterirdische Atomtests zündeten oder irgendetwas anderes taten, das massiv in das Gleichgewicht der Erdsysteme eingriff, befanden wir uns bereits auf einem instabilen Planeten. Nach der Zunahme des geomagnetischen „Rauschens" (Störungen im Erdmagnetfeld) zu urteilen, das auf der Erde zu hören ist, spekulieren einige Wissenschaftler, dass die Sonne sich einer Zeit der Veränderung nähern könnte. Unabhängig davon, ob die Sonne in naher Zukunft eine Zeit spektakulärer Sonneneruptionen durchläuft und noch mehr Teilchen auf die Erde wirft oder nicht, Tatsache ist, dass die Erde gerade jetzt in Mitleidenschaft gezogen wird. Die Tatsache, dass die Erde heißer wird, wurde 1991 in der New York Times berichtet. In dem Artikel hieß es, dass das arktische Eis in nur neun Jahren um 2 Prozent abgenommen habe.

Vor kurzem wurde entdeckt, dass es aktive Vulkane unter der Eisdecke der Antarktis gibt, und die Wassertemperatur unterhalb des Kontinents ist jetzt die gleiche wie die des Mittelmeeres.

Diese Information stammt von einem Leser, der sie auf Prodigy Interactive Personal Service (einem Internetdienst) gefunden hat und vom 2. März 1993 ist. Der Artikel trägt den Titel „Fire in Antarctic's Belly“ (z. Dt.: „Feuer im Bauch der Antarktis“, *Anm. d. Übersetzers).

Mehr als 1100 schlafende oder aktive Vulkane wurden dicht zusammengedrängt auf dem Meeresboden nahe der Osterinsel im Pazifik entdeckt. Und jetzt wird vulkanische Aktivität gemeldet -- mit unheilverkündendem Unterton -- in der Antarktis. Pockennarben in der westantarktischen Eisdecke lassen vermuten, dass tief darunter Vulkane liegen. Wissenschaftler sind zu dem Schluss gekommen, dass sich ein Berg mit den mineralischen Merkmalen von Vulkangestein 650 Meter über dem Grundgestein der Antarktis erhebt, das seinerseits unter etwa 2000 Kilometern Eis begraben ist. Die Daten weisen darauf hin, dass der Gipfel der Kegelform des japanischen Mount Fuji ähnelt. Es wird angenommen, dass es sich um einen kürzlich aktiven Vulkan handelt. Sollte er wieder aktiv werden, sind die Auswirkungen besorgniserregend und potenziell verheerend. Es ist unwahrscheinlich, dass der Vulkan ausbricht und die Eisdecke über der südlichen Hemisphäre in die Luft jagt. Die wirkliche Sorge ist, dass der Vulkan und weitere wie er, von denen man annimmt, dass sie die kreisförmigen Vertiefungen in der Eisdecke erzeugt haben, genügend Schmelze an die Basis der Eisdecke liefern, um das Abrutschen der Eisdecke in Richtung Meer quasi zu schmieren. Der Zusammenbruch der westantarktischen Eisdecke und ihre Bewegung hin zu dem sie umgebenden Ozean würde nach Schätzungen der Geophysiker einen globalen Anstieg des Meeresspiegels von beinahe sechs Metern verursachen. Das hätte enorme Auswirkungen auf niedrig gelegene Küstengebiete auf der ganzen Welt

Ich habe auch Post erhalten, die mir sagt, dass die Gletscher in Schweden in einem noch nie da gewesenen Tempo schmelzen. Es scheint, dass sich der Planet bereits erwärmt. Wir brauchen keine rücksichtslosen Experimente am Wetter, um es zu beschleunigen.

HAARP wurde als eines der gefährlichsten Waffensysteme seit der Entwicklung thermonuklearer Waffen bezeichnet. Vielleicht war das der Grund, warum Nostradamus äußerte, dass die Vereinigten Staaten und Russland ihre Atomwaffen abschaffen würden. Er sagte, sie seien nicht wichtig, denn sie hätten etwas viel Tödlicheres erfunden. Die Mächte brauchten keine Atomwaffen mehr; sie seien veraltet.

* * *

1995 hatten wir eine Rekordzahl an Hurrikans. So viele, dass uns die Namen in alphabetischer Reihenfolge ausgingen. Die Wissenschaftler erklärten dies damit, dass das Ozeanwasser ungewöhnlich warm sei und dies die Entwicklung von mehr Hurrikanen mit größerer Kraft fördere. Der erste Hurrikan im Jahr 1996 war dem Zeitplan weit voraus. Normalerweise beginnt die Saison im späten August oder September. Diese Saison begann im Juli. (Siehe auch die Hurrikan-Vorhersage aus CENTURIE VIII-I6 (Bd. III, S. 142-143.)

* * *

Computer und das World Wide Web

In Band II (Kapitel I4): „666, Das Geheimnis der Zahl des Tieres", geht es um die kommende Technologie bei Computern. Eine derartig ausgeklügelte Entwicklung war im Jahr 1987, als diese Information durchkam, noch gänzlich unbekannt. Wir machten gerade die ersten Gehversuche. Computer fingen gerade erst an, auf dem Markt populär zu werden, und hatten noch nicht die weit verbreitete Anwendung gefunden, die sich in den 1990er Jahren entwickelte. Ich schrieb meine ersten fünf Bücher auf einer Schreibmaschine, deshalb war ich hocherfreut, als ich 1986 meinen ersten Computer kaufte. Ich benutzte ihn nur wegen seiner Textverarbeitungsfunktion. Selbst mit seinem Schneckentempo war er einfacher als die Schreibmaschine -- außer wenn er beschloss, Spielchen mit mir zu spielen und die Arbeit eines Tages mit einem einzigen Tastendruck zu zerstören. In solchen Fällen hatte ich Visionen von meinen Worten, die irgendwo im Limbus umherschwebten, um nie wieder eingefangen zu werden. Spätere Modelle waren zwar zuverlässiger, aber ich sah in ihnen nie mehr als eine glorifizierte Schreibmaschine. So erschienen Nostradamus' Vorhersagen über Computer in den späten 1980er Jahren wie Science-Fiction.

Aus Seite 132: „Der Antichrist wird über große Kommunikationssysteme verfügen, denn ich sehe ihn in Computer sprechen, und es ist seine Stimme, die den Computer aktiviert."

Seite 134: „Durch seine Kommunikationsnetze wird er Zugang zu den Akten aller Menschen haben: Geburtsdaten, Finanzinformationen und Dinge dieser Art. Es wird also doppelt schwer sein, sich ihm entgegenzustellen, wenn er das Weltbankwesen und den Weltwirtschaftskredit kontrolliert." Ich fragte nach der Bedeutung der Zahl 666 im Buch der Offenbarung in der Bibel. „Er zeigt mir gerade Spalten um Spalten von Zahlen und noch mehr Zahlen. Es sieht aus wie Informationen, die normalerweise in Computern gespeichert sind. Und diese Zahl, 666, könnte die persönliche Codenummer des Antichristen sein, die er in die verschiedenen Weltsysteme eingibt, weil er ein Weltsystem der Kommunikation und ein Computernetzwerk errichtet."

Zu der Zeit, als diese Information durchkam, schien es unmöglich, dass ein Computersystem die ganze Welt verbinden könnte. Ich hielt es definitiv für eine futuristische Idee, und ich sann darüber nach, dass es vielleicht in hundert Jahren geschehen mag, wenn es überhaupt je passiert. Wie sehr ich mich doch geirrt habe. Wie konnte irgendjemand in den späten 1980er Jahren auf die Idee kommen, dass das World Wide Web in nur zehn Jahren Realität werden würde. Und es ist definitiv Realität, dass alle unsere Geburtsdaten, Finanzdaten und andere Informationen, die unser Leben betreffen, jetzt Teil eines riesigen Computernetzwerks sind. Wenn wir eine solche Möglichkeit vor knappen zehn Jahren nicht glauben konnten, welche anderen Vorhersagen gehen dann erst in unvorstellbar schnellem Tempo in Erfüllung?

Die Computer-Vorhersagen gehen ab Seite 135 weiter: „Er wird bereits ein Computernetzwerk aufgebaut haben, das die Länder verwundbar machen wird. Er wird in der Lage sein, ihre wirtschaftliche Basis zu zerstören, da er Zugang zu ihren Informationen hat. Nostradamus zeigt mir gerade ein Bild von einem Globus mit vielen ihn umspannenden Fäden (World Wide Web). Er sagt: 'Er wird den Generalschlüssel zu allem haben und wird Nationen zu Fall bringen, indem er ihre Kommunikation mit dem Rest der Welt unterbindet.' Er wird sogar einen Computer erfinden, der auf der Ebene des übernatürlichen Gehirns funktionieren wird. Eine Person wird in der Lage sein, es einzuschalten, indem sie ihm geistige Befehle gibt, anstatt mit ihm zu sprechen.“ Sprachgesteuerte Computer werden jetzt im Jahr 1996 gerade entwickelt und könnten schon bald auf dem Markt sein. Ein Computer, der die Frequenz unseres Gehirns nutzt, ist jetzt denkbar und könnte der nächste Fortschritt in der Computertechnologie sein.

Nostradamus deutete in Band II an, dass der Antichrist anfangs als Weltenretter angesehen werde. Er werde mit seinen wundersamen Erfindungen als Wohltäter der Menschheit angesehen werden. Aber er sah die dunkle Seite auftauchen, sobald die Computernetzwerke etabliert waren. „Die Länder der Welt werden durch die Nutzung seines Systems großen Wohlstand erfahren. Es werden ihnen finanzielle Gegenleistungen gewährt, wenn sie Teil seines Systems werden, und wenn sie nicht 'mitspielen', werden sie ausgeschaltet und werden infolgedessen leiden. Wenn die Macht des vollkommen Bösen die Oberhand gewinnt, wird er beginnen, die Menschen auszurotten, die er für sein System als nutzlos erachtet. Wenn er sein Antlitz wandelt, wird er versuchen, Menschen auszulöschen, die für sein Weltsystem keinen wirtschaftlichen Nutzen haben. Er wird ganze Gruppen von Menschen auslöschen. So wie Hitler versucht hat, die Juden auszurotten, wird er versuchen, Menschen auszurotten, die er für nicht würdig hält, auf diesem Planeten zu leben: die Kranken, die Armen, die Schwachen und Menschen, die in seinen Augen keinen Wert haben. Mit Hilfe seines Netzwerks wird er die Massen-Euthanasie einleiten. Es wird kein Entkommen geben, denn alles wird in den Akten stehen.

„Wenn zum Beispiel der eigene Sohn zurückgeblieben ist, oder die eigene Mutter zu alt und unproduktiv ist, oder die eigene Schwester geistig oder emotional aus dem Gleichgewicht ist, werden sie alle zur Vernichtung freigegeben. All das gilt als verkrüppelt, weil er das Kommunikationsnetz kontrolliert. Folglich weiß er, was überall vor sich geht. Wir sind zu diesem Zeitpunkt eine computerisierte Gesellschaft geworden, und jeder Einzelne wird eine bestimmte Nummer haben, die in diesem Hauptcomputer gespeichert wird. (In Amerika unsere Sozialversicherungsnummer?) Diese Nummer wird unauslöschlich auf eure Hand, euren Unterarm oder eure Stirn tätowiert sein, je nachdem, zu welcher Ebene seines Systems ihr gehört. Die Menschen in den höheren Rängen seines Systems werden diese Nummer auf ihrer Stirn eingraviert haben, so dass sie überall hingehen können. Die Nummer wird automatisch abgelesen, um sie hereinzubitten. Für die meisten von uns wird sie unauslöschlich auf der Hand eingraviert sein. Dies wird mit einem Laser gemacht und ist schmerzlos. Es wird nicht wie ein Muttermal oder ein Defekt aussehen, sondern wird unsichtbar sein, außer wenn es mit einem optischen Gerät gescannt wird. Auf diese Weise werden wir in der Lage sein, einkaufen zu gehen, Lebensmittel zu kaufen und bestimmte Orte zu betreten, die für unsere Arbeit oder Karriere notwendig sind."

Dieser Plan, dass jeder eine Nummer hat, wird auch im Buch der Offenbarung in der Bibel vorausgesagt (Offb. 13:11-18). Das klang futuristisch, aber es wird jetzt zu unserer Lebenszeit Realität. Auf meinen Reisen durch die ganze Welt stelle ich fest, dass die Experimente in diese Richtung bereits begonnen haben. Ich erhalte auch erhärtende Informationen von meinen Lesern in Form von Zeitungs- und Zeitschriftenartikeln. In Amerika werden alle unsere anderen Identifikationsnummern (Militärdienstausweis, Führerschein usw.) gerade durch unsere Sozialversicherungsnummer ersetzt, um die Aktenführung zu erleichtern, indem wir nur noch eine Nummer haben. Dies ist auch in anderen Ländern der Fall. In einigen Ländern werden Karten eingeführt, auf denen alle persönlichen Daten in einem computerlesbaren Magnetstreifen verschlüsselt sind (z. B. Smart Cards und die neuen medizinischen Karten in den USA).

In manchen europäischen Ländern wird ein Computerchip unter die Haut der Hand gebracht. Wenn sie etwas in einem Geschäft kaufen, müssen die Leute nur ihre Hand über den Scanner führen, und das Geld wird automatisch von ihrem Bankkonto überwiesen. Kein Bargeld wechselt dabei den Besitzer, und auch die Notwendigkeit, Schecks auszustellen, entfällt. In einigen Ländern (z.B. Australien) wurde vorgeschlagen, alle Neugeborenen dauerhaft zu identifizieren (durch Computerchips oder irgendeine andere Methode). Einige dieser Vorschläge stoßen auf Widerstand, aber die Argumente sind, dass wir eine computerisierte Weltgesellschaft werden und diese Fortschritte die Dinge einfacher und schneller machen werden. Sie werden die Identifizierung besser überprüfbar machen und Verbrechen eliminieren.

Singapur ist bereits ein komplett computerisiertes Land geworden. Es heißt, dass sie den Aufenthaltsort eines jeden Bürgers zu jedem Zeitpunkt erfahren können. Da Singapur ein kleines Land ist [wenngleich es dicht besiedelt ist], wäre es das Versuchskaninchen, und die Ergebnisse könnten leicht überwacht und untersucht werden. Man war der Meinung, dass man das Experiment dort zuerst ausprobieren könnte, bevor man das Konzept anderswo anwendet. Für mich hört es sich so an, als ob die Ära des „Big Brother“ anbricht, und zwar mit einer Geschwindigkeit, die wir vor ein paar Jahren noch für unvorstellbar hielten.

In einem weiteren Vierzeiler verweist Nostradamus auf die Kabale (Bd. I, Kapitel 21), die eine bedeutende Rolle in diesem Computernetzwerk spielt und dem Antichristen anfangs sogar hilft.

In CENTURIE V-23 (Bd. II, S. 253-254): „Diese Männer kontrollieren die gesamte Weltsituation gerade jetzt in eurer Zeit. Sie sind sehr, sehr mächtig. Sie bewegen sich sehr gut im Verborgenen, doch sie kontrollieren den größten Teil der Wirtschaft sowohl der bekannten Welt als auch der Dritten Welt. Sie manipulieren verschiedene Ämter der US-Regierung und anderer Länder, weil sie die Macht dazu haben. Sie werden Probleme erschaffen, nicht weil sie Geld wollen -- sie haben alles Geld, das man sich nur wünschen könnte. Er zeigt mir gerade Tonnen von Gold. Sie [die Kabale] wollen Macht und Kontrolle. Diese Männer sind die Führer der Welt, aber ihr wisst nichts von ihnen. Ihr kennt nicht einmal ihre Namen. Die Medien wissen nichts von ihnen. Sie werden geheimgehalten, aber sie haben großen Einfluss, besonders auf die Präsidenten und Führer der verschiedenen Weltregierungen. In der Tat versuchen sie, die Regierung der Sowjetunion zu manipulieren, um einen anderen Führer in ihr Netz zu bringen. Sie kontrollieren Teile der Medien und können alles tun, was sie wollen. Ihre Macht ist enorm. Er zeigt mir ein Bild des Globus mit Linien darauf, die er gezeichnet hat, und alles ist miteinander verbunden (World Wide Web?). Diese Männer sind die Macher und Impulsgeber der Welt. Er zeigt mir, wie sie die Welt ins Wanken bringen.“

* * *

Nanotechnologie

NANOTECHNOLOGIE: eine neue Wissenschaft, die es Forschern ermöglicht, einzelne Atome zu manipulieren. Die

Nanotechnologie basiert auch auf dem Konzept von winzigen, sich selbst replizierenden Robotern.

Der Begriff Nanotechnologie wurde verwendet, um eine Reihe von Wissenschaften zu beschreiben, die sich mit Größenordnungen von weniger als 1.000 Nanometern beschäftigen. Das zugrundeliegende Prinzip der Nanotechnologie ist seine verheißene Fähigkeit, die Atome in einer gegebenen Substanz oder einem Objekt neu anzuordnen, um eine neue Substanz oder ein neues Objekt zu schaffen. Ordne zum Beispiel die Atome in Blei neu an, und du erhältst tatsächlich Gold. Das klingt wie die alte Wissenschaft der Alchemie, und Nostradamus sagte, dass die Alchemie zu seiner Zeit aktiv praktiziert worden sei und der Wegbereiter der modernen Chemie gewesen sei. Er sagte auch, dass während der Zeit des Großen Genies (Bd. I, Kapitel 24) die fantastischen Behauptungen der Alchemie realistisch und möglich werden würden.

Nach unserer Interpretation beschrieben viele der Vierzeiler Konzepte, die so kompliziert und fortgeschritten sind, dass es keine Worte dafür gab, weder zu Nostradamus' Zeit noch zu unserer in den späten 1980er Jahren. Jetzt, mit den vielen Fortschritten in der Computertechnologie, gibt es endlich Worte und Namen, um das Unbeschreibliche zu beschreiben. Einer dieser Begriffe ist die Wissenschaft der Nanotechnologie. Es heißt nun, dass die Verkleinerung von Computerchips an ihre Grenzen gestoßen ist. Die einzige Möglichkeit, noch kleiner zu werden, ist die auf der zellulären Ebene. „Nano“ bedeutet „sehr klein“, wir haben es also mit einer Wissenschaft zu tun, die Maschinen oder Roboter herstellen kann, die so klein sind, dass man sie nur auf mikroskopischer Ebene sehen kann. Diese Wissenschaft hat eine völlig neue Welt der Möglichkeiten eröffnet. Extrem winzige Maschinen oder Roboter könnten in den menschlichen Körper injiziert werden und in der Lage sein, für eine Vielzahl von Zwecken durch das Blutsystem zu reisen.

Die Computer haben bewiesen, dass es auch möglich sein wird, Teile des menschlichen Körpers zu reproduzieren oder zu replizieren, indem man die DNA-Informationen in den Zellen einer Person dupliziert. Aus medizinischer Sicht wäre es ein verblüffender Durchbruch, amputierte Gliedmaßen und kranke Organe des Körpers duplizieren und ersetzen zu können. Dies könnte das sein, worauf sich Nostradamus in CENTURIE II-13 (Bd. I, S. 299) bezog, als er von

Ärzten und Wissenschaftlern sprach, die einen völlig neuen Körper ersetzen oder erschaffen, wenn der alte zu krank geworden ist, um weiterzuleben. Er sah den menschlichen Körper bis zu dem Punkt perfektioniert, dass er niemals sterben würde. Natürlich könnte dies ein Segen oder auch ein Fluch sein. In meiner Arbeit mit Außerirdischen, besonders im Buch Vermächtnis von den Sternen, habe ich entdeckt, dass sie ähnliche Methoden anwenden wie diese. Sie müssen nicht sterben, erst wenn sie dazu bereit sind. Ich hatte vom Klonen gehört, bei dem der Körper dupliziert wird, indem er auf zellulärer Ebene in der gleichen Weise wächst wie ein Baby, nur dass dies ein exaktes Duplikat des Originals ist. In der Wissenschaft der Nanotechnologie wäre das Klonen zu langsam. Mit Hilfe von Computern könnte der Körper schnell repliziert werden, wenn der genetische DNA-Code der Zelle gelesen wird.

Das klingt wie ein gewaltiges medizinisches Wunder, aber da wir die menschliche Natur kennen, war es naheliegend, dass gewisse Leute Wege entdecken würden, um diese Methode für den Krieg zu nutzen. In diesem Fall klingt es wie der Vierzeiler CENTURIE X-72, der berühmte Vierzeiler von 1999 (Bd. I, S. 246). Nostradamus sagte, er sehe die Entwicklung von Armeen durch Eugenik, um Männer ohne Moral zu produzieren, quasi Tötungsmaschinen. Diese Nanotechnologie-Methode wäre in der Tat schneller als das Klonen oder die genetische Manipulation, von der ich dachte, dass er sich darauf bezog.

Auch wäre mit dieser Methode die Entwicklung eines organischen Computers, wie Nostradamus ihn das Große Genie benutzen sah, durchaus möglich. Er sagte (CENTURIE IV-3I, Bd. I, S. 288), er sei „selbsterneuernd wie die Zellen eures Körpers. Einige der organischen Teile werden sich irgendwann abnutzen und alt werden. Aber in der Zwischenzeit wird er sich selbst vervielfältigt haben, so dass es organische Teile geben wird, die sich von diesem Gerät ablösen, es aber keinen Wissensverlust geben wird, weil er sich fortwährend selbst erneuern wird. Die Anwendungen dieses Computers werden sich immer weiter verbreiten, bis zu dem Punkt, an dem er die Technologie der Menschheit völlig verändern wird.“ Die Wissenschaftler sagen, dass die mikroskopisch kleinen Roboterzellen in der Lage seien, sich selbst zu duplizieren.

Experten sagen, dass es auch möglich sein werde, den Intellekt eines Menschen zu duplizieren und ihn in eine dieser Maschinen zu einzubauen. All dies wird möglich sein, da alles Energie ist und Gedankenprozesse als Energie gespeichert und dupliziert werden können. Im Vierzeiler CENTURIE IV-31 sagt Nostradamus, dass das Große Genie diese neue Technologie perfektioniert, den organischen Computer erfindet und dann „als logische Konsequenz dieser Entwicklung einen Weg ersinnt, etwas von seinem Genie und Wissen in diesen Computer zu verpflanzen, so dass dies auch dann noch der Menschheit dienen kann, nachdem sein Körper gealtert und gestorben sein wird. Er entwickelt es bis zur höchstmöglichen Perfektion, um sein Genie zu übertragen, oder besser gesagt, sein Genie und sein Wissen zu duplizieren, so dass er selbst es immer noch hat, es aber auch in diesem organischen Computer steckt." Der Rest der Erklärung dieses Vierzeilers beschreibt den dabei verwendeten Prozess.

All das klang in den späten 1980er Jahren, als wir diese Informationen erhielten, wie Science Fiction. Aber jetzt, knapp zehn Jahre später, liegt es nicht nur im Bereich des Möglichen, sondern es wird von Wissenschaftlern auf der ganzen Welt aktiv daran gearbeitet. Die Möglichkeiten der Nanotechnologie nehmen täglich zu und sind verblüffend. Es gibt mehrere Labore auf der ganzen Welt, darunter drei in Kalifornien, die daran arbeiten, so dass dies schnell zu unserer Zukunft und unserer Realität werden wird.

(Aus der New York Times, 11. April 1995: „Ein Bottich voll DNA könnte sehr bald der Computer der Zukunft werden.")

Theoretiker hoffen darauf, die enorme Rechenleistung abzugreifen, die sie im Speicher und dem Prozessor der genetischen Maschinerie der Natur sehen. Ein neuer Vorschlag sieht eine Speicherbank vor, die mehr als ein Pfund DNA-Moleküle enthält, die in etwa 1.100 Litern Flüssigkeit in einem Tank von etwa einem Meter Kantenlänge schweben. Eine solche Speicherbank wäre größer als alle Speicher aller jemals gebauten Computer zusammen. Der Grund dafür ist, dass chemische Reaktionen sehr schnell und parallel ablaufen, so dass, wenn die DNA-Moleküle mit einer chemischen Struktur synthetisiert werden, welche numerische Informationen repräsentiert, eine riesige Menge an Zahlenverarbeitung durchgeführt wird, während die Reaktion abläuft.

Obwohl das Fachgebiet des biologischen Rechnens noch in den Kinderschuhen steckt, vergleichen Informatiker die ersten wackeligen Schritte heute mit der frühen Entwicklung elektronischer Computer. Wissenschaftler haben kommentiert: „Die Schleusentore haben begonnen, sich zu öffnen. Ich habe noch nie ein Fachgebiet gesehen, das sich so schnell entwickelt. Es hat sich eine Tür zu einem ganz neuen Spielzeugladen geöffnet.“

Ein DNA-Computersystem hätte keinerlei Ähnlichkeit mit einem herkömmlichen Computer, was die Frage aufwirft, was ein Computer eigentlich ist. Wissenschaftler sagten: „Es ist ziemlich aufregend. Es ist eine völlig neue Art, über Computer nachzudenken. Unser Verstand ist voreingenommen, wenn wir an Computer im Sinne von Computern denken, die wir selbst bauen. Aber es ist wichtig, unseren Geist zu befreien und darüber nachzudenken, wie Computer auf natürliche Weise vorkommen könnten.“ Das bedeutet, dass die DNA vielleicht nicht der einzige neue Computertyp ist. „Es könnte eine Menge Computertypen da draußen geben, und ich vermute, dass ist auch so.“

Anmerkung: Dies bringt den Gedanken auf, dass unser aller Körper Computer sind, in der Art, wie sie funktionieren. [Man könnte sagen, dass Computer so weit ein Spiegelbild von uns sind.] Und unser ganzer Körper könnte durchaus als Computer verwendet werden. (Angeschlossen an Drähte oder Maschinen?) Das geht auch mit der Idee einher, dass wir Teile des Körpers Gottes sind und Informationen (Erfahrungen, Emotionen usw.) an Ihn übermitteln, wie in meinen anderen Büchern angedeutet. Das klingt auch ähnlich wie die UFO- und Alien-Kommunikation, dass wir Informationen an ihre Datenbanken übermitteln. Vielleicht brauchen sie die Implantate letzten Endes doch nicht wirklich. Vielleicht wird ein Großteil der Informationen durch unsere Energie übertragen, besonders wenn die Außerirdischen zu den „fortgeschritteneren“ Wesen gehören. Sie sagten tatsächlich, dass sie sich auf unsere spezifischen Schwingungen einstellen könnten und dass die Schwingung oder Frequenz eines jeden Einzelnen anders und für sie schnell identifizierbar sei. Das passt auch zu der Vorstellung, dass Nostradamus sich auf meine Frequenz einstellte, und die Art, wie er erkannte, wenn ich jemand Neues zu ihm brachte. Er erkannte ihre Schwingung erst, wenn er merkte, dass ich dahinter steckte. Er wusste wahrscheinlich nicht, wie er es tat. Er war einfach empfindsamer für individuelle Schwingungen als der Durchschnittsmensch.

Die Vorteile von DNA-Computern wären, dass sie eine Milliarde Mal so energieeffizient sind wie herkömmliche Computer. Und sie benötigen nur ein Billionstel des Speicherplatzes, um Informationen zu speichern. Indem sie die außergewöhnliche Effizienz und Geschwindigkeit biologischer Reaktionen ausnutzen, können molekulare Computer mehr als eine Billion Rechenoperationen pro Sekunde durchführen, was sie tausendmal so schnell macht wie den schnellsten Computer.

Aber noch wichtiger ist, dass Computerwissenschaftler DNA-Computer als „massiv parallel“ beschreiben, was bedeutet, dass mit Milliarden oder Billionen von DNA-Molekülen, welche die chemischen Reaktionen durchlaufen, mehr Rechenoperationen auf einmal ausgeführt werden können, als alle Computer der Welt zusammen jemals vollbringen könnten. Eine der einfachsten Möglichkeiten, die DNA zu nutzen, ist vielleicht, als ein Speichersystem. Dr. Baum sagte: „Man kann riesige Mengen an Informationen in einem Reagenzglas speichern.“ Ein DNA-Speicher könnte mehr Wörter speichern als alle jemals hergestellten Computerspeicher zusammen.

Es wäre nicht schwierig, sich dies als einen Computer vorzustellen, der alle Systeme der Welt steuert -- ein sogenanntes „Gehirn“ für die Welt. In Zeiten des Friedens wäre dies wunderbar, aber in Zeiten des Krieges wäre es schrecklich. Wer würde die Nutzung des „Gehirns“ kontrollieren, welche Regierung? Und wo sollte es sich befinden, dass es vor der Übernahme durch feindliche Kräfte sicher wäre? Auf welchem Kontinent? Oder wäre es sicherer auf einer Raumstation, die die Erde umkreist? Wer auch immer das „Gehirn“ kontrolliert, kontrolliert die Welt. Glücklicherweise sah Nostradamus diesen Fortschritt nach der Zeit der Unruhen eintreten, wenn wir in die 1000 Jahre des Friedens eingetreten sind. Das andere Szenario wäre zu schrecklich, um es sich vorzustellen. Ich frage mich, ob die Wissenschaftler diese Möglichkeiten berücksichtigt haben, während sie nun ihre ersten „Gehversuche“ in die Welt der Zukunft machen.

Ein Wissenschaftler warnte, dass es Hindernisse geben werde. Er sagte: „Mit der Zeit kann der DNA-Computer anfangen, sich aufzulösen. Die DNA wird beschädigt, während sie in Lösungen lagert, und die Manipulationen an der DNA sind fehleranfällig.“ Das war genau die Frage, die ich Nostradamus stellte. Ich dachte, wenn etwas organisch ist oder lebendige Materie, dann müsste es Zellen und Teile haben, die sterben können. Er deutete an, dass diese Art von organischem Computer in der Lage sein werde, sich selbst zu duplizieren und zu reparieren. Diese Idee ist so neu für die Wissenschaftler, dass sie diese Möglichkeit, dass Zellen sich selbst duplizieren und so den Computer unter den richtigen Umständen unbegrenzt am Leben erhalten können, noch nicht in Betracht gezogen haben. Kein Wunder, dass Nostradamus Brenda nicht zeigen konnte, wie diese Maschine aussehen würde. Die Konzepte existierten 1986 noch in niemandes Kopf und waren daher von niemandem zu beschreiben.

Offensichtlich sah Nostradamus, dass das Große Genie der entscheidende Faktor sein wird, um alle Bestandteile miteinander zu verbinden und ein funktionierendes Modell zu schaffen. Zumindest sah Nostradamus, dass dieser große Mann diese Konzepte für das Gute einsetzen wird. Ich hoffe, dass die negativen Einsätze, die er vor dem Ende der Zeit der Unruhen sah, nicht eintreten werden und wir friedlich und leicht in die Zeit des Großen Genies und des tausendjährigen Reichs übergehen können.

* * *

Neues Material seit der Fertigstellung der Interpretation der Vierzeiler im Jahr 1989.

Bei meinen Vorträgen auf der ganzen Welt werde ich oft gefragt, ob ich seit dem Abschluss der Arbeit an den Vierzeilern im Jahr 1989 mit Nostradamus kommuniziert habe. Die Leute wollen wissen, ob es irgendwelche neuen Vorhersagen gibt. Als die Arbeit abgeschlossen war, ging ich zu anderen Projekten über und schrieb andere Bücher. Ich betrachte Nostradamus als eine lebende Person und mir wurde gesagt, ich solle ihn nicht mit trivialen Anliegen belästigen. In Band II wurde uns gesagt, dass meine Besuche bei ihm mehr Zeit in Anspruch nehmen als gedacht. Was mir als eine ein- oder zweistündige Sitzung erschien, waren für Nostradamus in Wirklichkeit vier bis sechs Stunden oder fast sein ganzer Tag. Wenn wir durch die Zeit reisen, um mit ihm in Kontakt zu treten, sind offenbar andere Gesetze der Physik am Werk. Nicht nur der Raum wird beeinflusst, sondern auch unsere Vorstellung von Zeit ist nicht mehr länger gültig. Das hat sich auch in meiner Arbeit mit Außerirdischen bewahrheitet. Sie sagen wiederholt, dass die Zeit eine Illusion sei. Sie wurde vom Menschen erschaffen, aber in Wirklichkeit existiert sie nicht. Daher halte ich keine Sitzungen, um mit Nostradamus Kontakt aufzunehmen, es sei denn, es handelt sich um einen wichtigen Grund, z.B. um nach dem aktuellen Weltgeschehen zu fragen.

Während all dieser Jahre, seit ich meine Arbeit mit Nostradamus aufgenommen habe, versuchte ich stets, die Identität und Privatsphäre meiner Probanden zu schützen. Ich tat dies auf ihre Bitte hin, damit ihr Leben nicht durch die Bekanntheit und Skepsis, die ein solches Projekt wie dieses oft mit sich bringt, gestört werde. Ich bin von einigen Fernsehshows angesprochen worden, die das Material in meinen Büchern sensationell aufbereiten wollten. Sie wollten vor allem versuchen, die Informationen mit ihrer Auswahl an Skeptikern in Misskredit zu bringen. Ich bin an dieser Art von Programm nicht interessiert, da sie denkbarerweise 17 Jahre meiner Arbeit in nur einer Sendung zerstören könnten, und sie würden nicht einmal zurückblicken, sondern mit dem nächsten Opfer weitermachen, das ihre Einschaltquoten fördern würde. Deshalb habe ich mir die Sendungen, in denen ich auftrat, gut ausgesucht. Ich hatte das Glück, in vielen Shows aufzutreten, die das Material auf angemessene Weise behandelt haben: NBC's Ancient Prophecies I und II, CBS's Mysteries of the Ancient World, A&E's Serie Biography, Sci-Fi's Mysteries, Magic and Miracles, und CNN'S Showbiz. Auch die BBC in London, Current Affair in Australien, TVE in Spanien und CNN in Bulgarien gingen besonnen mit dem Material um. Jeder in unserem Bereich der parapsychologischen Forschung, der in einer Show auftritt, geht ein Risiko ein, weil man sich letztendlich in die Hände des Produzenten, des Regisseurs und des Redakteurs begibt. Die Informationen können so verdreht werden, dass sie auf alle möglichen Arten erscheinen, von denen einige möglicherweise nicht vorteilhaft sind. Bis die Sendung ausgestrahlt wird, weiß man nie, wie man dargestellt werden wird.

Im Juni 1994 stimmte ich einem Interview mit Encounters für eine Sendung über Prophezeiungen zu, die auf dem FOX Network ausgestrahlt wurde. Sie baten mich darum, Live-Rückführungen zu filmen, bei denen die Probanden mit Nostradamus in Kontakt treten sollten. Normalerweise hätte ich abgelehnt, aber sie schienen aufrichtig in ihrem Versprechen zu sein, dass die Probanden nicht ausgenutzt und mit Würde und Respekt behandelt werden würden. Ich fragte nach Freiwilligen und Brenda und Phil (Bd. III und Hüter des Gartens) stimmten schließlich zu, die Show zu machen, mit dem Versprechen, dass man sie nicht wie „Nebenattraktionen" aussehen lassen würde.

Am 18. Juni 1994 flog der Regisseur, Denny Gordon, nach Fayetteville, Arkansas (die nächstgelegene Stadt), und ließ ein Fernsehteam aus Little Rock anreisen. Wir trafen uns im Hilton Hotel in Fayetteville. Ich hatte seit mehreren Jahren weder mit Phil noch mit Brenda Sitzungen gehabt, und die beiden hatten sich vor diesem Termin noch nie getroffen. Jeder von ihnen sollte zu unterschiedlichen Zeiten ankommen, damit sie die Sitzung des jeweils anderen nicht hören. Ich kam zuerst an und sie filmten mein Interview. Insgesamt dauerte die Arbeit an diesem Tag etwa fünf Stunden. Es ist nicht ungewöhnlich, mehrere Stunden Material zu filmen und dann lediglich 5, 10 oder 15 Minuten in einer Sendung auszustrahlen. Sie haben gerne viel Material zur Auswahl.

Phil war der nächste, der ankam, und sie filmten ein Interview, als Denny ihm Fragen stellte über den Kontakt, den wir zu Nostradamus hergestellt haben, und wie er sich dabei fühlte. Er wurde einige Male emotional, weil er die Beziehung, die wir zwischen Nostradamus und ihm hergestellt hatten, als sehr persönlich empfand.

Nach seinem Interview bereitete die Crew den Raum für die Sitzung vor, indem sie ein Feldbett in den Raum bringen ließ. Sie dachten, es sei einfacher, als die Kameras im Schlafzimmer dieser Zwei-Zimmer-Suite aufzustellen. Während die Vorbereitungen getroffen wurden, nahm Denny mich mit in den anderen Raum und gab mir eine Liste mit Fragen, die sie für angemessen hielt. Ich war entsetzt über deren Einfachheit. Sie wollte, dass ich Nostradamus frage, warum er sich entschlossen hatte, die Prophezeiungen mit einem Code zu verschlüsseln und weitere einfache Fragen. Ich sagte ihr, dass ich all diese Fragen gestellt hatte, als wir mit der Arbeit begannen. Ich empfand es als eine Beleidigung, sie noch einmal zu stellen. Ich schlug vor, Fragen zum aktuellen Weltgeschehen zu stellen. Ich fand, wir sollten den Mann nicht belästigen, es sei denn, wir wollten etwas Wichtiges wissen.

Ich nannte Denny einige der Fragen, die wir meiner Meinung nach jedem Probanden stellen sollten. Sie war überrascht. „Oh, Sie meinen, direkt auf den Punkt kommen“, sagte sie, und ich stimmte zu. Sie war der Meinung, dass dies das Interview interessanter gestalten würde. Ich interessierte mich besonders für die aktuelle Situation mit Nordkorea und die Möglichkeit einer nuklearen Konfrontation. Außerdem wurde erwartet, dass ein Komet in den Jupiter einschlägt, und man glaubte, dass dies negative Auswirkungen auf unseren eigenen Planeten haben könne, vielleicht sogar mit verheerenden Folgen. Dies waren die Art von Dingen, die ich besprechen wollte, und ich wollte Brenda die gleichen Fragen stellen, wenn sie am Nachmittag zu ihrem Interview kam.

Phil ließ sich auf dem Feldbett nieder, mit Kameras und Lichtern um ihn herum. Er war zaghaft, denn wir hatten seit einigen Jahren nicht mehr zusammengearbeitet und er machte sich Sorgen, dass das Schlüsselwort nicht mehr wirksam sein könnte. Ich wusste, dass dies nicht der Fall sein würde. Als ich das Schlüsselwort nannte, funktionierte es genauso schnell wie auch in der Vergangenheit. Das Gleiche galt auch für Brenda; es funktionierte wunderbar, als hätte es keine Unterbrechung der Arbeit gegeben.

Während der Sitzung bediente Denny eine Handkamera und bewegte sich um das Feldbett herum, um verschiedene Blickwinkel einzufangen. Einmal kletterte sie sogar auf eine Kommode, um mit Blick auf ihn hinunter zu filmen. Diese ganze Unruhe um mich herum war, gelinde gesagt, ablenkend. Auch wenn sie leise waren, war die Bewegung ablenkend. Phil störte es überhaupt nicht, obwohl die Lichter recht hell waren. Als er in seinen tiefen Trancezustand trat, nahm er nichts mehr von dem wahr, was um ihn herum geschah, und konzentrierte sich ganz auf seine Reise durch Zeit und Raum, um Nostradamus zu finden.

Als er den Kontakt herstellte, war das Interessante, dass Nostradamus wusste, dass etwas an der Sitzung ungewöhnlich war. Er war sich bewusst, dass weitere Menschen im Raum waren, und ihre Energien störten ihn. Mit etwas mehr Konzentration war er in der Lage, diese Einflüsse zu ignorieren und zu kommunizieren. Während sie filmten, bediente ich mein Tonbandgerät. Die folgenden Teile des

Transkripts werden kurz gefasst, um sich auf wichtige Elemente zu konzentrieren.

Ich erklärte Nostradamus, dass diese Sitzung anders sei, weil wir eine Methode verwendeten, die die Informationen an ein breiteres Publikum weitergab.

P: Er sagt, dass das Bemühen nicht so sehr den Menschen im Raum gelte, sondern den Menschen in der Welt. Die Botschaft schlägt Wurzeln und wächst. Sie wird ein Eigenleben haben, das über die Menschen in diesem Raum hinausgeht. Er sagt, dass er dich seit einiger Zeit nicht mehr gesehen habe, er aber mit deiner Rückkehr gerechnet hat, da dir scheinbar nie die Fragen ausgehen.

D: (Ich lachte.) Das ist wahr. Aber ich dachte, wir hätten unsere Arbeit beendet, daher bin ich schon eine ganze Weile nicht mehr gekommen.

P: Er sagt, das sei nicht so. Dass deine Arbeit kaum begonnen habe, und dass du dich bald in seinen Schuhen wiederfinden würdest, im Atem der Inquisitoren.

D: (Schmunzeln) Denkt er das wirklich?

P: Er sagt, er sehe das. Er denke es nicht. Er sagt, dass er froh sei, auf dieser Seite des Spiegels zu stehen. Er sagt jedoch, dass er ein wenig Mitleid mit denen habe, die auf die Idee kämen, leichtfertig mit diesem Unterfangen umzugehen. Denn sie ziehen den Zorn des Schicksals dieses Planeten auf sich. Und so werden sie bald feststellen, dass ihre dreiste Kaltschnäuzigkeit und ihre Anmaßungen in kurzer Zeit von den Ereignissen beantwortet werden, die sie selbst herbeirufen. Er sagt, dass dies eine Spiegelung des Zeitpunkts sei, an dem er sich befinde und einfach eine Wiederholung dessen sei, was er erlebt habe. Es ist deine Arbeit, die seine Arbeit spiegelt. Und so werdet ihr zu eurer Enttäuschung feststellen, dass in eurem Zeitfenster viele der gleichen Elemente am Werk sind, die auch in seinem Zeitfenster am Werk sind. Allerdings wird keine Anstrengung erfolgreich sein, da dies wiederum das Schicksal dieses Planeten ist, dass die Arbeit Erfolg hat. Er sagt, es habe zu seiner Zeit nicht funktioniert, und es werde auch in eurer nicht funktionieren.

Ich bereitete mich dann darauf vor, ihm die Fragen zu stellen, und er sagte mir ungeduldig, ich solle damit fortfahren.

D: Es wurde in letzter Zeit viel über das Land Nordkorea gesprochen. Ist er in der Lage, zu erkennen, wo dieses Land liegt?

P: Ja. Er stellt es in der Symbolik als eine Schlange dar.

D: Das Land Nordkorea verursacht aktuell eine Menge Probleme, weil die Regierungen der Welt denken, dass sie Atomkraft besäßen und dies eine Bedrohung darstelle. Was kann er dazu sagen?

P: Er sagt, der Kopf der Schlange -- und hier lese ich die Symbolik -- werde abgetrennt. Das heißt, der Führer dieses Landes wird entfernt werden, und die Anstrengung wird erfolgreich erscheinen. Aber diese Arbeit wird an anderen Stellen außerhalb des Landes weitergehen, allerdings in Zusammenarbeit mit diesem Land. Er sagt, der Führer werde aus dem Amt entfernt werden.

Ich dachte, das sei nicht möglich, weil der Präsident schon ewig im Amt war. Er war eine fest etablierte Größe als Führer von Nordkorea. Ich sah nicht, wie das geschehen könnte. Später, als Phil erwachte, sagte er, er habe den Führer sterben gesehen, aber dass es kein natürlicher Tod gewesen sei. Es müsste ein vorsätzliches Attentat geschehen, um einen Führer zu beseitigen, der zu einer Bedrohung für den Gesamtplan wurde.

D: Verfügt Nordkorea über Atomkraft?

P: Er sagt, das sei relativ, je nachdem, wie man es definieren möchte. Sie haben die Fähigkeit, sie zu benutzen, aber er sagt, nicht in der Art, wie du meinst. Zumindest noch nicht in der gleichen Weise. Er sagt, aus seiner Sicht sei die Fähigkeit, sie auf ein Ziel zu projizieren, nicht vorhanden. Die Sprengköpfe selbst sind da, jedoch gibt es zur Zeit noch keine Trägerrakete.

D: Sind sie eine Bedrohung für die Vereinigten Staaten oder den Rest der Welt?

P: Er sagt, dass es nicht nötig sei, eine solche Frage zu stellen, denn die Antwort sei selbst wahrnehmbar.

D: Konnte er die Möglichkeit sehen, wegen dieser Situation in eine Art von Konflikt zu geraten?

P: Er zeigt mir gerade eine Angleichung von Venus und Mars. Und er sagt, dass dies ein Zeichen für den Zeitpunkt sei, an dem die Entscheidung, diese Waffen zu zerstören, getroffen werden wird. Es wird einen Präventivschlag gegen die Einrichtungen geben, die diese Waffen beherbergen, wenn die beiden Planeten gleich ausgerichtet sind. Das heißt, die Sprengköpfe und die Materialien sowie Maschinen zu deren Herstellung.

D: Ich bin kein Astrologe. Wie siehst du das im Spiegel?

P: In einer geraden Linie zwischen ihnen.

D: Wenn wir dann diesen Präventivschlag machen, um die Waffen zu zerstören, wird das zu etwas noch Gefährlicherem führen, oder wird das das Ende davon sein?

P: Er sagt, das sei bloß das Ende eines kleinen Kapitels in einem insgesamt viel größeren Bild. Und dass es eine Wucherung geben werde, wie bei dem Abschlagen des Kopfes einer der Schlangen der Hydra.

Meine zweite Frage beschäftigte sich mit Jugoslawien, oder der „Grauzone“ Europas, wie Nostradamus sie nannte. Er nannte es die „Grauzone“, weil man nicht weiß, ob man sich schon in Europa oder noch Asien befindet. In mehreren Vierzeilern erwähnte er Mazedonien und Albanien, weil er zu seiner Zeit noch keinen Namen für Jugoslawien hatte. Ich wollte wissen, ob die Vereinigten Staaten im Jahr 1994 Probleme mit diesem Gebiet haben werden.

P: Es wird ein Erdbeben geben, das die Grenzen trennen wird. Er sagt, es sei schwierig, seine Sicht der Welt und unsere in Einklang zu bringen. Die Grenzen sind wie aus Sand und Wind. Aber um das Gebiet genau festzulegen, wird es ein Erdbeben geben, gefolgt von einem schwarzen Regen in jenem Gebiet im Spätsommer, im August. Genauer kann er die Zeit nicht sehen.

D: Aber werden die Vereinigten Staaten in diesem Gebiet in einen tatsächlichen Krieg, einen Konflikt, verwickelt werden?

P: Er sagt, das sei bereits geschehen. Und er wundert sich, wie du das nicht wissen kannst.

D: Meinst du, dass unsere Leute in diesen Gebieten tatsächlich kämpfen werden?

P: Das ist korrekt.

D: Soweit wir wissen, haben wir uns nicht aktiv eingemischt.

P: Er sagt, das sei nicht der Fall. Er sagt, dass es in vielen Gegenden Umstürze gegeben habe, seit ... Ich sehe ein Bild von George Bush.

D: Dann meinst du, wir sind tatsächlich involviert, aber die Leute wissen es nicht?

P: Ja. Er sagt, die Grenzen werden sich wieder verschieben, und sie werden sich weiterhin verschieben. Die Linien sind nicht dauerhaft gezogen. Die Grenzen könnten in Sand gezogen sein und wären genauso wenig dauerhaft.

D: Wird irgendjemand der Gewinner sein?

P: Nein, nicht in dem Sinn, was du als Gewinner definieren würdest. Das heißt, Frieden in einem friedlichen Zustand. Es wird noch viele Jahre lang Krieg in diesem Gebiet geben.

D: Wird die Öffentlichkeit jemals erfahren, dass wir aktiv an diesem Krieg beteiligt sind?

P: Ja. Er sagt, dass die Beweise bereits vorgelegt wurden, aber viele haben sie noch nicht als das erkannt, was sie sind. Die Menschen werden jedoch allmählich erkennen, dass dies schon seit einiger Zeit vor sich geht.

D: Dann wird es letztendlich öffentlich gemacht werden?

P: Es wird öffentlich werden, nicht öffentlich gemacht werden.

Ich fragte ihn dann nach der Situation in Haiti, wohin unsere Truppen 1994 entsandt worden waren. Unsere Beteiligung in diesem Land war in CENTURIE II-78 (Bd. II, S. 37) vorausgesagt worden.

P: Er sagt, er sehe das als den ungewollten Bastard der Demokratie.

D: Das ist eine interessante Terminologie. Werden die Vereinigten Staaten dort in irgendeinen Konflikt verwickelt sein?

P: Er sagt, er gehe davon aus, dass du noch mehr Konflikte meinst als die, die ihr bereits habt. Und er gehe daher davon aus, dass du mehr meinst, als die, von denen du sprachst. Er sagt, die Antwort sei dann, dass es auf kurze Sicht eher weniger als mehr Beteiligung geben werde. Einen Konflikt sieht er nicht. Was er sieht, ist eine massive Rettungsaktion. Er sagt, die Insel sei nicht in der Lage, zu kämpfen. Sie ist zu beschädigt, zu arm. Die Zustände dort werden schlecht sein, weil einige unbedeutende

Männer an der Macht versuchen, sich an der Macht zu halten. Sie sind aufgrund ihrer Methoden von vornherein zum Scheitern verurteilt. Sie werden von ihrem Volk selbst vom Sockel heruntergeholt. Aber das wird ihnen viel Schmerz und Blutvergießen bereiten. Und sie werden danach Hilfe bei der Heilung brauchen. Was passieren muss, ist, dass sich alle zusammenschließen und versuchen, ihnen zu helfen und die Dinge wieder in Ordnung zu bringen. Denn die Menschen wollen nichts weiter, als in Frieden leben zu können. Aber er sagt, dies sei ein unbedeutendes Ereignis im Vergleich zu dem, was in anderen Gebieten geschehen werde.

D: Dann wird es mehr oder weniger überbewertet.

P: Ich will nur so viel sagen, dass es anderswo dringendere Probleme geben wird, die diese im Vergleich zu ihnen unbedeutend erscheinen lassen. Zum Beispiel Gebiete in Europa, die Länder des Gemeinsamen Marktes, die finanziell gesehen zusammenbrechen werden. Es wird einen Zusammenbruch des Gemeinsamen Europäischen Marktes geben.

D: Kannst du uns einen Zeitrahmen nennen?

P: Es gibt viele Einflüsse auf dieses Ereignis, die es entweder ausschließen oder mit einschließen könnten und andere Ereignisse ebenso. Es gibt zu diesem Zeitpunkt viele ungelöste Fragen, die es verhindern oder vielleicht verschlimmern könnten. Es gibt zu diesem Zeitpunkt eine kritische Nahtstelle auf der Zeitachse, die zu fein ist, um den Ausgang klar zu erkennen. Es werden jedoch Kometen herniederkommen und auf den Beginn dieses Ereignisses hindeuten. Dies wird ein Schauspiel von vielen, vielen fallenden Sternen während der Zeit der Unruhen sein. So dass der Nachthimmel so hell sein wird, wie der Tag. Er sagt, dies sei das Signal, dass das Grollen unter der Erde zunehmen werde. Das heißt, im übertragenen und wörtlichen Sinne. Dies wird ein Omen sein, keine Ursache.

Ich fragte ihn dann, ob seine Vorhersagen über den kommenden Antichristen und den Dritten Weltkrieg immer noch zuträfen, oder ob wir es geschafft hätten, sie zu verhindern oder zu verlangsamen. Er sagte, es gäbe zu diesem Zeitpunkt keine Veränderung. Die Ereignisse seien immer noch dabei, sich zu gestalten, aber dass die vereinten

Bemühungen der Menschen der Welt die Auswirkungen immer noch abschwächen könnten.

Nach dieser kurzen Sitzung traf Brenda ein und das Ganze begann von neuem. Phil hatte sie noch nie getroffen. Er blieb noch eine Weile, um das Gespräch zu verfolgen.

Ein paar Wochen nach dieser Sitzung starb der Präsident von Nordkorea an einem angeblichen Herzinfarkt. Dies erschien ganz natürlich, da er in seinen 80ern war. Sein Nachfolger war sein Sohn, der nie etwas darüber gelernt hatte, eine Regierung zu führen. Er schien ein ineffektiver Schwächling zu sein, genau die Art von Marionette, die die Kabale in diesem Land an der Macht haben wollte. Die Situation in Nordkorea hatte einen Krisenpunkt erreicht und schien am Rande einer Eskalation zu stehen. Wir standen an einem Scheideweg und wollten versuchen, die Atomwaffen in Nordkorea zu zerstören, und eine gefährliche Konfrontation schien unvermeidlich. Der Tod des Präsidenten verhinderte dies. Später stellte sich heraus, dass die Nordkoreaner zwar über Atomwaffen verfügten, aber die Trägersysteme noch nicht entwickelt hatten, genau wie Nostradamus es vorausgesagt hatte. Die neue Führung erwies sich als so dienstunfähig, dass es im Herbst 1996 hieß, Nordkorea stehe am Rande einer Hungersnot.

Eine Woche nach dieser Sitzung war ich am Flughafen von Dallas auf dem Weg zu einem anderen Vortrag, als ich das Cover des Time Magazine am Zeitungsstand bemerkte. Dort stand: „Nordkorea, die kopflose Bestie“, was genau zu Nostradamus' Beschreibung vom Verlust einer der Schlangen der Hydra passte.

Ich kannte die Hydra als einen mikroskopischen Organismus, den wir in Biologie studierten. Sie hatte viele Arme, ähnlich wie ein Oktopus. Aber ich fand heraus, dass die Hydra auch eine Kreatur aus der griechischen Mythologie ist - eine Schlange mit neun Köpfen. Jedes Mal, wenn ein Kopf abgetrennt wurde, erschienen unverzüglich zwei neue Köpfe. Das Ungeheuer wurde schließlich von Herkules vernichtet.

Die Symbolik ist eindeutig und steht in völliger Übereinstimmung mit Nostradamus' Verwendung der griechischen Mythologie zur Kodierung seiner Vorhersagen. Die vielen Arme der Hydra sind zu einem Körper verbunden, was symbolisch darstellt, dass viele Teile von einem zentralen Teil kontrolliert werden. Das bedeutet wiederum, dass Nordkorea nur eine der Marionetten ist. Eine Marionette, die in diesem Fall von der Zentrale abgeschnitten wurde, die aber durch eine andere ersetzt wurde: das Nachwachsen des Kopfes. Außerdem wunderte ich mich über den Hinweis, dass sie von Herkules getötet würde. Könnte sich dies auf Ogmios beziehen, den keltischen Herkules, der schließlich den Antichristen stürzen sollte?

Nach ihrem Interview mit Denny legte sich Brenda auf das Feldbett und wir begannen unsere Sitzung. Denny wollte, dass ich ihr zusätzlich zu den Fragen, die ich Phil gestellt hatte, ein paar von Dennys Fragen stelle. Ich versuchte, die gleichen Fragen zu wiederholen, damit wir ihre Antworten vergleichen konnten. Das war auch der Grund dafür, dass sie bei der Befragung des jeweils anderen nicht anwesend waren. Brenda sollte keine Ahnung davon haben, was Phil gesagt hatte.

Ich wandte meine Induktionstechnik an und das Schlüsselwort funktionierte wunderbar, obwohl es schon mehrere Jahre her war, dass ich mit Brenda gearbeitet hatte. Wie Phil nahm sie die Kameraleute und die hellen Lichter um sich herum nicht mehr wahr, als sie in den vertrauten tiefen Trancezustand glitt. Sie hatte keine Schwierigkeiten, Nostradamus zu lokalisieren, und er war sich bewusst, dass in unserer Welt seit unserem letzten Kontakt durch Brenda Zeit vergangen war.

B: Ich spreche jetzt mit Michel de Nostredame. Er ist froh, mich zu sehen. Er sagt, dass ein Teil seines Talents sei, dass er ein Gespür für die vielen Schichten der Zeit hat. Und er weiß, dass in unserem Zeitstrom einige Zeit vergangen ist, seit ich dies zuletzt getan habe. Und er drückt seine Freude darüber aus, dass ich hier bin, um zu kommunizieren.

D: Du kannst ihm sagen, dass, seit wir die Interpretation aller Vierzeiler abgeschlossen haben, die uns übermittelt wurden, sie in drei Büchern gedruckt worden sind, und sie sind jetzt in unserer Zeit verfügbar.

B: Er nickt gerade mit dem Kopf vor Zufriedenheit. Er sagt, er wusste, dass das passieren würde. Und er sagt, dass es sehr gut sei, dass diese Information draußen ist. Es musste sein. Er hat das getan, um uns zu warnen und um uns eine Chance zu geben, uns vielleicht zu ändern.

Ich willigte ein, ein paar von Dennys grundlegenden Fragen zu stellen, und ich fragte Nostradamus, ob es ihm etwas ausmache, Informationen zu wiederholen, die bereits behandelt worden waren.

B: Er sagt, er habe Verständnis. Es sei wie beim Unterrichten einer Klasse. Und wenn man eine neue Klasse mit neuen Schülern hat, muss man den gleichen Stoff noch einmal wiederholen, damit sie den Anschluss an die Schüler finden, die bereits dabei waren.

D: Das ist wahr. Wir wissen, dass die Vierzeiler, die er geschrieben hat, in einer Art Code verschlüsselt sind. Kann er den Leuten erklären, warum er das getan hat?

B: Ja. Er sagt, man müsse verstehen, dass es zu seiner Zeit in Europa eine sehr unruhige Zeit war. Es gab eine Menge wirtschaftlicher Turbulenzen wegen der Pest und viele Menschen, die an Krankheiten starben, gegen die niemand etwas tun konnte. Und dann waren da noch die politischen Unruhen mit all den verschiedenen Fürsten und Herzögen und Königen, die die Macht für sich selbst wollten. Und da waren auch die Priester und die Vertreter der Kirche, die ebenfalls Macht für sich selbst ausüben wollten, um die ganze Welt der Kirche unterzuordnen. Also musste sich in diesem ganzen Tumult jeder dem anpassen, was als akzeptabel galt. Und wenn man versuchte, andere Dinge zu tun, mochte die Obrigkeit das nicht, weil es sozusagen ihre Ordnung durcheinanderbrachte. Besonders die kirchlichen Autoritäten. Und er erzählt mir, dass sein Talent existierte, so weit er sich zurückerinnern kann. Und er spürte, dass dies ein Geschenk von Gott war. Er sagt, dass er von keinen wirklich besonderen Talenten in seiner Familie wusste. Er denkt, dass es vielleicht eine besondere Gabe war, die einer Schlüsselperson zu einer bestimmten Zeit gegeben wurde, zu der sie gebraucht wird. Er sagt, vielleicht stimmen die Schlüsselpersonen dem zu, bevor sie kommen. Auf jeden Fall war es da. Und er spürte, dass es seine Pflicht war, die Informationen, die er erhielt, weiterzugeben, unabhängig davon, was die Behörden sagten. Aber gleichzeitig würde es nichts nützen, wenn er gleich getötet oder eingesperrt würde. Also schrieb er sie verschlüsselt auf, so dass die Informationen zwar da sein würden, sie aber nicht als direkte Beweise vor Gericht verwendet werden könnten, weil sie nichts wirklich beweisen könnten, wenn sie sich entschließen würden, ihn dafür zu verfolgen. Er sagt, dass er aufgeschrieben habe, was er gesehen hat. Er war dabei sehr wahrhaftig. Er sagt, es würde seine Seele in Gefahr bringen, über das zu lügen, was er in seinen Visionen sieht. Und er sagt, dass es Dinge gebe, die eintreten werden, und dass es Dinge gebe, die eine hohe Wahrscheinlichkeit haben, einzutreten, aber die Menschen hätten eine Chance, die Situation zu ändern, wenn sie es nur versuchen würden. Wenn Leute sagen, dass einige seiner Vorhersagen falsch seien, behauptet er nicht, dass er perfekt sei -- er ist ein Mensch. Aber er sagt, dass er nach bestem Wissen und Gewissen aufgeschrieben habe, was er gesehen hat. Wenn manche der Dinge, die er gesehen hat, nicht eingetreten sind, waren die Menschen vielleicht in der Lage, die Situation so zu verändern, dass sie verhindern konnten, was er gesehen hat. Denkt auch daran, sagt er, dass jeder seiner Vierzeiler mehrere Anwendungen hat. Es ist wie eine Spirale; Zeit und Geschichte bewegen sich in einer Spirale. Die Dinge drehen sich und es taucht eine ähnliche Situation auf, aber es ist etwas später und es ist ein bisschen anders. Und obwohl man vielleicht eine Situation sieht, die zu einem Vierzeiler zu passen scheint, und sagt: „Oh, aber es ist nicht eingetreten. Es hat nicht funktioniert. Der Vierzeiler ist falsch." Er will damit sagen, dass das vielleicht nicht unbedingt die richtige Anwendung des Vierzeilers sei. Wartet, bis die Situation in einem Jahrhundert oder so wieder auftaucht, und dann seht, was passiert. Die Visionen kommen die ganze Zeit und diese Dinge in einen Code zu packen, verlangsamt den Prozess etwas. Er sagt, es sei sehr frustrierend, dies tun zu müssen. Wann immer er also eine Reihe von Visionen hatte, die einander ähnlich erschienen, versuchte er, sie zu einem Vierzeiler zu fassen, um die Informationen wenigstens in irgendeiner Form zu haben. Er sagt, dass er, wenn die Situation bei ihm anders gewesen wäre, er die Sache weiter ausgebaut und vielleicht zusätzliche Vierzeiler geschrieben hätte, um die verschiedenen Situationen abzudecken. Aber das sollte nicht sein.

D: *Es gibt viele Gelehrte in unserer Zeit, die glauben, dass er in seinem Nummerierungssystem der Centurien eine Botschaft verschlüsselt habe. Was hat er dazu zu sagen?*

Wir hatten dies in Band 1, Kapitel 8 behandelt und er scherzte darüber, anstatt eine direkte Antwort zu geben. Vielleicht liefert dies zusätzliche Informationen.

B: Er sagt, dass er die Art und Weise, wie er die Vierzeiler zuerst niedergeschrieben hat, am Ende neu angeordnet habe, um sie in eine bessere Reihenfolge zu bringen. Wenn die Zahlen, die er verwendete, beibehalten wurden, dann ist das Teil des Gesamtbildes. Er sagt, dass er Dinge wie astrologische Kongruenzen und Numerologie und verschiedene andere Verschlüsselungsmethoden in der Tat auf die Zahlen angewandt hat. Er sagt, dass er die Gelehrten dafür bewundert, dass sie das bemerkt haben. Er sagt, dass dies eines der Dinge war, die er tat, um zu versuchen, an der Inquisition vorbeizukommen.

D: Die Gelehrten wollen wissen, ob wir genauer auf irgendwelche Hinweise achten sollen, die in der Nummernanordnung versteckt sind?

B: Er sagt, das wäre klug. Und er sagt, man könne dadurch ein Gefühl dafür bekommen, welche Art von System er bei der Nummerierung verwendet hat, dass man beobachtet, wie einige der Nummerierungen in den Vierzeilern selbst verwendet werden. Er sagt, es sei das gleiche Grundgerüst. Natürlich hängt alles davon ab, ob sie die gleiche Nummerierung verwenden, die er zu seiner Zeit verwendet hat. Er hofft, dass die Nummerierung beibehalten wurde. Er sagt, es wäre vielleicht klug, die Geschichte der verschiedenen Ausgaben seiner Vierzeiler zu verfolgen, um sicherzustellen, dass sich keine redaktionellen Änderungen eingeschlichen haben.

In Band III entdeckten wir, dass sich definitiv einige Änderungen eingeschlichen hatten, als wir mehrere Vierzeiler fanden, die verändert worden waren, und einige, von denen er sagte, dass er sie nicht geschrieben habe. Die meisten dieser Unstimmigkeiten befanden sich in der zehnten Centurie der Vierzeiler.

Ich beschloss dann, einige der gleichen Fragen zu stellen, die ich Phil gestellt hatte. Ich sagte ihm, dass ich zu ihm aus dem Jahr 1994 spreche.

B: Er hat eine Anmerkung. Er zupft ein bisschen an seinem Bart herum. Er sagte: „1994. Ich erinnere mich an einige der Vierzeiler, die ich in dieser Zeitspanne geschrieben habe. Ich würde wetten, dass ihr ein paar Erdbeben hattet.“ (Ich bejahte dies.) Er sagt, es wäre klug, das Muster der Erdbeben zu verfolgen. Wo sie auftreten und wann und welche Stärke, weil es dabei ein Gesamtmuster gibt.

D: Kann er etwas genauer sein? Was meint er mit Muster?

B: Er sagt, es sei etwas, das man bei einigen seiner Vierzeiler beobachten könne. Die Energien, die durch die Industrie und Krieg und solche Dinge erzeugt wurden, waren gegenüber der natürlichen Energie der Erde disharmonisch und haben ein Ungleichgewicht verursacht. Folglich wird es, wenn sich die Dinge in den sozialen, wirtschaftlichen und politischen Sphären entwickeln, Echos davon in der natürlichen Welt geben.

Ich fragte, ob er mit dem Land Nordkorea vertraut sei.

B: Er sagt, dass er als Mann seines Zeitrahmen dieses Land nicht kenne. Aber er weiß durch seine seherische Gabe, dass es ein asiatisches Land ist.

D: Sie sagen, dass sie 1994 die Möglichkeit einer atomaren Bewaffnung haben werden. Kann er etwas dazu sehen?

B: Er kann versuchen, zu schauen. (Pause) Er kann es nicht richtig erkennen. Er sagt, es sei wie ein Schleier oder ein wolkiger Vorhang, der im Weg ist. Er hat das Gefühl, dass einige Unruhen aufkommen könnten, denn das Bild, das er mir zeigt, ist so, als würde man von einem hohen Aussichtspunkt aus durch eine Nebelwand auf die Erde hinunterschauen. Und an verschiedenen Stellen auf der Karte ist ein heller Blitz zu sehen. Er sagt, er zeige mir helle Blitze im Nahen Osten, aber er könne nicht sagen, was deren Quelle sei.

D: Sie haben Angst, dass es eine militärische Konfrontation oder einen Krieg zwischen Nordkorea und den Vereinigten Staaten oder dem Rest der Welt geben könnte.

B: Er ist der Meinung, dass, wenn man die Gepflogenheiten des Landes beachtet und versucht, sich dementsprechend zu verhalten, der Führer von Nordkorea mehr Wutgeheul von sich gebe als alles andere. Er hat das Gefühl, dass der wichtigste Ort, vor dem man sich in Acht nehmen sollte, der Nahe Osten sei, denn er konzentriert sich immer wieder auf den Nahen Osten.

Ich fragte ihn dann nach der „Grauzone“ Europas, dem Gebiet, das er Mazedonien und Albanien genannt hatte. Ich fragte, ob er sehen könne, was dort 1994 geschehe.

B: Er sieht Bruder gegen Bruder kämpfen. Was er sieht, würde dich zum Weinen bringen. Er sagt, die Erde weine. Die Kinder der Erde sollten nicht so gegeneinander sein.

D: Werden die Vereinigten Staaten dort in den Konflikt verwickelt sein?

B: Er sagt, dass viele Leute involviert sein werden, besonders Europa und die Vereinigten Staaten, indem sie versuchen, die Situation zu lösen. Und was bedauerlich ist, ist, dass das Reparieren eher wie ein Verband ist, denn wie eine Heilung. Sie versuchen, das Äußere zu reparieren, ohne zu den Herzen der Menschen zu gehen. Die Reparatur muss in den Herzen der Menschen geschehen, und nicht nur, indem man Waffen von ihnen fernhält.

Denny sprach leise zu mir. Sie wollte wissen, ob es irgendetwas gebe, was er den Menschen in den Vereinigten Staaten sagen wolle, insbesondere über den Zustand der Welt im Allgemeinen.

B: Er fragt: „Welcher Aspekt im Besonderen?“ Es geschehen viele Dinge, die er vorausgesehen hat. Es gibt politische. Es gibt physische. Es gibt wirtschaftliche Dinge. Und es gibt Dinge, die mit der Kirche zu tun haben. Welcher Aspekt?

D: Die physischen Bedingungen. Lass uns diese zuerst angehen.

B: Er sagt, dass die Dinge aus dem Gleichgewicht geraten seien. Die Energien seien nicht in Harmonie, und es müsse bald ein Ausgleich stattfinden. Die Erde könne diesen Stress nicht mehr lange aushalten. Er sagt, dass generell der ganze Planet in Bedrängnis sei. Sie schreit auf. Und etwas wird nachgeben müssen, damit die Dinge wieder ins Gleichgewicht kommen. Er sagt, die Dinge, die passieren werden, würden die Mehrzahl der Menschen auf der ganzen Welt betreffen, entweder direkt oder indirekt. Und er sagt, dass das Wetter weiterhin seltsam sein werde. Es werden seltsame Phänomene am Himmel zu sehen sein. Und der Boden wird wackeln. Und der Ozean wird ansteigen.

D: Was für seltsame Phänomene am Himmel?

B: Lichtblitze. Lichtstreifen. Die Sterne ... er zeigt mir Sterne, die herumwirbeln, so als ob man auf einem Karussell säße und die Sterne beobachtete. Er sagt, die Erde müsse ... er benutzt das Gleichnis des „Schulterzuckens", damit sich alles wieder einpendelt und in Ordnung kommt.

D: Worauf bezieht sich das, in seiner Symbolik?

B: Er sagt, er habe das durch seine Gabe gesehen, und er sei sich bewusst, dass eure Wissenschaftler wissen, dass, wenn die Erde sich dreht, es keine gleichmäßige Drehung ist, sondern dass sie ein bisschen taumelt, während sie sich dreht. Er sagt, es sei wie bei einem Kreisel. Er dreht sich eine Zeit lang fast gerade, und dann macht er ein paar stärkere Rucke, um sich dann wieder aufzurichten und sich gleichmäßig zu drehen, nachdem er im Gleichgewicht ist. Er sagt, es sei so, als wäre man auf dem Jahrmarkt und würde die Seiltänzer beobachten. Sie laufen gleichmäßig, und dann geraten sie aus dem Gleichgewicht und müssen sich winden, um ihr Gleichgewicht wiederzuerlangen.

D: Welche Auswirkungen hat das auf die Erde?

B: Er sagt, es werde starke Winde, Erdbeben und Stürme geben. Und er sagt, dass die Menschen auf der Erde in ihrem Unglück aufschreien werden. Er sagt, dass besonders die Menschen in instabilen Gebieten vorsichtig sein müssten, denn wenn das beginne, werde der Boden rutschen. Und er sagt, es werde physische Veränderungen auf der Erde geben. Er weiß, dass er in vielen seiner Vierzeiler gesagt hat, dass, wenn man es versuchen würde, man einige dieser politischen und sozialen Veränderungen vermeiden könne. Aber bezüglich dieser Veränderungen auf der Erde ist er sich nicht sicher, was man tun könnte, um sie zu vermeiden. Er sagt, es könnte zu spät dafür sein, wegen der Disharmonien, die durch die Kriege verursacht werden, und wegen dem, was die Menschen der Erde antun.

D: Meint er, dass dies eine größere Situation ist?

B: Es ist eher wie ein Akkumulationseffekt. Sobald ein bestimmter Punkt erreicht ist, ist die Energiemenge, die man braucht, um das

Geschehene rückgängig zu machen, viel größer, als wenn man es einfach laufen lässt und es sich selbst auflöst. Er sagt, an diesem Punkt sei das Beste, was man tun kann, weiterhin für das Licht zu arbeiten und so viel positive Energie wie möglich auszustrahlen. Zu versuchen, die Auswirkungen so weit wie möglich abzuschwächen.

D: Noch eine Frage, die ich dir stellen möchte. Weiß er vom Planeten Jupiter?

B: Ja! Eines der großen Lichter am Himmel.

D: Ja. In unserer Zeit, 1994, spricht man von der Möglichkeit, dass ein großer Komet den Planeten Jupiter trifft. Und man fragt sich, ob das die Erde in irgendeiner Weise beeinflussen wird, wenn das passiert?

B: Er sagt, dass es Auswirkungen auf die Erde geben werde, weil alles mit allem anderen verbunden sei. Physikalisch werden die Auswirkungen sehr subtil sein, zumindest am Anfang. Es kann einige langfristige Auswirkungen geben, aber keine unmittelbaren lebensbedrohlichen Auswirkungen oder so etwas. Er sagt, der Haupteffekt, den es auf der Erde haben werde, betreffe die höheren Ebenen der Energie. Er sagt, da alles mit allem anderen durch die verschiedenen Energieebenen verbunden sei, werde die Kollision jeden Einzelnen durch die von Jupiter ausgehende höhere Schwingung dieser Energien beeinflussen. Da die Planetenkonfigurationen die Menschen ohnehin beeinflussen, wären die Menschen gut beraten, sich bewusst zu machen, wie Jupiter ihre Horoskope beeinflusst. Damit sie auf dieses unheilvolle Ereignis vorbereitet sind, denn es wird mit unheilvollen Dingen befrachtet sein, die in jenem Bereich ihres Horoskops passieren.

D: Ich denke, die Menschen unserer Zeit sind besorgt, ob es in irgendeiner Weise unser Wetter beeinflussen wird, oder die physikalischen Bedingungen auf der Erde.

B: Der Effekt wird ähnlich sein, wie wenn wir ein paar schädliche Sonnenflecken haben. Die Erde hat in der Vergangenheit schon viel schlimmere Dinge in Bezug auf die Sonne und die Sonnenflecken erlebt und hat sie überlebt.

D: Hat er etwas über die Wirtschaft der USA oder der Welt im Allgemeinen zu sagen, in diesem oder im nächsten Jahr?

B: In Bezug auf die Wirtschaft. Er sagt, obwohl die Dinge an der Oberfläche in Ordnung zu sein scheinen, seien sie darunter im Grunde instabil. Die Prämisse, auf der die Wirtschaft basiert, ist eine ungesunde Prämisse. Und er sagt, es sei eine ungesunde Struktur. Die Hauptsache ist, zu beten, dass nichts Folgenreiches oder Verhängnisvolles in Bezug auf das Weltgeschehen geschieht, denn das könnte einen großen Einfluss auf die Wirtschaft haben. Er sagt, die Welt sei zu abhängig von „imaginärem Geld" geworden. Und er sagt, da bei allem mit Zukünften gehandelt werde, mit Möglichkeiten -- und man wisse ja nie sicher, was in der Zukunft kommen werde -- anstatt mit festem Geld zu handeln, sei es so, als würde man ein Haus auf Sand bauen.

Dann stellte ich meine letzte Frage, ob die Vorhersagen über den dritten Antichristen und die Möglichkeit eines Dritten Weltkriegs immer noch zuträfen, oder ob es uns gelungen sei, diese Wahrscheinlichkeit zu verändern.

B: Der Wandel ist noch nicht so umfassend, dass er sich auf die ganze Welt auswirken kann. Obwohl sich die Dinge ändern, wie in Europa und den Vereinigten Staaten und einigen anderen Ländern, sind die Teile der Welt, die die Unruhen am ehesten auslösen können, die Bereiche der Welt, die sich am wenigsten verändert haben. Aber der Rest der Welt muss positive Gedanken und positive Energie aufrechterhalten. Energie für Wachstum, Veränderung und Harmonie, besonders im Nahen Osten im Allgemeinen, so dass es hilft, die negativen Energien, die sich dort aufbauen, zu zerstreuen.

Ich machte mich dann bereit, die Sitzung zu beenden, als Nostradamus mich anhielt.

B: Er sagt, dass er noch eine Sache über den Nahen Osten hinzuzufügen habe. Er sagt, es werde einen Vorfall in Bezug auf irgendeine Art von Kontamination oder Verschmutzung im Indischen Ozean geben. Und um dies einzudämmen, würden sie den Suezkanal absperren oder zerstören müssen, damit es sich nicht auf das Mittelmeer ausbreitet. Er sagt, dass in jenem Gebiet der Welt irgendetwas mit dem Meereswasser nicht in Ordnung sein werde und sie versuchen würden, es einzudämmen. Sie werden verhindern wollen, dass es sich ausbreitet. Und er sagt, dass sie vielleicht den Kanal abschaffen müssen.

D: Kann er sehen, was für eine Art von Kontamination das sein wird?

B: Das Bild, das er zeigt, handelt davon, wie das Wasser seine Farbe ändert. Er sagt, dass dies auf eine Substanz im Wasser zurückzuführen sei, oder vielleicht auf einen Mikroorganismus -- er nennt es nicht so. Er zeigt mir gerade das Bild. Er hat keinen Namen dafür. Aufgrund eines Ungleichgewichts im Wasser oder vielleicht aufgrund einer Strahlung oder sogar beidem gerät es aus dem Gleichgewicht und damit außer Kontrolle. Es fängt an, sich schnell zu vermehren und die Fische und Pflanzen abzutöten. Sie müssen versuchen, etwas zu unternehmen, um es einzudämmen und seine Ausbreitung zu verhindern. Offensichtlich beginnt es in einem Teil des Ozeans, in dem es keine großen Strömungen gibt, sondern nur geringfügige. Und sie glauben, dass sie eine Chance haben, es unter Kontrolle zu bekommen, bevor es in die Hauptströmungen gelangt, weil sie befürchten, dass es sich dann über die gesamten Ozeane der Erde ausbreiten werde.

D: Du sagtest, es beginne im Indischen Ozean.

B: Es ist im Winkel des Indischen Ozeans bei Saudi-Arabien.

D: Und wann wird dies geschehen? Jetzt zu unserer Zeit?

B: Er sagt, dass es bald passieren werde, innerhalb der nächsten drei Jahre in etwa.

D: Dann ist das also eine weitere Art von Katastrophe, nach der wir Ausschau halten müssen.

Nach diesen Sitzungen fuhr Denny sofort zum Flughafen, um ihr Flugzeug zurück nach Hollywood zu erwischen, und der Rest der Mannschaft sammelte seine Ausrüstung ein und kehrte nach Little Rock zurück.

Zwei Wochen nach dieser Sitzung starb der Präsident von Nordkorea scheinbar an einem Herzinfarkt. Ich rief das FOX-Studio an und sprach mit der Produzentin, mit der ich gearbeitet hatte. Ich sagte ihr, dass die Voraussage anscheinend wahr geworden war, aber dass Phil das Gefühl hatte, dass es kein natürlicher Tod sei, sondern ein Attentat. Sie sagte, dass mehrere andere Hellseher im Studio angerufen hätten, die den gleichen Eindruck hatten. Ich sagte, dass unsere Informationen sicherlich bestätigt würden, weil der Film, der in Fayetteville gedreht wurde, datiert sei.

Dieses Interview sollte ein paar Monate nach den Dreharbeiten in der FOX-Sendung Encounters gezeigt werden. Ein Teil davon wurde in einer Vorschau gezeigt, aber die Interviews wurden in letzter Minute aus der Sendung gestrichen. Mir wurde gesagt, dass es später verwendet werden sollte, aber soweit ich weiß, wurde es nie in Encounters gezeigt. Seit 1994 wurde ich wiederholt angerufen, um andere Interviews für diesen Sender zu machen, und ich fragte sie, was mit dem Film passiert sei. Niemand scheint es zu wissen, aber das ist verständlich, denn ihr Personal wechselt oft, und eine Person wird für eine Sendung eingeteilt und weiß vielleicht nicht, was eine andere Person gerade tut. Vielleicht wird er trotzdem eines Tages gezeigt, weil er Informationen enthält, die Nostradamus' Fähigkeit bestätigen, die Zukunft zu sehen.

ES WAR OFFENSICHTLICH, dass es unmöglich sein würde, diese Bücher auf dem neuesten Stand zu halten. Sie sind ein sich entwickelndes Gebilde und werden sich in dem Maße weiter verändern, wie bestätigende Informationen weiterhin ans Licht kommen. Es sollte immer offensichtlicher werden, dass wir uns in der Zeit der Unruhen befinden, wie von Nostradamus gesehen, und es liegt an uns, zu sehen, ob sich das Worst-Case-Szenario weiter entfalten wird. Diejenigen, die mit dieser Materie vertraut sind, werden in der Lage sein zu erkennen, ob die subtilen und scheinbar kleinen Einflüsse das größere Bild beeinflussen werden. Ich werde weiterhin Informationen aus meiner Forschung und von meinen Lesern sammeln, und bei jeder Neuauflage der Trilogie werden weitere hinzukommen. Wenn die Leser bereits die älteren Ausgaben dieses Buches (Band Eins) besitzen, kann dieser Nachtrag separat erworben werden. Kontaktieren Sie den Verlag für Details.

„UPDATES ZU DEN PROPHEZEIUNGEN - 1999 bis 2001

In Band III Centurie III-48 wies Nostradamus auf den Beginn der AIDS-Krankheit hin und sagte auch den Zeitpunkt ihres Rückgangs voraus. „Er sagt, dass 15 Jahre ab dem Zeitpunkt des ersten Falls vergehen würden, bis ein Heilmittel gefunden werde. Bis dahin werde es mit der Pest zu seiner Zeit vergleichbar sein. Es wird eine Menge Menschenleben auslöschen." 1997 fiel AIDS aufgrund von Fortschritten in der medizinischen Behandlung aus den Top Ten der Todesursachen heraus. Seit dem Beginn der Krankheit waren 15 Jahre vergangen, und 1997 gab es einen Rückgang der AIDS-bedingten Todesfälle um 47 %.

Es kamen zunehmend Wetterveränderungen in den Nachrichten, insbesondere das Tatsachenanerkenntnis (endlich), dass sich die Erde erwärmt. Neun der wärmsten Jahre in der Geschichte sind in den letzten 11 Jahren aufgetreten. 1998 wurde zum wärmsten Jahr seit 500 Jahren erklärt. Das Wasser der Ozeane erwärmt sich überall auf der Welt. Die Temperatur des Pazifischen Ozeans entlang der kalifornischen Küste ist um zwei Grad angestiegen. Das klingt nicht nach viel, aber es verursacht das Sterben vieler Meeresarten. Lebewesen, die normalerweise nur in den wärmeren südlichen Gewässern vorkommen, werden zum ersten Mal in den nördlichen Gewässern gesichtet.

Der Permafrost taut in Alaska auf, was dazu führt, dass sich die Tundra in einen Sumpf verwandelt, in dem keine Bäume und Pflanzen mehr wachsen können. Es wurde berichtet, dass von den 27 Gletschern in Europa im Jahr 1980 heute nur noch 13 existieren, und sie gehen rasch zurück. In der Antarktis sind 5 Meter Eis geschmolzen. Infolgedessen entwickeln sich die Pinguine in diesem Gebiet nicht und sterben. Ihre Hauptnahrung (Krill) lebt im Eis, und sie müssen weiter wegschwimmen, um ihn zu finden. Diese Veränderungen zeigen, dass alle Arten auf der ganzen Erde miteinander verbunden sind und der Untergang oder das Leiden einer Art alle anderen beeinflusst.

Weitere Wetterveränderungen wurden immer schwerwiegender. Im Jahr 1999 wurden zum ersten Mal seit Beginn der

Wetteraufzeichnungen große Städte von Tornados heimgesucht. Ein extrem seltener Tornado traf Salt Lake City, und ein weiterer traf Oklahoma City. Dieser hatte die höchsten Windstärken, die jemals aufgezeichnet wurden. Der Tornado war eineinhalb Kilometer breit und blieb eine halbe Stunde lang am Boden und richtete große Verwüstungen an. Das extrem Ungewöhnliche bei Wetterphänomenen wird zur Norm.

Im September 1999 suchte „Floyd", der größte Hurrikan in der Geschichte der USA, die gesamte Ostküste heim und erfüllte damit die Prophezeiung von Nostradamus in Band III, Centurie VIII-16. Die Vorbereitungen auf den kommenden Sturm verursachten die größte Evakuierung während Friedenszeiten in der Geschichte der USA. Winde von über 240 km/h erzeugten Regenfälle bis zu 50 cm, die einige Gebiete verwüsteten, vor allem North Carolina und Virginia.

In seiner Prophezeiung sagte Nostradamus, dass der Sturm die NASA-Einrichtungen in Cape Canaveral in Florida treffen und beschädigen werde. „Er sagt, wenn sie es weit genug im Voraus wissen, werden sie sich vielleicht mit Schutzmaßnahmen darauf vorbereiten." Erstaunlicherweise verursachte er keine großen Schäden, als er durch dieses Gebiet zog. Die Behörden sagten, dass alle Raumfähren unterirdisch untergebracht worden seien und der Schaden geringer ausfalle als erwartet, weil während der letzten zwei Jahre Gebäude verstärkt und Vorkehrungen gegen Hurrikane getroffen worden seien. Vielleicht hörte jemand in der Behörde endlich auf Nostradamus' Warnung. Der Hurrikan war gewaltig und traf die gesamte Ostküste. Es gab weniger Schäden verursacht durch Winde, weil er sich so schnell die Küste hinauf bewegte. Das Schlimmste waren die wolkenbruchartigen Regenfälle. Er sagt: „Das Wasser wird alles überfluten. Der Hurrikan wird in die Geschichtsbücher eingehen, weil er so groß und grausam sein wird. Es wird der größte in diesem Jahrhundert sein." Das war eine sehr treffende Vorhersage, weil der Sturm am Ende des Jahrhunderts zuschlug.

Meine Leser sind mir eine große Hilfe, indem sie Informationen liefern, die ich durch Recherchen nie finden konnte. Eine Frau aus Estland schickte eine interessante Übereinstimmung mit Centurie IV-11 in Band II. Der Vierzeiler sagte den Aufstieg des Zaren und der russischen Aristokratie und deren Niederschlagung durch die Kommunistische Partei voraus. Eines der Hauptsymbole in dem Vierzeiler waren die „zwölf Roten", was sich auf die Soldaten bezog. Meine Korrespondentin schrieb: „Vielleicht kann ich bei dem Vierzeiler helfen. Es gibt ein sehr berühmtes russisches Gedicht, das jeder in Russland kennt, DIE ZWÖLF von Alexander Blok. Es handelt von zwölf roten Soldaten, welche die Tragödie der russischen Revolution symbolisieren, die die gesamte Aristokratie töteten, und mit der Aristokratie die gesamte russische Kultur. Später führte dies zum Tod des Landes. Es ist mehr als offensichtlich, dass keiner von Ihnen jemals von dem größten russischen aristokratischen Dichter Alexander Blok gehört hat oder von seinem symbolischen Gedicht DIE ZWÖLF."

Indiens Entwicklung der Atombombe im Jahr 1998 wurde in Band III vorhergesagt. Doch das gesamte Jahr 1998 hindurch war das Einzige, was die Nachrichten beherrschte, die Affäre zwischen Präsident Bill Clinton und Monica Lewinsky. Es schien nichts anderes in der Welt zu geschehen, da sich alle auf die Zeugenaussagen und den Prozess konzentrierten. Eine Vorhersage von Nostradamus in Band III, Centurie VIII-14, schien erstaunlich genau zu sein. Ein Teil des Vierzeilers liest sich wie folgt: Das Vergehen des Ehebrechers wird bekannt werden, was zu seiner großen Entehrung gereichen wird. Aus der Interpretation: „Dies scheint sich auf eine Regierungspersönlichkeit zu beziehen. Mein erster Eindruck ist, dass der Präsident der Vereinigten Staaten bei etwas Unmoralischem erwischt wird."

Die neuesten Nachrichten führen uns in Richtung organische Computer (wie von Nostradamus in Band I gesehen). Im Juli 1999 wurde die Forschung an „Quanten"-Computern angekündigt, die eine Milliarde Mal schneller sein könnten als der Pentium III-Prozessor. Die Schlagzeile lautete: „Über den PC hinaus: Atomare QCs". Da die Größe von Mikrochips an ihre Grenzen stößt, haben Wissenschaftler nach einem Weg gesucht, mehr Informationen mit kleineren Komponenten zu verarbeiten. Dies hat zur Entwicklung des im Nachtrag beschriebenen DNA-Computers geführt. Die neuen Quantencomputer werden Atome anstelle von Chips verwenden und damit die Wissenschaft in neue Fachgebiete führen, welche die Vorstellungskraft herausfordern. Dieses Konzept hat sich bewährt, und die US-Regierung richtet in Los Alamos ein Labor ein, um es zu perfektionieren. „Der Ausgangspunkt für die Quanteninformatik war die Erkenntnis der Physiker, dass Atome von Natur aus winzig kleine Rechenmaschinen sind. 'Die Natur weiß, wie man rechnet', sagt Neil Gershenfeld vom MIT (einer der Erfinder)." In enger Anlehnung an die Science-Fiction hieß es in dem Artikel: „Um 2030 herum könnte der Computer auf Ihrem Schreibtisch mit Flüssigkeit anstatt mit Transistoren und Chips gefüllt sein. Er könnte die Quantenmechanik nutzen, die rasch übergeht in Dinge wie Teleportation und alternative Universen, und nach allem, was man hört, ist sie das seltsamste Zeug, das der Menschheit bekannt ist. Die Quanteninformatik sieht nach einer attraktiven Option aus, wegen ihrer potenziellen Leistung und weil der Vorrat an Rohmaterial noch endloser ist als Silizium. Es ist die größte unerschlossene Ressource im Universum." Jeder, der meine Bücher über UFOs und Außerirdische gelesen hat, weiß, dass dies die Art von Dingen ist, über die ich schon seit zwanzig Jahren schreibe. Es gelangt endlich aus dem Reich der vermeintlichen „Fiktion" in die praktikable Realität. Die unglaublichen Erfindungen, die Nostradamus gesehen hat, erscheinen nicht mehr länger unmöglich, während wir uns auf das neue Jahrtausend zubewegen.

Die unglaublichste Vorhersage im Jahr 2000 war die Erfüllung der „Wahl der unentschiedenen Jury" (Band I, Centurie VII-41) Sie ist so genau, dass sie keiner weiteren Erklärung bedarf.

Die traurigste Erfüllung der Vorhersagen ereignete sich am 11. September 2001, und ich glaube, dass sie den Beginn der schrecklichsten Vierzeiler anzeigt, die sich auf den Beginn des Dritten Weltkriegs beziehen. Centurie X-6, Band III, bezieht sich ausdrücklich auf die Bombardierung des Pentagon. Centurie VI-97, Band I , bezieht sich auf die Bombardierung von New York und deutet auch auf weiteren Horror und Terror hin, der in Form von biologischen Explosionen kommen wird. Erwähnenswert ist ein fast schon humorvoller Vierzeiler (Band III, Centurie X-41) über den Einsatz von Benefizkonzerten in dieser Zeitspanne. Das bisher größte war das „Tribute to Heroes“, das am 21. September 2001 auf 27 Sendern ausgestrahlt wurde.

Ich weiß nicht, ob noch weitere Updates hinzugefügt werden, es sei denn, es handelt sich um etwas Außergewöhnliches. Meine Leser werden eine unglaubliche Präzision in allen drei Bänden finden. Die Zukunft liegt wahrlich an uns, und leider scheint es, dass wir uns inmitten der Zeit der Unruhen und dem Eintritt in den Dritten Weltkrieg befinden. Wir können nur tun, was Nostradamus vorschlug, und die Kraft unseres Geistes nutzen, um die Auswirkungen zu neutralisieren oder abzuschwächen.

Autor Seite

Dolores Cannon, Rückführungs-Hypnotherapeutin und parapsychologische Forscherin, die „Verlorenes" Wissen aufzeichnete, wurde 1931 in St. Louis, Missouri, geboren. Sie wurde ausgebildet und lebte in St. Louis bis zu ihrer Heirat im Jahr 1951 mit einem Marine-Berufssoldaten. Die nächsten 20 Jahre verbrachte sie damit, als typische Navy-Ehefrau die ganze Welt zu bereisen und ihre Familie großzuziehen. 1970 wurde ihr Mann als invalider Veteran entlassen, und sie zogen sich in die Hügel von Arkansas zurück. Dann begann sie ihre Karriere als Schriftstellerin und verkaufte ihre Artikel an verschiedene Zeitschriften und Zeitungen. Seit 1968 beschäftigte sie sich mit Hypnose, seit 1979 ausschließlich mit Reinkarnationstherapie und Rückführungsarbeit. Sie hat die unterschiedlichen Hypnosemethoden studiert und so ihre eigene einzigartige Technik entwickelt, die es ihr ermöglichte, die effizienteste Freisetzung von Informationen bei ihren Klienten zu erreichen. Dolores lehrte ihre einzigartige Hypnosetechnik auf der ganzen Welt.

1986 erweiterte sie ihre Untersuchungen auf den UFO-Bereich. Sie führte Vor-Ort-Studien über vermutete UFO-Landungen durch und untersuchte die Kornkreise in England. Der Großteil ihrer Arbeit auf diesem Gebiet bestand aus der Sammlung von Beweisen von mutmaßlichen Entführten durch Hypnose.

Dolores war eine internationale Rednerin, die auf allen Kontinenten der Welt Vorträge gehalten hat. Ihre siebzehn Bücher wurden in zwanzig Sprachen übersetzt. Sie hat weltweit vor Radio- und Fernsehpublikum gesprochen, und Artikel über/von Dolores sind in mehreren US-amerikanischen und internationalen Zeitschriften und Zeitungen erschienen. Dolores war die erste Amerikanerin und die erste Ausländerin, die den „Orpheus Award" in Bulgarien erhielt, für den höchsten Fortschritt in der Erforschung übersinnlicher Phänomene. Sie wurde von mehreren Hypnose-Organisationen mit Preisen für Herausragende Beiträge und für ihr Lebenswerk ausgezeichnet.

Dolores hatte eine sehr große Familie, die sie in einem soliden Gleichgewicht hielt zwischen der „realen" Welt ihrer Familie und der „unsichtbaren" Welt ihrer Arbeit.

Wenn Sie mit Ozark Mountain Publishing, Inc. über Dolores' Arbeit oder ihre Ausbildungskurse korrespondieren möchten, wenden Sie sich bitte an die folgende Adresse: (Bitte legen Sie einen selbstadressierten und frankierten Umschlag für ihre Antwort bei.) Dolores Cannon, P.O. Box 754, Huntsville, AR, 72740, USA

Oder senden Sie eine E-Mail an das Büro unter decannon@msn.com oder über unsere Website: www.ozarkmt.com

Dolores Cannon, die am 18. Oktober 2014 aus dieser Welt geschieden ist, hinterließ unglaubliche Errungenschaften in den Bereichen der Alternativen Heilung, Hypnose, Metaphysik und Rückführung, aber am beeindruckendsten von allem war ihr angeborenes Verständnis, dass das Wichtigste, was sie tun konnte, das Teilen von Informationen war. Verborgenes oder unentdecktes Wissen zu enthüllen, das für die Erleuchtung der Menschheit und unsere Lektionen hier auf der Erde lebenswichtig ist. Informationen und Wissen zu teilen ist das, was Dolores am meisten am Herzen lag. Das ist der Grund, warum ihre Bücher, Vorträge und ihre einzigartige QHHT®-Methode der Hypnose weiterhin so viele Menschen auf der ganzen Welt verblüffen, leiten und informieren. Dolores erforschte all diese Möglichkeiten und mehr, während sie uns auf die Reise unseres Lebens mitnahm. Sie wollte Mitreisende an ihren Reisen ins Unbekannte teilhaben lassen.

Other Books by Ozark Mountain Publishing, Inc.

Dolores Cannon
A Soul Remembers Hiroshima
Between Death and Life
Conversations with Nostradamus, Volume I, II, III
The Convoluted Universe -Book One, Two, Three, Four, Five
The Custodians
Five Lives Remembered
Jesus and the Essenes
Keepers of the Garden
Legacy from the Stars
The Legend of Starcrash
The Search for Hidden Sacred Knowledge
They Walked with Jesus
The Three Waves of Volunteers and the New Earth
Aron Abrahamsen
Holiday in Heaven
James Ream Adams
Little Steps
Justine Alessi & M. E. McMillan
Rebirth of the Oracle
Kathryn Andries
Cat Baldwin
Divine Gifts of Healing
The Forgiveness Workshop
Penny Barron
The Oracle of UR
Dan Bird
Finding Your Way in the Spiritual Age
Waking Up in the Spiritual Age
Julia Cannon
Soul Speak – The Language of Your Body
Ronald Chapman
Seeing True
Jack Churchward
Lifting the Veil on the Lost Continent of Mu
The Stone Tablets of Mu
Patrick De Haan
The Alien Handbook
Paulinne Delcour-Min
Spiritual Gold
Holly Ice
Divine Fire
Joanne DiMaggio
Edgar Cayce and the Unfulfilled Destiny of Thomas Jefferson Reborn
Anthony DeNino
The Power of Giving and Gratitude
Carolyn Greer Daly
Opening to Fullness of Spirit
Anita Holmes
Twidders
Aaron Hoopes
Reconnecting to the Earth
Patricia Irvine
In Light and In Shade
Kevin Killen
Ghosts and Me
Donna Lynn
From Fear to Love
Curt Melliger
Heaven Here on Earth
Where the Weeds Grow
Henry Michaelson
And Jesus Said – A Conversation
Dennis Milner
Kosmos
Andy Myers
Not Your Average Angel Book
Guy Needler
Avoiding Karma
Beyond the Source – Book 1, Book 2
The History of God

Other Books by Ozark Mountain Publishing, Inc.

The Origin Speaks
The Anne Dialogues
The Curators
Psycho Spiritual Healing
James Nussbaumer
And Then I Knew My Abundance
The Master of Everything
Mastering Your Own Spiritual Freedom
Living Your Dram, Not Someone Else's
Gabrielle Orr
Akashic Records: One True Love
Let Miracles Happen
Nikki Pattillo
Children of the Stars
Victoria Pendragon
Sleep Magic
The Sleeping Phoenix
Being In A Body
Charmian Redwood
A New Earth Rising
Coming Home to Lemuria
Richard Rowe
Imagining the Unimaginable
Exploring the Divine Library
Garnet Schulhauser
Dancing on a Stamp
Dancing Forever with Spirit
Dance of Heavenly Bliss
Dance of Eternal Rapture
Dancing with Angels in Heaven
Manuella Stoerzer
Headless Chicken
Annie Stillwater Gray
Education of a Guardian Angel
The Dawn Book
Work of a Guardian Angel
Joys of a Guardian Angel
Blair Styra
Don't Change the Channel
Who Catharted
Natalie Sudman
Application of Impossible Things
L.R. Sumpter
Judy's Story
The Old is New
We Are the Creators
Artur Tradevosyan
Croton
Jim Thomas
Tales from the Trance
Jolene and Jason Tierney
A Quest of Transcendence
Paul Travers
Dancing with the Mountains
Nicholas Vesey
Living the Life-Force
Dennis Wheatley/ Maria Wheatley
The Essential Dowsing Guide
Maria Wheatley
Druidic Soul Star Astrology
Sherry Wilde
The Forgotten Promise
Lyn Willmott
A Small Book of Comfort
Beyond all Boundaries Book 1
Beyond all Boundaries Book 2
Stuart Wilson & Joanna Prentis
Atlantis and the New Consciousness
Beyond Limitations
The Essenes -Children of the Light
The Magdalene Version
Power of the Magdalene

For more information about any of the above titles, soon to be released titles, or other items in our catalog, write, phone or visit our website:
PO Box 754, Huntsville, AR 72740|479-738-2348/800-935-0045|www.ozarkmt.com